中国人民大学"双一流"建设首批成果

中国人民大学与福建江夏学院战略合作标志性成果

ZHONGGUO HEHEXUE
NIANJIAN

中国和合学年鉴

（1988—2016）

徐　刚／主编

人民出版社

书房中的张立文先生

张立文先生《和合学概论——21 世纪文化战略的构想》《和合哲学论》等部分著作

2017 年 5 月 26 日，与孔垂长先生在山东即墨

2016 年 11 月 12 日，中国人民大学哲学院（系）六十周年庆祝大会上，张立文先生被授予终身成就奖

2017 年 11 月 11 日，张立文先生在浙江天台山和合文化论坛开幕式上作主旨演讲，畅谈和合天下、天下一家的思想，张立文先生还为和合圣地碑题铭并与台州市市长张兵为和合圣地碑揭幕

2016 年 6 月 26 日，曲阜孔庙孔子后裔祭祖大典

和文化与一带一路高峰论坛

指导单位：人民日报社　海南省政协
主办单位：三亚市政协　人民论坛杂志社
　　　　　人民出版社　海南省文联
　　　　　中国人民大学孔子研究院
　　　　　海南省东方五和文化研究院

2016 年 1 月 10 日，在三亚出席三亚市政协、人民论坛杂志社、人民出版社等机构主办的"和文化与一带一路高峰论坛"，发表主旨演讲

目　录

卷首语

特　稿

学术论文荟萃

和合学论

和合思潮

和合新诠

学术著作撷英

博硕论文集萃

博士论文

硕士论文

学术评论辑要

研究综述

学界概况

卷　首　语

编者的话：和合天下意绵长

"人能弘道"，道在天下，弘道的载体在人，人不离道，道不离人。"道也者，不可须臾离也，可离非道也。"在此万象更新的新时代，习近平主席发出和平、发展、合作、共赢时代潮流的最强音，吹响共同构建"人类命运共同体"的新号角。在党的十九报告《决胜全面建成小康社会　夺取新时代中国特色社会主义伟大胜利》中已明确提出："我们呼吁，各国人民同心协力，构建人类命运共同体，建设持久和平、普遍安全、共同繁荣、开放包容、清洁美丽的世界。"此最强音之道、新号角之道，已为普天下人民所受容、认可和点赞，成为世人的愿景。人类社会飞速发展，挑战层出不穷，危机日益突出，冲突不断发生，恐怖威胁屡发，霸权顽固不化。"天下同归而殊途，一致而百虑，天下何思何虑"？在世界"殊途"和"百虑"错综复杂、冲突危机严峻的情境下，蕴藏着"同归"和"一致"之道，这便是和平之道、发展之道、合作之道、共赢之道，一言以蔽之，便是"大道之行，天下为公"的人类命运共同体之道。简言之，为"和合天下"之道。天下人所思所虑就在于此。

"问渠那得清如许，为有源头活水来"。中华民族自古以降便有"天下和合"、"世界大同"的梦想。《论语》讲"四海之内皆兄弟也"。孔颖达在疏《礼记·礼运》篇"圣人耐以天下为一家，以中国为一人者，非意之也"说："孔子说：'圣人所能，以天下和合，共为一家，能以中国，共为一人者，问其所能致之意。'"这不是一种意测度谋，而是智能创造的和合天下世界。在中华文化的宝库中有珍贵的"协和万邦"、"万国咸宁"的天下情怀；有强烈的"天下和平"、"保养百姓"的坚强意识；有持续的"仁民爱物"、"民胞物与"的精神追求；有至善的立己立人、达己达人的道德情操；有崇高的"中和位育"、"讲信修睦"的思想境界；有深刻的"天地万物本吾一体"的意识自觉；有广大的"和实生物"、"天下和合"的思维精华。这种根于中华大地的源头活水，凝聚着先圣先贤智能创新的卓越智慧，成为中华民族标识的国家之本、民族之魂。习近平总书记在2014年2月24日主持中共中央政治局就培育和弘扬社会主义核心价值观、弘扬中华传统美德第十三次集体学习时说："要认真汲取中华优秀传统文化的思想精华和道德精髓，大力弘扬以爱国主义为核心的民族精神和以改革创新为核心的时代精神，深入挖掘和阐发中华优秀传统文化讲仁爱、重民本、守诚信、崇正义、尚和合、求大同的时代价值，使中华优秀传统文化成为涵养社会主义核心价值观的重要源泉。"又于2014年10月15日在文艺工作座谈会上的讲话中指出："中华民族在长期实践中培育和形成了独特的思想理念和道德规范，有崇仁爱、重民本、守诚信、讲辩证、尚和合、求大同等思想，有自强不息、敬业乐群、扶正扬善、扶危济困、见义勇为、孝老爱亲等传统美德。中华优秀传统文化中很多思想理念和道德规范，不论过去还是现在，都有其永不褪色的价值。"中华优秀传统文化是中华民族的根和源、本和魂，"抛弃传统，丢掉根本，就等于割断了自己的精神命脉"。若不如此，中华文化就会成无源之水，无本之木，无魂之体，无生之命。

"不忘本来才能开辟未来，善于继承才能更好创新。"《中国和合学年鉴》的宗旨，就在于传承民族国家之本，弘扬中华精神之魂，绘造美好未来之画，实现天下和合之梦。这是当代人不可推脱的历史使命和担当。

《中国和合学年鉴》真诚投身时代、投身现实、投身社会、投身人生，在实践中沟通各国学术，反映各界人士研究和合与和合学的情况和成果，以及各组织、机构有意义的相关活动，提供全面的研究信息和科研成果，反映和合与和合学研究的新动态、新驱向，并以"以他平他之谓和"的态度报道有关和合与和合学的不同意见和论争。

《中国和合学年鉴》是世人的共同园地，在这个园地里无高低之分，无亲疏之别，"道并行而不相悖"。他与他者之间都是平等的，互相尊重不同观点，"和而不同"地进行切磋，促进学术繁荣、思想创新。

《中国和合学年鉴》是世人共同的园地，在此共同的园地里，大家共同耕耘，浇水培土，使这朵鲜花开得更美丽。待到"万紫千红总是春"，"谁识乾坤造化心"之时，将是"等闲识得东风面"，极目天地，又一春之时。我们为《中国和合学年鉴》唱赞歌吧！

《中国和合学年鉴》编委会

镜如明月察知求实

张立文

"皎如飞镜临丹阙，绿烟灭尽清辉发"。皎洁的明月如镜一样飞临到朱色的宫阙，尽显其美丽的光辉。月亮升起放射出丝丝清光，犹如哪位美女打开玉匣子而露出新镜来，以照出人间的百事百态。年鉴便是这照出人间某年某月某日百事百态的明镜。它不是扭曲世事百态的"西洋镜"，而是包容、平等、公平、正义、和平、合作、共赢的中国光明之镜。

一

年，《说文》："谷熟也。从禾，千声。"于省吾《甲骨文释林》："年乃就一切谷类全年的成熟而言。"甲骨文"年"作稔熟，金文始作年岁。《诗经》载："畀我尸宾，寿考万年。"郑玄笺曰："尊尸与宾，所以敬神也。敬神则得寿考万年。"（《毛诗正义·小雅·信南山》郑玄笺）现指时间单位，地球环绕太阳从某一定标点回到同一定标点所经历的时间。根据不同定标点，天文学上主要分为恒星年、回归年、近点年三种，我国现行历法为回归年（即太阳年）①。

鉴，同鑑，《说文》："鑑，大盆也，一曰监诸，可以取明水于月，从金，监声。"段玉裁注："鑑诸当作'鑑，方诸也'。转写夺字耳。《周礼·秋官·司烜氏》：'掌以夫遂取明水于日，以鑑取明水于月'，注：'夫遂，阳遂

---

① 参见《汉语大字典》，四川辞书出版社、湖北辞书出版社 1980 年版，第 37 页。

也，竪，镜属，取水者，世谓之方诸。'《淮南书》：'方诸见月，则津而为水。'"鑑是古代盛水的大盆，金属制。一说似瓮而大口，陶制，用来盛冰以存放食物。《周礼·天官·凌人》："春始治鑑。"郑玄注："鑑，如甄，大口，以盛冰，置食物于中，以禦温气。"鑑为盛水的大盆，或金属，或陶制；或做容器，或置食物。鑑的价值功能为明水于月，有镜的效用及日常生活实用。

所谓年鉴，是指观照、鉴察、识别、借鉴、儆戒某年来各方面或某一方面、某一领域具有纪念性、标志性、代表性、符号性的融突而和合的成就、成果、事件、实践、活动的状态、情况的概括、搜集、选择、统计，以平等、公正的原则，彰显其实际，而不遮蔽、偏颇的汇总。

二

年鉴的智能价值既具有普适性，又具有独特性。就普适性而言，有各种各样、各类各科的年鉴；就独特性而言，各个年鉴各有其不同的汇总对象，而具有个性。就其哲学思想、理论思维、社会作用、伦理意义、治理价值而言，具体体现为镜如明月，拨云去雾；审察鉴裁，辨别真伪；鉴貌辨色，察知求实；得失兴亡，聪察鉴戒；儆以效尤，前鉴后图。

镜如明月，拨云去雾。年鉴如镜，镜如明月，皎洁明亮。若能时时勤拂拭，便能拨云去雾，种种隐讳、遮蔽、曲解、误判消除，便可照影出一个真实的相。在错综复杂的自然、社会、人际关系系统中，往往有一层浮云，把真相隐去。年鉴作为镜的智能价值，就在于恢复一个真相。年鑑（鉴）的鉴，《广雅·释器》："鑑谓之镜。"《广韵·鑑韵》："鑑，镜也。"《左传·庄公二十一年》载："郑伯之享王也，王以后之鞶鑑予之。"杜预注："后，王后也。鞶带而以鑑为饰也。"孔颖达疏："鞶是带也，鑑是镜也。"（《春秋左传正义·庄公二十一年》孔颖达疏）鞶鑑为王后妇人之物，不是赐有功爵的臣子的最贵重的器物，从此郑伯怀恨周天子惠王。鑑能别物，照物照人。《庄子》载："生而美者，人与之鑑，不告则不知其美于人也。若知之，若不知之，若闻之，若不闻之，其可喜也终无已，人之好之亦无已，性也。"郭象注："鑑，镜也，鑑物无私，故人美之。""夫鑑之可喜，由其无情，不问知与不知，闻与不闻，来即鑑之，故终无已。"成玄英疏："夫镜之照物，义在无情，不问怨亲，照恒平等。"（《庄子集释·则阳》成玄英疏）人生来是美的，人给他镜子，可照出人之美与不美；但人不相告便不知道比别人美。镜之所以可喜，由于其照人照物，义在无情，不管知与不知，闻与不闻，不以先知先见、囿知囿见，干扰照人照物，否则照出的便不是真相，要达到照出真相，符合时年百事百态的实际，还要不问怨家或亲家，照镜永远平等相待，不理私情、人情，便可拨云去雾，而无遮蔽、隐讳、造假、欺诈。这是年鉴的基础。

审察鉴裁，辨别真伪。年鉴是对时年世事百态，与年鉴有关事或物，人或行，都应进行详细、周密审察，以识别真伪。《广韵·寝韵》："审，评审也。"《尔雅·释诂下》："察，审也。"《左传》载："小大之狱，虽不能察，必以情。"杜预注："察，审也。"孔颖达疏："以情审察。"（《春秋左传正义·庄公十年》孔颖达疏）鲁庄公十年，齐国攻打鲁国。曹刿论战，庄公对曹刿说："大大小小的案件，虽不能都加以审察，但一定要按照情理来处理。"曹刿回答说："这是为百姓尽力的一种心意，可以凭这个与之战。"由审察详情，才能作出正确的识别和裁决。《晋书》载："征西将军庾亮请为参军，累迁长史。亮临薨，上疏称羲之清贵有鉴裁。迁宁远将军，江州刺史。"（《晋书·王羲之传》）庾亮认为王羲之有识别鉴裁能力，能够鉴别事情的真伪。当时殷浩与桓温不和谐，王羲之认为国家的安定，在于内外和合，王羲之修书劝诫。到了殷浩将北伐，王羲之已对形势有精准的审察和识别，认为必败，修书阻止，言其切至，北伐果为姚襄所战败。辨别真伪，是年鉴所搜集资料、统计数字必遵照的原则，否则就丧失年鉴的价值与意义，这是年鉴的目标。

鉴貌辨色，察知求实。年鉴搜集、记载、汇总诸多人与物言论和行为活动的事与迹。《人物志》载："夫色见于貌，所谓徵神。徵神见貌，则情发于目。"（《人物志·九征》）人的面色的变化表现于形貌，这是所谓精神外显的徵验。精神外显于形貌，就像人的情感从人的眼睛向外流露。譬如仁（眼仁）是眼睛精气的凝聚，目光诚实，忠厚端庄。勇是胆的精气的凝聚，目光炯炯，强烈有力。通过这样鉴貌辨色的观察，便可认知其真实。如何鉴貌辨色？《人物志》载："何谓观其感变，以审常度？夫人厚貌深情，将欲求之，必观其辞旨，察其应赞。夫观其辞旨，犹听音之善丑。察其应赞，犹视智之能否也。"（《人物志·九征》）怎么观察一个人感情变化和态度反应，以审核其为人恒常的态度？人往往遮蔽形貌和真实的情感。如果要想了解一个人的实貌真情，必须察知他的言语的旨意和其应酬对答。审察其言辞旨意，犹能听出其声音善丑；察知其应酬对答，以看出他的智慧能否应对。如此，通过表面形貌、话语、声音、态度、应对等现象，以知其深情、善丑以及智慧。年鉴对时年错综复杂百事百态的现象背后所隐去真情、大量资料所遮蔽的真实意旨、文字言辞的字里行间所显露的真实意图，若能探其究竟，揭示其真情实貌，是为年鉴的价值和意义。它不仅具有指导作用，而且也具有方法论的功能，这是年鉴的原则。

得失兴亡，聪察鉴戒。年鉴对时年百事百态，其得失成败，以及关系国家、民族命运的行为活动、人物事件，必加以考察、调查。《广韵·黠韵》："察，监察也。"《正字通·宀部》："察，考也。"《论语》载：孔子说"众恶之，必察矣；众好之，必察矣。"朱熹注引杨氏曰："惟仁者能好恶人。众好恶之而不察，则或蔽于私矣。"（《论语集注·卫灵公》）大众对时年的事或人，有喜好的，有厌恶的，应该通过监察和考察，而知道为什么大众有好有恶，它体现了大众愿望和意愿，不能把大众的好与恶隐蔽起来。能不能详知好与恶的实情，这是人的明智和聪慧。《荀子》曰："君子行不贵苟难，说不贵苟察，名不贵苟传，唯其当之为贵。"（《荀子·不苟》）杨倞："察，聪察。"即明智和聪慧的明察，洞悉其根由。君子的行为不以不合乎国家的礼义的难事为贵，学说观点不以不合乎礼义的考察为贵，名声不以不合乎礼义的流传为贵，而是以合乎礼义的言行为贵、为有价值，这是考察人们好或恶的标准。《韩非子》载："若以道化行正理，不趋富贵，事上而求安，是犹聋而欲审清浊之声也，愈不儿矣。"（《韩非子·奸劫弑臣》）一个国家，如果"奸臣皆欲顺人主之心以取信幸之势者"，那么人主欲臣下无奸，吏之奉法，其不可得是很明白的。犹如以道教化人而实行正理，不追求富贵，忠信奉上而求平安，就好比耳聋的人而想审辨声音的清浊，这是与事实不相符合的。因此必须去奸臣、远佞臣，才能发扬正气，国泰民安。国之将败，必用奸人，要引为警戒。《国语》载："夫是谁之故也，非唯旧怨乎，是皆子所闻也。人求多闻善败，以监戒也。今子闻而弃之，犹蒙耳也。"（《国语·楚语下》）叶公子高劝阻令尹子西任用白公胜，子高怨其因杀父旧怨而祸乱楚国，并举从前齐国的骀马缫杀胡公，鲁国的邴歜等杀害鲁懿公，圉人荦杀死太子般，这些都不是为了报复旧怨吗？人们想多接受历史上成败兴衰的教训，作为自己的警戒，你子西蒙着自己耳朵，却抛弃不闻，后必发生灾祸。《汉书》载：到汉哀帝、平帝的时候，王莽篡权，南面称尊，"汉诸侯王厥角稽首，奉上玺韨，惟恐在后，或乃称美颂德，以求容媚，岂不哀哉！是以究其终始强弱之变，明监戒焉"（《汉书·诸侯王表》）。应劭解："稽首，首至地也。言王莽渐渍威福日久，亦值汉之单弱，王侯见莽篡弑，莫敢怨望，皆顿角稽首至地而上其玺绶也。"（《汉书·诸侯王表》）警戒像王莽这样篡弑。从这些事件来看，个人的前途命运，人的价值的实现，是与国家、民族相关的。唐太宗李世民在魏征死后曾临朝而叹曰："以铜为鉴，可正衣冠；以古为鉴，可知兴替；以人为鉴，可明得失。朕尝保此三鉴，内防己过。今魏征逝，一鉴亡矣。朕比使人至其家，得书一纸，始半稿，其可识者曰：'天下之事，有善有恶，任善人则国安，用恶人则国弊。'"（《新唐书·魏徵传》）以铜镜照自己，可以把衣服帽子穿戴端正，而符合礼仪；以历史的诸多经验教训为借鉴、审察，可以认识为什么事件、国家兴盛和更替的原因；以人的行为活动、伦理道德、为人处世的是非、真伪、善恶为鉴别，可以明白得与失、成功与失败。这是年鉴聪察、鉴戒重要的旨意。

微戒效尤，前鉴后图。让人自己觉悟而不犯过错，借鉴以往成败的经验教训，而后获得成功。《广韵·鉴韵》："鉴，诫也。"《正字通·金部》："考观古今成败为法戒者，皆曰鉴。"《墨子》载："恶乎君子，天有显德，其行甚章。为鉴不远，在彼殷王。"（《墨子·非命下》）呜呼君子，天助明德，其行事很彰著。吴毓江注引《诗经·大雅·荡》："殷鉴不远，在夏后之世。"郑玄笺："此言殷之明镜不远也，近在夏后之世，谓汤诛桀也，后武王诛纣，今之王者何以不用为戒。"（《毛诗正义·大雅·荡》）墨子认为天下治理，是商汤、武王的正能力，天下的动乱，是夏桀、殷纣的罪恶，应以此引为儆戒，而不要重犯过错。《尚书》载："益曰：'吁，戒哉。儆戒无虞，罔失法度，罔遊于逸，罔淫于乐，任贤勿贰，去邪勿疑，疑谋勿成，百志惟熙熙'。"孔颖达疏："益闻禹语，驚惧而言曰：吁诫如此，言宜诚慎之哉，所诫者当儆诫其心，无億度之事，谓忽然而有当诚慎之，无失其守法度，使行必有恒，无违常也，无遊纵于逸豫，无过耽于戏乐，当诚慎之，以保己也。"（《尚书正义·大禹谟》）益稷依据禹语意，儆慎戒惧地讲，不要违反法度，不要纵逸，不要淫乐，任用贤人不要有二心，逐去邪谋不要疑惑，不做违逆正道的事，百姓的心态就会顺畅。益稷的儆戒，使人不会照别人的错误行为去做。因而《淮南鸿烈》提出"儆百官，诛不法"（《淮南鸿烈集解·天文训》）。前鉴不忘，后图振兴。年鉴的重要价值就是启人以儆戒、儆慎、警戒和戒惧，惩前毖后，以益后事，造福后人，这是年鉴的宗旨。

年鉴的内涵和智能价值，年鉴之所以为年鉴，如有其所具备的条件、目标、原则、旨意和宗旨。上述这五个方面交感联通，智能相应。《淮南鸿烈》说："物类相动，本标相应。"（《淮南鸿烈集解·天文训》）年鉴记载的百事百态都处在唯变所适的相动之中，相动而相应，使年鉴年年相继，中国和合学年鉴，生生不息。

三

年鉴之所以具有智能价值和现代价值，是因为它具有历史的记忆，时年的标志，人民的心声和理想的愿景。

历史的记忆。年鉴虽是记载一年间百事百态的事实汇总，但它是现实史。一年一年的年鉴，便成为一部真情实感的历史记载，记忆这历史具有重要的价值和意义。年鉴就是以史为鉴，是为了察古知今；不忘历史，是为了面向未来；不忘苦难，是为了建设美好；不忘失败，是为了走向成功；不忘成功，是为了砥砺前进。忘掉历史记忆，就抹去了人们所经历的苦难，如一小撮人试图歪曲"南京大屠杀"的历史事实，这是历史的悲哀，是对历史背叛；忘掉历史记忆，抹去失败的教训，就会重蹈、重犯失败的错误，这是历史的病痛，是对历史的不尊；忘掉历史记忆，抛弃成功的经验，就会多走弯路而落后于世，这是历史的忧愁，是对历史的不敬；忘掉历史记忆，抛弃传统，丢掉根本，就等于割断国家民族自己的精神命脉。记忆历史，善于继承中华传统，更好智能创新，是增强文化自信、价值观自信，是中华文化能够成功"走出去"而站稳脚跟的根基；牢记历史，前事之师，是和平、发展、合作的生命力；尊重历史，旧学新知，是自然科学、人文社会科学兴旺发达的原动力。年鉴智能价值，就是记载、记录、记住、不忘，并回忆、想念历史实事、实物、实人的事迹，《玉篇·言部》："记，录也。"《正字通·言部》："记，誌也，纪事之辞。"《春秋左传》载："夫诸侯之会，其德刑礼义，无国不记，记奸之位，君盟替矣。作而不记，非盛德也。"（《春秋左传正义·僖公七年》）管仲说：会合诸侯，这是为了尊崇德行。会合而让奸邪的人列位，怎么能垂示于后代？诸侯的会见，他们的德行、刑罚、礼仪、道义，没有一个国家不加以记载。如果记载了让邪恶的人参与列位，君王的盟约就难以履行了。年鉴并不专载崇德之事和人的行为活动，也可记录败德失礼之事和人的行为活动。晋文公重耳说："以记吾过，且旌善人。"（《史记·晋世家》）重耳在秦缪公的帮助下回晋国执政，施惠百姓。便封跟随他一起流亡的人或封邑，或尊爵，唯介子推隐去。介子推乃悬书于宫门曰："龙欲上天，五蛇为辅，龙已升云，四蛇各入其宇，一蛇独怨，终不见处所。"龙喻重耳，五蛇指五臣，即狐偃、赵衰、魏武子、司空季子和介子推。晋文公重耳把介子推所隐居的山，号为介山，以记录我的过错，并表彰善人，以为思念。体现年鉴有回忆、想念、纪念有价值、有意义的人与事的功能。

时年的标志。年鉴记载，记录某年某月某日的百事百态，是某年月日的符号、志号，它标记着其时的核心话题、时代精神。核心话题体现其时年的意义追寻和价值创造，其核心话题的反复辩驳及阐述，体现了其时需要化解的人们所面临的种种冲突和复杂危机，标志着这个时代的精神。时代精神具体蕴含在时年之中，时年是与往古、现今、未来的三维时态相关相连，是置于其中的，因而时年的人与物的百事百态不离往古，亦连接未来，前因要知，后果要识，未来要明。"数往者顺，知来者逆"。唯有将时年的百事百态予以标记，或标志，才能体认顺逆。《集韵·志韵》："誌，或作识。"《汉书》载："匈奴老上稽粥单于初立，汉文帝以宗人的女儿翁主为单于阏氏，由宦官燕人中行说傅翁主。"中行说投降单于，"于是说教单于左右疏记，以计识其人众畜牧"。颜师古注："疏，分条之也，识亦记。"（《汉书·匈奴传》）就是一种记述和记载，以认知人和畜的数目。标志是一种认识的方法。五代时徐锴《说文系传·木部》："标之言表也。《春秋左传》谓路旁树为道表，谓远望其标以知其道也。"在路旁边树立一种标志，知道路通向哪里，犹今公路旁路牌，标识到什么地方，及其路程。王羲之的孙子王桢之，任侍中、大司马长史，当时桓玄为太尉，朝臣毕集，桓玄问桢之："我何如君亡叔？"桢之回答："亡叔一时之标，公是千载之英。"（《晋书·王羲之传》）一座皆悦。标是榜样。换言之，年鉴对于时年有与该年鉴有关的事与物、人的行为活动有教育、楷模、榜样意义的应该予以标志出来，这是对其思念、纪念，以继承其好人好事的传统。

人民的心声。年鉴所记载、记录、标志、标识、标举、榜样等是心志、心意、心思的显示、表现和反映。中国古代认为心是会思维的器官。《孟子》曰："心之官则思，思则得之；不思则不得也。"（《孟子集注·告子上》）荀子说："心者，形之君也，而神明之主也，出令而无所受令。"杨倞注："心出令以使百体，不为百体所使也。"（《荀子·解蔽》）心既是思维器官，又是能役使身体各部位器官的君主、主宰者。后来将心沿用为大脑的代称。随着科学的发展，确认脑为思维器官。若以心为脑的代称，指一种心性、心情。《韩非子》："西门豹之性急，故佩韦以自缓，董安于之性缓，故佩弦以自急。"（《韩非子·观行》）两人性情相反，一急一缓，各佩带韦与弦警惕自身的缺陷，即以有余补不足；亦指一种思虑、谋划。《尔雅·释言》："谋，心也。"《吕氏春秋》载："口唂不言，以精相告，纣虽多心，弗能知矣。目视于无形，耳听于无声，商闻虽众，弗能窥矣。"（《吕氏春秋校释·精谕》）陈奇猷释："口吻不发言语，而以至精之言相告谕，纣虽多心，然于周之谋亦不可得而知。"（《吕氏春秋校释·精谕》）尽管从外窃闻内部（事）情的人很多，但亦不能窥见周人之谋划。从心的智能价值来说，宋明理学中有陆九渊和王守仁的心体学派，陆九渊说："宇宙便是吾心，吾心即是宇宙。"（《陆九渊集·杂说》）宇宙、天地万物都在我心中，心统摄、主宰一切。王守仁说："心即理也。天下又有心外之事，心外之理乎？"（《传习录》上）主张心外无理、无事、无物，一切都在我心之中，心是陆王万事万物的本体和存有的根据。佛教以心与色相对待，色指事物的现象，心指一切精神现象。心法是精神作用的主体，为万法的根本，又称心王。年鉴反映、体现人民的心声，就是要寻求、追究时年百世百态中人民心底的声音、要求、愿望，这些要求、愿望，既是需要解决的问题，也为以后的工作提出了任务，以及需要改革、修正、调整等的课题。亦为以后的工作、任务提出了要求，指出方向，引领着为实现民族复兴作出伟大贡献。

理想的愿景。年鉴的三维时间，时年的百事百态的变迁发展，便可预示未来的愿景。理想是根据对时年事态的思考、分析，有根据地对未来事态发展的一种想象、思慕或希望、愿望，它是对事态全体、本质的内在逻辑演变的把握。这种把握是对于事态逻辑发展的规则、法则的体认。《周易·系辞上》载："易简而天下之理得矣，天下之理得，而成位乎其中矣。"孔颖达疏："此则赞明圣人能行天地易简之化，则天下万事之理并得其宜矣。"（《周易正义·系辞上》）易则易知，简则易从，易知有亲可久，易从有功可大，这是贤人的品德和事业。因而易简的化育，万物的规则恰到好处。愿景的愿为愿的简化字。愿是思念，《尔雅·释诂下》"愿，思也。"愿望，《广韵·愿韵》："愿，欲也。"欲望，希望。《楚辞》载："故烦言不可结而诒兮，愿陈志而无路。"朱熹注："疑古者以言寄意于人，必以物结而致之，如结绳之为也。"（《楚辞集注·九章》）屈原受烦乱之言的陷害，他愿望、希望陈述自己忠心，辩明诽谤不实之言。以明白忠奸、善恶。《荀子》载："小人莫不延颈举踵而愿曰：知虑材性，固有以贤人矣！"杨倞注："愿，犹慕也。"（《荀子·荣辱》）人都延颈举踵地倾慕具有知虑材性、道德高尚的贤人。愿景的"景"，《说文》："光也。从日，京声。"《广韵·梗韵》："景，光也。"曹操曰："景未移，行数千，寿如南山不忘愆。"（《曹操集·陌上桑》）光景仍在，寿比南山。《广韵·梗韵》："景，明也。"《诗经》载："高山仰止，景行行止。"郑玄笺曰："景，明也，……古人有高德者则慕仰之，有明行者则而行之。"（《毛诗正义·小雅·车辖》）愿景，就是思念、欲望、希望，一种光明前景的未来，犹当前思慕实现中华民族复兴的中国梦，愿望实现人类命运共同体的和合天下，这是年鉴理想的愿景，这种愿景是人们精神的寄托和慰藉。

年鉴以高远的眼光，人类的意识，宽阔的胸怀，包容的理念、合作的诚意、严谨的工作，使《中国和合学年鉴》既致广大又尽精微地呈现在大众座前。

四

和合学是20世纪80年代末构建的中国哲学理论思维形态，当时世界面临着一个物换星移的新世纪和新千年的到来，人人都惊异这百年一遇和千年一逢的难能可贵的时刻，我惊喜、期盼有这样的机遇。"机者如神，难遇易失"，故联想翩翩，夜不能寐，思考新世纪、新千年人们美好的愿景，便想到人类所遭遇的严峻的人与自然、社会、人际、心灵、文明之间的五大冲突和由此造成的生态环境、社会人文、伦理道德、精神信仰、价值观念的五大危机。如何探赜索隐、钩深致远地化解此五大冲突危机之道，而进入"道通天地有形外，思入风云变态中"之境，依据我的心路历程，对社会、科技飞速发展，电脑、手机、互联网使用的体贴，和《中国哲学逻辑结构论》、《传统学引论》、《新人学导论》理论体系的建构，以及对《中国哲学范畴发展史》（天道篇、人道篇）的全面、系统的梳理，建构了体现21世纪时代精神的和合学，出版了《和合学概论——21世纪文化战略的构想》（上下卷）①。在此之前的《新人学导论——中国传统人学的省察》②中提出"和合型与完美型"的人格，并引用了《国语·郑语》："夫和实生物，同则不继……"一大段话来论述和合学思想。该书于1977年拟好提纲、1988年撰就交出版社。为准备参加1990年"冯友兰哲学思想国际学术研讨会——庆祝冯先生诞辰95周年"，我提交了《新儒学哲学与新儒学的超越》③，专撰《和合学的建构》一节，以超越现代新儒学的"新理学、新心学、新气学，而创造出新

---

① 张立文：《和合学概论——21世纪文化战略的构想》，首都师范大学出版社1996年版、中国人民大学出版社2006年版。

② 张立文：《新人学导论——中国传统人学的省察》，职工教育出版社1989年版、广东人民出版社2000年版。

③ 该书收入张立文：《中国近代新学的展开》，台北东大图书公司1991年版。

的哲学理论形态"——和合学，并在会议上宣读。又在 1991 年 3 月在日本东京大学和京都大学在沟口雄三教授和岛田虔次教授主持下，在两校讲"和合学"，产生了很大的影响，同年 6 月参加新加坡国立大学召开的"汉学研究之回顾与前瞻国际会议"上宣读该论文，引起很大反响，认为是新哲学理论形态的产生。后在各报刊发表多篇文章，从各个层面论述和合形上学、人文精神等，并以"太极图"的阳中有阴、阴中有阳的哲学思维为 1997 年香港等"一国两制"作理论阐述。

　　和合学之所以是 21 世纪的时代精神的体现，是因为提出了和生、和处、和立、和达、和爱五大原理以化解五大冲突和危机，使人与自然、人与社会、人与人之间能够共生，互相尊重生命；国家与国家、民族与民族、宗教与宗教之间"和而不同"地共处；各国家，民族、宗教以"己欲立而立人，己欲达而达人"的共同立己立人，达己达人，共同站立起来，共同发达发展；人类应该以天下如一家地真情彼此相爱，这是和合学金规则。另是因为和合学的和平、合作体现人类共同的期盼，人类共同的意愿。和平才能发展，人民安居乐业；战争、动乱，妻离子散，流离失所；合作才能更快更大发展，在全球化、互联网、物联网、大数据、云计算的大智能时代，不合作就会落后；唯有和平、合作，才能发展，才能获得共赢，这是世界的大势和大潮，谁都不能阻挡，谁阻挡就会被扫除出局。和合学不仅精准地体现了这大势大潮的精神，而且为这大势大潮的干扰、阻挡、冲突、危机设计了化解之道。再是因为和合学提出了和合天下、天下和合的价值理想，体现了"大道之行，天下为公"的人类命运共同体的理念。就此而言，和合学是人类理性精神的体现，是时代精神精华的结晶。因此，编纂出版《中国和合学年鉴》是大众的心声和期盼。

（原载《光明日报》2018 年 1 月 27 日；
作者单位：中国人民大学哲学院；中国
人民大学孔子研究院）

特　稿

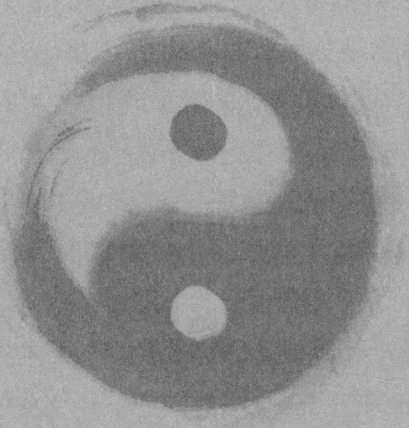

中国哲学的创新与和合学的使命

张立文

中华民族是善思的民族，她为人类文化贡献了老子、孔子、朱子和阳明子等一系列思想大师；中国哲学是创新的哲学，它为世界哲学增添了《周易》、《论语》、《道德经》和《传习录》等一大批经典力作。面对全球化的挑战，我们有责任继承中华民族的善思传统，弘扬中国哲学的创新精神，为人类文化的繁荣，为世界哲学的发展，谱写更加灿烂的思想篇章。

一、中国哲学的创新标志

哲学既是时代精神的精华，又是民族精神及其生命智慧的结晶，同时也是思想家主体精神的超越和流行。因此，中国哲学不断创新的内在根据和演替脉络，就逻辑地蕴含着三个分析维度。

（一）核心话题转向

作为时代精神的精华，哲学总是以核心话题的方式体现特定时代的意义追寻和价值创造。核心话题的时代转向，是中国哲学创新的话语标志。从先秦到近代，核心话题经历了五次大的转向，哲学理论实现了五次创新。

先秦是中国哲学的创发期，其核心话题是"道德之意"。诸子百家虽"指意不同"，但都围绕"道德之意"展开学术争鸣。

道家是中国哲学的鼻祖。根据司马迁的追述："老子乃著上下篇，言道德之意五千余言。"（《史记·老庄申韩列传》）尽管通行本上《道》下《德》，帛书本上《德》下《道》，篇次倒易，但《道德经》的言说宗旨始终是"尊道贵德"。"道冲而用之或不盈，渊兮似万物之宗。"（《道德经》第4章）显然，这个"道"是涵摄万物的原初和合境域。庄子继续言说"道德之意"。他认为，"道有情有信，无为无形"，是"自本自根，未有天地，自古以固存"（《庄子·大宗师》）的和合世界。

儒家与道家异趣。孔子立足礼乐文化谈论"道德之意"。按照"志于道，据于德，依于仁，游于艺"（《论语·述而》）的人生准则，他提倡"闻道"："朝闻道，夕死可矣。"（《论语·里仁》）他主张"修德"："德之不修，学之不讲，闻义不能徙，不善不能改，是吾忧也。"（《论语·述而》）孟子认为："仁也者，人也；合而言之，道也。"（《孟子·尽心下》）人道是参赞化育、辅相天地的和合构成境域。通过"心之官"及其思想功能，天道与人道在诚实无妄中达到诚明和合之境："诚者，天之道也；思诚者，人之道也。"（《孟子·离娄上》）

除儒道之外，先秦其余各家也以"道德之意"作为核心话题。比如，管仲学派认为，治国必须道德并举，"畜之以道，养之以德。畜之以道，则民和；养之以德，则民合。和合故能习，习故能偕，偕习以悉，莫之能伤也。"（《管子·幼官图》）再如，韩非子集法家之大成，建构了"因道全法"的法治思想。他一方面将"道"概括为"万物之所然"和"万理之所稽"，另一方面将"刑德二柄"视为"赏罚之道"。诚如司马迁所言："韩子引绳墨，切事情，明是非，其极惨少恩，皆原于道德之意。"（《史记·老庄申韩列传》）

秦汉之际，随着古代社会的转型，传统哲学也实现了核心话题的转向。两汉是中国哲学的感通期，学术探究的核心话题是"天人之际"，即"天人相与之际"。

西汉初年，朝廷奉行"黄老之术"。武帝即位，"举贤良文学之士，前后百数"，以对策方式"垂问天人之应"："三代受命，其符安在？灾异之变，何缘而起？"（《汉书·董仲舒传》）根据董仲舒的理解，汉武帝所追问的"大道之要，至论之极"，实际上是"《春秋》大一统"："《春秋》大一统者，天地之常经，古今之通谊也。"（《汉书·董仲舒传》）经过"三年不窥园"的精心致思，他以《天人三策》和《春秋繁露》等著述建构了"天人感应"的哲学理论体系。

东汉的谶纬经学将"天人感应"思想推向极端。按照"天人同度"的符应原理，人的四肢五官效法天象，"仁义礼智信"外符天之五行，内应人之五脏。"三纲六纪"，弥纶"天人之际"，学术思维在章句训诂中昏昏欲睡。然而，创新是难以泯灭的哲学天性，是野火烧不尽的理论基因。东汉思想家王充出身"细门"，"不守章句"，敢于在谶纬经学盛行之时重申"黄老之义"："天地合气，万物自生；犹夫妇合气，子自生矣。"（《论衡·自然》）

东汉末年，中国古代社会陷入危机。黄巾举事，民不聊生；董卓之乱，朝纲败坏。魏晋时期，名士以"清谈"的话语方式进行哲学思考，《庄子》、《老子》、《周易》成了《世说新语》的玄妙谈资。玄学的核心话题是"玄冥之理"，其典型命题是郭象《齐物论注》里的"独化于玄冥之境"。

曹魏正始年间，何晏、王弼首倡"贵无"论，认为"天地万物皆以无为本"。王弼在《老子注》和《周易注》里，运用得意忘言的诠释方法，越出两汉"天人之际"的象数樊篱，谈论体用关系上的"玄冥之理"："虽贵以无为用，不能舍无以为体也。"（《老子》第38章注）根据郭象的进一步解释，"玄冥之理"是有无混沌的和合境域："玄冥者，所以名无而非无也。"（《庄子·大宗师》注）只要"物任其性，事称其能，各当其分"（《庄子·逍遥游》注），万物就可"掘然自得而独化"，进入"玄冥之境"。

由于语境险象环生，玄学话题无法深入下去。发展到南北朝，玄学思潮充当佛学的导游，以"格义"方式注译佛典，为大乘般若学的传播铺平了道路。

隋唐时期，特别是盛唐之际，三教兼容并蓄，冲突融合。儒教在明经科举、朝纲吏治等方面发挥伦理教化职能，但在哲学思想上陈陈相因，缺乏新意。道教因与李唐王朝的姓氏因缘，独得皇室青睐，可王权的推崇并不是思想创新的充分条件。从哲学理论形态上讲，隋唐道教无法与佛教分庭抗礼，在概念范畴和思维方法上屡屡侵犯佛家的"知识产权"。因此，隋唐时代精神的最集中体现是佛教的中国化创新。

《易大传》讲："原始反终，故知死生之说。"毫无疑问，"死生之说"是一切宗教思想的究竟话题，是所有正统信仰的终极关怀。翻阅大唐文献，我们发现，反对佛教的韩愈著有《原人》、《原性》和《原道》诸篇，而提倡佛教的宗密也著有《原人论》。由此可见，在推本"性情之原"、参悟人生的"本来面目"上，儒佛两家有着共同的哲学语言。隋唐是中国哲学的融摄期，推本"性情之原"是其核心话题。

唐末藩镇割据，五代十国混战，中国古代社会再次陷入危机。北宋伊始，学者在政通人和、百废待兴的人文语境中，着手重建价值理想和精神家园。出于对佛道二教的"道统"偏见，宋明新儒学采取"攻乎异端"的不相容策略，虽完成了儒、释、道三教的思想融合，但对时代精神的发展作出了偏颇的理论概括。宋明是中国哲学的亢龙期，理学的核心话题是"理欲之辨"，即天理人欲之辨。

程氏兄弟通过"自家体贴"提出"天理"二字，作为儒教伦理哲学创新的概念标记。程朱的"天理"不仅具有心术特征："人心私欲，故危殆；道心天理，故精微。灭私欲则天理明矣。"（《二程遗书》卷24）而且杀机重重："人之一心，天理存则人欲亡，人欲胜则天理灭。"（《朱子语类》卷13）为了论证"天理"对"人欲"的绝对权威，程朱学派借助"道心"与"人心"、"天命之性"与"气质之性"、"理"与"气"等一系列对偶范畴，通过逻辑推演建构了极为精致的理学范畴系统。

陆九渊最先发现"天理人欲之言"不是一个纯粹的学术话题，存在截然二分的语病："若天是理，人是欲，则是天人不同矣。"（《陆九渊集》卷34《语录上》）陈亮、叶适和王夫之等人对"存理灭欲"主张也提出过异议，但为了维护纲常伦理的垄断地位，理欲二元对立的观点始终拥有思想霸权。直到戴震著述《孟子字义疏证》，"人欲净尽，天理流行"的"语病"才昭然若揭："古之言理也，就人之情欲求之，使之无疵之为理；今之言理也，离人之情欲求之，使之忍而不顾之为理。此理欲之辨，适以穷天下人尽转移为欺伪之人，为祸何可胜言也哉！"（《孟子字义疏证·权》）

哲人违背爱智诺言，扮演"道德法庭"的审判官，以偏见冒充"天理"；思者亵渎求真天职，争当"纲常伦理"的卫道士，用意见充任"良知"。随着宋明理学"理欲之辨"由核心话题变为残杀工具，中国哲学的创新源泉从此阻塞，变成了一桩桩"学案"。从这个意义上讲，《宋元学案》和

《明儒学案》属于"儒林内史"，倘若与《儒林外史》参照解读，就不难发现中国传统哲学最终走向枯萎的秘密。

（二）人文语境转移

哲学是爱智的学问，中国哲学是中华民族热爱生命、追求智慧的心路历程。中国哲学的创新在宏观演替上，表现为人文语境随民族精神及其生命智慧的历史变迁而不断转移。"闲云潭影日悠悠，物换星移几度秋。"打个形象的比方，人文语境犹如历史星空，岁月悠悠，哲学创新恰似北斗七星，环绕生命智慧的北极之光流转不息。

历经炎黄融合的华夏诸族，通过"制礼作乐"，民族意识日益觉醒，道德精神不断独立，终于达到了"郁郁乎文哉"的文明境域。中国古代哲学正是在礼乐文化及其典章制度的人文语境中创发出来的。据《汉书·艺文志》的追溯，先秦诸子百家都是从"学在官府"的西周礼乐文化中衍生出来的，是对"古之道术"的创新与发明。比如，以孔孟为代表的儒家，"儒家者流，盖出于司徒之官，助人君顺阴阳、明教化者也。游文于六艺之中，留意于仁义之际，祖述尧舜，宪章文武，宗师仲尼以重其言，于道为最高"。再如，以老庄为代表的道家，"道家者流，盖出于史官，历记成败存亡祸福古今之道，然后知秉要执本，清虚以自守，卑弱以自持，此君人南面之术也。"（《汉书·艺文志》）

如果说先秦是中国哲学的创发期，生命智慧的觉解过程主要通过散文来叙述，民族精神迎来了"道德之意"的黎明曙光，那么，两汉是中国哲学的感通期，文人学者以堆砌辞藻、繁衍象数的辞赋渲染"天人之际"，民族精神及其生命智慧显露出繁杂和神秘的感应气象。依照司马谈的《论六家之要指》，汉初"黄老之术"是以道家老子为依托，阴阳、儒、墨、名、法诸家思想的杂合品："其为术也，因阴阳之大顺，采儒墨之善，撮名法之要。"（《史记·太史公自序》）提倡"独尊儒术"的董仲舒，其《春秋繁露》更是先秦诸子学说的杂交产物，如《深察名号》是名家的手笔，《天地阴阳》是阴阳家的思路，《郊义》和《郊语》是儒家的章法。

两汉是富有创造性的时代，天文、历算、医药、诗歌和史学等方面都取得了很高的成就，但"自武帝立'五经'博士，开弟子员，设科射策，劝以官禄，讫于元始，百有余年，传业者浸盛，支叶蕃滋，一经说至百余万言，大师众至千余人，盖禄利之路然也"（《汉书·儒林传》）。经学儒术一旦成为"禄利之路"，哲学创新的灵感源泉很快就被穿凿附会的章句训诂淹没。汉末魏初，经术衰败，以品评人物"才性"为话题的清谈之风油然而起，学术思想转出一线生机。

魏晋南北朝属于国家分裂、政权更迭的动荡时期。在动荡中，个体价值独立，主体意识觉醒，学术思想活跃，哲学创新再度风起云涌。玄学的兴起是继先秦子学之后，中国哲学史上的又一个思想解放、哲学创新的时代。但与先秦的"道德之意"及其散文诗表达相比，魏晋所辨析的"玄冥之理"格外抽象，言不达意。然而，名教束缚的一时解脱毕竟给哲学思想带来了清新的自然气息，文学创作与哲理运思的巧妙结合，成为魏晋人文语境中最引人注目的地方。陶潜的田园诗篇和《桃花源记》是极富哲理内涵的文学精品，郭象的《逍遥游注》和"玄冥之境"是最有文学韵味的哲学佳作。

隋唐是中国古代社会高度繁盛时期，特别是李唐王朝，具有包容一切的恢弘气度。地域大开发，民族大融合，文化大交流，给人文语境注入了新的思想血液和精神营养。隋唐佛学及其对"性情之原"的穷究推本，从哲学理论层面准确映射出大唐文化激荡融摄、生机勃勃的精神风貌。

"李杜文章在，光焰万丈长。"诗歌创作是隋唐人文语境的主旋律。在古典诗歌的丰收季节，学术思想领域最值得称道的有两件大事：一是"西天取经"，佛教经典沿丝绸之路在东土大唐落户，成为民族文化大家庭的正式成员；二是"古文运动"，儒教伦理从烦琐的章句训诂中复活，仁义道德在主体精神的"性情之原"扎下新的根系。人文语境的包容大度、冲和气象、诗意韵律和智慧觉解，共同塑造了隋唐哲学的融摄特征。

佛教从两汉之际传入中国，经过五百余年的冲荡融突，"出于淤泥而不染"，成了雅俗共赏的"妙法莲华"。道教从原始的神仙方术里逐步走出，经过葛洪、寇谦之、陶弘景等人的修剪和培育，撒播在庙堂与山林之间，成为"长生久视、深根固柢"的金秋菊花。儒教经过"古文运动"的复兴与洗礼，刷去了"禄利之路"的尘埃与泥泞，成为雍容华贵、不失气节的"洛阳牡丹"。唐代兼容并蓄的宗教政策，使儒、释、道三教在融突中创新。

　　然而，五代十国的腥风血雨使学术文化四处飘落。两宋"以文德致治"，民族精神及其生命智慧在既豪放又婉约的人文语境中，结出堪与唐诗媲美的宋词。深沉的忧患意识和崇高的历史使命，激发出"为天地立心，为生民立命，为往圣继绝学，为万世开太平"的豪迈气概；厚重的道德义务和郁闷的政治责任，引诱出抑制个性、熄灭情欲、攻击异端的内敛心术。宋明理学的"理欲之辨"，既扭曲反映了商业经济发达、市民意识觉醒的生存境况，又集中体现了家天下的专制霸道和士大夫的因循保守。理学主张的科举教条化，标志着中国哲学创新精神出现了"夕阳无限好，只是近黄昏"的凄凉景况。

　　明清之际，随着人文语境的进一步内向收敛，专心训诂考据的"汉学"取代了讲究性命义理的"宋学"，中国古代哲学随之以《四书大全》和《性理大全》式的话语专制和文字监禁宣告了善思传统的中断和创新精神的枯萎。

（三）诠释文本转换

　　文本是学术思想的符号踪迹，是智慧觉解的文字报告。哲学家总是通过对特定文本的创造性诠释，准确提炼时代精神的核心话题，全面融入民族精神及其生命智慧的人文语境。诠释文本的学术转换，是中国哲学创新的承继特征。

　　先秦是元典文本的书写与集结过程。诸子百家的哲学创新是以散文方式直接陈述的，除个别段落引用上古文献作佐证外，一般没有后世的"章句"、"注疏"和"集解"。但是，根据《庄子·天下篇》、《史记·孔子世家》以及《汉书·艺文志》等史料，诸子百家也有自己的诠释文本。老子是王室"守藏史"，他对三代文献的阅读和诠释自不待言。

　　《庄子》是《老子》的优秀"注脚"。孔子"述而不作，信而好古"，"读《易》韦编三绝"，主要是对以《周易》为代表的西周礼乐文化进行诠释。《孟子》七篇是《论语》的最好"注脚"。不过与后代抱残守缺的"师法"不同，诸子百家为了说明"道德之意"，广泛涉猎，标新立异，从而使先秦哲学呈现出百花齐放的黎明曙光。

　　"焚书坑儒"之后，三代文献遗失殆尽，诸子学说口头相传，加上大汉王朝重术轻道，两汉哲学总体上以《五经》为诠释文本。董仲舒的《天人三策》和《春秋繁露》是两汉探究"天人之际"卓有见识的著述，他所依据的诠释文本主要是《春秋公羊传》。

正始年间，何晏注《论语》，援老庄释孔孟，开启玄冥之风。王弼注《老子》和《周易》，横扫象数感应方法。其后，向秀、郭象注解《庄子》，发挥"逍遥之义"，虚构"玄冥之境"。《庄子》、《老子》和《周易》并称"三玄"，成为玄学的诠释文本。

从《四十二章经》的译出到600卷《大般若波罗蜜多经》的刊行，印度佛教经典不断进入东土。隋唐时期，讲读、诠释佛经蔚然成风。中国各佛教宗派，在尊奉经律论"三藏"的前提下，简择其中几部经典作为"宗经"。例如，天台宗以《妙法莲华经》为诠释文本，华严宗以《大方广佛华严经》为立论依据，禅宗先以《楞伽阿跋多罗宝经》印心，后以《金刚般若波罗蜜经》传法，惠能南宗独创《坛经》明心见性。概言之，佛教经典是隋唐哲学思想融摄和理论创新的主要诠释文本。

佛经毕竟是在印度梵文语境中造作出来的异域文本，译成汉文后，虽转换了书写符号，但其"厌离人世"的精神并未改变，这势必与"仁民爱物"的儒教伦理发生价值冲突。知识精英出于维护民族精神的尊严，往往视佛教为"异端"。发展到两宋时期，这种过激情绪演变成学术审判。客观上讲，宋明理学是儒、释、道三教思想长期融突的智慧结晶。但受"理欲之辨"的话题左右和复兴"孔孟道统"的语境支配，佛教经典被从解释学的前台赶出，以《大学》、《中庸》、《论语》和《孟子》为主的《四书》成了理学的诠释文本。

回顾中国哲学发展的漫漫长路，我们已经看到，在哲学思想的创新时代，往往同时出现三种变易现象：一是核心话题随时代精神的进步而转向，不存在千年不变的哲学问题；二是人文语境随民族精神及其生命智慧的觉悟而转移，没有万古常住的哲学范畴；三是诠释文本随主体精神及其自由创造的选择而转换，没有放之四海而皆准的真理文本。

二、和合学的创新使命

和合学是中国传统哲学在全球化语境下转生的积极尝试。"和合"二字正是通过对中国哲学"天道"与"人道"近百个范畴的系统梳理而体贴出来的价值理念。和合学从一开始就深深地浸润在民族精神及其生命智慧的源头活水里。

(一)《国语》境域的和生意蕴

对于"和合"一词,通常存在着误解,主要是语源学上的错置,以为"和合"是佛教术语,搞折中,和稀泥。其实,"和合"是中国文化固有的人文精神,早在先秦元典里就已成为重要的哲学语汇。在前文所引的《管子·幼官图》里,"和合"已是言说"道德之意"的关键词。从目前掌握的文献资料看,最早使用"和合"一词的先秦典籍是《国语·郑语》。

《国语》据传是春秋鲁国史官左丘明的著述。三国时期韦昭最先注解,在《叙解》里,他对《国语》的成书缘由做了这样的推测:"……采录前世穆王以来,下讫鲁悼、智伯之诛,邦国成败,嘉言善语,阴阳律吕,天时人事,逆顺之数,以为《国语》。其文不主于经,故号曰'外传'。所以包罗天地,探测祸福,发起幽微,章表善恶者,昭然甚明,实与经艺并陈,非特诸子之伦也。"[1] 在经学时代,《国语》在《五经》之外,与"禄利之路"无缘,这种备受冷落的历史际遇反倒有助于其保持文本原貌。以下,我们选录《国语·郑语》"史伯论兴衰"中的重点段落,借助特定的语用境域分析,仔细体味春秋时期"和合"话语的生生意蕴。

周幽王即位八年,郑桓公作王室司徒,与史伯谈论"兴衰之故"和"死生之道",当论及远古帝王成就"天地之功"时,史伯说:"虞幕能听协风,以成乐万物生者也。夏禹能单平水土,以品处庶类者也。商契能和合五教,以保于百姓者也。周弃能播殖百谷蔬,以衣食民者也。"(《国语·郑语》卷16)虞夏商周之所以成就与天地一样长久的赫赫功业,根本原因在于他

---

[1] (吴)韦昭:《国语叙解》,上海古籍出版社1998年版,第661页。

们能够在天地和人事之间创造和合生意：虞幕能够"听知和风，因时顺气，以成育万物，使之乐生"；夏禹能够熟悉水性，因地疏导，"使人物高下，各得其所"；商契能够了解民情，因伦施教，使百姓和睦，皆得保养；周弃能够播种百谷，繁育蔬菜，让人民丰衣足食，安居乐业。

根据和合生意，史伯断定周幽王必将衰败。当桓公问道："周其弊乎？"史伯肯定地说："殆乎必弊者也！"接着进一步指出幽王"必弊"的原因是"去和取同"。"夫和实生物，同则不继。以他平他谓之和，故能丰长而物归之。若以同裨同，尽乃弃矣。故先王以土与金木水火杂（韦注：杂，合也），以成百物。"（《国语·郑语》卷16）从史伯所举的例证可以看出，"和生"是"五行"在天地与人事之间的杂合。"土与金木水火"是《尚书·洪范》所讲的"五行"，是先王平治天下的首要功德，是人生天地间日用常行的基本元素。善于和合这五种元素，就能风调雨顺，五谷丰登，就可生机勃勃，王道荡荡。相反，如果片面追求类同，强行一统，那么，毁弃多样，毒害生灵，势必危亡。"声一无听，物一无文，味一无果，物一不讲，王将弃是类也而同。天夺之明，欲无弊，得乎？"（《国语·郑语》卷16）

"和实生物，同则不继"，这是对和合生意最精炼的哲学概括，它既深刻反映了人生天地间的道德原理，又和盘托出了天地自然与人事活动怎样才能"并育而不相害"、"并行而不相悖"的元始话题。在吴越争霸战中，范蠡以其独特的才智助越灭吴，出色地回答了这一话题："夫人事必将与天地相参，然后乃可以成功。"（《国语·越语上》卷21）这是一言九鼎的不刊之论，是整部《国语》的点睛之笔。韦昭的注解更是颇得其中三昧："参，三也。天、地、人事三合，乃可以成大功。"

人生天地间，这是生命智慧冬眠初醒、民族精神大梦方觉、主体精神卓然独立的原始视域。迄今为止，尽管宇航员已涉足月球，哈勃望远镜遨游太空，但顶天立地的原始视域，仍是仰观俯察的自然参照系统。人事活动必须与天地自然融突和合，才能建立赫赫功业，成就最高道德。先秦诸子所言说的"道德之意"，正是"人事必将与天地相参"的和生意蕴。

（二）价值冲突的和爱化解

19世纪末20世纪初，在中西哲学文化长廊里，相继涌现出两大疯狂意象：一是尼采《快乐的科学》中的疯子，白天打着灯笼，惊慌地发现"上帝死了"，教堂成了掩埋神灵的坟墓；二是鲁迅《狂人日记》里的狂人，晚上挑灯夜读，朦胧地看出"仁义吃人"，孔庙变为礼教罪恶的象征。

"上帝死了"，知识硕果的善恶属性没有了"最后审判"的价值尺度，科学技术可以在集中营里广泛应用，实证其工具效率。"仁义吃人"，道德修养的是非特征不存在"止于至善"的意义标准，草寇枭雄能够到金銮殿上发号施令，坐享其江山收益。透视这些历史表象，我们看到的幕后真相其实是文明的悲剧和价值的冲突。

文明自古多悲剧。玛雅文明、古埃及文明、古巴比伦文明和古希腊文明，早已烟消云散，存留下来的遗迹只是让人凭吊的"文明的碎片"。

价值冲突愈演愈烈。新教伦理、儒教伦理、佛教伦理和伊斯兰教伦理，都自称"普世伦理"，激烈竞争的场面不过令人困惑的"人权的争吵"。

根据和合学的理解，20世纪是价值冲突的世纪。两次世界大战，半个世纪的冷战，无数的局部战争和地区冲突，是其显著特征。如今的巴以冲突和中东问题，是其综合后遗症。从表面上看，价值冲突的起因是市场配额不均等，利润瓜分不公平，生息领地有争议或宗教信仰有分歧。但从实质上看，一切价值冲突都根源于非此即彼、势不两立的不相容选择。

当前，人类面临的价值冲突有五个方面，构成困扰人类社会持续发展的五大冲突和五种危机。

第一，人与自然的价值冲突及其生态危机。现代生态学告诉我们，人类是自然生态系统的顶级消费者，野菜草根，飞禽走兽，都能充当食物资源。一旦欲望恶性膨胀，杀戒大开，势必危及生物多样性的存在，导致生态环境退化。工业革命以来，用科技知识武装到牙齿的现代人，开展了史无前例的人天大战，"以人灭天"，"以故灭命"。时至今日，物种急剧减少，大气污染日益严重，生态环境不堪重负，大地母亲面目全非。

第二，人与社会的价值冲突及其人文危机。资本主义大生产方式的确立，使个人从温情脉脉的血缘纽带上剥落下来，变成赤裸裸的赚钱工具。受物质利益的驱动，整个社会成了实现物质财富增长的"大机器"。按照零和博弈的游戏规则，在全球展开了军备竞赛、国力竞赛。为了"国家的利益"，个人必须充当"角斗士"。与此相反，文艺复兴以来的个人解放运动，也发展成为利己主义和无政府主义，社会的整合功能受到前所未有的挑战。个人自由与社会整合之间的价值冲突，使古老的人文精神日趋失落。

第三，人与人的价值冲突及其道德危机。市场竞争机制的确立和泛化，使礼让和不争的古典美德形同虚设。忠恕之道成了不思进取的保守策略。人们调动起生物本能中潜在的攻击性，按照《鬼谷子》、《韩非子》和《三国演义》等厚黑谋略，在商海玩你死我活的攻略游戏。爱情、婚姻、家庭、道德良心、社会责任、民族尊严统统成了制胜的武器。

第四，人与心灵的价值冲突及其信仰危机。近代心理学将心灵放进实验室里做解剖分析，运用刺激—反应的机械模式把心理活动分为认知、情感和意志三种现象，浑然一体的心灵被凿穿。弗洛伊德根据歇斯底里病人的临床表现，进一步将意识肢解成"本我"、"自我"和"超我"，完整的道德人格被截成三段。在实证科学的旗帜下，人性有始以来的丑恶面目暴露无遗。从此，心灵世界成了南征北战的沙场。本来，信仰是以自尊、自爱和自强为宗旨的，心灵一旦破碎，自我发动内战，一切信仰都将化作泡影。

第五，人与文明的价值冲突及其智能危机。文明是生命智慧的觉醒状态，是自然智能的创造成就。与以往的生存文明相比，工业文明是以科技创造为第一推动力的产业文明，其最大特征是创造财富的目的不是为了满足人们最为基本的生存需要，而是为了更加奢华的享受和炫耀，特别是随着以信息技术和生物技术为代表的高科技产业的出现，人工智能开始逐步替代自然智能在发明创造中的传统角色。如果说哥白尼的日心说和达尔文的进化论剥去了笼罩在人类头上的神学光环，使人放弃了他在宇宙时空的中心地位，那么，克隆技术的发展和人工智能的完善，将迫使人自身成为十足的工业制品。一旦图灵机模式取得创造性突破，神经元计算机彻底取代硅晶体计算机，那么，包括思想、情感和意志在内的人脑自然智能将被电脑虚拟放大，甚至功能超越。

按照和合学的文化战略构想，要化解上述价值冲突，必须确立和爱准则，尊重生命智慧，保护自然生态，建筑生生大道，让人刚毅地直立在天空下，诗意地栖息在大地上，使工具理性、科学技术无条件地服务于人生的意义追求。为此，需要培养"乐山乐水"的自然情趣，树立"仁民爱物"的伦理精神，悉心守护"乾称父，坤称母"的元始和合境域。

(三)"和合起来"的爱智乐章

不管柏拉图的"理想国"多么正义，莫尔的"乌托邦"多么平均，不管孔子的"大同"何等公道，弥勒的"净土"何等长寿，在迢迢河汉，在茫茫星海，我们只有一个地球。人类的这一宇宙学生存境况，从根本上要求我们"和合起来"。

罗马帝国、奥匈帝国、第三帝国，为了蛊惑人心的颠倒梦想，化玉帛为干戈，历史付出了过于沉重的生命代价。和合起来吧，不要再上演《战争与和平》的历史话剧了。我们需要的是《维也纳的森林》，是《蓝色的多瑙河》，是《春节序曲》，是《丰收锣鼓》。

中国文化是崇尚和合的文化，华夏民族是喜爱音乐的民族。一曲《高山流水》，是我们祖先对元始和合境域的生命体验和艺术表达。伟大的思想家孔子在欣赏《韶》乐时，竟能达到"三月不知肉味"的陶醉程度。可惜的是，秦火一烧，《乐经》失传，元始和合境域万籁俱寂。

要弘扬文化传统，要振兴中华民族，我们就得以音乐家对和声谐音的直觉和灵感，在全球化语境中谱写和演奏新的和合乐章，使中国哲学成为世界哲学新世纪创新的爱智序曲。孔子讲过："兴于诗，立于礼，成于乐。"（《论语·泰伯》）和生意蕴像诗情基调，规定着哲学创新的价值方向；和爱化解如礼仪旋律，调整着科技发明的前进步伐。和处为美，和立为真，和达为善，相与组成从和生到和爱的交响乐章，整体规范意义追寻的道德路径和价值创造的逻辑流程。这便是和合学弘扬中国哲学创新精神的自觉使命。

（原载《中国人民大学学报》2003 年第 1 期；
作者单位：中国人民大学哲学院、中国人民
大学孔子研究院）

韩国精神史与和合文化的方法论的省察

[韩] 李东俊

今天的大主题是"和合文化"。只有"和合"才是人类的理想和应当成就的目标。人类克服一切矛盾和纠纷，保合大和以实现和平世界是我们恳切的愿望，也是不能不履行的责务。

在历史的长河中，人类始终根据各自不同的地域和时代，按照自身的固有方式生活。根据个人和集团之间的处境和倾向，既有相似之处又有相异之处。因为互不相同，所以互相敌对地排斥或斗争，然而相异之处也能彼此互补，而起到上升的作用。不过，我可以看到许多时候人类以历史不同为理由，过分地非难和排斥对方或者造成混乱和破灭，尤其是宗教信念或政治理念上的差异更成为重要的因素。

可以说，我们非常渴望一个尊重多样性、肯定差异处并将其统合起来的高层次的理念开发。换句话说，人类为了清算过去不和不睦的时代和开启和合相生的时代，非常渴望创出一个新哲学，例如新和合文化。

为此，我们应当不论古今东西洞察人类通过长久的历史形成并积聚而来的精神资产，为以温故知新来展望未来的目标作出贡献。

以此为宗旨，本文拟自上古时代至近世对韩国精神史进行概括，在克服两极性和统合多样性的角度上考察其重要部分，进而有助于建构我们追求的和合文化的哲学理论。

一、韩国哲学与儒佛道思想

韩国是位于亚洲东北部的一个不大的国家，但韩国却是有着悠久历史的国家。

高丽时代高僧一然禅师（1206—1289 年）在《三国遗事》"古朝鲜"条中说："《魏书》云乃往二千载，有檀君王俭，立都阿斯达，开国号朝鲜，与高同时。"把檀君（坛君）开国和中国的尧视为同一时代。而且在同一处引用了《古记》中有关檀君朝鲜（古朝鲜）的建国理念的一句话，即"弘益人间"。

今年（2010 年）是檀君纪元 4343 年。韩国曾在 10 月 3 日举行过国家级的 4343 年开天节纪念活动。"弘益人间"的精神不仅在高丽时代，而且在漫长岁月中一直铭刻在韩国人的心性中，现如今已经普及为大韩民国的教育理念，成为韩国无人不晓的命题。

同样，在同一条出现的檀君王俭的诞生说法中，檀君（坛君）作为从天而降的桓雄和源于地的熊女之间诞生的存在，集天要素和地要素于一身，并说它象征着韩国思想从根本上包含了灵肉双全的人间观。

通过以上的几个事例可以概括出韩国古代精神的两个特点。第一，所谓"弘益人间"是说韩国人自古以来具有尊重人间生命爱护和平的固有传统。第二，通过如檀君诞生说法中所看到的天与地的相反要素相结合构成一个完整的身体这一点，可以推断它储备着今后能够接受吸取并融合外来的异质性要素的内在力量。

在韩国传统哲学的发展中，如果说要以必不可少的思想源泉作为前提的话，那么它是什么呢？

很难知道，在高级文化思想从外国传来之前，也就是说在三国（高句丽、百济、新罗）以前的古朝解时代有过什么样的思想。例如崔南善、玄相允（1893—1950 年）及李能和（1868—1945 年）等初期开拓性的国学者们将上古以来的思想称为"古神道"或"神道"，把它和新罗"风流道"的根源联系在一起。李栗谷（李珥，1536—1584 年）早在他的《箕子实记》中说："我东有民，想不后中国。……檀君首出，文献罔稽。"

古朝鲜时代也有当时的习俗和信仰。如以后将叙述的，因为缺少文献很难考证当时有过怎样的思想脉络。没有交往时可能没有，但到了后期从中国传来儒、佛、道等高级文化思想，传入了人文主义的儒教思想和自然主义的道家思想。在三国以前已经传来儒家及道家思想，从4世纪佛教开始传入高句丽、百济及新罗，7世纪自唐朝传来作为宗教的道教。在古代韩国已经是儒、佛、道三足鼎立了，只不过儒、佛、道的作用各不相同。儒教在现实上指向社会国家，在伦理、教育、政治以及制度方面作出了贡献。佛教和道教则运用在精神修养方面，诸如宗教性的哲学方面。无论其倾向如何，儒、佛、道思想很早就在韩国落户，对韩民族精神根源的形成起到了重要的作用。

儒、佛、道传入以前，韩国人以何种精神世界为根源，儒、佛、道如何被吸收、应用、展开可以作为讨论的对象。例如崔致远（857—?）《鸾郎碑序》中所说的"风流道"和"包含三教"，其表现微妙为我们留下了讨论的余地。

> 国有玄妙之道，曰风流，设教之源，备详仙史，实乃包含三教，接化群生，且如入则孝于家，出则忠于国，鲁司寇之旨也；处无为之事，行不言之教，周柱史之宗也；诸恶莫作，诸善奉行，竺干太子之化也。（《三国史记·新罗本纪》"真兴王三十七年"条）

所谓古来的作为"玄妙之道"的"风流"原本是儒、佛、道要素具备的实体还是儒、佛、道的综合体呢？不管怎样，风流"包含"着三教是事实，无论它原本是一具三还是后来被综合的，三教可以融合在一个"风流道"（或是"随月道"）之中的认识即使朴素，也是以思想能包容异质性思想的宽容的统一性作为前提的。自古流传下来的"风流道"中没有儒、佛、道的纠葛，而是自然而然地融合在一起的描述是非常值得瞩目的。

不管怎样，在很早时期韩国人就能接触到整个儒、佛、道的思想，为能够体验到不同质的多方面的高层次的思维创造了机会。非常庆幸的是，它对使我们理解哲学性讨论的可能性及具备均衡感觉的思想性的修炼作出了贡献。展望韩国哲学史时重要的省察对象将是，后来韩国人将睿智和情感联结起来，儒、佛、道思想是如何在韩国展开并得以发展的。

儒、佛、道不仅很早就存在于韩国人的思维世界中，而且随着改朝换代，三家思想相互涵化，哪一家能起主导作用也根据其时代状况有所不同。到了近代又出现了想要把儒、佛、道重新统和认识的思想潮流。

因为儒、佛、道各自具备了"巨大的"思想体系，所以不能只将它限定为某一种特殊学问。不能认为它必须是宗教的或是伦理的，而只将它限定为一种。还可以说，三者作为哲学的探索对象具备了理论和内容。事实上，我们不正是把它们称为"儒教哲学"、"道教哲学"及"佛教哲学"。

观察韩国思想的变迁可以发现有趣的一点，那就是与儒、佛、道相关但随着时代其主潮也不同。根据不同的看法，这种修炼的历程是通过民族精神史，随着时代的变迁由互不相同的思想体验积累而成的精神财产，使我们预测到把它重新统和的"文化战略"。

在古代（三国时代及统一新罗时代），儒、佛、道各尽其能，特别是佛教盛行；在中世纪（高丽时代），儒、佛、道混合之中道教的色彩比较强烈；在近代（朝鲜时代），道佛后退（于山间或民众中）而儒教的影响至大。另外在韩末，随着后天开辟思想的新起（虽想止扬旧貌）呈现出要将儒、佛、道三教会通为一的景象。倡导东学的水云崔济愚（1824—1864年）说："吾道合儒佛道三道。"（《水云行录》）一夫金恒（1826—1898年）在《正易》中说："道乃三分理自然，斯儒斯佛又斯仙。"（《正易》第20章）这样的叙述看起来相当地具有概括性和圆式性，但是联想过去的风流道，希望它能成为重新在更加高扬的位置上，相乘的统合历代韩民族痛苦地体验经历过来的思想遗产而开启新的哲学做贡献的智慧。

二、韩国传统哲学的方法论的概观

（一）两面性和统合性

仔细观察韩国哲学传统，存在着随每时的情况在相互对立或相对的侧面上进行考察并将这样的两面性更高地止扬为一个的讨论。

在哲学性讨论上，根据其主题面临对立和统一的问题似乎是不能避免的事情。《周易》中形而上者谓之"道"，形而下者谓之"器"。这种观点不仅在后来展开为太极、阴阳论和理气论并成为韩国性理学的基本概念，而且诸如精神和物质、原理和事实、观念和实在、身和心、理性和感性、理念和现实、理论和实践、普遍和特殊等分开来看的二分法的论法，不论东西方都可谓是属于基本的主题（Theme）。

在我们经常看到的文献中，元晓（617—686 年）在《大乘起信论疏》中说："开则无量无边之义为宗，合则二门一心之法为要。二门之内，容万义而不乱；无边之义，同一心而混融。……开而不繁，合而不狭。"同时提到"三门一心"。栗谷（1536—1584 年）在《圣学辑要·统说》的开头处这样记述："圣贤之说，或横或竖，有一言而该尽体用者，有累言而只论一端者。今取体用总学之说，为首篇。"如此叙述着"体用总学"。意思是说，不管是"二门一心"，还是"体用总学"，与巨细无开都能自由地分析和综合。这里当我们对韩国哲学传统进行省察时，无论是宏观还是微观地接近，都可以坚持互相对立和统一的观点进行讨论。

（二）佛哲学性方面：元晓的和诤、义天的教视、知讷的顿渐定慧

首先对于佛数哲学，留意重要的事例为好。例如高句丽的僧朗（5 世纪末齐·建武年间），传说他进入中国，针对北方以"有"为中心的"毘昙思想"和南方以"空"为中心的"成实论"拔出有无两执，成就二谛合明的中道，最终成为中国三论宗的先驱者。不仅如此，新罗的圆测（613—696 年）也作为在中国活动的高僧，在慈恩宗等盛行的当时，他在中国佛教界的学问风土中占据的突出的形象，因《成唯识论述记》（20 卷）、《成唯识论掌中枢要》（4 卷）等著述以及在唯识学中卓越的境界备受称颂。他以属于有宗的唯识哲学为主，拥护般若的空宗，撰写了《般若心经疏》和《般若心经赞》。（参见《朴锺鸿全集》Ⅳ）引用《般若心经赞》的第一节，曰："立空有宗，共成佛意。清辨菩萨，执空报有；护法菩萨，立有发空……亦空亦有，顺成二谛；非空非有，契会中道。"又曰："具现空有雨宗道理，双除有无二种偏执。"他既以唯识学为基本，又同时说"二谛"和"中道"。

如果再看元晓，他的思想再一次止扬了三论的僧朗和唯识的圆测。朴锺鸿教授（1893—1976 年）如下记述：

> 如果说僧朗的三论宗是立足于中论、十二门论等的话，可以说圆测的唯识思想更接近源于解深密经的瑜伽论或摄大乘论的思想系统。以此类推，元晓正是把三论和唯识思想止扬为其和静的论理。换句话说，他在更为深奥的根本性和全体性的立场上，和合了僧朗和圆测的思想，为即将展开的韩国佛教乃至全佛教思想明示了正确的方向。（《朴锺鸿全集》Ⅳ）

经过统一新罗时代，教宗和禅宗既不是没有盛行，又不是没有互相对立。然而到了高丽时代的大觉国师义天（1055—1101 年）和普照国师知讷（1258—1210 年），这种禅、教的对立取得了通过高水平的哲学省察和合为一的理论成就。

众所周知，高丽时代的义天在以"教"为本的同时必须肯定在"禅"的立场上论述"教观双修"。义天所谓的"观不得不举，经不得不授也。……傅大经而不学观门者，虽曰讲主，吾不信也"（示新参学徒缁秀）这段话令人印象颇深。

而且知讷是以"禅"为本论述"顿悟渐修"和"定慧双修"。不仅不能停留在一次的觉悟上，而且要在以后持续地修炼；不仅要有不立文字的禅定，而且要有知的修炼。"禅定"和"知慧"不是互相矛盾的，而是有着体用关系的。对于知讷来说，是"顿渐两门，千圣轨辙"（修心诀），也是"定慧二门，修行之要"（节要私记）。

朝鲜时代的西山大师休静（1520—1604 年），不仅撰写了《仙家龟鉴》，甚至撰写了《儒家龟鉴》和《道家龟鉴》，被称为《三家龟鉴》。四溟大师惟政（1544—1610 年）说，休静撰写《仙家龟鉴》并亲自加以注解，"言言见谛。句句朝宗。向之偏者圆之。滞者通之。可谓禅教之龟鉴。解行之良药也。"（《仙家龟鉴》跋文）可以看出，通过休静和惟政二僧再次确认了韩国佛教的传统精神。

以上事例，在佛教哲学的讨论中既肯定互相对立的个别立场，又能观察到更高层次的具体事例，展示了韩国精神史上极为重要的哲学性修炼的一端。

（三）道教哲学方面：道家哲学和道教思想

所谓道教，是指原本哲学性较浓的老庄的道家思想和宗教性较浓的道教思想。后者可以再分为，带有修养论性格的同时追求长生不老的神仙思想和王家、贵族及民间求福禳灾的宗教性的侧面。不仅道教，佛数也是将高度的哲学思想和心性的修养以及到彼岸的往生思想和现世的祈福信仰复合在一起的。

但是在广义上对于道教来说，老庄的《道德经》或《南华经》很早就被三国的识者层经常阅读的事实是通过文献流传于世的。高句丽末期，在国家角度上几次引进了道教，每次都带来了道家文献。百济时期，传授给日本学术文化的和迩吉师王仁不仅传授了儒教书籍，而且也传授了道家书，这一点说明道教文献在当时是知识层必不可少的书籍。新罗时期，元晓《大乘起信谕疏·标宗体》从第一行就已经引用了《道德经》的文章（曰："然夫大乘之为体也，萧焉空寂，湛尔冲玄，玄之又玄之，岂出万象之表；寂之又寂之，犹在百家之谈，非象表也"），不仅同时使用了佛教的"寂"和道家的"玄"，而且"玄之又玄"正是《道德经》第1章的句子。金仁问（629—694年）曰："幼而就学，多读儒家之书，兼涉庄、老、浮屠之说。"（《三国史记·列传》）这说明在新罗的学制和科举考试上已经反映了诸子百家之书。

在古代也不是没有宗教性倾向的道教要素，例如高句丽末引入五斗米教或者作为宗教的道教，就算是一时道士们也曾经活动在主导地位之上、新罗金庾信（595—673年）的神奇的方术、高句丽归化僧惠亮设置的八关祭，等等。不过这些在当时似乎并没有在国家社会的角度上具备体制而风靡。

然而到了可谓是中世纪的高丽时代情况就有所不同了。通常高丽时代被视为儒、佛、道三教交涉或混合的时代。如《高丽太祖十训要》中所看到的，儒、佛、道三教没有显示相互矛盾而是混合的。佛教的"燃灯"与道教的"八关"配对施行于高丽一代，很好地体现了其特色。儒者也知道佛教

（崔冲、金富轼），佛者也理解儒教（义天）。高丽从王室开始奖励佛教，出现了诸如大觉国师和普照国师的高僧大德。但是比其他时代格外兴盛的高丽时代的思想特色，实质上是紧密联系在生活中的（宗的、神秘主义的）道教思想。

高丽道教具有国家规模的体制，是进入 12 世纪高丽在经历了 200 年睿宗时期从宋朝正式传来道教之后。当时引进两位道士，大建道教道观即福源宫，选拔弟子学习道要。这才是真正意义上的高丽道教的开始。在这之后的仁宗（1122—1246 年）时期，在西京修建林原宫，宫中设八圣堂供奉八圣进行祭祀。因为"八圣"是仙佛之混合，所以相当于把所谓固有信仰和佛教吸收到道教之中。① 这样道教有了道观并开始进行宗教仪式。在国泰民安和延长王室基业的宗旨上，进行了无数次的醮祭。② 这样的道教活动包括儒佛都有关系，无论是妙清、郑知常等，还是现存的金富轼的醮祭青词，甚至连像李穑（1328—1396 年）那样的儒者，情况也是一样的。总之，这种思想风土波及全国上下，对帝王以至庶民产生了影响。

另外一些文人达士，个别地接触老庄的道家思想，逍遥内心，具有思想的清新性，因此也撰写了有新鲜感的文章。可以看到以李仁老（1152—1220 年）为代表的喜好清淡的江左七贤，还有从事阴阳五行说和仙术的流派。不过他们都难以摆脱高丽时代的特殊的道教氛围。

总而言之，笔者对于韩国道教中把古代和中世纪的特征分别以哲学性的道家思想和宗教性的道教思想进行对照区分产生兴趣，设想能否对此更为宏观地分析综合，重新赋予这两方面历史的、思想的意义，并且在更高的位置上为这两方面的和合摸索出新的方向。

---

① 八圣：一曰护国白头岳太白仙人实德文殊师利菩萨；二曰龙围岳六通尊者实德释迦佛；三曰月城岳天仙实德大辨天神；四曰驹丽平壤仙人实德燃灯佛；五曰驹丽木觅仙人实德毗婆尸佛；六曰松岳震主居士实德金刚索菩萨；七曰甑城岳神人实德勒叉天王；八曰头岳天女实德不动优婆夷。参见韩国哲学会编：《韩国哲学研究》（上），第 367 页。

② 醮祭行事：天神醮、太一醮、北斗醮、本命星宿醮、星变祈禳醮祭、百神醮、三界神醮、五瘟神祭、毡城祭天醮、昊天五方帝醮、别贡齐醮、九曜堂祭醮、老人星祭、王病祷祭、摩利山堑城醮、助兵六丁醮、开福神醮、阙庭醮祭，等等。参见韩国哲学会编：《韩国哲学研究》（上），第 376 页。

（四）儒教哲学方面

韩国近世应该说是朝鲜时代。它经历了 500 多年的漫长岁月。如果把上古时代称为"古朝鲜"，那么它也可以称为"近世朝鲜"。

以佛教及道教为中心的韩国的古、中世思想从丽末鲜初起迎来了交替为儒教的思想转换，它是通过朱子学的性理学批判形成的。朝鲜时代的儒教和以前没有哲学理论支撑的情况是迥然不同的。儒教以社会、国家这一现实为基础是事实。但朱子学不只是停留在世俗的伦理道德和政治、教育的角度上，而是基于形而上学的精密的宇宙论和人间观，即建构了阴阳论、理气论、性情论等具有高度哲学性的性理学理论。人们还把它称为道学。道学不但具有理论，而且具有强的实践性。儒教成为国是，朱子学则成为朝鲜时代的理念。

近世朝鲜作为儒教时代，朱子学形成其思想主流，而前期和后期的状况是不同的。在前期，随着道学和性理学定位，学问上并没有超出其范围。到了朝鲜后期情况却发生了变化，虽然作为道学系统的义理学和礼学及后期性理学继续发展，但是在学问精神上与性理学的倾向有所区别的实学思想开始抬头。总之，朝鲜前期的道学中也能看到很强的实践性，朝鲜后期的实学中也没有舍弃心性的问题和道德性。如果说大体上朝鲜前期是理念性较强的道学时代，那么与此相比朝鲜后期则是现实性较强的实学时代。这里可以对照地考察朝鲜时代前后期的学问倾向的差异，并对此进行再综合。

1. 义理派和事功派及内圣外王的道学思想

众所周知，丽末鲜初有对于高丽朝的节义派和对于朝鲜朝创业的参与派。它们在朝鲜初期分别成为所谓义理派（郑梦周、吉再系统）和事功派（郑道传、权近系统），在朝鲜朝创建后 100 多年以来形成了互相对立的局面。他们都作为儒者植根于朱子学。义理派也有现实意识，事功派也不是没有远大的理想。依然是前者的理念性较强，后者的现实性较浓。如果说前者对人类的主体道德性和社会正义敏感的话，后者则是现实地把着重点放在社会国家的发展和民生安定上的思考方式。虽然没有标攀明确的名称，但是这两个系统有时连带、有时纠葛，具有各自的哲学背景，按照各自的目标在引领国家发展上起到了重要的作用。

自儒教朝鲜立业已有 100 多年，到 16 世纪道学和性理学进入了全盛期。

那么道学要实现的是什么呢？简单地说是"内圣外王"，即"在内成为圣人，在外成为帝王"。应当以人类主体的内在觉醒为基础，在社会上形成最佳的人伦共同体。据静庵（赵光祖，1482—1519 年）所说："学者以圣贤为期……人主以唐虞三代为期……立志如此而用功于格致诚正，渐至于圣贤之域，尧舜之治矣。"他还说："若从骛高远而不下实功，则日趋浮虚之地。"（《静庵集》卷 3《侍读官时启》）况且"人主学问，非止澄明一心而已，当见于施为之际"（《静庵集》卷 4《副拜副提学时启》）。"所以治国者，道而已。所谓道者，率性之谓也。"道应该植根于人类本性。但静庵也说："虽然，道非心无所依而立，心非诚，无所赖而行。"（《静庵集》卷 2《谒圣试策》）就是说，虽有当行之道，但因行道的主体是人，故关键在于诚。因此静庵在开拓"内圣外王"的道学理想的同时，基本上是彻底要求精神的修炼。学术思想不止于理论探究，还要在现实生活中展开。从这里可以窥视静庵的"其所知无不言，其所言无不行"的道学精神。立朝仅四年，静庵在施展道学政治时因己卯士祸不幸牺牲。

李栗谷认为，静庵赵光祖才是韩国道学的开始，他对道学如下定义："夫所谓儒者，进则行道于一时，使斯民有熙皞之乐，退则垂教于万世，使学者得大寐之醒。"（《栗谷全书》卷 15《东湖问答》）对于静庵，栗谷又说："持身必欲作圣，立朝必欲行道。"（《道峰书院记》）宋时烈（1607—1689 年）则说："粹然圣贤之道，而纯乎帝王之法矣。"（《深谷书院讲堂记》）

道学把性理学作为其理论根据，但它不是单纯的理论哲学。"圣贤之域和尧舜之治"、行道和垂教、持身作圣和立朝行道、"里贤之道和帝王之法"等都有内圣外王的意思，是内外两面全部包括的概念。因此，不止于理论、学问的探究，必须要求非常严格的人格修炼和主体觉醒，在历史面前呈现出严肃对应的实践性的姿态。

2. 花潭的主气、退溪的尊理、栗谷的理气之妙

朝鲜朝创建 100 年后进入 16 世纪，韩国性理学到了高峰期。朝鲜朝辈出的儒生无数，如花潭徐敬德（1489—1546 年）、退溪李滉（1501—1570

年）及栗谷李珥（1536—1584 年）等代表性学者。

前面已经叙述过，韩国性理学有主理派或主气派、折中派的说法，关于这种分类法有过争论也是事实。这不是能简单处理的问题。就太极、阴阳的关系和理气说而言，把哪一个视为基本的，是一元的还是二元的关系是非常重要的哲学性的问题。与此相关，韩儒们各自采取鲜明的立场，通过韩国性理学史展开了激烈的争论。

现在，就 16 世纪高峰期在性理学上展开的理气论的三种情况，再次确认其立场。

众所周知，花潭徐敬德（1489—1545 年）是气哲学者。当然，对于花潭来说也不是没有"理"。通过"理气之源"、"理之时"，或者"指其气之用事能不失其所以然之正者而谓之宰"等话语，似乎可以认为他没有太多地脱离原有的性理学的立场，并且花潭与无极同时使用了"太极"一词。但是，花潭哲学的基本立场是以"气"为基础的。正如从他的几篇论文《原理气》、《理气说》、《太虚说》、《鬼神死生说》中所看到的，即使"太极"的"极炒"再光辉、"理"再纯粹，也不能成为存在的穷极根源。对于花潭来说，描述为"先天"、"后天"的"形而上者"和"形而下者"都是"气"。

但是花潭的立场正如栗谷所评价的"其于理气不相离之妙处，了然目见"，是以"气"为根本，认为"理气"是一元的，而且性理学的基本命题"理气"的不杂性或"一而二"的论法反而使得他不能正确把握存在的真相。包括精神、物质的一切存在都是气，因此"气"是所有一切（精神、物质）的根源，不能说它是物质存在或者精神存在其中的某一个。不可能有超越事实性的原理，即便有它也是架空的、纯粹观念的，也就是说空虚的。

花潭在他的"理氧说"中这样说道：

> 易者阴阳之变，阴阳，二气也。一阴一阳者，太一也。二故化，一故妙，非化之外别有所谓妙者。二气之所以能生生化化而不已者，即太极之妙，若外化而语妙，非知易者也。（《花潭集》卷 2《理气说》）

退溪的立场却完全不同。花潭在理气关系上似乎给人"气"吸收"理"的印象，但退溪认为花潭的这种立场是完全混淆了"理气"。对于退溪来说，存在的穷极原理是"理"。太极是"理"，阴阳是"气"。如果说花潭接近于张横渠和邵康节，那么退溪则接近于程伊川和朱晦庵，这是经常被指出的。程伊川认为性是理（性即理），以朱子为代表的"正统性理学"几乎都是那么认为的。对于退溪来说，穷极的存在是"理"。"理"和"气"的混淆是脱离了性理学的本领。他写了一篇《非理气为一物辩证》的文章。退溪对于"理气"的不离性没有展开太积极的讨论。然而"理"、"气"之分至关重要，花潭的重大错误就在于"理"和"气"混淆（认气为理），把"气"视为穷极的存在。

对于退溪，理是"极尊无对"。它只是对事物下命令，却不受任何物的命令（答李达李天机）。而且给奇高峰这样写道：

> 盖深思古今人学问道术之所以差者，只为理字难知故耳。……非略知之为难，真知妙解，到十分处为难耳。……能为阴阳五行万物万事之本，而不囿于阴阳五行万物万事之中，安有杂气而认为一体，看作一物耶？（《退溪全书》卷16《答奇明彦别纸》）

李栗谷一方面高度评价花潭和退溪的学说，另一方面认为有批判的余地。栗谷认为，花潭分明看出"理"和"气"本来是不能分离的，即"理气不相雜之妙处，了然目见"。这里他指出了原有性理学者对于"气"世界的理解不够充分，并肯定了花潭所说的对于"气"世界的更引申的理解。但是栗谷也说，花潭正如退溪所指出的，把"理"和"气"混淆、又把"气"和"理"视为一物（认气为理）是错误的。这里指出，花潭偏重"气"之余封于正统性理学把"理"看作是穷极存在的理由理解得不够（见一隅者）。所以栗谷认为，不管"气"有多么伟大也要把它视为局限的，只有"理"才能成为普遍的原理，从而提出了"理通气局说"。

票谷对"气"也十分肯定，承认其经验性和实在性是必不可少的，但也要承认其局限性，"理"才是穷极的原理。栗谷说："夫理者，不可加一毫，不可加一毫修为之力。"（《栗谷全书》卷 10《答成浩原》）"圣贤极本穷源之论，不过以太极为阴阳之本。"（《栗谷全书》卷 9《答朴和叔》）栗谷在视"理"为穷极存在的一点上和退溪采取同样的立场。因此把栗谷规定为主气论者是有问题的。

但是栗谷对于退溪学说中尊理之余过于超出，好像在"气"之外单独有一个"理"世界的理论表示反对。"理"和"气"绝对不能混淆，但"理"离开"气"就没有挂搭的地方（无挂搭处），这个观点朱子已经论定过。过于贬低气而在强调"理"的超越性之余展开"理气互发说"，可以归结为"理气"有先后离合，这虽不是本意却引起了论理上的混乱。栗谷确认，一切作为无论是精神的还是物质的，与种类无关是"气"的现象，"理气"没有先后和离合。发动的是"气"，（从"气"上看）"理"是其所以然，（从"理"上看）又是主宰。因为作为的是"气"，其根据是"理"，所以栗谷主张"气发理乘一途说"。

以上论述了以"气"为基础的花潭的理论和视"理"为穷极者的退溪学说的特征，大概地考察了栗谷对此的观点。这里栗谷表现出既充分考虑"理气"的两面性，又统合认识二者的论法。栗谷举了论述"理气"融合侧面的程明道的道器论和主张"理气"分属的朱子理气论的文章（理自理，气自气），列举两面——作为不离性"理气"不能是二物的侧面和作为不杂性"理气"不能是一物的侧面——提出了在一个焦点上同时看的"理气妙合的理论（理气之妙）"。栗谷的原文如下："考诸前训，则一而二，二而一者也。理气浑然无闲，元不相离，不可指为二物，故程子曰，'器亦道，道亦器。'虽不相离，而浑然之中，实不相杂，不可指为一物，故朱子曰，'理自理，气自气，不相挟杂。'合二说而玩索，则理气之妙，庶乎见之矣。论其大概，则理无形而气有形，故理通而气局。理无为而气有为，故气发而理乘。无形无为，而为有形有为之主者，理也；有形有为，而为无形无为之器者，气也。"（《圣学辑要·修己》二）

在朝鲜前期的思想潮流中，我们瞩目以下三点：

第一，朝鲜初期的义理派和事功派是对立的。两个系统的哲学倾向不同。大体上其特征是"道德性和理念性"及"实效性和现实性"。两个潮流属于纠葛关系，但是二者互相起到刺激和补充的作用，为历史的发展作出了贡献。

第二，在朝鲜前期发展的道学思想。以人类的主体觉醒为基础的"内圣外王"的道学精神成为韩国儒教的基本特征，通过历史在韩国人的精神脉络中形成体质化。

第三，以朝鲜前期的理气说为中心考察了主气、尊理及理气妙合。

就这样，在朝鲜前期哲学思想的潮流中围绕着几个重要的事例考察了对立和统一的观点。

3. 实际性思维及实学和道学的提携

前面在考察近世韩国思想史的时候提到，从广义上讲前期为道学时代，后期为实学时代。在朝鲜后期，不仅实学而且道学系统的义理学、礼学、阳明学及后期性理学也得到发展。但是，朝鲜后期大体上是以实学氛围为基础来展望的。

真实意义上的实学应当共同追求主观精神性侧面的"内实"和客观物质性侧面的"外实"。"内实"和"外实"互相照应，关系密切。不能只凭"内实"解决一切，"外实"也不是万能的。"内实"不能生成"外实"，"外实"的体现也不就是"内实"。

朝鲜后期的时代状况是，不能只在主观、道德、信仰上解决一切，应该在客观、政治、制度、科学上进行对应。进而我们看到了朝鲜后期实学派的登场。朝鲜后期实学并没有只重视"外实"而忽视"内实"。但是不能只安逸于"内实"，无论如何都应该着重于"外实"。

我们知道，朝鲜后期以磻溪柳馨远（1622—1678 年）为始，所谓"星湖学派"的实学思想和英祖、正祖时代北学派等的实学思想兴起。实学派的旗帜是"经世致用"和"利用厚生"。丢掉脱离现实的空理空论和虚伪虚势转向务实、力行、实心、实事、实功、实效、实利等实用主义路线。

我们在这里重新来看为《磻溪随录》写序文的吴光运（1689—1745 年）的文章。他以"道德原乎天，政制本乎地，师天而不知地，师地而不知天，可乎？"（《磻溪随录序》）开启序头，说当时的人们即使是见闻少学问低的人也知道"道原之自天"，但是为何"若夫敷地道而设王制，虽名臣硕补瞠堂如也，此何以哉?"(《磻溪随录序》)他用《周易》的干（天）、坤（地）和形而上、形而下的道器论解释了道学和实学。

讨论实学派的特征时，人们通常引用朴趾源（1737—1805年）修改《书经》的文章中正德、利用、厚生三德的顺序而说的"利用然后，可以厚生，厚生然后，正其德矣"(《北学议》序文)，这表现出与道学派不同的实学派的特性。"利用厚生"和"经世致用"分明不是在观念上获得的。这一点确实要加以区别。但是韩国实学思想家的重要观点是，不管如何强调"利用厚生"和"经世致用"的现实性，也不能只重视"外实"。

不仅磻溪柳馨远和星湖李瀷（1579—1624年）如此，因独特的实学思想而受瞩目的北学派的重要思想家湛轩洪大容（1731—1783年）也说，学问中有义理、经世济民及词章等三种，虽然义理学为根本，但是"经世"和"词章"也都是必需的，把这三种视为相补的关系。他又说："正心诚意，固学与行之体也。开物成务，非学与行之用乎?"(《湛轩书·内集》卷3)而且阮堂金正喜（1786—1836年）也说"实事求是"。阮堂说："夫圣贤之道，在于躬行，不尚空论。实者当求，虚者无据。若索之杳冥之中，放乎空阔之际，是非莫辨，本意全失矣。"(《阮堂集》卷1《实事求是说》)确实性的探究并不是根据主观的观念或想象力，而是立足于具体的事实考证，应该通过自己自身的实践躬行去追求，应当在自己遇到的正在进行中的事件事实中求得"是"。"是"是什么? 它是确实性和正当性。应该在"实事"中求得"是"。固然脱离"实事"不能求得"是"，但是脱离"是"的"实事"是没有意义的。

此外，茶山丁若镛（1762—1836年）等大部分的实学者们想要摆脱形而上学的独断，基本上坚持着经验主义的立场，但是可以看到他们非常重视人类的内在的诚实性和道德价值。这里我们可以确认，韩国实学派在方法上虽以事实为本，但不止于此，它们是用义理联系起来的。这一点要求我们重新对过于偏向地认识"实学"的一般见解进行思考。

实学时代的易学者可以举出逸叟李元龟（1758—1828年）。逸叟在他的《心性录》中将人伦和产业与丈夫和妻子对比，记录如下：

　　噫，非人伦无以治产业，非产业无以明人伦，人伦比之如夫，产
业比之如妻。单举人伦而不治产业者鳏也，独取产业而不循人伦者寡
也。如知之则孰欲鳏居，孰愿寡处。

　　人伦和产业不可分就如同夫妻关系。逸叟的这个叙述（以《周易》的
阴阳思想为基本），一方面可以成为对于道学派的产业轻视的警钟和对于实
学派批判性理学派理论的空疏性且过分倾向于经验性、事实性、功利主义
的教谕；另一方面可以接受为在更高的立场上统合认识道学与实学的理论
根据。

　　本来道学派没有忽视产业的理由，实学派也没有贬低人伦的理由。道
学派和实学派都有各自的特性和局限性，但是从根本上有沟通的可能性。从
这一点出发，我们应当摸索出韩国思想史中朝鲜前期的道学思想和后期的实
学思想在宏观视野上的和合之路（保合大和）。

　　通观韩国传统哲学的时候，为了便于考察可以采取用两面性和统合性
的框架进行整理的方法。西方哲学经常把合理论和经验论对照起来进行讨
论，再把它综合为康德的构成说，此外还可以指出许多如唯物论和唯心论、
科学哲学和实存哲学等互相对立的要素。同样在韩国精神史上也可以看到在
宏观和微观上思考倾向不同的哲学思想，而且要将其综合止扬的一点是相同
的。元晓的"二门一心"或栗谷的"体用总学"作为哲学方法论成为重要的
观点。

　　在佛教哲学中，元晓把僧朗的三论和圆测的唯识综合止扬和净的论法，
以及与教宗和禅宗的对立相关义天和知讷不分离二者而是统合对待等，这些
都是突出的事例。在儒教的性理哲学中，李栗谷从根本上省察主气论的顶峰
徐花潭和理尊说的顶峰李退溪的思想，再一次止扬"理气之妙"的"理气"
关系，他的立场可以说是在哲学上用两面性和统合性的理论充分说明的例
子。这种观察法无论范围的巨细都可以适用。把倾向对立的捆绑在一起考察
其性格找出新的要素和意义的事情，将为丰富我们的思考和提高我们的水平
作出贡献。比如说，我们可以把古、中世的思想捆绑为佛教、道教，将二者

与朝鲜时代的儒教进行对比，还可以把韩国民族经过长时间修炼而得的宗教哲学的、形而上学的思考经验与社会国家的、现实指向性的思考经验综合地收敛进来。我认为，如果再缩小一些范围对于道教还可以把古代哲学性的道家思想与中世宗教性的道教思想进行对比，这样就能够发掘理性的、论理的侧面和情感的、神秘的侧面自有的意义，在更高的角度上同时观察二者，这样的观点是具有可能性的。

而且就近世韩国自朝鲜时代而言，如果通过形成其主流的思想氛围把前期视为道学时代，把后期视为实学时代，那么这仍然可以确认其上哲学史上的意义，还可以设定一个对其内容重新进行要素化并把它统合认识的更高的角度。正如我们所考察的，通过道德、政制与天、地的比喻，认为它们都是不可缺少的，进而道破实学的必要性的吴光运（1689—1745年），以及把产业和人伦视为夫妇关系的李元龟（1758—1828年）的思想都是非常具有启示性的。

韩国在很早时期就通过中国引进了以儒佛道为代表的高级文化思想，并把它融为自己的思想。儒、佛、道在任何时代都起了作用，然而非常有趣的是，古代是佛教、中世是道、近世是儒教，它们轮流形成了时代的思想主流。而且在今天，近代民族宗教思想呈现出或是综合、会通儒、佛、道或是不止于某一个而要超越的景象，在这一点上具有启示性。韩国哲学思想在每一个时代都作为其思想背景，则不能不把儒佛道思想作为基础。在这一点上也绝不能忽视儒、佛、道思想在韩国精神史上具有的重要性。

而且现在接触到了西方的哲学及宗教思想和科学思想。东方哲学怎样才能以自己的主体性把传统哲学作为背景消化吸收各种西方哲学思想并诞生出新的和合文化不能不是我们面临的课题。金一夫（1826—1898年）在展望未来世界时所说的"调阳律阴为后天性理之道"，为我们今后实现和合文化提供了非常具有启示性的要语。

最后，记载元晓大师的《十门和净论》中的文章和后世对于大师的评判，以此作为今天我们讨论和合文化的龟鉴。

　　　　空空之论云奔，或言我是，言他不是，或说我然，说他不然，遂

成河漠矣。(《元晓大师全集·十门和诤论序》)

矛盾相争者有年，爰乃晓公，挺生罗代，和百家之异诤，合二门之同归。(《东文选》第27卷《官诰》)

(原载《第四届寒山寺文化论坛·国际和合文化大会论文集》，上海三联书店2010年版；作者单位：韩国成均馆大学)

试论日本的和合学

[日] 难波征男著　简亦精译

一、与和合学的相遇

（一）在日本介绍《和合学概论——21 世纪文化战略构想》

我与张立文教授初次见面是在 1988 年为纪念汉城奥运会（即现在的首尔）所举办的李退溪国际会议上。之后，1991 年 4 月开始的一整年为了了解宋明理学在中国的实际研究情形，我便待在中国人民大学展开实地调查，并从张立文教授的《朱熹思想研究》和《中国哲学逻辑结构论——中国文化哲学发微》等著作中对中国哲学的研究方法有了比较深入的了解，但对和合学可说是还一无所知。

张立文教授的大作《和合学概论——21 世纪文化战略构想》的出版是在 1995 年 12 月。次年，日本将来世代综合财团理事长矢崎胜彦、研究所长金泰昌（之后的公共哲学研究所所长）和我三人为了参加"国际阳明学京都会议——21 世纪的地球与人类作出贡献的阳明学"在北京的准备会议，前往人民大学访问了张立文教授。张立文教授为该学会流程报告的中方代表，而我是日方代表，此次的准备会议是为了事前协商学会的相关事宜。在准备会议中，张立文教授送了我们三人《和合学概论——21 世纪文化战略构想》，回到日本后我便仔细阅读。我推想这应该是日本人首次接触到这一本书。

但其实和合学的五大原理（和生、和处、和立、和达、和爱），早在阅读这本书以前，于同年的 12 月 4 日已从张立文教授那里得知。这是在一场由北京大学张岱年教授和九州大学名誉教授冈田武彦先生的哲学对谈上。这一次的会谈记录在 1999 年由难波征男编译，以《简素与和合——从对立走向大同的世纪》（中国书店出版）为书名发行。在书中介绍了和合学的五大原理。这应该是在日本出版的书籍当中首次介绍和合学。

（二）和合学的翻译

尔后，这个新哲学的诞生受到中国国内所注目，并引起了一阵话题讨论，通过《复印中国哲学》和《中华文化论坛》等书籍传到了日本。但是不知是因为出版社还是出版数量的因素，令我感到不可思议的是一直到 1999 年，以专卖中国书籍为主的日本书局并未进货，而在日本的中国哲学研究者之间，知道和合学内容的人也是少之又少。因此，我与同一所大学的中文老师张翌彤讲师一起开始了和合学的研究，并针对哲学的部分做翻译，以"21 世纪中国哲学张立文の和合学"为题在《福冈女学院大学纪要》第 9—12 号中连载，在同大学的人文学研究所纪要《人文学研究》第 5 辑中有《和合学研究》、大学院纪要《比较文化》中有《从和合学看〈叶隐〉的真相》。这几篇文章引起了社会反响，也在别的学术杂志中刊登。

（三）"和的文化"与"和合学要纲"

1999 年 1 月，日本第一位成为联合国教科文组织（UNESCO）总干事的松浦晃一郎，在就任演说时对"和"的价值阐述了其看法，提倡"和，并不是可授予的东西，而应该理解为在你设定一个必须达到的目标时所经历的一个转变过程"。为了呼应这一看法，将来世代综合研究所的矢崎胜彦理事长和金泰昌所长，于 2000 年 12 月在北京召集了中国哲学和政治思想的多位专家学者出席"和"的研讨会，于 2001 年 8 月至 9 月在日本，举行了三次"为地球人类作出贡献的和"国际研讨会。

在北京会议中，张立文教授提出了"和合学要纲"。之后，由我翻译成日文，全篇有 3 万多字，解说和合学的整体结构，并在日本大学课堂讲义中及各大学会发表，也成为各种讨论会的原始资料。第二次会议松浦晃一郎总干事也亲自到场，第三次是亚洲—太平洋地域会议，由印度、中国、韩国、澳大利亚、印尼、新西兰、日本等哲学和政治思想的多位专家学者出席，以和平与和解为会议主题进行讨论，表示愿意和联合国教科文组织一同努力维持世界和平并拟订了计划。但 8 日后的 9 月 11 日却发生了震惊世界的"9·11 事件"。才刚萌芽的"和之文化"受到这一新事件的考验，不论是理论上还是实践上都受到挑战。

（四）公共哲学与和合学的对话和互动

从 2004 年 4 月开始到 2005 年 1 月为止，在 21 世纪幸福共创实践哲学学习塾定期举行和合学的研习会。首先由我以和合学的观点讲述日本思想和中国思想，然后金泰昌先生再以公共哲学的立场做讲评。紧接着，"幸福共创への学び実践の協働体を目指して（以成为学习和实践幸福共创的协动体为目标）"讨论如何将先人的睿智应用在现实生活中，在矢崎胜彦先生的主持下，由金、难波展开对谈。对和合学以公共哲学的角度作探讨，提供了收集日本和合学材料的绝佳机会。

2006 年 1 月 16 日在北京市世纪金源大饭店举办了"以和与和解为主题的日中公共哲学恳谈会"，实现了和合学张立文教授和公共哲学金泰昌教授的对谈。座谈会中双方针对《国语》郑语篇"夫和实生物，同则不继。以他平他，谓之和"展开了讨论，提出各自的见解，确认了两哲学都是以实现"公共幸福世界"和"和合幸福世界"为终极目标。在讨论中，特别值得注意的是"以他平他，谓之和"中对"平"的解释。在《和合哲学论》中张立文先生对"平"以"阴阳和生，异味相和"作说明，在此次会谈中双方对"平"以"公平"、"平稳"、"中和"来解释，达成共识，并对含有对立、抗争和征服、支配意思的"平定"、"平均"、"平准"持否定意见。之后（2007年）在日本九州大学的讲演中，张立文教授将"平"以"平等"、"平衡"来解释。我遵从《国语·郑语》的说明——平即和，以日文的"平和"、"和平"等动词来做训读。在构建和平的过程中，实践"平等"、"平衡"、"公平"、"平稳"、"中和"等理念是非常重要的。

二、和合学的受容与展开

张立文教授定义"和合是中国文化人文精神的精髓和主要价值"在《和合学概论》"自序"中，但其实和合也存在于日本文化中。所以说，探讨日本和合学是可行的，也是必要的。如果说日本和合文化确实存在的话，那么与中国和合学比较后，得出的日本和合学特征是什么呢？中国和合文化和日本和合文化的"突融—和合"又是如何演变产生的呢？这些问题在面对和处理日中"和合幸福世界"与东亚"公共幸福世界"时是重要的课题。

在此，以东亚的学校教育改革为例。中国、韩国、日本现在的教育是实施近代化教育，但那些小学、中学教育的基本出了问题，成了专门应付升学考试的学校，而失去了学校原来该有的功能。现在的学校可说是像以准备科举考试为目的的课外学校一样。"学而时习之，不亦说乎；有朋自远方来，不亦乐乎。"（《论语·学而》）东亚的学校必须从竞争激烈的考试环境中解放，转型为"说乐型的学习学校"。

然后，将欧美型近代化学校教育与东亚前近代学校教育和合，创立 21世纪新型学校教育。特别是日本江户时代在没有科举制度之下，不单单是武士教育，连庶民教育也得到高度的发展，识字率近 50%，这些都是加速日本近代化的无形推手。由此可知，在前近代以东亚为中心的教育史之中，累积了不以考试为目的，也能有惊人学习成果的历史经验和睿智。

但是，实际上目前的学校教育是舍弃东亚前近代学校教育的经验和制度，往近代学校制度一面倒。在东亚前近代学校教育中，又可分为有科举制度的中国和韩国，与没有科举制度的江户时代的教育方式，各有其特征，不尽相同。将这些异同和合并创新是必需的。但不是对立，而是"突融—和合"。

在现代的中国、韩国、日本的近代化学校教育是相当多元化的，应分别了解其不同点和特征，然后再分析与近代化教育的异同和特征，让彼此不是以对立的角度，而是将各个异同点由突融导向和合。从数年前开始，在东亚便展开了共同制定教科书的活动和举行东亚书院教育国际学会，其发展非常令人期待。

三、日本的和合学

（一）概观

和合学形成的论据是，"和实生物，同则不继"（《国语·郑语》），"君子和而不同，小人同而不和"（《论语·子路》）之和同论。此处将"和"与"同"完全分为两种不同的东西，这可说是和合论的特征之一。

在本文中，首先依据和合学和同论的观点分析日本最古的政治伦理思想《十七条宪法》，接着分析武士道思想的代表作《叶隐》，试论日本和合学之特征。之后再介绍日本最先端和合学"矢崎胜彦的 WA 和合学"。

那么，在进入具体论述前，先对结论作一个说明。

《十七条宪法》是执政者，也就是君臣关系中的君（支配者）所追求的"上下和谐"之和合学。这是由上位者对下位者的一种强制和合，所以无法达到人际关系中"和"的真谛，"和"与"同"的意思被混淆。但《十七条宪法》和合论的核心部分特征其实可在别的地方看到。其一，作品"以和为贵"是作者用以匡正为人处世的观念，让自己和他人超越上下关系的设限，以求达到"上下和谐"。其二，虽受限于上与下的关系，但以"君臣共信何事不成"、"我必非圣，彼必非愚，共是凡夫耳"、"事不可独断必与众宜论"作为引导。由此可知，《十七条宪法》中的和合是"和""同"混同。这种现象不单单出现在《十七条宪法》中，在日本"和"与"同"的意思经常被混淆，这也许可说是日本文化的特征。其次是在《十七条宪法》中"和"的绝对条件——平等、众论、信，与带有阶级性的"上下和谐"相互矛盾，所以在突融阶段便停滞不前。因此为了能够前进和合世界，导入了"笃敬三宝。三宝者佛法僧也。……其不归三宝，何以直枉"和当时最新的外来佛教文化。这正是观察和合学"冲突—和合"过程的好材料。

《叶隐》武士道是君臣关系中，由臣的立场所形成的一种和合。具体来说，对君主"谏言"是"臣之道"，唯一的方法非"和之道"不可行。在平时上奏谏言时臣子多半贪生怕死，那是因为臣子必须要"奉公名利（立身出世）"。在和合学的解释中，战争时被当作是日本军国主义特攻队精神理论的《叶隐》武士道其实是被误解的。深入探讨尊重国家和人民生活的武士道，也就是"和之道"的特征。

在日本最先端的"WA 的和合学"中，WA 的和合关系不是上下关系，而是平等并列且富变动的关系。"和"的日语发音为 WA。联合国教科文组织总干事松浦晃一郎不断在异文化中寻求和平，提倡"由不变的和（＝同），追求与不同族群共生之变动的和"。

将来世代综合财团理事长矢崎胜彦在听完这一段话后，将超越对立的更高层次公共人的世界观以"W"来代表，个人现实主义者的世界观设定为"A"，将"W"和"A"以连续纵向排列成图。"A"型人的世界观是将自己置身于顶点位置，将他人配置于 A 的底部位置的个人现实主义。而"W"型人的世界观刚好是将 A 反过来，左边的 V 是代表自己的良心，右边的 V 是代表他人的良心，左边和右边的共鸣和互动，发展出"W"型公共的良识人。

（二）《十七条宪法》中的和合

《十七条宪法》全文在《日本书纪》推古天皇十二年（604 年），由圣德太子名义揭载。虽然江户时代以后对作者是否为圣德太子多有疑问，且真假如何尚未有定论，但是圣德太子作为"和国之教主"颇受尊敬，《十七条宪法》也在日本史上占有很大的影响力。依照日本思想研究者家永三郎的说法，《十七条宪法》的内容为"对古代专制君主的支配层之训示"、"朝中央集权的官司制度发展为目标的思想"。也就是说，当时贵族们以武力争夺政权，为了平定叛乱，便运用儒家的"和"和佛教的"三宝"思想来治理国家，《十七条宪法》的制定是为了维护国家稳定。因此，《十七条宪法》的特征是以上位者的角度向下位者（被支配者作训示。

《十七条宪法》中最有名的条文是，第一条的"以和为贵，无忤为宗。人皆有党，亦少达者。是以或不顺君父，乍违于邻里。上和下睦，谐于论事，事理自通，何事不成。"首先来看看"以和为贵，无忤为宗"，颜师古注曰："忤，谓相违逆也"（《汉书·萧望之传》），"无忤"是"无违逆"。驳斥"或不顺君父，乍违于邻里"，而解决之道为"上和下睦，谐于论事事理自通，何事不成"。将以上用和合学和同论的观点来作分析时，需要注意的是，否定"或不顺君父，乍违于邻里"而取"无违逆"之意的"无忤"是"同"吗？还有"上和下睦，谐于论事，事理自通"和《论语》中的"小人同而不和"是否一样？第三条主张君臣关系是一种固定不变的上下身份关系："承诏必谨。君则天之，臣则地之。天覆地载，四时顺行，万气得通。地欲覆天，则致坏耳。是以君言臣承，上行下靡。故承诏必慎，不谨自败。"还有在第十五条中讲"臣之道"求"同"，那是在为第一条的"上下和谐"做强调："十五曰，背私向公，是臣之道矣。凡人有私必有恨，有憾必非同，非同则以私妨公，憾起则违制害法。故初章云，上下和谐。其亦是情欤。"根据上述分析可知《十七条宪法》的"上下和谐"并非尊重君和臣各自的意见和感觉所建立起的对等平台，只可以说是抹去臣子意见、忽略其情感的一种灭私奉公的"公"，上下同调的"和谐"。以和合学和同论角度来看这并非"和"，也算不上是真正的"和谐"。它无法区别"同"和"和"，将"和同"混为一谈。为何会衍生成这样的结果，其原因大概是在上位者为了要防止下位者谋权篡位，为了能确保专制统治，制定了上下身份制度，但在过程中出现了冲突和矛盾，欲用"和"来化解，却不成"和"反成了"同"。

其实话说至此我发现了一个现象，那就是在现今的日本社会中，也有许多"和"、"同"混淆的情况。其原因之一应该和《十七条宪法》脱不了关系。

和合学一方面重视"现实突融世界"转型为"本来的和合世界"的过程，一方面以"本来的和合世界"为衡量基准，来整合"现实突融世界"并做改变。在《十七条宪法》中，"本来的和合世界"是指"三宝"。在第二条中"笃敬三宝。三宝者佛法僧也。……人鲜尤恶，能教从之，其不归三宝，何以直枉"，意指以"三宝"为教化的基准。在日本佛教界将"三宝之僧"意译为"和合"。第十条的"我必非圣，彼必非愚，共是凡夫耳。是非之理，讵能可定，相共贤愚，如环无端"、"上下和谐"，第十七条的"事不可独断，必与众宜论"等或许可说是"三宝"要改变的对象，是"现实的突融世界"的嬗变过程。

（原载《第四届寒山寺文化论坛·国际和合文化大会论文集》，
上海三联书店 2010 年版；作者单位：日本福冈女学院大学）

学术论文荟萃

新儒家哲学与新儒家的超越

张立文

1998 年笔者在日本东京大学讲学期间，曾受东大中国学会的邀请，作《对中国八十年代宋明理学研究的分析》①，又受日本早稻田大学的邀请，作《我的宋明理学研究》② 等演讲，对宋明理学研究，作了初步的反思。1990 年12 月在纪念冯友兰先生诞辰 95 周年的国际学术讨论会的大会上，笔者的演讲对宋明理学的研究，又作了新的探索。

一、从旧三学到新三学

中国宋元明清之时，哲学理论思维达到了一个高峰。梁启超在《清代学术概论》中称这个时期的学术为"宋及明之理学"（冯友兰先生称"道学"），一般人都认为理学可分为两派或三派，这就是现代沿用的所谓理本论（程朱学派）、心本论（陆王学派）和气本论（张载到王夫之）。南宋之时，朱陆鹅湖之辩，主旨是"为学之方"，陆以自己为"易简工夫"，朱熹为"支离事业"，已显分歧。后来黄宗羲的老师刘宗周把朱陆之异说成是性体与心体之别，而不及理。黄宗羲又从方法上加以区别，认为朱熹"以道问学为主"，陆九渊"以尊德性为宗"，到了 20 世纪的 30 年代，冯友兰作《中国哲

---

① 张立文：《对中国八十年代宋明理学研究的分析》，《中国—社会と文化》第 4 号（1989 年6 月）。

② 张立文：《我的宋明理学研究》，《东洋の思想と宗教》第 6 号（1989 年 6 月）。

学史》，揭出"朱子言性即理，象山言心即理。此一言虽只一字之不同，而实代表二人哲学之重要差异"①。冯先生认为，以"道问学"与"尊德性"区分朱陆不妥，因为讲陆不十分注重道问学可，讲朱不注重尊德性则不可，朱陆之学实可分为理学与心学。到了 40 年代，便发展出新理学、新心学，新气学虽有个别学者倡导，但影响甚微。笔者从三派均讲理，故称其为绝对理、主体理、客体理。由此，关于宋明理学中的学派称谓，其演变大致如下：

宋明理学 ┌ 程朱—支离事业—性体————道问学—性即理—理学—新理学—理本论—绝对理
         ├ 陆王—易简工夫—心体————尊德性—心即理—心学—新心学—心本论—主体理
         └ 张王————气体————————气即理—气学—新气学—气本论—客体理

诸学派以其所构筑的哲学逻辑结构的形上学本体的最高范畴为称谓，有其合理性。新理学、新心学、新气学都是接着宋明理学、心学、气学讲的。冯先生说："宋明以后底道学，有理学心学二派。我们现在所讲之系统，大体上是承接宋明道学中之理学一派。我们说'大体上'，因为有许多点，我们亦有与宋明以来底理学，大不相同之处。我们说'承接'，因为我们是'接着'宋明以来底理学讲底，而不是'照着'宋明以来底理学讲底。因此我们自号我们的系统为新理学。"② 所谓"照着讲"和"接着讲"的区别，就在于一是要说明以前的人对于某一哲学问题是怎样说的；二是要说明自己对于某一哲学问题是怎样想的。自己怎样想，总要以前人说为思想资料，但也总要有所不同。接着讲起码有一半头脑是长在自己头上的，还有一半是长在古人头上的，照着讲则就都长在古人头上了，变成了古人的仆人。接着讲就是半是仆人，半是主人。

冯友兰先生对此有一说明，《新理学》的自然观是共相和殊相的关系，这个问题是程朱理学的主要内容，即理与气的关系问题。程朱理学把整个宇宙一分为二，一个是形而上的理世界，一个是形而下的器世界。理世界是共相，器世界是殊相，《新理学》接着讲，也是这样说的，只是换了两个名称。它称理世界为"真际"，器世界是"实际"。"真际"比"实际"更广阔，因

---

① 冯友兰：《中国哲学史》，中华书局 1962 年版，第 939 页。
② 冯友兰：《新理学》，《三松堂全集》卷四，河南人民出版社 1986 年版，第 5 页。

为"实际"中某一类东西之所以成为某一类东西，就是因为它依照某一类东西之理。"实际"中的某一类东西，就是"真际"中某一理的例证。"真际"比"实际"更根本，这就是程朱理学是"体"，具体事物是"用"的意思。这些意思，程朱理学都已经有了，《新理学》把他们没有讲明确的地方，明确起来。还有程朱理学说气有清、浊之分，《新理学》认为不能这样说。如果这样说，"气"就是一种具体的东西，而不是一切理所借以实现的总的物质基础。程朱理学和《新理学》，都主张"理在事先"和"理在事上"。这就是说，在时间上说，理先于具体事物而有；就重要性说，理比具体事物更根本①。照这样看来，《新理学》的形而上学本体论的思维模式、框架、基本路向，是照着程朱理学讲的，这便是有一半头脑长在别人头上的意思，但《新理学》不是完全照着讲，而是在程朱形而上学本体论模式、框架内，又有自己的发挥、自己的解释、自己的创造，这便是接着讲，有一半脑袋是长在自己头上的意思。

照着讲、接着讲在每个人学术道路上都会经历过，如能进而自己讲，便能达到更高境界。尽管接着讲也有自己讲的东西，它是从照着讲到自己讲的中介。自己讲就是自己心里怎样想，就怎样讲，是哲学的创造活动，它是对于照着讲和接着讲的超越，这就如禅宗的自作主宰的精神和超佛越祖德气概。只有具备这种精神和气概，才能敢于自己讲。南宗禅德山宣鉴（781—865 年）说："我先祖见处即不然，这里无祖无佛，达磨是老臊胡，释迦老子是干屎橛，文殊普贤是担屎汉。等觉妙觉是破执凡夫，菩提涅槃是系驴橛，十二分教是鬼神簿，拭疮疣纸。四果三贤，初心十地守古塚鬼，自救不了。"② 这种诃佛骂祖，确有偏颇，但在严密的戒律下，不这样就不能自己讲，讲自己心里的话，讲自己所想的话。

在宋明理学中，王守仁心学相对于程朱道学，是想自己讲的。王守仁也经历了照着程朱讲（去格父亲官署里竹子），后接着讲（大悟格物致知之旨），最后自己讲（良知之说）的过程。虽然王守仁否定了程朱理形上学本

---

① 参见冯友兰：《三松堂自序》，生活·读书·新知三联书店 1984 年版，第 245—250 页。
② （宋）普济：《五灯会元》卷 7，中华书局 1984 年版，第 374 页。

体论，但提出了心形上学本体论。王廷相、王夫之又否定心形上学本体论，而建构气形上学本体论，这是对于程朱"理在气上"的颠倒。然而，就形上学本体论的思维模式、框架来说，三者相同。后来戴震有见于形而上学本体论的弊端，而要"发狂打破宋儒家中《太极图》"（《经韵楼文集·答程易田丈书》）的思想模式①。但到20世纪40年代，不仅由冯友兰接着程朱理学讲，还有熊十力、贺麟先生接着陆王心学讲。"严格说来心与物是不可分的整体，为方便计，分开来说则证明能思者为心，延扩有形者为物。据此界说，则心物永远平行，而为实体之两面：心是主宰部分，物是工具部分；心为物之体，物为心之用；心为物的本质，物为心的表现。故所谓物者非他，即此心之用具，精神之表现也。"②以主宰与工具、体为用、本质与表现来讲心物关系，凸显了精神、意识之作用。之所以说熊十力接着陆王讲，《新唯识论》开宗明义说："今造此论，为欲悟诸究玄学者，今知实体非是离自心外在境界，及非知识所行境界，唯是反求实证相应故。"主张反求内省，明心见性，而续陆王一系。贺麟接着陆王讲，是以陆王心学的"心即理"为主旨，融合西方黑格尔、康德和斯宾诺莎哲学，具有调解程朱和陆王趋向。在哲学方法上，把中国哲学的传统直觉方法与康德知性分析、黑格尔理性思辨互补，通过"直觉方法可达到'众物之表里精粗无不到'，而'吾心之全体大用无不明'的最高境界"③，对陆王心学作了一些新的诠释，故称为新心学。相对新理学来说，熊十力虽建构了"新唯识论"思想体系，但贺麟并没有建构新心学的哲学体系，影响大不及新理学。

至于接着张载、王夫之气学讲，张岱年在《事理论》自序中说："学人之中，述颜戴之旨者，宗陆王之说者，绍程朱之统者，皆已有人。而此编所谈，则与横渠船山之旨为最近。"④《事理论》便是头倒程朱和《新理学》的

---

① 参见张立文：《宋明理学研究》，中国人民大学出版社1985年，第106—132页。

② 贺麟：《近代唯心论简释》，独立出版社1944年版，第3页。

③ 贺麟：《近代唯心论简释》，独立出版社1944年版，第109页。

④ 张岱年：《张岱年文集》第一卷，清华大学出版社1989年版，"卷首"。张岱年《事理论》自序手迹署为"民国三十六年八月"即1947年。然而《事理论》的1981年2月重阅后记中说："此篇是1942年春季撰写的。"（《真与善的探索》，齐鲁书社1988年版，第117页）按张先生说，是后写自序之故。

"理在事先"、"理在事上"的说法，主张"理在事中，无离事独存之理"① 的气学。然而，张先生的《事理论》以及 40 年代的其他著作，都没有发表②，亦无影响。

新理学、新心学、新气学在 40 年代的文化效应，大不相同。贺麟先生立足于新心学，对新理学批评说："论程、朱而不能发展至陆、王，必失之支离。讲陆、王而不能回复到程、朱，必失之狂禅。冯先生只注重程、朱理气之说，而忽视程、朱心性之说，且讲程、朱而排斥陆、王，认陆、王之学为形而下之学，为有点'拖泥带水'。"③《新理学》不仅以陆王形而下之学而排斥陆王，而且未能整体上把握程朱之学，"取旧理学的理气而去其心，而同情于唯物论，真可说是取其糟粕，去其精华"④。正因为这种原因（原因之一），在 1949 年以后，港台新儒家批判新理学。同时他们失去了借以实现自己思想的依托，怀着花果飘零的心境，沿着贺麟所点明，熊十力"对陆王本心之学，发挥为绝对待的本体"⑤ 的心性之学的路向，并融摄西方哲学（如康德哲学），发展完善了新心学。牟宗三说："依明道、象山等所代表之一大系为根据来融摄康德，并借康德之辩解以显自律道德之实义，并进而展示其所函之全部理境，即道德的形而上学之究极完成。"⑥ 所谓明道、象山所代表的大系，即以《论》、《孟》、《中庸》、《易传》为主的宋明儒之大宗，"较合先秦儒家之本质。伊川、朱子之以《大学》为主则是宋明儒之旁枝，对先秦儒家之本质言则为歧出"⑦。明道、陆、王心学为正宗、大宗，绍中国儒家之真精神，程（程颐）、朱理学为旁枝，"别子为宗"，歧出于儒家精神。牟先

---

① 张岱年：《事理论·附记》，《真与善的探索》，齐鲁书社 1988 年版，第 117 页。又说："宋以后哲学中，唯物论表现为唯气论。……到清代，唯气论的潮流乃一发而不可遏。"（《张岱年文集》第 1 卷，清华大学出版社 1989 年版，第 219 页）

② 其他如《哲学思维论》、《知实论》、《品德论》等，结集为《真与善的探索》，于 1988 年由山东齐鲁书社出版。

③ 贺麟：《当代中国哲学》，胜利出版公司 1947 年版，第 36 页。作于 1945 年 8 月。

④ 王恩洋：《新理学评论》，转引自贺麟：《当代中国哲学》，胜利出版公司 1947 年版。

⑤ 贺麟：《当代中国哲学》，胜利出版公司 1947 年版，第 13 页。

⑥ 牟宗三：《心体与性体》第一册，正中书局 1986 年版，第 113 页。

⑦ 牟宗三：《心体与性体》第一册，正中书局 1986 年版，第 19 页。

生自觉弘扬陆王心学之大宗，批判程朱理学和新理学。

如果说 1949 年后，港台新儒家发展完善了新心学，那么，大陆则主要发展完善了新气学。新气学由于颠倒了新理学和新心学的理事、理气、心物关系，把气作为物质概念而客观存在，理与心作为形而上的客观精神本体的理念和主观精神本体的心意识，是属于第二性的存在。这个颠倒就是把理学、心学中以客观精神本体理念和主观精神本体心意识为第一性、为头，变为第二性、为脚。这犹如马克思颠倒了黑格尔头足倒立的哲学一样。由于与马克思主义的唯物论有相似之处，因此，气学在大陆得到特别重视和关注，不仅在中国哲学史上发掘了未被注意的众多气学思想家，整理出版了他们的著作，撰写了论文；而且构成了气学体系的发展系统，其贡献不可抹杀。

新理学到冯友兰，新心学由熊十力经贺麟到牟宗三，新气学由张岱年提出到大陆 40 年的发展，其体系均趋完善。任何哲学，其体系完善之际，也便是转型之时。虽然新理学、新心学、新气学都在西方文化的挑战下，吸收西方文化中某些理论观点，改造旧理学、旧心学、旧气学，而开出新来，但新与旧是相对的，新理学、新心学、新气学在当前现代化的冲击下，都有称为旧学的趋势，而需要重新创造。

二、新儒学的超越

之所以需要重新创造，这是因为：

第一，新理学、新心学、新气学就其思维模式来说，都属于形而上学本体论哲学传统。就这点而言，并没有超越旧理学、旧心学和旧气学。哲学是对于天地万物的原因或本原的追索，宋明以来旧三学和新三学，都在探讨事物的终极根据或原因并都会宣称自己找到了答案或寻到了终极解释。他们或以客观精神（理），或以主观精神（心），或以客观物质（气），建构世界终极存在的形上学本体论，解释一切关于世界本原和原因的寻根究底的问题，无论是旧三学，还是新三学，他们所建构的形而上学本体论，总以为他们的解释具有最高的权威性和真理性，最终的正确性和绝对性，以便作为他们整个哲学逻辑结构的基础。理学和气学都会把世界分为形而上和形而下、共相和殊相两个世界。心学以主体即本体，并不同意这种分法。但随着科学、社会、思维的发展，哲学自身也在不断变化。因此，哲学上根据和原因的探讨，也会不断超越前人，而发展融合为新的学说。

第二，理、心、气作为普遍超越的形上学本体，而这个形上学本体理、气、心，或通过"格物"、"即物"而"穷理"，甚至一物不格，即缺了一物的道理；一书不读，便缺了一书的道理。要求普遍地格物，不可欠缺。或通过"至吾心之良知"于事事物物，事事物物皆得其理矣，吾心之良知，即所谓天理，合心与理为一。或通过形（感觉器官）、神（思维活动）、物（客观对象）三相合，格物与致知"二者相济"，而体认气。历经"涵养与省察"、"敬与静"，直接体验以培养心性本原，随事体察以发明本心，或经验综合的直观认识；或自我反思的直觉体验（本能的直觉、智的直觉、负的直觉方法）等。一旦由"格物"而"穷理"，"致良知"而发明"本心"，"格物致知"相济而体认气，那么由"穷理"所得之"理"，"致良知"所明之"心"，"格致"而获之"气"，便是真理，而且是放之四海而皆准的客观真理。理、心、气便是绝对真实的、至善的、完美的。凡与此形上学本体理、心、气相异的，便是绝对虚假的、邪恶的、丑陋的。这就是说理、心、气作为真、善、美的化身和反对假、恶、丑的护法神，一切与此相异的理论学说，便认为是异端邪说，而加以取缔；一切与此相违背的行为，便认为是叛经离道，而加以惩罚。在这种情况下，一方面注重维护先在的所谓真理，而具有保守性、闭锁性和不变性；另一方面，形上学本体理、心、气便具有强烈的排他性、独断性和独裁性，是有我无他，有他无我的。于是在等级专制主义社会里，形上学本体理在与世俗政治伦理相合中，而成为现实政治原则和制度，道德律令和规范，生活方式和日用的支配者、制裁者，这便转变为戴震所批判的"以理杀人"的原因所在。也只有在这种情况下，理才具有杀人的性质、功能和作用。"所谓理者，同为酷吏之所谓法。酷吏以法杀人，后儒以理杀人，浸浸乎舍法而论理，死矣，更无可救矣。"（《孟子字义疏证·与某书》）酷吏以法杀人，还有客观法律条文可依，后儒以理杀人，即无客观法律条文可依，又无共同的断案判刑的标准，只是理学家（包括统治者）的个人主观"意见"而已。"由是以意见杀人，咸自信为理矣"。（《孟子字义疏证·与某书》）即使冤狱无计，也都自信是合乎理的，理便在法之上。

理能杀人，形上学气（物）、心在一定条件下，特别是在与权力相结合的情况下，也可能具有杀人的功能（《孟子字义疏证·与某书》），而他们的排他性、独断性、独裁性，阻碍着科学、文化、思想、社会的进步。

第三，哲学的不断发展，就是哲学的批判精神。所谓哲学批判，从理论意义上说，是对于对象性理论的前提的考察，即对理论前提能否成立以及如何成立的考察中所体现出来的这些思考的自由精神。理学、心学、气学以及新理学、新心学、新气学既以其形而上学本体理、心、气为推至四海皆准的真理，便缺乏一种哲学思考的自由精神。哲学批判的本质在于不断扬弃和超越已有理论。戴震哲学发挥了批判性功能，他批判的重点从纯粹理性领域而言，是对于程朱理论前提的考察。"盖程子、朱子之学，借阶于老、庄、释氏，故仅以理之一字易其所谓真宰、真空者，而余无所易。"（《孟子字义疏证·与某书》）并没有就真宰、真空、理的理论前提能否成立进行讨论，换句话说，新理学、新心学、新气学亦没有就理、心、气的理论前提进行考察。虽然当他们在考察别的对象性理论前提时，能发挥哲学批判的功能，如把对形上学道德论的内在矛盾认识转换为对形上学道德论理论前提的批判，但他们不能把对象化给自然和社会的人的本质及其矛盾转为主体自身的批判。因而，便缺乏自身接受批判的自觉。一种理论若丧失了接受批判或自我批判的自觉，也就失去了其生命的活力。

虽然新理学、新心学、新气学各有其特点、性格和路向，但上述三方面却是其共同的缺陷或破绽。随着哲学的发展，其弊端也会愈来愈显著。从哲学理论形态上说，先生的哲学理论不断被代替、被更新，犹如长江后浪推前浪，后来的不断超越先在的，而使哲学理论日新而日日新。这样哲学的批判必须超越新理学、新心学、新气学，而创造出新的理论形态。

三、和合学的建构

这个哲学理论形态，姑且称其为"和合学"。所谓"和合学"，是关于自然、社会诸多要素现象相互融合以及在融合过程中吸收各要素优质成分而合为新事物的学说。

对"和合学"的定义，兹作如下说明：

第一，和合学认为，世界万物都是在运动变化的过程中形成、产生。这就打破了新理学、新心学、新气学对于事物终极性的解释，否定着他们哲学本体论的建构。虽然哲学本体论的建构是对于世界万物终极原因或本原的寻根究底，但世界万物并不存在什么本体，所谓世界万物的本体，只不过是理学家为解释存在和真、善、美的尺度和根据所提供的基本原理，是理学家头脑中的概念。事实上理、心、气等，作为形而上学本体，都是一个抽象的概念，如熊十力所说的唯识、心体，冯友兰所说的真际、共相，这些都是没有被验证的。如果肯定某一个哲学本体的存在，就必然承认世界万物有一个极限，有一个开端，也就承认有一个先在的东西或实体的存在，那么，世界万物的无限性、无端性就被否定了。实质上追求形上学本体论，必然堕入先在论的陷阱，或者陷入庄子"有始也者，有未始有始也者，有未始有夫未始有始也者。有有也者，有无也者，有未始有无也者，有未始有夫未始有无也者。俄而有无矣，而未始有无之果孰有孰无也"（《庄子·齐物论》）的不知主义困境。摆脱这种先在论和不知主义困境，就在于承认世界万物都在自身运动变化中萌芽、发展、成熟、衰亡，再萌芽、发展、成熟、衰亡，以至无穷。正如戴震在《孟子字义疏证·天道》中对道的规定那样，"道，独行也；气化流行，生生不息，是故谓之道"。道是气化生生，流行不息运动的总过程，而不是对于世界万物终极解释和终极占有的本体。世界万物的运动和人类社会的运动，无时无刻都否定着这种终极的解释，否定着哲学本体论的最高范畴——理、心、气——作为解释和评价一切的价值尺度和终极根据。

如果说世界万物有什么终极的原因或根据的话，那么它只能是不同事物矛盾间的动态平衡。正是这种动态平衡才使事物表现出一定的性质及相互间的联系。譬如当生态系统的各要素处于一种动态平衡之中，它表现为发育良好，组成稳定，能量利用率比较高。食物链与食物网关系也很典型。反之，当平衡的破坏超过了生态系统的自我调节能力，生态系统将瓦解。

另原子化合为物质时，也表现为动态平衡的原理。1927 年德国化学家Heitler 和 London 首先把量子力学理论应用到分子结构中，后来 Pauling 等人加以发展，建立了现代价键理论。在讨论共价键本质和特点时，Heitler 和 London 用量子力学处理 H 原子形成 H_2 分子的过程，得到 H_2 分子的能量 （E）与核间距离（R）关系曲线。假设 A、B 两个氢原子的电子自旋相反，当他们互相接近时两个原子轨道发生重叠，核间电子云密度增大，此时整个体系的能量要比两个 H 原子单独存在时低。在核间距离达到平衡距离 R_0 时，体系能量达到最低点。若两个原子核进一步靠近，由于核间库仑斥力逐渐增大又会使体系能量升高，两个氢原子在动态平衡距离 R_0 处形成稳定的 H_2 分子，也叫作 H_2 分子基态。可见价键理论对共价键本质的说明，证实了动态平衡在物质形成过程中的作用；它的关于成键电子的运动性及其在两核间几率分布规律，为和合学动态平衡过程和相对性提供论证。

在现代物理学中，宇宙机器的说法已被宇宙动态整体理论所超越。宇宙被理解为各个部分相互联系的宇宙过程的形式。在亚原子水平上，整体各部分间的相互联系和相互作用要比各组成部分本身更为重要。极而言之，这里存在着运动，却没有运动着的物体；存在活动，却没有活动者；这里有舞蹈，却没有舞蹈者。这就是说，存在着事物的运动和变化，却没有运动者和变化者的形而上本体理、气、心；存在着过程，却没有支配过程者的形而上学本体。

第二，和合学以为诸多异质要素的对待统一，相互作用，而融合成全新的事物。这种异质要素的对待统一的融合，是一个动态过程。之所以把它看成一个过程，是因为异质要素的对待融合，是一个连续的、反复的、不断的过程，而不是一次或几次就完结的。即使某一特定事物产生了，该事物自身又有新的矛盾对待，相互作用，向新质事物转变，世界就是这样不断循环以至无穷的过程。当新理学、新心学、新气学建构了自身哲学逻辑结构，并规定理、心、气为其形而上学本体时，这个连续的、反复的、不断的过程便终止了，成为有限的了。朱熹把世界看作一个"净洁空阔底世界，无形迹，它却不会造作"（《朱子语类》卷一），没有异质存在的、没有对待的"净洁空阔"世界、是一个绝对的、单质的、单性的世界，犹如熊十力的体用不二的唯识世界、冯友兰的真际世界。在这个世界中，按照中国原始辩证思维来看，它不会产生任何东西。只为理、心、气作为单质、单性概念范畴，中国古人称其为"同"，如二女同居，不生孩子；只有异质、异性的男女同居，才能生孩子。所以史伯说："夫和实生物，同则不继。以他平他谓之和，故能丰长而物归之。若以同裨同，尽乃弃矣，故先王以土与金、木、水、火杂以成百物。"（《国语·郑语》）晏婴对"和"有一个解释："清浊、大小、段长、疾徐、哀乐、迟速、高下、出入、周疏，以相济也。"（《左传·昭公二十年》）由异质、异性相和相济，而生天地万物："天地和气，万物自生。犹夫妇和气，子自生矣。"（《论衡·自然》）天、夫代表阳，地、妇代表阴，阴阳、正负和合而生事物。男女、雌雄交合而生新一代，是自然生物繁殖的高级形式，它保证了新一代具有父母的双重特征，因而具有更强的适应环境能力。可见，有性生殖是生物进化的必然趋势。

原子核外电子排布所遵循的 Pauli 不相容原理指出，同一原子轨道仅可容纳两个自然相反的电子，如果以 $+1/2$、$-1/2$ 分别表示这两个电子的自旋量子数，那么，这两个电子也可以看作是阴阳。

在基本粒子不断发现过程中，狄拉克的相对论方程说明了物质与反物质之间的基本对称关系。对称意味每一种粒子都有相应的反粒子，它们质量相同，带相反的电荷。只要有足够的能量就能产生一对粒子与反粒子，而在相反的湮灭过程中，它们又转化为纯粹的能量。狄拉克所语言的这种粒子对的产生与湮灭，在自然界被发现，并多次被观察到。可见微观世界是以复杂作用方式紧密联系起来的一个系统，在这里相对论代替了绝对论，物质的动态作用只有在大量统计数据基础上才有意义。然而这种复杂的系统内部却包含着奇妙的对立，正与负、排斥与吸收，构成了系统极为诱人的一面，否定着理、心、气、形上学本体论的绝对性、单质性，以及独占性、独断性。

依据人类实践活动的异要素的对待统一，去探索人与世界的关系，人们就会发现世界的二重化（自然世界与万人世界的对待），人类的两重性（人对自然的超越和自然对人的本原性的对待），历史的二象性（人们自己创造自己的历史与历史发现的客观规律性的对待），实践的二极性（人的尺度与物的尺度、合目的性与合规律性、善与真的对待）。世界、人类、历史、实践就是这二重性的和合。

第三，和合学认为，诸多要素在融合过程中，并非杂拌，亦非中体西用、西体中用、中西互为体用或中西为体，中西为用的模式，而是吸收各要素优质成分消化综合，并为各要素优质成分提供得以充分体现的场所和条件。这种综合，正如光具有波粒二象性。德布洛意（Louis deBroglie）"波"概念的提出，使人们不得不接受一个看起来是十分荒谬的事实：任何物体，包括实物微粒，以至于运动着的宏观物体［如具有一定能量和一定动量（P）的电子等微观粒子和运动着的垒球和枪弹宏观物体］，都可以按德布洛意公式：$\lambda = h/p = h/mu$ 计算波长，也就是任何事物可以作为波和粒子的共同体而存在。这种综合，使人们最终抛弃了机械的决定论而接受一种相对论。在物理学上最好事例就是由电子的波粒二象性推出的测不准关系式：$\Delta X \cdot \Delta Px \geq h/4\pi$，这表明微观粒子的运动与宏观物体完全不同，不能同时确定它的坐标和动量。经公式计算出电子的运动速度不确定程度约为 $10^7 m^{'-1}$，这说明电子在原子核外的运动只存在一种几率分布，而没有确定的轨道。这要求我们采取一种新的综合的世界观。正如 F. 卡普拉（Fritjot Capra）说的，量子论揭示了宇宙的一种基本性质，它表明我们无法把世界分成独立存在的最小单位。当我们深入物质的内部时，自然界并不是成纤维相互分离的"基本建筑材料"，而是表现为各部分组成整体的各种关系的网络。这种关系中也包括观察。它构成了观察过程的最后一个环节，任何原子对象的性质都应该理解为这种对象与观察者相互作用的结果。这就是说，经典的能够客观地描述自然的思想不再是正确的。在原子世界中无法把我与世界分割开来。在原子物理学中，我们无法在谈论自然的同时也谈论我们自己。

这种综合在自然界以及人类社会是广泛地存在着的。在生态学中，生态系统是生态学的结构和功能单位。每个生态系统都是生物因素和非生物因素组成的开放系统。其中生物因素包括生产者、消费者和分解者，三者都完成特定的生态功能。正是由于生物因素之间以及生物因素与非生物因素的不断的作用，物质才能在生态系统中不断循环，而能量才能流动。故说生态系统是一个综合的作用系统。生态系统既为互相作用、制约的诸要素所构成，也反作用于各组成要素。生态的良好发育，为其生物成分的最大限度繁盛，非生物条件的平衡提供条件。

和合学具有运动性、平衡性和相对性的特点。它是一种动态分析的理论结构，这种理论结构具有相对论和对称论的方式，也具有综合论和相济论的方式。理、心、气等本体，是一种静态分析的理论结构，这种理论结构具有绝对论和单称论的方式，也具有同等论和片面论的方式。它既把形上学本体作为其哲学逻辑结构的起点，又作为其哲学逻辑结构重点的佯谬，因为起点与终点是相互对待排斥的概念，但在中国古代"体用一源、显微无间"（《二程集·易传序》）中，这种对立的界限似乎圆通了。朱熹曾经说："且如这个扇子，此物也，便有个扇子底道理。扇子是如此做，合当如此用，此便是形而上之理。"（《朱子语类》卷62）这里"形而上之理"既是朱熹哲学逻辑结构的起点，亦是其终点。冯友兰在《新理学》中说："程朱说：理是主宰。说理是主宰者，不能成为某物。不依照任何理者，不但不能成为任何事物，而且不能成为事物，简直是不成东西。"[1] 譬如"飞机必依照飞机之理，方可成为飞机"[2]，造飞机的形而上之理本来即有，飞机师是发现其理而造一实际的飞机而已。朱熹和冯友兰一样，其思辨的方法是把具体扇子之理，飞机之理离开扇子、飞机本身，抽象升华为形而上本体之理，扇子、飞机是形而上本体理的发现，世界万物也是这样变现出来的。就此而言，从宋明新儒学到现代新儒学，都没有从根本点上超越宋明理学形上学本体论的框架。

和合学既是对旧三学，也是对新三学的超越，因为无论是旧三学，还是新三学，当他们建构了形上学本体论，就终止了新的综合，失去了吸收各要素优质成分的动力与创造新事物的生命力。他们不能超越自我本体论的终极解释和终极根据，也不能摆脱自身解释的循环。和合学对旧三学、新三学的超越，旨在打破中国传统哲学的形上学本体论框架，而建构和合学新的哲学系统。

和合学是中国文化的精髓和生命最完满的体现形式。

（摘自《近代新学的展开》，东大图书公司 1991 年版；
作者单位：中国人民大学孔子研究院）

---

① 冯友兰：《新理学》，《三松堂全集》第四卷，河南人民出版社 1986 年版，第 88 页。
② 冯友兰：《新理学》，《三松堂全集》第四卷，河南人民出版社 1986 年版，第 88 页。

论多维视野中的和合观念研究

陆玉林

在当代中国改革开放之前以"斗争"为主导的革命意识形态宰制之下，"和"的思想在政治领域与社会生活都无其地位，而对传统思想文化的研究中更鲜有论及。改革开放之后，随着革命意识形态的弱化，学者们逐渐重视起中国思想文化传统中的"和"思想，而"和合学"的提出与建立可以视为重视传统"和"的文化精神，并以此为基寻求解决诸现代性问题和中国社会问题的重要标志。嗣后，在构建和谐社会的提出和实践过程中，中国共产党"特别要提倡'和合'"，而"和合"及其相关研究受到学术界更为普遍的重视。缘此，"和合"观念的不同阐释多方位地展现出来。

对传统和合观念多角度、多层次的研究，对和合思想的现代价值多元多样的理解和阐释，对建构和落实当代性和合观念的多维探索，构成了当代和合观念研究的多元论域。在《和合学概论》以及相关的论著中，张立文先生对和合观念作了文献学的梳理和价值论的阐释。同时，其他学者从和合观念的源流、在思想史和文化史中的地位、和合思想的现代价值、和合思维与唯物辩证法的比较等诸多方面对和合观念作了深入的研究。然而，诚如宋代哲人吕祖谦所言"善未易明，理未易察"，也有个别论和合者或偏于一曲，或深文周纳。① 因此，梳理不同视野、不同论域、不同立场的和合观念的研

---

① 如所谓"'和合'或'合和'连用，不但模糊、弱化了'和'的辩证性，而且还容易产生误解和歧解。"（方克立：《关于和谐文化研究的几点看法》，《高校理论战线》2007年第5期）这种看法或属于对概念的不同理解，"学者之间有不同看法是正常现象"。至于所谓"'和合'不是一个含义清晰、表述谨严的哲学范畴"，和合学"在理论上的最大问题是把

究情况，对推进和合观念的研究，乃至于当代中国的思想文化建设如何对待传统思想文化资源等问题的研究，都有廓清研究基础的助益。在此，我们着重考察的是从文献学、思想史、价值论、政治论和社会学这几种不同视野出发的对和合观念的研究。

一、和合观念的文献学研究

和合观念，在我国有久远的历史。追溯和合观念的源始，探寻"和合"一词在传统时期的内涵和使用情况，是研究传统和合观念的基础性工作。这方面的梳理已经颇为详尽，儒、释、道文献中与和合有关的各种论述几被搜罗殆尽。在这方面，值得重视而需要澄清的问题，是和合与"和"、"合"、"和谐"等字词的关联性问题，这也决定了对和合观念进行文献学梳理的范围。

"和合"是由"和"与"合"构成的复合词。按已故哲学史家张岱年教授的解释，"'和合'一词起源甚早，用两个字表示，称为'和合'；用一字表示，则称为'和'"①。因而，可以用具有哲学意义的"和"解释和合。其实，在特定范围内，也可以用具有哲学意义的"合"解释和合。"合"与"和"互训的情况已为学人注意到，而"合"与"和合"同样可以互训。《荀子·非十二子》有"古之所谓士仕者，厚敦者也，合群者也"，按杨倞注，"合，谓和合群众也"。因此，对和合的文献学梳理，除"和合"一词之外，可以拓展到具有哲学意义的"和"、"合"，以及以和为核心而构成的"和谐"、"中和"、"太和"等概念。这方面的研究同样也至为丰富。

传统文献中"和合"概念的意义，即和合观念文献学研究的训诂学方面，理应着眼于"和合"概念本身。"和合"作为合成词，虽然与"和"、"合"可以互训，但既不与"和"，也不与"合"完全等同。分别探究"和"、

马克思主义辩证法也当作'传统对待统一的思维方法'而加以批判和否定，那么就很难指望这种哲学能够为构建社会主义和谐社会提供有力的支援意识"（杜运辉：《"兼和"与"和合"辨析》，《高校理论战线》2009 年第 5 期），则有"文革"深文周纳之遗风。

① 张岱年：《漫谈和合》，《社会科学研究》1997 年第 5 期。

"合"，而后论"和合"并非不可行，但毕竟是间接的。如果流于机械和片面，甚至会违反语言学常识。所谓"'和'、'合'并完不全同义，从以'同'训'合'来说，'和'与'合'之间还存在着内在的抵牾之外，'合'正是'和'的大敌"①。这种观点，对"合"的训释就存在问题，就对合成词的理解来说更是机械的。两个字组成一个词之后，其意义要按词来解释而不是单个字来解释。道、理合成道理，文、化合成文化，知、识合成知识，如果都按单个字来理解，则既不讲道理，也没文化，还缺知识。因而，这种违反语词韶释常规的语言学、文献学梳理，看似"言之成理"，实则"持之有故"，"足以欺惑愚众"，"多少无法而流湎然"，"虽辩"而不可谓"知言"。

　　和合观念的文献学研究，着眼于历史上的各种文献。这种研究所能得出的结论，是历史文献中对和合概念的使用情况，以及和合在传统时期的含义。可以用来与当代的"和合"概念作比较，甚至可以作为理解当代"和合"概念的基础，但不足以说明当代的"和合"概念，更不能将两者完全等同。当代的和合观念，所包含的思想内容已经具有当代性特征，而与传统时期不同。当代中国诸多现代性的观念都有类似情况，"真理"、"科学"与"民主"等现代重要政治观念即是如此。② 如"民主"在传统是"民之主"，"民主者，天子也"，现代意义上的"民主"则截然相反。因此，在观念研究中，虽然需要作溯源的工作，但溯源的目的只是为了弄清观念的变迁过程，而不是用旧义来否定新说，或因赋旧词以新义而证新义为非。"和合"概念在传统时期含义是清晰还是模糊，使用者对它的界定是严谨还是浮泛，根本不能作为论证当代和合观念之谨严与否的依据。就严谨的学术研究而言，观念的文献学梳理必须有清醒的历史意识，既不能静止地、僵化地看问题，也不能无视时代的差异。文献学研究之价值，就是沿波而讨源，穷源而溯流。

---

① 杜运辉、吕伟：《"和合"与"和谐"辨析》，《高校理论战线》2010年第4期。

② 系统的研究，参见金观涛、刘青峰《观念史研究：中国现代重要政治术语的形成》（法律出版社2009年版）的相关章节。

二、思想变迁中的和合

和合观念的文献学梳理，特别是和合的语义解释，必然涉及对和合思想的理解，文献学梳理与思想史研究是密不可分的一体两面。思想史的研究又与文献学的梳理不同，它是从理论性的层面研究和合观念在特定的时间、地域和文化域内多种多样的构成和有效范围。和合观念的历史演化、意义层次、在思想体系结构中的地位、经济社会基础及其与社会形态构成和社会行动之关系，是和合观念的思想史研究的主要内容。

和合观念的历史演化、意义层次、在思想体系结构中的地位，这三个方面的研究情况，王颢在他的博士学位论文《中华和合思想研究》（中国人民大学，2010年）作了比较系统的综述。他从对古今中外和合思想的总体性研究、和合思想的断代研究和个案研究三个方面加以概括和总结，而其博士论文本身也对中国传统时期儒、道、释三家的和合思想进行了比较系统而深入的研究和阐释。这里不再赘述。

传统和合思想的经济社会基础及其与社会形态构成方面，在张立文先生《和合学概论》一书的第八章和第九章中有所论及，杨建华的《中华早期和合文化》则从地理环境、经济社会等角度探讨了和合思想的起源问题。但从总体上来讲，这方面的研究还有待深入。虽然经济社会状况与思想观念之间并非是完全直接的关系，但特定时代和民族的思想观念总是"必须由这个基础来解释"。如果不对传统时期的和合观念与经济社会基础的关系作深入的挖掘，既难以对它的客观方面有系统的认识，也难以有效区分传统的和合思想和现代性的和合思想。对现代和合思想妄加指责的人就是忘记了，传统的和合思想是建立在小农经济、宗法社会、君主集权的基础之上，而现代的包括和合学在内的思想，则是建立在工业化、市场化和现代社会的基础之上。

传统和合思想与社会行动之关系，或许因笔者的孤陋，尚未见到系统而深入的研究成果。究其实，这个方面不仅牵涉到传统和合思想与国人的日常生活行为之关系，更牵涉到与国人的政治、经济和社会行为之关系，而对理解和合思想在传统时期的地位至关重要。兹举一例。朱熹在绍熙五年（1195年）八月应宁宗之召，门人刘献"敢问其道何先？"朱子讲，"今日之事，非大更改，不足以悦天意，服人心。……天人和同，方可有为"。朱子所言"天人和同"的问题，实与两宋的"国是"之争关系极大。朱子所讲的"和同"，又不同于高宗时以"和"为"国是"之论。若就此而深入研究，则能发现"和"的问题与两宋时期士大夫"同治天下"的政治主体意识的觉醒和党争、党禁、伪学等重大政治问题有极深的关系。① 同时，更能全面而合理地判断和合思想的积极和消极影响。

在和合观念的思想史研究中，争议最大的问题是和合观念在传统价值系统中的地位。传统价值系统的构成就比较复杂，而对其思想精髓的理解就可能见仁见智。在五四时期的陈独秀等人看来，传统的价值系统以"三纲五常"为"根本教义"，是"革故更新"要推倒之首要对象，而"伦理的觉悟，为吾人最后觉悟之最后觉悟"。嗣后学人言精髓云云，既代有不同，而同一学者时有不同之说。因此，在这个问题上有不同见解和争论是正常的，但如无充分之证据，则不能以己之见否定他人之见。在系统研究传统思想的基础上，得出"和合是中国文化的精髓，亦是被各家各派所认同的普遍原则"②，这是符合思想史实际的观点。略微上溯，张岱年在20世纪30年代就讲，"中国哲学的最大贡献，在于生活准则论即人生理想论，而人生理想论之最大的贡献是人我和谐之道的宣示。孔子的仁、墨子的兼，都是讲人我和谐之道"③。其实，正是在对和合观念在传统思想文化体系中的地位判断之基础上，张岱年强调，"过去哲学家对人我和谐之道的探讨，也永远应该深切地领会了解"；冯友兰先生主张，"民主政治就是政治要合乎中和的原则，容万有不同，而和合的发展"④。冯先生所论民主政治的和合发展问题，既包含

---

① 宋代的"国是"问题，参见余英时《朱熹的历史世界》（生活·读书·新知三联书店 2003年版）的第五章。

② 张立文：《中国文化的精髓——和合学源流的考察》，《中国哲学史》1996 年第 1—2 期合刊。

③ 张岱年：《中国哲学大纲》，中国社会科学出版社 1982 年版，第 588 页。

④ 冯友兰：《三松堂学术文集》，北京大学出版社 1982 年版，第 635 页。

着对传统和合观念的认定，也属于对和合观念现代价值的确证。

三、和合观念的价值论证

传统的和合观念在现代社会中或者说对中国的现代化和现代世界的发展有无价值；如果有价值，应如何重新解释和重新建构。这是从价值论角度研究和合观念所需要着力解决的两个问题。

和合观念在中国近现代的遭遇与其所在的传统价值系统一样，受到了非常猛烈的冲击，和理性的而更具悲情色彩的批判。传统的价值系统1911年以后"进入了一种'死而不亡'的状态。表面上看，自谭嗣同撰《仁学》(1896年)，'三纲五常'第一次受到正面的攻击，'传统'的价值系统便开始摇摇欲坠。到了'五四'这个系统的本身可以说已经'死'了。但'传统'中的个别价值和观念（包括正面的和负面的）从'传统'的系统中游离出来之后，并没有也不可能很快地消失。这便是所谓'死而不亡'。它们和许多'现代'的价值与观念不但相激相荡，而且也相辅相成"[①]。和合或和谐因其在传统价值系统中的地位及其与民族性格之关系，受到的批判虽不及"三纲五常"但也非常尖锐，而游离出来并与现代的价值和观念相辅相成也极其艰难。以阶级斗争为主导的意识形态笼罩一切而国人之生活以政治为中心，和、和谐、和合的观念更是被贬低和扭曲。因此，在改革开放之后的新时期，重新确定其价值就不仅要厘清其在传统时期的价值，而且要面对在"五四"以来的理论和实践中并没有受到重视的问题。

从总体上看，虽然还有人对和合观念颇有微词，但对其核心的"和"的价值已经给予充分的肯定，特别是在和谐社会建设提出之后。和谐社会、和谐文化建设提出之后对"和"的价值确认，在个别人身上或多或少地是受政治的影响，而确证其有价值的理由，也是源出于政治权威。这在肯定"和"而否定"和合"的论述中表现的尤其明显。但是，作为具有独立人格和独立思想的研究者，并不能因现实的政治权威而肯定或否定某种思想和观

---

① 余英时：《朱熹的历史世界》，生活·读书·新知三联书店2003年版，"总序"第9页。

念。即使认同政治权威的观点，也必须从理论上去分析和说明，从经验（历史的和现实的）中去提炼和认证。

在对传统和合观念现代价值的论证方面，更多学者着眼于两个方面，即当代社会和思想文化建设的资源问题、当代世界和当代人所面临问题的化解与未来发展。这两者虽然不能完全割裂，但后者对传统和合思想的重新解释和重新建构问题给予更多的关注。同时，这两种论证模式在价值标准的确立方面也不尽相同，前者以现实的价值标准为标准，而后者则注入了未来发展的价值需要。如果说前者是确认了传统和合观念的现代价值，而后者则是在此基础上探讨如何发展出现代性的和合思想。无论如何，这两种论证都体现出对传统和现代关系认识的巨大转变。这就是不再认为"传统"是阻碍"现代"的幽灵，务必去之而后可，至少认为"传统"可以作为创造"现代"的"精魂"。

在新的现实需要和价值标准之下重新解释和重新建构和合观念，是从更高层次上确证和合观念的现代价值。张岱年先生从人我和谐之道、冯友兰先生从民主政治的角度阐释，都将其从传统的社会政治经济基础乃至价值系统中剥离出来，并赋予其新的意义。张立文先生提出"和合学"，所言的和合观念的基础是新时代、新理论和新思维，而对和合的界定中强调冲突、融合的动态过程，更是代之以新的质。

四、主流意识形态论域中的和合

传统和合观念是否有现实的价值，现代性的和合思想是否具有现实性和力量，并不是一个纯粹的理论问题，而是一个实践的问题。任何的观点和学说，哪怕"被聪明的庸人带着嘲笑的神情看作狂人呓语"[①]，只要经得起实践的检验，就能够证实它的此岸性。传统的和合观念、现代的和合思想都不是经院哲学，而是具有现实的指向性。因此，传统的和合观念、现代的和合思想能否用之于当代的社会实践，并在社会实践中得到检验就是至关重要的

---

① 《马克思恩格斯选集》第 4 卷，人民出版社 1995 年版，第 209 页。

问题。当代中国的社会实践，是由主流意识形态提供理论指导、价值导向和精神支撑。因此，其他的思想和学说能否用之于当代的社会实践，关键取决于是否能够被主流意识吸纳和容受。

主流意识形态对和合观念与和合思想的态度，只有一些个案性的研究，还缺乏深入而系统的考察。个案性的研究，主要集中在对李瑞环的"和"的思想的研究上，如张瑞芬的《李瑞环对传统"和谐"思想的阐发和运用》、干春松的《"和"的思想与辩证法——李瑞环同志对马克思主义中国化的探索和推进》等。郭国勋的《马克思主义哲学中国化的积极探索——读李瑞环〈学哲学用哲学〉及〈辩证法随谈〉》虽然不是专门分析李瑞环"和"的思想的文章，但在行文之中，将李瑞环反复强调的"以和为贵"、"和而不同"的战略思想视为讲"和合"。这种看法无疑是符合实际的。李瑞环讲的"和平、合作、合理、和气"的"四和"，就是"四和合"。在论及"四和"的讲话中，李瑞环明确强调，"和合的思想是中国古代哲学的重要内容，具有普遍意义和现实意义。这个思想认为世间万事万物都是由不同方面、不同要素和合而成的，和生万物"。他主张"我们应当高举'和合'旗帜，树立和平、合作、合理、和气的形象以创造良好的国际环境，为国内建设服务"。① 可以认为，李瑞环所讲的"和"、"和谐"的思想，就是"和合"的思想，三者异名而同实。李瑞环提出高举"和合"旗帜的时候，还在全国政协主席的任上，是党和国家领导人，因此，这可以视为和合观念进入主流意识形态论域的标志。

如果要全面把握主流意识形态对和合观念的态度，那么还要更为系统地梳理党和国家领导人、在党政系统内身居要职的人的思想主张。除了李瑞环同志之外，当时和此后的中共中央政治局常委级领导，在讲话和文章中使用"和合"的比较少。但是，仅从"名"上讲是不够的，还要看"实"。一方面，胡锦涛总书记和其他中共中央政治局常委反复强调"和为贵"、"协和万邦"；另一方面政府高级官员、评论家和记者将胡锦涛总书记强调的"求和平、促发展、谋合作"的外交路线称为"和合"外交路线，如外交部部长

---

① 李瑞环：《务求实理》，中国人民大学出版社 2010 年版，第 82、92 页。

杨洁篪 2008 年 3 月 8 日就中国的对外政策和对外关系答中外记者问时，谈到合作和谐，就用了"和合而谐"；①2009 年 11 月 6 日，胡锦涛主席会见参加中国空军主办的"和平与发展国际论坛"各国空军代表团团长时表示，中国将继续秉持和平、发展、合作的理念，新华网报道的标题就是各国空军畅谈和合思维；②2009 年 12 月 28 日，香港《大公报》就哥本哈根气候会议取得相当成果发表评论，标题是"中国可做'和合'表率"，称"胡锦涛主席已经一再为'和合'外交路线定调"。③

其实，在讲和谐社会、和谐文化建设的思想资源时，有党和国家领导人就是讲"'和合'文化传统"。在中共十六届六中全会通过《中共中央关于构建社会主义和谐社会若干重大问题的决定》之后，中共中央政治局委员、中央书记处书记刘云山同志讲"我国有着优秀的'和合'文化传统，经过数千年的积淀和发展，已经深深地融入中华民族的血脉之中，成为中华文明的基本特性和重要价值取向。在人与自然的关系上，我国传统文化强调天人合一，重视尊重规律、休养生息；在人与人的关系上，强调以和为贵，重视家庭和睦、融洽相处；在国家与国家的关系上，强调协和万邦，重视睦邻友好、互惠互利。这些宝贵的精神财富至今仍然得到人民群众的广泛认同，仍然是衡量人们道德素质的重要尺度，为我们今天建设和谐文化提供了丰富而厚重的思想资源。"④ 在此，"天人合一"、以和为贵、协和万邦，都被纳入了"和合"观念之中。这也是主流意识形态论及和合观念的三个基本层面。

虽然主流意识形态中的和合观念还没有得到全面而系统的考察，而各种政策文件中与宣传思想工作部门对和合的认识、解释与运用也付诸阙如，但是，上述情况足以表明和合观念已经进入当代主流意识形态。主流意识形态一方面对和合观念在特定历史条件下被淡化、被贬低、被扭曲的情况作了批判性的反思，肯定和合具有普遍意义和现实意义，认为和合是宝贵的精神

---

① http://www.chinareviewnews.com. 2008-03-12.

② http://news.xinhuanet.com/politics/2009-11/06/content_12402399.htm.

③ http://www.chinanews.com.cn/hb/news/2009/12-28/2042207.shtml.

④ 刘云山：《建设和谐文化巩固社会和谐的思想道德基础》，《〈中共中央关于构建社主义和谐社会若干重大问题的决定〉辅导读本》，人民出版社 2006 年版，第 52 页。

财富和重要的思想资源；另一方面赋予和合以符合时代发展需要的新精神和新特质，"内涵更丰富，范围更广泛"。①

五、当代社会实践中的和合观念

和合观念是否与传统时期一样实现了社会化，即为社会行动提供价值导向和方法与策略的支持，除了对流意识形态以及是如何认识、理解和表述、运用和合观念的情况进行梳理和分析之外，还需要直接研究当代中国社会实践中这一观念的实现情况。

与对主流意识形态论域中的和合观念的研究相比，目前尚无直接对当代中国社会实践中的和合观念的研究。这并不是因为和合观念没有实现社会化，而主要是因为研究者的学科专业背景与研究思路的问题、研究设计和资料搜集的困难。倡导与研究和合观念的学者的学科专业背景，没有统计的资料，据初步的观察，大多不是以社会学为主业，即使有社会学的学科背景，研究的思路方面也是侧重理论分析而不是经验研究。学科专业背景限制了研究者的视野，而研究思路的选择也导致对和合观念社会化方面的忽视。

如果研究和合观念在当代中国的社会化情况，那么就要处理研究设计和资料搜集的问题。这两个方面又特别的困难。适合于研究和合观念社会化的观念社会学理论本身就难以建构，和合观念的操作化及其与相关观念的区分性问题很难处理，而无论是用量化研究的方法还是用质的研究方法，都面临着研究对象、样本选择和信度与效度的问题。仅就研究对象和样本选择来说，这表面非常容易处理的问题，实际上非常困难。我们选择的对象是组织、群体还是个人，是否具有代表性和说服力都是问题。我们观察到某些组织或机构在运用和合观念处理问题、谋划发展，但以这样的组织或机构为对象肯定会引起争议。调查样本的抽取也是如此。因此，可以说对和合观念的社会化状况进行研究是必需的，由此也能避免诸如和合观念是否得到认同的

---

① 路透社中国首席记者罗朗认为，中国领导人提出的"和合"理念，是在以往理论基础上，顺应当前国内外局势的一次思想再发展，内涵更丰富，范围更广泛。见 http：IInews.sohu.com/20070304/n248495385.shtml。

问题等某些不必要的争论，但这样的研究确实困难重重。

在缺少对和合观念的社会化状况缺少科学研究的情况下，其实也可以从对现象的观察得出初步的结论，而为科学的研究之资。学术界举办的以"和合"为主题并倡导"和合"的学术会议，宗教界的相关会议并主张"和合众缘"，国际问题专家提出的"海陆和合"地缘战略，类似于湖北省政府举办的"华夏同根，和合天下——2010年世界华人炎帝故里寻根节"等政府组织的以"和合"为题的活动，类似于江苏省吴江市"和合文化研究会"的社团组织的出现，类似于中国烟草实业发展中心开展的"和合共赢"主题活动，是和合观念受到各方面重视并实行之的表现。全球华商大会2005年《长城宣言》主张"推倒心理长城，实现和合共荣"，2007年世界华商大会把主题定为"和合共赢，惠及世界"；有企业以"和合"命名，并奉"和合"精神为企业文化，如温州和合实业有限公司；有的单位以"和合"文化为精神动力，如被评为"全国精神文明建设工作先进单位"的绥芬河检验检疫局；有中小学和高等院校以"和合教育"理念指导教育教学改革，如北京市大兴区枣园小学、济南大学。① 如果全球性商会、企业、机关事业单位、学校都有以"和合"观念为核心开展活动，建构自己的理念，并作为组织协调内外关系、开展各项工作的方法和策略的行为，那么至少可以认为和合观念正在实现社会化，就是在社会实践中正在得到实质性的认同和支持。至于个别研究者认同与否不再是一个问题，每个研究者都可以也应当有自己的立场和观点。深文周纳的人，尽可以带着嘲笑的神情把和合思想看作狂人呓语，但和合观念的现实性和此岸性可以放到理性的天平上去衡量，放到实践中去检验。

（原载《第四届寒山寺文化论坛·国际和合文化大会论文集》，

上海三联书店2010年版；作者单位：中国青年政治学院）

---

① 上述情况，除学术界之外，分别来自：http：//www.fjnet.com/wywz/tj/200904/t20090427_118541.htm；http：//www.china.com.cn/chinese/junshi/1268088.htm；http：//www.chinadaily.com.cn/zwzt/wlmthbx/2010-06/09/content-9955151.htm；http：//business.sohu.com/20050930/n240487898.shtml；http：I/www.huaxia.com/wc/hrsj/2007/00682114.html；http：Ilwww.wzrb.com.cn/node2/node145/userobject8ai180844.html；http：I/www.hljciq.gov.co/Detail.aspx?ID=7829；http：//learning.sohu.com/20090907/n266537190.shtml；http：I/jndxbs.ujn.edu.cn/1.php? id=37310。

和生与仁生

——论和合学之新仁学面向

彭永捷

和合学是张立文教授从 20 世纪 80 年代开始个人创发的一种带有学院派特质的新哲学学说。① 和合学的世界观，汲取了中国传统和生思想，把整个世界看成是和合而生生的整体结构。和合学对于传统文化资源的汲取也是综合的、多元的，不限于儒、释、道、墨等某一家。但和合学作为哲学，与和合学作为儒学，二者并不相排斥。和合学的"和合"，既包含了"和生"，也包含了"仁生"。由仁生则为儒家的仁爱之说奠立了宇宙论和世界观。换言之，和合学存在着新仁学面向，和合学亦可开展为新仁学。就此而言，和合学也就是一种当代的新儒学。

一、和　生

"和合"二字并举而构成一个范畴，最早见于《国语》。《国语·郑语》："夏禹能单平水土，以品处庶类者也；商契能和合五教，以保于百姓者也。"和者，谐也；合者，聚也，协也。"和合"二字连用，也就是指通过和谐相互关系而凝聚、团结和协作。"五教"，或释为"五常之教"，如《书·舜典》："敬敷五教在宽。"疏引《左传·文公十八年》说："举八元，使布五教

---

① 关于这种学院派个人哲学的性质，可参见笔者的另一篇文章《张立文的和合学》（《探索与争鸣》1998 年第 8 期）。

于四方，父义、母慈、兄友、弟恭、子孝，是布五常之教也。"或释为"五伦之教"，如《孟子·滕文公上》："使契为司徒，教以人伦，父子有亲、君臣有义、夫妇有别、长幼有序、朋友有信。""和合五教"，也就是人际各方面关系的和谐和团结。除《国语》之外，"和合"二字也见于许多先秦典籍。如《管子·幼官》云："畜之以道，养之以德。畜之以道，则民和；养之以德，以民合。和合故能习，习故能偕，偕习以悉，莫之能伤也。"又如，《墨子·尚同上》云："内者父子兄弟作怨恶，离散不能相和合。"《墨子·尚同中》又有类似表述，"内之父子兄弟作怨仇，皆有离散之心，不能相和合。"《墨子·兼爱中》云："昔越王勾践，好士之勇，教训其臣，和合之。"《墨子》这几处讲的或是父子兄弟的关系，或是君臣的关系。总之，和合指向的是人事，追求的是人事之和谐与团结协作。

中国的道术思想关注的焦点在于人事，这是毋庸置疑的。但对人事的关注，古代的哲人不是仅就人事而言人事，而是"推天道以明人事"，也就是将人间法安立在自然法基础之上，自然法是指包含天、地、人在内的宇宙普遍法则。古人将和合用于指导处理人事，同样是基于和合本是天道自然的法则。最早讲"和合"的《国语·郑语》是这样从世界观上讲和合的道理："夫和实生物，同则不继。以他平他谓之和，故能丰长而物生之，若以同裨同，尽乃弃矣。故先王以土与金、木、水、火杂以成百物。"古人或讲阴阳二气，或讲水、火、木、金、土五行，都认为是构成世界最基础的要素，或者决定事物性质最基本的要素，是多样的而非单一的，故而以承认和尊重差异为前提，生发出"和"的思想。"和"大体上包含了两方面的内涵：一是承认和包容多样性的异质要素；二是多种要素的配合达到最佳、最优的效果，诸如和羹、和声。《左传·昭公二十年》记载晏婴与齐景公论和同时举例说："和如羹焉，水、火、醯、醢、盐、梅，以烹鱼肉，燀之以薪，宰夫和之，齐之以味，济其不及，以泄其过。君子食之，以平其心。"又举例说："先王之济五味。和五声也，以平其心，成其政也。声亦如味，一气、二体、三类、四物、五声、六律、七音、八风、九歌，以相成也；清浊、小大、短长、疾徐、哀乐、刚柔、迟速、高下、出入、周疏，以相济也。君子听之，以平其心。心平，德和。"由众多不同佐料的配合而有"和羹"，由不同音调节奏的配合而成和声。"所谓和合，是指自然、社会、人际、心灵、文明中诸多元素、要素相互冲突、融合，与在冲突、融合的动态过程中各元素、要素和合为新结构方式、新事物、新生命的总和。"① 和合学对和合的解释，遵从了古人承认差异和立足于差异而相互配合的意思。

《国语·郑语》由五行而引出"和"，又由"和"而讲"生物"——"和实生物"。同样的思想也出现在其他文献中，如"万物负阴而抱阳，冲气以为和"（《老子》第42章），"阴阳和而万物得"（《礼记·郊特性》），"天地合和，生之大经也"（《吕氏春秋·有始览第一》），"天地合而万物生，阴阳接而变化起"（《荀子·礼论》），"阴阳和则万物育"（《论衡·宣汉篇》）。由此可见，或五行和合，或天地和合，或阴阳和合，均指向万物化生。由和合而生生，也就是"和生"的观点。故而张立文先生的和合学主张，"和合是各生命要素的创生、发展、整合而融突成整体的过程"②，"以和合为生生义之自性，和合即为生生，可指称为和生、合生"③，"和而生生，合而生生，和合生生不息"④。由此也可以说，和合学在世界观上，也就是和生哲学——基于和生观点而观察世界、处理人事的哲学。"和合学是对如何生生的为什么的追究，即诸多差异元素、要素为什么冲突而融合？为什么冲突融合而生生新事物、新结构方式？以及新事物、新生命化生的所当然的所以然的探讨，亦是对和合生生的生命力量源泉的寻求。因此，和合学亦即新生命哲学、新结构方式学说，即生生哲学。"⑤ 根据和合学的自我表述，我们可以把和合学看作是传统和生思想或生生思想在当代的一种新展开。和合学的理论目的，

① 张立文：《和合学概论——21世纪文化战略的构想》，首都师范大学出版社1996年版，第71—72页。

② 张立文：《和合学概论——21世纪文化战略的构想》，首都师范大学出版社1996年版，第74页。

③ 张立文：《和合学概论——21世纪文化战略的构想》，首都师范大学出版社1996年版，第75页。

④ 张立文：《和合学概论——21世纪文化战略的构想》，首都师范大学出版社1996年版，第75页。

⑤ 张立文：《和合学概论——21世纪文化战略的构想》，首都师范大学出版社1996年版，第90页。

在于适应国内"文革"结束走向改革开放、国际"冷战"结束走向和平竞争的背景，力图基于中国传统哲学的和生宇宙论和世界观，以及处理人事的和合思想智慧，破除以对立对绝对的斗争哲学，提出一种涵盖冲突而又旨在化解冲突、超越冲突而追求和谐的新的文化战略。

二、仁　生

仁是指对他人的爱，这种爱的情感的存在是以血缘为基础，"上下相亲谓之仁"（《礼记·经解》），故而所谓仁也就是"尊尊亲亲"。因为仁是基于血缘的爱，仁具有"直"的特点，是自然而然的，如"父为子隐，子为父隐，直在其中矣"；同时，也正因为仁是基于血缘的爱，仁具有局限性，需要以"忠恕"作为为仁之方。按照朱子的解释，忠的意思是尽己，恕的意思是推己。忠之尽己，《论语·学而》载曾子所说："为人谋而不忠乎！"恕之推己，如孔子所说，"己所不欲，勿施于人"（《论语·颜渊》），"己欲立而立人，己欲达而达人"（《论语·雍也》）。按照忠恕之道，人可突破仁的血缘局限，由爱我们自己的亲人开始，"立爱自亲始"（《礼记·祭义》），推广于他人，广泛地爱一切人，"泛爱众"（《论语·学而》）。仁不仅适用于华夏民族，也可适用于对待一切民族，"四海之内，皆兄弟也"（《论语·颜渊》）。仁是通行于世界的普遍价值。

"仁"在古代文献中常表述为"仁爱"，如《子思子·无忧篇》谓："世谓子产仁爱"，又谓："夫子圣人，是谓圣道事仁爱也。"又《孔子家语·卷九》："宓不齐，鲁人，字少贱，少孔子四十九岁。仕为单父宰。有才智，仁爱，百姓不忍欺。孔子大之。"《淮南子·修务训》："尧立孝慈仁爱，使民如子弟。"《孔子家语·卷七》："不孝者生于不仁，不仁者生于丧祭之礼无。明丧祭之礼，所以教仁爱也。能教仁爱，则丧思慕，祭祀不解人子馈养之道。丧祭之礼是明，则民孝矣。""轲言曰：田光褒扬太子仁爱之风"（《燕丹子》），《史记·袁盎列传》："仁爱士卒，士卒皆争为死。"仁爱也被后来的儒者表述为"慈爱"，如《孔子家语·卷四》"明君必宽裕以容其民，慈爱优柔之，而民自得矣。"表述为"博爱"，如韩愈"博爱之谓仁"（《原道》）。表述为"兼爱"，如张载"爱必兼爱"（《正蒙·诚明》）。

仁爱作为基于血缘的亲情，是自然而然的，这也就意味着仁是与生俱来的、人皆有之的。对此，孟子作了说明。"恻隐之心，人皆有之"，"恻隐之心，仁也"（《孟子·告子上》），"夫仁，天之尊爵也，人之安宅也"（《孟子·公孙丑上》）。爵指公、侯、伯、子、男等爵位，是人身份尊贵的表征，但这些都是人爵。人爵的特点是人可与之，人亦可夺之。仁是天爵，是天赋的，"非由外铄我也，我固有之"（《孟子·公孙丑上》），是他人所不可剥夺的，故孟子也认为这是人所具有的"良能"、"良贵"。在与墨者辩论爱有无差等问题时，孟子提出"且天之生物也，使之一本"，指出爱只有自然而然的父母之爱"一本"，而非在"一本"之外别有他本。在宋代的朱子看来，从兼爱出发，岂止"二本"，将是千本万本。

从孔子开始，就从仁的思想出发，尊重人的生命。比如，得知马厩失火，孔子关心的是人的生命安全，"'伤人乎?'不问马"（《论语·乡党》），孔子不仅反对以人殉葬，对于即使以人俑殉葬也激烈批评，"仲尼曰:'始作俑者，其无后乎!'"（《孟子·梁惠王上》）比如"危邦不入，乱邦不居。天下有道则见，无道则隐"（《论语·泰伯》），远离战争的地方、造反作乱的地方，在其中死于非命，毫无意义;比如对于百姓，孔子主张"庶之"、"富之"、"教之"（《论语·子路》），"足食"、"足兵"（《论语·颜渊》），"不教而杀谓之虐"（《论语·尧曰》）。这些都继承了周初以来形成的"保民"思想，体现了对人生命的重视和对生存权利的尊重，同时也为仁的思想注入了"生"的内涵。

如何为仁爱的思想寻求一个天道的基础，从而将儒家的人生观建立在一个世界观的基础上？儒家学者寻着从"仁"到"生"的思路，将仁阐发为天地之德。孔子曾赞扬过天地不言却生成百物的德性，"天何言哉？四时行焉，百物生焉。天何言哉!"（《论语·阳货》）但此处尚未直言天地生物即是天地之仁。《礼记》收集的众儒者文献，则将万物的生长看作是天地之德。如"春作夏长，仁也"（《礼记·乐记》），"天地温厚之气，始于东北，而盛于东南，此天地之盛德气也，此天地之仁气也"（《礼记·乡饮酒义》）。"南方者夏，夏之为言假也，养之、长之、假之，仁也。"（《礼记·乡饮酒义》）

《易传》中更是凸显仁生的思想，如"生生之谓易"，"天地之大德曰生"。万物生生的根源在于阴阳二气的往来、屈伸、消息，"一阴一阳之谓道"（《周易·系辞上》）。"立天之道，曰阴曰阳；立地之道，曰柔曰刚；立人之道，曰仁曰义"（《周易·说卦传》），如此，三才之道，彼此贯通。

先秦的这些思想资源给宋代儒者以理论启发。他们致力于将儒学的信条建立在"本然之全体"上，正如作为理学教科书的《近思录》于第一编首列"道体"一样，为儒学的人性论、纲常名教和个人的修养工夫安立一个整全一体的"道体"，使得儒家的人生观以世界观为基础，以便攻治① 当时作为"异端之学"的佛老——以缘起为世界观的佛教和以道法自然为世界观的道家、道教。理学的核心概念是二程"自家体贴出来"的"天理"，"吾学虽有所授，然天理二字却是自家体贴出来"（《河南程氏外书》卷十二），"理"是什么呢？先秦的文献中已多次将"礼"解释为"理"，"礼也者，理也"（《礼记·仲尼燕居》）"礼也者，理之不可易者也"（《礼记·乐记》），礼只是不可更易的自然而然的法则，儒家倡导礼教，也不过是遵循这些恒常不易的道理而已。这些思想被理学所继承，将礼与理互训，理者礼也，礼者理也。陈淳《北溪字义》对二程、朱熹关于礼即理的思想作了总结："礼者，心之敬，而天理之节文"，"文公曰：'礼者，天理之节文，人事之仪则。'以两句对言之，何也？盖天理只是人事中之理，而具于心者也。天理在中而著见于事，人事在外而根于中，天理其体而人事其用也。"所谓理学，也就是对儒家的礼教作出新论证、新阐释，故理学也即是新礼学。礼是天理，天理也就是礼，而礼和仁是一体两面，仁是礼的内在精神，礼是仁的实践形式。孔子强调仁和礼的统一，反对二者的分离。如"人而不仁，如礼何！人而不仁，如乐何！"（《论语·八佾》）"礼云礼云，玉帛云乎哉？乐云乐云，钟鼓云乎哉？"（《论语·阳货》）为此，孔子告诫学生，不要只做一个以司礼为职业的儒，而要做一个担当仁爱精神的儒，实现外在形式和内在精神的统一，"汝为君子儒，无为小人儒"（《论语·雍也》）。理学作为新礼学，从天理角度对

---

① "攻乎异端，斯害也已"（《论语·为政》）韩愈的理解是"攻击"，"人其人，火其书，庐其居"（《原道》），宋儒的理解为"攻治"。

礼教给予新的论证，势必也要从仁的角度对儒家的仁学给予新的论证，而他们的理论进路正是寻着"仁生"的思路。

首先，仁是天地万物表现出的一个浑然"生意"。"仁"的含义，即如桃仁、杏仁之仁，是生命的种子，体现的是生生之意。程颐说，"心譬如谷种，生之性便是仁也"（《遗书》卷十八）。程颢对"麻木不仁"的解释，也很有胜义，他说："医书言手足痿痹为不仁，此最善名状。仁者以天地万物为一体，莫非己也。认得为己，何所不至？若不有诸己，自不与己相关，如手足不仁，气已不贯，皆不属己。故'博施济众'，乃圣之功用。仁至难言，故止曰，'己欲立而立人，己欲达而达人，能近取譬，可谓仁之方也已。'欲令如是观仁，可以得仁之体。"（《二程遗书》卷一上）当人们说肢体的某一部分"麻木不仁"时，本意是说肢体这部分少了生机、生气、生意。气化流行，万物莫不生生，仁乃遍布流行。

其次，仁是天地万物气化流行所依据的一个生理。与孟子将"恻隐"的情感理解为仁有所不同，理学家认为"恻隐"仅是孟子所谓的"仁之端"，是人人具有的朴素情感，而非仁本身，只是仁之流露与发用。仁并不是爱，爱属于情，仁是性，是"爱之理"。仁作为"理"，又名之为"生理"。仁作为"生理"，从宇宙论上说，根源于天地生生之德，天地生生便是天地之仁，这便是本体之仁；仁作为"生理"，从内容上说，仁、义、礼、智、信便是这气化流行所依据和表现的"理"。其中，仁是主德而兼义、礼、智、信四者。

再次，仁是天地生物之心。《易传·复卦》有"复，其见天地之心"之句。复卦初爻为阳爻，其余为阴爻，正可谓"一阳来复"，体现的阴气盛极而阳，阴阳二气循环往复的运动，推动事物生生不已。张载给世人留下有名的横渠四句，其中"为天地立心"一语，成为理学家们反复讨论、体会和玩味的话头。朱熹认为，对于"天地之心"的理解，既要看到天地本无心，又要看到天地无心而有心。"上天之载，无声无臭"（《诗经·大雅·文王》），亦如孔子"天何言哉"四句所赞天之品格，或者如《中庸》所赞天道至诚，上天只是一个"苍苍者"，是一个自然之天，上天没有意志，也不是人格神。可另一方面，天地间只是气化流行，生生不已，呈现着天地万物一体之仁，就天地总是表现出生生的倾向而言，岂非意味着天地具有生物之心，而这生物之心也就是天地之仁。陈淳《北溪字义》解释张载"由太虚，有天之名；由气化，有道之名"时说："天即理也。古圣贤说天，多是就理上论。理无形状，以其自然而言，故谓之天。若就天之形体论，也只是个积气，恁地苍苍茫茫，其实有何形质。但横渠此天字是说理。理不成死定在这里？一元之气流出来，生人生物，便有个路脉，恁地便是人物通行之道。"天理即是气化生生所呈现出的路脉、道理，而这道理不是别的，正是"仁"。

天地自不能言，然而"乾称父，坤称母"（《正蒙·乾称篇》），却造就化育了最具智慧、拥有语言的人类，"惟天地，万物父母；惟人，万物之灵"（《尚书·泰誓》）。万物虽均是由气构成，"二气交感，化生万物。万物生生，变化无穷。唯人也得其秀而最灵"（周敦颐：《太极图说》）。不能言语的天地父母，造就出了能言语有智慧的孩子（人），从天地的角度来看，正是要他们的孩子代替自己来言说，正如程、朱所理解的，"天地本无心，以人之心为心"，从人的角度来看，"为天地立心"，正是人的使命，人有责任把天地之心表述出来，代天地立言。"天地之心"恰是生生之仁，"为天地立心"正是表现出天地间流行遍布的仁的精神。故程颢说："学者须先识仁。仁者，浑然与物同体。"（《识仁篇》）理学也常被一些研究者称作新儒学，新儒学之新，新在理学是一种新仁学，即仁学的一种新形态。

三、新仁学

和生的思想最初以五行学说为前提，后来也扩大到论述阴阳变化。仁生的思想主要是由阴阳学说而生起，落实于作为阴和阳代表的天和地之"交感"、"氤氲"，并及于万物之生化。总体上看，和生的思想可以包含仁生的思想。和生的世界观基于承认和尊重差异性，五行或阴阳都是宇宙论或本原论上的差异性学说。和合学认为，作为宇宙论的和生，与西方犹太教、基督教创世神话中的创生，是截然不同的。"西方的神创思维，有一个被普遍认同和强化了的'创世纪'说"，"即设计一个唯一绝对的、全知全能的客体或精神来创造世界万物。"① 中国人则讲五行、阴阳，"这种诸多相互差异、对待的元素、要素和合育物，与西方讲单一的、唯一绝对存有的、无对待的上帝造物，大异其趣。因此，笔者称这种与神创思维相对待的思维为和合思维。神创导向宗教，和合导向理解。"②

和合学认为，按照中国的和合思维，重新审视与观照人类所面临的普遍性问题与人类的知识体系，有可能提出与基于西方思想的冲突论（如亨廷顿《文明的冲突》）所不同的致思方式和解决方案，也有可能产生不同的全新的社会科学体系。面对人类共同的五大冲突，即"人与自然的冲突（生态危机）、人与社会的冲突（民族、种族歧视、战争、贫富差距扩大、贩毒卖淫、恐怖组织等），人与人的冲突（道德沦丧、人际疏离等），心灵冲突（孤独、苦闷、失落等），文明的冲突（各文明之间的价值观念、思维方式所造成）"③，我们从中国传统的和合人文精神入手，可以提出针对五大冲突的五大化解之道，即和生、和处、和立、和达、和爱五大原理，或五大中心价值。就人类知识体系而言，从和合思维出发，也可形成全新的学科视角，由此重新看待人与自然、他人、社会、心灵、文明诸关系。这个基于和合思维的知识体系可包括：形上和合与和合自然科学、道德和合与和合伦理学、人文和合与和合人类学、工具和合与和合技术科学、形下和合与和合经济学、艺术和合与和合美学、社会和合与和合管理学、目标和合与和合决策学等。这是依据和生思想所开出的一条面向 21 世纪的整全性的文化战略。

和生包含着仁生，但和生不限于仁生。在和合学看来，和合是中国文化儒、释、道、墨诸家共同的思想倾向和共同的人文精神。在"和合"一词的文本依据上，既有儒家之《国语》，也有墨家之《墨子》。在思想资源上，除了取法儒墨之外，作者在"和合源流考察"一章中，还专门列有"道释

---

① 张立文：《和合学概论——21 世纪文化战略的构想》，首都师范大学出版社 1996 年版，第 73 页。

② 张立文：《和合学概论——21 世纪文化战略的构想》，首都师范大学出版社 1996 年版，第 74 页。

③ 张立文：《和合学概论——21 世纪文化战略的构想》，首都师范大学出版社 1996 年版，第 118 页。

与和合"一节，讨论了道教的"三合"、佛教的缘起与和合的关系。和合学认为自身对中国传统人文精神的转生，是对中国传统文化整体的转生。换言之，和合学的立场是基于中国传统文化整体的，而非单单是儒学或儒家的。如果说和合学对于传统文化的转生包含着对于儒家文化的转生，从而和合学存在着新儒学的面向，那么也可以说和合学同时存在着新墨学、新道学和新佛学的面向，等等。上述面向从理论上说自然都是存在着的，但是除儒学外的任何一种面向，若想从和合学理论整体包含着的状态中成为一种系统的存在，都还需要理论上的进一步开展，而和合学中新儒学的面向却是现成的，并且也是和合学理论的再完善中所必需的。理由在于：

首先，和合学对于儒家思想有认同，存在着明显的新儒学面向。和合学认同儒家的仁爱思想和生生思想，和合学完全可以看作是仁学的一个当代形态，即现代新仁学。如和合学表示，儒家的"这种'仁爱'的人文精神，对于现代世界来说，既不必经'良知坎陷'而开出，也毋需经'创造性的转化'而运用，只需自然流出或适宜性的流出，作为处理和解决现代世界人与自然、社会、人际以及心灵关系的指导原理、原则之一"[1]。对于生生思想的论述更比比皆是，毋庸赘言。

其次，和合学的理论资源主要还是儒家。虽然和合学也向墨家、道家和道教、佛教发掘了不少和合思想的资源，但其从传统中所能借鉴的理论资源，主要还是来自儒家。就和合学作为一种新儒学而言，并不意味着要排除其他思想的资源。以宋代理学为例，儒学家们建构理学，不也"访诸释老"，"反（返）而求之六经"（《宋史·道学传·张载传》）么，这并不妨碍他们的理学作为儒学而成立。

再次，和合学每当论及冲突的具体解决，往往还是要回到儒学。例如对于化解文明的冲突，和合学是这样论述的："后冷战时期的四大具有影响力的文明（基督教文明、儒教文明、佛教文明、伊斯兰教文明），都应学会儒教的恕道精神，以开放的胸怀，容纳异己的文化因素，并以同情的爱心相

---

[1]　张立文：《和合学概论——21世纪文化战略的构想》，首都师范大学出版社 1996 年版，第 15 页。

互理解、相互尊重，和合共生、共存、共处、共进。"①

又次，和合学所倡导的和合思维，必须安立于儒学的仁义之道，才能使和合学成为一个有价值立场、有取舍方向的学说，也就是和合学所意识到的理论上的"大本"、"大原"——"这种以己度人，推己及人，由爱己而推及爱人，②爱物的'仁爱'精神，是现代世界处理人与自然、人与社会、人与人、人的自我心灵关系的大本、大原。"③面对着世道的不公，丛林般的国际环境，政治力量的黑道化，"被和谐"的"和谐"等不义，不确立儒家的仁义之道，和合思想就缺乏了同邪恶斗争、反抗不义的思想武器。所以将"仁爱"作为和合学立论的"大本"和"大原"是具有理论洞见的。

最后，和合学开出和显现为新儒学，才能有效落实和发挥和合思维的思想影响力。虽然和合学在理论上也存在着其他面向，但佛教关心的是养心，道教关心的是养生，作为宗教他们关心的是信仰问题，很难作为一个入世的学派整全性地关注和投入社会。墨家的祖师本是"学儒者之业，受孔子之术"（《淮南子·要略》），虽不满儒家的学说，"背周道而用夏政"，但许多倾向还是共同的，如"俱道尧舜"。墨家虽主张"兼以易别"，用兼爱来批评仁爱，但并未彻底否定仁义，只是来纠正和补充仁义。《墨子》一书也多次提及仁义，目的在于表述什么才是真正的仁义。从这个意义上说，墨家也可以看作是与儒家有共同源渊、共同传统而从儒家中分化出的一派。再者墨家已然断绝，即使当代有三五学人以新墨学相标榜，④又果真能够出现一大批新墨家么？儒家文化复兴的势头却相当强劲，儒家文化作为中国传统文化的主流，仍将成为中国文化的中坚。况且儒家是一个融治世、治心、治身于一体的整全性的思想体系和文化体系，总体上回应和化解人类共同面临的五大

---

① 张立文：《和合学概论——21世纪文化战略的构想》，首都师范大学出版社1996年版，第15页。

② 此处"爱己"是指仁爱的血缘性。仁的本意是爱人而非爱己，是爱与自己有血缘关系的他人。"由爱己而推及爱人"，指超越血缘的局限性，如"老吾老以及人之老，幼吾幼以及人之幼"之类。

③ 张立文：《和合学概论——21世纪文化战略的构想》，首都师范大学出版社1996年版，第14页。

④ 彭永捷：《"现代新墨家"的文化解读》，《现代哲学》2004年第3期。

冲突，还是儒学更适合承担。

总之，和合学本身虽是对中国传统文化和合精神的总体转生，但经由"和生"至"仁生"的过渡，可以确立儒家仁学的宇宙论和世界观，开出儒家仁学的当代形态。和合学虽钟情于哲学，但用哲学来塑造中国思想传统，不过是在中国近代特殊背景下中西交汇的一个特殊历史现象，"和合学"起初命名为学而非哲学，更恰当地承继了中国"道术"传统。如果不过多介入这些类似"中国哲学学科合法性问题"的分疏的话，和合学作为一套哲学学说的地位已经安立。和合学的另一个前景，在于被理解、被表述、被建构为新儒学，同时也必然像任何一种形态的儒学一样，也必须是一种对儒家仁学的重新表达，即一种新仁学。和合学作为一种当代新儒学，不仅丰富了当代儒学，而且也从儒学领域为当代世界提供了最富价值的思想资源。

（原载《学术界》2011 年第 11 期；

作者单位：中国人民大学哲学院）

容纳百川与创新学术

——和合学的文化理路及其当代意义

罗安宪

文化建设不能脱离文化传统，特别是对于像中国这样具有悠久文化传统的国家来说，情况更是如此。但是，如何对待传统，如何处理传统与现实、继承与创新之间的关系，这里却是大有问题的。张立文先生的《和合学概论》在这方面为我们提供了一条很好的路径。《和合学概论》本身体系博大、内容丰富、涉及问题很多，且"和合"一词在张先生那里，主要是一文化哲学范畴，"和合学"主要是作为21世纪文化战略而被提出的，对此，并非一两篇文章就可评说。本文只想从学术史的角度，从学术流变、绵延的角度，从联接传统与现实的角度，对"和合"的文化理路作一些评论与说明。

一、"和合"文化理路的历史考察

学术的承续与绵延大致有两种风格或风貌：一是"容纳百川"；二是"一脉相传"。

"一脉相传"的理路，根基于保持此一学术思想的纯洁性与互续性。它的基本精神是"传"，不是"创"；是"守旧"，不是"立新"。"一脉相传"可溯源于孔子。孔子强调"述而不作"、"信而好古"，突出的就是一个"信"字和"古"字。孔门弟子中，颜渊对孔子最为信从和敬重。颜渊以德行见闻，突出的就是尊师重道。颜对孔言听计从，"不违如愚"，崇信有加以致盲从迷信，就连孔子也说他"非助我者也，于吾言无所不说"（《论语·先进》)。

然而，"一脉相传"的理路最典型化的表现还是汉代经学。两汉经学虽有今古文之争，但讲究"师法"、"家法"，讲究承传授受却是很一致的。皮锡瑞说："汉人最重师法，师之所传，弟子所受，一字毋敢出入。"①相比较而言，西汉重"师法"，东汉重"家法"。"先有师法，而后能成一家之言。师法者，溯其源；家法者，衍其流也。"②若不严守"师法"、"家法"，杂以民说，就会被取消博士资格。如西汉孟喜因改"师法"，汉宣帝即不准他做博士。东汉时，河阳张玄少习颜氏《公羊春秋》，又兼通严氏等数"家法"。后拜为颜氏《公羊春秋》博士，讲授中不专讲颜氏章句，而兼说严氏。受业诸生揭发他不守颜氏"家法"，光武帝只好将其罢免。由于汉代儒生恪守"师法"、"家法"，经学越来越详密，竟出现了"一经说至百余万言"的现象。据桓谭说，秦延君说《尚书·尧典》篇目两字，至十余万言，说其首句："曰若稽古"，三万言。"故幼童而守一艺，白首而后能言。"(《汉书·艺文志》)

与"一脉相传"不同，"容纳百川"的理路，根基于解决现实的实际问题，它的基本精神是"创"，不是"传"，是"立新"，不是"守旧"。"容纳百川"的理路在荀子身上得到了最好的体现。荀子对百家之学既有批判，又有继承，在批判与继承的基础上，又有融汇与"和合"，从而在中国学术史上，建立了第一个体态博大，形态完备的理论体系。而荀学体系得以建构的根据和途径，就是"容纳百川"。

荀子对百家之学都有所批判。他指出百家之学各有其所"见"，亦各有其所"蔽"。他指责子思孟子"略法先王而不知其统"，认为孟子言性善，是"不察乎人之性伪之分"；他指责墨子"有见于齐，无见于畸"，"蔽于用而不知文"；指责老子"有见于诎，无见于信（伸）"；指责庄子"蔽于天而不知人"；指责慎到"蔽于法而不知贤"，"有见于后，无见于先"；指责申不害"蔽于势而不知知（智）"；指责惠施"蔽于辞而不知实"；指责宋钘"有见于

---

① 皮锡瑞：《经学历史·经学昌明时代》，中华书局1959年版，第77页。
② 皮锡瑞：《经学历史·经学昌明时代》，中华书局1959年版，第136页。

少，无见于多"，"蔽于欲而不知得"。① 荀子批判了各家学术之"蔽"，而对他们的所"见"则予以肯定和吸取。他吸取了思孟学派"成己成物"的能动思想，提出"制天命而用之"的光辉命题；他吸取了道家天道"自然"、"无为"的思想，将其改造成为"天行有常，不为尧存，不为桀亡"，主张"明于天人之分"，"不与天争职"，反对"倍（背）道而妄行"；他提出"多力则强，强则胜物"，显然来自墨子"赖其力则生，不赖其力不生"，"强则富、不强必贫"的"尚力"论；他的"制天命"、"裁万物"、"骋能而化之"的思想，无疑继承了墨子"岂可谓有命哉"的"非命"论；他的"义与利者，人之所两有也"的义利观，则与墨子和后期墨家主张义利兼顾、义利统一的思想有内在的源流关系；虽然荀子对名家学派的辩术抨击甚烈，然而他关于"同实同名"、"异实异名"和"稽实定数"的制名原则以及"辨同异"的主张，不能说没有受到惠施等人"合同异"的启发。

虽然就主观愿望而言，"一脉相传"是要保持此一学术传统的纯洁性和延续性，但是，当一种学术斩断了同其他学术思想的联系时，它也就同时斩断了自己继续生存的基本命脉。而当一种学术仅仅成为学术，闭目而不面对现实，不回应或解决现实生活中所遇到的实际问题，那么它也就铲除了自己得以继续生长的根基和土壤。命脉已绝，根基、土壤已去，而谈承—传—授—受，既不能有所继承，其承已为死物；也不能有所传，传之的既已死，其传也无人受。唯其如此，"一脉相传"在学术史上从来都是短命的。在孔门弟子中，颜渊本是孔子最为得意的门生，他勤奋好学，思想敏锐，有"闻一知十"之才，对孔子思想理解最深。但其思想影响却远不及孟荀两派，其原因除他个人的短命外，严守师道而不知发展和创新是其最根本的原因。

相反，"容纳百川"由于根基于解决现实的实际问题，它不是为"传"而"承"，为"授"而"受"；而是为"立"而"承"，为"创"而"受"。所以它既尊重传统，而又不囿于传统。在它这里，传统是为现实服务的，继承是为创新服务的。过去我们常说，没有继承，就没有发展。此话严格意义上并不准确，更准确的说法是：没有发展，就无所谓继承。因为一切继承都只

---

① 以上引语主要见于《荀子》中《非十二子》、《天论》、《解蔽》诸篇。

能是发展中的继承。由于"容纳百川"以发展、创造为根基、为核心，所以在思想史上真正发生影响的绝不是自命为"一脉相传"的人，而是具有"容纳百川"精神的人。不论是前述的荀子，还是魏晋玄学、宋明理学诸代表人物，都具有一种"容纳百川"的情怀与精神。

魏晋玄学从学术传统亘续而言，是对两汉经学的直接反动，是对烦琐、迂腐、支离、迷信、荒诞之学的抗议与绝裂；而"贵无"、析理的精神和倾向，则是对道家、名家之学的继承和发扬。宋明理学作为中国儒学发展史上的新阶段，重要的并不在于它重新确立了儒学在中国文化中的正统地位，而在于它立足于现实的需要，以严谨精密的哲学思辨方法，构筑了容含宇宙论、本体论、道德论、认识论、历史论等体态完备的理论体系，使儒学由原来简陋、素朴的道德说教，成为真正理论形态的学说体系。这其间严谨精密的哲学思辨主要得益于玄、佛、道的思辨传统，而宇宙论、本体论的确立，更离不开玄、佛、道的既有成果。这是就宋明理学整体而言。但就个案而论，不论是濂、洛、关、闽之学，还是陆王、湖湘之学，佛、道的影子都是很深的。

所以，从学术史上看，学术的承续与绵延虽然有两种风貌，但真正发挥影响，在学术史上能够留存下来的，却只有一种，就是"容纳百川"。而"容纳百川"的理路，就是"和合"。"所谓和合，是指自然、社会、人际、心灵、文明中诸多元素、要素相互冲突、融合，与在冲突、融合的动态过程中各元素，要素和合为新结构方式、新事物、新生命的总和。"[①] 中国文化发生、发展的历史，实际就是一个"和合"的历史，中国文化的进一步转生、发展，中国文化的现代化、世界化，同样需要通过"和合"来实现。

二、"和合"文化理路的当代意义

毫无疑问，我们现在所处的时代是一个文化建设的时代。身处世纪之交，回顾 20 世纪中国文化的历史，可以说，20 世纪中国文化的历史，就是

---

① 张立文：《和合学概论》，首都师范大学出版社 1996 年版，第 71 页。

一部不断冲击，颠覆既有文化秩序、文化成果的历史，就是一部不断破坏的历史。这期间中国传统文化，西方文化、马克思主义，在中国所遭受的共同"礼遇"，就是冲击和颠覆。所不同的只是不同时期所冲击和颠覆的具体对象有所不同而已。

20世纪初，最先遭受冲击的是中国的传统文化。从19世纪末的戊戌变法，到20世纪初的辛亥革命、五四运动，中国传统文化受到新输入的西方文化的全面而强烈的冲击。这种冲击一直持续到1949年新中国成立。冲击的结果使西方文化在中国产生了广泛的影响，而中国传统文化的正统地位受到了很大的动摇。1949年以后，马克思主义在中国文化中开始处于支配地位。中国传统文化与西方文化，作为腐朽的封建文化和资产阶级文化，而被彻底地颠覆和弹压了。这一时期，如果说中国传统文化由于其根深蒂固的影响，短期内无法也不可能使其完全根除，在弹压下而成为隐性文化，那么，西方文化则由于其扎根未深，且其后根基被除，在这一时期基本上销声匿迹。80年代以来，随着改革开放，西方文化又重新输入，并重新找回了自己赖以生存的气候和土壤。所以这一时期的基本特点是西方文化对马克思主义的冲击。

处在世纪之交，中国社会的经济、政治正在经历着一场变革，中国当代文化也因之处于震荡的不稳定之中。震荡本身并不令人恐惧，真正使人不安的是：每一种文化原本有其内在的自我调节机制，而这种调节机制在相互震荡中已经受到破坏，而不能发生应有的作用。所以当前中国文化的基本特点并不是自由主义色彩，并不是各种文化优质因素的竞相展现，而是各种文化劣质因素失去控制以后的恶性膨胀，以及它们之间的混合生长。20世纪以来，我们一度把该毁坏、不该毁坏的都毁坏了。毁坏的结果并没有使我们变得一无所有，（从一定意义上讲，一无所有并不是一个很坏的结果。因为一无所有正好可以建设），而是给我们留下来一堆瓦砾，还有那空中飘浮着的一片乌烟瘴气。然而12亿中国人总该有个精神寄托，总该有个精神家园，12亿生灵总该有个灵魂的安顿处！所以，我们需要文化建设。如果说20世纪的中国是一个遭受冲击与破坏的世纪，那么21世纪的中国，则必需也必将是一个全面建设的世纪。

中国不可能依靠移置外来文化来建立自己的文化。因为中国毕竟是一个大国，并且是一个有着悠久文化历史的大国。传统的文化积淀是任何力量也不能根除的，并且也是不该根除的。中国传统文化是我国当前文化建设的固有之源。无源之水，岂可久长？另一方面，中国也不可能依靠对传统文化的复兴来建设自己的文化。因为传统文化中确实有许多腐朽的东西，确实有许多不适应时代要求的东西。那种认为中国传统精神在本原上并没有什么不足，那种认为民主、法制、人本主义都是我国"古已有之"的东西，那种仅仅只是乐道于中国古代有如何灿烂的文化，什么什么都比西方人早多少多少年的夜郎心理，只能使我们作茧自缚，故步自封，而无益于文化建设。那种认为依靠对传统文化的现代诠释，即可实现传统文化的现代转换，也不是一条切实可行的文化建设之路。同时，我们也必须承认，我国的文化建设是面向 21 世纪的文化建设，是在现在的国际大环境、大背景下的文化建设。虽然我们正在实现现代化，虽然我们还是一个发展中国家，但这并不意味着我们就没有后现代问题，并不意味着我们就必然要去重复西方人所走过的弯路。

上述三方面的原因，决定了我国当前的文化建设，必须是一种综合性的创造。如何进行综合性的创造？根本途径就是"和合"。所以，"和合"的首要价值，就在于它第一次使 20 世纪 80 年代以来人们广泛赞许的综合性创造的文化建设模式，真正落到了实处，它第一次找到了一条现实的中国文化建设之路。正像张立文先生所讲的："21 世纪，人类为回应，求索协调、化解人与自然、人与社会、人与人、人与自身心灵以及文明与文明间的五大冲突，'和合'是最佳化的文化方式的选择和最优化的价值导向"①，以"和合"来解决中国文化的现实出路，这是一条切实可行、允当稳妥，并且具有可操作性的文化建设之路。

当然，应当承认，"和合"并不是各种适当因素的杂然共处或简单相加。杂然共处或简单相加只能流于"杂"。中国历史上有不少杂家，杂家的价值从来都不是很高。"和合"应当是有创造性的"和合"，是以一个为中心、为

---

① 张立文：《和合学概论》，首都师范大学出版社 1996 年版，第 584—585 页。

主脑、为根基的"和合"。"和合"的灵魂不是"合",而是"和实生物"的"生",是"创"。"和合即为生生。"① 同时也要承认,"和合"只是为我们提供了一条道路,具体怎样"和合",还有很多工作要做。

(原载《社会科学家》2000 年第 1 期;

作者单位:中国人民大学哲学院)

---

① 张立文:《和合学概论》,首都师范大学出版社 1996 年版,第 75 页。

和合学与中国哲学

魏义霞

张立文先生是中国当代享誉海内外的哲学家和哲学史家，和合学是张先生的哲学建构，度越了近百年来中国哲学争论不休的中外、古今问题。尽管存在着不同声音，张先生的和合学还是得到了越来越多的海内外学者的赞同和肯定。韩国学术信息出版社于 2009 年 5 月出版了《张立文文集》。《文集》收录了张先生截至 2006 年底的全部专著和少部分论文，共 38 辑，可谓鸿篇巨制。《文集》的第一辑就是《和合学》，和合学的影响及其在张先生思想中的地位可见一斑。

一、和合学的背景和创生

和合思想提出于 20 世纪 80 年代。不了解和合学提出的历史背景和理论初衷，便不能深刻认识和合学创立的意义和价值，也无法把握和合学的要义和精髓。张先生是和合学的创始人。在接受记者采访时，张先生回忆说："为什么提出和合学，其实也是我自己人生心路历程的体验。1949 年以后的历次政治运动我都参加了。经历许多人生波折、磨难之后，我有了些感触和体认，结合自己当时的学科方向慢慢体贴出'和合学'。20 世纪 90 年代初我在日本、韩国、新加坡、美国讲过和合学，后来又在国内给我的博士生讲。"[1] 和合学的提出主要基于如下考虑：其一，在和合学酝酿、提出的 20 世

---

[1]　张立文：《张立文的"和合"世界》，《中国社会科学报》2009 年 12 月 17 日。

纪 80 年代，国际、国内形势都发生了深刻变化，急需一种新的哲学和文化战略来审时度势、指点迷津：在国际方面，开始由冷战转为后冷战，国际形势的这种新变化、新特征表明，亨廷顿的文明冲突论、"中国威胁论"是错误的，必须对这种对抗思维、两极思维和西方中心论予以纠正；在国内，由阶级斗争为纲转化为以经济建设为中心，这决定了必须更新观念，改变以往单一论、决定论的思维模式。于是，和合学应运而生。其二，和合学的提出之时正处于世纪之交，文化建构的战略直接决定着 21 世纪的文化走向和选择。在反思 20 世纪的历史和 21 世纪人类共同的命运时，和合学关注人类的共同命运和生存状况，归结出人类所面临的五大冲突和五大危机，进而将化解冲突、走出危机，树立和合理念作为 21 世纪的必然选择。

与此同时，和合学秉持中国哲学"自己讲"、"讲自己"的原则，是中国哲学的"转生"。正是凭借着深厚的哲学史功底，和合学洞彻了中国哲学的生生规律，完成了对中国哲学的超越和创新。在学术界，张先生以才思敏捷、著作等身而闻名，从先秦哲学的周易研究到宋明理学以及朱熹、陆九渊研究再到近代新学研究，他博古通今、学贯中西，尤其是《中国哲学逻辑结构论》和《传统学引论》等专著以及对中国哲学范畴史的整理为和合学奠定了研究基础。要进行中国哲学的创新，必须洞察中国哲学的递嬗沿革、体贴其中的游戏规则（规律性）。张先生指出："中国哲学如何创新？如何'自己讲'、'讲自己'？需要深刻体贴中华哲学每一次转生的特征、性质、内因、外援；准确把握中华哲学理论思维形态转生的内在'游戏规则'或逻辑必然之则。"① 离开了对中国哲学和传统文化的全面了解、深刻反思和准确把握，和合学的建构是不可想象的。另一方面，和合学又是对中国哲学和传统文化的超越。在这方面，"和合"一词是典型的例子。一方面，和合具有深厚的文化传统，最早出现在《国语·郑语》中："商契和合五教，以保于百姓者也。"和合思想在先秦最盛，在民间也有和合思想，即和合二仙。另一方面，作为中华文化精神的转生，从根本上说，和合学是张先生自家体贴出来的。再如，对于和合方式的理解。在分梳传统和合源流之时，张先生

---

① 张立文：《和合学——21 世纪文化战略的构想》，中国人民大学出版社 2006 年版，"再版序"。

指出，传统和合方式存在五大误区。具体地说，这五大误区分别是："无中介的直接和合"、"无转换的取舍和合"、"差分不足的简单和合"、"无冲突的重一和合"、"无奇点的神秘和合"①等。作为对传统和合的超越和转生，和合学具有五大理论公设："元素差分"、"结构整合"、"中介转换"、"功能选择"和"反演流行"②。不难看出，这五大公设是针对传统和合的五大误区有感而发的，当然也是对这五大误区的超越。其实，这样的例子在和合学中俯拾即是。

二、和合的基本含义和整体构想

和合学是张先生殚精竭虑的独创，他为此倾注了近 20 年的心血，出版了一系列的学术专著。除了《和合学》之外，还有《和合学概论——21 世纪文化战略的构想》、《和合与东亚意识》、《中国和合文化导论》和《和合哲学论》等。这些著作表明，和合学博大精深，文本厚重。只有从和合的基本含义、和合学的整体思路入手，才有可能领悟其思想精髓。

其一，和合的基本含义。

和合是和合学最基础、最核心的范畴之一，也是了解和合学的切入点。对于和合，张先生多次予以了明确界定。例如："和合是指自然、社会、人际、心灵、文明中诸多元素、要素和合为新事物、新生命的总和。"③"和是不同性质的甚至相互冲突的事物和生、和处的过程；合是使不同意志、不同观念、不同宗教的事物、国家、民族能够互相和谐，达到合作的目标。"④"和合是指自然、社会、人际、心灵、文明中诸多形相和无形相的相互冲突、融合，与在冲突、融合的动态变易中诸多形相和无形相和合为新结

---

① 张立文：《和合学——21 世纪文化战略的构想》，中国人民大学出版社 2006 年版，第 86—93 页。

② 张立文：《和合学——21 世纪文化战略的构想》，中国人民大学出版社 2006 年版，第 128—131 页。

③ 张立文：《和合学——21 世纪文化战略的构想》，中国人民大学出版社 2006 年版，"自序"。

④ 张立文：《张立文的"和合"世界》，《中国社会科学报》2009 年 12 月 17 日。

构方式、新事物、新生命的总和。"① 和合的定义表明，和合不是对立统一，而是对对立、统一的超越。这就是说，和合并非如有些人所理解的那样只讲统一不讲对立；恰好相反，和合以冲突为基础，甚至可以说，没有冲突就无法和合。在这方面，张先生强调，和合是以承认差分为前提的，因为和合不是简单的同、一；作为各种元素的冲突与融合，和合首先承认差异和分殊。这是因为，"和合是诸多异质因素、要素的冲突融合，即多元和合。和合首先需要承认多元的、多样的事物的存在，它不是一元的，一元即是同、单一、唯一，'同则不继'"②。基于这种认识，张先生强调："差分是和合学逻辑建构的现实根据。"③ 不仅如此，"和合元素、要素差分程度愈高，和合程度亦愈高；同时，差分程度愈高，冲突就愈深入，冲突的关键点亦明显；和合的下手处亦愈明确"④。有鉴于此，对于和合与冲突的关系，张先生的看法是："冲突是和合的前提，和合是冲突的理势。"⑤ 这表明，在和合学的视野中，差分与和合、冲突与融合是相伴而生的，这使差分、冲突成为和合以及和合学的题中应有之义。正是在这个意义上，张先生强调，和合不是对立统一，和合的主旨是生生，和合学即生生哲学。有人批评和合学只讲统一、不讲斗争，仅从和合的内涵就可看出，这种说法是对和合学的误解。

其二，和合学的整体构想。

对于和合学的运思方向，张先生声明："和合学的和合思维，与西方神创思维异趣。西方文化中有一种被普遍认同和强化了的上帝'创世'说，解释了天地万物的根由问题。上帝作为唯一的、绝对的存有，一直延续到现代……这种和合思维，开出了有异于西方神创思维的独特的思维方式、价值观念、心理结构、审美情趣，以及处理人与自然、社会、人际、心灵、文明间关系的独特的方式方法。"⑥ 这就是说，有别于西方的神创思维，和合思

① 张立文：《和合学——21世纪文化战略的构想》，中国人民大学出版社2006年版，第58页。
② 张立文：《和合学——21世纪文化战略的构想》，中国人民大学出版社2006年版，第429页。
③ 张立文：《和合学——21世纪文化战略的构想》，中国人民大学出版社2006年版，第107页。
④ 张立文：《和合学——21世纪文化战略的构想》，中国人民大学出版社2006年版，第89页。
⑤ 张立文：《和合学——21世纪文化战略的构想》，中国人民大学出版社2006年版，第90页。
⑥ 张立文：《和合学——21世纪文化战略的构想》，中国人民大学出版社2006年版，"自序"。

维以承认人的自我创造为前提，是一种人创思维，用张先生自己的话说便是"人学角度和人文立场"①。作为和合学的理论基础之一，张先生专门对人予以重新解释，并且出版了《新人学导论》（职工教育出版社1989年版）等学术著作。在对人的理解上，张先生不同意卡西尔把人定义为符号的存在，指出桌子也是符号，卡西尔的观点否定了人的主动性和创造性。基于这种认识，张先生断言，人是会自我创造的动物，后来把"自我创造"改为"自我创造的和合存在"。

人是会自我创造的和合存在既是对人的崭新诠释，又坚持了和合学的人创思路，是和合学整体构想的人学基础。张先生认为，哲学讲的都是人的问题，人是永远的课题。人要生存，首先要创造。基于人的自我创造，和合学建构了人的生存、意义和可能的三个世界的整体构想。这正如张先生一贯所言："从和合学的人学角度和人文立场来考察，文化是标志人类生存样式、意义规范和可能发展方向及道路的整体性范畴。"②"和合是人对生存、意义、可能世界的思考的自我观念、自我创造的活动。"③

和合学的三个世界的构想源于《周易》的天地人框架，同时突出人的自我创造，体现着和合的价值理念。三个世界是人自由创造构筑的世界，每个世界中又有和谐问题。和合学的三个世界分别是：地的世界（和合生存世界）、人的世界（和合意义世界）和天的世界（和合可能世界）。三个世界具有不同的侧重和境界，展示了人的多维生存和创造：第一，地的世界是和合生存世界。人为天地立心，必须进行自我创造；人进行创造首先要生存，人的生存、创造需要政治、经济和文化环境。可见，人的生存世界主要是由文化环境、社会环境和自然环境构成的，它的两个核心概念是境与理。第二，人的世界是和合意义世界。人活着，讲究意义，总在追问为什么活着以及人生的价值和意义是什么。这便是人的道德生命、意义生命和价值生命。人的世界的两个核心概念是"性"与"命"。第三，天的世界是和合可能世界。信仰是人的特殊需要，可能意义是人的精神家园。这些构成了人的可能世

---

① 张立文：《和合学——21世纪文化战略的构想》，中国人民大学出版社2006年版，第488页。

② 张立文：《和合学——21世纪文化战略的构想》，中国人民大学出版社2006年版，第488页。

③ 张立文：《和合学——21世纪文化战略的构想》，中国人民大学出版社2006年版，第375页。

界，也使"道"、"和"成为可能世界的两大核心概念。

如果说三个世界理论是和合学的逻辑主干的话，那么，支撑三个世界的则是境与理、性与命、道与和等六大核心范畴。进而言之，这六大核心范畴与元、己、生、解、物、心、群、和相互和合，由此化生为和合学的八个维度和方面——"八维"和合，这"八维"和合对应并和合成八大学科。具体地说，"八维"和合分别是：形上和合、道德和合、人文和合、工具和合、形下和合、艺术和合、社会和合与目标和合；化生的与之相对应的八大学科分别是：和合自然科学、和合伦理学、和合人类学、和合技术科学、和合经济学、和合美学、和合管理学与和合决策学。和合"八维"尤其是和合学的八大学科的建构使和合学从理论、原理进入到人的生存世界、意义世界和可能世界，搭建了和合学由"体"转换成"用"的平台和桥梁。

和合学的整体构想体现了和合思维的体用兼备、体用一源。进而言之，这种体用兼备的整体思路不仅使和合学具有形上意蕴和理论创新，而且关注现实和实际操作。与这种整体构想一脉相承，《和合学》分上、下两卷：上卷是体，阐释和合的义理规定和整体构想，探寻和合精神的源流沿革，建构和合的五大中心价值；下卷是用，通过八维学科的具体分析和论证，使上卷的和合理论、原理转变为应用方法，进入社会生活的各个方面。体用一源、体用兼备的品格使和合学成为对中国哲学现代化的回应，也成为引领人类走出困境和危机的抉择。

三、和合学对中国哲学现代化问题的回应

中国哲学的现代化面临的最现实的问题是文化的融合问题，即怎样把中、西、马三种文化融合起来，中、西、马三种文化怎么兼容并蓄？谁来统一？新哲学的体系是什么？对于这些问题的回答，一百多年的中国哲学演绎出中西、体用、古今以及传统与现代的争论。作为中国文化走向世界化、现代化的回应和选择，和合学在解决中国哲学现代化问题的同时，超越了中国哲学的合法性问题。

对于中国哲学的现代化，张先生呼吁，不应该只停留在方法和手段上，

而应该落到实处："当前，中国传统文化的现代化，不能只停留在怎样或如何现代化问题的方法、手段的论争上，方法、手段还可以再提出很多种，但并不能解决现实现代化的问题，而应该落到实处。"① 张先生所讲的"落到实处"，就是深入到方法、手段的背后，探寻深层的价值问题。"中国传统文化如何向现代转换？近一个世纪来，中国人不仅前仆后继地进行实践，而且提出了种种主张和方案。如中体西用、西体中用、中西互为体用、中西为体中西为用说；抽象继承、选择继承、宏观继承、具体继承论；创造性转化、创造性解释、综合创新论；以及全盘西化、儒学第三期发展、复兴儒学说；等等。这些论说，其实都是关于如何向现代转换的方法或手段的探讨。这类探讨还可以提出许多方法来，但总未提出一套新的理论体系或学说架构。譬如中体西用、西体中用整合出什么学说来？'创造性转化'转化出什么来？综合创新之'新'理论是什么？都还是一个浑沌，其深层均蕴含着一个价值观的问题。"②

　　本着将中国哲学的现代化落到实处，深入到背后的价值观的理念，在对中国哲学与文化的发展轨迹和基本精神的追寻中，张先生指出，中国哲学的基本精神是和合："譬如中华民族的基本文化精神，便是和合或合和，它不是某家某派的文化精神，而是涵摄儒、道、墨、法、阴阳、释家各派的普遍的文化精神。"③ 这就是说，和合文化精神是中华文化的基本精神，也是中国文化和中国哲学现代化的价值依托。正是根植于和合价值的基础之上，和合学回应了中国哲学如何现代化的问题。

　　基于和合文化精神，对关于中国哲学的传统与继承——古今之争，张先生指出："传统哲学对古今的理解，往往是二元对立的时相分析。其原因是只见人文精神差分化的物质时相，而不见人文精神和合化的生命流形；只知其迹、其然，不知其所以迹、所以然。有以为心灵能逆时间方向而流行，其实，心灵的运演也服从生命的时间规律；思维反演也是时间流行中的反

---

①　张立文：《和合学——21世纪文化战略的构想》，中国人民大学出版社2006年版，第488页。

②　张立文：《和合学——21世纪文化战略的构想》，中国人民大学出版社2006年版，"自序"。

③　张立文：《和合学——21世纪文化战略的构想》，中国人民大学出版社2006年版，第53页。

演。"① 这就是说，以往对古、今的理解是二元对立思维的产物，在超越二元对立思维的和合视界中，文化、哲学作为"人文精神和合化的生命流形"是动态的演进，而非静态的形迹或僵死的生成物。为了说明这个问题，张先生对文化精神与传统文化、生命力与生成物进行了厘清和区分，指出文化精神是传统文化的所以然、所以迹，是活的生命流程，生生不息，具有永恒的生命力；传统文化作为一种生成物，是僵死的，不具有生命力或现代意义。在此基础上，张先生接着指出："传统文化与现代化的关系，实质上是文化精神的转生问题，而不是某种文化形态（如儒家的现代化，道家的现代化，或接着宋明理学讲等）或静态的传统文化（生成物）在现代是否有存在价值的问题。"② 至此可见，和合思路抓住了古今之争的本质，从而超越了由于古与今的分裂而引发的各种争辩。

在此基础上，张先生进一步指出，中国哲学的现代化以及古今问题涉及中西、体用问题。在对中国文化的反思和建构中，古今、中西与体用问题是纠缠在一起的。例如，"20 世纪 80 年代初，当人们面对经过所谓'文化大革命'洗礼的'一穷二白'的现实时，反省'同传统的观念实行最彻底的决裂'和'颂古非今'的'斗争'之后，又痛感落后于西方的煎熬，于是中西、体用之争论又热闹起来。有提出'西体中用'说，有'中西互为体用'说，以及'中西为体，中西为用'说等。各种中西体用的搭配或嫁接，都依其如何对西方文化的冲突做出回应的理解，而做出不同的搭配或嫁接方式，本质上却无所差异"③。和合思维在超越古今的同时，也超越了体用、中西之辩。"和合是诸多优质因素、要素的融合，这种优质要素的融合是重新扬弃、选择的过程，融合按照和合体自身的需要，在选择、扬弃诸多因素、要素中，吸收自身所需要的优质成分，而排除其不需要的部分。它不是先确定一个文化的体与用，按照体用的模式来发展；或者先确定文化的精华和糟粕，来进行吸收。它甚至破坏诸多因素、要素的自身结构，重新选择、吸收，重

---

① 张立文：《和合学——21 世纪文化战略的构想》，中国人民大学出版社 2006 年版，第 937 页。
② 张立文：《和合学——21 世纪文化战略的构想》，中国人民大学出版社 2006 年版，第 53 页。
③ 张立文：《和合学——21 世纪文化战略的构想》，中国人民大学出版社 2006 年版，第 29—30 页。

新结合、融合。"① 在和合思维中，每种文化形态即每个民族的文化都是和合的要素、因素，其间没有优劣之分，和合的过程是打破各种文化形态原有的结构而重新选择和融合，根本就不存在所谓的体用之别。

有鉴于此，对于中国哲学现代化的中西以及体用之争，张先生得出了如下结论："'中'与'西'都是地域性概念，用'中西'标志并区分民族文化，杂染着较浓的地缘政治色彩。因此，无论主张'中体西用'、'西之中化'，还是主张'西体中用'、'中之西化'，都承诺了一个非人文化的政治前提——一种文化优于另一种文化，优势文化应当奴役、统摄并同化劣势文化。百余年的'中西之辩'，辩来辩去，焦点是比较优劣，核心是优胜劣汰。"② 在和合思维的审视中可以发现，"'中体西用'、'西体中用'诸说，只是对中西会通方法、途径的一种描述，这种描述并不会导致产生中学对西学回应的一种实际的效果，因为它并没有产生一种新理论形态、新事物、新生命作为回应西学的事实上的承诺者或承担者。因此，中西体用诸说，只能流于空言、口号，而无实果。从理论思维方面而言，它是一种使人陷入概念之辩的误导"③。与此同时，张先生强调，从和合学的视角来看，"每个民族都有自己独到的文化形态（类型），都有与全人类息息相关的人文精神。各民族的文化类型及其人文精神虽千差万别，但却是彼此平等的，都是人类文化和合体中的有机构成元素、要素。只要坚持这种全人类的人文战略立场，贯彻这种和合人文精神，那么，关于中西文化的优劣比较和取舍选择，不仅不利于民族文化的世界性发展，而且有悖于人类文化不断融合的历史取向"④。在这个问题上，张先生一再强调："理论、原理之谬误，将会产生战略上的误导。各地区、各民族的文化差异分殊，存在着文化冲突的一面，但亦存在着不同文化，以至相互冲突的文化的相互融合的一面，这便是文化的互补与

---

① 张立文：《和合学——21世纪文化战略的构想》，中国人民大学出版社 2006年版，第429—430页。

② 张立文：《和合学——21世纪文化战略的构想》，中国人民大学出版社 2006年版，第488页。

③ 张立文：《和合学——21世纪文化战略的构想》，中国人民大学出版社 2006年版，第31页。

④ 张立文：《和合学——21世纪文化战略的构想》，中国人民大学出版社 2006年版，第488—489页。

和合性。这是从各地区、各民族的文化单一方面而言的；从各地区、各民族文化的现实而言，并非是单一文化，而是多元文化共存共处。"① "依照和合学的价值逻辑，各种文化系统的人文精神是浑沌对应的。因此，文化价值的比较研究，是非优劣的特征比较或类型比较。比较的目的不是证明一种文化比另一种文化更伟大、更优秀，而是探索文化承继的最佳道路，寻求文化交流的最宜途径。"② 循着这个逻辑，张先生坚信："21 世纪的文化，既非'东风压倒西风'，与'西风压倒东风'的两极对待形态，亦非'三十年河西，三十年河东'的东方文化的世纪，而是东西方文化互学、互动、互渗、互补的世纪；是冲突融合而和合的世纪，即和合而化生新的人类文化——和合学世纪。"③

四、和合学与人类共同命运的抉择

和合学关注人与自然、人与社会、人与人、人与自身以及人与文明之间的关系，在对这些关系的审视和反思中，既看到了其间的冲突，又看到了其间的融合。这种视角和维度为和合学化解人类面临的各种危机提供了前提，也因此成为 21 世纪解决人类困境的最佳选择。

和合学具有世界视野，是中国哲学世界化的需要。在这方面，张先生指出："中国文化能否走向世界化，取决于中国文化的'实力'，取决于中国文化能否为人类所共同面临的五大冲突和危机，提供化解之道，能否与时偕行、唯变所适地适应世界化的需要。"④ 基于这种战略考虑，张先生构建了和合学，用以化解 21 世纪人类的危机。

张先生关注现实和人类的共同命运，将 21 世纪人类共同面临的困境归结为五大冲突和危机，它们分别是：人与自然的冲突及其生态危机、人与社

---

① 张立文：《和合学——21 世纪文化战略的构想》，中国人民大学出版社 2006 年版，第 8 页。
② 张立文：《和合学——21 世纪文化战略的构想》，中国人民大学出版社 2006 年版，第 927—928 页。
③ 张立文：《和合学——21 世纪文化战略的构想》，中国人民大学出版社 2006 年版，第 56 页。
④ 张立文：《和合学——21 世纪文化战略的构想》，中国人民大学出版社 2006 年版，第 57 页。

会的冲突及其人文危机（贫富差距拉大）、人与人的冲突及其道德危机（空巢问题和人际关系疏离）、人与心灵的冲突及其信仰危机（现代人成为游魂野鬼、没有着落，找不到精神家园，导致信仰失落、信仰危机。与此相关，中国每年自杀的人数大约有35万，而世界则大约有100万）、人与文明的冲突及其价值危机。

在对人类共同面临的困境予以关注和担忧的同时，张先生一直在寻求背后的根源，指出："现代人类文化系统面临的各种危机，遭遇的各种困境和冲突，都与价值观相关。"[1] 基于这种认识，张先生寻求解决出路，将中华文化的基本精神——和合说成是21世纪的文化精神。这是因为，"这种文化精神便是追求人与自然的和合，人与社会的和合，人与人的和合，人自身心灵的和合，以及不同民族文明之间的和合等。这种和合文化精神，便是21世纪呼唤的世界文化精神"[2]。"和合学以中华民族文化的世界化为空间性的战略基点，力求通过对各民族文化的人文精神的和合诠释，把握人类文化历史进程冲突、融合的理路、脉络和取向。"[3]

面对人类的危机，和合学提出了五大要义，这些要义的主旨分别是："差分与和合的要旨是生生"、"存相与式能的要旨是变化"、"冲突与融合的要旨是神妙"、"自然与选择的要旨是互动"、"烦恼与和乐的要旨是中和。"[4] 由此可见，"和合学生生、变化、神妙、互动、中和五大要旨，都是基于21世纪的冲突——融合——和合的深层的开挖和发掘，是21世纪现实的需要和呼唤。"[5] 在五大要义的基础上，张先生提出了相应的五大原理，即和生、和处、和立、和达、和爱。对于这一点，张先生声明："和合学的立言宗旨、创学标的，是为了化解20世纪人类文化系统内的价值危机和冲突……和生、和处、和立、和达、和爱五大中心价值，就是创立这种价值观的尝试。"[6] 这

---

[1] 张立文：《和合学——21世纪文化战略的构想》，中国人民大学出版社2006年版，第927页。

[2] 张立文：《和合学——21世纪文化战略的构想》，中国人民大学出版社2006年版，第53页。

[3] 张立文：《和合学——21世纪文化战略的构想》，中国人民大学出版社2006年版，第489页。

[4] 张立文：《和合学——21世纪文化战略的构想》，中国人民大学出版社2006年版，第931—933页。

[5] 张立文：《和合学——21世纪文化战略的构想》，中国人民大学出版社2006年版，第933页。

[6] 张立文：《和合学——21世纪文化战略的构想》，中国人民大学出版社2006年版，第494页。

表明，和生、和处、和立、和达、和爱既是和合学的五大中心价值，也是21 世纪人类最大的原理和最高的价值。和合学的五大中心价值是化解冲突、走出危机的价值依托和共同原则，是对于五大冲突和危机都适用的共同原理。从这个意义上说，"此五大中心价值是一种有机整体，不可分割。它在化解人类所共同面临的五大冲突和危机中。五大中心价值是化解每一种冲突的原理。如何化解此五大冲突？又需依照和合学原理、价值、方法以及生生、变化、神妙、互动、中和五大要旨的实践过程"①。与此同时，张先生强调，尽管五大冲突和危机都"按五大中心价值和五大要旨"加以化解，解决的办法却各不相同：人与自然的冲突以及引发生态危机，要依据形上和合的和合原理、人文标准和道德期望；人与社会的冲突以及造成的社会危机，要用和合管理学原理；人与人的冲突以及引发的道德危机，要运用道德和合学的各项原理、原则；人的心灵的冲突以及心理危机，按照心灵伦理学的各项原则、原理；不同文明之间的冲突以及信仰危机，按照人文和合的个性原理和原则加以解决。② 总之，正是在有机整合又相互差分的和合中，和合学为人类化解五大冲突，进而走出危机指点迷津。

"这就是化解人类所共同面临的五大冲突的和合之路，即按照和合学五大中心价值和五大要旨，以及各具体和合方面、层面的融突和合原理、原则，促使生存世界、意义世界和可能世界的各个层面、方面的和合体的更真实、更完善、更优美，便可达到和合世界或和合境界。"③

（原载《学术界》2013 年第 10 期；作者单位：黑龙江大学中国近现代思想文化研究中心）

---

① 张立文：《和合学——21 世纪文化战略的构想》，中国人民大学出版社 2006 年版，第 934 页。
② 参见张立文：《和合学——21 世纪文化战略的构想》，中国人民大学出版社 2006 年版，第934—936 页。
③ 张立文：《和合学——21 世纪文化战略的构想》，中国人民大学出版社 2006 年版，第936 页。

论尚和合的哲学性格

张瑞涛　　李宗双

　　学术研究是研究者个体生命智慧的觉解，是学思心路的体悟。张立文先生以太史公"究天人之际，通古今之变，成一家之言"的意志砥砺自己，以董仲舒"三年不窥园"的精神鞭策自己，于体贴中国传统哲学精髓的基础上创构了"和合学"哲学体系。和合学将思想传承与理论创新实践紧密相连，重视运用史学的研究方法梳理中国哲学的发展脉络与逻辑结构，同时关照当下社会危机、人文危机、精神危机等现实问题，从而将中国古代"和合"思想转生为现代哲学架构，表现为文化理性的回归。尚和合既是张立文先生个人生命体悟的思想凝结，又是优秀传统文化精髓的思想传递，更是和合方法与和合境界的新探索。尚和合的逻辑进路既是创构者的精神信仰，又是一种价值追求，更是一种哲学性格。

一、和合学的创构历程

　　和合学是张立文先生 50 多年来学思历程的深切表现，是对中国哲学思想精髓的理性反思，是对人类共同命运与文化发展的高远规划。无论是从国内外哲学的发展现状还是从中国哲学的现代化来看，和合学展示了强盛的生命力，主要表现在三个方面：其一，和合学与当代文化建构紧密相关，为中国传统文化的复兴和理论建构挖掘了创新性基因——"和合"；其二，和合学与当代中国哲学研究范式紧密关联，为中国哲学本体论的转生培育了创新性理念——"生生"；其三，和合学度越传统思维模式，为当代中国哲学体

114

系创新的哲学自信撷取了创新性方法——"自己讲、讲自己"。① 和合学之所以实现这样的学术创新，与创构者张立文先生个性的成长历程与学术的心路历程不无关系。

和合学的创构建立在张立文先生人生阅历积累和学术积累的基础之上。幼时的张立文先生生活于一个贫困的时代，他在罗山及瓯海的学习生活并不宽裕，但艰苦的生活环境却能转生为对知识的无限渴求，困苦的生活环境更利于磨砺人的坚强意志，张先生即是在苦累中培养了乐观的心态和求学的兴趣。人格心理学的研究也表明，人的个性追求往往在童年的兴趣选择中就已形成。② 年少时期求真务实、脚踏实地的生活经验积累成为张先生个性培养的第一次积累。14 年后，中华人民共和国建立，面临新中国成立之初政局的动荡和土改的工作需要，15 岁的张立文先生被迫放弃学业投身"社会主义革命事业"。正是因为革命工作的经历与生活磨难，使得张先生对生活有了重新思考与感触，这也为其日后的思想成熟与理论创新奠定了良好的心理基础。

机遇总是关爱有准备的头脑。1956 年末，经历了"泰顺土改"、"镇反对象"与"三大改造"后，张立文先生以杭州区第一名的成绩考入中国人民大学中国革命史专门化专业。早在 1947 年在瓯海中学读书时，张先生就对中国史学与传统文化多有感悟，适逢中国人民大学良好的学术氛围，使得他对中国传统文化有了更深的体会，并培养了学术研究的兴趣。5 年后，张先生大学毕业分配到中国人民大学哲学教研室工作，开始了正式的学术研究。从 1960 年 10 月至 1965 年末，张先生共撰写学术论文 11 篇，探讨了孔子的哲学思想、哲学史方法论、唯物主义辩证法以及谭嗣同仁学等问题。他初入中国哲学殿堂，虽哲学研究范式尚拘泥于唯物、唯心二分法，但已然彰显出学术研究的热情和信心。尤其值得注意的是，张先生在 1962 年至 1963 年，

---

① 可参阅笔者的相关研究论文，主要包括：《探赜索隐，开拓创新——张立文教授学术创新综述》，见郝立新主编：《哲学家·2009》，人民出版社 2010 年版，第 301—320 页；《张立文先生与"传统学"创构》，《邯郸学院学报》2009 年第 2 期；《"自己讲"、"讲自己"——中国哲学研究范式的创新》，《江海学刊》2010 年第 2 期。

② 参见许燕：《人格心理学》，北京师范大学出版社 2009 年版，第 68 页。

从哲学的角度研究《周易》思想，撰著《周易思想研究》，并于"文革"后由湖南人民出版社出版。该书是"文革"后出版的第一部系统研究《周易》义理思想的专著，[1] 和合学关于天、地、人三界的思想就在《周易思想研究》一书中最早提出。不过，正当张先生对中国哲学作出新的思考时，"文革"来了，尤其是1970年3月至1973年9月，各种政治运动更是风起云涌，耽误了先生大量的学术研究时间。直到1976年9月，"文革"基本结束，张先生才可以不弃本心之志，展开求真务实的学术研究。大致可言，从毕业留校到"文革"结束这段时间，可看作是张立文先生的第二次积累，而此时的积累已然衍生为"敢为天下先"的学术精神的学术积累。

"文革"之后，中国哲学界迎来学术研究和探索求知的春天，张立文先生的学术研究也进一步焕发青青，实现第三次积累。在这一阶段，和合学的立论始基"中国哲学逻辑结构论""传统学引论"和"新人学导论"相继推出。须注意，完成于"文革"、出版于1981年的《朱熹思想研究》，这部"散发着浓郁的中国芬芳的著作，在中国哲学史、思想史重点人物的研究中，开拓了新的蹊径"[2]，其中的"哲学逻辑结构论"成为后来张先生撰著《中国哲学逻辑结构论》的先声。所谓"中国哲学逻辑结构"是指"研究中国哲学范畴的逻辑发展及诸范畴间的内在联系，是中国哲学范畴在一定社会经济、政治、思维结构背景下所构筑的相对稳定的逻辑理论形态"[3]。这一理论创造性地建构了中国哲学研究的"范畴解释学"范式，从具体、义理、真实三层次的句法、语义、网状、时代、历史、统一等六层面诠释和揭示哲学范畴的本意、义理蕴含和整体本质，从而为后来梳理"和合"辞源演变逻辑提供了方法指导。"中国哲学逻辑结构论"是讲概念范畴发展的历史，研究的对象是古代的东西，是传统性的东西；又因20世纪80年代开始的传统文化和现代化的争论，启发了张先生思考如何对待传统文化问题，因而提出了"传统学"概念，并于1989年出版了《传统学引论》。他在修订版"自

---

[1] 周山：《倚筇随处弄潺湲——近十几年中国大陆〈周易〉研究述评》，《上海社会科学院学术季刊》1993年第1期。

[2] 非闻：《中年学者在大陆崛起——访〈朱熹思想研究〉作者张立文》，《镜报》1983年第7期。

[3] 张立文：《中国哲学逻辑结构论》，中国社会科学出版社2002年版，第5页。

序"中明确指出："传统学的宗旨是体认传统，继承传统，度越传统，创造传统。使传统重新焕发生命智慧，以适应现代化的合理性需要，化解传统与现代的冲突。"① 这为赋予古代"和合"概念创新性意涵、实现古代哲学理念的现代转生，提供了理论支撑。当然，"传统学"归根到底是人学，故而，"不把人搞清楚，那么其他就都是空的，你建构一个学术，就等于是建在了一个空中楼阁上了，你的基础就不扎实了，所以我必须对人有一个重新的思考"②。因此，在张先生撰著并于1989年出版的《新人学导论》中，将"人"规定为"会自我创造的动物"③。之后，他将这一规定修改为"人是会自我创造的和合存在"④，即人是会调节人与社会、人与人、人与自然、人的心灵中的冲突，是真正走进和合之境的人。因此，新人学成为和合学的第一次理论实践。

承接"新人学"之"人是会自我创造的和合存在"，张先生撰著并于1996年正式出版了《和合学概论》，和合学体系得以初创。他创造性地提出了化解人类当代冲突和危机的五大原理，即和生、和处、和立、和达、和爱，并构造中国文化和合载体的八个方面，即形上和合与和合自然哲学、道德和合与和合伦理学、人文和合与和合人类学、工具和合与和合技术科学、形下和合与和合经济学、艺术和合与和合美学、社会和合与和合管理学、目标和合与和合决策学。2004年推出的《和合哲学论》，则从哲学理论思维道体维度诠释构成和合精神家园的和合生存世界、和合意义世界与和合可能世界以及和合历史哲学、和合语言哲学、和合价值哲学和和合艺术哲学。为了建构完善的和合学体系，张先生先后发表多篇学术论文，挖掘中国古代"和合"思想的历史渊源及演进历程，⑤ 还撰写《中国和合文化导论》，并主编

① 张立文：《传统学七讲》（修订本），长春出版社 2008 年版，"自序"。
② 康香阁：《著名哲学家张立文先生访谈录》，《邯郸学院学报》2009 年第 2 期。
③ 张立文：《新人学导论——中国传统人学的省察》，职工教育出版社 1989 年版，第 18 页。
④ 张立文：《和合历史哲学论》，《首都师范大学学报》（社会科学版）2003 年第 1 期。
⑤ 主要有：《和合是中国文化人文精神的精髓》，《长白论丛》1995 年第 1 期；《中国传统文化的精髓——和合学》，《宗教哲学》（创刊号）1995 年第 1 期；《中国文化的和合精神与21 世纪》，《学术月刊》1995 年第 9 期；《中国文化的精髓——和合学源流的考察》，《中国哲学史》1996 年第 1—2 期；《东亚意识与和合精神》，《学术月刊》1998 年第 1 期等。

《和合与东亚意识》丛书，使得和合学体系得以构建。

和合学自产生起便引起国内外学术界、哲学界、政界的广泛关注。张先生 1991 年在日本京都大学、东京大学、新加坡国立大学，1994 年在日本九州大学、东京大学、韩国高丽大学，1995 年在美国波士顿大学讲授"和合学"，2002 年在日本新泻大学开课讲授"和合学"。李铁映、钱其琛、李瑞环等亦发表了肯定"和合"的谈话，如李瑞环 2000 年会见香港各界知名人士时特别指出："当今中国要发展、要振兴，必须继续弘扬中华民族的优良传统，特别要提倡和合，强调团结"。2005 年 12 月，张先生随政府代表团访问葡萄牙，参加"中葡文化交流活动"，并发表"和合学"的主题演讲，引起西方学者和政界领袖的极大兴趣。

和合学的创构历程体现出张先生做学问的精神境界和人生智慧。张先生的人生阅历、学术积累与理念创新，为和合学的构架和完善奠定了良好的理论基础与人文铺垫。诚如他所言："为什么提出和合学，其实也是我自己人生心路历程的体验。1949 年以后的历次政治运动我都参加了。经历许多人生波折、磨难之后，我有了些感触和体认，结合自己当时的学科方向慢慢体贴出'和合学'。20 世纪 90 年代初我在日本、韩国、新加坡、美国讲过和合学，后来又在国内给我的博士生讲。"① 和合学是生活的升华、生命的感悟、传统的转生和境界的培育，是张先生对中国哲学的杰出贡献。同时，和合学是"自己讲"、"讲自己"的学问，它讲中华民族自己的哲学，是适应中华民族文化与时代精神的智慧结晶。因此，从和合学的创构历程我们可以看出，尚和合是和合学的核心理念，是中国传统文化的重要内涵，在新的形势下弘扬尚和合理念，必然要融合并化解多元的价值观念，以更加理性的态度对待现实社会中存在的各种危机，在培育和践行社会主义核心价值体系的同时，引领和谐社会的健康发展。

---

① 张立文：《张立文的"和合"世界》，《中国社会科学报》2009 年 12 月 17 日。

二、尚和合的现实表现与哲学个性

从和合学的创构历程可以感知，尚和合力求为全人类谋福祉。张立文先生有言："和合学立足全人类的生命福祉，以全球意识面向 21 世纪的现实生活，面向 21 世纪人类所共同面临的严峻冲突和危机，面向人类未来发展。"① 他对人文价值时间、生存活动空间与人文精神逻辑的思辨根源，展开和合解构和建构，通过剖析中国传统哲学创新的三大标志，即核心话题的转向、人文语境的转移与诠释文本的转换，利用"和合起来"的历史哲学为先导，建构和合学的逻辑结构与价值理性，积极观照现实人类社会的危机和冲突，重构人类精神信仰的和合家园。在张先生看来，和合精神家园可赋予人"安身立命"之所，可使人的灵魂不至成为游魂野鬼，漂泊无宿；和合精神家园可为人提供一种和谐、友爱、平等、互助、自由的温馨家园。② 和合精神家园不仅是人的肉体的温馨的家，更主要的是人的灵魂的温馨的家，是人区别于动物最主要标志，也是人主体精神自觉的最重要特征。

尚和合既是方法建构，又是境界培育，终究是以和生之道为价值追求的人生意义世界的新探索。在和合学体系中，"和"是指和谐、和平、和睦、和乐、祥和；"合"是结合、联合、融合、合作。和合是指自然、社会、人际、心灵、文明中诸多形相和无形相相互冲突、融合，与在冲突、融合的动态过程中各形象和无形相和合为新结构方式、新事物、新生命的总和。和合不是自然法则，也不是客观规律，而是人文精神，是哲学智慧，是人世间的普遍现象。建立在和合文化基础上的和合学，指研究在自然、社会、人际、人自身心灵及不同文明中存在的和合现象，并以和合的义理为依规，是既涵摄又超越冲突、融合的学问。③ 尚和合既是民族精神生命智慧转生的承接者，又是中国文化整体性、结构性、有机性转生的载体，即此可视为和合学的本

① 张立文：《中国近代新学的展开》，（台北）东大图书公司 1991 年版，第 288 页。
② 参见张立文：《和合哲学论》，人民出版社 2004 年版，第 3—4 页。
③ 张立文：《和合学——21 世纪文化战略的构想》，中国人民大学出版社 2006 年版，第 71 页。

质所在。① 具体而言，尚和合体现出以下四方面的个性特征。

首先，尚和合既是对现世当下的客观反映，又是对主体个性的理性表达。张先生曾这样定义"哲学"："哲学是指人对宇宙、社会、人生之道的道的体贴和名字体系。"② 通过"以中解中"的方式，他构建中国哲学的"和合学"体系，和合学是对现世的反映，也是对人类文明发展历程的个性表达。事实上，定义哲学与构建和合学体系已然使得哲学本身不再是高高在上的玄虚把玩之物，而是能够走进普通人的日常生活，让人可以不受拘束的感受之美。在这里，尚和合为我们的社会生活带来了清新的变革，一个双向的改变，即当一种思维与另一思维交汇融合时，和合学的现实作用便自然呈现其中。尚和合的心灵境界与现实生活正是这样的双向互动关系，尚和合是中国哲学的外在表征，本身没有功利性可言，而我们可以通过各种自己喜欢的方式去理解它、阐释它。故，我们对于尚和合当有更深层次的理解：当哲学脱离了功利追求的束缚之后，我们是否能够注意到和合学中仍旧保留下来的东西，这实际上也是在哲学规律作用下的必然结果。和合学可以理解为一种智性哲学，它在融入生活的过程中更像是一针药剂，在你入口时尚有顾及，可当你细细品味、字斟句酌之后，转眼它就变成欲罢不能的追求与享受。这正是尚和合的力量所在，更是和合学发展的内在魅力。

其次，尚和合展现出的多维人性，是时代精神的转生。不论是对于中国哲学本身还是和合学而言，尚和合都十分注重作为生活主体的人在哲学发展过程中的作用，尤其是当"中国哲学合法性论争"与"反对中国哲学的运动"滥觞于世时，尚和合把握了二者的相互关系而非单纯地割裂二者的联系。所以，作为生活主体的人更应成为二者沟通的桥梁与纽带，尚和合既是体认生活中潜在的哲学反思，又深入把握中国哲学内在的元价值。所以，从侧面看，不论是和合学，还是世界哲学，我们都不应将其简单地归为一处，而理应视其为哲学本身的分化与聚合。这样的韧性辩证过程，主要表现为两

---

① 罗安宪：《和合之思——张立文教授八十华诞纪念文集》，河北大学出版社 2014 年版，第 92 页。

② 张立文：《朱陆之辩——朱熹陆九渊哲学比较研究》，人民出版社 2002 年版，"序言"第 7 页。

方面内容：一是要符合社会历史发展的逻辑；二是要掌握哲学内在的变革规律。和合学转生传统天、地、人三才之道，其所开出的新生面，正是从哲学创新的时代诉求出发，探讨中华哲学理论思维形态的创新，是为实现中华哲学理论思维形态的创新转生开道。① 这不仅是尚和合合规律性与合目的性的内在表征，而且也承接了多维人性与时代精神的自为自转。尚和合是研究自然、社会、文明、人际等和合现象既冲突又融合的学问，具有内在的规定性，尤其是对于人性与时代的分析，更是遵循中化文明的内在精神与逻辑脉络。对于人性的探讨，和合学表现出一种冲突、融合的变异过程，每个人都是一个独立的个体，是多种和合元素的集合，因此对待世界会有不同的行为方式与态度。因此，尚和合追求的是人的审美精神与心灵境界，通过和合元素的交汇融合，转生出对多维人性的理性思索。同时，尚和合将时代融入生活，利用"和生、和处、和立、和达、和爱"五大原理回应时代所面临的各种危机与挑战，从而展现出尚和合的生命智慧与精神境界。

再次，尚和合既是思维方式，又是精神理念。我们在日常生活中所感受到的和合思维，其实质表现为一种具有现代性的人文关怀，是一种主观作用于客观的结果，这其中既有理性判断，也有感性融合。尚和合既体现为一种思维方式，又表现为一种精神理念。事实上，日常生活意境中的和合学极具自主性与自由性，也许每个人感知世界的方式各有不同，但传递正能量、内涵真善美的事物与行为，总是大众所喜闻乐见的东西。因此，谈及尚和合的现实表现，至少有三方面内容需要特殊说明：其一，注意区分具体的感性哲学与和合学的不同之处，不能将感性的反思艺术简单的定义为哲学思维，而应着重了解二者的内在区别与联系；其二，注重哲学规律的作用，避免哲学的符号化、功利化的倾向，重视发掘生活中潜在的哲学问题；其三，注重尚和合的践行与再生产的互动过程，力图在单纯追求和谐体验的同时更加关注尚和合现实性的表现形式。其实，尚和合本身所提供的理性愉悦，不是感性的迷狂和欣悦，而是追求内在于本我的反思与渴望，是自觉不自觉地远离大众文化的束缚与干扰，摒弃群体文化中的那种"盲从"姿态，而将"反思

① 张立文：《和合学三界的建构》，《华南师范大学学报》2012 年第 2 期。

快乐"作为评判是非的标准与原则。所以，尚和合所要传递的是文化转生后的精神意蕴，能够引领人类追本溯源，走出生存困境。

最后，尚和合是文化发展的必然进路。和合学本身承载了文化发展的内容，充当了文化进步的载体。和合学为中国文化发展路径的具体落实提供了理论支持和方法资源。① 张先生的《和合学——21世纪文化战略的构想》一书视和合学为"新的哲学原则"，深刻地体现出和合学在当下文化战略的影响下所产生的新的价值取向与特点。简单来说，尚和合是以一种主流的传播方式内化并普及到日常生活中已经定义过的哲学问题，使其既为非主流文化所接受，又能更好地诠释日常生活中的哲学现象。对于尚和合的传播而言，我们首先需要的是一种融合理念，一种新型思维模式的转向。因此，在强化尚和合实践性的过程中，需要拉近哲学与生活的关系，尽可能展示尚和合的融合之美，从而使得尚和合的发展成为当代中国哲学传承与创新的理论增长点。尚和合致力于探究中国传统思想的理论建构，对于当下的文化建设极具开拓性，犹如哲学研究范式、文化形态范式的指南针，引导人类文化走向和合之境。因此，尚和合所建构的思想体系是文化发展的必然进路。

事实上，尚和合的个性既是张立文先生学术的生命与生命的学术的体现，又是其隐忍炼狱般的煎熬之后，将哲学的个性内化为生命智慧的理性反思。尚和合是张先生对现实世界的理性体贴，它虽无法度越时代的局限，但却要保留住哲学个性的思维形态。因此，尚和合是一种适应中国文化传统的生命智慧，在化解文明冲突的基础之上，实现中国哲学的现代转生。

三、尚和合的精神境界与人文价值

和合学的创构不是闭门造车"编造"出来的，而是张立文先生心怀天下，基于自己的生命体验和对中国哲学智慧思维的体认，思考"如何化解人类所面临的五大冲突和危机？如何回应西方文化的挑战？怎样实现向现代化

---

① 张瑞涛：《"和合学"与哲学创新》，《探索与争鸣》2009年第3期。

的转型?"① 的必然结果。尚和合的和合生生之理，重在强调逻辑建构的重要性，其主观动机非沉溺于烦琐的思辨体系，而是将关注的焦点置身于对人类文明的指导意义之中，从而彰显了哲学本身的"哲学性格"问题。尚和合在精神层面上讲求和生意境，强调历史与哲学交融建构的多元性，对待文明与历史更需采取敬畏的态度，尤其当利益与道德发生冲突时，应固守道德本身的感召力。因此，在张先生看来，人的精神力要有自己的品性与个性，要学会懂得品味历史、体认生命。所以，尚和合的构造是一种对和乐境界的追求，是对生命意义和价值的探讨，而张先生自身对学术的追求，也是他个体的精神家园的构架和昭彰的历程。

　　和合学乃是"真学术"。所谓"真学术"，是学术研究者基于自身的生命感悟、心得体悟和学思勘悟而达至的研究效果。无论是自然科学学术，还是人文社会科学学术，研究者在进行客观逻辑地还原自然、历史、思想原貌时，必然有研究者主体的主观创造。唯此"主观创造"，即已使学术研究深深打上"人为"烙印。尤其是对于人文社会科学研究领域而言，学术研究更需要人为因素。比如，学术研究者的研究兴趣、求知欲是开展学术研究活动的动力；研究志向与恒心是学术活动持续开展的保障；学者的学术素养、反思精神和研究视界是实现学术创新的催化剂。真学术是研究者个体能力、实力、毅力和心力的统合效果：能力意味着学术研究主体积极性的发挥和学术研究主动性的展开，实力意味着学术研究主体知识素养的培育和研究方法的丰富，毅力意味着学术研究主体持之以恒的精神和知难而进的志趣，心力则意味着学术研究主体人生阅历的品鉴与自我生命价值的勘悟。能力与实力是缔造真学术的硬件，毅力和心力则是软件，唯软硬兼施，方有真学术的生生不息。是故，真学术是研究主体能力、实力、毅力和心力"四位一体"的过程。张先生创构和合学，正是这样的"真学术"，而其所求者四：一者和合三界之境；二者四维化生之理；三者通融载物之变；四者和乐大道之途。张先生数十载而致于学，究其智乐仁义之善，文如其人，人因文显，他以主体创造能力和学术实力不懈追求着人文价值的升华，而其治学毅力与为道心力

---

① 张立文：《论和合的必要性和合理性》，《传统文化与现代化》2002 年第 4 期。

进一步彰显着他的精神境界和价值追求，将属于自身生命的"个性"周旋于和合学的"个性"，创造出"个性的哲学"。

因而可说，张立文先生的精神境界与和合学融通交汇。张先生为学并非教人奋勇直前不顾脚下的根基，而是要适时后退，回归本我。因此，他在追求辩证化的思维过程中，更加侧重精神性的把握与分析，因为哲学思维内在的无限可以延伸到社会与人生的无限。或者说，正是由于哲学主体的思维逻辑的变革，才体现为社会历史发展如何可能的问题。从义理层面讲，把握哲学内在逻辑与发展规律，可使主体与客体在义理中找到平衡点。所以，张先生的尚和合理论建构既超绝时空又内在于本我，是创造者涵养精神、自家体贴之逻辑必然。此外，哲学话语的表达也是历史文化的展现，有其自身的发展与演进规律。史学的研究方法非单一的化生过程，而是一种对历史哲学合理性的分析，从而消解对中国哲学的各种偏见与顾虑，将中国哲学还原到历史本来传统之中。张立文先生曾说："研究方法的创新，标志着某一学科的创新；某一理论学科的成就，是以其研究方法的完善为先导。基于此，必须着力于方法论的探索。"① 因此，张先生由史论哲，基于"和合"思想的文化史的梳理，创构和合学体系。这样的治学方法和治学理路，是张先生治学弘道的独特之处，也必然与先生个体的思想发展相得益彰。正是张先生的情感投入与求知精神，激发了当代哲学发展历程中最具情感性的哲学探讨与最虔诚的文化追求，以此看作是张先生精神境界与人文价值的集中体现。

在中国当代学者中，张立文先生占有重要地位。不过，自和合学创构伊始，便并存着对和合学的正面诠释和质疑。其中有一客观事实在于，当质疑者不能对中国哲学作出全面而细致的梳理，不能全面合理把握传统学本身，自然便不能深入理解和合学所依据的"自己讲、讲自己"的哲学方法论，也不能有效体会张先生创构和合学体系的学术必然性。质疑者看上去好像是在寻找不同于和合学的其他创新哲学的构架路径，实则脱离具体的和合学学术范畴，他们所关注的焦点就已经超出了问题本身的研究，而是沉溺于

---

① 张立文：《超越与创新——20世纪朱子学研究的回顾与展望》，《中华文化论坛》2001年第1期。

一些细枝末节的烦琐思辨。赞成与否定始终处于同一种矛盾运动中，正是因为商榷与探讨，彰显出和合学理论的独特价值。改变心理学的研究表明：当人总是在表达"不"的时候，无非是基于两方面的考虑：一是对终极真理的不懈追求，二是对自我意见的极力表达。[①] 所以，先生之学必不可尽乎极致也，和合之学在通融醇正，明生生之理，弃末世之流弊，践其说于当世。所喜者，大道近焉，以和合三变之精，见张氏之道矣。所论者，自浅由深，轻迂腐浮夸之事，重脚踏实地之实，温柔敦厚，峻洁明朗。因此，对于寻求真理的客观性而言，古往今来的任何理论建构都有其常见合理化与不合理化两种存在方式，尤其是对创新性的理论而言，更有其不断发展不断完善的过程。当研究者未能深入理解建构的传统与内在根基时，而仅仅是针对其中的字、词、段、句有所歧义或稍有不同时，便洋洋洒洒几万言加以驳斥，这其中恐怕是还有许多不当之处。

习近平总书记在 2014 年 2 月主持中央政治局集体学习时强调指出，要讲清楚中华优秀传统文化的历史渊源、发展脉络、基本走向，讲清楚中华文化的独特创造、价值理念、鲜明特色，增强文化自信和价值观自信；要认真汲取中华优秀传统文化的思想精华和道德精髓，大力弘扬以爱国主义为核心的民族精神和以改革创新为核心的时代精神，深入挖掘和阐发中华优秀传统文化讲仁爱、重民本、守诚信、崇正义、尚和合、求大同的时代价值，使中华优秀传统文化成为涵养社会主义核心价值观的重要源泉；要处理好继承和创造性发展的关系，重点做好创造性转化和创新性发展。因此，要讲清中华优秀文化的独特价值，就需要在挖掘时代精神与民族精神的同时，大力弘扬讲仁爱、重民本、守诚信、崇正义、尚和合、求大同的时代价值。通过和合思想观念的补充与弘扬，在一定程度上可加快中国文化理性回归的步伐。事实上，和合学中尊重自然、尊重社会、尊重自我三者是辩证统一的。一方面，人类需要在自然的状态下行为，在社会的环境中工作，在人与自我心灵的调节中生活，所以只有把握并合理运用和合思想资源的内规律，才能更好地实现国家的繁荣与个人的发展；另一方面，自然的和谐发展也为人类的发

---

① 霍克：《改变心理学的 40 项研究》，人民邮电出版社 2010 年版，第 336 页。

展提供了平台与技术支持，让人类可以在物质利益充分满足的情况下，追求更高的精神享受以及个人自身的全面发展。因此，中国在面对当下的国际政治、经济关系、环境问题，以及治国理念方面的问题，都需要树立一种和谐共生的价值观，将国与国、国与人的共同利益作为社会发展的最高追求与价值目标。所以，中国特色社会主义事业的进步与发展必须以"遵循规律，敬畏自然，重视责任，理性行为"为理论原则，传承中国传统文化、重塑民族与时代精神、弘扬社会主义核心价值观。

尚和合既是中国传统文化精髓的转生，又是张立文先生生命学术的自在表征。张先生的为学体验不仅是寻觅和合意象的精神表达，而且也创造性地发掘出中国哲学固有的创新方式，影响着当代中国哲学的理论建构。尚和合关照现世当下，张扬主体个性；展示多维人性，转生时代精神；既是思维方式，又是精神理念；化解心灵危机，开拓和合文化路向。即此可说，张先生对哲学元理论的挚爱与哲学人文价值的觉醒落脚于和合精神境界的追求和和合学体系的建构，而尚和合以其独具特色的哲学性格又熔铸张立文先生的学术个性，个体的生命性格转生为学术的个性，和合学的时代价值将进一步凸显。

（原载《黑龙江社会科学》2015年第6期；作者单位：中国
石油大学马克思主义学院）

和合方法：和合学的创新方法论

张永路

哲学理论思维形态的产生、发展以及最终的塑成，都有与之相契合的方法创新为先导，并由此方法澄清时代问题，疏通理论障碍，拓展思维演进，最终建构起新的理论思维形态，因此，方法对于任何一种理论思维形态的重要性都是不言而喻的。张立文先生曾说："反思、升华各学科的研究方法，推进理论思维方法的创新，是哲学的应有之责。从某种意义上说，一切理论思维的探索，归根结底都涉及方法的探索，一定学科研究方法的完善程度在一定意义上体现着该学科的成熟程度，一种理论思维的创新亦往往以方法的创新作为它的先导。"① 和合学作为中国哲学理论思维形态的新时代创新，也有其独具创新的方法，即和合方法。和合学方法论的重要创新意义便体现在，它澄清了传统理论思维形态的问题所在，从而明确地将和合学与传统理论思维形态的边界划分开来，通过对传统理论思维方法的度越，消除了原有的种种思维问题，保证了和合生生道体充分而优美的呈现，以及于生生之途中的大化流行，为最终化解人与自然、人与社会、人与人、人与心灵、文明之间等五大冲突以及由此带来的危机提供了解决之道。

一

在传统哲学理论思维形态中，思维方法大都可被归结为二分法或二元

---

① 张立文：《和合哲学论》，人民出版社 2004 年版，第 47 页。

对待论。其中，就西方哲学而言，二分法或二元对待论作为传统理论思维方法的基本特征，早至古希腊哲学便已经显现出来，待到笛卡尔时就已经完全确立，感性与理性、主体与客体、思维与存在，都是其具体表现。而对于中国传统哲学来说，二分法或二元对待论大致仍旧可说是其主要特征。尽管中国传统哲学同样可以用"天人合一"一语概括之。但是，"天人合一"之所以能够成立的前提无疑是天人相分，只有在已相分的情况下才会合一。也就是说，"天人合一"天然蕴含着天人相分的二元对待论，正是由于"天人合一"这种隐义的存在，才使得二程为消解此义说出"天人本无二，不必言合"（《二程集·河南程氏遗书卷第六》）的著名论断。如方以智所言："曰有曰无，两端是也。虚实也，动静也，阴阳也，形气也，道器也，昼夜也，幽明也，生死也，尽天地古今皆二也。"（《东西均·三徵》）具体到天人、物我、内外关系，也同样如此，并无例外。当然，这种二分法或二元对待论并非简单相分对立，追求统一仍是其最终诉求，方以智所言"两间无不交，则无不二而一者"（《东西均·三徵》）正是此意，而"天人合一"的意义也体现于此。如果说二元对待是"一分为二"的话，那么"天人合一"则是"合二而一"，二者是并存并生的。更为准确地说，它们都是一种传统对待统一的思维方法，而这正是传统哲学理论思维形态的方法论特质。作为和合学创新方法论的"和合"，其创新之所在首先便在于对传统思维方法的度越和对作为传统哲学范畴的"和合"的转生。

作为和合学方法论的"和合"，首先是对传统思维方法的度越。传统思维方法存在着诸多偏颇之处，20 世纪以来，西方哲学家在批判解构传统形而上学时，已经展开了对传统思维方法的审查。德里达曾指出："在一个传统哲学的二元对立中，我们所见到的唯是一种鲜明的等级关系，绝无两个对项的和平共处。其中一个单项在价值、逻辑等等方面统治着另一个单项，高居发号施令的地位。"[1] 传统对立模式，如美／丑、善／恶、主／客、本质／现象、理性／感性等诸如此类的概念范畴，都如德里达所说，有着"鲜明的等级关系"。依据对立模式所本然蕴含的价值标准，真、善、美必然会高于假、

---

[1] 转引自陆扬：《德里达——解构之维》，华中师范大学出版社 1996 年版，第 57 页。

恶、丑，主体、理性一定要支配客体、感性。总之，不管对立双方为何物，总会有一方处于高一等级，在二者关系中起着支配作用。因为这对立双方不存在平等关系，总是一方高于另一方，所以这种模式又天然蕴含着一元的倾向。之所以是天然一元，是由对立双方处于不平等状态的本质决定的，而这种不平等的本质又决定了二者的不稳定关系。在极端不稳定状态下，甚至可能出现其中一方消灭另一方的情况，这一过程之中不可避免地会发生种种悲剧，"人为地制造'非此即彼'的取舍推理和'两败俱伤'的价值冲突"①。虽然有时二元对立之双方随着势力消长，等级高低会发生转化，支配方会发生转换，但其一元中心的最终指向不会改变。因此，二元对立与一元中心是一体之两面，二者共存相生。当然，传统思维方法的问题并不止于此，张立文先生就曾在《和合哲学论》一书中就此问题进行过细致的辨析。② 传统思维方法自身所含的问题，以及由此而带来的各种问题，严重阻碍了哲学理论思维形态的转生，早已不适于现代社会的新生态。有鉴于此，和合学提出并建构了新的方法论体系，借此以化解上述种种问题。

作为和合学创新方法论的"和合"，还是对作为传统哲学范畴的和合的转生。和合一词产生之后，被普遍用于天地、阴阳、乾坤等二元关系中，成为描述二元关系及其转化的重要范畴。但是，二元对待是传统哲学的重要方法论特质，传统"和合"自然不免受其影响。《淮南子·天文训》所说："道曰规，始于一，一而不生，故分而为阴阳。"以及《吕氏春秋·有始》篇："天地有始。天微以成，地塞以形。"一而分阴阳、天地，这无疑是"一分为二"的典型表述。二元判分之后，其间运行转化、融合化生，这一过程便被称为和合。在《国语》、《管子》、《墨子》那里，原本关涉五伦、家族、百姓等多元关系融洽和睦的和合，在融突要素由人际五伦转为天地阴阳之后，便被限定在了二元对立关系中，成为传统思维方法的附庸。另外一方面，《淮南子·天文训》所说："阴阳合和而万物生"，以及《吕氏春秋·有始》所说："天地合和，生之大经也"，这都是在强调和合对于万物化生的重要作

---

① 张立文：《和合哲学论》，人民出版社 2004 年版，第 51 页。

② 张立文：《和合哲学论》，人民出版社 2004 年版，第 50—52 页。

用。在这里，和合成为化生万物的关键，但是这种和合更多的是神秘性，属于传统宇宙论范畴。在这种和合过程中，天地阴阳混沌无稽，转化原理更是不可捉摸不可言说，因此被张立文先生称为"多奇点的神秘和合"。对于这种传统和合方式，现代思维手段和逻辑工具对其都毫无作用。而且，这种神秘和合作为传统思维的产物，很容易造成非理性、非逻辑的困境，因而已不适于现代社会。而对于"天人合一"式的和合，则主要是通过个体的体验、参悟来达成，因此这种"合二而一"式的和合更多的是心灵的内求，作为修身之道尚可，但如果要运用于现代社会，例如利用其解决现代生态危机，那就必须建立以现代科技文明为中心的中介系统，从而实现其自身的转化，从"无中介的直接和合"转为有中介的间接和合。这些都是传统哲学意义上的和合，随着传统和合论完成向现代和合学的转生，传统和合方式也必然向着和合学方法转生，以实现理论思维方法的创新。

二

就传统思维方法而言，方法论其实不仅仅限于"一分为二"、"合二而一"的对待统一。在传统哲学中，至少从形式而言，与"一"相对的"二"，还可以换做三或多，即一分为三、合三为一，或一分为多、合多为一，这一转换曾被视为对二元对待的某种超越，认为将二换为三或多，便可以消除彼此你死我活式的争斗，形成共存共赢的新形态。然而这其实只是数字上的变换，无论是一三，还是一多，其实质仍然是传统思维方法的思考逻辑。即使是理想中的一多关系，即一蕴含多，多映现一，一即多，多即一，一多相融互摄，这一关系美则美矣，但其仍旧是传统对待统一思维，这一基本属性其无法摆脱。因为，"一多"的论述便决定了其对待关系，对待双方即是一与多，而不管二者如何相融互摄，那也只是某种统一形式而已。而且，无论是二，还是三或多，都是相对于一而言的，其始于一的分化，也必将终于一的统摄。即使是多元、多样的状态，结果也不会出现任何改观。其间无论如何转换，都不会逃出"一"的框囿，而这个居高临下的"一"的存在，会使得任何转换变得毫无意义，任何自由和合变得毫无可能。张立文先生称此为传统思维方法的"求一法"。因此，和合学方法要完成对传统思维方法的度越，便不能继续执著于一、二、三、多的数字游戏，而必须完全跳出这种传统话语场域，寻找新的着手处，这便要对传统和合范畴实现转生。

一、二、三、多的变换，之所以被称为数字游戏，是因为其只注意到转换对象的增减，而最关键一点却从未进入其视域中，这一点便是转换方式。无论是一分为 X，还是 X 合为一，只要分、合的转换方式不变，那任由两端的数字如何变换，也无法改变其传统思维方法的实质。具体而言，这里的"分"只是简单差分，是异质事物的差分。《国语·郑语》中史伯所说："夫和实生物，同则不继。以他平他谓之和，故能丰长而物归之；若以同裨同，尽乃弃矣。""以他平他"便是差分，其首要之处就是异质元素的集合，而这在史伯看来正是万物生长的关键。之所以必须是异质元素，是因为异质元素之间的差分便可能导致冲突，而冲突的最终结果就可能是融合，于是便可能出现"X 合为一"的结果。但是这里的"合"只是异质元素之间冲突聚合，是一种简单地融合为一，结果极可能是原始的无差分的混沌。另一方面，冲突又往往是一种破坏性力量。在激烈地冲突面前，融合有时难免显得缺乏融摄力，因此，冲突的结果并不一定是融合，而很大的可能却是继续冲突下去，最终的结果便是混乱和无序。正如张立文先生所说："融合是消解的力量，'二合一'也好，'多合一'也罢，并不直接意味着创新或创生。"①这里的"合"便属于传统和合范畴之列，亟待现代和合学的转生。

传统思维方法所导致的结果，无论是混沌，还是混乱，二者都不是我们所希望的局面。正如史伯所说的"和实生物"那样，创新或创生才是我们所希望的"和"的最终结局。所以，对于那种"X 合为一"的传统理论思维方法固定模式而言，不管相合的数字如何改变，"合"本身如果不做改变，那就会永远在传统思维框架之中徘徊，不可能获得超越性的转换。因此，对传统理论思维方法的度越，首先必须完成对"合"方式的转换，也就是完成对传统和合范畴的转生。而对传统和合范畴的转生过程，也就是和合学创新方法的本真显现过程。在这一过程中，和合方法不仅完成了对传统思维方法

---

① 张立文：《和合哲学论》，人民出版社 2004 年版，第 342 页。

的度越和转生，同时也彰显了其自身的化解效用，展现出无穷魅力。

三

如何完成从传统和合范畴到现代和合方法的转生呢？这首先要辨析二者之异。关于二者的比对，张立文先生曾进行过细致的考察，他说："融合是消解的力量，'二合一'也好，'多合一'也罢，并不直接意味着创新或创生。换言之，从融合到生生，往往需要一系列超融合的和合环节才能实现。从逻辑运演上讲，融合是加法群内的元素交换，服从结合律，守恒而不增上。与此相反，和合则是超越算子，属价值域内的元素映射，增上而不守恒。"[①] 由此可知，融合只是消解而已，它可能归于混沌，也可能专于唯一，对于创新或创生不会有所增益，因而称其为"守恒而不增上"。而和合则具有超越性、创造性，在和合过程中，不会出现简单加减的结果，也就是说，和合不会服从 A＋B＝AB 的加法规则，其是"增上而不守恒"的，一定会创生出新事物、新生命，也就是生生，这正是"超融合"之处。因此，和合方法首先显现为一种生生法。

和合之所以可以实现生生，无疑是需要"一系列超融合的和合环节"才能达成的。这"超融合的和合环节"是什么呢，或者更准确地说，和合之所以为和合的特质是什么呢？张立文先生明确告诉我们说："和合的根基与源泉既不在于形相、无形相差分，也不一定在于冲突融合，其终极的根基在于人类文化、哲学的智能创生或价值创新"。[②] 智能创生是人类智能的发明创造，而价值创新是人类伦理价值的创新升华。智能创生为价值创新提供发生学基础，只有人类智能的发明创造，才会推动人类文化的价值创新；价值创新又通过从可能到现实的流行贯彻，实现智能的创生发展。二者即超越即流行，圆融无碍，通达和合生生道体。归根结底，可以说智能创生或价值创新就是一种创造性的力量，是一种创新性的效能。只有创生和创新，才能有

---

① 张立文：《和合哲学论》，人民出版社 2004 年版，第 342 页。

② 张立文：《和合哲学论》，人民出版社 2004 年版，第 338 页。

所超越；只有创生和创新，才能有所流行。"一言以蔽之，有所创生和创新，才能有所和合"。① 因而，和合方法的第二种显相是一种创新法。

和合的本真就在于其生生不息的创生或创新性，可以说，创生或创新是和合学的根基所在。但另一方面，创生或创新并不是创造出人类世界之外的事物，它所创造的一定是带有人类所期盼的价值性和意义性的事物，因为，和合是人的和合，创造也是人的创造。或者可以更准确地说，智能创生或价值创新都是人的自我和合创造。② 因此，和合方法便以人为核心，无涉自然实物，而只是依人的精神观念和合创生，这有别于传统思维方法的"实体现象法"，它是"描述的艺术境界法"。③ 由此，和合方法最后显现为一种以人为核心的意境法。

通过以上对和合方法的梳理澄明，其三种显相也渐次出场。我们可以知道，和合方法的本真在于智能创生或价值创新，而此本真又呈现出三种显相，即生生之法、创新之法以及以人为核心的意境之法。三种显相依次呈现，在此分而详述之。首先，和合学方法呈现为"生生不息"之法。基于对传统形而上学的反思，基于对至高无上本体的警惕，和合学不再试图构筑一个封闭体系，不再追求无上权威的"一"的统摄，而是永远"在途中"，步于"生生不息"之途。作为和合学方法论的和合方法，同样也不再追求统一，构建本体，而是完全开放的，持续流行的过程。和合起于事物的差分，有差分便有分殊，有分殊便有冲突，有冲突便有融合。当然，分殊并不必然导致冲突，但分殊便意味着提供了多种异质事物，这就为和合提供了动力源，因为同质事物是不可能和合成新事物的，这也就是史伯所说的"和实生物，同则不继"。和合的结果便是新的事物的产生，但是，新事物的产生并不是和合的终点，和合并不会止于任何一点。和合只会是新事物、新生命的不断化生，这种大化流行的创造性显现过程便是和合。

其次，和合学方法又显现为一种创新之法，可以创造出"中正大道"。在传统思维中，对待之二元彼此对立，即使天地和合或天人合一，那也只是

---

① 张立文：《和合哲学论》，人民出版社 2004 年版，第 338 页。

② 张立文：《和合哲学论》，人民出版社 2004 年版，第 70、71、348 页。

③ 张立文：《和合哲学论》，人民出版社 2004 年版，第 56 页。

在二元基础上完成的化生过程，其结果也不过是化生万物或者混沌一体，仍然逃不出传统窠臼。和合学方法完成了对传统对待思维的超越，在和合学方法的运行之下，天地和合之后，是人文之道的化生，并与天地并行于世，最终构成了和合学的地、人、天或生存、意义、可能三个世界。与传统思维方法相比，天地之外的人的世界便是"中正大道"。与此同理，和合的观照之下，任何对待系统都将转化为并存系统，真正实现"万物并育而不相害，道并行而不相悖"的和美境界。

最后，和合学方法本真又显现为一种以人为核心的意境法。人是和合学理论体系的主体和核心，张立文先生曾将人定义为："会自我创造的和合存在"。作为和合存在的人，不是与客体相对立的主体，而是融合客体的主体，也就是说，传统对立的主客体在和合学意义上的人身上得到了统一，而这正是和合方法的效能。正如上文所说，传统和合方式更多的是一种自然和合，而和合学意义上的和合则是人文创造，离开了人便无所谓和合，所以才称人为和合学理论体系的核心和主体。人在和合的过程中，主客体相统一并以和合意义的对话者和追求者的身份呈现出来，人以其智能创生性和价值创新性赋予和合物以意义和价值，以其人文观念描述艺术意境，构筑精神家园。

（原载《理论月刊》2011年第7期；作者单位：天津社会科学院哲学研究所）

形而上学的解脱

——略论和合生生道体

王　颢

　　道体问题是哲学的根本问题，是形而上学的问题。在"中国哲学范畴系统"中，"道"范畴处于最为基础的地位。[①] 因此，对"道"的体贴也就是最为基本的思维活动。道体相当于本体，所以何谓"道"、"道"的数如何、"道"的相状如何、"道"与万事万物的关系如何等问题就是有关形而上的追究。和合生生道体是和合形而上学的总领，是和合学对万事万物之根据，即存在本身的本体性指称。和合学的创新使命不但要落实中国哲学转生的长期诉求，而且要建立全球话语的哲学言说。因此，必须从和合生生道体的元性层面开显廓然能容的能动品格，并由此给出形而上学作为思议究竟性的一般性出路。这意味着，让形而上学从与语言方式、心物关系和一多关系等藩篱的相对相关的非必要执着中获得解脱，达到既无"我执"，亦无"法执"的虚拟境界。

　　和合学的形上学构建是基于全球话语的哲学言说方式和全球性的人文存有之精华，因而和合学的道体问题是整个传统学哲学义理的核心思议部分，是对传统哲学的形而上学理论的创造性改造。在西方哲学传统里，形而上学是探讨存在本身及其动静、隐显、一多等问题的学术。就此而言，道体论和西方的存在论是有极大相似性的。不同之处在于，严格的西方哲学，

---

① 张立文先生在《中国哲学范畴发展史》（天道篇）中有提出中国哲学范畴系统，从"道"
　　范畴演化出"天道"和"人道"，再由此滋生众多范畴及范畴关系。

即所谓的"第一哲学"（First Philosophy），所标榜的知识是关于存在的正确认识，存在是独立于事物的先在的"一"，相当于基督教中的"上帝"概念，具有绝对、唯一、不变等属性。然而，现代西方哲学受到科学主义经验论的冲击，形而上学的"第一性"、基础性遭到了动摇。这就产生一个认识论的话题。想要确立形而上学的优先地位，就必须确立一个"超越的我"（Transcendental Ego），① 否则说存在一个"物自身"（Thingsin Themselves）就是一种安排，就有迷信风险。笛卡尔（René Descartes）通过"意有是非而无真妄，疑意为妄者，疑复是意"② 的方法达到了超越论的我。胡塞尔（Edmund Husserl）延续了这条传统。他认为这个处于超越状态的自我的意向活动能够得到其相关项的纯粹的被给予。海德格尔（Martin Heidegger）对人的生活世界加以本质现象学的研究，提出此在（Dasein）这一特殊的存在者（beings）对存在（Being）的领会、倾听的途径，要求过向死而生的本真的生活。但是，这无疑是对存在本身追究的再一次模糊化，因为对存在的普遍性认识再次陷入主观相对论的语境。故而张立文先生说："在海氏看来，从柏拉图以来的无根的形而上学本体论可以说是一种'偏执'，但海氏的有根的形而上学本体论未尝不是一种'我执'！"③

如果说超越论传统坚持了古希腊哲学的求知路向，那么分析哲学则谨慎确立局部的正确性认识。当然，这是和希腊哲学的原旨有背离的。因为只有整个存在才是知识（episteme）的对象，通过局部或事物只能产生意见（doxa）。罗素（Bertrand Russell）提出逻辑原子主义的本体论思想，其实是一种语言学意义上的本体确立。原子句子之间各自的独立性取消了世界的统一性思路，对关系命题的惯性思考是对原子事实思考方式的继承，所以他希望用一套人工语言来"打消世界普遍内在因果联系的一元论的形而上学。"④ 这样一种个别本质论实际上是对形而上学思考的舍弃，但绝不意味着语言指

---

① 过去翻译为"先验自我"，但是从构词角度讲，超越的意味更加广泛，因为涉及现象学的还原时，需要考虑的是如何超越及其可能的问题，而并非只是先后的问题。

② 向子平、沈诗醒：《太虚文选》，上海古籍出版 2007 年版，第 1015 页。

③ 张立文：《和合哲学论》，人民出版社 2004 年版，第 26 页。

④ 张庆熊、周林东、徐英瑾：《二十世纪英美哲学》，人民出版社 2005 年版，第 73 页。

标的显示就制止了理性之于事物根本的追究。说原子事实之间完全独立，这本身暗示了其作为原子事实的统一性，世界的多元性是对其一元性的说明之一。维特根斯坦认为："世界是怎样的，对于更高者（Das Hohere）[①]是完全无关的。上帝（Gott）不在世界中显现。"[②]维氏虽然只是划分了一个"言说"的界限，但是其目的却还是在于"超越"（Surmount），对"命题"的"超越"将获得人生问题的消解和看待世界的眼光，这是一种科学的进路，产生的却是诉诸个别体验的神秘的形而上学。

已经发现，现代西方哲学对形而上学本身的讨论都是迂回的，其体认方式既不确定，更难统一，因而作为"第一哲学"理想的形而上学，仍然处在困境之中。知识基础的可靠性在于其主体自明性的无差别性，但是并不存在一般意义上的超越论自我，也许只是沉沦的层次不一。换句话说，对于维氏命题的超越必然产生差别。相比较而言，中国哲学家历来重视功夫，有着丰富多彩的境界论，因而，形而上学本体论的追究不是一个单纯的理论问题，同时还是一个实践的过程。但是对于"形上形下"、"先天后天"、"天理人欲"的区分过于绝对，成为静态的观念形态，实际上有悖于"上下无常"（《周易·乾卦·文言》）的易学精神。

和合学是以"和合"这一范畴为核心体贴意向的综合性人文义理化成，将传统易学"上下无常"的议卦言说拓展到本体语境。其所以拣选"和合"这一范畴并超拔其虚灵内涵，在于和合思想的传统血脉博大悠久，在中华思议价值的整体存有中极具表率性，又富有先天的开放性色彩。尽管和合范畴具有丰富的传统内涵积淀，但在众多的范畴"杂多"中将之拣选、体贴成为现代学术语境中的科学对象，却完全依靠哲学家的智慧觉解。智慧觉解的根源不排除灵感参与的统构效用，但就其主要方面而言，却要归功于传统学研究的深厚智能劳作。和合意蕴在传统形而上思维形态中有着广泛的浸透，但

[①] 陈启伟先生把 Das Hohere 翻译为"高渺玄远的东西"，（涂纪亮主编：《维特根斯坦全集》第一卷，河北教育出版社 2002 年版，第 262 页），贺绍甲先生译为"更高者"，（维特根斯坦：《逻辑哲学论》，贺绍甲译，商务印书馆 1996 年版，第 103 页），兹采后者。前面的半句陈译本为"世界是怎样的"，贺译本为"世界上的事物是怎样的"，兹采前者。

[②] 维特根斯坦：《逻辑哲学论：德英对照》，中国社会科学出版社 1999 年版，第 186—187 页。

和合学对其思议却具有明确的现代性。和合学认为：

> 和合是指自然、社会、人际、心灵、文明中诸多形相无形相的相互冲突、融合，与在冲突、融合的动态变易过程中诸多形相和无形相和合为新结构方式、新事物、新生命的总和。[1]

和合首先是一个状态的可和合初始进入到和合特有的融突过程之中，真正显示和合动态性的却是生生的创新环节。这些过程的总和是和合。但同时，"各种差别的存在在一定平衡的尺度内构成一动态的和合体，和合体自身就是一存有的方式。"[2] 正因为"和合体是各种差分的存在者的和合"[3]，所以"和合是'是者'的和合，它有自身的运动、变易、敞开的秩序和过程"，亦有"主体人的意志的投入"。[4] 这样，所谓和合，还可以表示一个和合者自身，这即是和合的状态中诸事物的总和。明显的和合参与事物及其宏观和合构成表现为和合的形象。和合的意向基础是人生此在的现实追问与创新期望，由此形成以此在为边界的多种和合情境。"天地自然本身的和合，与人自身的和合相互一致、协调，构成天人整体的和合。"[5] 在这样的和合中，人生此在的和合性是天人整体此在性的基础，此在性的天、地、人思议是中华和合人文精神的同一生产程序。社会的和合性源于复合主体性中不断逼近个体自知的此在性追加。传统宗法社会中，"个体只有以群体为依托，个人的地位、价值和人格，只有在社会群体中得以确定和实现。因此在人与社会关系中，个人不是以对社会的反抗、叛逆为职责，而是以和合为责任。"[6] 和合责任包括最大化拓展此在差分性的界面细化与寻求此在根源的社会情感内化，此外尚有责任提高和合此在性觉受的复制效率。主体际性的差

---

[1] 张立文：《和合学——21世纪文化战略的构想》，中国人民大学出版社2006年版，第58页。

[2] 张立文：《和合学——21世纪文化战略的构想》，中国人民大学出版社2006年版，第361页。

[3] 张立文：《和合学——21世纪文化战略的构想》，中国人民大学出版社2006年版，第58页。

[4] 张立文：《和合学——21世纪文化战略的构想》，中国人民大学出版社2006年版，第363页。

[5] 张立文：《和合学——21世纪文化战略的构想》，中国人民大学出版社2006年版，第428页。

[6] 张立文：《和合学——21世纪文化战略的构想》，中国人民大学出版社2006年版，第428页。

分与冲突是此在过程的现实性记录中的重要方面；如果缺失结构整体层次的和合归致或归致潜能，差分与冲突的无根性与病态性便严重地阻遏此在价值可能性的全面显发。人的和合存在性由它自身根源于存在的和合性所充溢，因此而在过程的差分性构成将不断地提示着社会、文化或文明等作为传统因素的和合限度，后者促使局域意识的增殖性和增殖张力的有效、有节的冲突连续越出。人生此在的显发者是不具唯一性、确定性和实体性的和合自身。此在的过程性还原为和合的过程，此在的此在性还原为和合的道体；此在的差分、冲突、融合与和合的异延性还原为和合不断获得新结构与组织新要素的可能。"和合是公正的、平等的、均衡的，即无过不及，否则就会破坏和合。"① 和合价值立基于形而上的生生规矩，其主体测度的空间展开化成伦理的普遍原则。涉及心灵问题的分析原则和增上心灵和乐的方法原则之间具有相关性。心灵的变化是在和合了变化潜能的虚廓本有、即能够显发和合效用的虚廓的和合引起中自为方所的显发过程，是人生此在的和合实境，对此的复归和体贴是和合本体被照亮的"终极的—'在途中'的"此在性修养。表现为选择性忽视和非选择性的无意识选择，主体与和合实境的距离假相成为一般性的心灵指标，即欲望这一事实的心理过程误认。"欲望是无限的，所得到的总是有限的，这个无限与有限的冲突，往往扰乱心灵的和合。因而儒、道、佛都讲人的心性修养，节制欲望，消除干扰，而达到人与心灵的和合。"② 和合选择、构造和状态的类别指标是体现和合实际的样式标准，依据这些指标可获得多种和合形式的差分。在一个和合体内部，因素、要素的质的差分和融突是和合的存在之真，是和合性的张力、动态的生源，是同态演化的和合异路。对优质因素、要素的规定是从和合体转换过程中的自然选择中呈现的。无论是元素、要素的差分转换方式（更新的转换方式），还是结构的整体转换方式（流行的转换方式），都"是和合体自我批判和自我否定功能的体现"，"是和合自我发展的理论关键"。③ 更新的转换以原和合体的继生性为优化原则；流行的转换以新和合体的创生性为优化原则。无论

---

① 张立文：《和合学——21世纪文化战略的构想》，中国人民大学出版社2006年版，第428页。
② 张立文：《和合学——21世纪文化战略的构想》，中国人民大学出版社2006年版，第429页。
③ 张立文：《和合学——21世纪文化战略的构想》，中国人民大学出版社2006年版，第110页。

是哪一种情况，优化都服从和合决定的智慧生命，"它不是先确定一个文化的体与用，按照体用的模式来发展；或者先确定文化的精华和糟粕，来进行吸收。它甚至破坏诸多因素、要素的自身结构，重新选择、吸收，重新结合、融合。"① "优化不是人为的整体优化，而是合自然选择的扬弃，是一种连续发展的、不出现和合空集的趋优性和合体运动在因素、要素层面表现的融合。和合既不是机械的切割，也不是机械的拼凑，有机是机械的发展与提升；和合是有序的，有序才能和谐、协调，然而有序是无序的发展，所以无序的动乱为有序的发展扫清了障碍、创造了条件。"② 发展与和合的趋向是无序走向有序、冲突走向和谐的要求使然。有机的、有序的发展形成和谐的关系、场所和转换机制，事物的和谐性存在、统构与展开促使发展进入高效的、可持续的、良性补偿的阶段。相对论方式是对和合体与因素、要素层次的动态分析，比如：高层次因素、要素具有低层次和合体的功能。对称论指任何一个阶层的因素、要素都以邻近的和合体为对称轴线而表现为因素的因素和要素的要素；任何一个阶层的和合体都以邻近的因素、要素为对称轴线而表现为和合体的和合体。综合论是指，上述的和合体结构差分层次的有效性不是通过设定某个和合体的最大融合性来进行分析达成，也不是通过设定某个因素、要素的最小差分性来进行综合达成，而是依据整体和合的纯粹结构来达成。或者说，综合论是以和合生生道体为根据的。相济论描述了要素关系的补偿性依赖与结构运动中的趋弱化归致。和合思议的生命力被破坏原始和合境遇的和合异化所助长。和合与和合学的"在途中"是和合异化的必然结果与要求，是和合进入到此在水平的无穷结果与要求。形式与时间段落在单一空态维度中把阶段性内涵和合体化。形式作为差分的潜存，既提供了融突的界面，又提供了和谐的资源，故而最终发展为一种内涵的现实形式。在对和合形式差分考察的同时，舍弃分析其构成方式的具体性，整体追究其本质的差异化属性，就是对于和合性的在和合体生成域的体认。同质事物和趋同事态的增殖会弱化事物存在的规模、力量和可持续性，会直接导致自毁

① 张立文：《和合学——21世纪文化战略的构想》，中国人民大学出版社2006年版，第429—430页。

② 张立文：《和合学——21世纪文化战略的构想》，中国人民大学出版社2006年版，第430页。

性无根、病态冲突。诸多异质因素、要素的存在是和合的前提，也是每一事物自身规定性的一般性内涵。"之所以说'和实生物'，是因为虽有诸多异质因素、要素，若不和合，亦不能产生新质事物，唯有和合，才能产生新质事物，所以和合是产生新质事物的原因。"① 和合观照的和合人文精神是殊胜而难逢的，尚不具有认知经验的普遍性。但和合是认知经验的普遍性对象，一切事物、思想、现象、本体等都是以和合方式存有的本质性和合。中国哲学中形上学本体往往还通过一种对和合体的描述而被定义，本体具有在事物之中的不二属性。和合不仅是事物的存有方式和统一性原则，对这些方式与原则的一般性抽象同时可以被理解为和合道体。对事物和合性的体贴以人生此在的和合觉受为参照系，此在的对象性和合思议、和合实践等是心灵不断激活自身在和合境界的过程性对象。人生此在的本质是通达和合境界的心灵过程与肉体、事物、环境、信息等置换要素的非历时态流动。和合新人学把人生此在的这种心灵境界称为"道体自由境"。和合的开放性是不断保持动态性的基础，其动态性促使开放性具有现实性，促使融突化的和合体不断更新、转换。与此相适应，"融合与冲突相反相成，使和合学变化更新，生生不息"②。

"和合"不是一个超越的过程或状态，"和合与经验世界结构不可分"③ 的象性思维是主客不分的和合者自身象性要素的提供，是自我心灵的感官的相对相关的构造过程。但感官不能生成意义的充实进行。和合实性显示为意义本真的发展之实，是不断进入深邃义理的价值创造。和合虚性的追求是为可能的不断敞开而损之又损的澄明化过程。因而"和合"与"内在超越式本体异趣"，④ "和合生生道体是至无至空的本真存在，它圆融洞彻，廓然与'无极'、'太虚'、'太和'昭明无碍。和合生生道体，即超越即流行，是一无穷无限的意境。"⑤ 和合生生道体是一个不具有确定性的创造趋向本原，不

---

① 张立文：《和合学——21世纪文化战略的构想》，中国人民大学出版社2006年版，第431页。

② 张立文：《和合学——21世纪文化战略的构想》，中国人民大学出版社2006年版，第433页。

③ 张立文：《和合学——21世纪文化战略的构想》，中国人民大学出版社2006年版，第370页。

④ 张立文：《和合哲学论》，人民出版社2004年版，第91页。

⑤ 张立文：《和合哲学论》，人民出版社2004年版，第91页。

属于精神或物质等可执着对象，同时也不具有被对象化的属性。张立文先生说：

> 和合的虚性追求的打破沙锅问到底的这个"底"，就是"和合起来"的"和合体"，这个"和合道体"，或称"和体"或"合体"，它具有"虚性"、"空性"、"无性"的品格。①
>
> 和合体既可以是象性的被给予，也可以是实性的被给予，同时也可以是虚性的被给予，而渗透此三者的是和合生生的元性精神或价值。作为一种形而上学的构造，和合生生体现为一种虚灵的道体；作为一种变动不居的精神，它就是和合精神家园本身，是可以安立三界、疏明有序的"创造性的人文化成"。②

传统形而上学的本体言说总要涉及数目问题。正如前文说过，超越论者认定有一个本质性存在，这是传统形而上学的主流形式，被和合学归结为"求一法"，即本体是独一的，是"上帝的不同形式的变种"（张立文先生语）。罗素的逻辑原子主义本体论认可多元本体的倾向即不认为世界有整体性的一般。罗素的本体论思想对于文化多元道路的时代诉求有所启示，此外和现代主义所滋生的个性观念有迎合之处。多元本体观念与和合学多元差分的要素构成理念有相似之处。然而，多元要素不是和合生生的本体。相反，和合生生的动态、虚灵、即超越即流行的"价值理想世界"才堪称本体。可以理解的是，具体生成物的多元亦是可执取的对象性目标。和合不是一个由多元分立走向一体化的过程。人是和合创造的转换中介和价值承当。人本身既包含主体的和合能者，又是体验到和合自身的作为客体体认的源泉。"和合主体在敞开中与客体融合，客体在敞开中与主体融合。"③ 和合学中的世界没有外主体或外客体的世界，因而和合生生道体就是世界本身不断开展新价值、新生命和新结构方式的效用历史或式能超越。主体域对于历史和超越过

---

① 张立文：《和合哲学论》，人民出版社 2004 年版，第 92 页。

② 张立文：《和合哲学论》，人民出版社 2004 年版，第 2 页。

③ 张立文：《和合哲学论》，人民出版社 2004 年版，第 71 页。

程开显懂得描述和领会通达化解功德及存相言说的流行之路。① 其所以和合生生道体能够空灵独步，而又不断地"贞下起元"，显发其元性变易的不竭万殊。在于作为精神家园的一种理想变现趋向，它不被一多等数量化所规范。既不同于静态本体论所必须面对的一元、二元及多元执着，又不作为一种动态本体而表现为数量化的过程潜存。和合生生道体的这一不具规定性是由它不规定任何非它自身之物所规定的殊异层次。作为隐蔽在和合者背后的和合本真，其不在场性并不是对在场显现的支持，在场与不在场、显现与隐蔽等构造低层次过程中的和合"途中"，是一个具体和合体的生住异灭的构成元素。

"和合起来"的和合体，是"和合起来"途中的一次呈现，即和合体之"用"的一次显示。和合生生道体本身则永远处于"和合起来"的生生不息之中。②

和合生生道体是内在于和合者的生产过程之中的，是差分的多元异质要素融突而增上，获得新和合体的根据。这个和合体的全部呈现就是道体本身的一次呈现，但是道体总是以某种方式得以呈现，这种种呈现就是"和合起来"的生生不息，就是道体的无限寿命。

在传统哲学史上，形而上学"几乎就是一个一切人反对一切人的一个战场"（霍布斯语），而和合学的形而上学显然是要让形上思议的艺术成为"一个一切人和合一切人的精神家园"。各种传统的形而上学本体以其刚性的意义中心和排他的言说方式闪现了哲学英雄的个别的短暂胜利，而和合生生道体开显一种价值理想和人文情怀，以和合生乐的道体自由境界为指归，实现了形而上学的解脱。

（原载《邯郸学院学报》2009 年第 2 期；作者单位：云南师范大学哲学与政法学院）

---

① 张立文：《和合哲学论》，人民出版社 2004 年版，第 357 页。

② 张立文：《和合哲学论》，人民出版社 2004 年版，第 93 页。

从《中庸》到"和合学"

孙小金

在中国哲学学中，终极价值追求是人类的完满目标，《中庸》当中，这个追求的目标一般是"天"，实现的方式是"诚"，而价值的判断是"中"与"和"的实现。

一、《中庸》的"诚"与"和"

《中庸》里传达了这么一个思想：天是完美的大全，人通过"诚"的方法达到"天人合一"，完成人自身的提高。"诚"既是一个成德的工夫历程，又标志着"性"的实现和完成；在这种物我、天人合一的境界中，完成中庸之"至德"。关于"诚"，《中庸》第二十章说"诚者，天之道也；诚之者，人之道也。诚者，不勉而中，不思而得，从容中道，圣人也；诚之者，择善而固执之者也。"所谓"择善而固执"就是要实现"诚"。其目标是实现"天地参"的"天人合一"境界。

"诚"在这里有两层意思，其一是自然万物的存在状态是"诚"。《中庸》第二十六章认为天地之道"至诚无息"，高明、博厚、悠久，生成万物。"天地之道，可一言而尽也，其为物不贰，则生物不测。"天地之道也就是"诚"，所以说"诚者物之终始，不诚无物"。万物本自天道，自然天成，是其所是，不乖其性，这就是真实、实有，就是"诚"。其二是说人的修为。古人认为天和人是统一的、同构的，物是其所是，那么人也要是其所是。从本原的意义上讲，人、物都是本自天道，人的存在也本是"诚"。因此说，

"诚者,不勉而中,不思而得,圣人也"。圣人的行与思,自然合道,不必勉强,出于天道之"诚",表明人与物皆同本天道而成。人虽然本于天道之"诚",但其诚的实现方式却与自然物不同。这个不同,表现在人非天生直接即是"诚",而是要通过修养、反思的工夫来实现它。"诚之者,人之道也。诚者,不勉而中,不思而得,从容中道,圣人也;诚之者,择善而固执之者也。""择善",是思、知;固执是行,是修为。能思、能知,是人的根本特征,所以,这个"诚之者,人之道也"。孟子说,"思诚者,人之道也"。这个"思诚",即由思而达诚。

那么,怎样判断"诚"是否实现呢?《中庸》首章提出"中和"这一概念,它要通过"中"以及"和"这两个概念来判断"诚"是否实现。

《中庸》首章说:"喜怒哀乐之未发,谓之中;发而皆中节,谓之和。中也者,天下之大本也;和也者,天下之达道也。致中和,天地位焉,万物育焉。"从这段关于"中和"的论述看,子思是把"中和"这一概念放在很高的位置。"中"、"和"是"天下之大本"、"天下之达道"。就是说在现实行为中,言动语默都要合乎"中"的原则。"发而皆中节,谓之和","和"是提出了一个尺度和要求:"发而皆中节"才能称作"和"。

朱熹《中庸章句》标题下注:"中者,不偏不倚,无过不及之名。""喜怒哀乐之未发,谓之中。"喜与怒、哀与乐为两边,当其未发,于喜怒哀乐未有偏至,正是不偏不倚,所以叫作"中"。"不偏不倚,无过不及",就是一个"度"的概念。"发而皆中节,谓之和"。中节之和,是中的原则的运用。"中"的运用,乃一定时空条件下的活动。这包括两个方面:一是行为的合礼、中节,这是主观一面;一是处物、处事之合其宜,这是客观的一面。事当喜则喜,当怒则怒,当哀则哀,当乐则乐,就是中节,能中节,则处物为宜。第二十二章讲中庸之至,为"时措之宜"。中节、时宜,就是"和"。所以中庸或"用中"的根本特征,就在一个"时"字。"时中"强调的是,要在不同的时空条件下,随时变通以合于"中"。《中庸》第二章引孔子语:"仲尼口:君子中庸,不人反中庸。君子之中庸也,君子而时中;小人之中庸也,小人而无忌惮也。"就是说,中庸的根本特征,就是"时中"。这里把君子和小人对举来说明中庸,讲到了一个问题的两面:一方面,"中"

必表现为不拘常规，顺应时变（时）的灵活性；另一方而，内在的道德原则乃是这种灵活性的主宰和灵魂。孔子对一般人的墨守成规不以为然，因此他说："言必信，行必果，径径然不人哉！"因此，"中"并不是一个固定、抽象、静止的概念，不是固定的中点，而是价值追求的最佳点，因而是变化的，表现为"时"；然"时"之内在的原则和根据仍是"中"，就是中礼、合道。"和"是"中节"的结果。

所以，《中庸》里，"和"的含义以"诚"的方式合乎"礼法"，也就是"中节"。这里的"和"，是"和"的原始意义即音乐节拍之"和"的意思，还不具有后来和合思想中"和"的意思。这个"和"的含义与后来"和合"的含义完全不一致，那么这二者有什么内在联系？和合思想中的"和"的含义来自哪里？笔者认为这个转变是由于阴阳五行思想的合入促使原始儒家"和"的思想内涵发生改变。

二、和合观念的转变

阴阳五行思想的兴起，改变了儒家"和"的思想含义，促使儒家"和合"思想产生。

关于"阴阳""五行"观念的源头，可以追溯到史前时代。史前人类的生活与生产的实践及经验，构成了"阴阳"、"五行"观念得以萌蘖的基础。具体而言，"五行"观念滥觞于"五方"说与"五材"说的契合。"五方"观念，在殷商时即已出现。"五方"说显示出的中古先民对于空间方位的整体直观把握。继"五方"说之后，西周出现"五材"说。"五材"说的出现表明，先民已试图从五种物质构成的关系上，来把握一切有形物体的整体。"五方"说与"五材"说的契合，使"五行"观念日渐普及。从现有材料看，较为完整的"五行"理论的最早提出者，应为《尚书·洪范》。据其所载"水"、"火"、"木"、"金"、"土"已由五种物质材料升华为"润下"、"炎上"、"曲直"、"从革"、"稼穑"等五种功能属性，并衍生出咸、苦、酸、辛、甘以及五时等其他事物。继《洪范》之后，《礼记·月令》、《吕氏春秋》、《黄帝内经》等著作，更是将上述五种功能属性抽象出来，作为五个相互关联的方面。其中,《月令》、《吕氏春秋》强调了"五行相生"说,主张的是顺应自然的态度;而"尚五行"的兵家,则强调了"五行相胜"说,主张的是"人为"的态度。

关于"阴阳"观念的追溯,据晚近学者研究,商代卜辞中已有"阳"字;而西周青铜器铭文中"阴阳"相连二字,则是地理名词,主要是对向日或背日这样一种自然状态的描述。最早提出"阴阳"概念的,当为《国语》。阴阳学说在其发生的过程中,一个显著的特征就是将阴阳与灾异联系在一起。从现存的文献来看,将阴阳与灾异结合在一块出现在《周易》之中。《国语》记载:"周幽王二年,西周三川皆震,伯阳父曰:'周将亡矣。夫天地之气,不失其序。若过其序,民乱之也。阳伏而不能出,阴迫而不能蒸,于是有地震。今三川实震,是阳失其所而镇阴也。阳失而在阴,川源必塞。源塞,国必亡。夫水上演而民用也。水上无所演,民乏财用,不亡何待!……'十一年,幽王乃灭,周乃东迁。"这里把"阴阳"二气的矛盾运动与人类社会现象联系起来,可见伴随着"阴阳"观念的出现,"天人合观"的致思趋向也已初露端倪。

"阴阳"与"五行"作为两个独立发展的观念系统,真正使二者合而为一的当属方士邹衍。邹衍所倡导的"五德终始"说,以"阴阳消息"来解释四时流转,并以此附会圣人君主的德刑赏罚以及社会变迁。可以说,邹衍的"五德终始"说,不仅使"阴阳""五行"合流,而且使自然哲学与历史哲学汇通。通过"阴阳"观念,人们认识到,所有相互对立的事物尽管千差万别,但他们有着共同的特点。两类特点的相反趋向,如寒与热、动与静、虚与实、表与里、升与降、聚与散等,都是"阴阳"所能涵盖的事物的特殊性或特殊关系。万物与变化的关键在于阴阳的联结、贯通、渗透与合作。阴阳间的相互调节,在通过阴阳间的相互作用、相互合作、相互补充来达到的同时,还通过阴阳间的相互制约、相互排斥来达到调节的目的。阴阳通过依存互根、彼此制约以求得平衡,正是阴阳的对立统一,引起了世界的运动变化。这些思想也是"和合"思想的基本原型。

和合思想的真正形成,源于"阴阳五行"学说的理论要求,多样性要求统一性,这个统一的方法就是"和合"。"和"蕴含着不同事物的关系,即相互差异的事物的融合或平衡。譬如，阴阳和而万物生，金木水火土差异事物合而成百物等。完全相同的东西不能生万物。

这里，阴阳五行中的异质和合思想《中庸》中的"和"、"中和"的思想差别很明显。在《中庸》里"和"的含义是合乎礼法的"中节"，并没有异质和合的含义，这里有一个转变在里边。儒家原与五行阴阳等无涉，但自子思、孟子起，儒家也多少采纳了阴阳五行观念。而集大成者，当属汉儒董仲舒。董仲舒将"阴阳"赋予天、人和社会，以"五行"配"五常"（仁、义、礼、智、信），并用阳主阴次、阳尊阴卑和五行相生、五行次序，为其"天人合一"的儒家"大一统"的理论打下基础。自汉以后，"阴阳五行"说与儒家纲常教义日趋结合在一起，阴阳五行的和合思想从此进入了儒家等主流文化圈。在中国文化思想史上，各家各派无不讲和合，即使是宗教文化思想亦不例外。道教《太平经》说："阴阳者像天地以治事，合和万物，圣人亦当和合万物，成天心，顺阴阳而行。"佛教讲"因缘和合"，"诸法因缘和合生"。和合思想经过长期演变，而成为民间崇拜对象，出现和合二神或和合二仙。宋明理学则是儒、释、道三教和合的产物。和合纵贯在中国文化思想发展史上各时代和各家各派之中，成为中国文化思想中被普遍接受和认同的人文精神，并被贯穿于自然科学的农业、医学、天文，社会科学的政治、法律，人文科学的艺术、音乐、舞蹈、宗教、文学、哲学之中以及处理国家与国家、民族与民族的关系之中（和亲政策）。同时也是儒家文化人文精神的精髓和生命智慧所在。

三、和合学的思想

对"和合"思想的现代发挥和总结，是中国传统哲学现代发展的继续。其中以张立文先生的"和合"学为代表。张先生说："所谓和合，是指自然、社会、人际、心灵、文明中诸多元素、要素相互冲突、融合，与在冲突、融合的动态过程中各元素、要素和合为新结构方式、新事物、新生命的总和。"[①]

---

① 张立文：《和合学概论》，首都师范大学出版社1996年版，第71页。

而"所谓和合学，是指研究自然、社会、人际、人自身心灵以及不同文明中存在的和合现象，与以和合的义理为依归，以及既涵摄又超越冲突、融合的学问。"①张先生认为，和合的主旨是"生生"。"生生"是天地间最基本、最一般的德性，和合是生生的所以然之理。和合学则是对生生之理的追求。用张先生的话说，"和合学是对如何生生的为什么的追求，即诸多差异元素、要素为什么冲突融合？为什么冲突融合而生生新事物，新结构方式以及新事物、新生命化生的所当然的所以然的探讨，亦是对和合生生的生命力源泉的寻求。因此，和合学亦即新生命哲学、新结构方式说，即生生哲学。"②"和合学"体系中的"生生"是以"融突"为形式，以"融突"为目的的。"突"就是冲突、对待、变易，"融"则是变化之"化"达到一定限度时的转变。

基于和合学"融突论"的和合观念，探求21世纪人类所面临的五大冲突的化解之道，张先生提出了21世纪五大文化原理。(1) 和生原理。这是"天地之大德曰生"的精神的体现。和生不仅蕴含自然、社会、人际、心灵、文明之间的和生，亦蕴涵各民族、种族、国家、文化、集团之间的和生。和生才能共荣共富。和生必然有竞争、冲突，如优胜劣败、适者生存等，但这种竞争、冲突可导向和谐、融合，即在新的生命基础上的和荣和富。(2) 和处原理。这是"和而不同"的精神的体现。人对于自然、社会、他人、心灵、文明，都应以"和而不同"的精神共处，这种共处意识应成为人类自觉的责任，所以称其为和处意识或和处原理。(3) 和立原理。这就是"己欲立而立人"的立己立人的精神的体现。人类不能唯我独优、唯我独尊、强加于人、搞霸权主义，而应该让各个事物自立、独立、自做主宰、自己解决自己的问题。这种和立意识，就是孔子所说的"己所不欲，勿施于人"的精神。(4) 和达原理。这是"己欲达而达人"的己达达人的精神的体现。和立意识基于和达意识。人与自然、社会、他人、心灵、他种文明都应共同发达。尽管自然生态环境各有优劣之分，社会制度、社会发展亦有先后、贫富的差异，人我之间有风俗习惯、宗教信仰、价值观念、思维方式的分殊，文明的

---

① 张立文：《和合学概论》，首都师范大学出版社1996年版，第87页。

② 张立文：《和合学概论》，首都师范大学出版社1996年版，第90页。

特征、风格、信仰也相距甚远，但要允许差异的存在。各个人、国家、民族、文明既有权利选择自己发达的道路和模式，亦要有和达意识。和达意识就是在当前多元文化、多元发展、多元模式等错综复杂情境中求得协调、平衡、和谐，以达到共同发达。(5)和爱原理。这就是"泛爱众"精神的体现。和生、和处、和立、和达意识的基础和核心是共爱，即和爱意识。像墨子那样，对于他人、他家、他国都像爱自己的人、自己的家、自己的国那样地去爱，推而广之，对于自然、社会、文明，也像爱自己一样地去爱。

（原载《广西社会科学》2003 年第 4 期；

作者单位：同济大学文法学院）

殊途可否同归?

——当解构主义际遇和合哲学

向洪全

在当下人文科学语境中,"解构"一词几乎是无所不在。批评者有之,溢美者更不乏其人。人们对它的解读和适用虽各有不同,甚至有很大的分歧,但各学科领域却的确在不同层面从中受到极大影响或获得相当启发与裨益。

而当此以拆解为主要特征的解构主义风靡理论界时,在命名上与之截然相反,并以"和合"为其核心概念的和合哲学也走上了纷纭的理论论坛。前者主要起源于西方文化语境,是对传统理性主义及其严密建构的突破和拆解;后者一方面吸收了西方学界的相关理论成果,另一方面则主要是脱胎于中国传统人文和哲学思想,是要引"冲突"入于"生生"的人文与文化境界。

那么,二者在这以"后"自我署名的时代狭路相逢,是不幸的遭遇还是思想的幸会?它会进一步把人们引向对峙还是如和合哲学所追求的"生生"?它对东西两种文明又可能意味着什么?

一、拆解之喻指

根据张立文的看法,西方哲学史上有过三次大的话题转向:一是苏格拉底的伦理学转向,二是笛卡尔的认识论转向,三是维特根斯坦的语言学转向。第三次转向悬置了"实在哲学'逻辑体系'的先验话题,开拓了对'意义'活动的语用研究"。① 解构主义哲学便是在这第三个话题语境下展开的。

---

① 张立文:《和合哲学论》,人民出版社 2004 年版,第 17—18 页。

海德格尔认为语言是存在的家园。他说："当人思索存在时，存在也就进入了语言。语言是存在之家，人栖住于语言之家。"① 语言之"复杂性、多样性、开放性和流动性"正是"存在"所显示出的"既敞开又隐匿的意义"，但因哲学语言规范的逻辑和语法凝固和滞涩了语言的这些特性，所以应恢复它灵动的原始意义。②

德里达秉承了这样的思想，并在尼采等的哲学思想基础上进一步提出打破传统理性主义封闭和僵化态势与体系的解构主义理论和方法。他首先从语言符号入手，通过对言语和语言二元对立关系的剖析，以及世界"原书写"态的阐述，对西方文化和哲学思想之根本的逻各斯中心主义思辨方法予以解构。进而又通过对能指的"延异"性和"踪迹"性的分析，对语言与意义同一性的观点予以了驳斥。

当逻各斯中心主义被消解，语言的形而上意义不复存在，世界便自由地敞开在我们面前如一堆斑驳而杂乱的什锦。以文本解读为例，读者所面对的不复是传统所认定的确切意义体，对文本的解读也不复是要去再现文本语言中所预存的某种先在意义。语言的延异作用使能指符号永无端点地在空间上差分，在时间上推延。读者并不能真正到达其所指，却只能在通过与他者的不断差延运动中寻得所指的某种"踪迹"。比如说"杯子"，我们在意识和语言表述中都只能从非"杯子"这种存在的其他种种什物或存在中不断差分和推延，并在这延异的踪迹中姑且描绘意图之所指。至于这种所指能否最终到达，理论上可能，但事实上是否定的。理由很简单，因为宇宙存在事实上是无以穷尽的。因此，看来只有无思无言的佛教徒式的观照，才可能直观存在的本真了，只可惜这又太玄了点儿，非人道之所为作。这也难怪有人要拿解构主义当虚无主义的同义语。只是"虚无"批评者却忽略了德里达关于"弥赛亚主义"与"弥赛亚性"的差别之论。③ 其实他本人对非此即彼的

① 赵敦华：《现代西方哲学新编》，北京大学出版社 2003 年版，第 113 页。

② 赵敦华：《现代西方哲学新编》，北京大学出版社 2003 年版，第 113 页。

③ 在《解构与全球化》的演讲中，德里达解释说，弥赛亚性是等待某人的到来，弥赛亚主义是等待某个特定的人的到来。前者是经验的普遍形式，是敞开的，面向未来的，是一种不确定的允诺，因此是不可解构的；后者则与之相反，因此三好可以解构的。[见德里达的"解构与全球化"，《南京大学学报》（哲学·人文科学·社会科学）2002 年第 1 期]

绝对化"有"与"无"之争是很不满的，他认为在意义的在场与自由游戏之间，不存在绝对化的非此即彼的选择。① 解构主义并非一种虚无、消极的哲学思想或方法论。用德里达的话来说："我个人坚信解构可以通过新的方式激发进步、解放和革命。"②

总之，德里达从语言符号入手，深入到意义与逻各斯中心主义等命题，并最终彻底动摇西方哲学和思想文化的根基。从整体来看，解构主义的目的在于拆解牢固的形而上假定与预设，意在打开缺口，通过对人类存在家园之语言的重新发现和解缚，从而喻指人之存在的灵动意义状态。只不过德里达似乎有意把这后者更多地留给了别人去言说和阐发。

二、和合而生生

致中和的人文与哲学思想可谓是中国文化的特质。如《中庸》里所言："中也者，天下之大本也；和也者，天下之达道也。致中和，天地位焉，万物育焉。"张立文所倡导的和合哲学则直接受启发于《周易》"生生之谓易"的"生生"思想，其现实所指则是人类所面临的种种价值冲突与危机。根据他的定义，和合是"指自然、社会、人际、心灵、文明中诸多元素、要素和合为新结构方式、新事物、新生命的总和"③。和合学则是"指研究自然、社会、人际、人自身心灵以及不同文明中存在的和合现象，与以和合的义理为依归，以及既涵摄又超越冲突、融合的学问"④。和合哲学扬弃了中西传统哲学思辨方法的"求一法"、"对立法"与"写实法"（亦称"描述的实体现象法"），而确立了"生生法"、"创新法"和"意境法"。⑤

因此我们说，和合哲学是以"和合"为旨归，以"融突"为关键，以

---

① Davis, Kathleen, Deconstruction and Translation, Shanghai: Shanghai Foreign Language Education Pres, 2004, 31.

② 雅克·德里达：《解构与全球化》，《南京大学学报》（哲学·人文科学·社会科学）2002 年第 1 期。

③ 张立文：《和合学概论》，首都师范大学出版社 1996 年版，第 71 页。

④ 张立文：《和合学概论》，首都师范大学出版社 1996 年版，第 87 页。

⑤ 张立文：《和合哲学论》，人民出版社 2004 年版，第 53—58 页。

"创造"为途径，以"生生"为目标的。

所谓"和"，是两个以上事物间冲突的融合，是对人与社会、自然及其自身关系的体认和对这种在场的追问。① "合"是多元、多个事物按最大、最佳功效方式的弥合差分的呈现。② 和合则是一种"存相和势能"③，它"因人而有，是人道的根本法则"④。

和合哲学"创造性的主旨和形态是生生"⑤。方法即"生生法"，是"新生命、新事物的不断化生"⑥。和合生生的方法犹如"土与金、木、水、火杂，以生百物"（《国语·郑语》）的"杂"。杂者"合"也，也即是"多样、多元的融突协调法、和谐法"，故得"和实生物"⑦。和合哲学的"生生"又是"融突"的结果。凡有差分就存在冲突，但冲突存相不是人文世界的法则和追求。冲突本身只能导致价值和意义的颠覆与毁灭，会阻碍"生生"的创新。因此，"融突"在当今世界尤其具有非常的现实紧迫性和意义。而有效融突必须是承认差分的，是去"同"的。此即是《国语·郑语》之所言："夫和实生物，同则不继。以他平他谓之和，故能丰长而物生之，若以同裨同，尽乃弃矣。"故而如果没有以"和"为导向的"融突"，"生生"则根本不可能。

但"生生"的真正实现则又是以"创造"为直接手段的。"生生"不是量的估算，而是质的实现。和合哲学以创造性为其根基。张立文认为，"人是会自我创造的和合存在"⑧，"和合是人类智能的价值创造原理，和合的本真就在于其生生不息的创造性"⑨。这里，和合哲学扬弃了传统的形而上学观和后结构主义的某些虚无倾向的极端观点。创造既非意义的预设或某种先在的形而上意义的再现，亦非无有任何中心的任意涂鸦。它"不是一方消灭一

---

① 张立文：《和合哲学论》，人民出版社 2004 年版，第 182—183 页。
② 张立文：《和合哲学论》，人民出版社 2004 年版，第 184—185 页。
③ 张立文：《和合哲学论》，人民出版社 2004 年版，第 187 页。
④ 张立文：《和合哲学论》，人民出版社 2004 年版，第 348—349 页。
⑤ 张立文：《和合哲学论》，人民出版社 2004 年版，第 2 页。
⑥ 张立文：《和合哲学论》，人民出版社 2004 年版，第 53 页。
⑦ 张立文：《和合哲学论》，人民出版社 2004 年版，第 54 页。
⑧ 张立文：《和合哲学论》，人民出版社 2004 年版，第 70 页。
⑨ 张立文：《和合哲学论》，人民出版社 2004 年版，第 348 页。

方、一方打倒一方的单一法、唯一法，而是'万物并育而不相害，道并行而不相悖'的互补法、双赢法"①。"一切有价值的东西都将在生生不息的创造中本真地存在。"② 所以张立文说："和合生生道体，既不是一种在场的现实性，也不是一种不在场的可能性，而是一种不断超越出人文地平线之上的智能创生或价值创新"③。总之，和合哲学以"和合生生"为根本。它非不事拆解，无视冲突，而是超越了拆解和冲突。其最终指向是"万物并行而不相害，道并行而不相悖"。其创生非历史虚无主义的，其和合亦不是僵滞的。逻各斯中心主义与解构主义在这里都成了和合与融突的对象。

三、殊途与所之

如上文所述，解构主义与和合哲学的直接理论指向，从表面上来看，完全是背道而驰的。前者专事拆解，从逻各斯中心主义、二元对立到确指的意义概不放过。小至一字一词，大至政治国际；表象至言语文字，深远至文化思想根基。于具体适用中，研究者们也多偏向于对以"原"命名的事物之拆解、批判的一面。如时下发展迅猛的翻译学研究，论者们往往借之从语言与意义关系，从政治意识形态，从性别，从可能和实际影响翻译行为的种种因素入手，对原语文本和原作者之意义与地位进行消解，从而彰显其被传统所遮蔽的对立面：译者、译作、译语文化等。一方面达到了去蔽的历史作用，使译者和翻译行为的历史文化意义得到应有的肯定和确认，并对翻译学科的建立与建设起到了积极的作用。另一方面也难免有矫枉过正之嫌，所以也招致了部分论者的批评。之所以出现这类的研究情况，一则可能是缘于误读，如肖锦龙所批判的"文字游戏"说与"生命运动"说倾向。④ 二则大概是论者各取所需，为某种目的而有意强化凸显了它的某些倾向。但正如前文

---

① 张立文：《和合哲学论》，人民出版社 2004 年版，第 56 页。
② 张立文：《和合哲学论》，人民出版社 2004 年版，第 349 页。
③ 张立文：《和合哲学论》，人民出版社 2004 年版，第 347 页。
④ 参见肖锦龙：《德里达的解构理论思想性质论——文化的视角》，中国社会科学出版社 2004 年版，第 4 页。

之所述，解构主义的目的所在是在重构与新生，不过其采取的路径却是"拆解"的，在表面上看是南辕北辙的（这大概也是为什么招致如此的诟病与误读的重要原因吧）。

而和合哲学则取道于另一个方向，走的一条以"生生"为直接手段的和美大道。它并非没看到逻各斯中心主义的虚构性，但它只将之存于自己的背景之下，而致力于如何"融突"创生而至生生之境。"中"乃大本，"和"为达道。① 它承中华文化之先，"执中"而不泥古。其出发点就在一个"和"字，宗旨就在一个"生"字，而不是要拿此极端治彼极端——这也不是中国文化的性格。它既与解构理论相反相成，另一方面也是对后者的一种包举，同时还起到了对误读者予以反驳与提醒的作用。

因此，在目前的历史文化语境下，在表现形式与直接功用上南辕北辙的两种理论将是如何相对呢？它会类似于塞缪尔·亨廷顿所论的因文化差异而导致某种必然冲突② 还是因差异和本质的某些接近而互补、相生而共赢？

诚如笔者在上文中多次所提及，虽然解构与和合看似背道而驰，但绝非"道不同，不相为谋"（《论语·卫灵公》）。两者实际上都是对人类思想文化及其发展的关怀与思索，只不过路径不同而已。解构主义意在解放语言，解放思想，从而（在现代意义上）从思想和精神上再次解放人类。它拆解的是那虚设并桎梏人思维的种种形而上的历史建构，而不是一般地反对或攻击存在。它消解文本的逻各斯中心，却不是一般地否定任何中心。前者不存在，但基于语言的历史运用而获致的语义相对稳定性，因此文本相对稳定的构织并非全然虚化，只不过说其中心需通过时空差延的他者来显现罢了。所以，在本质上，解构主义并不是与人类思想文化"为敌"的，并不是真要置什么于死地而后快，也决然不是文化或历史虚无主义的。

因此我们认为，解构主义方法论与思辨方法恰好可以是和合的方法论与思辨方法在新的历史语境下的前奏和基础，在以后相当长时间内也会是它

---

① 参见张立文：《和合哲学论》，人民出版社 2004 年版，第 55 页。

② Huntington，SamuelP：《The Clash of Civilizations》，http：//ww.georgetown.edu/faculty/irvinem/C T510/Sources/Huntington-ClashofCivilizations-1993.html（ac-cesedApril29，2006）.

的补充。如果没有解构的前提，我们的和合论可能落入历史的窠臼，而难有新的认知透彻性和实践高度与价值。所以从某种意义来说，时至目前（尤其是自解构问世至今的数十年间）解构的思维与实践方法对人类思想发展的意义甚至比和合思维与实践更重要、更迫切。其意义之深远，远远超过解除世界上某个专制政权。如果说解构有什么过失，那应说是论者们有意无意地用之偏颇，而真正积极意义上的解构思辨方法与实践则远未尽施其功。当然另一方面，倘若我们只止于解构而撒手不管，则要么真的堕入虚无之渊，或要么让人无所适从。所以和合哲学正好又是对历经解构之手的存在之更高维度的修整与再生。二者相反却相成，相克却实则相生。因为，生命之存相本就应是一个永无止息的和合生生之境。

综上所述，解构主义表面上看是"冲突"的，和合哲学是"和生"的。但解构主义虽然直接事功于批判，对传统形而上虚设的构建之拆解不遗余力，但其本意却在于探求人之自由与创造的出路；和合哲学虽然以"和合生生"为其机理，但它并不抹杀冲突，亦不曾忽视解构之功。前者是一种深入人类文化灵魂的震撼与清算；后者是一种在"和合"的哲学思辨方法指引下，超越虚假的理性主义的创生，是人类摆脱自我束缚并通过融突而走向新的"生生"境地的尝试。

具有西方思辨特质的解构主义在这里与东方文化的和合哲学相遇，难道不可能是东西文明在哲学思辨方法上的又一次碰撞？其融突后的"生生"之可能人文及文化价值与意义虽尚未充分呈现，但难道不值得我们严肃地深思和追问？

（原载《重庆工商大学学报》（社会科学版）2010年第5期；
作者单位：重庆工商大学外语学院）

中国文化的精髓

——和合学源流的考察

张立文

和合是中国文化的精髓，亦是被各家各派所认同的普遍原则。无论是天地万物的产生，人与自然、社会、人际关系，还是道德伦理、价值观念、心理结构、审美情感，都贯通着和合。

一、和实生物，同则不继

和合两字都见于甲骨、金文。和的初义是声音相应和谐；合的本义是上唇与下唇的合拢。殷周之时，和与合是单一概念。《易经》中"和"字2见，"合"字无见，有和谐、和善之意。《尚书》"和"字44见，"合"字4见。和，是对社会、人际关系诸多冲突的处理。合，作相合、符合讲（由于篇幅所限，引文均删）。

春秋时，和合概念是人们对社会生活各个层次、各种冲突现象和谐的认知的提升，也是对自然、社会现象后面是什么状态的探索。（《国语·郑语》）较早提出"和合"范畴；"商契能和合五教，以保于百姓者也。""五教"，韦昭注："父义、母慈、兄友、弟恭、子孝"，五教的和合，会使百姓安身立命。

从西周到春秋，和同之辨是当时思想界一个普遍关注的论题。《国语·郑语》记载西周末年史伯论和同，他批评周幽王排弃明智有德之臣和贤明之相，而宠爱奸邪昏庸、不识德义的人。这是"去和而取同"。他说："夫和实生物，同则不继。以他平他谓之和，故能丰长而物生之，若以同裨同，尽乃弃矣。故先王以土与金、木、水、火杂以成百物。是以和五味以调口，刚四支以卫体，和六律以聪耳，正七体以役心，平八索以成人，建九纪以立纯德，合十数以训百体，……周训而能用之；和乐如一，夫如是，和之至也。"（《国语·郑语》）和是人们对于客观事物、日常生活、社会政治、养生卫体等矛盾多样性的统一与和谐在思维形式中的反映，是对矛盾对立的多种统一形式的认识，是对于周幽王搞"声一无听、物一无文，味一无果，物一不讲"（《国语·郑语》）的弃和而制同的抨击。

孔子基本上继承《左传》、《国语》的和同思想。他认为，为政应和。所谓和，是宽和猛两极的相济："政宽则民慢，慢则纠之以猛；猛则民残，残则施之以宽。宽以济猛，猛以济宽，政是以和。"（《春秋左传·昭公二十年》）单纯的猛，猛政酷于虎；单纯的宽，宽政慢而无序。宽与猛对待的和合，才能达到恰到好处的和的境界。"礼之用，和为贵。先王之道，斯为美，小大由之。有所不行，知和而和，不以礼节之，亦不可行也"（《论语·学而》）。治国处事，礼仪制度，以和为价值标准。在处理人与人的关系中，"君子和而不同，小人同而不相"。（《论语·子路》）君子与小人两种不同处理人际关系的方法，表现两种不同的人格理想、道德情操和思维方法。同时也表明孔子的态度是赞成君子的和而不同，反对小人的同而不和的。在春秋时期人们对于和与同内涵的规定·已有确定。所谓和：其一是诸多性质不同或对待的要素、事物所构成的和合体，即统一体；其二是相互差异、对立的东西互济互补，以达到平衡、均平、和谐；其三是平衡、和谐为了形成新的和合体，即新东西、新事物的产生。所谓同，其规定是：其一，没有异议或不同意见的同声附和；其二，完全相同事物的相济相加，不产生新事物、新东西；其三，简单的专一、同一，而无比较。这个时期的和同之辨，虽来自现实的政治、人事、生活交往、养生卫体等具体的人们社会生活实践。但已舍弃了各要素的具体个性、特征，抽取其和与同的共性而升华为和同概念、范畴。这种抽取事实上是对于声、昧、政事、人际关系等现象后面为什么味美、声美、政平、人和的追寻以及如何能味美、声美、政平、人和的探索。

这种追寻和探索包含哲学形而上学的意蕴。

老子说："道生一，一生二，二生三，三生万物。万物负阴而抱阳，冲气以为和。"（《老子》第42章）。道之所以能产生万物，是因为道蕴含着阴阳两个相反方面，宇宙万物亦包含着阴阳正负两个方面，阴阳的互相摇荡、互相作用，而形成和。和是宇宙万物的本质以及天地万物生存的基础，这是老子哲学的形而上学的追究。"知和曰常，知常曰明。"（《老子》第55章）体知和之所以为常，王弼注："物以和为常，故知和则得常也。不皦不昧，不温不凉，此常也。"① 和作为阴阳本体之道，是一种自然而然的常态，这种常，便是老子的形而上学之道。

战国之际，相同之辨据所接触到的现有史料记载，转向和合与中和的探讨。和合作为对举或连接范畴出现，《管子》说："畜之以道，养之以德。畜之以道，则民和；养之以德，则民合。和合故能习，习故能偕，偕习以悉，莫之能伤也。"（《管子·幼官》）在《外言·兵法》中也有类似的记载。畜养道德，人民就和合。这里道与德对言，道的含义丰富多样②。既是形而上的世界万物存在的根据、本体、本原，也是人类社会生活的最根本的原理、原则、规范。德既指天地万物的本性、属性，也指人的本性、品德。道是可异在于主体身心的外在的原理、原则、规律；德是内在于主体身心的修养，得于道或得于心。道畜民和，德养民合，人民有了道德畜养，便和合，和合所以和谐，和谐所以团聚，和谐团聚，就不能伤害。这里，和合是畜养道德的目标和对于这种目标的追求，而不是如何畜养道德的方法或工具。

墨子从"兼相爱、交相利"思想出发，认为和合是处理人与社会关系的根本原理、原则，"内者父子兄弟作怨恶，离散不能相和合。天下之百姓，皆以水火毒药相亏害"。（《墨子·尚同上》）家庭内若父子兄弟相互怨恨、互相使坏，推及天下百姓，亦互相亏害，国家就会离散灭亡。和合使家庭、社会群体凝聚，形成整体结构。和合是社会和谐、安定的调节剂。"昔越王勾践，好士之勇，教训其臣，和合之。"（《墨子·兼爱》）君臣、诸臣之间都能

---

① 楼宇烈：《王弼集校释》，中华书局1980年版，第146页。

② 参见拙著：《道》，中国人民大学出版社1989年版。

和合，国家才会富强。和合是家庭、社会的聚合剂。"内之父子兄弟作怨仇，皆有离散之心，不能相和合。"(《墨子·兼爱》) 天下就会大乱。虽然父子有怨恶、兄弟有怨仇，但父子仍然是父子，兄弟仍然是兄弟，是可以通过和合而消除怨恶和怨仇的。

孟子虽没有像《管子》、《墨子》那样以和合相连并举，但把和作为人的主要特征，而提高到与天时、地利并举。"天时不如地利，地利不如人和"(《孟子·公孙丑下》)，天时、地利、人和三者相比较，人和是最重要的。

儒道虽异，然天地阴阳和合而化生万物，儒道却相似。"四时迭起，万物循生，一盛一衰，文武伦经；一清一浊，阴阳调和，流光其声"(《庄子·天运》)，自然元气应合，阴阳调和生物，这是庄子对于有始无始的追究的回应。只要明白了这和的道理，就会获得无穷的快乐。"夫明白于天地之德者，此之谓大本大宗，与天和者。"(《庄子·天道》) 认识天地的本性，这个大本大宗和均调天下，便是天和人和，称为天乐人乐，也可谓天合与人合，"子，天之合也；我，人之合也。"(《庄子·天道》) 和合是万物化生的依据，也是天乐人乐的基础。

《易传》① 是对于《易经》的解释。《易传》认为，乾坤是万物的资始资生。"乾道变化，各正性命，保合太和，乃利贞"(《周易集解》卷一)，这里"太和"，即和合。"太和"朱熹注为"阴阳会合冲和之气也"(《周易本义》卷一)，亦有合和与和合之意。"嘉会足以合礼，利物足以和义"(《周易集解》卷一)，美的会合就合乎礼，使物各得其所利，就与义相应和。合是相对立两要素的和合，"乾，阳物也；坤，阴物也，阴阳合德，而刚柔有体，以体天地之撰，以通神明之德"(《周易集解》卷九)。阴阳对待两性的结合、和合，而阳刚阴柔各有本体，用来体认天地的创造万物与会通隐藏的、明显的万物属性。《易传》把宇宙万物和社会人生看成一个生生不息的和合体，这个和合体是通过阴阳、刚柔这一对待统一范畴来建构的，并在阴阳刚柔的对待中来追求均衡、和谐和流变。"天地感而万物化生，圣人感人心而天下和

---

① 《易传》包含《十翼》，笔者认为："《易传》的时代上自春秋，下至战国中叶；作者亦非一人。"(张立文：《周易思想研究》，湖北人民出版社 1980 年版，第 206—207 页)，现不分篇，放在战国中叶来阐述。

平"（《周易集解》卷一）。宇宙万物的化生是天地阴阳交感的和谐，社会的和平是圣人感化人心，使人心获得和谐、平衡。宇宙自然的和谐与人类社会的和谐是相通的。

荀子和《易传》一样，继承史伯"和实生物"的思想，认为"列星随旋，日月递炤，四时代御，阴阳大化，风雨博施，万物各得其和以生，各得其养以成"（《荀子·天论》），"天地合而万物生，阴阳接而变化起，性伪合而天下治"（《荀子·礼论》）。天地之间的万物千差万别，却都是各自获得和合而生生不息。假如没有和合，那么列星、日月、阴阳、风雨都不能随旋、递炤、大化、博施。从这个意义上说，万物的化生、生存和运动变化，都是和合的使然，这种和的有序性、创生性，可称之为"神"，也是礼的体现。"天地以合，日月以明，四时以序，星辰以行，江河以流，万物以昌"（《荀子·礼论》），合就是和合。

万物之所以能各得其和以生，是由于有"分"。从水火到草木到禽兽再到人，即从有气→有生→有知→有义的过程。人之所以有义，在于能群；之所以能群，在于有分。"故义以分则和，和则一，一则多力，多力则强，强则胜物。"（《荀子·王制》）有分即有差异、分别、对待，这是和合的前提，若无分，何以和合；若无和合，何以讲分？由水、火、草、木等万物而推及社会礼仪制度、伦理道德。

和合在人的精神情感方面的体现，譬如"祭者，志意思慕之情也。惝诡唈僾而不能无时至焉。故人之欢欣和合之时，则夫忠臣孝子亦惝诡而有所至矣"。（《荀子·礼论》）祭祀作为人的心意和思慕情感的寄托，在人们欢乐和合的时候，使人们受感动而哀思自己的双亲或君主，若没有祭祀这种形式，人们的哀思就不能表达而只能把哀思集积在心中。和合的氛围能唤起人们思念父母之情。荀子认为，音乐与祭祀相似，都是主体人内心情感的发动，以调整人内心各种思想情感的变化。譬如在祖宗的宗庙中听音乐，使君臣上下"和敬"，在家内听音乐，使父子兄弟"和亲"，在族党内听音乐，使少长"和顺"。"故乐者，审一以定和者也，比物以饰节者也，合奏以成文者也。"（《荀子·乐论》）音乐要审定一个中音作为乐调和谐、和合的基本音，再配合各种乐器，合奏成一支和谐的乐曲。这种和谐、和合的乐曲，沟通了宗庙、乡里、家庭内部人们的情感，唤起了追祀祖先的情思，增强了宗庙、乡里、家庭凝聚、团聚的力度。

在荀子看来，和合是音乐根本精神的体现。"且乐也者，和之不可变者也；礼也者，理之不可易者也。"（《荀子·乐论》）音乐形式所表现的是蕴含于这种形式之中的一种永恒不变的内容，这就是和合。其实，和合既是音乐形式的外在呈现，亦是音乐内涵的精蕴。和合贯通于音乐的内外。和合犹如社会中礼所体现永恒不可易的根本原则一样，这里"和"与"理"相对应，具有形上学的品性。虽然和与礼有区别，但礼亦以和为自身存在的根据，"审节而不和，不成礼；和而不发，不成乐"（《荀子·乐论》）。审察礼仪制度而不和谐、和合，就不成其为礼，因而礼这种形式或现象，必须以和谐、和合为标准，来审察一切。这样，和合便具有一种超越性和形上性。

法家韩非从不同角度论和。"大奸唱则小盗和，竽也者，五声之长者也，故竽先则钟瑟毕随，竽唱则诸乐皆和。"（《韩非子·解老》）音乐是多种乐器和谐地合奏，这与荀子《乐论》思想相近，但合奏必有一乐器为主，其他乐器的演奏都以与某一乐器相和应，强调主与从、唱与和的关系，这在荀子的《乐论》中并不明显。韩非和的内涵，一是指一种主体人内在的情感或心态，"积德而后神静，神静而后和多，和多而后计得，计得而后能御万物"（《韩非子·解老》）。和是指无喜怒、无哀乐的冲和心态，这是从内在说；二是从外在说，和是一种和气，"孔窍虚，则和气日入。故曰：'重积德'。夫能合故德不去，新和气日至者，早服者也"。（《韩非子·解老》）孔窍可指五官，五官空虚就能与外在的和气交通无碍。

《吕氏春秋》与《荀子》一样，把合作为万物产生的根源。"夫物合而成，离而生。知合知成，知离知生，则天地平矣。"（《吕氏春秋·有始》）这里合是指天地阴阳的和合，如父母的结合，形成婴儿之体；离是指一物脱离另一物而独立，如婴儿脱离母体而生。若无和合而成，哪来离而生。这是天地自然变化的常道。"阴阳变化，一上一下，合而成章。浑浑沌沌，离则复合，合则复离，是谓天常。"（《吕氏春秋·大乐》）"合而成章"，汉高诱注："章犹形也"，即合而成物之形。合成离生，离生合成，相互变化，呈一规律性的现象。

　　《吕氏春秋》所说的合，实乃和合。"天地有始，天微以戚，地塞以形。天地合和，生之大径也。"（《吕氏春秋·有始》）吕氏天地有初始的说法，与庄子对于天地有无初始的追根究底的诘难异趣，天地阴阳微而生物，塞以成形。生的大道是两个对立事物的合和。这是对生命、生存的关怀，也是对如何生的追根究底。生的穷究，便是和合，有和合，然后有生成。有对待、有分离、有差异，才有和合的精神。

　　《吕氏春秋》认为对声色之美的追求是人的本性所使然。"凡乐，天地之和，阴阳之调也"（《吕氏春秋·大乐》），"声出于和，和出于适，和适先王定乐，由此而生"（《吕氏春秋·大乐》）。这是从音乐发生的角度，回答如何发生的问题。音乐是各种不同的乐器，奏出的各种不同声音的和合，才构成一曲美妙的、和谐的交响乐。之所以构成和声，是由各种乐器所演奏的声音的适宜。音乐的功能在达到心境和平，"心必和平然后乐，心必乐然后耳目鼻口有以欲之，故乐之务在于和心，和心在于行适"（《吕氏春秋·适音》）。欢乐的获得不取决于对象本身，而是取决于主体自身的心境。音乐的任务在于调整主体人心，使人心境愉悦，人心愉悦也需要音乐的和平，和平又出于公道。主体在和平的心境状态下，才能对美声的感受而形成美感效应。当然吕氏亦不否定外在因素，心有适，乐亦有适。"衷也者适也，以适听适则和矣。乐无太，平和者是也。"（《吕氏春秋·适音》）乐器的音量大不过钧，重不过石，无过于制，这便是适；若过于制，刺激人的生理感官，引起不适，便不是衷音。衷音是不越过制，恰到好处的适，使主客体和合一致。音乐的和声能陶冶道德情操，"故君子反道以修德，正德以出乐，和乐以成顺，乐和而民乡方矣"。（《吕氏春秋·音初》）音乐在对人的潜移默化中提升人的道德修养水准，调整人的心理平衡、和谐。

　　先秦作为中国文化思想元始阶段，不仅提出了和合概念范畴，而且管子、儒道、墨法各家对和合范畴作出自己的理解。和合不仅是天地万物产生的根据和纷纭复杂事物现象后面的存有，而且是社会主体政治、道德、艺术、日用交往活动的准则、原则、原理和主体人心理感受、情感愉悦、身心协调的尺度。管子的和合是作为蓄养道与德，即形上学层次和实践道德层次两方面目标的追求，他与墨子把和合作为社会和谐安定的调节剂和家庭社会不分裂的聚合剂的工具价值层面来看有异。儒家和合是人格理想和社会理想的价值目标的追求，为达此目标，而经诸多中介环节，以达天人、主客的和合统一。如果儒家和合是人为的，那么道家的和合是无为的，天地自然便存有天和与人和、天合与人合的天乐与人乐。这种和合具有形上学的义蕴，而与儒家重和合的实用层面义蕴有别。法家的和合强调有主有从、有唱有和的和合，缺乏平等的原则。《吕氏春秋》的"和出于适"，是对于和合的平等的追求，适的衷音是对于注重钧石、大小、轻重任何一方面的排斥和调整，以追求和合的境界。对于音乐来说，和合是音乐根本精神的体现，得到众家的认同，这是人们对音乐功能的认识。

二、合和父子百物化

秦末的社会动乱，促使秦的速亡。陆贾、贾谊在反思秦亡潮流中，指出秦失败的原因在于，"秦国失理，天下大败"（《新书·时变》），"失理"即"失礼"，亦包括失掉其自身存在的合理性、现实性。仁义作为维系社会人伦关系的基础，官贯穿于各种社会关系之中，亦蕴涵于万象的各种现象之中。"乾坤以仁和合，八卦以义相承"（《新语·道基》），天地乾坤，八卦万物以仁义作为和合的原则，只有以仁义为尺度，和合才是合理的。贾谊对正反两面多方分析以后，指出"刚柔得道谓之和，反和为乖戾合得密周谓之调，反调为戾"（《新书·道术》）。追求刚柔得道、合得密周的和调，反之便乖戾；乖戾便失理、便仁义不施；失理就导致动乱和失败。汉初的和合论，是对于秦政严重失调而引起社会失衡的调整。

汉代为把社会引向安定，除以仁义为指导思想外，还必须确立一套礼乐制度。中国古代礼乐是相互联系的，乐不仅是艺术，而且是教化人民的一种手段："故礼以道其志，乐以和其声，政以一其行，刑以防其奸。"（《礼记·乐记》）乐的功能和作用与礼刑政虽有异，但其宗旨都是为了齐一人民，不使其为非作乱。其实是四者和合，以求社会安定。如果说礼、刑、政是依赖外在的制度、规章、政令以及国家暴力、法律来完成治道，那么，音乐是人内心情感的发动，即"乐由中出，礼自外作"（《礼记·乐记》）的意思。

《乐记》认为，音乐以其和声，使人与社会、人与人关系进入和合境界，"是故乐在宗庙之中，君臣上下同听之，则莫不和敬；在族长乡里之中，长幼同听之，则莫不和顺；在闺门之内，父子兄弟同听之，则莫不和亲。故乐者，审一以定和，比物以饰节，节奏合以成文，所以合和父子君臣，附亲万民也。"（《礼记·乐记》）乐在不同氛围中，可产生不同的情感、情感交流，作出不同的回应。这种情感不是以情绪形式呈现的自然之情，而是一种道德伦理之情。"和敬"、"和顺"、"和亲"的伦理道德情感是君臣、长幼、父子等伦在宗庙、乡里、闺门内同听音乐所产生的效应。这种效应与中国古代血亲宗法关系相联系，使人们在音声的愉悦中提升精神境界，融为一体，这是"合和父子君臣"之意。

《乐记》的核心内涵和最高境界是中和，即和合。和合是乐文化的根本精神，它与天地万物之情相贯通。"大乐与天地同和，大礼与天地同节。和故万物不失，节故祀天祭地。"（《礼记·乐记》）天地之气，犹阴阳之气，两者和而生万物（《礼记·乐记》），不和，则天是天，阳是阳；地是地，阴是阴。怎生万物？和而生物，即和化物。"乐者，天地之和也；礼者，天地之序也。和故百物皆化，序故群物皆别"（《礼记·乐记》），汉郑玄注："化犹生也。"（《礼记·乐记》）乐作为天地之和合，而推及和为万物化生的原因，和就不是单纯的天与地、阴与阳之气的连接词，亦不是单纯两个不同质的要素媾合的方法，而是具有独立的万物之所以产生的原因和根据的含义，这就赋予和合以形上学的性格。

和合的这种形上学的性格，在《淮南子》中有所展开。"天地之合和，阴阳之陶化万物，皆乘人气者也"（《淮南鸿烈集解·本经训》），天地和合阴阳之气，化生万物。天地阴阳为对待两极，"天地之气，莫大于和。和者，阴阳调，日夜分，而生物。春分而生，秋分而成，生之与成，必得和之精"。（《淮南鸿烈集解·汜论训》）《淮南子》对"和"作明确规定，和就是阴阳对待两极的调和、统一。汉高秀注："和，故能生万物"。（《淮南鸿烈集解·汜论训》）和有两方面的含义：一是天地万物的生成，必以和合为根据。这是和对万物而言。二是就和自身及构成和的诸要素之间亦以和合为标准。第一方面的含义，和合之所以是生成万物的根据，《淮南子》从两个层面加以论证：一个层面说明"一"不能生物，即单一、唯一、同一是不能产生新事物的。"道曰规，始于一。一而不生，故分而为阴阳，阴阳合和而万物生。"（《淮南鸿烈集解·天文训》）有分才有合，有差异才能和；无分别、无差异就不能生物。阴阳分为对待两极是生物基础，只有和合使阴阳结合而生万物。这里说明一个重要道理，事物不能自身产生自身，亦不能同性产生同性，只能和合而生。另一个层面进一步证明，阴阳对待两方，任何单方自己不能产生万物，"故阴阳四时，非生万物也；雨露时降，非养草木也；神明接，阴阳和，而万物生矣"（《淮南鸿烈集解·傣族训》）。阴阳任何单一方面，阴就是阴，阳就是阳，依然是不会转化的、运动的，如男是男、女是女，不能生物，只有男女和合交接，才能生儿育女。"阴阳相接，乃能成和"（《淮南鸿烈集解·氾论训》），和而生物。这样，和合是世界万物产生最终的原因和根据，具有形上学存有的性质。

董仲舒尽管在思想路向上与《淮南子》不同，但在以和合为天地生成的本原和最高道德规范这点上，与《淮南子》有相通之处。董氏说："中者，天下之所终始也；而和者，天地之所生成也。夫德莫大于和，而道莫正于中是故能以中和理天下者，其德大盛；能以中和养其身者，其寿极命。"（《春秋繁露·循天之道》）这是对《中庸》中和说的发挥，《中庸》以中和为"天命之性"的内容。董仲舒认为，无论是天地万物之所以生生的根据，还是最完美的道德，都以和为基础。"和者天地之正也，阴阳之平也，其气最良，物之所生也。诚择其和者以为太得天地之奉也。"（《春秋繁露·循天之道》）和作为天地间最普遍、最基本的原则、原理，与天地之道相融。和是天地之道的美妙处，也是天地之所选择迎养。

董仲舒还认为，合也是自然、社会、人伦中最普遍、最基本的原则、原理。"凡物必有合，合必有上，必有下；必有左，必有右；必有前；必有后；必有表，必有里。有美必有恶，有顺必有逆，有喜必有怒，有寒必有暑，有昼必有夜，此皆其合也。"（《春秋繁露·基义》）所谓合，是指对待双方的交合，既不是单方面的结合，也不是同质的相合，而是性质相对、相反要素的融合；合本身就表示有此必有彼，是美与恶、顺与逆、寒与署、昼与夜同构、同步的呈现。合便是存在呈现的方式。"物莫无合，而合各有阴阳。阳兼于阴，阴兼于阳；夫兼于妻，妻兼于夫；父兼于子，子兼于父；君兼于臣，臣兼于君。"（《春秋繁露·基义》）这种呈现的方式，是一没有完成的过程。如父相对于子的合是父，子相对于父的合为子；子相对于子为父，子相对于子之子为爷。和与合一样，也是存有的方式及呈现的过程。

王充思想与董仲舒异趣，但讲和合有近似处，可见汉代讲和合是一思潮，与汉强调统一相一致。王充认为，和是天地万物产生的根源，"夫治人以人为主，百姓安，而阴阳和；阴阳和，则万物育；万物育，则奇瑞出"（《论衡校释·宣汉篇》）。阴阳亦指阴阳之气。阴阳和合，生育万物，祥瑞也会出现和产生，"瑞物皆起和气而生"（《论衡校释·讲瑞》）。"和气"就是阴阳之气和合存在的方式。假如"阴阳不和，灾变发起"（《论衡校释·感类》），而无瑞物治平。王充用和气来解释和理解当时谶纬经学所宣扬的灾异之变，瑞物之生，治平民安是天命、天意、天志，显然是对天命、天志的批判，这种新解释、新理解在理论思维上是对旧的哲学形态的改变。他用天地之气（阴阳之气）的和气，即自然之气代替哲学形上学和道德最高根据——天命。

在王充的哲学逻辑结构中，阴阳和，也就是阴阳合（天地合、夫妇合）。其"阴阳和，则万物育"的另一表述，就是"天地合气，万物自生，犹夫妇合气，子自生矣。"（《论衡校释·自然》）天阳地阴，夫阳妇阴，是汉代的共识。所以，阴阳和合，即天地、夫妇和合，而生万物和子女。王充只想说明自然界万物和人类自身的产生，是由天地、夫妇合气，自然而然的产生，而不是有目的、有意志支配的故生物和故生人。故生与和合"自生"是相对待的两条思想路向。

王符接着王充讲："天地细组，万物化淳，和气生人，以纯理之。是故天本诸阳，地本诸阴，人本中和，三才异务，相待而成，各循其道，和气乃臻。"（《潜夫论》卷八）绸缊即天地之气的和合，和气生人，万物亦为天地和合之气而生。天地阴阳中和是自然、社会、人生的根本。天、地、人三才相待相成，和气贯通三才，而达完善境界。"人天情通，气感相和"（《潜夫论》卷十），天人感通和合，这种和合，是情感的、和气的。和是自然、社会、人生的最高原则、原理，为天、地、人所遵循。

汉代是中华民族得以确立时期，它适应于统一帝国的需要，对先秦各家学说有所取舍，而建构了新的思想形态，以与旧的相区别，故其书以"新"命名，这不仅是一思潮，而且是当时人心理需求。比较先秦与两汉，就其同而言，史伯以和实生物，和具有生物的功能与属性，《淮南子》董仲舒、王充等亦然；和是各种不因性质、即对待性的和合，两汉思想家同。就其异而言，先秦论和与同相对待，以和同为对待范畴，两者相比较、相对待而存在，说明多样性的统一和抽象简单同一的区别和联系。两汉以后和与同对偶范畴逐渐消失，而为"中和"范畴所代替，其转变的标志是《中庸》论中和，董仲舒等人都倡导中和，而影响宋明理学。此其一。其二，先秦《管子》、《墨子》提出和合范畴，汉代沿用，且与气、阴阳等相联系而理解和气为合气，更具有通向天地生成论和存有论的意味。其三，两汉发挥先秦合的思想，把合提升为生育万物、人类的依据和自然、社会人生所遵循的最高原则、原理，与和具有同样的功能和性质。因此到了王充和气生物即是合气生物，和合圆融。

三、和合相润乐和声

东汉末年的动乱，传统文化结构解体，经重新整合而建构玄学这一新的理论形态。大凡每一新时期新理论形态出现之前，都进行了两方面的努力：一是对先在理论形态进行批判，这不仅是建构新理论形态以适应于新时代的需要，也是超越与区别于先在的、旧的理论形态的需要。玄学以其新学风一扫两汉烦琐的经学（包括今文经学、古文经学和谶纬经学）以及先在各家思想的陈腐，以批判的、分析的眼光审视各家思想的优劣。二是建构新理论形态所依据的经典文本的重新选择和解释。孔子在"礼坏乐崩"的时代，通过对《易经》、《书经》、《诗经》、《周礼》、《春秋》等经典文本的整理，而发挥为适应时代需要的理论形态。秦始皇选择法家《孤愤》、《五章》为指导思想的理论基础。汉代董仲舒通过解释《公羊春秋传》，而建构为大一统所需要天人感应论。魏晋玄学则取《周易》、《老子》、《庄子》等"三玄"，作为他们解释的经典文本。

滥觞于魏晋人物品评的玄学和合论，由人品之和合到天地万物之和合，无所不及。既有实用经验的体验，又有玄想理性的思考。刘劭《人物志》从如何品鉴人物的才能和情性入手，而探求建立适合当时社会的新秩序。刘劭认为，情性是人的根本，人的情性如何构成？是"禀阴阳以立性"（《人物志·九征》）圣人能"阴阳清和，则中睿外明"（《人物志·九征》），这种无偏于阴与阳的和合，有"能廉二美"的效应，是圣人的禀性。"凡人之质量、中和最贵矣。中和之质，必平淡无味，故能调成五材，变化应节"（《人物志·九征》），以中和为最宝贵、最重要的人性和器量。凸显个体聪明才智在人类社会发展过程的作用和地位，这种中和之质的聪明，是对于个体价值的重视。

但是魏晋时期政治环境的恶劣，知识分子在反思本体与现象、理想与现实的激烈冲突中，由向现实追求的困境中转向本体的、理想的追求，即由外向的现象追求受阻后而转为内向的心灵的玄远。这种心灵的玄远，可称谓为"无"。无作为否定性概念，包容一切有之为有的现象，故无是否定性与肯定性的和合。"无"是本，天地万物的现象是末。本体与现象的关系，时人取"弃本崇末"①的方法，这犹如弃其母而用其子，即舍弃根本、终体而崇尚枝末、子用。王弼认为这是错误的方法，正确的方法应该是和合，"守母以存其子，崇本以举其末"。② 使本与末、母体与子用互补互济，以求稳定与平衡。和合不仅是方法，而且是万物存有的方式。"雨者，阴阳交和，不偏亢者也"③，阴阳异质要素的相交，是以和合的方法，通过雨这种和合物，以和合的方式存在。"阴阳既合，长少又交，天地之大义，人伦之终始"④，阴阳长少的交合，这是人伦大义，是自然社会中的合理性的表现。这是就天地人伦而言；从主体心理愉悦而言，"乐主于和"⑤，音乐以和为核心宗旨，不和不仅不能给人以愉悦的享受，而且带来痛苦和烦燥。自然、社会、人生在变化中，和合日新，"体化合变，故曰日新"⑥。日新是由于阴阳转易和合，

---

① 楼宇烈：《王弼集校释》，中华书局 1980 年版，第 622 页。

② 楼宇烈：《王弼集校释》，中华书局 1980 年版，第 95 页。

③ 楼宇烈：《王弼集校释》，中华书局 1980 年版，第 471 页。

④ 楼宇烈：《王弼集校释》，中华书局 1980 年版，第 487 页。

⑤ 楼宇烈：《王弼集校释》，中华书局 1980 年版，第 633 页。

⑥ 楼宇烈：《王弼集校释》，中华书局 1980 年版，第 543 页。

而化生万象。

王弼、嵇康、阮籍的思维理路、思想风格与儒家异趣，然其以和为音乐的最高标准，则有其同。阮籍作《乐论》，是他早期服膺儒学礼乐的代表作。"夫乐者，天地之体，万物之性也。合其体，得其性则和；离其体，失其性则乖。"① 乐的和与乖，作为乐的存在的状况或存在的方式，是合与离天地之体与得与失万物之性的结果。阮籍肯定合得天地万物之体性而否定离失天地万物之体性，是因为合得能获得和的愉悦及社会和谐安定。圣人作乐，都以"顺天地之体，或万物之性"为原则，"故律吕协则阴阳和"②。假如乐离失天地自然的体性，而出现乖乐，便会把人的情感导向放荡淫乱，道德败坏，社会不安。

如果说阮籍以和乐的功能为救社会、政教、道德之弊，那么，嵇康则以和乐是人对于玄远之境、人格理想的追求。音乐的来源是"天地合德，万物贵生。寒暑代往，五行以成。故章为五色，发为五音"③。不同意音乐来源必受政治、衷情、安乐的制约的说法，而是天地阴阳五行变化运动之自然而发。"音声有自然之和，而无系于人情。"声音的本质是自然之物之后的"至和"，至和是超哀乐、超形质的。"声音以平和为体，而感物无常"，"焉得染太和于欢戚，缀虚名于哀乐哉"？④ 和作为本体，欢戚不能感染，哀乐不能合著。这种欢戚自见、哀乐自执的无名无质，即是形上之和。

嵇康所谓"至和"、"太和"是对于超尘轶俗、逍遥太和之境的追求。"遗物弃鄙累，逍遥游太和，结友集灵岳，弹琴登清歌。"⑤ 外天地，遗万物，无所牵累，自由自主地遨游于太和境界。这种琴诗自乐、清新飘逸的人生和境与受名教束缚的"中和"之境不同。"行踬曾闵，服膺仁义，动由中和；无甚大之累，便谓仁理已毕，以此自臧，而不荡喜怒，平神气，而欲却老延

① （三国）阮籍：《阮籍集》，上海古籍出版社1978年版，第40页。
② （三国）阮籍：《阮籍集》，上海古籍出版社1978年版，第40页。
③ 戴明扬：《嵇康集校注》，人民文学出版社1962年版，第197页。
④ 戴明扬：《嵇康集校注》，人民文学出版社1962年版，第217页。
⑤ 戴明扬：《嵇康集校注》，人民文学出版社1962年版，第63—64页。

年者，未之闻也"①，曾参、闵损服膺仁义道德，按照喜怒哀乐发与未发的中和而动，虽无大的牵累，但毕竟受礼法的制约，而不能做到"顺天和以自然"②。无论从养生延年的角度而言，还是从心身自由的愉悦来说，都是为达到摒尘弃累的和的境界。和不是人为的有为而能达成，而要顺应自然，这便是"天和"。人只要进入"天和"或"大和"，这便是最大的快乐。"以大和为至乐，则荣华不足顾也。以恬清为至味，则牺色不足钦也。苟得意有地，俗之所乐，皆粪土耳，何足恋哉？"③超越荣华、酒色的俗乐，而追求至乐、至味的精神境界，便提升为大和恬澹的形而上之境。

《列子》有相合贵无论与独化论的意味，张湛注即沿此理路。然张湛以物自生自化，自形自色，亦是一种和合存在的方式。他注"冲和气者为人，故天地含精，万物化生"曰："推此言之，则阴阳气遍交会而气和，气和而为人生"④。气和而人生，并不是对于普遍性、绝对性、无限性的本体论的追求，而是具体的物现象。张湛"以至虚为宗，万品以终灭为验"⑤，把"至虚"作为其哲学逻辑要求的最高的、最一般的本体，以解释贵无论与独化论的和合。

魏晋时期，在中国文化史上是别具特色的重要时代，和合思想得以发展，从自然和合到理想人格和合，从音乐和合到心灵境界和合，呈逐渐深入之势。何晏、王弼的和合说的旨趣，是指游于万物之中的精神境界，主体心灵要求静专动直，不失大和，而与和合精神境界相契合。并以"崇本举末"的内圣外王之道，使世界万物、人类社会有序地、和谐地运作。嵇康"声无哀乐论"突破传统的声有哀乐论，并以玄学之和，解释传统之和，建构了其和合的音乐体系。

---

① 戴明扬：《嵇康集校注》，人民文学出版社 1962 年版，第 192—193 页。
② 戴明扬：《嵇康集校注》，人民文学出版社 1962 年版，第 191 页。
③ 戴明扬：《嵇康集校注》，人民文学出版社 1962 年版，第 190 页。
④ 杨伯峻：《列子集释》，中华书局 1979 年版，第 190 页。
⑤ 杨伯峻：《列子集释》，中华书局 1979 年版，第 270 页。

四、阴阳和合风雨调

汉代经学演变为魏晋玄学，这是历史的选择。在经学为意识形态领域主导地位的同时，道家演变为道教以及印度佛教的传入，为中国思想界增添了异彩。严遵的《老子指归》把道家思想引向更抽象玄虚的地步。"天地生于太和，太和生于虚冥"，"虚冥"是一个无限的、超时空的虚无，为道家思想的神学化提供了条件，而道家思想的神学化，便逐渐形成早期道教理论，其代表作为《太平经》等。《太平经》在方法论上突破传统"太极生两仪"的二分法、一分为二法。《太平经》虽亦运用阴阳概念，但采取三分法，认为"凡事悉皆三相通，乃道可成也"[1]。万物三分才能相通，三者同心相合，才能造就事物，达到和谐，"父母子三人同心，共成一家；君臣民三人共成一国"[2]。此第三者，是对于以往人们所忽视的弱者、卑者、中和、人的重视，凸显弱者、卑者、中和、人的作用与地位，无此弱者、卑者的同心相合，就会家不家、国不国。《太平经》所谓"中和"，是指"主调和万物者也"[3]，"阴阳者，要在中和，中和气得，万物滋生"[4]。这个解释与《中庸》喜怒哀乐之未发谓之中，发而皆中节谓之和的性情未发已发的中和异趣。

"中和"，《太平经》称之为"和合"或"合和"。"阴阳者象天地以治事，合和万物，圣人亦当和台万物，成天心，顺阴阳而行"[5]，天地间各个层次的事物，都由阴、阳、和三要素和合而生成。阳好生恶杀，没有和不能成万物，不成万物，而无万物，"元气自然乐，则合共生天地，悦则阴阳和合，风雨调。风雨调，则共生万二千物"[6]。和合是一种愉悦、快乐，"乐乃可和

---

① 王明：《太平经合校》，中华书局 1960 年版，第 149 页。
② 王明：《太平经合校》，中华书局 1960 年版，第 149 页。
③ 王明：《太平经合校》，中华书局 1960 年版，第 19 页。
④ 王明：《太平经合校》，中华书局 1960 年版，第 20 页。
⑤ 王明：《太平经合校》，中华书局 1960 年版，第 221—222 页。
⑥ 王明：《太平经合校》，中华书局 1960 年版，第 648 页。

合阴阳"①。就人而言，"人莫不悦乐喜，阴阳和合同心为一家，传相生"②。比如男女双方悦乐便同心共生，没有不生儿育女的；不悦乐，男女一方不肯相分欢合，更不会生；怒不乐而强迫欢合，其后都是凶。和合不是一种痛苦，和合而产生婴儿或新事物，亦不是把一个新生儿、新生物抛入一辈子事事痛苦的深渊之中，这与佛教把众生的生命视为苦不同。

《太平经》在运用阴阳理论时，并不完全否定其间的尊卑、寡众关系，这是当时普遍的、流行的观念。但《太平经》没有就此止步，而是加以改造和发展，提出阴、阳、和三个概念，且认为是阴阳两极的统一或中介，是最重要的。这是因为"一阳不施生，一阴井虚空，无可养也；一阴不受化，一阳无可施生绕也"③。阴阳、男女、天地的单一方面或同性双方，不会施生。这就是说，有阴阳、男女对待两方，只具备了施生的外在条件。要施生，必须是阴阳、男女相和合，这样外在条件才转化为施生的必要条件，由必要条件呈现为受化、施生的现实，"夫天地之生凡物也，两为一合"。新生物的出现，就标志着新的统一、和谐的到来，"阴阳和合，无复有战斗者"④。其实新的统一、和谐之中就存在着新的对待和矛盾，所以和合是动态的、连续的、不断的一种存在方式。

《老子想尔注》⑤继承《太平经》和合思想。《太平经》主张三分而合，三合相通，即指阴、阳、和或太阳、太阴、中和三者，中和最贵。《老子想尔注》亦曰："道贵中和，当中和行之"⑥，"不如学生，守中和之道"⑦。此"中和"说，虽承《老子》："万物负阴而抱阳，冲气以为和"的和的思路，但亦

---

① 王明：《太平经合校》，中华书局 1960 年版，第 13 页。
② 王明：《太平经合校》，中华书局 1960 年版，第 648 页。
③ 王明：《太平经合校》，中华书局 1960 年版，第 221 页。
④ 王明：《太平经合校》，中华书局 1960 年版，第 411 页。
⑤ 《老子想尔注》的作者饶宗颐主张："（张）陵初作注，传（张）衡至（张）鲁，而鲁更加厘定。"（饶宗颐：《老子想尔注校证·题解》，上海古籍出版社 1991 年版，第 5 页）任继愈等则认为："说张鲁作《想尔注》，并不意味必由他一人单独写成，很可能他是集五斗米道祭酒们讲解《老子》之大成。"（任继愈：《中国哲学发展史（秦汉）》，人民出版社 1985 年版，第 689 页）
⑥ 饶宗颐：《老子想尔注校证》，上海古籍出版社 1991 年版，第 7 页。
⑦ 饶宗颐：《老子想尔注校证》，上海古籍出版社 1991 年版，第 8 页。

不违儒家《中庸》之无过不及。后来陶弘景从和合角度，解释中和，"又问：'弦急如何？'答曰：'声绝而伤悲。'又问：'缓急得中如何？'答曰：'众者和合，八音妙奏矣。'真人曰：'学道亦然，执心调适，亦如弹琴，道可得矣。'"（《真诰·甄命授》）中和即和合，和合而得道，和合即道。"五藏皆和同相生，与道同光尘也"①，"五藏"是指与木、火、土、金、水相对应的肝、心、脾、肺、肾。五藏和合相生，不和就相克相害，"五藏所以伤者，皆金木水火土气不和也。和则相生，战则相克"②。由五行的相生相克，而推及五藏的相生相克。《老子想尔注》的深刻处，就是不停留在五行五藏相生相克的现象，而是追究为什么的内在层面，这便是和与战，相生的原因或根据是和合，而不是相生本身，相生本身无所谓生。

张伯端发挥《参同契》的思想，撰《慎真篇》。他认为修炼成仙要使阴阳、五行、四象相和合，盗取先天真一之气。张氏虽对以三黄四神③与各种草药制外丹有微词，但炼内丹必须有外药和外丹。外药指阴阳二八之气，外丹即二者和合所盗真一之气。这里所说真一之气，即金丹一粒。"坎电烹轰金水方，火发昆仑阴与阳，二物若还和合了，自然丹熟遍身香"④。阴阳与太阳、太阴、少阳、少阴四象（或乾坤坎离）和合，而成金丹，吞入腹中，点化自身真气，然后经运火（以意运气）十月生成金液还丹（内丹），而能成仙。

道教对人生的终极关怀是成仙，佛教对人生的终极关怀是成佛，儒教对人生的终极关怀是成圣。仙、佛、圣是人生修养、修炼的终极目的，这是人生的一极；从另一极说，人如何生起，佛教讲因缘或缘起，即追究人生或万物生起的原因或根据。道教认为道生人生或万物，道与生相守、相保。人的生命的存亡、寿命的长短，决定于自我，而非外在的天命，"我命在我不

① 饶宗颐：《老子想尔注校证》，上海古籍出版社1991年版，第7页。
② 饶宗颐：《老子想尔注校证》，上海古籍出版社1991年版，第7页。
③ "休炼三黄及四神，若寻众草更非真，阴阳得类方交感，二八相当自合亲。"（王沐：《悟真篇浅解》卷上，中华书局1990年版，第15页）三黄指雌黄、雄黄、硫黄，四神指朱砂、水银、铅、硝。
④ 王沐：《悟真篇浅解》，中华书局1990年版，第49页。

在天，还丹成金亿万年"①。发挥人自身主观能动性，改变人的生命极限，而长生不死。儒教认为人的生命的生起以及祸福、贵贱是苍苍者天的主宰，天无言而冥冥中生起人物，并由天命决定，支配人的命运吉凶、夭寿贵贱等，人自身是无能为力的，人的能动性受到压抑。儒道旨趣相异。

五、因缘和合故生起

佛教对于人和万物现象的生起说，与道儒异趣，它不主张有一个外在的、超自然的力量实体来生起、主宰人的命运，也不倡导由一个外在的必然性的生起和依赖自我的修道养生而延长生命。佛教无论是小乘还是大乘，都把缘起论作为其宗教理论和实践的基础或基本精神；缘起是指世界一切结果所赖以生起的条件。因为世界一切事物都置于因果关系之中，因是原因，是能生；果是结果，是所生。"谓依此有故彼有，此生故彼生"②，此是彼的缘，彼依此而生起，纷纭万象的世界万物都由因缘相合而起。"由此有法至于缘已和合升起，是缘起义。"③ 因缘就其差别而言，一切事物的形成所依赖的原因与条件，亲者、强力者为因，疏者、弱力者为缘，如种子为因，雨露农夫为缘，因缘和合而生起事物。和合是指"众缘聚会"。（《大乘百海明门论疏》卷丁）。因缘和合是讲世界上一切事物和现象都在相互联系、依待，并互为原因、条件中聚会和合而生起的原理。佛教大乘、小乘各派由于对此原理理解不同，主张亦异。大乘佛教的中观学派主张中道缘起论，以否定有无、生灭等对立两极，以中道来解释万物的缘起。认为小乘佛教执"十二因缘"，并不符合佛意，以"人不缘起"改造"十二因缘"。

大乘中观学派认为，不仅众生空，而且法亦空，即阴、入、界都空。"因缘和合故有，皆是虚妄"（《大智度论》卷31）。这是以"无为法"破"有为法"，"无为法"是指自身无独立自性，它通过对"有为法"的否定实现。无自性，即自性空，性空不是虚无、没有、不存在，它肯定假有或幻有是

---

① 王明：《抱朴子内篇校释》，中华书局1980年版，第262页。
② （唐）玄奘译：《缘起经》，景印《碛砂藏》本。
③ 世亲造，玄奘译：《俱舍论》卷九，支那内学院《藏要》本。

有、是存在，它只是对独立实在性的否定。自性不依于缘起，缘起就无自性，但世界一切事物与现象无不缘起，即无自性，亦无真实。这是因为因缘和合而生起的存在，并不是真正的存在，是假各种条件和合的存在。即是作为和合体的构成的各种元素或单一性，亦是空。比如"五众和合因缘故名为人"①，色、受、想、行、识五众因缘和合而生人，人是缘起的和合体，是假、是空。作为构成和合体人的色这个元素，是否是实在？空宗中观学派亦是否定的，"是色以香、味、触及四大和合故有色"，可见，除诸香、味、触等更无别色。色的和合体的离散亦是空，这种追根究底的自性空是"毕竟空"，亦称为真空。

由因缘和合而生起，而无实有自性的生。缘生即无自性的生，无自性的生即无独立自体的生，所以是不生，不生所以亦不灭。"诸法因缘和合生，故无有法；有法无故，名有法空"（《大智度论》卷31）。由因缘和合所得的诸法，都非实有，故有法亦是空，生是空，灭亦是空。

从因缘与结果来说，有缘有果，无果无所谓缘，有果才称缘。"若众缘和合，而有果生者，和合中已有，何须和合生？若众缘和合，是中无果者，云何从众缘，和合而果生？"（《中论·观因果品》）假如因缘和合中有果，则果已有，就不必要和合；假如因缘相合无果，便何从讲因缘和合而生果。这就是说，因中有果还无果，果都不可能生出。果无因缘亦无，生就不可能。这种因缘无生的理论，是对佛教宗教理论"业必有报"的因果观的破坏。

中观学派对外道的批判与对小乘佛教的批判一样。其印度典籍经鸠摩罗什的翻译，《大智度论》、《摩诃般若波罗蜜经》、《百论》、《十二门论》、《中论》等，使龙树中观学派的思想在中国得以传播。鸠摩罗什汉译对外道的批判，主要是胜论派和数论派。胜论派主张"六句义"。句指言语或概念；义指客观实在或事物。句义是指与概念言语相对应的实在事物。《胜论经》提出六个范畴（六句义），一实，是指实体。世界一切现象的本质是实体，实体是性质、运动等基础，是和合的原因。二德，指性质。是依于实体，说明实体的属性、容量状态、地位等的性质。三业，是指运动。与德一样依实而

---

① "五众"即五蕴气蕴有积聚、集合体的意思。

起，但德是实的静态特性，业是其动态特性。四同是指普遍性。是世界万物具有共同点与普遍本质的原因。五异，是指特殊性。是世界万物具有差异点与特殊本质的原因。六和合，是使实体、性质、运动等结合或不离散的原因。胜论的和合，是指实有诸法的内在联系不离散原理，这原理是使诸要素构成世界事物得以实现。因胜论把世界看作实在的实体，而与空宗中观学派对立。中观学派通过各相分析的缘起论，说明一切法空。

大乘空宗的因缘和合论，虽承认缘的因素、条件各个有异，但承认其差异是为了否定这个差异；承认各个有异的因素或条件是为了否定由各条件和合所生起的和合体以及各因素自身都是无自性的，是空的。在这里，和合的功能和作用虽然亦具有把各个有异的因素、条件联系、结合、融合、聚合起来或和合生起一事物，而与中国传统的"夫和实生物"的思想有圆通之处，但两者对生起的事物的性质、特点、功能的认识和价值导向却大异其趣。

后来宗密对偏浅佛教理论进行批判，认为中国儒道二教未能原人，佛教的浅教亦未能原人。宗密总结小乘佛教的原人观是"色心二法"，起贪、瞋、痴为人之原。小乘教基于缘起论和我空法有论，认为人我由身心（或色心）和合而生起，"此身本因色心和合为相"（《原人论·斥偏浅第二》），我是身心因缘和合而成的假象，无实体。为什么我空无实？是因为和合成我的色是由地、水、火、风四种因素组合的，心是由受、想、行、识四方面组合的。"若皆是我，即成八我"（《原人论·斥偏浅第二》），哪一个我是真实的我？假如继续分析，比如构成色身的"地"这个因素来看，它由360段骨以及皮、毛、筋、肉、肝、心、脾、肾各器官组合而成，究竟哪一个"地"是真实的地？应执哪一个为我所实有？可见我是空的。然而一般人执着这个空幻的我为真我，而生起贪、瞋、痴[①]有害的欲望和情感，此"三毒"又引起身、口、意三业，造业受报，这都是对身心和合体的执着的缘故。我应该"悟此身但是众缘，似和合相，元无我人"（《原人论·斥偏浅第二》），既知我人本空，又为谁去贪瞋痴？故无须执着。

---

① "贪"指贪名利以荣我，"瞋"，违情境，恐侵害我；痴，非理计较，三者为三毒。

六、和合方法和内涵

和合由先秦经秦汉至唐代的发展，内涵已展开，两宋以后，和合不仅局限于是什么的追究，而是作为宋明理学形上学本体理、心、气自身是什么的追寻。这个追寻使和合由方法论层次、天地万物生成论层次而提升为本体论层次，以及本体自身层次。探究层次的提升是人类知识在总体积累的基础上，主体对于存有世界、意义世界以及未来世界的认知和体验。和合作为中国文化思想的精髓，浸润着中国文化思想的各个方面。比如人与自然、人与社会、人与人的关系以及人与自身心灵的关系等。

就人与天地自然的和合而言：中国古代思想家把宇宙世界的存有，分为三大部类，即天、地、人三才。天指日月星辰、风霜雨雪、四时运行等；地指山河大地、万物生长、繁荣枯槁等；人指有思想、有目的、有道德的主体。天地都是世界的存有及其存有形式，人指主体的存有及其存有方式。天地自然与人的关系，西方人总认为人与天地自然是冲突的两极，解决冲突的方法是发扬人的主体的斗争精神，去征服、奴役自然一方。在这里人把自然只作为满足自我欲望的索取的对象，只要能满足自我欲望，达到工具理性的目标，可不计任何手段，向自然掠夺。这与希腊海洋的、商业的活动方式相适应。中国大陆的、农业的活动方式，是与天时地利、风霜雨雪的自然节奏息息相关的，人们生活活动方式不是从外部去征服自然，而是探索天地自然的内在活动的规律性、时节性，以便制天命而用之。人们的生活活动方式，不是去征服自然，而是认识、把握、适应、利用自然，因而孕育了中国天人合一的文化特质。所谓天人合一，"夫大人者与天地合其德，与日月合其明，与四时合其序，与鬼神合其吉凶"[①] 的精神，就是天人和合。天地自然本身的和合，与人自身的和合相互一致、统一，构成天人整体的和合。这便是"仁民爱物"、"天地万物与吾一体"的精神。

从人与社会的和合来看：古希腊在梭伦改革后，国家公民的权利和义务

---

① （唐）李鼎祚：《周易集解乾文言》卷一，上海古籍出版社 1989 年版。

是按人们土地财产的多寡来确定的，旧的血缘亲族关系集团及氏族制度遭到破坏，带来工商业的发展和移民的浪潮。人与人之间亲族温情变成了法律契约，在个人自由发展的同时，也使人与社会处在尖锐冲突之中。中国周代的制礼作乐和邦国的建立，并不是血缘宗法关系的破坏，而是以礼乐典章制度的形式确立和加强血缘亲族关系。每个人都在温情脉脉的宗族关系中生活，个体只有以群体为依托，个人的地位、价值和人格，只有在社会群体中得以确定和实现。因此人与社会关系，个人不是以对社会的叛逆为职责，而是以和合为责任。

就人与人的和合来说：每个人都是社会共同体的一分子，共同组成一社会群体。尽管分工、职业、劳动形式不同，但都是社会有机体的需要与使他人获得满足。一个人一生下来，首先就必须为自己的生存而活动，就像婴儿紧紧抓住吮吸的母乳一样，抓住生存的每一个机遇。其生存所必需的衣食住行，都需要在相互创造性活动中，在相互满足社会需要中获得自己的需要和满足。每个人在创造、获得的活动中，不能不与他人发生联系。西方人认为在取得个体自由发展机缘的同时，必然与社会、他人发生冲突和斗争；而中国古代思想家认为，每个人虽各有各的利益，但又是"仁者爱人"的，"人皆有不忍人之心"。人与人之间可以和合，和合是人与人之间获得安定、团结、友爱的最高准则。和合是公正的、平等的、均衡的，即无过不及，否则就会破坏和合。

从人与心灵和合而言：人有喜、怒、哀、乐、爱、恶、欲等七情，七情使人的心灵感受愉悦、愤怒、悲哀、爱护、厌恶等情绪或情感的变化，这种变化都是人与心灵冲突而激发。荀子的《乐论》和《礼记·乐记》认为，音乐的本质就是和，其功能是人的心灵得到净化，产生和乐，给人以美的享受。同时悲怨之音，使人内心和气紊乱，破坏心灵和谐安宁。这种悲怨之音不合中和之德，是心灵阴阳失和的表现。道家以人与心灵的和合，就是顺其自然，从天和然后人和，由人和而后心和，心和而后乐。但人都育欲望，欲望难能满足。这是因为欲望是无限的，所得到的总是有限的，这个无限与有限的冲突，往往扰乱心灵的和合。因而儒、道、佛都讲人的心性修养。节制欲望，消除干扰，而达到人与心灵的和合。

　　人与自然、社会的和合以及人与人、心灵的和合，是相互渗透、联系的。天和、政和与人和、心和是一有机的整体系统，不能分离。此四种类型的和合，是世界中最基本、最一般的和合。那么，如何和合？这又需要进一步探索。

　　第一，和合是诸多异质因素、要素的对待统一，即多元和合。和合首先需要承认多元的、多样的事物的存在它不是一元，一元即是同、单一、"同则不继"。因为"声一无听，物一无文，味一无果，物一不讲"。这就是说"若以同裨同，尽乃弃矣"。不同事物的和合，就能达到"和五味以调口"、"和六律以聪耳"。它不是酸、苦、甘、辛、咸五种味道简单的相加，也不是黄钟、太蔟、姑洗、蕤宾、夷则、无射六种音律相加，而是五味或六律的相互和谐、协调，产生美好味道和动听的音乐。这种美好的味道和动听音乐，已不是原来的五味和六律，而是一种新的创造。和合是把异质要素整合成一和合体。

　　第二，和合是诸多优质因素和要素的融合。这种优质要素的融合是一重新扬弃、选择的过程。和合按照和合体自身的需要，在选择、扬弃诸多因素、要素中，吸收自身所需要的优质成分，而排除真不需要的部分。它不是先确定一个文化的体与用，按体用的模式来发展，或先确定文化的精华与糟粕，来进行汲收。它甚至破坏诸多因素、要素的自身结构，重新选择、吸收，重新结合、融合。音乐、绘画都是这样，古希腊的赫拉克利特说："自然是由联合对立物造成的和谐，艺术也是这样。如绘画慢含着白色和黑色、黄色和红色，音乐由合着不同音调的高音和低音、长音和短音"①。绘画是按照画的需要对不同颜色的选择，音乐亦一样，画或音乐作品，就是不同颜色、音调的和合。在这点上中西哲学家有相圆通之处。

　　第三，和合是有机的、有序的。和合既不是机械的切割，也不是机械的拼凑，有机是机械的发展与提升；和合是非无序，有序才能和谐、协调，然有序是无序的发展。所以无序的动乱为有序的发展扫清的障碍、创造了条件。无序是对于有序意识的唤醒，道德沦丧的无序是对于道德有序的呼唤，

① 北京大学哲学系美学教研室：《西方美学家论美和美感》，商务印书馆1980年版，第15页。

所以老子说，"大道废，焉有仁义"，"六亲不和，焉有孝慈"（《老子》帛书第18章）。

第四，和合是动态分析的理论结构，这种理论结构具有相对论和对称论的方式，也具有综合论和相济论的方式。在和合中各因素、要素自身都不是被凝固的、定型的。因为各因素、要素自身也是由各因素、要素所结合的和合体，和合体就是一个连续的、反复的、不断的进程。当某一和合体呈现时，犹如赫拉克利特所说："结合物是既完整又不完整，既协调又不协调，既和谐又不和谐的。"① 和合体始终处在完整、协调、和谐的过程之中。

这四种和合的方法或途径，使和合按一定的规则进行，也使和合达到其预设的目的。方法既是内涵的呈现，也是内涵之所以如此的原因。和合在其历史发展中，约具有这样几层涵义：

第一，和合是新生事物或新质事物产生的原因。天地万物如何产生，或天创论，或神创论，或自创论，或自然论等，都属于单一论、唯一论，是由一个唯绝对的存有来派生世界万物。和合学否定这种理论，而认为"和实生物，同则不继"天下万物都是由和合而生，是不同质的因素、要素的多元和合，正因为其不同质，甚至完全相对待因素、要素，才会产生交感、交合作用，才能产生新质事物。假如是同质、同一因素，自身就具有相互排斥的性质。即使相交合，也不会产生新质事物，不能构成新生事物之所以生的原因。之所以说"和实生物"是因为虽有诸多异质因素、要素，若不和合，亦不能产生新质事物，唯有和合，才能产生新质事物，所以和合是产生新质事物的原因。在这里，和合不仅是使诸多异质因素、要素相结合、融合的方法，而且已提升为新质事物之所以产生的原因或根源之所在。这种意蕴的蕴涵，使和合自身升作为方法的原因、方法的根据或原因的方法、根据的方法。方法与原因、根据和合一体。

第二，和合是存有的方式。天地万物存有的环境、存有的条件、存有的内容、存有的结构以及存有的系统等的形式。日月星辰、四时运行的自

① 北京大学哲学系外国哲学史教研室：《西方哲学原著选读》上卷，商务印书馆1981年版，第24页。

然，和谐而有次序；人自身、家庭、社会和睦而有序；礼乐典章制度、伦理道德协调而有序。这种存有的方式，其核心就是和合的存有方式。和合在政治方面是各种不同社会交往与政见的和合；在经济方面是不同劳动方式、消费结构、生活方式、生产资料占有方式的和合；在意识方面是各种不同学术观点、价值观点、审美观点以及各种思想观点的和合。到佛教因缘和合，无论是我空法有、我法皆空，还是夺人不夺境，夺境不夺人，人境俱夺，人境俱不夺，都是和合存有的方式。存有作为色、作为境的方式，作为因缘和合的方式，都是空，空即色，色即空，空亦为和合存有的方式。

第三，和合是形上学本体。道家老子认为"道生一，一生二，二生三，三生万物。万物负阴而抱阳，冲气以为和"。和是阴阳对待和合的和合体，这个和合体即是道体。道作为形上学本体的存有方式，是一种自然而然的常态，这便叫作"知和曰常"。常态作为存有的方式，是没有规定性的。这种无规定性的道体，在魏晋玄学家那里，就是本末的和合体无或有。这里和合是作为世界万物最终的根源或根据。虽是最终的根据，但却是动态的发展。韩康伯认为，《说卦传》"观变于阴阳而立卦，发挥于刚柔而生变，和顺于道德而理于义"，这里的卦、爻、义都是由对待的阴阳、刚柔、道德的和合而成的和合体。它是在"刚柔发散，变动相和"①中，即在对待统一的变化运行中形成和合体。

第四，和合是心灵境界。和合是一种心平气和、心绪和平恬淡、心灵充实愉悦的境界。中国古人认为音乐文化的根本精神就是和合，它能调整人的情绪冲突，调和人的心情的烦恼，陶冶情操，净化心灵。使人进入无喜怒、无哀乐的冲和的心境，以及人和而与天和，人合而与天合，人乐而与天乐的天人愉悦的和合境界。这种天人和合是美则美矣、善则善矣的心灵境界。这种心灵境界笔者曾在五境界说中，称其为"道体自由境"。

和合的难度是很大的，它需要机遇、环境与条件。从纵的来说，是冲突——和合——冲突——和合，循环往复，以至无穷；从横的来说，此彼俱冲突——此和合彼冲突——彼和合此冲突——彼此俱和合。即由和合不平

---

① 韩康伯注：《说卦》，载楼宇烈：《王弼集校释》，中华书局 1980 年版，第 576 页。

衡——和合平衡——和合不平衡——和合平衡。宇宙间没有没有冲突的自然，没有没有冲突的社会，也没有没有冲突的人生。在冲突中实现和合，和合是冲突的成果，亦是冲突的表现方式。和合是新事物的诞生，是肯定和创新；冲突本身不能直接造作新事物，它是否定和破坏。和合的和合体是一次提升，使原来的冲突和合进入一个新的领域；冲突也只有在新的和合体中，才能继续发展。冲突是和合的前提和条件，和合是冲突的必然和理势。总的来说，和合是冲突的更高层次，由和合而获得安定和进步。冲突若不走向和合，冲突便毫无所成，亦毫无价值和意义。冲突需要和合来肯在和认可，亦需要和合来提升和继续。和合与冲突相反相成，使和合学变化更新，生生不息。

（原载《中国哲学史》1996 年第 1—2 期；
作者单位：中国人民大学孔子研究院）

漫 谈 和 合

张岱年

近来许多同志宣扬"和合"观念，这是有重要意义的。按"和合"一词起源很早。用两个字表示，称为"和合"；用一个字表示，则称为"和"。先秦时代，有所谓"和同之辩"。孔子说："君子和而不同，小人同而不和。"区别了和与同。对于和与同作出了深刻的辨析的是西周末周太史史伯。史伯说："和实生物，同则不继。以他平他谓之和。"和包括了"他"与"他"的关系，即包含不同事物的关系。许多不同的事物之间保持一定的平衡，谓之和。和可以说是多样性的统一。"和实生物"，和是新事物生成的规则。

晏子也区别了和与同。他指出，"君所谓可，而有否焉；臣献其否，以成其可。君所谓否，而有可焉；臣献其可，以成其否"，这叫作和。如果君所谓可，臣亦曰可；君所谓否，臣亦曰否，那就是同而非和了。和表示不同观点的相互补充。

孔子弟子有子说："礼之用，和为责。"孟子说："天时不如地利，地利不如人和。"都强调了和。老子亦讲"知和曰常"，以和为恒常的准则。但老子又讲"玄同"，不重视和与同的区别。墨子提出"尚同"的观点，更忽视了和与同的区别，在这一点上，墨子比孔子后退了。

和表现了不同事物、不同观点的相异相补，相反相成，这是文化发展必须遵循的准则。

近来许多同志从《国语》、《管子》等书中拈出"和合"二字联用的例证。这是很好的。张立文同志提出"和合学"的构想，确有重要意义。

宋代哲学家张载论事物的相争与相和说："有象斯有对，对必反其为；

有反斯有仇，仇必和而解。"冯友兰先生晚年特别推崇张横渠此说。冯友兰先生认为与"和而解"不同的是"仇到底"。这个问题值得研究。我认为，对立面的斗争的结果有三种可能，一是一方消灭了另一方；二是两方同归于尽；三是归于和解。情况是复杂的，但和解不失为一种较好的可能。

《中庸》云："和也者，天下之达道也。"肯定和是最高准则。《中庸》又说："万物并育而不相害，道并行而不相悖……此天地之所必为大也。"事实上，万物并育而更相害，道并行而亦相悖。但相害相悖亦非了局。现在的地球上，许多生物被消灭了，而人类自己亦处于危难的边缘。如何保持生态平衡，如何从事可持续的发展，已成为一个迫切的问题。在这个意义上，"万物并育而不相害，道并行而不相悖"，应是人类所追求的理想境界。"万物并育而不相害"即保持生态平衡。"道并行而不相悖"即贯彻百家争鸣。这应是和合的理想状态。

（原载《社会科学研究》1997 年第 5 期；

作者单位：北京大学哲学系）

中西文化之"会通和合"

——读钱穆《现代中国学术论衡》有感

叶秀山

　　海峡两岸不通消息已久，我们这一代人，只是在我们的老师口中听到过钱穆先生的名字。1980 年在美国进修期间，在一份中文报纸上读过钱先生一篇长文章，题目已忘，但钱先生说西洋人有历史意识是晚近的事，给我深刻的印象，钱先生的"西洋重哲学，中国重历史"，确为知言。最近一位朋友代为购得钱先生《现代中国学术论衡》，是钱先生 89 岁高龄的作品，书中纵论中国哲学、历史、科学、宗教、文学、艺术诸方面，是钱先生一生对整个中国文化的一个"会通和合"的研究结晶，给后生们以很大的教益。

　　钱先生强调"文"（"书"）如其人，的确，读了这本书，在我面前的是一位博学的、有思想的、年迈的但又有些陌生的中国人。这一方面当然是因为我长期研究西方哲学和文化，对中国传统哲学和文化在学养上很不够，所以钱先生一生弘扬的道理对我却是很"新"的，同时也是因为我和钱先生有不同的年龄、不同的社会环境等这一类的原因，所以才有这种"陌生"的感觉。其实，按我肤浅的想法，钱先生对中国文化之所以有那样深刻而清楚的观念和坚定的信念，也是在遇到了一些"陌生的"人和思想的缘故，这些人中也不一定都是西洋人，可能大部分还是中国人。譬如钱先生书中多次提到黑格尔哲学，批评它为"疏略而不备"，我想一定和钱先生与我的老师贺麟先生的交往和友谊有关。

　　"陌生"不等于完全不可以"理解"，"交往"使不同的人相互理解、相互沟通、相互吸收。钱先生当然不反对不同类型文化之间的交往和沟通，他在《八十忆双亲·师友杂忆》中曾提到过这个思想，但统观钱先生的《现代中国学术论衡》，总觉得钱先生一生在遇到"陌生的"人、事、思想时，大半努力去保存自身的独特性和独立性，而吸收、交流的方面较少，所以我这里想进一言者，为求钱先生之"会通和合"之精神能更进一步扩大，把中国置于世界的范围来考虑问题。冯友兰先生曾以"世界人"与钱先生之"中国人"对立，受到钱先生的嘲弄。当然的确没有"无国籍之世界人"，但中国如今再不能在世界之外，"世界"也已非古代"抽象的""天下"，而为具体的、实际的各个国家，这也早已成了事实，所谓"会通和合"的工夫，则不当限于中国人内部了。

就中国文化"会通和合"精神的具体表现来说，中国学术不主分科、专门，而主通达，不倡"专家"，而尊"通人"，所以钱先生以博大的传统学问，抟为一体，无论哲学、宗教、科学、文艺都贯穿着一种"人文化成"的精神，这对中国传统的文化来说，是非常深刻的；这里我想补充的是：西方的学术未尝不注重"通"的方面，而西方的"哲学"本就是为想通合各个学科而产生的学问；只是因为他们是"由科学而演出为人文"，所以特别是从近代以来出了许多的毛病，本也是人家自己意识到了的，而钱先生作为一个成熟了的、高水平的传统中国人也一眼看穿了，这同样可以说是一种"会通和合"吧。故首先愿在这个方面稍作阐述。

西方哲学，自古代希腊以来，也有两千多年的历史，而就其思考、讨论问题的方式言，大体似乎可有三个阶段：一是"原（元）物理学"阶段，一是"原（元）心理学"阶段，一是"原（元）历史学"阶段。诚如钱先生所言，西方重（自然）科学，所以哲学的"原物理学"阶段相当长，或谓贯彻他们文化的始终也未尝不可。古代希腊的"物理"即"自然"，所以亚里士多德把前苏格拉底时期哲学称作"自然哲学"，而他独标出在诸学科原理之上（或之后）的"第一性原理"、诸存在之上的"存在之存在"为哲学研究之对象，是后人谓"原物理学"（"形而上学"）。是故"原物理学"之创建本为"会通"各学科，以求一最普遍、最根本之学问。这里，要害之处在于：西方民族的科学性思想方法占主导的地位，使这种"通学"也成为一个科学的概念体系（"哲学"），于是"第一因"、"宇宙之本质"、"经验之大全"等等乃至"上帝"、"神"、"意志自由",也都几乎像"人"、"手"、"足"、"刀"、"尺"一样,同为"概念"。这是西洋哲学的一个内在的矛盾。这个矛盾,自会愈演愈烈,于是近代有康德出来说,"神"、"不朽"、"自由"、"宇宙之全"本不是经验的、科学的"概念"、"范畴",而只是一种理性的"观念"(理念),如是则亚氏之存在范畴、柏氏之思想理念各得其所。"观念"不是知识,于是就康德学说言,有没有一个"会通和合"的知识体系——"哲学",则已大成问题。为挽救这个大体系,于是有黑格尔哲学出。后来黑格尔哲学体系瓦解,意味着西方人的思想进入了一个新的境界,如果把此前叫作"古典的",则此后为"现代的"。从古典到现代的转变,心理学的发展起了很大的作用。包括德国雅斯贝尔斯、法国萨特诸家在内的胡塞尔现象学学说系统,均可谓"原心理学"。

在现代思想的进程上,西方出现了海德格尔,窃以为钱穆先生如读他的书当有不少共鸣之处,而对西方思想的历程,会有一些新的看法。

海氏学说,渊源复杂,但大体以胡塞尔现象学为本,兼取丹麦思想家基尔克特之"存在"(Existenz)论,由胡塞尔之超越知识论转向"基本本体论(存在论)",这是他《存在与时间》的基本立场。这本书最初是在他老师胡塞尔编的杂志上作专集发表的。即使有"基本本体论"这一"论",胡塞尔也敏感地看出:他这位高足的思想要贯彻下来,则他本人想建立的"严格的科学"即后来的"人文科学",已属不可能。这就是说,按海德格尔的思想,对本源性的问题,对"生活的世界",本不可能建立一个纯观念性的、知识性的科学体系。胡塞尔看出了这个倾向,于是晚年有欧洲哲学"危机"之呐喊。胡塞尔之"危机",一方面固然是指科学技术之泛滥,使欧洲人沉湎于声色货利之中,而忘掉"生活世界"之根本,但同时也是指"哲学"作为一种专门学科面临着被否定的威胁。果然,胡塞尔可谓不幸言中,海德格尔终于宣布西方之"哲学",已然"终结"——不仅是"古典哲学"之终结,而且是整个"哲学"作为一门学科之终结。

海氏"基本本体论"既不主"纯物理"之"原物理学"("形而上学"),也不主"纯心理"之"原心理学"(现象学),而以活的历史性、时间性的态度来阐述"人",以"Dasein"与"Sein"作同一层次之理解来消除西方哲学史上"思维"与"存在"、"主体"与"客体"诸原则性对立，姑名之曰"原历史学"。如按钱穆先生的说法，当是西方历史意识和历史学在晚近成熟以后的学说。

把"时间"、"历史"观念引入对"人"、对"存在"的理解，是海德格尔学说的一大支柱。他认为，按传统哲学的理解，"人"是被分割、被肢解了的：或者是感觉式、物质式的客体（动物），或者是概念式、精神式的主体（"我思"）；"动物"固非人，而多了某种叫"思想"的功能的动物，也非"人"之真义。"人"是存在性的，而非纯思想性的；"人"非"动物"，也非"精灵"，"人"是有时限、有历史的存在。"历史"、"时间"就像"思想"那样，不能理解为工具、功能，而应理解为本源。"时间"和"历史"不是"年"、"月"、"日"、"时"、"刻"、"分"、"秒"等计时单位，而是人的本源性的存在方式。科学式的"逻辑"（"判断"、"概念"、"推理"）也是工具性的，是达到某种目的的手段，而在海德格尔看来，"思想"和"语言"原本是人的存在方式。从这个基本立足点来看西方传统的"哲学"则生来就是"形而上学"的，即是从一种科学式的、概念式的、逻辑式的态度来探讨活的本源性问题。

本源性状态和问题，本不是分门别类的各专门学科所能掌握的，西方"哲学"既也为一门专门学科，同样无由掌握这个状态、解决这个问题，在西方人"历史性意识"觉悟到一定程度后，"哲学"就完成了自己的使命和历程。海氏并指出，"哲学"在赫拉克利特和毕达哥拉斯那里原指"人"——"爱智者"，而柏拉图才把它变成了一门专门的学问——"哲学"。这样，就海德格尔言，西方本也无"哲学"，和一切专门的学科一样，"哲学"也是后来才产生的，不过在西方，这种分门别类的发展，经历了很长的时间，要真的体会出那种统一的本源性状态，捕捉到那活的源头，很要做一番破除积习、排除障碍的工夫才行。

海德格尔进一步问："哲学"作为"形而上学"终结之后，还剩下什么？他说，还剩下本源性、历史性的"思"，"哲学家"成为"思想家"（思想者）——也许可以说，这就是钱先生说的，不是"专门家"而是"通人"的意思。

在本源性的意义下,"思想"不像过去西方传统理解的那样为一种抽象的、概念的、逻辑的体系,逻辑的规则是"无时间性"的,而真正的"思"则是有时间性的,是历史性的。

我们总在"思前想后"。这个"前",并非仅仅为过去的"事实",而我们只作为知识来把握其"前因";这个"后",也不是仅仅作为未来目的实现之"后果"。所思所想都不是纯知识性的,而是存在性的。这种历史性的"思",对"前"表现为一种"思念",对"后"表现为一种"设计"或"思虑";总之不是抽象概念式的,而是熔知识与情感于一炉之完整的"情思"——"心境"。

分门别类的科学对求知识是很有用的,而知识又助人控制自然——海氏叫作"控制论"思想,为自身谋福,更有大用焉。但海氏指出,"科学"不是"思想",因为它缺乏本源性、历史性,而非真知,非真理。西方科技之发达,使人忘掉了"存在",失掉根本:"人"本是历史性的,与"存在"同处于一个层次,"人"既不是"存在"的奴隶,也不是"存在"的主人,而是"存在"的"邻居",同住在"世界"中,"我在世界中",而不能分裂开来,既不能在"世界"之下,也不能在"世界"之上,一句话,不能在"世界"之外。

钱穆先生说,西方人重科学,贵创造,有始无终,不能守成,可谓从中国传统去看西方传统一个很中肯的批评;而海德格尔从上述反西方传统的"历史性的""思"的立场也说出了相同的意思。海氏说,西方传统以"无限"为尚,殊不知"有限"实为"无限"之本,"无限"之观念实从"有时限性"中产生出来的。科学技术尚无限之创造,而人作为历史性之存在言,实为"存在"(之"意义")之"守护者"。这个思想,发展成为当今解释学所谓人是"意义"(既非感觉印象,又非理性概念的人与世界的活的关系)的"见证者"和"保持者"。人的一切活动产品,无论高低,从洞穴到摩天大楼,设想如无"人"在"世"上,则一切皆归于无"意义"之物。"古物"或可用,但今人则不多用,一切古迹古物对今人除仅存一点点实用价值外尚有一种更为根本的意义,即历史的意义;今人的一切工作,固为后人造福,但明知五百年后,科技当更有大发展,今人的一切制作,届时或如儿戏，为何今人尚如此勤奋而求成，实在预设一个前提：后人或不再用"古物"（今人创作之物），但必不会弃而不顾，而会理解今人努力工作之历史性"意义"，将其"保守"下去。海氏学生如今倡导之解释学，其基本思想，在海氏学说中，业已完成。所以，海德格尔实在是西方传统中一位突破性的人物，他已经从他们传统中走出来了。从西方原有的"世界"走了出来，必定会遇到一些别的"世界"中的人。他的著名的《通向语言之路》就是与一位日本学者谈话的记录，又闻晚年他对老子思想颇感兴趣，这当是可信的。去年访问西德时，听到一些德国教授说海德格尔的思想对德国人说也难懂，我说也许对中国人来说，反倒好懂一些，我的说法使那位教授大惑不解，但我自信还是有点道理，绝非危言耸听。

如今"世界"不再可能是封闭的了，中国人也在向外走，不出门的，也有"别人"闯到你家里来。闯进家门的人当然也有三六九等，有的的确是"贼"，是"强盗"，果如是，合力以拒之；但也不能"夜入民宅非偷即抢"，只要不怀恶意的，大半可以相交，与之交谈，与之交往，以扩大我们自己的生活圈子。

或谓西方人经过两千年的探索，其智者提出之学说，竟与中国古代圣贤的精神有许多暗合之处，岂不是说明中国传统只合弘扬光大，而决无改变和发展之理吗？

当然，中国学术之人文精神，堪为西方之学习、借鉴，这是毫无问题的，但就我们中国人来说，我们在那种历史性怀古式的、自身圆满而也相当混沌的状态怡然自得得太久了，这样也会影响各学科分门别类的发展。一棵树，如果尽往地底下长"根"，恐怕也会影响枝叶的茂盛，而移花接木未尝不是改良品种的办法，善种植者，当有体会。

西方人得分门别类发展之益，是很明显的。且不说物质世界的繁荣，大半得力于各门经验科学的发展，就是人文、哲学来说，有没有一个逻辑的、科学的思想的训练，还是不同的。海德格尔把西方的哲学历史问题，重新思考了，有所悟彻，而有没有这样一个思考过程，也是很不一样的。中国传统也讲"工后之拙"。"少小离家老大回"，无论漂泊半生、历尽艰辛地回到"家"里，还或是一帆风顺、衣锦荣归，毕竟和这个"家"的关系不尽相同了。

就海德格尔的学说言，它固然超出了西方传统哲学的规范，与东方民族的传统思想有不少共通之处，但毕竟仍有相当的区别。即以"历史"观来说，他的想法与钱穆先生重心也不同。钱先生说："历史记载人事，人不同，斯事不同。人为主，事为副，未有不得其人而能得于其事者。事之不完善，胥由人之不完善来，惟事之不完善，须历久始见。中国史学重人不重事，可贵乃在此。"① 钱先生以此讲中国历史，一定是很中肯的，但细想起来，钱先生仍是将宇宙人生分为"人"和"物"两极，"事"属"物"，历史事件之间是一种客观的机械关系，如果光侧重于这一点，则没有"人"的地位；但按海德格尔的意思，历史地所思的，既不是机械性的"物"，也不是个别的"人"，而是"人"与"物"相统一的"世界"，因而真正的"历史"却正是研究那本源性的"事"（Ereinigen, event）。不错，"事"是"人"做的，但"做"出来的"事"比之与那做事的人来又有另一层意义，这就是海氏的学生们后来所谓的"作品"（"事"）大于"作者"（"人"）的意思。从根本上说，"事"并不只是一件件客观的动作或物质的产品，而应具有不同于自然产品的"意义"。钱先生说，中国人常"事"与"物"合用，但我们也常听说"事"与"情"合用，可见"事"也可以不仅是"物"，而有"情"在内。就海氏的思想来说，具体的"人"和"物"皆必消失，而唯有"事"永存。这个思想，他的学生发挥成"有效应的历史意识"。这就是说，古人已去，但他的作品（包括物质建设性的和文字著述性的）则常存。这个说法，当然也可以提出不少批评，但总不能置之于不顾。就西方学术文化的发展说，"事"之分析保存了西方人努力"工作"的精神，"做""事"仍被置于核心地位，而不流于抽象的、空洞的谈论"做""人"。海氏这一派学说的贡献在于指出"事"不仅是"物理"因果系列的环节，也不仅是"心理""随意"系列的环节，而是一种"自由的必然性"。唯其有"必然性"，自有历史的延续和继承，后人当尊重前人前事；但又唯其有"自由"，后人才不必迷信前人，盲从古训。故海氏历史观重在对"将在"的设计，并不完

---

① 钱穆：《现代中国学术论衡》，岳麓书社 1986 年版，第 110 页。

全依恋"曾在"，而强调"曾在"与"将在"本为一体，都是"存在"的历史、时间状态，其中有一种不同于因果联系的"命定"的延续关系。"命定"（Destiny）并非迷信，而是一旦自愿的选择、自由的"决定"，"设计"和"决断"作出以后，则又有"身不由己"的一种"必然性"在。

"做事"与"做人"本不可分，钱先生强调"做人"重于"做事"其用意固不在让人不做事或少做事，只是未了解西方人所谓"做事"，也可以不完全是纯功利实用的，"事"中自有道德文章在。在海氏思想影响下，德国雅斯贝尔斯强调"现时之自由"，法国萨特强调"注定的自由"，都是强调"做事"时自由之决断。正因为人"做事"时被注定是"自由"的，所以对所做之"事"有无可推卸的"责任"，从而在"做事"中必定见出"道德"；而"不做事"同样也要负责任，进退都在"做事"，以"隐退"、"退让"、"无为"来推卸"职责"，而求"自我道德完善"，被认为是不可能的。人只有在"做事"中"做人"，在"工作"、"实践"中完成自身的德性。人在改造客观世界中，也改造人自身。我总觉得，这个说法比之"修身"、"养性"的教导来说，自另有一种境界，而似乎也更切实些、积极些，在理论上也更严密些。"工作精神"和"述而不作"这两种教导，如果人们必得对它们作一种选择的话，那么现代中国人的答案是不难预测的。

中国自古是个大民族，历史上长期比较的可以自给自足，也许本可以这样承续下去，以保存"道统"，做一个个的"完人"。无奈世上除中国人外还有其他民族的人，这些民族强大以后有时常要欺侮中国人——当然中国历史上也有欺侮别人的时候——，西洋人、东洋人都有欺侮我们的时候，使中国人不能不认真对待。另一方面当然还有更多的不是存心欺侮人的正常的交往，也不能拒人于千里之外。总之，我们生活的世界在扩大，我们的视野也在扩大，我们已经在各种交往中理解着西洋人、东洋人。他们的学术文化我们是可以理解的，也应该去理解，我们的学术文化他们也是应该而且可以理解的。我们不仅以各种方式和途径求中国人内部的"会通和合"，而且也不断以各种方式和途径来求与西洋人在学术文化上的"会通和合"。尤有甚者，我还想补充一句，在世界性交往的潮流下，中国人本身也已有各种倾向，不正视与其他民族的交往，要求中国人自身的"会通和合"如今也是相当困难的。

当然，钱先生会说，他并不反对各民族之间的文化交往，（钱先生自己就曾访问过欧美各国，有不少外国朋友，这是他在《八十忆双亲·师友杂忆》中详细介绍过的）。但在交往中，中国人应以自己的文化传统去"化"西方文化，而不能有"变"无"化"。诚然，我们不能"食古不化"，也不能"食洋不化"，"化"的确是一个很高的境界，但也并非不须分析。"化"或许以"消化"作比喻，但西方文化并非真的"食品"，而是人的"作品"。我们与他们是"人"与"人"的关系，不是"人"与"物"的关系。"人"际交往，"我"在改变"他人"，"他人"也在改变"我"。"我们"既在"化"，也在"变"。不但与洋人交往如此，国人之间的交往亦复如是。"我"是"人"，"他人"也是"人"，"我们"不能把"他人""吃掉"、"化掉"，以"他人"之血肉来养肥"自己"，反而美其名曰"承续道统"或"道德完善"。"他人"也是"活人"、"自由人"，与"我"在同一个层次上，而不能把一切"他人"视作"贱名"而"化"于"天地君亲师"的"一统"之中。事实上，中西文化的会通和合，必定使双方的面貌都有所改变。

概括起来说，钱先生在坚持中国文化"会通和合"精神方面的彻底性和坚定性是很令人敬佩的，现在的问题是如何在更广阔的视野上，在更深入的理论思考上来发扬这种精神。

钱先生在中国传统文化方面学识渊博、体会深刻，著述也很丰富，目前这里刚出版了他的两本书，以后当会陆续印行他的其他著作，这些著作也必将更进一步推动我们对中西学术文化关系问题的深入的思考。

1988 年 2 月 2 日于中国社会科学院哲学研究所

（原载《读书》杂志 1988 年第 4 期；作者单位：中国
社会科学院哲学研究所）

"和合"析论

郭 齐

近年来，一些学者在中国哲学史研究中发掘出"和合"的概念，并进而提出建立新的哲学理论形态——"和合学"的构想。"和合"一语本来的内涵究竟是什么？它是怎样产生发展而成的？这是一个值得研究的问题。

"和"字的起源很早，甲骨文、金文中已屡见不鲜。春秋时期，逐步演变为与"同"相对的重要哲学范畴。"合"字也见于甲骨文、金文，其义屡迁，但并无明显的哲学意味。至迟在春秋时期，"和"、"合"二字开始并举或连用，汉代以后成为常用语。随着语境和构成成分意义的不同，"和合"一语也具有不同的含义。本文拟从语言发展与思维发展相结合的层面，对上述历史过程作比较详尽的考察，以供学界参考。

一

《说文解字》："和，相应也，从口，禾声。"在甲骨文、金文中，"和"也是从口禾声的形声字，其形体没有更具体的意义方面的提示。但全面观察了"和"字的整个词义引申系统之后，我们有理由相信，《说文解字》所指出的正是"和"的本义。其实，《国语·周语下》说："声应相保曰和"，就已经解释了"和"的本义，比许慎早了几百年。

不论是《说文》的"相应"，还是《国语》的"声应"，其解释都比较简略笼统，没有说明是什么声音的相应。根据"和"字的意符，所谓的"声"，最初应该是指人的语音或动物的叫声。《诗·郑风·箨兮》云"叔兮

196

伯兮，倡予和女"，《论语·述而》云"子与人歌而善，必使反之，而后和之"，《战国策·燕策三》云"高渐离击筑，荆轲和而歌"，是人的语音的例子。《易·中孚·九二》云"鹤鸣在阴，其子和之"，《左传·庄公二十二年》云"凤凰于飞，和鸣锵锵"，是动物的叫声的例子。"和"最早就是指"人或动物互相跟着发声"，后来扩大到指无生物声音的互相呼应。如《周礼·地官·鼓人》："以金镈和鼓"，指乐音的呼应；《庄子·齐物论》："前者唱于而随者唱喁，冷风则小和，飘风则大和"，指自然界声音的相应；等等。

"和"在字形上又写作"口禾"、"讠禾"、"龠禾"，其中，"和"、"龢"二字的关系因与"和"的本义有关，需要提出来加以讨论。对于二字的关系，有几种不同的看法。《说文解字》对"龢"字的解释是"调也，从龠禾声，读与和同"，把它与"和"字作为完全没有关系的两个字分别训释，显然不妥。段玉裁注释说："此与口部'和'音同义别，经传多假'和'为'龢'"，认为二字是通假字的关系。其实二字上古同音（匣母，歌部），而"调"义又是"相应"义的引申（详见下文说明），它们实为一词。二字的区别只是形体上的问题，不是语义上的问题。段玉裁忽略了二字意义上的联系，因而断为通假，显然也是错误的。不同于许慎、段玉裁，不少人正确地认识到"和"、"龢"实为一词，而将二字断为古今字的关系。其中，一种意见认为"龢"是古字，"和"是今字。如《正字通》说："和，本作龢。"《文选》卷十七王褒《洞箫赋》"与讴谣乎相和"，李善注云："龢，古和字。"郭沫若进一步作了详细阐述，认为"龢"的本义是一种管乐器之名，即《尔雅》所说的"小者谓之和"。由乐声之谐和始能引申出《说文》的"调"义，由乐声之共鸣始能引申出《说文》的"相应"义。当以"龢"为正字，"和"乃后起之字。他还认为甲骨文中"和"字的意符"口"或者并不是"口"字，而是像管乐中的汇管之器，那么"和"字也可能直接从"龢"字省变而成（见《甲骨文字集释》）。另一种意见则认为"和"是古字，"龢"是后起的分别字。如王力就明确地指出："音乐和谐本写作'和'，后来写作'龢'，以区别于和平的'和'"[①]。不难看出，郭沫若的观点见解新颖，不仅从文字

① 王力：《同源字典》，商务印书馆 1982 年版，第 21 页。

上说明了二字的古今关系，更重要的是企图推翻《说文解字》的结论，从语源上重新将"和"的本义定为"一种管乐器"。由于"和"、"龢"二字皆见于甲骨文、金文，我们没有更早的文献依据来断定二字的先后。但从人类文化与思维发展的进程来看，音乐是人类文明发展到较高级阶段的产物，而人类自有思维之日起，就可能从物质生活（比如说劳动号子）中或对自然现象的观察中形成声音相应或协调的概念并为之命名，不必等到乐器出现之后，由乐声之和谐与共鸣方引出对"相应"和"调"的认识。相反，"和"这种乐器的得名，倒是可能由其应和其他乐器的功用而来。《尔雅·释乐》："大笙谓之巢，小者谓之和。"孙注："和，应和于笙。"这种情形就跟叫作"和"的车铃是由于其应和于"鸾"的功用而得名一样：《韩诗内传》云："鸾在衡，和在轼前。升车则马动，马动则鸾鸣，鸾鸣则和应。"《诗·蓼萧》"和鸾雝雝"，孔疏云："和亦铃也，以其与鸾相应和。"因此，将"和"的本义定为乐器名，把"相应"和"调"作为引申义，似有本末倒置之嫌。而王力认为"龢"为后起分别字，专指音乐和谐，比较符合实际。这样，"和"为古字，"龢"即为今字。但由于各种原因，古书中并没有这样严格地区分。如《国语》中二字常常互用，已经看不出有什么不同，二字实同异体。所以有些字书在"龢"字下就简单地注作"同'和'"。总之，不论将"和"、"龢"二字看作古今字还是异体字，"和"的本义都应该是声音的相应。

声音互相呼应，此起彼伏，配合得适当、匀称，就产生了和谐的效果，于是"和"由指声音的相应引申而指声音的和谐或使声音和谐。《国语·周语下》说"声应相保曰和"，韦昭注云："保，安也。""相保"、"安"，都是配合妥帖得当，这里清楚地解释了由声音的相应到声音的和谐的引申过程。《周语》又说："耳之察和也，在清浊之间"；《左传·僖公二十四年》说"耳不听五声之和为聋"；《礼记·郊特牲》说："割刀之用而鸾刀之贵，贵其义也，声和而后断也。"孔疏云："必用鸾刀，取其鸾铃之声宫商调和而后断割其肉也。"以上都是泛指一般声音和谐的例子。而声音之和谐，莫过于音乐，故古人言乐，几无不以"和"形容者。《书·舜典》说"声依永，律和声"，《诗·宾之初筵》说"舞笙鼓，乐既和奏"，《周礼·春官·典同》说"凡和乐亦如之"，《礼记·檀弓上》说"子夏既除丧而见，予之琴，和之而不和"，皆是其例。

声音可以彼此配合妥帖得当而达到和谐，天地万物也莫不可彼此配合得当而达到和谐。因此"和"又由特指声音的和谐进一步引申为泛指一般事物的和谐。由于音乐的和谐最为直观而具代表性，引申的基本途径是把指称的事物的和谐比作像音乐一样和谐，即比喻引申。《左传·襄公十一年》说"八年之中，九合诸侯，如乐之和，无所不谐"，《国语·周语下》说"夫政象乐，乐从和"，就是对这种引申过程的最好说明。通过这样的引申，"和谐"成为"和"的中心义。围绕这一中心义，辐射出种种引申义，广泛运用于人、事、物、自然、社会等各个领域。例如：

指人——人与人相处融洽、团结，彼此协调，化解矛盾，像音乐一样和谐，叫作"和"；反之，互相抵牾、争斗，就是不和。《书·多方》言"自作不和"，《蔡仲之命》言"以蕃王室，以和兄弟"，《周礼·天官·大宰》言"三曰礼典，以和邦国"，《论语·学而》言"礼之用，和为贵"，《孝经》言"然后能保其社稷，而和其民人"，《孟子·公孙丑下》言"天时不如地利，地利不如人和"，《左传·桓公十一年》言"师克在和不在众"，《管子·形势》言"上下不和，令乃不行"，所谓"和"，指人的团结、和睦或使团结和睦。《周礼·地官·鼓人》言"以节声乐，以和军旅"，《管子·五辅》言"官长任事守职则动作和"，"和"指人行为的协调一致或使协调一致。《周礼·地官·调人》所言"和难"之"和"，指使人化解矛盾而归于和好。

对单个的人而言，每个人皆自成一系统，从内到外，都有一个诸要素配合得当与否的问题，因此就都有一个"和"与"不和"的问题。大约可分为四类：身和，心和，德和，气和。

《管子·禁藏》云"食饮足以和血气"，《国语·周语下》云"不精则气佚，气佚则不和，于是乎有狂悖之言"，《墨子·辞过》云"衣服节而肌肤和"，《战国策·赵策四》云"老臣今者殊不欲食，乃自强步，日三四里，少益耆食，和于身也"，《乐记》云"耳目聪明，血气和平"，《魏书·彭城王勰传》云"岂谓上灵无鉴，复使圣躬违和"，唐李华《国之兴亡解》云"身或不和则药石之，针灸之"，以上是身和的例子。这里的"和"指身体的健康舒适。健康舒适为什么叫作"和"？因为这时人体器官运转正常，配合协调，就像音乐一样和谐，所以叫作"和"。如果身体失调，某种功能出现障碍，那就会像音乐中出现了不和谐音符一样，人就会得病而感到不适了。

《易·兑·初九》云"和兑吉"，《书·舜典》云"八音克谐，无相夺伦，神人以和"，《诗·常棣》云"兄弟既翕，和乐且湛"，《礼记·乐记》云"心中斯须不和不乐，而鄙诈之心入之矣"，孔疏："心中斯须不能调和，则不能喜乐"，《管子·内业》云"彼心之情，利安以宁。勿烦勿乱，和乃自成"，《庄子·渔父》云"故强哭者虽悲不哀，强怒者虽严不威，强亲者虽笑不和"，以上是心和的例子。心和之"和"，有的字书解释为"喜悦"，其实细分之，"和"与"乐"并非一事。"乐"是喜悦，"和"指平静无波澜、协调无抵牾的心境，类似于《中庸》的"喜怒哀乐之未发谓之中"。观以上用例及《荀子·大略》"和而不发不成乐"，尤为明白。只是"和"与"乐"往往密不可分，乐者须和，和则必乐，故"和"又似有"乐"义了。平静协调的心境就像音乐一样妥帖、完美，"八音克谐，无相夺伦"，所以叫作"和"。《中庸》又有喜怒哀乐"发而皆中节谓之和"的说法，指喜怒哀乐得体，这个"和"字与心和之"和"不同。

《书·君陈》云"宽而有制，从容以和"，《左传·文公十八年》云"宣慈惠和"，孔疏云"和者，体度宽简，物无乖争也"，又《昭公二十六年》云"兄爱弟敬，夫和妻柔"，《论语·子路》云"君子和而不同，小人同而不和"，《孟子·万章下》云"柳下惠，圣之和者也"，《庄子·缮性》云"夫德，和也。……德无不容，仁也"，《礼记·乐记》云"感条畅之气，而灭平和之德"，又《中庸》云"故君子和而不流"，以上是德和的例子。这里的"和"，指为人宽厚平易、谦让不争的品德。就人与人之间的关系来讲，相处融洽、团结叫作"和"；就单方面的人来讲，待人宽厚不争，是实现人际之和的前提，因此也叫作"和"。

《管子·内业》云"和于形容，见于肤色"，《战国策·齐策三》云"齐王和其颜色"，又《赵策四》云"夫望人而笑，是和也"，《礼记·祭义》云"孝子之有深爱者，必有和气"，又《昏义》云"和于射乡"，以上是气和的例子。气和指外在的言谈举止温和可亲，今天常说的"和蔼"、"和颜悦色"、"一团和气"皆是此义。言谈举止之"和"似乎引申得更远一些，但和则亲近而无所不谐，不和则乖违而格难通，其与"和谐"这一中心义的联系还是明显的。

指事——凡处置得宜，百事妥帖，无所不谐，叫作"和"。这正如音乐中高低得宜，轻重得当，强弱得所一样，所以也是从"和谐"这一中心义引申而来。"政象乐"，故以"和"指政事为多。如《书·大禹谟》云"正德、利用、厚生惟和"，孔疏云"此三事惟当谐和之"，又《立政》云"和我庶狱庶慎"，又《周官》云"庶政惟和"，《周礼·地官·土均》云"以和邦国都鄙之政令刑禁"，贾疏云"畿外邦国、畿内都鄙之政令及五刑五禁与其施舍不役之等，并须调和之，使之得所也"，《左传·昭公二十年》云"宽以济猛，猛以济宽，政是以和"，《管子·君臣下》云"圆者运，运者通，通则和"，《礼记·乐记》云"是故治世之音安以乐，其政和"，皆是其例。与之相近，年成好也叫作"和"，如《左传·昭公元年》云"国无道而年谷和熟"。

指物——《诗·宾之初筵》云"酒既和旨"，郑笺云"和旨，酒调美也"。《周礼·考工记·轮人》云"三材既具，巧者和之"，郑注云"调其凿内而合之"。又《人》云"注则利准，利准则久，和则安"，贾疏云"前后曲直调和，则人乘之安稳"。《礼记·王制》云"皆有安居和味"，又《月令》云"薄滋味，毋致和"，孔疏云"滋味和调"。《管子·侈靡》云"从其宜则酸酉咸和焉"。《荀子·议兵》云"弓矢不调则羿不能以中微，六马不和则造父不能以致远"。《墨子·节用中》云"不极五味之调，芬香之和"。《银雀山汉墓竹简·孙膑兵法·兵情》云"弩张柄不正，偏强偏弱而不和"。《战国策·赵策二》云"察五味之和"。以上"和"字或指味道，或指气味，或指舟，或指弓，或指马，其与"和谐"这一中心义的联系是一目了然的。《礼记·礼器》又云"内金，示和也"。郑注云"金从革，性和。"贾疏云"谓诸侯所贡纳金以为庭实，示其柔和也"。凡物柔顺则无所不谐，刚戾则处处相牾，故柔顺也叫"和"。

"和"不仅指称具体事物，还可以用来指称抽象事物。如《易·乾·文言》云"利者义之和也"，指万物各得其宜，和谐不乱。《左传·襄公七年》云"恤民为德，正直为正，正曲为直，参和为仁"。杜注云"德、正、直三者备乃为仁"。意即三种品质协调配合。《礼记·儒行》云"歌乐者，仁之和也"，指宽厚敦实是仁的一种性质。

指自然——《管子·七法》云"根天地之气，寒暑之和"。又《四时》云"岁掌和，和为雨"。《周礼·春官·保章氏》云"以十有二风察天地之和"。《礼记·乐记》云"动已而天地应焉，四时和焉"。又《祭义》云"日出于东，月生于西，阴阳长短，终始相巡，以致天下之和"。以上言和，取其协调之义。《管子·四时》云"土生皮肌肤，其德和平用均"。《国语·周语上》云"瞽告有协风至"，韦昭注云"协，和也，风气和、时候至也"。《素问·五常政大论》云"其候温和"。汉王逸《九思·伤时》云"风习习兮和暖"。以上言和，取其柔顺之义，皆自中心义"和谐"引申而来。

以上指人、指事、指物、指自然，随着运用场合与指称对象的不同，"和"字的意义也各别，但无不紧紧围绕着"和谐"这一中心。除此之外，"和"还经常用于"阴"、"阳"二者的关系。如《管子·七臣七主》云"四者俱犯，则阴阳不和，风雨不时"。《周礼·地官·大司徒》云"风雨之所会也，阴阳之所和也"。《老子》第四十二章云"万物负阴而抱阳，冲气以为和"。《庄子·田子方》云"至阴肃肃，至阳赫赫。肃肃出乎天，赫赫发乎地，两者交通成和，而物生焉。"又《知北游》云"生非汝有，是天地之委和也"。《墨子·辞过》云"地壤之情，阴阳之和"。《荀子·天论》云"阴阳大化，风雨博施，万物各得其和以生"。很明显，以上"和"字已经不限于指人、事、物或自然现象，而进入对生命和世界本原、宇宙生成的探索；不仅仅指称具体的对象，而具有某种比较抽象的、普遍的、一般的性质了。《易·乾·上九》象辞说"保合太和"，所谓"太和"，指阴阳二气融合协调。阴阳二气既为万物之本原，其融合协调岂不是宇宙万物之大和，而非人、事、物或自然之小和？这是一种终极的和谐，最高境界的和谐，这个"和"字，其哲学意味也更加明显。不过，以上这些"和"字基本上还是"和谐"的意思，真正成为哲学范畴的，是《左传》和《国语》中的两个例子。

《左传·昭公二十年》云："齐侯至自田，晏子侍于遄台。子犹驰而造焉，公曰：'唯据与我和夫！'晏子对曰：'据亦同也，焉得为和？'公曰：'和与同异乎？'对曰：'异。和如羹焉，水火醯醢盐梅以烹鱼肉，燀之以薪，宰夫和之，齐之以味，济其不及，以泄其过。君子食之，以平其心。君臣亦然，君所谓可，而有否焉，臣献其否，以成其可。君所谓否，而有可焉，臣献其可，以去其否。是以政平而不干，民无争心。……声亦如味，一气，二体，三类，四物，五声，六律，七音，八风，九歌，以相成也。清浊大小、短长疾徐、哀乐刚柔、迟速高下、出入周疏，以相济也。君子听之，以平其心。……今据不然，君所谓可，据亦曰可；君所谓否，据亦曰否。若以水济水，谁能食之？若琴瑟之专一，谁能听之？同之不可也如是。'"在这段话里，晏子举出和羹、音乐、君臣关系三个例子，深刻地阐明了"和"与"同"的根本差异。"和"是事物多样性的统一：如果没有差异，就如同以水济水，琴瑟专一，君可臣可一样，事物就不能存在和发展。反之，诸要素不能协调配合，不能"和之"，"齐之"，"济其不及，以泄其过"，"出入周疏"，"相成"、"相济"，也不成其为"和"，事物也就不存在了。

如果说晏子还只是用比喻来说明问题，那么史伯的一段话则从理论上更加鲜明地表述了自己的观点，更具有思辨色彩。《国语·郑语》记载史伯回答郑桓公的话说："夫和实生物，同则不继。以他平他谓之和，故能丰长而物归之。若以同裨同，尽乃弃矣。故先王以土与金木水火杂，以成百物。是以和五味以调口，刚四支以卫体，和六律以聪耳，正七体以役心，平八索以成人，建九纪以立纯德，合十数以训百体。出千品，具万方，计亿事，材兆物，收经入，行女亥极。……声一无听，物一无文，味一无果，物一不讲。"这段话论"和"，有两个要点，其一是讲什么是"和"，即"以他平他谓之和"。"他"指矛盾对立的诸方面、诸要素，"平"指诸方面、诸要素的协调配合、相辅相成。世间万物，莫不由彼此矛盾的诸要素组成。诸要素既互相对立，又互相依存，共同决定着事物的面貌。无"他"不成事物，无"平"也不成事物，二者缺一不可，"和"就是事物，事物就是"和"。其二是讲"和"的重要性，即"和实生物"。事物内部诸要素的对立统一推动着事物的发展，没有这种对立统一，则会"不继"、"无听"、"无文"、"无果"、"不讲"，会"尽"会"弃"了。因此"和"是事物运动变化发展的规律。史伯的论述充满辩证法思想，见解是深刻的。

历代学者继承了晏子、史伯的思想，如《诗·伐木》"终和且平"郑笺云："以可否相增减曰和。"《国语·郑语》韦昭注云："和谓可否相济。"又《周语中》"和同可观"韦昭注云："以可去否曰和。"《后汉书·刘梁传》云："以可济否谓之和。"《逸周书·大开武》"维王其明用开和之言"孔晁注云："可否相济曰和。"又《王佩》"化行在知和"孔注同。

以上所述，为"和"字词义引申发展的主流。除此之外，"和"字还从"声相应"的本义向另一个方向引申出"混合"或"使混合"这一重要意义。如《书·说命下》云"若作和羹，尔惟盐梅"，《诗·烈祖》云"亦有和羹，既戒既平"。《周礼·天官·食医》云"掌和王之六食、六饮、六膳、百羞、百酱、八珍之齐"。《仪礼·公食大夫礼》云"大羹湆不和"，贾疏云："太古质，故不和以盐菜。"《庄子·田子方》云"宋元君将画图，众史皆至，受揖而立，舐笔和墨"。《礼记·内则》云"冠带垢，和灰请漱。衣裳垢，和灰请潹"。《公羊传·庄公三十二年》云"季子和药而饮之"。其实，由"声相应"引申为"混合"或"使混合"，是很好理解的：声音的呼应必然导致声音的混杂。因此，"和"字应该有"声音混杂"一义。只不过现存古代文献中这种"和"字罕见，《文选》卷十七王褒《洞箫赋》云，"啾咇（口节）而将吟兮，行锵铤以和啰"，李善注云："啾，众声也。咇（口节），声出貌。行，犹且也，胡庚切。锵铤，声不进貌。和啰，相杂貌"，似即此义。由声音的混杂再引申，即进而指凡物之混合了。

"和"字还有诸多引申义，但归纳起来，大致不出上述范围。通过连锁和辐射的方式，由本义向"和谐"、"混合"两个方向的发展，构成了"和"字的整个词义引申系统。这一系统勾画出了"和"字起源与发展的轨迹。

二

《说文解字》："合，合口也，从口。"在甲骨文、金文中，"合"是一个会意字，下半部分像器物之形，而非"口"字，上半部分像器物的盖子。这样，许慎的解释就与本义有出入了。不少学者已经正确地指出，甲骨文、金文中的"合"字像器盖相合之形，许慎所说的"合口"，乃是其引申义。因此，"合"字的本义应该是"器物盖上盖子"。

由"器盖相合"的本义，引申为凡物之闭或合拢。如《仪礼·乡射礼》云"合足而俟"。《战国策·燕策二》云"蚌方出曝，而鹬啄其肉，蚌合而其喙"。又《赵策三》云"夫胶漆，至粘也，而不能合远"。《庄子·秋水》云"公孙龙口而不合"。《左传·成公十六年》云"在陈而嚣，合而加嚣"。又《哀公九年》云"宋皇瑗围郑师，每日迁舍。垒合，郑师哭"。《山海经·大荒西经》云"西北海之外，大荒之隅，有山而不合，名曰不周负子"。唐白居易《寄行简》诗云"春来梦何处，合眼到东川"。不难看出，以上用例蚌合、口合、眼合离本义最近。

凡物之闭或合拢，就是原来分离的部分聚集在一起，合就是聚，聚就是合，因此由"闭"或"合拢"又引申为"聚集"或"使聚集"。《诗·民劳》"以为民逑"郑笺云："合，聚也。"这种意义出现以后，成为"合"的中心义。绝大多数"合"字，都是围绕着这一中心的。分类举例如下：

指人——《周礼·天官·掌次》云"合诸侯亦如之"。又《地官·族师》云"若作民而师田行役，则合其卒伍，简其兵器。"《韩非子·饰邪》云"君臣也者，以计合者也"。以上指简单的聚集。《诗·常棣》云"妻子好合"，《左传·昭公二年》云"寡君命下臣来继旧好，好合使成，臣之禄也"。《管子·枢言》云"先王事以合交，德以合人"，又《君臣上》云"法制有常则民不散而上合"。《礼记·坊记》云"故君子因睦以合族"。以上"合"字意为团结、结盟，也自"聚集"而来。《荀子·儒效》"合天下"杨注云："合天下，谓合会天下诸侯，归一统也。"此"合"字意为统一，统一就是大合。《仪礼·丧服》云"夫妻合也。"《礼记·礼运》云"合男女，颁爵位，必当年德。"《楚辞·天问》云"女岐无合，夫焉取九子？"北齐刘昼《新论·命相》云"庆都与赤龙合，而生唐尧。"以上特指男女的结合。

《书·益稷》云"合止"。《周礼·地官·里宰》云"以岁时合耦于，以治稼穑"。又《春官·大司乐》云"以六律、六同、五声、八音、六舞大合乐"。《仪礼·少牢馈食礼》云"司士合执二俎以从"。以上这些"合"字，不是指人与人的聚集，而是指人的动作同时进行。同时进行就不是各自为政，所以叫作"合"。

还有一些"合"字，不是简单地指人的相聚，而是连带指人聚集之后的行为。如《国语·鲁语下》云"天子及诸侯合民事于外朝，合神事于内朝；自卿以下，合官职于外朝，合家事于内朝"。这里的"合"，实际上是合议。因为欲议必先聚，所以叫"合"。《左传·宣公二年》云"既合而来奔"。杜注云"合，犹答也"。《睡虎地秦墓竹简·封诊式》云"自杀者必先有故，问其同居，以合其故"。《马王堆汉墓帛书·战国纵横家书·苏秦自赵献书于齐王》云"奉阳君合臣曰……"。以上"合"字是"答"的意思，取其聚而问答之义。《左传·襄公十年》云"使王叔氏与伯舆合要"，孔疏云："合要者，使其各为要约言语，两相辩答"，与之相类。《左传·成公二年》云"自始合，而矢贯余手及肘。"此所谓合，指交锋。交锋必聚，故称"合"。

指物——《周礼·考工记·函人》云"合甲寿五属"，郑众云："合甲，削革里肉，但取其表，合以为甲。"此指皮革之聚。又《弓人》云"秋合三材"，此指胶、丝、漆之聚。《老子》第五十五章云"未知牝牡之合而作"。《礼记·月令》云"乃合累牛腾马"。此"合"字指动物交配。交配必聚，其义甚明。《礼记·礼运》云"范金合土"。又《内则》云"稻米二，肉一，合以为饵煎之"。《抱朴子·外篇·尚博》云："虽有起死之药，犹谓之不及和、鹊之所合也。"鲍照《代淮南王》诗一云："琉璃作牙作盘，金鼎玉匕合神丹。"以上"合"字意为调和、拌和，其自"聚集"之义而来，一望可知。

指天地自然——《周礼·地官·大司徒》云："天地之所合也。"《庄子·达生》云："天地者，万物之父母，合则成体，散则成始。"《礼记·乐记》云："大地合，阴阳相得。"以上指天地。《易·噬嗑》象辞云："雷电合而章。"此指雷电。《国语·周语下》云："合通四海"，此指江河。《左传·昭公十七年》云："水火所以合也。"此指星辰。

指抽象事物——《易·乾·上九》象辞云"保合太和"，"保"指保持，"合"指使阴阳二气常交融而不乖离。《谷梁传·庄公三年》云："独阴不生，独阳不生，三合然后生"，与此义近。其他如《周礼·考工记·弓人》云"合九而成规"，《左传·襄公十年》云："众怒难犯，专欲难成。合二难以安国，危之道也。"《国语·周语中》云："于是乎有折俎加豆，酬币宴货，以示容合好"，又《晋语四》云："故异德合姓，同德合义。"

不难看出，以上"合"字虽随着指称对象和运用场合的不同而意义各异，但基本上都是紧贴"聚集"这一中心义的，它们之间的联系一目了然。此外，从"聚集"这一中心出发，还朝不同的方向分别引申出几个稍远的义项，如：

凡事合则成，离则败，故将事情办成，也叫作"合"。如《国语·鲁语下》云："今诗以合室，歌以咏之，度于法矣。"韦昭注云："合，成也。"《左传·成公十二年》云："宋华元克合晋楚之成。"合晋楚之成，意即促成了晋楚两国的和好。《管子·侈靡》云："作此相食，然后民相利，守战之备合矣。""合"就是成。宋王安石《与刘原父书》云："方今万事所以难合而易坏，常以诸贤无意耳。""合"本指事情的进行，"成"是进行的结果，由指事情的进行转而指事情的结果，即由"聚集"的中心义引申为"办成"、"办妥"了。

凡物合则完，分则残，故完全的、整个的事物也称作"合"。如《管子·侈靡》云："一亲往，一亲来，所以合亲也。"房玄龄注云："谓一亲往死，一亲来生，亲无绝时，故曰合亲。"这里的"合亲"，指保持应有血缘的完整无缺。《旧唐书·陆德明传》云"合朝赏叹"。

《齐民要术》卷十引裴渊《广州记》云："罗浮山有桔，夏熟，实大如李，剥皮则酢，合食极甘。"《天工开物·养忌》云："西南风太劲，则有合箔皆僵者。"以上"合"字，皆作"整个"讲，也是由指过程、状态引申而指结果。

物以类聚，凡合者必有所同，无所同者不能合。因此，由"聚合"又引申为"相同"。这种意义的"合"字又分为两类：并列而无主次之分的事物之间言"合"，是"相同"、"一致"的意思；有主次之分，一事物同于另一事物称"合"，是"符合"、"适合"的意思。前一类例子，如《易·乾·九四》云："大人者，与天地合其德，与日月合其明，与四时合其序，与鬼神合其吉凶。"又《小畜·六四》象辞"上合志也"，孔疏云："己与上九同合其志，共恶于三也。"《墨子·迎敌祠》云："合心比力。"《战国策·燕策一》云："臣之趣固不与足下合者。"《礼记·内则》云："道合则服从。"后一类例子，如《管子·四时》云："刑德合于时则生福。"《周礼·春官·大宗伯》云："以礼乐合天地之化。"《孙子·九地》云："合于利而动，不合于利而止。"《孟子·离娄下》云："周公思兼三王，以施四事，其有不合者，仰而思之。"《史记·廉颇蔺相如列传》云："括徒能读其父书传，不知合变也。"《新唐书·沈传师传》云："每断狱，召幕府平处，轻重尽合乃论决。"以上"合"字意义上抽象一些，离"聚"的中心义也稍远一些，但其联系还是明显的。

以上就是"合"字词义引申系统的轮廓。总的看来，"合"字的发展变化比较简单，其词义引申的过程比较清晰。各种意义的"合"字，都没有明显的哲学意味，其本身不成为哲学范畴。

三

至迟在春秋时期，"和"、"合"二字开始并举或连用，在此基础上，"和合"一语逐渐形成。关于这个过程，下面两个例子是很好的说明：《管子·幼官》"畜之以道则民和，养之以德则民合。和合故能习。""和"指睦而不争，"合"指聚而不散，各是一义，互不相混，故后面的"和合"很明显是二义并举，二字之间关系松散，不成其为一个整体。又《文子》"若天若地，何不覆载，合而和之者君也。""合"是聚，"和"是调，与上一例相类，也很清楚地说明了"和合"形成的过程。随着语言的发展，"和"、"合"二字逐渐成为密不可分的整体，"和合"一语也就产生了。

在先秦文献中，"和合"还不多见，仅出现数例。从汉代起，"和合"成为常用语，广泛见于史、子、集及注疏中。

从语法方面看，"和合"一语主要是动词性的，可以及物，也可以不及物。也有少数是名词性的或形容词性的。其构成方式为并列结构，"和"与"合"可以互换位置而意义不变。语音上，"合"读 hé；"和"一般也读 hé，但当其为"混合"的意义时，按今天的语音应读作 huò。

在分析"和合"的意义之前，我们先要弄清一个问题，那就是"和"与"合"的意义关系问题。"和"、"合"上古虽同属匣母，但"和"为歌部，"合"为缉部，韵部相差很远；且"和"的本义为声相应，"合"的本义为闭拢，二字音异义不同，它们没有任何渊源关系，是可以肯定的。但将二字词义引申系统相比较，可以发现它们有相近、相通或交叉之处。如"妻子好合"与"夫妇和"，"和于楚、韩"与"合于魏、赵"，"阴阳和"与"阴阳合"，"和药"与"合药"等。因此古人对二字有时不加区别，简单地等同起来。古训中，有许多二字互训或同训的例子。互训的例子，如《吕氏春秋·有始》"夫物合而成"，高诱注云："合，和也。"《战国策·秦策二》"令田章以阳武合于赵"，韦昭注云："合，和也。"《汉书·王莽传中》"玄炜和平"，集注引晋灼云："和，合也。"《礼记·郊特牲》"阴阳和而万物得"，孔疏云："和，犹合也。"又《逸周书·谥法》及《汉书·荆燕吴传赞》集注分别释"和"为"会也"、"集也"，其意也以"合"为"和"。同训的例子，如《尔雅·释诂》"谐、辑、协，和也"。《说文》云："协，众之同和也。"《书·洪范》"协用五纪"孔传云："协，和也。"《左传·昭公二十五年》"乃能协于天地之性"，杜注云："协，和也。"《书·尧典》"协和万邦"，孔传云："协，合"，孔疏云："《释诂》以协为和，和、合义同，故训协为合也。"又《洪范》"相协厥居"，孔疏云："协，合也。"《左传·昭公七年》"告之梦，梦协"，杜注云："协，合也。"《国语·周语中》"将和协典礼"，韦昭注云："协，合也。"《广韵》云："洽，和也，合也。"

那么二字的关系究竟如何呢？我们认为，相近相通不等于相同。尽管二字有时区别不大，但从来源上讲，其细微差异总是存在的。如上引《吕氏春秋》、《礼记》二例，和者必合，合即有和，是相通的一面；但"合"是交，"和"是融，侧重点仍有不同。二字互训，或是发挥，或是引申，不能视为对原文的准确解释。《战国策》一例，实与《东周策》"周恐，必以国合于所与粟之国"相类，是联合的意思，与《秦策一》"引军而退，与荆人和"是不同的。此时齐、赵既未战，也就无所谓和。以"和"释"合"，显非直训。至于"协"字，其与"合"字晓匣旁纽，盍缉旁转，音近，而与"和"字语音相差很远；其字即之孳乳，本义应为"合力"，所以后来才能引申出"协助"的意思。因此，"协"、"合"从来源上讲最初实为一词，释"协"为"合"是本训，释"协"为"和"是引申。正如"辑"的本义为车舆，释"辑"为"和"乃其引申一样。

"和""合"二字的关系，涉及对"和合"意义的理解。当"和"、"合"

组合成"和合"后，这个组合的整体意义出现两种情况：一是两个成分意义的总和，一是以一个成分的意义为主，多数情况下，这个组合不再是原来的单一概念，它不简单地等于"和"或"合"。所谓"和合"，是由"和"、"合"共同化生而出的新的复合概念。这一新义内部密不可分，构成成分之间相互补充，"和"中有"合"，"合"中有"和"，缺一不可。它也不是"和"、"合"的简单相加，而是二者的水乳交融，有机结合。这是第一种情况。有的场合，"和合"的意义明显地偏向构成成分之一方，它仍然是一个单一概念，等于"和"或"合"。古训中用"和合"来解释"和"或"合"的时候，这种情况尤为常见。如《周礼·秋官·县士》"协日刑杀"，注引郑众云："协，合也，和也。和合支干善日，若今时望后利日也。"按注释者的理解，这里的"和合"就是"合"或"和"。《礼记·中庸》"故君子和而不流"，孔疏释为"性行和合而不流移"，这个"和合"是随和的意思，基本上就等于原来的"和"。《墨子·兼爱中》云："昔越王勾践好士之勇，教驯其臣，和合之。焚舟失火，试其士曰……。"这里"和合"指聚集，主要是"合"的意思。这种整体意义偏于一方的构成方式在汉语中是能产的，可以视为"和"或"合"的双音化或所谓"偏义复词"。这是第二种情况。

"和合"一语广泛运用于人、事、物、天地阴阳等各个方面，随着指称对象和构成成分意义的不同，其意义也有不同。以下分类缕述之。

1. 用于人。"和合"的基本意义是指人际之间的和睦团结或使人和睦团结，由此引申，而有小异。如《墨子·尚同中》云："内之父子兄弟作怨仇，皆有离散之心，不能相和合。"《礼记·乐记》云："所以合和父子君臣，附亲万民也。"这里"和"指和睦，"合"指团结，分别自其"和谐"与"聚集"的中心义引申而来。《国语·周语上》"和协辑睦于是乎兴"韦昭注云："协，合也。辑，聚也。睦，亲也。""辑睦"与"和合"同义，"辑"就是"合"，"睦"就是"和"。类似的说法也见于《管子》中，《五辅》云："和协辑睦，以备寇戎。"《管子·形势解》又云："臣不亲其主，百姓不信其吏，上下离而不和"，可见人与人之间不但要"合"，也要"和"，缺一不可。《书·尧典》"协和万邦"，孔疏的解释是"合会调和天下之万国"，"合"是合会，"和"是调和，就更清楚了。以上数例可以说明用于人的"和合"确实包含了"和睦"与"团结"两个方面的内容。这种用法的"和合"比较常见，如《汉书·公孙弘传》云："今人主和德于上，百姓和合于下。"又《杜延年传》云："延年议论持平，合和朝廷。"《书·尧典》"协和万邦"孔疏云："谓使从顺礼义，恩情和合。"《诗·常棣》"妻子好合，如鼓瑟琴"孔疏云："志意合和，如鼓瑟琴相应和。"《周礼·地官·大司徒》"以乐礼教和"贾疏云："凡人乖离，皆由不相和合。"唐元稹《辨日旁瑞气状》云："臣下忠诚辅主，国中欢喜和合。"以上指一般的和睦团结。《史记·魏世家》云"上下和合"，又《循吏传》云："施教导民，上下和合"，《书·汤誓》"有众率怠弗协"孔传云："众下相率为怠惰，不与上和合。"以上指统治者与被统治者之间的融洽团结。《史记·三王世家》云："大臣欲和合骨肉，难伤之以法。"《左传·昭公十四年》"禄勋合亲"孔疏云："和合其亲戚，使宗族皆相亲也。"以上指使骨肉团聚，亲密无间，其义重在"合"。《周礼·秋官·掌交》"使和诸侯之好"郑注云："有欲相与修好者，则为和合之。"又《地官·调人》郑注云："调，犹和合也。"《易林》云："衔命上车，合和两家"。以上三例取调解之意，调解就是使人由离散而聚合，化怨怒为和睦。而《战国策·燕策二》云："寡人有时复合和也。"韦昭注云："预言不胜与齐合。"这里的"合和"指两国之间化解矛盾而归于和好。《红楼梦》第二十八回云："女儿乐，夫唱妇随真和合。"这里特指夫妻之间的和睦恩爱。

当"和合"用于指天下、国家、人民的团结和睦时，则含有"统一"之意。如《尚书大传·洛诰》云："一统天下，合和四海。"《春秋繁露·楚庄王》云："天下未遍合和，王者不虚作乐。"《史记·五帝本纪》云："合和万国"。《汉书·师丹传》云："匡率百僚，和合天下者也。"《后汉书·杜诗传》云："海内合和，万世蒙福。"统一就是总体范围内的大团结、大和睦。

"和合"另一个常见的用法是特指男女之间的结合。如《管子·入国》云："凡国都皆有掌媒，丈夫无妻曰鳏，妇人无夫曰寡，取鳏寡而合和之。"《易林》云："使媒求妇，和合二姓。"《周礼·地官·序官》"媒氏下士二人"，贾疏云："谓别姓三十之男，二十之女，和合使成婚姻。"唐张《游仙窟》云："五嫂如许大人，专拟和合此事。"

当指单方面的个人时，"和合"是随和的意思。如《荀子·非十二子》"古之所谓士仕者，厚敦者也，合群者也"，杨注云："合，谓和合群众也。""合群"一语，沿用至今。《礼记·中庸》"故君子和而不流"，孔疏云："不为南北之强，故性行和合而不流移"，又云："以其性和同，必流移随物，合和而不移，亦中庸之德也。"

2.用于事。"和合"用于事，其基本意义是"协调配合"。如《国语·郑语》云："商契能和合五教，以保于百姓者也。"韦昭注云："五教，父义、母慈、兄友、弟恭、子孝。"这里的"和"指协调得当，"合"指综合利用。《书·大禹谟》云："正德利用厚生惟和"，孔传云："三者和，所谓善政。"又《洪范》云"协用五纪"，孔传云："协，和也。""和"、"协"之意与之相类。《诗·那》"依我磬声"孔疏云："又依倚我玉磬之声，与之和合。"《周礼·地官·鼓人》郑注云："音声，五声合和者。"贾疏云："六鼓四金与音声和合，故连言音声也。"《礼记·乐记》"节奏合以成文"孔疏云："使音声和合，成其五声之文也。"以上几例指音乐演奏中的协调配合。《书·舜典》"协时月正日"孔疏云："以时月须与他月和合，故言协。"这是时日的协调配合。《周礼·秋官·乡士》"协日刑杀"郑注引郑众云："协，合也，和也。和合支干善日。若今时望后利日也。"《管子·四时》云："刑德者四时之合也，刑德合于时则生福。"房注云："德合于春夏，刑合于秋冬。"以上两例清楚地说明"和合"就是协调干支，使符合要求。又指时日配合得当，等于说"好日子"。如《警世通言·小夫人金钱赠年少》云："明日是个和合日，我同你先到张宅讲定财礼，随到王招宣府一说便成。"

凡事能协调配合则有成，故"和合"又指事成，把事情办妥。《左传·宣公二年》"既合而来奔"孔疏引贾逵云："言宋人赎我之事既和合，而我即来奔耳。"可见汉代"和合"已有"成"义。《书·洪范》云："相协厥居"，此句有多种解释，孔疏引王肃云："王者当助天和合其居所"，以"和合"释"协"，即事成、办妥之意。

凡事成则善，因此"和合"又有顺当、顺利之意。《荀子·礼论》云："故人之欢欣和合之时，则夫忠臣孝子亦愒诡而有所至矣。"宋周去非《岭外代答·茅卜》云："其卦甚吉，百事欢欣和合"，句意相同。这里的"和合"指顺当，顺利。元杨显之《酷寒亭》第三折云："谢天地买卖和合。"又缺名

《盆儿鬼》一云："明日个早还家，单注着买卖和合，出入通达。"两句意同，也是顺利的意思。

3. 用于物。这种用法的"和合"意义比较简单，就是混合、调和的意思。前面说过，"和"与"合"本身就有上述含义，但"和"重在"混"和"调"，"合"重在"聚"，"和合"则兼二义而有之，成为一个密不可分的整体。如《墨子·非攻中》云："今有医于此，和合其祝药之于天下之有病者而药之。"《齐民要术·造神麹并酒》云："大率小麦生、炒、蒸三种等分，曝蒸者令干，三种和合，硙（曰币），净簸择，细磨。"又《白醪酒》云："取小麦三石，一石熬之，一石蒸之，一石生。三等合和，细磨作屑。"《魏书·术艺传·徐謇》云："謇合和药剂，攻救之验，精妙于修。"《朝野佥载》卷一云："仲乃录取药，合和为丸，服之应时而愈。"《周礼·地官·媒氏》贾疏云："麹，和合得成酒。"《礼记·礼运》"范金合土"孔疏云："合土者，谓和合其土，烧之以作器物。"又《郊特牲》"贵天产也"孔疏云："余物皆人功和合为之，盐则天产自然。"宋范成大《素羹》诗云："合和二物归藜糁，新法依家骨董羹。"清昭梿《啸亭杂录·内务府定制》云："执事者执金瓶，女官以卺爵酌酒，合和以进。"

也有少数"和合"用于抽象事物的例子。如《易·乾·文言》云："利者义之和也"，又云："利物足以和义"。对这两句，有各种不同的解释。孔疏云："言君子利益万物，使物各得其宜，足以和合于义，法天之利也。"又云："利是利益也，合和也。"细玩文意，孔氏所谓"和合"、"合和"，乃取和谐、协调之义。

4. 用于天地阴阳。如《吕氏春秋·有始》云："天地合和，生之大经也。"《韩诗外传》卷三云："天施地化，阴阳和合。"《淮南子·天文训》云："阴阳和合而万物生。"又《本经训》云："天地之合和，阴阳之陶化。"《素问·生气通天论》"两者不和"，李冰注云："两谓阴阳，和谓和合则交会也。故圣人不绝和合之道。"《尔雅·释岁阴》"协洽"注引李巡曰："言阴阳化生万物，和合含英秀也。"以上的"和合"或"合和"，皆为"交融"之意。阴阳二气化生万物，不交不行，交而不融也不行，不单要"合"，而且要"和"。单说"和"的时候，是强调阴阳协调的一面；单说"合"的时

213

候，是强调阴阳相聚的一面。说"和合"，则兼顾了两个方面。《庄子·田子方》云："至阴肃肃，至阳赫赫。肃肃出乎天，赫赫发乎地，两者交通成和，而物生焉"，很清楚地说明了这一点。《白虎通·八风》云："四十五日，不周风至。不周者，不交也，阴阳未合化也。""交"就是"合"，"化"就是"和"。

阴阳化生万物的思想，在中国哲学史上占有极为重要的地位。但就"和合"本身的含义来讲，似乎并不具有特定的一般性内容，因此还不能算作严格的哲学范畴。

5. 作名词或构成名词性词语。作为神名使用的有四种，第一种即所谓"万回哥哥"。《酉阳杂俎》云："和合神姓张，唐河南人。得神术，尝访其兄于安西，途万余里，朝往而夕归，故称为万回。"《西湖游览志余·委巷丛谈》云："宋时杭城以腊月祀万回哥哥，其像蓬头笑面，身著绿衣，左手擎鼓，右手执棒，云是和合之神，祀之，可使人在万里之外亦能回家，故曰万回。"此神称"和合"，显然是取其骨肉团聚、共享天伦之乐之义。第二种是婚神，民间画其像两尊，皆蓬头笑脸，身着绿衣，一尊手持荷花，一尊手捧圆盒，婚礼时祀之。此神称"和合"，是取夫妻和睦恩爱之意。《西湖游览志》云："今婚礼俗祀和合，盖取和谐好合之意。"第三种是所谓"和合二圣"。《通俗编·神鬼》云："国朝雍正十一年封天台寒山大士为和圣，拾得大士为合圣。"寒山、拾得为唐天台山高僧，两人举止怪异，情同手足。今清代陶瓷和合二圣像为二和尚亲热笑对，当是取其亲昵和睦、随和旷达之意。第四种为小说中神仙形象。《南游记·哪吒行兵收华光》云："又有和合二神禀曰：'不须本官出马，某二人愿往。'"

"和合"加上其他词语，可以构成各种专有名词。如佛教方面，有所谓"和合僧"，又称"和合众"，指比丘三人以上集同处，持同戒，行同道者。《行事钞》云："僧以和合为义。"和合僧又分为理和合僧、事和合僧。僧众又称为"和合海"，比喻众僧和谐一致，有如海水之一味。对和合僧功德的尊崇，称为"和合尊"。"和合性"为唯识宗所说百法之一，也是二十四不相应行法之一，指形成心、色等诸法的因缘能够彼此融合的性质。该法认为，有为诸法产生时，必须集中融会众多的因缘而成。显然，以上"和合"，皆取其聚集融合协调之义。又有所谓"和合香"，指用于密教的由各种香料调制而成的香，俗称"五种香"。这里的"和合"是混合、调和之义。

在医学方面，有药名"和合草"。此草产于云南澜沧江外，根洁白，形如男女交媾状。据医书称，此草专治夫妇相憎，伉俪不谐者，服此即欢好。此"和合"取夫妻和睦恩爱之意。气功中有所谓"和合四象"，宋张伯端《金丹四百字》序云："含眼光，凝耳韵，调鼻息，缄舌气，谓之和合四象。"不难看出，此处的"和合"意为协调配合。数学上，一个数的各整除数之和等于另一个数，这两个数叫作"伴数"，又名"和合数"。这里的"和合"，指两个数恰好偶合，互为依存。

综上所述，以"和"、"合"为构成成分，通过意义上的并举连用和语音上的双音化两种途径，形成了"和合"一语。前一种情况，"和合"既不等于"和"，也不等于"合"，而是二者交融而成的复合概念。后一种情况，"和合"为单一概念，是"和"或"合"的双音化。"和合"中的"和"，其基本意义是"和谐"，由此引申出和睦、平和、协调、混合诸义。"合"的基本意义是"聚集"，由此引申出团结、统一、结合、配合、事成等义。"和"、"合"诸引申义的不同组合与运用对象的不同，形成了"和合"一语的多种意义。不论哪种意义的"和合"，都没有继承春秋时期"和"那样的特定的普遍性内涵，都没有发展成为严格的哲学范畴。

"和"、"合"各自还有许多同义词，这些同义词与"和"或"合"彼此配搭，构成一系列与"和合"意义相同相近的双音组合，其中尤以"合"诸同义词与"和"组合为多。如《荀子·荣辱》云："是夫群居和一之道也。"《三国志·蜀志·谯周传》："故国内和一，大小勠力。"分则为多，合则为一，"合"、"一"义近。比较"百姓和合于下"、"海内合和"。《管子·立政》云："大臣不和同，国之危也。"《礼记·月令》云："天地和同，草木萌动。""合"有"同"义，二字义近。比较"上下和合"、"天地合和"。《左传·隐公十一年》云："寡人有弟，不能和协。"《逸周书·允文》云："上下和协，靡敌不下。""合"、"协"同源义近，比较"不能相和合"、"上下和合"。《史记·屈贾列传》云："天下和洽。""洽"、"合"同源义近，比较"海内合和"。《晏子春秋·谏上七》云："是以天下治平，百姓和集。"张纯一注云："和则亲睦而不离，集则团聚而不散。""合"的中心义即"集"，比较"百姓和合于下。"《管子·五辅》云："举措得则民和辑，民和辑则功名立矣。""辑"有"聚"义，与"合"义近。《国语·周语上》韦昭注云："辑，聚也。"比较"百姓和合。"又有"辑和"，《资治通鉴·晋武帝太元二十一年》云："道子欲辑和内外。""辑睦"，《管子·五辅》"和协辑睦，以备寇戎"。"辑"是"合"，"睦"是"和"。"辑穆"与此相类。晋刘琨《劝进表》："群臣辑穆。"《隋书·高祖纪上》："志在匡弼，辑谐内外。""辑"是"合"，"谐"与"和"同源义近。此类尚多，以上属举例性质。这类组合，为我们准确理解"和合"的内涵和性质提供了很好的旁证。

从本文的分析可以看到，"和"的基本内涵是和谐，"和合"加入新的成分，将和谐凝聚为完整。这表明古人在实践中接触认识到"和"与"和合"这一事物的合理存在方式，进而自觉要求和谐与完整。但是，这种认识在总体上还停留在比较简单粗浅的阶段，古人看到人际之间应和睦团结，事情需协调配合，阴阳需水乳交融，却没能向前一步，概括起来，抽象出来。因此，这种认识与其说是哲学思考，毋宁说是审美追求。只有个别思想家达到了比较深刻的层面，代表了当时思维的最高水平。尽管如此，"和"与"和合"的确覆盖了整个自然、社会和人，的确包含着原始的辩证思维，包含着对世界存在及其变化发展的观察、思索和理解，并且反映出我们民族偏爱静止的文化心态，因此，确实值得认真发掘和研究。本文所作的，只不过是初步的探索。

（原载《四川大学学报》（哲学社会科学版）1999年第2期；
作者单位：四川大学古籍研究所）

礼乐和合的社会治理与理想秩序

向世陵

礼，按照《礼记·礼运》的说法，是"大道"隐退之后的产物。其缘由乃在于禹之后的圣王因循天道而治人情，安定和重建"大同"之后的社会秩序。《礼运》以为，禹、汤、文、武、成王、周公六君子"谨于礼"而开始了小康的社会。小康所以可能，全在于礼的维系，子游所谓"礼之急"之问带出的，是"失之者死，得之者生"的社会成立的充分必要条件。在如此之礼的观念形态下，圣人已将人的全部社会关系及其生产生活囊括于礼之中，礼可以"正君臣，笃父子，睦兄弟，和夫妇，设制度，立田里，贤勇知，以功为己"，从而，人也就只能在礼中生活，"人而无礼，胡不遄死"！

《礼运》的这一立场，可以参考后来班固《汉书·礼乐志》对礼制创设及维护的必要性的解释，那就是：

> 人性有男女之情，妒忌之别，为制婚姻之礼；有交接长幼之序，为制乡饮之礼；有哀死思远之情，为制丧祭之礼；有尊尊敬上之心，为制朝觐之礼。哀有哭踊之节，乐有歌舞之容，正人足以副其诚，邪人足以防其失。故婚姻之礼废，则夫妇之道苦，而淫辟之罪多；乡饮之礼废，则长幼之序乱，而争斗之狱蕃；丧祭之礼废，则骨肉之恩薄，而背死忘先者众；朝聘之礼废，则君臣之位失，而侵陵之渐起。

人类社会是在人与人的恰当关系中生存的，要维持这些关系，个人的情感表达和需求的满足就必须符合一定的规制，不然，社会便会陷于混乱，那么，礼之兴起就有它的历史必然性与合理性。在班固看来，礼与社会的维持也就是一个问题的两面，礼制的毁坏自然就意味着社会的堕落。

然而，班固这段话也可以从另一面来分析，即从历史经验的总结来说，礼既然可以被人们所破坏，那说明它与社会的存在并非就是直接同一的关系，而是可分可合的。按老子的说法，"夫礼者，忠信之薄，而乱之首"（《老子》第38章）。礼是道、德、仁、义衰败之后才出现的，而且，其出现意味着作为正面价值的仁义忠信理念已无足轻重，面临的是社会的动乱争斗已经发生的历史场景。

就此而言，儒道两家其实都看到了礼的针对面是社会的无序化，但老子立足于负的方面，认为礼既是道、德、仁、义衰败之后的产物，故很难谈得上多少合理性，突出的是礼出现的消极的社会背景；孔子则显然从正面看问题，认为礼是治理社会国家的必需，强调了礼带来的积极的社会功用，这即以别异为特色的社会规范和理想秩序。所谓"礼至则不争，揖让而治天下"；"礼义立，则贵贱等矣"（《礼记·乐记》）。的确，"异"是建立国家和稳定社会所必需的，君臣父子夫妇不能混同，"丧、祭、射、御、冠、昏、朝、聘"本来有分，"异则相敬"也。即通过别异和恭敬来达致国家的稳定。礼重异而不言同，后者是由乐来承担和实现的。故与《礼运》紧扣"礼的运行"不同，《乐记》则在兼顾礼乐的基础上阐明了乐的重要地位。

按《乐记》所说，乐的肇始要早于礼，它可以远溯到舜作五弦之琴以歌《南风》、夔始制乐以赏诸侯的时节。[1] 那么，乐实际上跨越了大同和小康两个时代。所以如此，在于乐的目的不是明等分，而是和人心，而这"和"乃是人类社会从古至今共有的追求。但乐又不是独立发生作用，它与礼互为补充，合力维护并调节着社会的运行。

---

[1] 《吕氏春秋》更将古乐的兴起上推到了炎帝朱襄氏的时候，并认为是朱襄氏之臣士达作五弦琴。参见《吕氏春秋》卷五《仲夏纪·古乐》。

一

礼乐是人类文明的结晶并回馈和服务于所在的社会，但《乐记》论礼乐的起点，却是将人类社会的礼制和乐声，放在了天地动静的宇宙论基础之上，人类的社会秩序和文化现象上升为天地的结构和阴阳气化的有序运行。称：

> 天尊地卑，君臣定矣。卑高已陈，贵贱位矣。动静有常，小大殊矣。方以类聚，物以群分，则性命不同矣。在天成象，在地成形。如此，则礼者天地之别也。地气上齐，天气下降，阴阳相摩，天地相荡，鼓之以雷霆，奋之以风雨，动之以四时，暖之以日月，而百化兴焉。如此，则乐者天地之和也。……乐着大始，而礼居成物，着不息者天也，着不动者地也。一动一静者，天地之间也。故圣人曰礼乐云。（《礼记·乐记》）

《乐记》这一长段话，明显是从《周易·系辞传》截取和改写而来的，说明《乐记》的作者并不安心于在社会和文化的架构内考量社会国家的治理，而是需要铺垫一个宇宙论的根据。换句话说，儒家虽不认同道家对礼乐文明的抵触态度，但是立足天地自然而不是囿于人伦社会自身议论礼乐，却又与道家的思维方式保持了某种一致性。

从《乐记》讲述的内容看，基本的理路是从天地定位走向贵贱确立，其依据是万事万物各从天地禀得自身的性命。在宇宙论的层面，既然天象地形的成立是世间动静、大小和不同物类生成的根据，那人类社会的君臣上下之分就是理所当然的。因而，从天地定位进入到社会秩序，"分"就是第一位的，它是任一物类生成的自然基础，与生命同在而不可变更。然而，如果只有分而没有和，则不构成为现实的宇宙和社会，而且它也不可能延续。地气上升、天气下降，阴阳交感而相互作用，才有现实宇宙和社会的生生不息。那么，从万物分化到人类社会，分别的一方强调的是天地间任一物体和生命个体存在的价值和规范秩序的意义，和谐的一方则是保证天地人间生命的继续和多样化世界的繁荣。如此的礼乐反映的，就不仅是人间的秩序和交感，而是整个宇宙创生和不息运动的写照和结晶。

在此意义上，《系辞传》的"乾知大始，坤作成物"变成了"乐著大始，而礼居成物"，乐为乾而礼乃坤，重新塑造了支撑天地生成和变化的动力。在现实性上，从《礼运》而来，礼制已经是小康社会的规范秩序，以天地卑高已陈为模板的君臣贵贱之位，就必须首先要确定和维护，所以坤（地）所承担的"成物"原则因其不动的特点，就与礼关联起来；相应地，原由乾（天）来承担的和谐生物的创始和交感不息的动的原则，留给了乐去落实。所谓"乐由天作，礼以地制。过制则乱，过作则暴。明于天地，然后能兴礼乐也"（《礼记·乐记》）。明于天地而兴礼乐，礼乐是不同源的，但又通过动静分合的相互作用而联系为一个整体。

礼乐的分与合各有其自身的目的，即分在突出相异即区别性的方面，合则在达到同即上下一致的亲和性。在这里，哪一方过头都是有害的。

《乐记》说：

> 乐者为同，礼者为异。同则相亲，异则相敬。乐胜则流，礼胜则离。合情饰貌者，礼乐之事也。礼义立，则贵贱等矣，乐文同，则上下和矣。……仁以爱之，义以正之，如此，则民治行矣。

同与异在社会管理中都是必需的，但又都不能过头，不然会导致或者怠慢亵渎尊卑恭敬，或者亲属离析情爱不再。人有内在情感和外在举止，内在的方面，礼是无法作用和施加影响的，疏通合情就成为乐的特长；而乐的动态则不适宜规范人的外在举止，礼制秩序就成为必需。那么，行礼适宜，就能够维护保持社会稳定的贵贱等级秩序；乐声文采偕同，就能够沟通君臣上下和民心而走向和谐。由此，儒家仁德的疏通心灵、关爱百姓，就主要体现为乐的功用；而端正名分、维护秩序就是礼义的职责。双方合力互动，便是理想的治民之道。

那么，礼乐与仁义这两对范畴，就是既有区分又密切关联的。按《乐记》所说，是"春作夏长，仁也。秋敛冬藏，义也。仁近于乐，义近于礼。乐者敦和，率神而从天；礼者别宜，居鬼而从地。故圣人作乐以应天，制礼以配地。礼乐明备，天地官矣"。礼乐与仁义的交通，可以解释为都从天道退化而来，故在根源上具有同一的意义，那么，生长养育万物之仁便与和谐齐同物类之乐德性相近，收割敛藏之义则与节制定位之礼德性相近，仁与乐、义与礼之间，道德与秩序都是互相发明。乐者敦睦和谐，调和其气，循（圣人）魂气而从天；礼者别物异处，裁制形体，循（贤人）魄体而从地，从此出发，乐感天地和礼定社会都属于必需，礼乐都显明完备，合力互动，天地人世就能各得其利了。

在这里，礼乐的合力互动，揭示了人类文明发展的一般进程是由混沌不分到（贵贱）秩序井然的，也正因为如此，乐在礼先的乐为治天下之开端，便是《乐记》刻画双方特色的一大特点。由于这一特点，乐动而礼静的规定就不是无条件的。因为就动静、内外关系论，动又是以静、外又是以内为基点的，从而又有乐静而礼动之说。所谓"乐由中出，礼自外作。乐由中出，故静；礼自外作，故文（动）"。所以如此，按郑玄和孔颖达的说法，是因为乐主和而又从心起，心得抚慰而外无形迹，故乐为静；礼自外作是因为礼主敬，礼敬本是通过外貌的动作来实施的，故礼为动。[1] 由此，面临不同的对象和施行的场合，礼乐各自的动静关系是有所不同的，即在天地生成和治理民众的意义上是由乐动到礼静，但在心性修养和内在调节的意义上则是由乐静到礼动。圣人所以在一动一静中"曰礼乐云"，目的就在通过互为动静的礼乐和合，走向理想的社会治理。

二

在适宜的礼乐熏陶下，人心能够安静下来而不再随波逐流，如此的氛围最终引向的就是理想社会的图景："乐至则无怨，礼至则不争，揖让而治天下者，礼乐之谓也。暴民不作，诸侯宾服，兵革不试，五刑不用，百姓无患，天子不怒，如此则乐达矣。"（《礼记·乐记》）人无怨则民不争，刑罚无

---

① 参见孔颖达：《礼记正义·乐记》，载《十三经注疏》，阮元校刻，中华书局1980年影印版。

用，天子垂拱无为而天下治，这是古代社会最为期盼的理想。

理想的社会状态必定是安定和谐，亦即上文所说的无怨与不争。不争可以以国家强制力而达到，这包括刑政与礼法。孔子所谓"道之以政，齐之以刑，民免而无耻。道之以德，齐之以礼，有耻且格"（《论语·为政》）便是如此。在这里，刑政属于强制性的手段，与礼之规范虽有程度之差，但都属于外在秩序的硬性要求。而与"齐之以礼"并列的"道之以德"，则可以理解为乐的感化，《乐记》之"乐也者，圣人所乐也，而可以善民心。其感人深，其移风易俗，故先王著其教焉"是为其注解，即德行的引导是需要乐来承担的。礼乐在治理民众和社会管理中的分工，一方面是与礼主别异而乐重和同的一般性所适应的，另一则是礼乐本身便兴起于社会管理的不同需要，即必须有限制与引导的两种手段。故又说：

> 乐者，所以象德也；礼者，所以缀淫也。是故先王有大事，必有礼以哀之；有大福，必有礼以乐之。哀乐之分，皆以礼终。（《礼记·乐记》）

圣人作乐教民，意在使民众为乐声所感而效法其德。这说明，从《尚书》到孔子，其所推崇的"明德惟馨"或"北辰效应"并不是无条件的，它需要添加圣人作乐和以乐感人的中介。乐因为"善民心"而感人以深，

民在情感上有依归而自愿随于圣人，这就造就了比自觉循规蹈矩更好的效果。故就移风易俗来讲，乐教要优于礼教，这也就是《孝经·广要道章》所讲的"移风易俗莫善于乐"。但是，礼与乐的感化熏陶作用不同，它是以明确的规制去调节社会行为和民之举动，重在缀止淫邪，以礼限定人的悲喜哀乐。所以，《孝经》还有接下来的话，即"安上治民莫善于礼"。没有君臣父子的上下尊卑定位，君主地位的稳定和使民众安心于各自的名分并从而达致社会的和谐便是一句空话。① 那么，要治理国家，礼乐双方又必须结

---

① 参见《礼记·礼运》："是故礼者，君之大柄也，所以别嫌明微，傧鬼神，考制度，别仁义，所以治政安君也。"《礼记·曲礼上》："夫礼者，所以定亲疏，决嫌疑，别同异，明是非也。……道德仁义，非礼不成。教训正俗，非礼不备。分争辨讼，非礼不决。君臣、上下、父子、兄弟，非礼不定。"

合起来，"故观其礼乐，而治乱可知也"（《礼记·礼器》）。

立足礼乐来治理国家，中心考量的是民心的归顺。圣人内外（和顺）兼备而以身示范，德行光辉彰显，民众察色观容便会受到熏陶，从而改良自己的品行：

> 故乐也者，动于内者也；礼也者，动于外者也。乐极和，礼极顺，内和而外顺，则民瞻其颜色而弗与争也，望其容貌，而民不生易慢焉。故德辉动于内，而民莫不承听；理发诸外，而民莫不承顺。故曰："致礼乐之道，举而错之，天下无难矣。"（《礼记·乐记》）

"明德惟馨"的理想示范在这里已具体化了，但径直说民"莫不承听"、"莫不承顺"，无疑失之简单，名义上充足的效力其实存在问题。圣人或许可以把礼乐之道推至于天下，但民众愿否追随和遵循，则受诸多条件的制约，并不容易取得预想的效果。事实上，公都子当年所引述的人性善恶主张——"有性善，有性不善；是故以尧为君而有象，以瞽瞍为父而有舜；以纣为兄之子，且以为君，而有微子启、王子比干"（《孟子·告子上》），就已经从根基上动摇了"明德惟馨"的理想。

不过，在《乐记》作者来说，坚持这样的理想是必需的，并相信这样的礼乐之道可以放之于天下。在他们的心中，五帝三王治世的实践就已经证明了它的效用，所以制定十分完备又随时损益的礼乐，理当为君主治国所必需。当然，这不否认礼乐本身是历史发展的过程。故称：

> 王者功成作乐，治定制礼。其功大者其乐备，其治辩者其礼具。干戚之舞，非备乐也；孰亨而祀，非达礼也。五帝殊时，不相沿乐；三王异世，不相袭礼。乐极则忧，礼粗则偏矣。及夫敦乐而无忧，礼备而不偏者，其唯大圣乎？（《礼记·乐记》）

从"功成作乐，治定制礼"来说，儒家乐论的创设，是从舜、夔作歌制乐以赏诸侯的时代开始的。乐与礼双方都不是王业初创或天下动乱时期的产物，"革命"的时代是不需要礼乐的，礼乐的作用在安定谐和天下而不是取得政权。那么，先秦儒家感慨的"礼坏乐崩"，不但说明了前代王朝统治秩序的崩坏，而且为后一新兴王朝的制礼作乐提供了理论的支撑。前后圣王德行虽然相同，但毕竟前后朝代形迹有异，所以五帝三王各自需要制定适合于自身朝代的礼乐制度，而这样的礼乐制度所彰显的，正是圣王治平天下的业绩。[①]

《礼记》如此的论说，体现了作者对于礼乐的变革，给予了真诚的认可，抱持的是一种发展进化的观念。武王"革命"后的情形，是其治功尚未及天下，所以礼乐尚不完备；到周公则功成治显，于是能制作完备的礼乐。而在周以后，历代礼乐虽然在形式上继承了前人，却逐步抽空了前代礼乐的精神实质，所以不能称为"备乐"，也难以真正"达礼"，以致乐流于淫夸，礼粗于倦怠。实现敦乐而无忧、礼备而不偏的理想，就只能寄托在未来的"大圣"身上。

同时，从作者告诫的乐极则忧、礼粗则偏来说，礼乐虽然重要，但"极"却过了头。关键在不能违背推致礼乐的内在目的：

> 是故乐之隆，非极音也；食飨之礼，非致味也；《清庙》之瑟，朱弦而疏越，一倡而三叹，有遗音者矣；大飨之礼，尚玄酒而俎腥鱼，大羹不和，有遗味者矣。是故先王之制礼乐也，非以极口腹耳目之欲也，将以教民平好恶而反人道之正也。（《礼记·乐记》）

礼乐之隆盛确然需要，但其实质在移风易俗、倡导孝敬，而不能走向追求"极音"、"致味"，沉溺于形式，这里实际上是讲形式与内容的契合问题。玄酒、腥鱼、大羹之味，朱弦、疏越之音，体现的都是质朴的情性，而不是追求形式的夸张和口腹耳目欲望的满足。因而，一定的礼乐形式都是内在情性的适当抒发。不能溢于言表的畏敬欢心，通过礼乐的外在形式，便能

[①] 参见《礼记·明堂位》："周公践天子之位，以治天下。六年，朝诸侯于明堂，制礼作乐，颁度量，而天下大服。七年，致政于成王。"

够很好地彰显出来："畏敬之意难见，则著之于享献辞受、登降跪拜；和亲之说难形，则发之于诗歌咏言、钟石管弦。盖嘉其敬意而不及其财贿，美其欢心而不流其声音。故孔子曰：'礼云礼云，玉帛云乎哉？乐云乐云，钟鼓云乎哉？'此礼乐之本也。"圣人制礼作乐的目的，乃是调节民之好恶，以引导他们归向人道之正途。礼乐皆得其所，便是所谓"有德"，德是儒家评论人的基本标准，"所以名为德者，得礼乐之称也"，① 这即是经学家给出的答案。正因为如此，其时之"德"远比后人仅在仁义层面理解的德性要更为宽泛。同时，由于注重和谐宽容的乐融入"德"中，又拉近了儒道两家之德的距离。

三

礼乐有形式与内容的问题，也有根本与末节的问题，本末先后在倡导以礼乐治国的儒家先王，是区分得十分清楚的。《乐记》说：

> 乐者，非谓黄钟、大吕、弦歌、干扬也，乐之末节也，故童者舞之。铺筵席，陈尊俎，列笾豆，以升降为礼者，礼之末节也，故有司掌之。乐师辨乎声诗，故北面而弦。宗祝辨乎宗庙之礼，故后尸，商祝辨乎丧礼，故后主人。是故德成而上，艺成而下，行成而先，事成而后。是故先王有上有下，有先有后，然后可以有制于天下也。

各种乐器及其演奏是乐，各种礼器和礼仪是礼，但这都是礼乐的形式和末节，礼乐的根本在人君的德行，先须有内在的德行之成，才有外在的事艺之就。所谓德行，按《周礼》的说法，包含以事父母的孝行，以尊贤良的友行和以事师长的顺行这三德或三行。② 礼乐的形式是体现这德行的根本的，

---

① 孔颖达疏解"礼乐皆得，谓之有德，德者得也"之意为："言王者能使礼乐皆得其所，谓之有德之君。所以名为德者，得礼乐之称也。"参见《十三经注疏》，阮元校刻，中华书局 1980 年影印版。

② 参见《周礼·地官·师氏》，载《十三经注疏》，阮元校刻，中华书局 1980 年影印版。

所以本末先后一定要辨析清楚，才能恰当地制定礼法并施行于天下。

在这里，君主固然是礼乐的制定者和实行者，但制定和施行礼乐的目的仍在于治民平天下，所以民情、人心的问题就必须要考虑。乐是因于音声而生的，而音声又因物之感动而起。但在音声所感之前，人心在天性上是静而未发的。那么，圣人制礼作乐，对于民心或人情就有两面的考量，一是顺和而不阻遏，二是节制而不放纵。由于在礼乐的制定者看来，人的无节制的欲望是大乱之道的源头，所以必须要合力来处理。正是在这里，提出了对后来影响深远的天理人欲之辨。其曰：

> 人生而静，天之性也。感于物而动，性之欲也。物至知知，然后好恶形焉。好恶无节于内，知诱于外，不能反躬，天理灭矣。夫物之感人无穷，而人之好恶无节，则是物至而人化物也。人化物也者，灭天理而穷人欲者也。（《礼记·乐记》）

人天性本静，为物所感而动，从而有不同的音声之发和欲望追求，并出现不同的善恶取向，这是基于人性自身的贪欲的缘故。荀子的"若夫目好色，耳好声，口好味，心好利，骨体肤理好愉佚，是皆生于人之情性者也"（《荀子·性恶》）可谓其真实的写照。在此贪欲支使下，由于知物而产生对所接触之物的不同好恶情感，恣己之情又被外物所诱，导致不能自反止步，清静的天性也就彻底灭绝了。

可以说，"夫物之感人无穷"是一种客观存在，"而人之好恶无节"则与主体的资质相关，如果听凭主观情感的生发，则善恶完全取决于外在环境，物善则人善，物恶则人恶，所谓"人化物也"。由于环境的恶劣已成为既定的现实，那么人化物就只能是朝向恶的方向堕落，清静的天性灭绝，一切受恶的贪婪之性所主宰，"于是有悖逆诈伪之心，有淫佚作乱之事，是故强者胁弱，众者暴寡，知者诈愚，勇者苦怯，疾病不养，老幼孤独不得其所，此大乱之道也"（《礼记·乐记》）。

"大乱之道"是一种社会后果，它的起因是人的恶的情性。圣人在上，要挽狂澜于既倒，教化和矫正人之情性，制礼作乐就是必然的选择。故而在

"大道既隐"之后，便有礼乐制度的兴起：

> 是故先王慎所以感之者，故礼以道其志，乐以和其声，政以一其
> 行，刑以防其奸。礼乐刑政，其极一也，所以同民心而出治道也。(《礼
> 记·乐记》)

礼乐刑政"四事"作为圣人治民的手段是一个整体，并有共同的目的。但刑政在大概念上可统属于礼的范畴，所以放之为礼乐刑政四事，合则为礼乐两方。其中虽然也有强制的成分，但中心还是立足引导，故要切合民心的不同所感而针对性地出以治道。

在这里，礼乐制度针对的是贪欲的恶性，要矫正此恶性必须有软和硬的两手，软即乐的感化，硬便是礼的节制。乐的和顺人情、协调民心的功用与礼的节制欲望、规范行为的手段共同作用，王道政治才真正具有实现的可能。故又曰：

> 是故先王之制礼乐，人为之节：衰麻哭泣，所以节丧纪也；钟鼓干
> 戚，所以和安乐也；昏姻冠笄，所以别男女也；射乡食飨，所以正交接
> 也。礼节民心，乐和民声，政以行之，刑以防之。礼乐刑政，四达而
> 不悖，则王道备矣。(《礼记·乐记》)

人如果顺其心之发动，就会随其物感而流荡邪乱，所以礼乐的教化，说到底是节制和引导民之性情的。后来班固在《汉书·礼乐志》中总结汉代礼乐制度的实践时，将《乐记》这些告诫继承了下来，并以其中孔子所说"安上治民莫善于礼，移风易俗莫善于乐"作为其贯穿的纲领，应当说是抓住了问题的实质的。

在今天，我们要建立的是和谐社会，"和"可以说是一个中心的范畴。

"和"在上面已说明是由乐导致，但其实它也与礼相关。有子说过，"礼之用，和为贵"(《论语·学而》)，礼的作用在以"和"为贵。但此"和"可以有两层解释：一是"和"既然是乐的功能，故"和为贵"可以理解为"乐

为贵"；① 二是"和为贵"虽是礼的作用，但礼本身的价值却不完全在和上，反而是要对和（乐）加以节制，不能"知和而和"，为和而不及其他。从而，中心仍是礼乐的相互协调，先王之道才能因此而美。如称：

> 乐在宗庙之中，君臣上下同听之，则莫不和敬；在族长乡里之中，长幼同听之，则莫不和顺；在闺门之内，父子兄弟同听之，则莫不知亲。故乐者，审一以定和，比物以饰节，节奏合以成文，所以合和父子君臣、附亲万民也。是先王立乐之方也。（《礼记·乐记》）

无疑，乐在"合和"父子君臣、上下乡里中的功用得到了充分的展示，然具体来看，需要乐来调节谐和的君臣上下、族长乡里、父子兄弟的关系，本身又是由礼来界定的。所以，从乐之和维护的是礼之序看，乐离不开礼；但从礼的刚性规范秩序又需要乐声的抚慰感通才能顺利实现看，礼也离不开乐。在实践中，小事大事如果都以礼节之而不能和之以乐，或者每事求和而不能节之以礼，其行为都是不可持续的。儒家先贤之言，在两千多年后的当代社会，仍然具有现实的意义。

（原载《中国儒学》第九辑；作者单位：中国
人民大学国学院）

---

① 邢昺《论语注疏》："'礼之用，和为贵'者，和，谓乐也。乐主和同，故谓乐为和。"《十三经注疏》，阮元校刻，中华书局1980年影印版，第2458页。

和合：中华法系的总体特征

龙大轩

中国古代法律体系在时间上一以贯之、上下承继数千年；在空间上影响周边的日本、朝鲜、越南等国的法律建制，形成一具备鲜明特征的东亚法文化圈。故在19世纪末被国外学界誉为"中国法族"或"中华法系"。此后，不论国内外学者对世界法系作何分类，都不能把中华法系摈列在门墙之外。① 具体解析，中华法系的"基因"究竟包括哪些要素呢？综合中外学者的研究成果可知，主要有三：一是时间源起于夏、商、周三代而终结于清末的中国古代的法律规范、法律制度和法律文化体系；二是这一体系主要表现为一脉相承的成文法编撰系列，以《唐律疏议》为典型代表，以这样的形式载体为法文化母体，对日本、朝鲜、越南等东亚国家的法制建设产生巨大影响，蔓延而为一个系族；三是在这个法律家族中，蕴涵着共同的或相似的价值观，也就是中华法系的特点，是其区别于其他法系而得以独立于世的最重要的因素。因此，论中华法系，关键在于阐明中华法系的特点。特征一明，形象自见。

"和合"是中国古代关于综合性、系统性、整体性思维的重要哲学概念，喻指世间万物、人间万象各有不同，却可以调和起来，这是第一层意思；但这种调和又不会使各物象改变其内在实质，仍保留其自身的不同，这是第二层意思。因此，和合的关键在"和"（音 huo）。《说文解字》云，"和"

---

① 关于法系的划分，有三分法、五分法，七分法，美国有学者竟将世界法律分出16个法系。法国比较法学者勒内·达惟德在其《当代世界主要法系》中将当代世界法系分为"罗马—德意志法系"，"英国法系"，"社会主义法系"三大法系。

即"和调也"。早在公元前 774 年周太史史伯就有论述："夫和实生物，同则不继。以他平他谓之和，故能丰长而物归之；若以同裨同，尽乃弃矣……合十数以训百体。"（《国语·郑语》）阐明了异质事物在对立统一与结合中产生新事物并得到发展的道理，相同事物的简单相加，则不能产生新事物，也不能发展。晏婴、管子等继承、改造了这一思想。再后的老子提出"万物负阴而抱阳，冲气以为和"（《老子》第 42 章）的命题，将和合视为宇宙生成、大化流行的法则。孔子又将其落实到人文层面，"君子和而不同，小人同而不和"《论语·子路》。《墨子·尚同》篇则直接将"和合"二字连用，此后典籍，时有所见。[①] 近来学术界，多用"和合"来抽象中国传统文化的特质，既强调事物的普遍性，又承认事物的特殊性，反对以普遍性抹杀特殊性。用对立统一的观点分析、看待一切事物，这正是"和合"的精华所在。

一、伦理法：法律与道德的和合

中国传统道德是以伦理规范为载体的，故道德与法律融合的直接结果就是伦理法的问世。"伦理"一词，最早见于《礼记·乐记》，"乐者，通伦理也"。东汉郑玄注云："伦，犹类也；理，分也。"唐孔颖达解释说："乐得则阴阳和，乐失则群物乱，是乐能径通伦理也，阴阳万物各有伦类分理也。"可见，"伦"应训为"类"，"类"又可训为"辈"。在血缘家族中，父辈为一伦，子辈为一伦，孙子辈又为一伦。推而训之，"伦理"即指不同伦次、不同辈分的人应恪守的不同的规矩、规则和道理。孟子说："父子有亲，君臣有义，夫妇有别，长幼有序，朋友有信。"（《孟子·滕文公上》）整个古代社会的人际关系可以归纳为君臣、父子、夫妇、兄弟、朋友这五伦，臣事君

---

① 《吕氏春秋·有始》："天地合和，生之大经也。"《淮南子·天文训》："阴阳合而万物生。"《汉书·公孙弘传》："百姓和合于下。"《礼记正义·中庸》："情虽欲发，而能和合道理，可通达流行"。"北宋五子"之一张载将和合学说做了精辟总结："有对斯有象，对必反其为；有反斯有仇，仇必和而解。"（《正蒙·太和篇》），展示了古代辩证法的规律。矛盾无时不有，无处不在，正确的方法不是让矛盾绝对对立以至白热化，而是和合调解。

以"忠"，子事父以"孝"，妇事夫以"节"，弟事兄以"悌"，朋友之间要守"义"。忠、孝、节、义、悌便成了最基本的"伦常之理"，即伦理。当这些价值标准为民族成员普遍接受，并以之作为衡量是非善恶的标准时，便演化为民族共同的道德意识，凡符合这些标准的行为，即是善；违背这些标准的行为，即是恶。因而中国传统道德是以伦理为基础的伦理道德。

传统的伦理道德，具有世俗性的特点，因而能够深入人心，广为流传。既不同于以超凡出世为特征的宗教道德，因为它空玄神秘，不可捉摸；也不同于先验的以"自然正义"为基本内容的理性道德，因为它不可体感，难以求证。伦理道德由血缘亲情向外推延，其基本点在于父子亲情。《孝经》云："父子之道，天性也"。在任何一个人看来，父对子的慈爱，子对父的孝顺，都是发自内心的，是善的表现，其合理性能够为每个人所理解接受。以此为出发点推出夫妇、长幼、君臣、朋友之间的伦理，也就自然而然地取得了合理性，变得毋庸置疑了。类似的种种道德观，便深入到整个民族的每一分子心中，成为基本的生活信条和行为准则。西人谓中国儒学为儒教，理由就在这些由儒学提倡的安身立命的信条、准则，不似宗教，胜似宗教，如春雨润物，无声无息地浸濡着中华民族，被奉为修身、齐家、治国、平天下的大经大法。当其由人们的内心评判转化为法律制度时，预示着法律、道德的整合运动不可逆转，伦理法的出现势在必然。

（一）法律与道德混同

夏、商、周时期，是法律、道德的混同期。

三代的行为规范为"礼"。孔子说："殷因于夏礼，所损益可知也；周因于殷礼，所损益可知也。"（《论语·为政》）说明夏、商、周各有其礼，一脉相承。只是由于文献的不足，人们对夏、商之礼，已不得而知。[①] 至于西周之礼，则洋洋大观，常见诸典籍，有"礼仪三百，威仪三千"（《论语·中庸》），"礼经三百"，"曲礼三千"等记载。按古文经学的说法，周礼可分为吉、凶、军、宾、嘉五类；按今文经学的划分，有冠、婚、丧、祭、朝、

[①] 《论语·八佾》记："夏礼，吾能言之，杞不足征也；殷礼，吾能言之，宋不足征也。文献不足故也。"

聘、军旅、宾盟、乡饮酒九类。无论作何分类，都是当时调整上至军政财法，下至言谈举止的行为准则。

近代以来，法理学日趋精捻，行为规范中才有了道德、法律之分，以此标准去看待三代的"礼"，我们实在不好说它是道德性质的，还是法律性质的。实际在三代人眼中，"礼"就是笼统的行为规范，并无道德、法律的属性之分。《礼记·曲礼》记载：

> 道德仁义，非礼不成；教训正俗，非礼不备，分争辩讼，非礼不决；君臣、上下、父子、兄弟，非礼不定；宦学事师，非礼不亲；班朝、治军、在官、行法，非礼威严不行；祷词祭祀，非礼不诚不庄。

由上可见，"礼"是包含了道德仁义、风俗教化、争讼决狱、人伦等差、从政教学、军政财法、宗教祭祀等各方面的综合性的行为规范，实乃道德、法律的混合物。如有论者非要将其分出个道德、法律的属性来，未免不合古人的本意，似有"削足适履"之愚。

或有人以为，三代的"礼"之外，尚有一独立的"刑"的系统，夏有《禹刑》，商有《汤刑》，周有《九刑》、《吕刑》，具备典型的法律属性。实则，三代之刑也只是礼的组成部分，其性质只能从属于"礼"的总体性质。《慎子·逸文》中说："斩人肢体，凿人肌肤，谓之刑。"刑是罚罪的方法，即刑罚。依法学原理分析，法律规范须具备假定、处理、制裁三要素，缺一不可。三代之刑作为单纯的制裁手段，只具备"制裁"这一个要素，不能独立存在，需要与包含"假定"、"处理"的行为规范联系起来，才有存在的必要，即对什么样的犯罪行为给予什么样的惩罚。"出礼入刑"的通行说法，正好印证了："礼"是行为规范，包含了前两项要素；"刑"是保障其施行的强制措施，是后一项要素。因此，刑依赖礼而存在，刑被囊括在礼的范围之中，这正如我们现代刑罚体系，也是包容在刑法典之内而不是独立在外一样。

（二）法律与道德分离

战国、秦时期，法家将"礼"中之"刑"抽离出来，将行为规范与制裁手段——对应地作出明确规定，形成新的社会规范，即"法"。①春秋末期战国初期，遂有大量的公布成文法的活动。战国中期，商鞅又改"法"为"律"。由是，"法"、"律"才从礼中独立出来，成为特殊的社会调节器。这一时期，凡进入法或律的内容即为法律规范，具备典型的法律属性，凡未进入法、律而仍留在礼中的内容即为道德规范，具备单一的道德属性，法律与道德分离开来。

法家强调"缘法而治"、"垂法而治"，"唯法为治"（《韩非子·心度》）。表明了政治领域中的新的改革动向。遗弃道德而纯任法治，使秦国大获裨益，直至消灭六国，统一中国。贾谊在《过秦论下》中说，"故秦之盛也。繁法严刑而天下振"。但是，秦朝的早亡又引发人们对其所采取的法律、道德分离的模式进行反思、产生质疑。

（三）法律与道德和合

历史有惊人的相似之处，然因不同的选择，不同的民族又重新走上不同的历史里程。中国亦曾经历过道德、法律分离的时代，但为时短暂。汉初的理论反思运动，所得的结论不是如何仅就法律本身作进一步的完善，继续德、法分治的模式，而是援用道德的力量来改造法律，救济"纯任法治"的不足。如果说三代法律与道德混同、以礼统法是一种自发生成的结果，那么，汉以来的礼法结合、德刑并用原则是经过反思之后所作的理性选择。曾经被排斥在法制门墙之外的道德内容，又被引人到法律之中，开始了道德法律化和法律道德化的运动，因其是人为设计的，避免了以前的含混笼统，从而带上主观调谐的色彩。这是法律、道德有机和合的运动。

1. 援礼入法

两汉的援礼入法，是这一运动过程的开端。

---

① 三代的"刑"虽是保障"礼"施行的措施，但墨、劓、剕、宫、大辟、流、赎、鞭、扑九种刑罚，并未与礼中的种种行为一一对应起来。晋大夫叔向在给郑国执政子产的信中说："昔先王议事以制，不为刑辟。"（《左传·昭公六年》）意指什么行为是犯罪，在"礼"中有明确规定，有什么惩罚方法，在"刑"中也有规定，但犯什么罪婴受什么刑，却没有明确规定，"罪与刑之间并不一一定死"，而是临时讨论来决定用什么刑。参见俞荣根：《罪刑法定与非法定的和合——中华法系的一个特点》，载《批判与重建：中国法律史研究反拨》，北京法律出版社2002年版，第118—121页。

首先，在立法中，一些曾被排除在法律之外的礼节仪式和礼义原则被引入法典之中，形成一些标志着法律、道德结合的立法成果。在以律、令、科、比等法律形式确立的整个汉律体系中，还厘定了一些体现道德精神的原则和制度。如古老的"刑不上大夫"的周礼原则，汉文帝采纳贾谊的建议，将其作为定制，"是后大臣有罪，皆自杀，不受刑"（《汉书·贾谊传》）。又如，为体恤礼中"亲亲有杀（差）"的差序原则，始自高祖而终两汉之世，形成了"上请"的特权原则，凡宗室、贵族及七品以上官吏犯罪，司法机关无权径行裁决，由中央廷尉讨论后，交皇帝定夺，量刑上多有减免。

其次，在司法方面，董仲舒在汉武帝时期推出"《春秋》决狱"的审判方式，打破了战国、秦时期坚持的机械的罪刑法定原则。[①] 在重大、疑难案件的审理过程中，引礼入法，原情定罪，使案件的处理既遵循法律的规定，又能体现礼义道德的价值取向。董仲舒对此曾作了情理性的分析："是故《春秋》为仁义法，仁之法在爱人不在爱我，义之法在正我不在正人。"（《春秋繁露·仁义法》）用《春秋》之经义决断狱讼，是体现"仁义"的有效途径，司法效果可以借此获得个人和社会公众的道德认同。

传统学术常以桓宽《盐铁论·刑德》中"志善而违于法者免，志恶而合于法者诛"的说法，对"《春秋》决狱"大加讥评，认为是"论心定罪"的主观归罪原则，为罪刑擅断主义大开方便之门。[②] 这些批评，虽然也自有一些道理，但却忽略了一个至关重要的东西，那就是"《春秋》决狱"在当时当世应有的合理性，不然，何以能流行七百余年而不衰呢？司法审判是主客观统一的活动，任何行为，只考虑其是否合法的客观要件，不考虑志善、志恶的主观道德要件，就无法区分罪与非罪、罪重与罪轻，这与现代刑法理

---

① 秦律规定有"不直"、"纵"囚、"失刑"等罪名，要求司法官严格按照法律规定审断案件。秦简《法律答问》记载，"罪当重而端轻之，当轻而端重之，是谓'不直'"；故意枉法，致使罪犯逃脱罪责，为"纵囚"；因过失量刑不当，有失轻重，为"失刑"。这些规定，虽具有保障罪刑法定原则的立法意义，但由于在实践要求甚严，乃至盗采桑叶也要处30天苦役，而不问法律本身的良善，遂流于机械对号入座之弊，亦导致了秦朝的暴政。

② 章太炎在《检论·原法》中说，春秋决狱是"舍法律明文，而援经诛心以为断"，为法吏"因缘为市"，徇情枉法留下空间。刘师培在《儒学法学分歧论》中批评道："名曰引经决狱，实则便于黠吏之舞文。"

论中考虑主客观要件的定罪量刑原则并无二致。而且，"《春秋》决狱"中"论心定罪"的"心"，"本其事原其志"的"志"，就是指的宗法伦理道德，用以衡量主观心态的善恶或故意、过失、意外，实则是用道德改造司法，达到道德、法律有机整合的目的。

2. 礼法结合

魏晋南北朝的礼法结合是法律、道德和合的进一步发展时期。

其一，"孝"字入律。有人问孔子，尽孝的难处在哪里？孔子回答："色难。"意思是光是给父母吃饱穿暖，还不算难，难的是对他们自始至终都要态度好。因之，"孝"就是尊老事亲，就是要在生活上、感情上给予父母尊长以最大限度的满足。《墨子·经上》说："孝，利亲也。"《尔雅》云："善事父母为孝。"不能或不愿这样做，将受到舆论的谴责和良心的自责，可见它是个道德范畴。汉魏以来，"孝"亦成为一法律范畴。

曹魏标榜"以孝治天下"，对与此有关的种种行为，用法律而不纯用道德手段来进行调整。《新律》中明文规定可以为父母复仇，以鼓励孝子之心；废除商鞅变法以来成年儿子必须分居的规定，将"父子无异财"定为法律，用法律手段强化"孝"的道德意识。晋律规定，子孙违犯教令，或供养不周，父母到官告子不孝，请求处死的，都应同意；加重对奸伯叔母行为的量刑。南朝刘宋的法律规定："母告子不孝，欲杀者。许之。"注云："谓违犯教令，敬恭有亏，父母欲杀，皆许之。"（《宋书·何承天传》）北魏孝文帝提倡孝道，其时制定的《北魏律》，多有关于孝的法条和原则、制度：如"冒哀求仕罪"，即在父母死后的三年服丧期内出来当官的行为，处"五岁刑"；子女告发父母、祖父母者，处死刑；最典型的莫过于其中的"存留养亲"原则，将法律与道德的结合推向极致。依此规定，犯死罪者，若祖父母、父母年已70岁以上，家中又无成年子孙照顾，若执行死刑，老人无人赡养，有悖孝道；如不执行死刑，又渎法意，便折中为罪犯赡养老人百年归世后，再执行死刑。判处流刑的罪犯有类似情形的，也可适用。（参见《魏书·刑法志》）遂使道德、法律皆得以维护。

其二，"忠"字入律。忠是由孝推导出来的道德范畴。《左传·文公元年》中称："忠，德之正也。"《忠经》中也说："善莫大于作忠，恶莫大于不忠。"忠与孝相通，在家应做孝子，在国当做忠臣。"事父孝，事君忠"。①因而，忠和孝一样，是最大的德性。以现代眼光审视，忠似乎更应当是一条政治准则而不是道德标准，但在传统中国的宗法社会里，家国相通，国是家的扩大，家是国的缩小，一国之君既是国家的政治领袖，又是百姓的父母，民众对国君敬忠，犹如子女对父母敬孝一样天经地义，"忠"由此获得了道德的属性。

魏晋以降，忠的道德属性得到了法律的进一步支持，强调臣民对国君敬忠，既是道德的要求，又是法律上的义务。《北齐律》中定"重罪十条"，其中涉及"忠"字的罪名有五，反逆、大逆、叛、降、不敬等罪皆是。（参见《隋书·刑法志》）"反逆"指图谋推翻当朝政权的行为；"大逆"指毁坏或侵害皇帝的宗庙、陵寝及宫阙的行为；"叛"指背叛朝廷、投奔敌国的行为；"降"指在作战中投敌的行为；"不敬"指盗取皇家器物、大祀神物及皇帝的车马舆服，伪造皇帝印玺的行为。当然，这五条用以维护皇权的罪名，并非一一始创于北齐律，前朝各代已陆续出现。② 只是到此得以系统化，构织起一张拱卫"忠"的伦理观的法律网络。在它的强化之下，"忠"字成为一个道德观念与法律观念和合一体的复合概念，积淀为中华民族稳固而又特殊的法心理。

其三，"节"、"义"入律。贞节之道作为对妇女的道德要求，由来已久，这一时期则由道德、法律进行双重调整。失节行为，既是道德违规，为众人所不齿；亦是犯罪行为，要受到刑罚的制裁。《北史·华山王凝传》载：北齐华山王高凝的妃子王氏，因与仓头通奸，事发后，王氏被处死刑；高凝因对王氏的行为放任不管，也被处杖一百的刑罚。重罪十条中的"内乱罪"，亦是强化"节"的道德意识的立法表现，其中规定，亲属之间的犯奸行为，无论强奸、通奸，都属重罪，包括强奸小功范围内的亲属或祖、父之妾的行为

---

① 《论语·学而》中记蒙孔子的学生有子的话："其为人也孝悌，而好犯上者，鲜矣，不好犯上，而好作乱者，未之有也。"反映了儒家"孝慈则忠"的逻辑推理。

② 汉代有"大不敬"罪，曹魏有"大逆"、"谋反"罪，晋律中有"侵犯陵墓"罪，"叛"、"降"在秦汉以来各朝法典中均为重罪。先朝的种种立法成果，在《北齐律》中得到总结。

以及子孙与祖、父之妾和奸的行为。

"义"的道德含义十分宽泛，如公平公正，尊上爱下，先予后取、先人后己、先公后私，以及用正确的手段谋取利益等等行为，皆可以"义"冠之。其中，调整非血缘群体中的上下尊卑秩序的这一道德价值，是最主要的。《礼记·中庸》曰："义者宜也，尊贤为大。"因而，"义"的这一部分道德规范，也在魏晋六朝时期演化为法律规范。"重罪十条"中"不义"的罪名，专门打击以下犯上的犯罪行为，具体指部下及百姓杀害郡县官吏或丈夫去世而妻子匿不举哀等行为。夫妇一伦，不是平等关系，在道德上，丈夫与妻子的伦理比照父亲与儿子的伦理；故在法律上，妻子对丈夫，适用下对上的原则，由"不义"的罪名加以调控。

其四，"悌"字入律。弟事兄以"悌"，兄弟辈的伦理，也有长幼尊卑的区分。曹魏《新律》规定，殴打兄或姊的行为加重处刑至徒五年，兄、姊殴打弟、妹则可减轻量刑。西晋为发扬兄友弟恭的道德风尚，规定兄弟丧期为一年，居丧失礼者，依律治罪。

3. 礼法合一

隋唐是法律、道德和合的完善时期。

法律道德化与道德法律化的双向互动，经魏晋南北朝的发展，到隋唐已达到高度的融合，史称"礼法合一"。最为明显的标志就是《永徽律疏》（以下简称《律疏》）的出现。从《律疏》的内容考察，法律规范与道德规范结合得更加紧密了。凡是与"三纲"有关的道德原则或道德规范，都转化为一一对应的法律原则或法律条文；同时，对律文的解释，也以道德评判为尺度。譬如"重罪十条"改为"十恶"①的名称变化，就反映了这一时代道德评价与法律评价的高度统一。"恶"与"善"相对，是伦理学范畴，以内心评判为价值尺度。细言之，凡道德以为"恶"者，法律必以之为"重罪"；反之，凡法律定为"重罪"者，道德必以之为"恶"的不良品行，二者匹配

---

① 前述已知，《北齐律》首定归"重罪十条"，《唐律》以《开皇律》为蓝本，将其改为"十恶"。个中内容亦有适当调整，由以前的反逆、大逆、叛、降、恶逆、不道、不敬、不孝、不义、内乱改为谋反、谋大逆、谋叛、恶逆、不道、大不敬、不孝、不睦、不义、内乱。这种改变，看似没有明显的不同，实则蕴涵了很重要的信息。

无隙，无有轩轾。"十恶"所列各种行为，"亏损名教，毁裂冠冕"，[1] 严重冲击了伦理道德体系，故被置于律典的首篇，用法律进行严惩。《律疏》出现"法外无遗礼"[2] 的说法，就是指道德已基本上为法律所包揽，二者达到了高度的统一："和合"。

先看"君为臣纲"的道德、法律分析。

《律疏》与"忠"有关的罪名有谋反、谋大逆、谋叛、大不敬，和《北齐律》的规定，表面上似无大的不同，实际上却有大大的不同。第一，反、逆、叛改为谋反、谋大逆、谋叛，增加了一个"谋"字，更具有"诛心"的立法用意。《唐律·贼盗律》疏议对"谋"作了解释："谋危社稷，始兴狂计，其事未行，将而必诛，即同真反。名例称谋者，二人以上，若事已彰明，虽一人同二人之法。"可见，谋是指二人以上策划犯罪，尚未着手实施，相当于现在所说"犯罪意图"，[3] 特殊情况下一人"独谋于心"也可构成"谋"。有了这种改变，对反、逆、叛的犯罪，只要有犯意表示，虽未进入实行阶段，也未发生危害后果，即可进行刑事制裁，表现了加重惩罚道德犯罪的政治倾向，比《北齐律》更加包罗无遗了。第二，在立法技术上，《北齐律》相关罪名有五，而《律疏》有四，明为减少，实则更加系统化了。以前的"叛"和"降"分列为两个罪名，没有太大必要，《律疏》将之并为"谋叛"一个罪名，虽简而无漏，《唐律疏议·名例》说"有人谋背本朝，将投蕃国，或欲翻城从伪，或欲以地外奔"。包含了"叛"、"降"两种行为。第三，立法解释更为成熟，对各罪名的疏释，皆以礼义为准据，以道德为旨归。如谋反，释为"规反天常悖人理"的行为；谋大逆，释为"干纪犯顺，违道悖德"的行为；大不敬，释为"皆无肃敬之心"、亏礼废节的行为。

再看"父为子纲"的道德、法律分析。

---

① 《律疏·名例》篇说："白五刑之中，十恶尤切，亏损名教，毁裂冠冕，特标篇首，以为明诫。"

② 李光灿先生为认为，《唐律疏议》几乎把一切伦理纲常、礼节仪式全部囊括其中，作为道德规范的"礼"引国家法律已完全融为一体。参见曹漫之：《唐律疏议译注》，吉林人民出版社 1989 年版。

③ 张斐《注律表》谓："二人对议谓之谋。"

"父为子纲"是"孝"的道德观念的政治性纲领，也是围绕孝而构织的家族伦理的统帅。"重罪十条"已有不孝、恶逆，李唐统治者承继这一立法传统并适当改作，使法律调整与家族伦理调整结合得更加紧密。其"不孝"罪包括："告言诅骂祖父母、父母，及祖父母、父母在，别籍异财，若供养有阙，居父母丧，身自嫁娶，若作乐释服从吉，闻祖父母、父母丧，匿不举哀，诈称祖父母、父母死"，显见是对前代立法成果进行有序的整理和概括。"恶逆"罪包括："殴及谋杀祖父母、父母，杀伯叔父母、姑、兄、姊、外祖父母、夫、夫之祖父母、父母者"，其中，将针对祖父母、父母的加害意图作为打击对象，疏议曰"谋，谓谋计"，虽无具体行动，但有犯意表示，即构成犯罪。增设"不睦"罪，使法律调整的范围扩大到整个"五服"之内。《名例》篇注文中说，不睦"谓谋杀及卖缌麻以上亲，殴告夫及大功以上尊长，小功尊属"。按疏议的解释，亦是由"孝"字伦理推广而来，"《孝经》云，'民用和睦'睦者，亲也，此条之内，皆是亲属相犯，为九族不相叶睦，故曰不睦"。

最后看"夫为妻纲"的道德、法律分析。

律文和疏文反复重申，夫妻的法律地位是不平等的。《斗讼》篇"告缌麻以上卑幼"条疏文云："其妻虽非卑幼，义与期亲卑幼同"，即妻子的地位等同于"期亲卑幼"。另有指出，"夫者，妻之天也"（《唐律疏议·名例》），"夫为妇天，尚无再醮"，"妇人从夫，无自专之道"（《唐律疏议·户婚》）如此等等，都是强调妻子服从丈夫的支配。

在"十恶"罪中，为人妻妾的女性可能构成四种重罪。妻杀夫，构成"恶逆"罪；妻谋杀、殴打、控告丈夫，构成"不睦"罪；妻闻夫丧，"匿不举哀，若作乐释服从吉，及改嫁"，构成"不义"罪；父祖妾与子孙和奸，或被强奸后又与之和奸的，构成"内乱"罪，疏议释为："为妇人共男子和奸者，并人内乱，若被强奸，后遂和可者亦是。"在离婚制度中，丈夫有绝对的主动权，妻子有"七出"和"义绝"情形之一者，由丈夫立写休书出妻，即使是双方"和离"，也由男方制作"放妻书"，标志着男方在婚姻存续和消灭上起着主动和决定作用。在一般刑事犯罪的规定中，妻妾可能构成共犯，《贼盗律》注文云："犯奸而奸人杀其夫，所奸妻妾，虽不知情，与同罪"

即奸夫杀本夫，与之通奸的妻妾虽不知情，仍以共犯论罪，处绞刑。

隋唐时期的"礼法合一"，历宋元以迄明清，直到 20 世纪初叶前，虽有局部的量的加减，但无整体的质的变化。清末大理院正卿张仁嗣说："数千年来礼陶乐淑，人人皆知尊君亲上，人伦道德之观念，最为发达，是乃我国之国粹，中国法系即以此。"[①]法律、道德融为一体的伦理法，正是中华法系的"和合"总特征所表现出来的第一个大的方面。

二、实在法：诸法和合

作为实在法，中华法系与其他法系的区别在于，其仍然是以"和合"的态度来处理各种行为规范体系之间的关系，而不是以分析的态度，形成"诸法和合"的传统。在制定法领域，不存在现代法理学意义上的刑、民之分，实体、程序之别，诸法之间通过"刑律"这一联结点得以整合起来，形成"诸法和合，以刑统法"的特征；在制定法与习惯法之间，国家采兼容并包之态度，使二者有机统一于整个行为规范体系之中，形成"诸法和合，法律多元"的特征。

（一）诸法和合，以刑统法

律典以外的其他法律形式，依现代法学分类，确实有民法、经济法、行政法调整的内容，如田土户婚、钱米债账、职官政事等，按照当时的设计，这些行为又都是用刑罚的方法进行调整。本文的看法是，律、令、格、式诸法，在古人的思维方式中是既有区别又有联系的，是"和而不同"的，令、格、式"辅律"而存在，且皆以刑罚进行调整。亦即，诸法的关系不是合体，而是通过"刑律"的联结点得以整合。故将这方面的特点概括为"诸法和合，以刑统法"八个字，或许更为恰当。

1. 诸法和合：其他法律形式依赖律典而存在

律与其他法律形式是彼此联系的，前者作为刑法典，为后者的贯彻落实提供制裁手段；后者多为正面规定，对律典不周详的地方进行补充，对

---

① 《清末筹备立宪档案史料》，中华书局 1979 年版，第 384 页。

"应为"、"不应为"以及"如何为"作出具体规定，至于对违犯者怎样处理一般没有具体规定，而是以前者为其效力后盾。换言之，如果令、格、式等诸法没有律的保障，就失去了国家强制力，而不得不流为一纸空文。所以，诸法对律典的依赖性表现为两个方面。

一方面，诸法是律的补充。从立法的角度考察，秦汉以来，律以外的其他法律形式，莫不是因律无法统揽一切社会关系，故立令、科、比、格、式、敕、例以补救之。如秦朝的令，是以国家名义颁布的单行法规，如某种律文因有缺漏或不能适应时代变化之需，则颁令以补救。《汉书·惠帝纪》张晏注文记载，秦本有禁止挟书的律文，后李斯建议又颁发《焚书令》；本有《田律》，又发《田令》。汉代，令的这种补充性质更为明显，《汉书·宣帝纪》地节四年注文云："天子诏所增损，不在律上者为令"。《宋史·刑法志》将律与诸法之间的关系阐述得十分明白，"神宗以律不足以周事情，凡律所不载者，一断以敕，乃更其目曰'敕、令、格、式'，而律恒存乎敕之外"。言下之意，就是敕、令、格、式是对律典不周不详之处再作细化规定。运用时，律有规定的从律，律无规定的才从敕、令、格、式，[①] 如果律与敕、令、格、式同时都有规定，则依"特别法优于普通法"[②] 的原则。明清修例，亦是出于"辅律"的目的而为。《明史·刑法志》云："其法外遗奸，列圣因时推广之而有例，例以辅律，非以破律也。"清代的例，则如薛允升在《读律存疑·总论》中所评："凡律有不备，必籍以例，以权其小大轻重之衡。使之纤悉比附，归于至当。"整个明清时的律例关系，如舒化在《重修间刑条例题稿》中所说，不超出"盖立例以辅律，贵依律以定例"的范式。可见，在中华法系的法律体系中，律始终占据主导地位，其他法律形式既是根据其精神原则制定的，又是为其服务的。

另一方面，诸法皆从律处获取效力。从法的实施的角度分析，律以外

---

① 《刑狱门·检断》："诸敕令无例者从律，律无例及例不同者从敕令。"《庆元条法事类》卷七十三。

② 《宋刑统》卷三十，《断狱律·断罪引律令格式》厘定："今后凡有刑狱，宜据所犯罪名，须具印律、令、格、式，逐色有无正文，然后检详后敕，须是名目条块同，即以后敕定罪，后敕无正条，即以格文定罪。格内又无正条，即以律文定罪。"

的其他法律形式，一般都只有正面的规定，缺少制裁处理的方法，如有违反，则按律的规定来制裁。《晋书·刑法志》云："军事、田农、酤酒……不入律，悉以为令，违令有罪则入律。"即军事、田农、酤酒等行为是在令中进行规定的，但有违反，还是要按律的规定来处理。及至隋唐，法律形式有律、令、格、式四种，各有其调整范围，诸法之间是并立的。《唐六典》记载："凡律以正刑定罪，令以设范立制，格以禁邪止违，式以轨物程事。"《新唐书·刑法》中又说："唐之刑书有四，曰：律、令、格、式。令者，尊卑贵贱之等数，国家之制度也；格者，百官有司之所常行之事也；式者，其所常守之法也。凡邦国之政必从事于此三者。其有所违，及人之为恶而入于罪戾者，一断以律。"说明违反令、格、式的行为，怎样处理，在令、格、式中没有规定，而是按律的规定来处理，故谓之"一断以律"。可以想见，离开了律，令、格、式便没了威力。

正是在上述两层意义上，诸法以律为前提而存在，以律为联结点而达成有机的整合，而不是合为一体，故宜称之为"诸法和合"。

2. 以刑统法：其他法律形式皆以刑罚为调整手段

律以外的诸法，虽是独立于刑法典之外的其他法律形式，但调整手段却都是刑罚。按英美法系"Penal Law"的界定，似乎可以称得上刑法。至少可以这样说，它们是刑法化的规范体系。[1] 换成本土话语，即"刑统诸法"。

隋唐的令、格、式。《唐律疏议·杂律》篇规定："诸违令者笞五十，别式减一等。"注文解释为"谓令有禁制而律无罪名者"，意即违令行为，一般在律中都有相对应的罪名，自可按图索骥，即使没有相对应的罪名，也要处刑。如违犯"行路贱避贵，来避去"的令文规定的，便笞打五十下。违式行为减一等处刑。如《礼部式》规定，"五品以上服紫，六品以下服朱"，

---

[1] 律以外的其他法律形式的性质，以唐朝的令、格、式为例，存在不同的观点。王立民先生认为"唐律、令、格、式都是刑法"（王立民：《唐律新探》，上海社会科学院出版社1993年版，第46—48页）。钱大群先生认为，律是刑法，令全部不是刑法；格大部分不是刑法，少部分是刑法，式基本上不是刑法（参见钱大群：《唐律与唐代法律体系研究》，南京大学出版社1996年版，第98—127页），主流观点认为令、格、式是行政法规。

谁的衣服颜色错了，免不了挨四十板子，衣服也要没收入官。唐朝，律与诸法的关系已达到有机的统一，主要是通过"疏议"中征引令、格、式以达成相互的协调，据学者统计，唐律502条，有145条律文引了令，9条律文引了格，43条律文引了式，几乎占全部律条的40%。①换一个角度思考，凡是被疏议征引的令、格、式所涉的行为，自应以刑罚调节之。即使未被征引的令格式，其本身也是用刑罚进行调整的。如《神龙散颁刑部格》规定："宿宵行道，男女交杂，因此聚众，并宜禁断。其邻保徒一年，里正决杖。"②

上述所论"诸法和合、以刑统法"，是中华法系在制定法体系上形成的特征，与伦理法的发展同步，也是在隋唐时期得以成熟的，以律、令、格、式出现的整合形态为标志。对此，日本学者冈野成在《日本唐律文献学上的研究》中指出："律、令、格、式可以说是秦汉以来中国古代法律文化的精华。"

（二）诸法和合，法律多元

中华民族特有的综合性思维方式，使其在看待国家法以外的规范体系时，也保持"和而不同"的态度。习惯法虽是不同于制定法的知识系统，生长于民间，对国家统治却利多而弊少，历代统治者皆持包容心态。从而使法制实践中的行为规范体系呈现三大板块：国家制定法运行于国家有效控制区，③家族习惯法运行于农村；民族习惯法运行于少数民族地区，其间又有交叉依赖的情形。制定法与习惯法多元并存的格局，是中华法系"诸法和合"特征的又一表现。

1. 制定法与家族习惯法的和合

口碑式家族习惯法起源很早，限于资料，至少可追溯到商朝，当时已

---

① 参见霍存福：《论〈唐律〉"义疏"的法律功能》，《吉林大学社会科学学报》1987年第4期。

② 刘俊文：《敦煌吐鲁番唐代法制文书考释》，中华书局1989年版，第253、266页。

③ 从历史上的情况看，国家的政治权力一般只及于县一级，这种状况一直沿袭到清朝，县以下的公共领域，多由非正式的民间权力以习惯法进行调控。费孝通先生曾指出："在这里我们可以看到的是乡土社会里的权力结构，虽则名义上可以说是'专制'、'独裁'，但是除了自己不想持续的末代皇帝之外，在人民实际生活上看，是松弛和微弱的，是挂名的，是无为的。"费孝通：《乡土秩序·生育制度》，北京大学出版社1998年版，第63页。

出现宗族。① 至西周时，内容已较为丰富。两汉时，开始出现文书式家族习惯法。《史记·货殖列传》载："任公《家约》：非田畜所出弗衣食，公事不毕则身不得饮酒食肉。"② 魏晋六朝，由于士族门阀制度的盛行，为了确认不同宗族之间的高低贵贱，维护士族间的尊卑秩序，出现专门罗列宗代、细究血缘传承的"谱学"，文书式家法族规得以大量涌现，作为家族人员的行为规矩，被置于"宗谱"、"族谱"、"家训"等形式载体之中，当时极为有名的有《颜氏家训》。国家对家族习惯法的认同，至少在汉朝已有了明确的表态。《汉书·刑法志》云："古人有言：'天生五材，民并用之，废一不可，谁能去兵？'鞭扑不可弛于家，刑罚不可废于国，征伐不可偃于天下；用之有本末，行之有逆顺耳。"家有家规，国有国法，二者并存共举，不可偏废。汉朝统治者甚至是从哲理的高度来看待这两者间关系的，家规、国法犹如自然界存在的金木水火土这五种物质一样，它们的共存互补是合乎自然法则的，也是合理的。及至隋唐，国家在法典中承认了家族习惯法的合法地位。《唐律疏议·名例》篇中说："刑罚不可驰于国，笞捶不得废于家"，意即治国用刑罚，治家以笞捶，家族习惯法以"笞捶"为制裁手段，对国法的统一性并无妨碍。

从实践中考察，家族习惯法不但得到了国家的认可，而且与国家制定法互补共济。首先，家族习惯法以国家法的精神为前提而定立，是国家制定法在民间的进一步延伸。

先以长沙檀山陈氏族约为例来作分析。《长沙檀山陈氏族谱》载陈氏族约有四纲领、二十六条目：

尊君——祝圣寿、宣圣谕、讲礼法、急赋役；

祀神——礼先师、处里社、谨乡仇、秩乡后；

崇祖——修族谱、建祠堂、重墓所、秩义社、立宗子、绵嗣续、保遗业；

---

① 商代的宗族组织可从卜辞、铜器铭文和文献中得到印证。参见阴法鲁、许树安主编：《中国古代文化史》，北京大学出版社 1989 年版，第 84—87 页。

② 其他典籍亦有记载。《后汉书·边让传》："不尽《家训》。"东汉班昭作《女诫》，蔡邕作《女训》。

睦族——定行次、遵约法、肃家簇、实义仓、处家塾、助农工、养士气、扶老弱、恤忧患、戒豪悍、严盗防。

家规族约是家族习惯法最典型的载体。陈氏族约的纲目似仿照《大学》的"三纲八目"的手法编修，其受儒家伦理思想影响之深，可想而知。第一纲表明要"尊君"，纲下细目"宣圣谕、讲礼法、急赋役"，莫不是对国家法律的进一步贯彻落实，反映了国家奉行的"君为臣纲"的立法指导思想对家族习惯法的浸濡。

其次，家族习惯法以国家制定法为后盾而变得更具威慑力。

家族习惯法对违犯者自有其制裁体系，概其种类主要有金钱罚、体罚、身份罚（指开除族籍）等类别，最重的可以剥夺犯者生命，局限于既犯国法，又触家规的严重行为，如乱伦、杀人越货、纵火、惯窃等，少有使用。较为常用的是体罚，即国家律令中所提及的"笞捶"，对犯者颇具震慑力。如昆陵费氏家族规约中有专门的《宗规罚例》，其办法主要是打板子、关黑屋。"其诸侄孙干犯伯叔父、伯叔祖父者，责二十板，锁祠内十日；再犯责三十板，锁祠内二十日；三犯公革出祠。其或恃祖、父行欺凌卑幼者，量事缘由，重者议责，轻者议罚。兄弟有序，以弟犯兄，不恭，责三十板；以兄凌弟，不友，责十板。"（江苏昆腔《费氏重修宗谱》卷一《宗规罚例》）

各家族规约中常常都保留有"告官"的权力。告官，又叫鸣官、投官。对依家法族规处理后仍屡教不改的，即将其投送官府，按国家制定法治罪。如浙江上虞《范氏宗谱》规定：子孙违背家训的，"轻则会请族众，自行责罚；重则告官，谴其出族，不与相齿"（光绪《上虞金·范氏宗谱》卷二《宗训四章》）。又如《休宁刘氏族谱》规定：损毁谱牒者要"鼓于祠，削其名。鸣于官，正其罪"。[①] 这样的规定表明，一方面，家族习惯法从国家制定法那里借得威势，使其更有约束力；另一方面，习惯法与制定法是彼此贯通、同气连枝的。

2. 制定法与民族习惯法的和合

我国少数民族众多，大都居住在周边地区，由于他们多未建立自己的

---

① 嘉靖《休宁邑前刘氏族谱》，"重修族谱凡例·邑前刘氏颁谱训问"。

国家，或虽有政权组织，却大都是中原汉族政权的属国且为时短暂，因而其法文化形态通常表现为习惯法而非成文法。

历代汉族统治者，受"和合"价值观的支配，对各少数民族的政治态度和文化政策，采取"和而不同"的策略。先秦儒家提倡："用夏变夷"①，就是用"诗书礼乐"、伦理纲常去变革、同化各民族的文化结构，而不是使用武力征服的手段。具体到对民族习惯法，也不是一概禁绝，而是让其按自己的"民情土俗"进行自治，逐渐接受国家法的精神，避免"一刀切"的做法。《周礼·王制》称这种法制政策为"修其教不易其俗，齐其政不易其宜"。《汉书》谓为"以其故俗治"（《汉书》卷42）。《后汉书》称之为"临时制宜，略依其俗，防其大故，忍其小过"（《后汉书》卷87）。

国家制定法与民族习惯法并举分治，如果在以前还只是一种政策，到隋唐时期，则固定为明确的法制原则，得到法律的确认。《唐律疏议·名例》篇有"化外人相犯"专条，提到"各依本俗法"（《唐律疏议·名例》）。疏议解释说："化外人，谓蕃夷之国，别立君长，各有风俗，制法不同。其有同类自相犯者，须同本国之制，依其本俗法断之。"这一原则，适用于外国人，也适用于臣服于唐朝的少数民族政权，各地方政府下辖的少数民族，也可参照执行。

民族地区"依本俗法"治理的原则，是和唐朝在民族地区的行政建置相匹配的。当时以至后来的两宋，在民族地区设羁縻州，羁縻州上设都督府或都护府，以区别于汉族地区的州县和州县之上的"道"的行政区划。"羁縻"的实质就是对少数民族不必像对汉族地区一样进行十分严格的控制，在羁縻区域，由各种各族的酋豪担任刺史或都督，可以子孙世袭，在军事上必须服从中央政府的调配，其他方面则享有自主权，主要包括行政、财政、司法方面的自主权，所谓"贡赋版籍，多不上户部"。（《新唐书·地理志》）其在司法上的自主权就是运用"本俗法"审断案件，不必统一执行朝廷的律、令、格、式。由此，形成了民族习惯法与国家制定法多元共存的"诸法和合"格局。元、明、清三朝，在民族地区推行"土司"制，法制上的这种格

---

① 《孟子·滕文公上》："吾闻用夏变夷者，未闻变于夷者。"

局沿袭不改。

在中华法系数千年的实践里程中，国家制定法与民族习惯法的关系，如同其与家族习惯法一样，也呈现互补共济的态势。清末的一块石刻碑文，记载了我国古老的少数民族——羌族的八条习惯法规范。其中，除少数内容与国家法律有冲突外，大多数内容都能够和大清律例的精神原则相一致。正如其开首言明的"尝闻官有禁条而柔治，民有私禁以清地方而安良善，皆以戒人为不善"①。前面的"官有禁条"，即指国家法律制度，后面的"民有私禁"，即指地方习惯法规范。更为重要的是，在羌族民众看来，前者不是对后者的彻底压倒和根本禁绝，后者对前者也不是顽强抵制和极力排斥，国家法律与民间规范的功能是相同的，并行不悖的，都是为了制止人们为非作歹。所以他们既膺服于习惯法的调节，又乐意接受国家法的约束，从而使民族地区的法律实践表现出双重调控的结构。

三、理想法：实质正义与形式正义的和合

中华法系表现为一种理想法，并不是说，其以伦理法为特质的实在法体系本身就是理想法，而是指其间蕴含了追求理想的价值目标和实现方法。西方法学奉自然法为理想法，并将其设计得完美无缺、神圣、神秘，人们无法感触，因而也难以对之进行批判，这种理想法具有强烈的工具意义，可以作为一个高高在上的标准来评价、衡量实在法的良善，从而促进人定法的不断完善。相形之下，中华法系所诉求的理想，既是神秘的，又是世俗的，曾经盛行的"天理、国法、人情"的提法，便是明证。施政执法，要"上应天理，下顺人情"。天理即"天道"，②是国法的理想目标，但何为天理，很难说得明白，故其神秘；然天理源于人情，何为人情，则人人皆有感受，故其

---

① 龙大轩：《十九世纪末地方法律实践状况考——一块碑文透出的历史信息》，《现代法学》2002年第3期。
② 已故著名法律史学家蔡枢衡先生说：评价法律善恶的标准，"是法哲学上所谓理想法或自然法，是儒家之所谓天或天道"。可见，天理、天道等概念，就是传统法文化意义上所指向的理想法。参见蔡枢衡编著：《中国法律之批判》，正中书局1942年版，第86页。

世俗。所谓"人情"当指人人共知公认的一些常识、常理、常情，并用以判断是非善恶。受传统文化的熏染，中华民族习惯用宗法伦理道德去衡量行为的是与非、善与恶，仁义礼智、忠孝节梯、诚信廉耻便成了他们的常识、常理。这些"民情"、"民心"成为"天理"的部分根源，"民之所欲，天必从之"（《孟子·离娄上》）。到了朱熹时代，直接将其作为天理。"所谓天理，复是何物，仁义礼智信岂不是天理？君臣父子兄弟夫妇朋友岂不是天理？"（《朱子文集》卷59）于是，这个既神秘又世俗的理想，不再是悬浮于空的、不可捉摸的理念，而是可以落实到人定法中的可操作的信条。"法顺人情"，当法律能够维系、支持这些价值目标时，它就接近于理想法了。

形式正义与实质正义的"和合"，是实现理想的方法，亦为天理、天道所使然。《易经·系辞》指出："一阴一阳之为道。"《道德经》又讲："万物负阴而报阳，冲气以为和。"事物的生长，理想的实现，都应在对立统一中去求取，任何偏执一端的做法都有违天道而难以成功，"不道早已"（《老子道德经》第30章）。要达到法的理想状态，在方法论上也不能例外，即保障理想实现的法律原则不应是单一的，而应是"和而不同"的。如在复仇这个特殊问题上，守法与任情的原则应当结合，才能使人的孝心、亲情、友情得到满足，彰显公道；罪刑法定须与罪刑非法定原则结合，才能使那些破坏理想而又没有法律规定的疑难案件得到处理，张扬正义；"首匿"须与"容隐"的诉讼原则结合，才能使人们不至于因恪遵律条而贱视亲属间的感情；平等应与差序的法制原则结合，才能适应上尊下卑的伦理道德要求。中华法系正是设计了这一系列既对立又统一的原则规定，才烙下了与世界其他法系相较卓然不群的文化特色。

（一）复仇：守法与任情的和合

中国至少在战国中期以前，复仇是为国家法律认可的。《周礼》记载："凡报仇雠者，书于士，杀之无罪。"（《周礼·秋官·朝士》）可与孟子所说"杀人之父，人亦杀其父；杀人之兄，人亦杀其兄"（《孟子·尽心下》）的话互证。前者所指当是礼法制度中的规定，后者所指应为实践中的状况。商鞅变法以后，禁止民间私斗，严格守法原则，"为私斗者各以轻重被刑"（《史记·商君列传》）。从此，孝子贤孙的血亲复仇行为被视为非法。降自汉代，宗法伦理的倡扬与深入人心，使得人们对复仇行为寄予普遍的道德认同，国家亦在政策法律上作了相应的调整。自汉以后，法律对复仇，时许时禁。如曹操在建安十年（205 年）发布命令："令民不得复私仇"（《三国志·魏书·武帝纪》），魏文帝于黄初四年（223 年）下令重申"敢有私复仇者皆族之"（《三国志·魏书·文帝纪》）。及至唐朝，对如何协调复仇所涉及的国法与人情冲突的问题，国家采取间接立法的方法。《唐律疏议·贼盗》中有"祖父母夫为人杀"条规定：受害人亲属不得与加害人私行和解，违者处流两千里的刑罚，接受财物的按盗窃罪论处；虽未接受财物但没有在案发三十日内向官府控告的，减二等处刑。又有"杀人移乡"条规定：杀人者因赦免罪的，应移乡千里之外，以避仇家。这两条规定，前则以法律手段激发人的道德意识，复仇的冲动在所难免。后则说明民间有复仇之俗，故令加害人迁居，以避免冤冤相报。整个成文律典，对复仇既未明文允许，又未直接禁止，而是间接地表明了优容复仇的立法精神，任由司法机关灵活掌握、运用。

（二）罪刑原则：法定与非法定的和合

罪刑法定主义与非法定主义，都是西方法学概念，但用以分析中国传统法律在制度层面上的具体原则，当有"他山之石"的功效。以"分析"的哲理思维考虑，罪与刑的关系要么是法定的，要么是非法定的，舍此则选彼，反之亦然。但中华民族是以综合的哲理思维考虑问题，罪刑关系既是法定的，又是非法定的，罪刑法定与非法定虽有冲突，但又能在冲突中达致融合，形成有序的和合体。和合原则既可以维护法制的确定性，又可以使"法外遗奸"无所遁其迹，方能使"天理、国法、人情"所包含的公平、正义、和谐与秩序得到全面的体现。

魏晋对两汉的司法状况进行了总结，将罪刑法定与非法定原则和合一体的实践经验上升到理论的高度，其成果集中保留在《晋书·刑法志》当中。张斐、裴颜、刘颂、熊远等人是这一"从实践到理论"的认识发展过程中的功臣，其中，当推刘颂的论述最有代表性。他说：

法必欲奉，故令主者守文；理有穷塞，故使大臣释滞；事有时宜，故人主权断。

"主者守文"，指有司官吏执法断狱，必须严格遵守法律规定，"死生以之，不敢错思于成制之外，以差轻重"，"律法定罪，皆当以法律令正文，若无正文，依附名例断之，其正文名例所不及，皆勿论"。"大臣释滞"，指对正文名例所不及的疑难案件，廷尉、三公尚书等高级官吏才有权运用法理、经义作出解释、决断，"事无正据，名例不及，大臣论当，以释不滞，则事无闵"。"人主权断"，指皇帝有任心裁量、生杀予夺的擅断大权。刘颂的论述，使罪刑法定与非法定和合的原则在理论上趋于成熟，形成一个法吏实行严格的罪刑法定主义，大臣实行罪刑非法定主义，皇帝实行罪刑擅断主义互补共济的执法体制。

罪刑关系的和合理论，在隋唐时经历了"从理论到实践"的又一次飞跃，被落实到制度层面。首先，罪刑法定在法典中有了明确的定位。《唐律疏议·断狱》篇规定："诸断罪须具引律、令、格、式正文，违者笞三十"，这是罪刑法定原则中法源确定性的要求；《断狱》篇疏议中引《狱官令》："故《令》云：'犯罪未断决，逢格改者，格重，听依犯时；格轻，体引从轻法'"，类似今天所说的"从旧兼从轻"，这是罪刑法定原则"不溯及既往"的时效性要求。其次，罪刑非法定在法典中也有明文规定。《贼盗律》疏议曰："金科虽无节制，亦须比附论刑。岂为在律无条，遂使独为侥幸"，"在律无条"的疑难要案，也不能因法律中没有明文规定而任其逍遥，而应逐级申报，由高级官员对之"量情为罪"，具体程序为："诸州府有疑狱不决者，谳大理寺，若大理寺仍疑，申尚书省"，[①] 此为罪刑非法定主义的显例。最后，罪刑擅断的特权法典化。《名例》篇"十恶反逆缘坐"条"问答"中曰："非常之断，人主专之"，皇帝不仅对案件可以灵活决断，还可随时颁格代律。

罪刑法定与非法定和合一体的制度，定鼎于唐，终宋元明清诸朝，没有质的改变，是为传统法文化兼顾形式正义与实质正义的制度保障，亦为中华法系区别于其他法系的一个不同点。

---

① ［日］仁井田陞：《唐令拾遗》，长春出版社 1989 年版，第 72 页。

（三）诉讼原则：告奸与容隐的和合

"告奸"指检举揭发犯罪，"容隐"指包庇隐瞒犯罪，二者是中华法系中两个相对的诉讼原则。从逻辑上讲，它们是水火不相容的。但在"和合"哲理的观照下，二者也不是不可以调和的，而是相反相成的。告奸是国法的要求，具有秩序意义上的正当性，但当所告对象系自己的亲人而执意为之，就失缺了道德意义上的合理性，违背了人的本性。所以，告奸与容隐也应当调和。

先秦儒家早就认识到了这一点，提出了自己的中庸式的调和方案，有两层含义。其一，告发他人犯罪，是每个人的当然之义务，如果涉及亲人，则应当有所变通，以合符"亲其亲者"的道德准则，最好的办法就是"告奸"与"容隐"交替为用。其二，在亲属范围内，也不能一概地包庇隐瞒，涉及国家、君主大义等问题，应当告奸，甚至可以"大义灭亲"，此外则可容隐，仍然是二者的和谐共济。对此，孔子有经典之论。"叶公语孔子曰：'吾党有直躬者。其父攘羊，而子证之。'孔子曰：'吾党之直者异于是：父为子隐，子为父隐。直在其中矣。'"（《论语·子路》）

但是，这些思路、设想和理念，在战国、秦时的政治、法制实践中并没得到重视，反倒是法家单纯鼓励告奸的思想十分吃香。商鞅主张："民人不能相为隐"，"夫妻交友不能相为弃恶盖非"。（《商君书·禁使》）在政策上规定："不告奸者腰斩，告奸者与斩敌首同赏，匿奸者与降敌同罚。"（《史记·商君列传》）强令百姓告发犯罪，不问其与被告对象为何等关系，法律失去了人性支撑，不得不陷入重刑主义的险境。

两汉开始，告奸与容隐的和合理论逐步落实到诉讼法律制度之中。汉宣帝地节四年（前66年）以诏令形式确认了"亲亲得相首匿"原则："自今子首匿父母，妻匿夫，孙匿大父母，皆勿坐。其父母匿子，夫匿妻，大父母匿孙，罪殊死，皆上请廷尉以闻。"（《汉书·宣帝纪》）允许祖孙三代亲属和夫妻之间相互包庇罪行，卑幼为尊亲属隐匿，不负刑事责任；尊亲长为卑幼隐匿，除死罪须"上请"以减免罪责外，其他均不负刑事责任。

到《唐律疏议》问世，告奸与容隐结合得更加完善。一是容隐的范围得以扩大。《名例律》中的"同居相为隐"条规定：诸同居，若大功以上亲，及外祖父母外孙，若孙之妇，夫之兄弟，及兄弟妻，有罪相为隐。部曲奴婢为主隐，皆勿论。即漏露其事，及擅语消息，亦不坐。其小功以下相隐，减凡人三等。隐匿无罪的范围，由原来的三代直亲扩大到"大功以上亲"并旁及姻亲，还包括为主人隐瞒的同财共居的部曲奴婢，在这个范围内，为罪犯通风报信、令其逃跑的行为，也不负刑事责任；隐匿减罪的范围，扩大到小功以下、五服之内。二是延伸出不得令亲属为证的含义。《断狱律》疏议曰："其于律得相容隐……故并不许为证。若违律遣证，减罪人三等。"这就从法律上免除了为亲属作有罪证明的义务，司法官如果强行令人证明其亲属有罪，反倒要构成犯罪。三是容隐的限制条件确定化、制度化。《名例律》疏议中明确指出："谋反、谋大逆、谋叛，此等三事，并不得相隐。"

至此，道德评价和法律评价达到高度统一：一般犯罪，可以包庇隐瞒，委屈法律以将就人情；危及国家安全的特殊犯罪，则应尽告发之义务，压制人情以维护国法，两边均做一些妥协、让步，遂使告奸与容隐这一对矛盾物得以融为一体。诉讼制度中的和合原则及精神，在宋元明清的律令中均有所体现，民国时期仍有其余绪。1935 年公布的《刑事诉讼法》中就有亲属拒证权的规定。[①] 到 20 世纪 50 年代以后，由于政策因素以及严格"法制统一"原则，和合精神才从诉讼制度中退出，代之以绝对的唯一的价值理念，强调检举揭发犯罪的义务，禁绝包庇隐瞒犯罪的权利，以维护社会主义政策和法律的尊严。

（四）法制原则：平等与差序的和合

平等与差序（就是法律秩序上的等级差别），在法律意义上是相对的概念。三代的礼法制度实际是宗法等级制度，从天子、诸侯、卿、大夫、士到庶民百姓，等而下之，血缘宗法组织与政治结构合而为一，法律的价值指向主要是差序。"名位不同，礼亦异数"（《左传·庄公十八年》），不同身份的人有不同级别的礼。换言之，即各有不同的法律地位。战国时期，伴随着法家思潮的兴起，始有平等的观念出炉。商鞅第一个提出"刑无等级"的

---

① 中华民国二十四年（1935 年）公布、三十四年（1945 年）修正的《刑事诉讼法》第十三章《人证》第 167 条规定：证人有左例情形之一者，得拒绝证言：一、现为或曾为被告或自诉人之配偶五亲等内之血亲、三亲等内之姻亲或家长家属者。

原则，并将其贯彻到法律制度之内，"刑无等级，自卿相将军以至大夫庶人，有不从王令，犯国禁，乱上制者，罪死不赦"；(《商君书·赏刑》)落实到法制实践之中，公子虔犯罪，竟处之以"劓"刑。韩非发展了这一法理念，主张"法不阿贵"，"刑过不避大臣，赏善不遗匹夫"，执法"不避尊贵，不就卑贱"。(《韩非子·备内》)平等观念的引人，使秦法面目一新，促成了秦国的富强。

瞿同祖先生说过："我们只能说法律在秦汉以后有进一步的平等，贵族不再能置身法外，却断不能过分夸张地说，秦汉以后的法律已由不平等而进至绝对的平等……绝对的平等主义始终不能彻底实行。"① 如果说战国、秦的"平等"是对三代"差序"的否定，那么，两汉则进人"否定之否定"阶段，其结果是既否定了绝对的平等，又否定了绝对的差序，形成了平等与差序"和合"的新的法制原则，由此及唐，趋于成熟。

一般讲来，案件当事人之间没有伦常意义的关系，法律上称"常人"、"凡人"，凡人之间，在适用法律上是平等的。如果案件当事人之间有伦常意义上的关系，则据其关系的类别、亲疏、远近而适用不同的法律，量刑上也各有等差。以《唐律》"谋杀"罪为例，凡人之间的图谋杀害之行为，定"谋杀"罪，处徒三年之刑，谋杀其亲尊长、外祖父母、夫、夫之祖父母父母的行为，定"恶逆"罪，处斩刑，谋杀五服内的大功、小功、缌麻尊长的，定"不睦"罪，处流两千里之刑。

中华法系中的差序原则与平等原则相辅相成，平等反映的是事物的普遍性，差序反映的是事物的特殊性。在这中间，既没有绝对的平等，也没有绝对的等差；或者说，平等是相对的，差序也是相对的，平等与差序是和而不同的。差序原则由"孝亲"伦理推导出来，子对父的侵害要加重惩罚，父对子的侵害则减轻处罚，这在古代人看来，从心理、情感上是可以接受的，法律中上尊下卑的等差原则便有了人性的基础。问题在于传统法律将这种等差从家族伦理向外推延，使得社会上的良贱之间、主仆之间、师生之间、官民之间、官吏中的上下级之间、君臣之间等，都在法律上有了上下之分，各

---

① 《瞿同祖法学论著集》，中国政法大学出版社 1998 年版，第 228—229 页。

自的地位是不平等的，适用法律自然也就不同，造成大规模的差序格局。主要有：

1. 亲属关系中的差序。系统表现在"准五服以制罪"的原则中，该原则首定于西晋《泰始律》，《唐律》袭之。五服之内，辈分高的为尊长，辈分低的为卑幼，尊长侵犯卑幼，从轻量刑；卑幼侵犯尊长，从重量刑。尊长虽享有更多的法律特权，但亦须承担更多的法律义务。如一家人共同犯罪，不论由谁造意，只处罚同财共居的尊长。

2. 特殊社会关系中的差序。（1）良贱异罚："贱民"侵犯"良人"从重，反之从轻。（2）主仆异罚：部曲、奴婢侵犯主人从重，反之从轻。（3）师生异罚：学生杀害老师，入"不义"罪，从重量刑，反之则按"凡斗"、"杂犯"处理，量刑要轻得多。（4）老幼病残减免刑罚：汉朝有《王杖诏书令》，其中规定，年70岁以上的老年人，国家赐王杖一根，享受法律特权，其地位相当于600石的官爵，除了犯首谋杀人罪外，其他犯罪均不受追诉。及至唐律，规定更系统，老者年龄越大，幼者年龄越小，疾病或残废程度越重，所负刑事责任越轻，共分三档：年70以上、15岁以下及废疾者（痴、哑、侏儒、折一肢、盲一目等）为一档，犯流罪以下可以出钱收赎，不必实际服刑；年80以上、10岁以下及笃疾者（盲双目、折两肢及癫狂等）为一档，犯反逆、杀人等应处死的，可以"上请"以求减免，其他犯罪免刑；90岁以上、7岁以下又为一档，虽犯死罪，一般不予追究。

3. 政治关系中的差序。（1）民众杀害官员、下级吏员杀害上级官长，加重处刑，入"十恶"、"不义"条。《唐律·名例》注文中指明："杀本属府主、刺史、县令……吏卒杀本部五品目上官长"的行为，构成不义罪。（2）官僚、贵族享受广泛的法律特权。由汉朝"上请"开始，至隋唐形成了系统的官、贵特权法，有议、请、减、赎、官当。

"议"指"八议"，亲、故、贤、能、功、贵、勤、宾这八种人犯死罪，司法机关不得径行裁决，须上报皇帝交大臣集体讨论，"原其本情，议其犯罪"，之后再交皇帝裁夺，一般都可减刑，这是与前述罪刑非法定原则相配套的原则。"请"即"上请"，八议人物期以上亲及孙、五品以上官爵、皇太子妃大功以上亲属犯死罪，司法机关提出应绞应斩的意见后，上报皇帝最后决定。"减"又称"例减"，上请人物的直系亲属以及兄弟、姐妹和妻，六、七品官员，这两类人犯流罪以下，依例减一等处刑。"赎"指"议"、"请"、"减"人，八、九品官员，六、七品官员的直系亲属及妻，五品以上官员的妾，犯流罪以下，可以交铜受赎。"官当"是用官品抵罪，如犯"私罪"，五品以上，一官可当两年徒刑，九品以上，一官抵一年徒刑；如犯"公罪"，分别多抵一年徒刑。（3）官吏在共同犯罪中承担更多的法律责任。《唐律·名例》中规定，外人与监临主守官吏共同犯罪，虽由外人造意主谋，仍以监临主守官吏为首犯，外人按"常人盗"（一般从犯）处理。

今世学者常以"阶级分析论"对传统法律中不平等的现象大加批伐，诚然有一定道理，但也不是完全没有可商榷的余地。任何时代的法律制度都需要和那个时代的道德价值尽量契合，如果当时的人情伦理认为对的行为，法律却偏加禁制，公德人心认为错的行为，法律却偏加保护，这样的法律制度，很难说得上是"良法"。① 中国传统道德讲求上下次序，法律单纯以等差为原则是褊狭的；绝对讲平等，也似乎无法满足人的道德需求，凡事都应该具体分析、区别对待。英国著名学者李约瑟博士对中国传统法文化中的这种特性，似有所悟："中国人有一种深刻的信念，认为任何案件必须根据它的具体情况进行裁决，也就是说，就事论事。"② 假如一个儿子谋杀父亲的行为和他谋杀其他人的行为，在定罪量刑上是一样的，也就是在法律上是平等的，恐怕任何一个古代中国人都无法从情感上接受。因此，中华法系在家族范围内以相对的差序补济绝对的平等，

四、结　语

用"和合"二字概括中华法系的总体特征，目的不单纯在于为几千年

---

① 人们往往用西方的民主、自由、平等的标准来衡量中国古代法的良善，民主、自由、平等的价值我们不用怀疑，关键在选择这个标准的"选择"行为上，为什么要选这个而不是另外的标准？换个角度，中国传统的民本、自律、和谐也可作为标准，恐怕没人敢说它们就绝对是错的，如果用这些标准去衡量西方的法制，又将得出何种结论呢？

② ［英］李约瑟：《四海之内》，劳陇译，生活·读书·新知三联书店 1987 年版，第 77 页。

的传统法体系画一幅简明的写意图象；而且在于：用高度抽象的方法、引进哲学界的研究成果，以期在法制一域中去把握过去、审视现代、展望未来。

近代以来，受西方思潮的影响，分析性思维方式得到推崇，各个领域俱受其影响，法制建设也走上了"分析"之路。沈家本主持修订《大清新刑律》、《大清民律草案》以及其他新法，遂使道德和法律得以分离，民事法律与刑事法律各有不同的调整范围和调节手段，在法律制度中，也确定了法制统一的原则、罪刑法定原则等，固有的法律体系至少在形式上已经解体。由此及今，中国跨上了法制近、现代化的里程，同时也告别了曾经拥有的"和合"法文化传统。

西方的思维方式和其成功的"法治"经验，自有可借鉴的地方。但中国百年以来的历史却反映出，在理论和实践两方面，都有单纯以西方法律价值为鹄的之倾向。以历史和哲学的眼光审视，至少有两个问题应当提出。第一，综合性的法律观和分析性的法律观是截然不同的，完全抛弃固有的法律思维方式，单一地接受外来的法律思维方式，似有不妥。第二，"和合"的观念指导中国的法文化建设已有数千年的历史，而西方的分析性思维方式在中国只践履了一百年的时间，相比之下似乎太"年轻"了，谁也不能说我们现在在法制上的所作所为就绝对正确。从现实状况考察，则问题更多：道德、法律分离，使人们只崇尚或者说只畏惧法律的威严，而无视道德的约束，道德价值遭到质疑，道德体系几近崩溃。凸显刑事法律与民享及其他法律的区别，使得传统的"法就是刑"的法观念失去了制度约束，一些人意识到民享、经济违法不等于犯罪，便大胆地违背诚信原则，生活中的民事、经济纠纷层出不穷（这当然也有经济快速发展的原因），案件判决之后也难以执行，法律流于空文。强调法制统一原则，民间习惯规范遭到禁绝，遂使一些农村地区和偏远地区出现法律真空，国家法律用不上，地方习惯不能用，社会矛盾难以消解。"法律至上"的形式正义观的普及，使得一些人在生活中只问行为的合法性，而不管行为的合理性，罪刑法定原则甚至已成为一些人谋取不当利益的保护伞，如以色相行贿的行为；检举揭发违法犯罪的法律义务适足以成为人间温情的腐蚀剂；平等原则适足以成为某些特权人物的辩护词；如此等等。

任何民族的历史都是无法割裂的，现实总是寓于历史之中，而未来也总是寓于现实之中。要想解决现实问题并在未来的法制道路上成功，我们不得不回顾历史。中华民族以综合性思维见长的"和合"文化观或者说法文化观，并非一无是处。不能一说到道德、法律不分就认为是封建落后；也不能一提到民刑不分、诸法并存就认为是重刑主义，更不能一谈到人情、法意兼顾就认为是人治主义。世界上没有尽善尽美的方法论，也没有不带局限性的思维方式，每个民族自有其不同的法文化传统。综合性的法思维方式，在西方著名的政治理论家、法学家诸如罗尔斯、德沃金等人的著述里，已认识到它的合理性，我们没有必要自我作践。"和合"的文化观和"分析"的文化观，各有其优劣长短。我们既不能躺在传统的故纸堆里自我陶醉，也不能"言必称希腊"，专搞"拿来主义"，而应在自身的文化传统的基础上，吸收他人之长。当代和未来的法制建设，笔者的基本看法是：承继而不是抛弃民族固有的法文化传统，以此作为最大的本土资源，再融入西方的成功经验，以实现新的文化和合。谨以为愿！

（原载《法律文化研究》2005年辑；作者单位：西南
    政法大学行政法学院）

孔子的和合思想与 21 世纪的和合精神

陈正夫

和合思想是孔子的世界观和方法论，又是孔子的思维模式，在他思想中占着重要的地位，在历史上发生了巨大的影响，本文，想就孔子的和合思想及其与 21 世纪和合精神的关系问题，做初步的探索。

一

"和合"是中国古代就已产生的思想，"和"和"合"两个字在中国的甲骨文、金文中就已出现。"和"指的是和谐、和睦、和平、和善、和祥、中和等思想；"合"指的是汇合、结合、联合、融合、组合、符合、合作等思想，到了春秋时期，《国语》、《管子》等书中就已将"和"、"合"两字连用而提出"和合"思想。《国语·郑语》说："商契能和合五教，以保于百姓者也"，"夫和实生物，同则不继"。所谓"和合五教"，是指"父义、母慈、兄友、弟恭、子孝"五教和合，它认为只有五教和合，才能使百姓安身立命。这里所说的"和合"，并不是没有矛盾的等同或混一，而是有差别的统一，有区别的整体，所以它说："夫和实生物，同则不继"，认为没有矛盾的"同"，事物就得不到发展（"继"）。《管子》也对"和合"这一范畴加以阐明，它说："畜之以道，养之以德。畜之以道，则民和；养之以德则民合。和合故能习，习故能偕，偕习以悉，莫之能修也。"它把百姓"和合"作为百姓道德的集中体现，认为百姓做到"和合"就能表现出"莫能伤"的强大力量。和合作为一种思想，在《周易》一书中就有突出体现，《周易》易经注和六十四卦和合数表虽然互相差异，但它们所共同构成的整体中又是和谐对称的，这种有差异的统一，有区别的整体，体现了整体"和合"的思想，为中国古代"和合"思想提供了理论根据。

孔子继承了我国历史上的"和合"思想，并把它运用到人类发展过程中所形成的人与自然、人与社会、人与人、人与人的心灵、人与不同文化等方面，对它加以阐明和发展，形成了系统的"和合"思想体系。

在人与自然的关系方面，天与人的关系问题，是我国在巫术时代，或万物有灵时代就已存在的思想，孔子继承了这一思想，并对它加以改造，提出"天人合一"的思想。孔子认为，人同天道是分不开的。人之道亦即天之道，对于天，孔子是采用"中庸"的观点和方法去对待。一方面，他没有摆脱西周以来的天命观，认为"获罪于天，无所祷也"（《论语·八佾》），提出"畏天命"（《论语·宪问》）的思想；另一方面，又把"天"理解为自然界。他说："天何言哉？四时行焉，百物生焉，天何言哉？"（《论语·阳货》）在他看来，天是一个矛盾的统一体。然而，孔子的着眼点不是研究"天"是什么，而是研究天与人的关系，研究人事和人的主观能动性的发挥。在这一方面，也扬弃了西周以来"以德配天"的思想，主张通过人的努力，达到天与人的和谐，即天人合一。他说："不怨天，不尤人，下学而上达，知我者其天乎！"（《论语·宪问》）"群子居易以俟命，小人行险以侥幸。"（《礼记·中庸》）。他主张不怨天，不尤人，靠人的主观努力去应付天，达到天人合一。孔子以后，老子、孟子、庄子的思想都具有合天人的特色，特别是孟子，他强调"心"的作用，提出"尽心、知性、知天"的思维模式，把孔子的"天人合一"思想推向新的发展阶段。

在人与社会的关系方面，孔子的仁政德治之学，实质上是"内圣外王"之学。梁启超说："内圣外王之道一语，包举中国学术之全体，其旨归在于内可以资养，外足以经世。"（《庄子·天下篇释义》）所谓"内圣"，是说人们经过道德修养和道德践履，提高人们内在的道德素质；所谓"外王"，是说人们以内在的"圣功"施于外而为"王政"。孔子说的"修己以安人"、"修己以安百姓"，就是"内圣外王"之道，"修己"是"内圣"，"安人"、"安百姓"是"外王"。《大学》中所说的"身修而后家齐，家齐后国治，国治而后天下平"，即所谓"修身、齐家、治国、平天下"，也即所谓"修、齐、治、平"之学，就是"内圣外王"、"仁政德治"思想的集中表现。这一思想，要求人们把内在的理想人格的修养与外修王者之政结合起来，把"修身"、"齐家"作为"治国"、"平天下"的前提，从"正己"入手达到人与社会和谐、统一，表现出"和合"的思维特色。

在人与人的关系方面，孔子提出"中庸"作为人与人关系的道德准则，他说"中庸之为德也，其至矣乎！民鲜久矣！"（《论语·雍也》），认为"中庸"是处理人际关系的道德，并把它提到"至"的地位。"中庸"是什么呢？孔子的"中庸"思想渊源于中国古代的"中和"、"中德"、"中道"。对于"中庸"，他提出"执其两端，用其中于民"（《礼记·中庸》）、"允执其中"（《论语·尧曰》），"过犹不及"（《论语·先进》）等思想。关于"中"，《〈说文〉中字及庸字解》说："中，正也"。南朝梁皇侃对《论语·雍也》"中庸之为德"的注释说，"中，中和也。"《说文》说，"庸，用也"；《尔雅·释诂》说："庸，常也"。可见，所谓"中"，是"中正"、"中和"；所谓"庸"，是讲"常"和"用"。总起来说，"中庸"是讲"中常之道"，也是人们常用的掌握事物的"度"（"中"）的道理。对于"两端"的解释，郑玄在注释《中庸》的话时引用《论语》的话说："两端，过与不及也。"这是说"两端"就是"过"与"不及"。就是事物的矛盾对立面。所以，上面所引孔子对于"中庸"的解释时所说的"执其两端，用其中于民"和"允执其中"、"过犹不及"，就是要求把握矛盾的对立面，取其"中道"，把事情做到适度。孔子"中庸"的含义，宋朝的朱熹（1130—1200年）所作的解释较为符合孔子思想的原意。他在《论语集注》中说："中者无过无不及之名也，庸，平常也。"（《论语集注·雍也》）他在《中庸章句·注》中说："中者，不偏不倚，无过不及之名。"（《中庸章句》第二章注）朱熹把"中"解释为"不偏不倚，无过不及"，就是扣紧了"中德"、"中和"、"中道"和"允执其中"；他把"庸"解释为"平常"，是认为"中庸"是"用中"之常道。孔子的"中庸"思想，承认人们在待人接物中存在矛盾对立，但他不主张扩大矛盾、激化矛盾，而是主张在"中德"、"中和"、"中道"、"中正"的基础上，适度、合理地解决矛盾。这一思想，提倡中和之美、崇德利用、天人协和，充分体现了和合精神，它在中国历史上产生巨大的深刻的长远的影响。

在人与人的心灵方面，孔子要求人与人的心灵合一。他的最高思想境界是"仁"，而人生的最高目标是建立符合"仁"的"天下有道"的世界。他认为，"士志于道，而耻恶衣恶食者，未足与议也。"（《论语·里仁》）"不义而富贵，于我如浮云。"（《论语·述而》）这是说，一个人要以"道"为奋斗目标，不符合道的要求的衣食、富贵是不足取的。他所说的"道"也就是"仁"，"志于道"也就是志于"仁"。所以，他要求人们要"仁以为己任"。他的学生曾子说："士不可能不弘毅，任重而道远，仁以为己任，不亦重乎？死而后已，不亦远乎？"（《论语·泰伯》）"人能弘道，非道弘人。"（《论语·卫灵公》）认为弘扬仁道是人一生的最高目标，要求做到人道和合，为仁道奋斗终生，做到"无求生以害仁，有杀身以成仁"（《论语·卫灵公》）。

在人与不同文化的关系方面，孔子提出"礼之用，和为贵"的思想，他继承商周以来的"中和"思想，对"和"特别重视。《论语》中"和"的思想出现有八次之多。他的弟子有若说："礼之用，和为贵。先王之道，斯为美，小大由之。"（《论语·学而》）孔子"礼之用，和为贵"的思想，运用到文化上去，就是主张以礼为本，对不同文化兼容并蓄，对它们的优秀成分加以吸纳、摄取、涵化。这一思想，对各种不同文化具有和合精神和较大的宽容度。孔子主张"和"，但他认为"和"并不是没有边际、没有原则的，他说："知和而和，不以礼节之，亦不可行也。"（《论语·学而》）认为"和"要"以礼节之"，如果不符合"礼"规定的原则，是不能去"和"的。因此，孔子主张"和"，但他不主张"同"，他说："君子和而不同，小人同而不和。"（《论语·子路》）所谓"同"，是指形而上学的等同、混一。他认为，事物存在着矛盾统一，然而，决不能把不同质的东西等同、混一。孔子把"和为贵"和"和而不同"的思想运用到文化中去，为不同民族、不同类型的文化互相融合、互相吸收、互相涵化开辟了新径，为中华民族文化的发展作出积极贡献。

"和合"是指自然、社会、思想发展过程中多种元素、要素的冲突与融合。孔子总结了自然、社会、思想发展中的"和合"，把它运用到人与自然、人与社会、人与人、人与心灵、人与不同文化的关系中去，形成了系统的

"和合"思想体系，表现于孔子思想的各个方面。孔子的本体之学、处世之论、做人之道、为学之方，都与"和合"思想有密切的关系。"和合"思想，不仅是孔子的世界观和方法论，而且是孔子的思维方式。这一思想，经过后人的继承和开发，成为推动我国文化发展的"和合精神"，增进中华民族的同心力和凝聚力，推动着祖国统一大业的发展。

二

"和合"思想，不仅在历史上有积极的意义，在今天也仍然有积极的意义。

在 21 世纪即将到来之际，新世纪是一个什么样的世纪，不少社会学家、未来学家、哲学家、经济学家、历史学家对这一充满着魅力、令人憧憬的新世纪从不同的角度进行预测，如把它说成是科学世纪、美学世纪、宇宙空间世纪、和平与发展世纪、教育世纪等。我们认为，新世纪是"和合、冲突与发展"的世纪。而"和合"精神，是新世纪的思想主流。

新世纪正处于信息时代，信息社会有多极化、多变性、多样性的一面，但又有要求诸多元素、要素的冲突融合的一面，不同元素、因素的冲突融合，是事物发展的客观要求，表现于人与自然、国与国、人与社会、人与人、人与不同文化关系等诸多方面，是客观事物发展的必然趋势。

在人与自然关系方面，在探索自然、利用自然中，人与自然的冲突越来越突出，使现代人类面临着生存与毁灭的冲突，科技的发展，为人们创造了大量财富，前所未有的满足人们不断增长的物质需要，但这给人类带来了种种灾难，造成生态危机、环境污染、资源匮乏、水土流失、疾病流行等灾难，因而出现了如治理环境污染问题、治理风沙问题、绿化问题、解决资源问题等，都需要人们在和合精神指引下，协和万方，调整与改善人与自然的关系，为人们提供适应人的生活需要的自然环境。又如，探索宇宙空间问题、探索海洋问题、研究大气圈生物圈问题等，这些具有广泛性、流动性、探秘性的问题，它需要弘扬"和合"精神，发挥各方面的力量，调动可以调动的积极因素才能完成，需要通过研究，进一步加强人与自然的和合。所以，和合精神，在今天仍然是人们在征服自然中所不能缺少的精神。

在国（民族）与国（民族）的关系方面，由于信息时代国（民族）与国（民族）之间的距离缩短，交往日益频繁，各国经济、文化、科技的发展都要求国际化和与国际接轨，任何国家的发展都离不开与别的国家（民族）的互相支持、互相帮助、互相渗透，做到民族性与全球性的统一。在国际大家庭中，国与国之间的互相尊重、加强合作、互利互惠、维护和平是十分重要的，不同制度的和平共处、和合互补，促进发展，成为处理国（民族）与国（民族）关系的重要原则。

在人与社会的关系方面，在长期以来反复的社会实践中，使人们越来越清醒地认识到，人们生活在世界上，不仅要有一个天人协和的自然环境，而且要有一个和谐的社会环境，只有建立一个有利于经济文化发展和社会生活的祥和氛围，才能给人们带来幸福，稳定压倒一切的思想，越来越成为中国人民的共识。

在人与人的关系方面，信息社会是一个多极化、多变性、多样化的社会，它要求人们加强交流合作、和合互补，同时，信息技术的发展，推动着整个科学技术革命，促进了工业自动化、办公自动化和家庭自动化（简称"3A"）的发展，改变了人的时空尺度观念，扩大了人的活动范围，为人们的频繁交往、合作互补创造条件。人与人有了和谐的人际关系，不仅是社会的需要，而且是人身心发展的需要，因为人际关系和谐，人的高层次需求得到满足，心态泰然自若，这就有利于体内分泌有益的激素、酶类、乙酰胆碱等，将各系统功能调至最佳状态，使机体抵抗力增加，促进人们身体健康。

在人与不同文化的关系方面，文化是民族的，又是世界的，是人类所共有的财富。人类文化总是在互相交流、互相融合不中断的发展。人类在发展中必须吸收不同文化成分、不同文化类型的优秀文化，人类要建立高度发达的精神文明，必须吸收人类一切优秀文化成果。今天，人类已进入信息时代，科学技术迅猛发展，如果故步自封、闭关自守，那必然会越来越落后。所以，不同文化的和合互补、互相融合，是人类发展的必然趋势。

在新的世纪，由于种种原因，必然会发生这样或那样的冲突，但是，从上面分析可以看到，"和合"将是 21 世纪的思想主流，"和合"精神贯穿于世纪发展的各个方面，人类在新的世纪中，将在"和合"精神指引下攀上新的高峰。

三

"和合"是 21 世纪的思想主流，但是，由于种种原因，冲突也是不可避免的，所以，继承和发扬孔子的"和合"思想，发扬、维护和培养和合精神，又不能不是 21 世纪的重要使命。孔子的和合思想虽然产生于两千多年前，但它在今天仍有重要的意义。

（一）孔子是世界文化和合的一面旗帜

孔子不仅是中国的孔子，而且也是世界的孔子，是世界文化名人。记载孔子言行的《论语》被译成世界各国文字，其发行量仅次于《圣经》；1984 年美国出版的《人民手册》，孔子被列为世界十大名人之首。孔子和儒学对世界的影响是很大的，比如对日本的影响。日本 1997 年全国 430 所大学中，从事中国文史哲方面教学的讲师以上的研究家共 1322 人，分别开设近 2500 门中国问题研究课程。主要的儒学研究机构有：斯文会、大东文化大学东洋文化研究所、东洋文化振兴会、中国文史哲研究会、无穷会、东方文化学院、东方文化研究所、东方学会、日本中国学会、怀德堂讲座。研究的内容包括翻译儒经、注释儒经、专门研究儒经、专门研究某一儒学家、研究中日韩儒学关系、研究儒学通史、研究历代儒学史、研究儒经某一经中的某些篇章、专门研究某一方面的问题、编丛书或大系等。又如韩国，近年来，对孔子和儒学的研究也不断地加强。1958 年成立的成钧馆大学大东问题研究院，确定建院的宗旨是研究以儒学为中心的朝鲜及东方文化，探讨民族文化，1975 年该院设中国部。该院曾翻译《论语》、《孟子》等儒家经典。宋晞先生曾赴韩国进行考察，据他说，在韩国汉城大学、高丽大学、成均馆大学、庆熙大学、延世大学、梨花女子大学等学府，均设有儒学方面的课程，如高丽大学开有孔子哲学课、宋明哲学课和清代哲学课，延世大学则开有儒家名著选读课，成均馆大学更以孔子学说为办学宗旨，并建有大成殿、明伦堂。美国对孔子和孔子思想也是相当重视的，除上面已指出的以外，

1982 年为庆祝孔子 2533 周年，美国各界人士于 8 月 27 日在旧金山金门公园举行祭孔大典，美国总统里根 8 月 11 日致祭孔大典筹备委员会主任委员朱正介的信中说："际此庆祝孔子 2533 岁诞辰纪念，我们尤应缅怀与推崇这位思想家的贡献。"又说："孔子高贵的行谊与仁大的伦理道德思想不仅影响他的国人，也影响全人类，孔子学说世代相传，提示全世界人类丰富的做人处世原则。"孔子是举世瞩目的伟大思想家。1989 年在北京饭店举行的"孔子诞辰 2540 周年纪念与学术研讨会"，有世界二十多个国家和地区的学者和知名人士参加，1994 年在北京 21 世纪饭店举行的"纪念孔子诞辰 2545 周年暨国际儒学讨论会"，有近三十个国家和地区的学者和知名人士参加，并在会上成立了国际儒联。以上事实说明，孔子是一位对世界具有巨大影响的思想家，他的思想对世界文化和合起重要作用，他是世界文化和合的一面旗帜。研究孔子和孔子思想，对于维护和培养世界的和合精神具有重要意义。

（二）孔子的和合思想在长期发展中形成了中华民族的整体和合思想模式

孔子的和合思想在长期发展中形成了中华民族整体和合思想模式。孟子继承孔子的"天人合一"思想，用"心"、"性"来修改"天"，赋"天命"以道德属性，并从孔子的重人思想出发，无限扩大人的主观作用，把"心"、"性"、"天"发展为脱离物质的绝对，提出了"万物皆备于我"（《孟子·尽心上》）的主观唯心主义命题，在"心"的基础上解决了"天人"问题，提出了"尽其心者，知其性也；知其性，则知天矣"（《孟子·尽心上》）的论断，构建了"天人合一"的哲学体系，提出一个整体和合的思想模式。汉代，董仲舒继承了孔孟"天人合一"思想，构建了神学目的论的思维模式，他从天人相通的观点出发，认为四时运行，自然物春生、夏长、秋收、冬藏，都表现了天和人一样都是有意志有感情的，自然和社会的一切都是"天"有意志地创造的。为了证明天人相通，他还制造了一个"人副天数"说，把人身的骨节、五脏、四肢等，比附一年的日数、月数，以至五行、四时之数。如人身"内有五藏（脏）"，就说符合"五行"，"外有四肢"，就说符合春夏秋冬四时，如此等等。董仲舒的这些思想，构建了一个天人和合的思想模式。魏晋玄学尽管抛弃了两汉神学对"天人相与之际"的粗俗目的论的论证，提出有无、体用、本末、一多、言意、动静以及名教和自然等范畴，但它归根结底讲的仍是"天人之际"问题，不过是把天人问题更抽象化而已。他们关于名教与自然问题的论述，更充分地体现了天人的和合。程（程颢、程颐）朱（朱熹）理学从进一步加强封建专制主义中央集权出发，继承魏晋以来儒、佛、道融合的思想潮流，建立了以"理"为最高范畴的客观唯心主义哲学体系，它把封建的"三纲五常"提到绝对精神本体"理"的高度，经过理与气、道与器、一与多、动与静的哲学思辨，又通过"性"把作为"三纲五常"的"理"回归于社会，并得出"存天理灭人欲"的结论。这些思想，更充分地表现出和合天人的思想。陆（陆九渊）王（王阳明）的心学思想，虽然在形式上与程朱理学不同，但他们把"心"扩大为脱离物质的绝对，以主观并吞客观，以"心"为基础把天道与人道合而为一，仍然是合天人的整体和合的思想模式。和合思想是中国所独创的哲学概念和文化概念，它同我国儒、佛、道三家，关系都十分密切。与儒家的关系，上面已作了论述；佛家也始终谈"因缘和合"；道家也同样讲和合，它的代表作《太平经》指出"阴阳者象天地以治理，和合万物，圣人亦当和合万物，成天心，顺阴阳而行"。我国魏晋以来出现的儒、佛、道融合的思想潮流，正是整体和合思想的表现。和合思想在我国影响深远，发扬这一思想，对于我们今天培养和合精神，仍具有十分重要的意义。

（三）孔子的和合思想，在长期发展中，凝集成中华民族非理性和非完全理性的风俗习惯、生活方式、民族心理，今天有重要的影响

孔子的和合思想，在长期的发展中，对中华民族有广泛的深刻的影响，这些影响，经过长期的凝集、积累，形成了一些非理性和非完全理性的风俗习惯、生活方式、民族心理。在风俗习惯方面如尊老爱幼、老安少怀、恰到好处、和为贵、和睦相处；在生活方式方面，如注重过着和合的以血缘关系为纽带的小家庭式生活，重视修己安人、尊贤而容众；在民族心理方面，注重天下为公、杀身成仁、见利思义、舍生取义、和合天人、协和万邦、团结统一。这些思想，都是和合思想的重要内容，它以风俗习惯、生活方式和民族心理等方式表现出来，容易为人们所接受，因而对于培养和合精神具有重要意义。

（四）孔子的和合思想是对人与自然、人与社会、人与人、人与人的心灵、人与不同文化关系的规律性概括，在今天仍有积极意义

孔子的和合思想是两千多年前的意识形态，同 21 世纪的和合精神自然不尽相同，但是，由于孔子和合思想是对人与自然、人与社会、人与人、人与人的心灵、人与不同文化的关系的规律性概括，又经过长期的发展与丰富，它同今天的和合精神有必然的联系。21 世纪的和合精神是孔子以来整体和合思想的发展，所以，孔子的整体和合思想在今天仍具有重要意义。比如，人与自然的和谐相处问题，国家关系中的协和万邦、和合互补问题，社会关系中的"杀身成仁"、"见利思义"、"舍生取义"、"修己安人"问题，人际关系中的"以和为贵"、和睦相处、"执其两端，用其中于民"问题，对不同文化的兼容并蓄与"和而不同"问题等，这些思想，对新世纪培养和合精神仍具有重要的意义，只要经过"扬弃"，完全可以发挥它的积极作用。

21 世纪是一个多极化、多元化、多变性的大发展时代。在这个时代，在信息革命的推动下，人类将迎来经济、文化、科技、教育的迅猛发展。为了保证发展的顺利展开，人类需要一个和合的社会环境。从上面论述可以看到，孔子的和合思想尽管产生于两千多年以前，但它对于新世纪培养和合精神仍然具有重要的意义。所以，对孔子的和合思想加以批判继承、推陈出新，对于发展 21 世纪的合和精神，推进新世纪的精神文明建设，促进现代化的新发展，具有十分重要的作用。

（原载《南昌航空工业学院学报》（哲学社会科学版）
1999 年第 1 期；作者单位：南昌大学人文学院、国际中国哲学会华东资讯中心）

论《易传》的和合思想

陈恩林

先秦和合思想是中国古代哲学思想宝库中的精华部分，而《易传》的和合思想则是先秦和合思想的集中代表。

对于《易传》的和合思想，学者们已做了许多有益的探索并取得了一系列成果。但是，毋庸讳言，一些研究成果对《易传》和合思想的系统性尚缺乏深入的认识，往往停留在"和合生物"这一层面上。《易传》和合思想的核心是阴阳的对立与统一。而四时有序、天地和合并不是它追求的最高目的。它追求的最高目的是人与天地合德，是"天人合一"。它还认为阴阳和合与不和合是事物发展的两极，密不可分。所以，不能仅从"和合生物"这一层面来谈和合，也不能离开不和合而专谈和合。

《易传》和合思想内容丰富，充满思辨精神，本文拟从四个方面来分析它的特征。不当之处，望方家指正。

一

《易传》和合思想的特征之一，是主张阴阳有等次的和合。

《易·系辞传》论述宇宙生成说："易有太极，是生两仪，两仪生四象、四象生八卦。"两仪，就其性质来说，称阴阳；就其法象来说，称天地；就《周易》的语言来说，称乾坤。《易传》的和合思想就是从阴阳的对立统一入手而展开的。太极为宇宙万物之本源，它的本源性正在于它的阴阳两性。但是，在《易传》中，阴阳两性的地位并不平等，而是阳主阴从、阳尊阴卑、阳大阴小。《易·系辞传上》开宗明义："天尊地卑，乾坤定矣。卑高以陈，贵贱位矣。"

《易传》的乾，就是阳，代表天、君、父、夫等刚健性事物；坤，就是阴，代表地、臣、子、妇等柔顺性事物。"天尊地卑"一句话，就确定了乾、坤两类不同事物的尊卑地位。其尊卑序列的表现形式是《易》卦的六爻之位。故《系辞传上》说："列贵贱者存乎位，齐小大者存乎卦。"韩注、孔疏说六爻之位贵贱在上下，"皆上贵而下贱也"。卦的大小在阴阳，若《泰》阳长阴消，曰"小往大来"；《否》阴长阳消，曰"大往小来"。

《易纬·乾凿度》述《易经》六爻贵贱等级："初为元士，二为大夫，三为三公，四为诸侯，上为宗庙。"《乾凿度》所讲为汉人之说，虽失之过凿，但大体可以反映《易传》思想。如《乾·上九》爻辞："亢龙有悔。"《文言》解曰："贵而无位，高而无民。"虽未说上九为宗庙，但肯定其高贵则是实。故荀爽注："在上，故贵。"又如《坤·六三》爻辞："或从王事，无成有终。"《坤文言》释："阴虽有美含之，以从王事，弗敢成也。地道也、妻道也、臣道也。"虽未明言其是否三公，但肯定它代表臣。臣道的特点是"劳而不伐，有功而不德"。①

《易传》认为天、乾所以为尊、为主、为进；地、坤所以为卑、为从、为退，是由它们自身的属性决定的。《说卦传》曰："乾，健也；坤，顺也。"虞翻说健是"精刚自胜，动行不休"，顺是"纯柔承天时行"。②坤顺承乾，随乾而行，决定了代表乾、坤两类事物的阴与阳，从本质上说就不可能是并列的、对等的，而只能是尊卑有序、贵贱有等的。这样在阴阳构成的和合体中，阳尊阴卑，阳主阴从也就是自然的了。

《易传》和合思想的等级性是周代社会的等级制度在意识形态领域的反映。马克思曾说过："唯物史观是以一定时期的物质经济条件来说明一切历

---

① （唐）孔颖达撰：《周易正义》卷七《系辞传上》，上海锦章图书局藏版，十三经本。以下再引只称十三经本。

② （唐）李鼎祚：《周易集解》卷十七，上海商务印书馆，民国二十六年，万有文库本。以下再引只称《周易集解》。

史事件和观念，一切政治哲学和宗教的。"①

周代是等级制社会，其社会的等级结构是"天子有公，诸侯有卿，卿置侧室，大夫有贰宗，士有朋友，庶人、工、商、皂、隶、牧、圉皆有亲匿，以相辅佐"。② 天子、公卿、大夫、士、庶人、工商、皂隶牧圉等所处的社会等级不同，他们所占有的社会财富以及在社会上所分享的政治权利亦不同。《左传》宣公十二年说："君子小人，物有服章、贵有常尊，贱有等威、礼不逆矣。"认为跨越贵贱等级，就是逆礼。在这样等级森严的社会条件下，希冀《易传》的和合思想不反映等级制度，是根本不可能的。

有些学者习用"礼之用，和为贵"（《论语·学而》）一语释读《易传》的和合思想，但不谈礼的性质。这是有问题的。"礼之用，和为贵"其实讲的也是礼的有次序和合。

周代的礼，号称"经礼三百，曲礼三千"，等级性都是很严格的。《左传》庄公二十八年说："名位不同，礼亦异数。"即爵秩等级不同，所享受的礼遇也不同。《左传》襄公二十六年又说："自上以下，隆杀以两。"杀即减。是说自上而下爵秩每减一级，相应的礼遇就削减二数。如《周礼·春官·典命》载，上公旗冕皆九旒，侯伯则七旒，子男五旒，即所谓"隆杀以两"。

《礼记·中庸》曰："亲亲之杀，尊贤之等，礼所生也。"《曲礼》曰："夫礼，所以定亲疏，决嫌疑，别异同，明是非也。"皆揭示了礼的等级本质。在周代社会中，"亲亲之杀"反映的就是血族关系的等级；"尊贤之等"反映的就是社会上的政治等级。所谓"礼之用，和为贵"，讲的就是以等级制为基础的礼，要恪守尊卑贵贱不同等级的和合。当前，凡研究和合思想的学者皆未谈到和合思想的等级性，这不能不是一件憾事。

二

《易传》和合思想的特征之二，是认识到了世界万物阴阳和合的多样性

---

① 《马克思恩格斯选集》第 3 卷，人民出版社 1995 年版，第 209 页。
② （晋）杜预：《春秋经传集解》（十三经本）襄公十四年。

并主张容纳多样性。

和合一词，最早见于西周末年，是周太史史伯对郑桓公问时提出的，曰"商契能和合五教，以保于百姓者也"（《国语·郑语》）。含义是协调族众与百姓的团结。但是，问题不在于"和合"的提出，而在于在问对中史伯提出了对"和实生物"的深刻认识。史伯指出：同性事物之和不能生物，只有异性事物之和才能生物。百物由土与金木水火相杂而生成，味道由辛酸苦辣甜相杂而调口，身体由强健四肢组成而能自卫，声音由六律调和而能悦耳，七窍功能不同而皆受役于心，人具首足八体而成人，人建九脏能经纪性命树立纯德。不同事物的相互结合与转而相生，造就了人间世界"出千品，具万方"的多样性。

史伯讲论"和实生物"虽然还是直观的、感性的，甚至含有某些牵强之处，但毫无疑问，已经上升到了自然哲学的高度。①

《易传》发展了史伯的"和实生物"说，用高度概括的阴阳二气相交生物理论，取代了土与金木水火相杂而生物的旧说。《系辞传上》说："形而上者谓之道，形而下者谓之器。"首次提出了道器理论。依据这一理论，阴阳和合生物属于道论；物物相和生物属于器论。两者有重大差别。所以，《易传》的阴阳和合生物说把史伯的"和实生物"思想从自然哲学层次提高到了形上学层次。这在中国古代思维史上是一个划时代的进步。《易传》认为《易》"以刚柔立本"②，万物皆本阴阳而生，万物皆"阴阳合德而刚柔有体"，由阴阳和合构成的世界万物则是多种多样的。

《易》对事物阴阳和合多样性的认识，表现在它对《易》卦的阐释上。

《易传》认为《易》之乾、坤、震、巽、坎、离、艮、兑八经卦，可以代表世界上任何事物。如自然界的天、地、山、泽、风、雷、水、火；动物界的马、牛、龙、鸡、泵、难、犬、羊；家庭中的父、母、长男、长女、中男、中女、少男、少女。也可以代表时间和空间：震为春分、为东方；巽为立夏、为东南；离为夏至、为南方；坤为立秋、为西南；兑为秋分、为西方；

---

① 参见黄玉顺：《生命结构与和合精神》，《社会科学研究》1998 年第 1 期。

② 孔颖达：《周易正义》《系辞传》原作："刚柔者，立本者也。"此处取其义。以下引文不加注者皆见《周易正义》。

乾为立冬、为西北；坎为冬至、为北方；艮为立春、为东北。

《易》之别卦，就是由"八卦因而重之"组成的六十四卦。它不但可以代表世界万事万物，而且可以表现世界万事万物的发展变化规律。《系辞传》说："《易》与天地准，故能弥纶天下之道。仰以观于天文，俯以察于地理，是故知幽明之故。原始及终，故知死生之说。精气为物，游魂为变，是故知鬼神之情状。"能"范围天地之化而不过，曲成万物而不遗，通乎昼夜之道而知"。世界万事万物的发展变化是复杂的、多样的。《易》模拟表现世界万事万物的手段也是复杂多样的。《易》之象能拟天下事物之形容"象其物宜"，《易》之卦能"尽天下事物之情伪"，《易》之爻变而"遂定天下之文"，"感而遂通天下之故"，《易》之蓍能"通天下之志"，《易》之数"遂定天下之象"，《易》之系辞能断天下之"吉凶"。（参见《周易正义·系辞传上》孔颖达疏）

《易传》看到了世界万事万物及其发展变化的差异性、多样性。但它并不认为这些差异与多样性互相排斥，而认为它们同出于"太极"，皆由"阴阳"构成，所以具有统一性，是普遍联系的，是可以互相容纳的。

《易·说卦传》曰："天地定位，山泽通气，风雷相薄，水火相射。"[①] 天地、山泽、风雷、水火本是性质不相同、差异性很大的对立事物。但是，由于它们都具有阴阳之体，故天地可以相交，山泽可以通气，风雷可以相薄，水火可以相射。通过它们差异性、多样性的交相互补，交相和合，庶类就有所生成，品物就有所发展。"若天地不交，水火异处，则庶类无生成之用，品物无变化之理。"（《周易正义·说卦传》孔颖达疏）这些矛盾着的事物，在世界万物的成长变化过程中，各有自己的作用，"雷以动之，风以散之，雨以润之，日以恒之，艮以止之，兑以说之，乾以君之，坤以藏之"。它们的作用得到充分发挥，万物生长就能繁茂，品物流行就能多姿，世界也就会变得更加丰富多彩。这是《易传》兼容万物思想的又一种表现。

《坤·象传》曰："坤厚载物，德合无疆，含宏光大，品物咸亨。"蜀才

---

① "水火相射"一句，通行本《周易正义》、《周易集解》皆作："水火不相射。"此据马王堆汉墓帛书《易传》改。

释"德合无疆"曰："天有无疆之德，而坤合之。"荀爽释"含宏光大"曰："乾二居坤五曰含，坤五居乾二为宏。坤初居乾四为光，乾四居坤初为大也。"释"品物咸亨"曰："天地交、万物生，故咸亨。"坤是地，大地以母亲般的胸怀荷载万物。但坤性顺，顺承天而德合无疆，天地相应而含宏光大，天地相交相合而万物品类亨通。《坤·象传》曰："地势坤，君子以厚德载物。"大地是柔顺的，负载着万物，君子要效法大地，以敦厚至德兼容万物养育人民。《易传》的这一容物养民思想，现已凝结成为中华民族优秀的民族性格之一。

《易·说卦传》曰："昔者圣人之作《易》也，将以顺性命之理，是以立天之道，曰阴与阳；立地之道，曰柔与刚；立人之道，曰仁与义。兼三才而两之。故《易》六画而成卦。分阴分阳，叠用柔刚，故《易》六画而成章。"

《易传》认为天、地、人三才是一个统一的整体。人是天地所生，既与天地统一，又有别于天地。人所以与天地万物统一，因为人是万物之一种。《序卦传》曰："有天地然后万物生焉，盈天地之间者唯万物。"讲的就是这种统一性。人所以有别于天地，因为天地间唯人有灵，可以认识三极之道，是天地间一切活动的主体。《易》卦六画，初、二为地，三、四为人，五、上为天，就是用来表现天地人三才之道的。天道虽刚，亦含柔德；地道虽柔，亦含刚德。人禀受天地二气而生，自然也含刚柔二体，即"曰仁与义"。

《易传》把天、地、人看作是一个统一的整体，并探索天、地、人三者阴阳刚柔的变化规律，探求人与万物的性命之理，这不正是它兼容万物多样性的最好证明吗？

三

《易传》和合思想的特征之三，是认识到事物阴阳的两端而主张追求中道。

《易传》关于世界万物两端的思想是复杂的、多方面、多层次的。

从世界万物的起源上说，它认为阴、阳就是两端。《易·系辞传上》说："一阴一阳之谓道。"世界万物的产生无不从阴阳开始。乾是阳的代表，坤是阴的代表。《乾·象传》曰："大哉乾元，万物资始，乃统天。"乾元是刚劲的元阳之气，世界万有之物无不资取元阳以为开始。天是元阳之气结成的形体，故乾元统于天。《坤·象传》曰："大哉坤元，万物资生，乃顺承天。"

坤元是柔顺的元阴之气，世界万有之物无不资取元阴之气赖以生长。地是元阴之气凝成的形体，是顺承天的。孔颖达解释"资始"、"资生"的不同作用说："初禀其气，谓之始；成形谓之生。乾本气初，故云资始；坤据成形，故云资生。"（《周易正义·系辞传上》孔颖达疏）即说万物发生先禀受乾元之气，坤元之气随后顺承乾元，以成就万物之形体。所以，万物莫不为阴阳和气，而阴阳则为它的两端。

《易》卦是《易》模拟天地万物及其发展变化的结构系统，不论经卦、别卦，它的两端都是乾坤。

从经卦来说，《说卦传》云："乾天也，故称乎父。坤地也，故称乎母。"《乾》、《坤》两卦是父母卦，余六卦《震》、《巽》、坎、离、艮、兑皆由《乾》、《坤》两卦相交相索而来，称为六子卦。《乾》、《坤》两卦当然是八经卦的两端。但是从经卦的内部结构看，"天地定位、山泽通气、风雷相薄、水火相射"。所以它们分为天地、山泽、风雷、水火四组，八卦又各为每组事物的两端。

《易经》六十四卦反映世界万事万物发展变化更大更复杂的过程。它由八卦"因而重之"所构成。故经卦乾坤应为"众卦之父母，万物之祖宗。"[1]《系辞传下》："子曰：'乾坤，其《易》之门也。'"此讲别卦《乾》、《坤》是《易》之门户，自然就是六十四卦的两端。

从传世本《周易》六十四卦的卦序看，相邻两卦为一组，可分为三十二组，其卦象非反即对，是阴阳矛盾对立统一体，每卦各为事物发展三十二个阶段的两端。《易·杂卦传》云："乾刚坤柔，比乐师忧。观临之义，或与或求。屯见而不失其居，蒙杂而著。震起也，艮止也。损益盛衰之始也。大畜时也，无妄灾也。萃聚而升不来也。"等等，就是对这三十二组

---

[1] （宋）朱震：《汉上易传》（四库全书本）《卦图》卷上引李挺之谓："乾坤二卦为易之门，万物之祖。"我以为"万物之祖"应为经卦，参见拙作：《略论〈周易〉的卦变问题》，《周易研究》1988年第2期。

阴阳和体之卦各端特点的生动描述。

《周易》六十四卦，每卦又为一时，是卦时。每卦六爻，每爻亦为一时，是爻时。王弼《易略例》说："卦者，时也。爻者，适时之变也。"初爻为事物之始，上爻为事物之终，是卦时发展过程的两端。《系辞传下》说："六爻相杂，唯其时物也。其初难知，其上易知，本末也。"本为初爻，代表事物之初生，人们尚未见到事物发展的全过程，仅见初爻，自然对事物难以说明。末为上爻，代表事物的终结，人们见到上爻就已见到了事物发展的全过程，自然易对事物作出判断。前贤言《易》为寡过之书，就是因为人们可以利用《易》探求事物的发展方向，以趋吉避凶。

《易传》追求中道的思想，主要表现在它对《易》卦、爻体系的阐述中。在《易》的六爻中，除初、上二爻代表本末以外，余四爻称为中爻。《系辞传下》曰："夫杂物撰德，辨是与非，则非其中爻不备。"崔憬注谓"中爻"是二、三、四、五爻，极是。《易》是讲阴阳对立统一的，初、上两爻作为事物发展的两端虽然很重要，但反映事物阴阳变化的是非得失，则集中体现在中四爻上。在中四爻中，最受重视的，又莫过于二、五。二为下卦之中，五为上卦之中，是《易》三才之道的中极。《易》的阴阳和合境界往往通过它们表现出来。所以《易传》最重视此二爻。

《系辞传下》说："二与四同功而异位，其善不同，二多誉，四多惧。柔之为道，不利远者，其要无咎，其用柔中也。"韩康伯注："二处中和，故多誉也。四近于君，故多惧也。"二与四虽同为阴爻之位，但因二居下卦中极，而四居上卦之下极，又近于君，所以二多美誉而四多凶惧。

《系辞传下》又说："三与五同功而异位，三多凶，五多功，贵贱之等也，其柔危，其刚胜也。"徐志锐注："三居下卦的偏位，是卑贱，所以多凶。五居上卦的中位，是六爻之中至尊之位，所以多功。"[①] 徐注得之。

在《易传》中有十九次谈到"得中"，凡得中之爻，不论卦时是吉是凶，是否是亨，皆有吉或趋吉之义。

如《同人》卦承《否》卦而来，是"否则思通，人人同志，故可出门

---

① 徐志锐：《周易大传新注》，齐鲁书社 1987 年版，第 474—475 页。

同人"。其六二为阴爻居阴位，九五为阳爻居阳位。《象传》曰："柔得位得中而应乎乾，曰同人。"其二、五两爻得位、得中，又得正，故是一阴阳和合之吉卦。

再如《蹇》卦是承《睽》卦而来，"睽者乖也，乖必有难，故受之以蹇"。其象前有水、后有山是一险难之卦。《蹇》卦卦时虽难，但因其九五为阳爻居阳位，六二为阴爻居阴位，有阴阳和合之象。故《象传》曰："蹇，难也，险在前也。见险而能止，知矣哉。"《蹇》之九五、六二爻阴阳相应，居中履正，故说明其能克时济世，渡过蹇难。

《易》卦反映客观世界阴阳变化的形式是复杂多样的。如果说《同人》所讲的二、五爻之阴阳和合是顺境的和合；而《蹇》所讲的二、五爻之阴阳和合则是逆境的和合。那种认为古代凡讲到阴阳和合时一定是一片光明，处于顺境的观点是片面的，是缺乏思辨精神的。实则古人更注重逆境的阴阳和合，它也更有现实意义。

在《易传》中十三次谈到"刚中"，刚健的事物得中位，有利于推动事物的发展。如《临》卦是承《蛊》卦而来。《序卦传》："蛊者事也。有事而后可大，故受之以临。临者大也。"《临·象传》曰："临，刚浸而长，说而顺。刚中而应，大亨以正，天之道也。"所谓"天之道"，指的是阳长阴消之道。《临》卦初九、九二为两阳爻，是"刚浸而长"。下《兑》上《坤》，是"说而顺"。其九二、六五二爻一阳一阴皆处中位，上下相应，又顺天道，故是一阴阳和合之吉卦。说明刚直的事物在发展过程中，即使遇到困难和挫折，赖其"刚中"，也可解脱，有"无咎"或"受福"之幸。

在《易传》中，中行、中道凡十五见。具备中行、中道品质之爻，也在各类卦时中皆得吉亨。

如《复》卦六四爻辞曰："中行独复。"《象》曰："中行独复，以从道也。"六四亦为中爻，在《复》卦的五阴中，独与初九相应，有和合之象，故曰："中行独复"。其所从之道，亦自然界的阴阳寒暑消长之道。又如《解》卦是承《蹇》卦而来。《序卦传》曰："蹇者难也。物不可以终难，故受之以解。解者缓也。"《象传》曰："其来复吉，乃得中也。"此指九二爻。九二之吉，一在于得"中道"；二在于与六五应，有阴阳和合之象，故是趋吉之卦，能做到缓解塞难。

在《易传》的和合思想中，"中正"之道是它追求的最高境界。关于这一点集中地表现在《乾》卦象、象传与文言中。

乾是纯阳之卦，性质为健。《象传》曰："天行健，君子以自强不息。"要求人们顺应天德，昼夜不懈，自强不息。《乾文言》对乾之二、五两爻皆极称赞。谓九二曰："龙德而正中者也。"九二居中而位不当，故曰"正中"而不谓"中正"。又曰："见龙在田，利见大人，君德也。"

谓九五曰："大哉乾乎，刚健中正，纯粹精也。"九五以阳爻居阳位，所以是"刚健中正，纯粹精也"。又曰："飞龙在天，乃位乎天德。"乾之九是有君德之人，至九五是有君德之人又居于天德之位，达到了"时乘六龙以御天"的境界。这一境界正是《易传》所追求的"中正"之道的最高境界："与天地合其德，与日月合其明，与四时合其序，与鬼神合其吉凶。先天而天弗违，后天而奉天时。天且弗违，况于人乎，况于鬼神乎?"

这一境界也就是"天人合一"境界。九二以阳爻居阴位，是有君德而无君位。爻象阴晦阳明，故曰"天下文明"，是人与地合德。九五以君德居天位，是人与天合德。《象传》、《象传》、《文言》反复强调九五"时乘六龙以御天"、"飞龙在天，大人造也"，"圣人作而万物睹"等，就是从各方面描述"天人合一"境界的特点和内容。

《易传》认为人要达到"天人合一"的境界，需要经过几个阶段：其一，进德修业，自强不息。这一阶段凡君子经过努力都能达到。其二，与地合德。修至这一阶段，已具君德，能成为大人；凡君子人也能达到。其三，既具君德又居天位，进至"天人合一"的境界。而达到此境界，非圣人莫属，一般君子难以做到，更不要说庶民百姓了。由此可见，《易传》所讲的"天人合一"，是它理想的最高境界，是天下大化的境界，后儒所讲的"内圣外王"境界实即此"天人合一"境界。

关于《乾·象传》"保合大和"一词，李鼎祚《周易集解》与孔颖达《周易正义》皆无确解。高亨先生以"四时之气皆极调谐，不越自然规律"①

---

① 高亨：《周易大传今注》，齐鲁书社 1979 年版，第 55 页。

作解，仅得其半义。徐志锐先生解"保合，则是指保持住阴阳的这种结合"；"大和"是"阴阳对立面的统一是天地大化之开始"，仍未跳出自然规律的窠臼。《易传》并非专讲自然规律、四时合序、天地合德之作。更主要的是，它通过六爻三极之道来讲天人关系。所以，"保合"一词，实讲人顺应四时之气与地合德，"大和"则讲人顺应六气之道与天合德。因此，"保合大和"不但讲天、地、人三才阳之气自然和合，更重要的是讲人与地合德，与天合德，讲"天人合一"。

四

《易传》和合思想的特征之四，是认识到了事物的阴阳和合与不和合是并存的，是互相转化的，不和合也是事物发展的必然过程或状态，是事物发展的动力之一。但这种过程或状态往往对事物发展带来不利影响，甚至造成灾害，所以应予以防范，以避免或减少损失。

《易传》认为天地万物是一个"穷则变，变则通，通则久"的发展过程。而"物不可以终通"必然再次转化为穷。于是就形成了一个自然法则：物穷必变，变则通；通久必穷，穷而后再变。这一法则说明和合仅是事物发展的一个过程、一个阶段或说一种状态，当然是事物发展最顺畅、最和谐、最美善的阶段或状态。但它并不可能持久，和久必变是任何事物、任何人都改变不了的自然规律。穷与通，即不和合与和合是事物发展的两极，所以离开穷来谈通，离开不和合来谈和合都是片面的、不深刻的。对此，《易传》有许多论述。如《系辞传下》说："安而不忘危，存而不忘亡，治而不忘乱，是以身安而国家可保也。""爱恶相攻而吉凶生，远近相取而悔吝生，情伪相感而利害生。"《杂卦传》说："并通而困相遇也，咸速也恒久也，涣离也节止也，解缓也蹇难也，睽外也家人内也，否泰反其类也。"《革·象传》曰："革，水火相息，二女同居，其志不相得。"革本是水火相灭，二女矛盾的穷困之象。但因其两中爻六二与九五为阴阳和合，所以穷能生变，最终转化为"天地革而四时成，汤武革命，顺乎天而应乎人"的吉卦。《易传》讲穷通之变的事例还有很多，兹不备举。《左传》庄公四年曰"盈而荡，天之道也"；

哀公十一年曰："盈必毁，天之道也。"所讲穷通转化之理，精神实质与《易传》一致。

《说卦传》还用八卦为模式，具体说明天地四时终而复始变化的特点，认为震、巽、离、坤四卦代表从春分到立秋这一时段与从东到西南这一地理方位，反映万物的萌发、繁茂与走向成熟；兑、乾、坎、艮四卦代表从秋分到立春这一时段与从西到东北这一地理方位，反映万物成熟、收敛、归藏。四时终而复始的变化，就是通与穷、和合与不和合的变化。艮是这一变化的关结点，既代表旧事物的终结，又代表新事物的萌发。

《易传》认为世界上一切事物都受穷通规律的支配，即使作为万物之祖的天地本身也不例外。如代表天的《乾》，是一健卦，是阳气充分发展之卦，但阳气发展到"保合大和"的九五爻以后，至上九"则亢龙有悔"，陷入了"盈不可久"的"穷之灾"境地。代表地的《坤》，是厚德之卦。但其德发展到六五"黄裳元吉"以后，至上六则"龙战于野"，敌阳而与阳战，由和合走向不和合，结果是"其道穷也"。反映"一阴一阳"之道的乾坤体现着穷通变化，由乾、坤所决定的其他诸卦也无不如此。《泰·九三》爻辞曰："无平不陂，无往不复。"则是对这一规律的又一概括。

世界万事万物和合与不和合的变化形式是多种多样的。《易传》模拟这一变化的形式也是多种多样的。

就《易》之别卦来说，每卦皆由上下二经卦构成。《系辞传下》说："其阳卦多阴，阴卦多阳。"若其上下两卦一为阴卦，一为阳卦，一般来说则是亨通之卦。但这又不是绝对的，因为它还要受卦时等其他条件制约。《易传》最重视的是阴阳交通。《系辞传》曰："天地絪缊，万物化醇。男女构精，万物化生。"《泰》之所以为吉卦，就是因它代表"天地交而万物通，上下交而其志同"，是阴阳和合之卦。反之，《否》之所以为凶卦，也因为它代表"天地不交，万物不通。上下不交，而天下无邦"。《否》卦虽然也由三阴爻、三阳爻组成，但其象为天在上，地在下。天气性质是上升，地气性质是下降，上者自上，下者自下，两者不交通，故《否》为阴阳不和合之卦。

就《易》卦之六爻与六位关系来说，六位是不变的，初三五为阳位，二四上为阴位；而六爻或阴或阳是"变动不居，周流六虚，上下无常"的。

若阳爻居阳位，就是得位、得正，就是和合；反之就是不得位、不和合。在六爻中，初与四、二与五、三与上有对应关系，若两者一为阴一为阳则为有应，是和合之象，否则是敌应，是不和合之象。就六爻的相邻两爻来说，又有比与不比的关系，相邻两者为阴阳，就是比，就有和合之象；反之就是不比，是不和合之象。在两爻相比中，若上爻为阴，下爻为阳，是阴乘阳，虽比而有所不和。

《易传》认为世界万物的阴阳和合与不和合是相对应而存在的，和合是统一，不和合是对立，如车之两轮、人之两足，缺一不可。和合与不和合的相互转化，动力都源于事物内部阴阳的对立与统一。《易传》对阴阳的和合与不和合是并重的。它重视和合，在于追求人与天地自然合德，在于"天人合一"；它重视不和合，在于消解矛盾，协调社会人际关系，追求人与社会合德，在于居安思危，提高忧患意识，两者皆不可偏废。所以，那种只讲和合而排斥不和合的思维方法，是不符合《易传》和合思想本义的。

总之，《易传》和合思想内容丰富，极具系统性和思辨性，对后来儒家及诸子的阴阳和合学说有很大影响，对中华民族传统文化与传统思维方式的形成，作出过重要贡献。对于这一思想宝藏，我们应深入发掘。

（原载《吉林大学社会科学学报》2004 年第 1 期；
作者单位：吉林大学古籍研究所）

浅论老子的和合思想

李汉相

在中国传统哲学里面，老子之道与"和"的思想是很重要的。笔者将从人与和、道与和、自然与和三个方面来考察老子的和合思想，必要时则引用《道德经》和《庄子》原文来加以佐证。张立文教授关于先秦儒、道、墨、管、法诸家和合思想的论述，启发了笔者在人性方面的诸多思考。① 老子生活在春秋末年，著作《道德经》，古往今来，学者见解纷纭不一。② 其实，《道德经》的成书，虽然经过很多人的加工，但是基本上可以反映老子的哲学思想。这是学术界已经达成共识的。孔子说："人能弘道，非道弘人。"(《论语·卫灵公》) 本文欲考察人之与"我"、人之与人、人之与天地、人之与自然之间的和谐。

老子的思想是天道自然无为的思想，其中，我们绝不能忽视了无为。在《道德经》第 64 章中有"为之于未有"这样的话，他的意思并不是说什么都不做，还是要做些事情，那么究竟要做些什么呢？这就要说到所谓的"为学"与"为道"了 (《道德经》第 48 章)。那么，做的结果怎么样呢？

---

① 参见张立文：《中国和合文化导论》，中共中央党校出版社 2001 年版，第 142—144、148 页。

② 老子生存年间虽然早于孟子、庄子、荀子，《道德经》基本可以反映出他的个人思想，但还需进一步商榷、判明。(关于老子其人其书的问题，参考《古史辩》第 4、6 册)。

一、人与和

关于人与自然方面，可以用《道德经》里的一句话来说明："人法地，地法天，天法道，道法自然。"（《道德经》第 25 章）首先，人之效法地，地效法天，天效法道，道效法自然，井然有序。王弼认为"法"是法则的意思。① 那么，人之于地，效法什么呢？对此，老子并未具体地说明，那么到底应该效法什么不应该效法什么？在《道德经》里，如果试加统计的话，我们可以发现老子喜欢赞美婴儿、水、牝牡等，效法柔弱、处下的姿态，② 特别推崇水的"不争"。"不争"的字句出现于《道德经》第 3 章、第 8 章、第 22 章、第 66 章、第 68 章、第 73 章、第 81 章，关联着心（性）、水（性）、德（性）、道（性）等等的内涵意义。虽然"性情"一次也没有出现过，但是德包括性情，而且是更为深层的。

其实，道家的"不争"比起儒家的入世来说，还是消极的。对于社会混乱的情况，道家主张采取顺其自然的办法解决问题，高扬个人的精神力量。就心性来说，老子认为"不尚贤，使民不争"（《道德经》第 3 章），意思是说，不推崇有才干的人，使人民不争功名利禄。因为人心都有欲望，都会喜欢功名利禄，往往因此而惹起矛盾或者对立，也就成为迷惑、痛苦、悲哀的源头。那么，如何消解人心这样的弊端呢？老子认为需要"致虚极，守静笃"（《道德经》第 16 章），要加强心性的修养。"极"是极点的意思，"虚"指的是空灵或者虚的世界。在《庄子·养生主》里有庖丁解牛的故事，这也不是虚无主义，可以从"守中"（《道德经》第 5 章）中看出来。那么，人心如何做到"虚空"的呢？何为虚空的状态呢？何谓"虚静笃实"呢？因此，要说明对心性的修养工夫，需要引用老子《道德经》里的一段原文："圣人之治，虚其心，实其腹，弱其志，强其骨。"（《道德经》第 3 章）意思是说，圣人治理天下，其心态为空明、清静的，而着重于守功夫。"圣人无常心，

---

① "法，谓法则也。"《诸子集成》（三册），中华书局 2010 年版，第 14 页。

② 参见陈鼓应：《老庄新论》，上海古籍出版社 1992 年版，第 35 页。

以百姓心为心"（《道德经》第 49 章），也就是无为而治。庄子拒绝参与现实政治，认为与其参与政治，不如像活生生的龟，拖着尾巴在泥泞中爬行。

在修养工夫上，庄子提出"虚实"、"虚静"与"虚室生白，吉祥止止"（《庄子·人间世》）、"朝彻"、"见独"（《庄子·大宗师》），就是大马之棰钩者（《庄子·知北游》）的精神境界。因此，王邦雄教授讲，解析两家的性格，大体上分为儒家的道德心与道家的虚静心。可是，为人免不了受到欲望、功名利禄的诱惑，对于公私也是如此，这也许是自然的一种限制。因此，老子主张"少私寡欲"（《道德经》第19章），这里的"欲"并不是禁欲，而是"啬"（《道德经》第 59 章），即是节制的意思。也就是说，做人应该减少私心和欲望，保持守静不争的自然状态，在性情方面达到和谐。依据《庄子·齐物论》里的"日以心斗"，这里的心不是圣人之心，而是众人之心，更进一步或者理想化一些，应该看作至人之心，并提出"心斋"、"坐忘"的修养工夫。① 前者是"虚者，心斋也"（《庄子·人间世》），后者是物我两忘，即"坐忘"的境界。这些和佛教的真如的境地有相似之处。可是，如何进入这样的境地呢？老子对此并未说明。老子提出"常德"在内，而庄子在《庄子·德充符》中与惠施的对话里，提出圣人与性情的关系。两人的观点有很大差异，可以说是各有各的主张，与儒家的圣人相比差别更大。因为即使只从地域上看，二者生活的时间、地域也有很大的不同。②

就水性来说，老子认为"利万物而不争"（《道德经》第 8 章），貌似柔弱，有处下之德，接近于道（性），而不是道（性）。这也许是因为水可以看得见，但道是看不见的。道有"虚"与"大通"（《庄子·大宗师》）的性格。比方说，水性也是自然之性，与自然发生关系，这一点可以从"太一生水"中看出来。③

---

① 参见张立文：《中国和合文化导论》，中共中央党校出版社 2001 年版，第 276 页。

② 参见《诸子集成》（三册），中华书局 2010 年版，第 99 页。"眇乎小哉，所以属于人，謷乎大哉，独成其天！"（《庄子·德充符》）如此，儒家是团体的，道家是个人的。

③ 参见《诸子集成》（三册），中华书局 2010 年版，第 412—413 页。"建之以常无有，主之以太一。"（《庄子·天下》）太一指的是什么？庄子并没有具体的说明，成玄英疏："太者，广大元名，一以不二为称。"也可能与"道生一"有关系的。也就是说，即是创造的道，在郭店竹简里，关于"太一生水"，涉及宇宙生成论，探究宇宙万物本体（郭沂：《郭店竹简与先秦学术思想》，上海教育出版社 2001 年版，第 138 页）。总言之，照着老子之道来说，不是物质的，而是精神的。又道为无、无有的，因为道生万物（万有）。

归根结底，太一产生天地，天地产生阴阳，阴阳产生四季，四季产生寒热，寒热产生湿燥，湿燥产生岁（一年）。但是，太一为何物，老子并没有说明。笔者将另文讨论。

就德性来说，老子认为最重要的是"不争之德"（《道德经》第 68 章）。所谓"不争"，就是不想争，不能争，没有争，不愿意争，保持这样一种单纯、素朴的心态。"天下莫能与之争"（《道德经》第 22、66 章）中的"争"是代名词，是用来表述"道"的。"德，得也"，德的本性就是道的本性，这是"孔德之容，惟道是从"（《道德经》第 21 章）。那么，德是人之本性吗？如果不是，那么人之本性是什么？另外事物的本性怎么样呢？其本性会不会变呢？如果会变的话，那么它们如何恢复本性呢？虽然道的存在不变，即是永恒的，但是人事与天地万物却无法永恒存在。老子认为"天地尚不能久，而况于人乎？"（《道德经》第 23 章）天地也在变化过程中，何况于人之变化呢？天地的变化反映为自然的法则、规律、性质，比如说，气与阴阳的结构，但也有无法说明的。为了说明德，引用《道德经》里的一段原文："上德不德，是以有德；下德不失德，是以无德。"（《道德经》第 38 章）这句话是说，有志修行上德的人，不表现于外在形式的德，所以实际上是有德；有志于修行下德的，死守形式上的德，因此，实际上反而没有德。这是上下德的性向，也是自然的性向。换言之，为道的道路，在于提升精神境界，更高一层，与自然浑然一体，和谐自然，这是"德交归焉"（《道德经》第 60 章）。关于这点，笔者将在后面"法道"一部分中，作仔细考察。

在《道德经》里，"和"字一共出现了 7 次，与"不争"差不多，而频率不如"不争"那么高。下面笔者将依次加以分析。"音声相和"（《道德经》第 3 章），指的是有声音与无声音的现象界，涉及道与语言的功能。"和其光"（《道德经》第 4 章）的"和"是个动词，成为明与暗的和谐。"六亲不和"（《道德经》第 18 章），所谓"六亲"为父、子、兄、弟、夫、妻，在家庭关系中，有些纠纷，双方关系中仍然有一些被动的成分，这涉及人道、天道。"万物负阴抱阳，冲气以为和"（《道德经》第 42 章），这是从道与阴阳的关系而说的，成为阴阳的调和，类似于《周易》所谓的"一阴一阳之谓道"。① "精之至，和之至"（《道德经》第55章），这是讲德的生成和调和。"和大怨，必有余怨"（《道德经》第79章），这里的"和"也是个动词，意思是恩与怨的和谐。"知和曰常"（《道德经》第55章），就人事与天地万物而言，虽然就具体情况而言会有不同，但是认识道和道的原理（principle），即常，即道是永远的存在，并且是与自然是和谐的。这点在后面"道法自然"时，将做进一步探讨。

二、道与和

首先，要考察道与和。

"道生一，一生二，二生三，三生万物。万物负阴抱阳，冲气以为和。"（《道德经》第42章）此章是说道的性质与功能，并且尝试解析"道生一"。"生"可以解释为生成，难道不是道生成道吗？它本身就既是静态的，又是动态的。就静态的说，即是道之自体；就动态的说，即是道之分身。这是《庄子·大宗师》所谓的"自本自根"、"自古以固存"。那么，道如何存在？"一"指的是什么？其生是不生之生还是无生之生？另有别的意思吗？

我们针对第一个问题，道是如何存在的。"有物混成，先天地生。寂兮寥兮，独立而不改，周行而不殆，可以为天下母。吾不知其名，字之曰道，强为之名曰大。"（《道德经》第25章）道是混沌的世界与精神的世界，它先于天地而存在，生天生地，这里的"生"也是生成的意思。由此出发，在《庄子·应帝王》里混沌的死亡，反映出道进一步发展为生命精神，即道是"生生者"（《庄子·至乐》）。"寂兮寥兮"是说无为之无形、无名，也是看不见、听不见的自然性质，乃由复归过程当中，说明为道、大。这些如果仅靠名言概念是很难理解的，因此我们不必受到拘束。这就是庄子的"形形者，不当名"（《庄子·知北游》）。"始于玄冥，反于大通"（《庄子·秋水》），也就是说，为道无所不通，无所不在的，可见于《庄子·知北游》知与东郭子的对话里，即是说普遍性。道内在于一切事物，事物不经由道，就没有什么

① 参见张立文：《周易与儒道墨》，（台北）东大图书公司1991年版，第19页。

别的存在的办法。

就第二个问题来说，"一"指的是什么？中国历代有很多注释家关心这个问题，注释为无、有、理、气，等等，不可胜数。可是，不见得"一"指的就是这样那样，似乎是无法说明的。这点，如果往回追溯的话，一是一，一不是二，而是一，涉及形式逻辑。因此，老子认为"朴"（《道德经》第28、32章），即是混沌未判、未分化的状态，也是独一无二的道。① 道是没有对立面的，是"独有"（《庄子·在宥》）地、"自存"（《庄子·大宗师》）地维持而发展，却不是全体主义，而是有可能发展到相反方向的。这也是"反者，道之动"（《道德经》第40章）所说的意思。方东美先生在《生生之德》中说，道是广大悉备的存在，是整体的；陈鼓应先生也进而提出道的整体性。②

就第三个问题来说，是关于道的不生之生与无生之生的问题的。前者是就"有生于天下万物"（《道德经》第40章）来说的，后者是就"有生于无"（《道德经》第40章）来说的。倘若由此来理解老子的逻辑，我们可以发现所谓"不生之生"，是说道是无的，绝不能生有。那么，万物如何自化呢？换句话说，道何为物呢？关于这一点，老子还是没有具体的说明。对于这个问题，庄子的看法主要在《庄子·天地》篇的"太初"（泰初）。在庄子看来，"一之所起"不是现象界的存在，而是永恒的无与有。后来，王夫之批评了老子哲学。③ 所谓无生之生，道即是无，不过此"无"乃对具体之"有"而言，非即是零，而是在产生或过程当中有的。那么，如何生成的也没有具体说明。也就是说，无是形而上的无，实际上，也是抽象的无。④ 这就是"弱者，道之用"（《道德经》第40章）。后来，庄子将这一思想发展为《庄子·庚桑楚》里的"天门"、"无有一无有"，不管"天地之始"、"万物之母"（《道德经》第1章），说出来的道，已不是道。后来，王弼说有无，也是同样的道理，那么，如何了解道的有无层面，就成为一个值得不断深入研究的课题。

---

① 参见冯契：《中国古代哲学的逻辑发展》（上册），上海人民出版社1983年版，第127页。

② 参见陈鼓应：《老庄新论》，上海古籍出版社1992年版，第196页。

③ 参见孙以楷：《老子外传老子百问》，安徽人民出版社1992年版，第237页。

④ 参见张立文：《中国哲学逻辑结构论》，中国社会科学出版社2002年版，第99页。

接着是"二"为天地或者是阴阳。以第二个"二"为天地以前状态，天地以后状态，看起来好像"朴散为器"（《道德经》第 28 章），又可以从"器"逆推到"朴"。老子认为"天地相合"（《道德经》第 32 章）。这里的"合"是和合的意思。天地之间（阴阳之气）相合，但有的时候，天地动荡、错行，可是，乃是成为自然的调和。老子认为"天地之间，其犹橐龠乎！虚而不屈，动而愈出"（《道德经》第 5 章），比如说橐龠为风箱，恰似物的内仓与外延，在空间上描述宇宙。另外，"天长地久"（《道德经》第 7 章）在时间上描述宇宙。但是道有超越时空的特性，因此老子认为"绵绵若存，用之不尽"（《道德经》第 6 章），即是无为的作用。三为天、地、人三才。"三生万物"，天地人如何生成万物？终极的仍然是道生成万物。但是我们无法对道加以说明，只好从生成过程着手，通过天、地、人来说明。例如，孟子说的"天时"、"地利"、"人和"，也可以与《周易》的变化论对比着看，① 天地是万物的舞台，人是万物的灵长。在庄子发展为"天地精神"，对此冯友兰先生说，庄子的哲学精神就在这里。② 又在《庄子·则阳》里之借以大公调的说法，引"季真之莫为"与"接子之或使"的观点加以分析。前者是没有万物的主宰者，后者是有万物的主宰者，截然不同。从此，可以看出庄子的万物齐同思想。③

总言之，道是天地万物的根源，又是万物的基础与理想归宿。老子认为"小国寡民"（《道德经》第 80 章），在这个社会里，安心立命，人们处于一种自然的状态，所以说"道之尊，德之贵，莫之命而常自然"（《道德经》第 51 章）。这里的"自然"不是名词，而是表达一种状态。换句话说，就是体现于道，恢复于德。

---

① 参见沙少海：《老子全译》，贵州人民出版社 1989 年版，第 85 页。

② 参见《诸子集成》（三册），中华书局 2010 年版，第 425、39 页。"独与天地精神往来而不敖倪于万物。"（《庄子·天下》）又是"天地与我并生，而万物与我为一。"（《庄子·齐物论》）

③ 参见《诸子集成》（三册），中华书局 2010 年版，第 174、279、409 页。"今夫百昌皆生于土而反于土。"（《庄子·在宥》）"百昌代指万物。万物皆出于机，皆入于机。"（《庄子·至乐》）对"机"，没有具体的说明。"万物皆种也，以不同形相之单。"（《庄子·寓言》）此言万物的本性。

其次，考察阴阳。

"负阴抱阳，冲气以为和"，这是讲阴阳的。阴阳是相反事物的两面，事物都是阴阳的调和。老子认为"道冲而用之或不盈"（《道德经》第 4 章），这里"冲"的意思是中、盅。《说文·皿部》说："盅，器虚也。"傅奕本作盅，这里冲引申为虚，如此冲虚的作用，即是阴气和阳气的作用，是不可穷尽的。其实，冲气的气不但可以表现为物质的，而且可以表现为精神的，比如说，志气、士气等。那么，气是什么？道与气的关系如何？虽然在《道德经》中"气"只出现了 3 次，但是气已发展为庄子之气化论的主要组成部分，比如说，"天地之六气"，"天和"、"一气"等。① 这样的自然之气，涉及人之生死。老子认为，"专气致柔，能婴儿乎？"（《道德经》第 10 章）这是一方面集中于精气，致于柔弱，能够好像柔弱的孩子的状态，比如说，就像"赤子"（《道德经》第 55 章）的存在方式；另一方面，这里有对立转化法则、思想，是物质的或者肉体的，即是说生命精神。

三、人之与自然的和谐

"为学日益，为道日损，损之又损，以至于无为。"（《道德经》第 48 章）意思是说，学问天天增加收益，学习大道天天减少妄心邪念，以至于无为。这种观点乍一看，好像是某种神秘的体验。那可能是因为道是神秘的东西，就是"恍惚"（《道德经》第 21 章）。道不是感觉器官思考的对象，是不可思议的，终究是无法靠感觉思考把握的。但是具体来说，"为学"是"知人者，智"，"为道"是"自知者，明"（《道德经》第 33 章）。"为学"涉及人我关系，至少也有知、情、意之间的相互作用。依据《庄子·天下》篇的"内圣外王之道"，也可以说是"内求"与"外求"之路。"外求"是追求"外物"，可以得到知识；内求是追求道的，可以明白大道的道理。庄子认为，"人在外，

---

① 参见《诸子集成》（三册），中华书局 2010 年版，第 167、322 页。"气也者，虚而待物者也。"（《庄子·人间世》）"若正汝形，一汝视，天和将至；摄汝知，一汝度，神将来舍。"（《庄子·知北游》）成玄英疏："天和者，天然和气也。"

天在内。"(《庄子·秋水》)这里有"人"是人为的、天是自然的意思。①

人是大自然的一分子,从自然回归自然,"人之生也柔弱,其死也坚强。"(《道德经》第76章)这句话的意思是说,人活着的时候,表现为柔弱的存在样相、样态,在死的时候,就逐渐僵硬起来。依据《庄子·养生主》的观点,生命与知识并不相悖。也就是说,在物质或肉体转向精神的提升时,不仅仅是千差万别的精神境地,而且是道的境界。老子认为"有身乃无身"(《道德经》第13章),这并没有劝人弃身轻身或忘身,如果没有身体的话,怎么能够活得了,难道肉成道体吗?这就像人活着离不开身体,虽然有些"名与身"的苦痛,"身与货的迷惑","得与亡"(《道德经》第44章)的悲伤等,但是一向爱惜自己的生命,"善摄生者"(《道德经》第50章),"知不知,上"(《道德经》第71章),涉及养生与形而上的关系。老子认为"心使气曰强"(《道德经》第55章),这并不是道,因为道不是物质的,而是精神的。后来这种思想发展为庄子的气化论。②而道教将这个思想引申为养生术,追求无病长寿。徐复观先生在《中国人性论史》中,认为老子之气为生理之气。其实,如上所述,老子之气与自然之气,是一脉相通的。老子认为"知和曰常,知常曰明"(《道德经》第55章)。这里的"常"是"道可道,非常道"(《道德经》第1章)的常。由此出发,河上公将"道"分为可道之道与自然之道,反映了某些汉代养生家的说法。③这里的"明"是"自知者明"的明,如前所述,也是明与暗的和谐。这是"明道若昧"(《道德经》第41章)的转化,所以说"知者不言,言者不知"(《道德经》第56章),即知道的人不说,说话的人不知道。可是,按照这种说法,天下人怎么知道呢?在庄子之相对的知识与不可知论,进而提出"真人而后有真知"(《庄子·大宗师》),又说"至言去言"(《庄子·知北游》),虽然语言在人与人之关系上很重要,但是,在我与道之间,没那么重要,如前面所述,说出来的

---

① 参见《诸子集成》(三册),中华书局2010年版,第260页。"牛马四足,是谓天,落马首,穿牛鼻,是谓人。"(《庄子·秋水》)如此,郭象把天解释为自然。

② 参见《诸子集成》(三册),中华书局2010年版,第1320页。"气之聚也;聚则为生,散则为死。"(《庄子·知北游》)

③ 参见《音注河上公老子道德经》,广文书局1987年版。

或可表现的道不是"常道"，即道是不可言说表明的，也就是说，语言是工具，"我"与道之间，什么都没有障碍，才可以与道为一，即是"道通为一"（《庄子·齐物论》）。那么，为什么道是不可言诠的呢？因为道不是物，庄子亦在《庄子·知北游》篇中说"物物者，非物"。如果稍加研究的话，我们可以发现语言能够捕捉事象，从而表达其意义，比方说，呈现出这样的现象、表象、映象等。再说，所谓有声音与无声音的现象界，可以说是现象界的事，如，心理现象、社会现象、自然现象等，错综复杂。老子正是看到现象世界的纷繁复杂，才提出道的世界。

老子说"祸福"（《道德经》第58章）的对立转化，"彼此"（《道德经》第12章）之相对的知识与不可知论，即道谓"形形者，不当名"（《庄子·知北游》），涉及是非之明。① 因此，老子认为"大小多少，报怨以德"（《道德经》第63章），大生于小，多起于少，用恩德去报答怨恨，即以德报怨。这里的德为恩惠，也就是说，成为恩与怨的和谐。"精之至，和之至"，有德之生成或与调和的功能，所以说"玄德"（《道德经》第10、51、65章）。我们通过天人合德的次元理解"立德"，亦在《庄子·缮性》篇的"夫德，和世；道，理也"。可是这与孔子说的"以怨报怨，以德报德"（《论语·宪问》）截然不同。总言之，以其恩惠服人的德，像母子一样，有生成与调和的功能。比如说，人之与"我"、人之与人、人之天地、人之与自然的和谐，因而成为理所当然。可是，比较起来的话，儒家为男性的，道家为女性的。老子认为"和大怨，必有余怨"（《道德经》第79章），是说，调解深重的怨恨，必然会有余留的怨恨。因为就人类而言，特别是女性，在感性与理性之间，如何解消这些怨恨呢？人之所以为人，有没有某种沟通管道？为什么非要等待第三者来解决呢？"天道无亲，常与善人。"（《道德经》第79章）其意思是说，自然的规律是没有偏爱的，常常和善人在一起。这里的天道为自然规

---

① 《诸子集成》（三册），中华书局2010年版，第6、121、31—33页。"小知不及大知。"（《庄子·逍遥游》）"故视而可见者，形与色也；听而可闻者，名与声也，世人以形色名声为足以得彼之情，夫形色名声果不足以得彼之情，则知者不言，言者不知，而世岂识之哉！"（《庄子·天道》）"物无非彼，物无非是。自彼则不见，自是则知之。……故曰，莫若以明。"（《庄子·齐物论》）

律、法则、性质，此善人为自然人或自然物之人，而不意味着人格神。当时老子反对《诗》、《书》之天的思想，否定在天上有神。① 同样的思想从《庄子·秋水》里的"以道观之"中也可以看出。所谓"无亲"，是说没有亲疏、贵贱，如前面所述，针对"不仁"（《道德经》第 5 章）之德与"六亲不和"（《道德经》第 18 章）之道，衬托出爱的和谐。庄子进而提出"人和"、"天和"之说。② 所以，徐复观先生在《中国人性论史》说，还是庄子比老子更有人之味道。那么，爱是什么？如何实践？所谓孔子的仁爱，孟子的普遍的爱，墨子的兼爱，都是志向于为了全人类的，从人之与"我"到人之与自然的和谐来着眼的。老子认为"道法自然"（《道德经》第 25 章），这里的自然有自己如此、自然而然的两个意思，很像王弼注的方圆似的自然。我们以为周围的自然只不过是物质的，但也有精神的。也就是说在处理天人关系时，可以从自然生态学思想出发，达到天人和谐。③ "天网恢恢，疏而不失"（《道德经》第 73 章），天（自然）网广大无边，虽然稀疏，却什么也不会漏失。效法自然的循环体系，与这样的自然浑然一体，这就是庄子的顺任自然思想。这一思想又反映为"安时而处顺"，即《庄子·养生主》《庄子·大宗师》的生死观；也就是说，以天人合一思想，顺从自然，比方说，"以天合天"（《庄子·达生》），"以己养养鸟"不如"以鸟养养鸟"（《庄子·至乐》），从此庄子的自然观，可见一斑。老子认为"夫代大匠斫者，希有不伤其手矣"（《道德经》第 74 章），意思是说，代替木匠砍木头，很少有不砍伤自己的手的。"夷、希、微"（《道德经》第 14 章）是描述不可感知的道的，"混而为一"（《道德经》第 14 章）是混沌一体的意味，比如说，理解木头与自然的性质④。由此可见，老子的自然观不仅仅是发挥、利用自然，而且是如何与自然成为和谐相处。

---

① 参见陈鼓应：《老庄新论》，上海古籍出版社 1992 年版，第 295 页。
② 参见《诸子集成》（三册），中华书局 2010 年版，第 260 页。"与人和者，谓之人乐；与天和者，谓之天乐。"（《庄子·天道》）庄子所追求的是"天和"的境界。
③ 参见朱哲：《先秦道家哲学研究》，上海人民出版社 2000 年版，第 129 页。
④ 参见葛荣晋：《道家文化与现代文明》，中国人民大学出版社 1991 年版，第 223 页。

四、结束语

在老子《道德经》中，"为道"这个方面而从"人法地"开始、探索、不争、和合思想。老子之道中并不能发现多少争的意味，只有"礼"（《道德经》第 38 章）之争。举个例子，《论语》所说的"过恭非礼"。那么，"不得已而用之"（《道德经》第 31 章），又该如何理解呢？在无与存在之间如何理解老子的道论，如何追求根源的问题，也是值得恢复研究的课题。近来，人类盲目开发自然，以致破坏生态平衡，甚至于以征服自然为荣，惹出各种严重的环境问题。针对这些问题，我们需要以自然保护运动，寻求人与自然的和谐。最后，人类面临的五大冲突以及五大危机，张立文教授提出了五大原理，有极其重要的意义。[①] 我们希望达到人之与"我"、人之与人、人之与天地、人之与自然的和谐，生生不息，日新月异。他在这方面所作的努力，为我们留下许多真知灼见以及经验教训，是值得我们认真学习的。

（原载《中州学刊》2004 年第 4 期；

作者单位：韩国湖西大学哲学系）

[①] 五大冲突，人与自然、人与社会、人与人、人的心灵、不同文明之间的冲突。五大危机：生态、社会、道德、精神、价值危机（张立文：《中国和合文化导论》，中共中央党校出版社 2001 年版，第 23 页）。五大原理：和处、和立、和并、和达、和爱原理（参见张立文：《和合与东亚意识：21 世纪东亚和合哲学的价值共享》，华东师范大学出版社 2001 年版，第 46—49 页）。

《管子》的天地人和合观探析

李长泰

　　管子是我国春秋初期著名的政治家、思想家、改革家、军事家，其在治国方面成功的关键原因是由于治国理念上的进步与合理，这些理念中最重要的是"和合"理念。这种"和合"思想以天地人和合为中心，完成了从天地到个人、到社会再到政治使用的过程，这一整套体系的建构是理念与现实社会"和合"的过程，"和合"才得以合理，合理才得以成功。《管子》一书凸显了管子的主要思想，其和合观在此书中得到充分彰显。本文以《管子》为中心，初论管子的天地人和合观。

一、和合释义：差等和合

　　《管子》一书对"和合"涵义进行了诠释，主要有几层：一是以差等为基础的"和合"，这种差等是通过"和"与"合"实现的；二是以对立面的统一为基础，实现对立面间的互补与贯通。具体说来主要是：

　　首先，"和"是将两个不同的对立之物调节起来实行统一。管子说："是故春凋、秋荣、冬雷、夏有霜雪，此皆气之贼也。刑德易节，失次则贼气遬至，贼气遬至，则国多灾殃。是故圣王务时而寄政焉，作教而寄武焉，作祀而寄德焉。此三者，圣王所以合于天地之行也。日掌阳，月掌阴，星掌和。阳为德，阴为刑，和为事。是故日食则失德之国恶之，月食则失刑之国恶之，彗星见则失和之国恶之，风与日争明则失生之国恶之。是故圣王日食则修德，月食则修刑，彗星见则修和，风与日争明则修生。此四者，圣王所以免于天地之诛也。信能行之，五谷蕃息，六畜殖而甲兵强。治积则昌暴虐积则亡。"（《管子·四时》，以下凡引用该书只注篇名）日月为不同的事物，星是日月调节之"和"，"和"就能成就事物，事是阴阳之"和"。和即是治理大事时不要过或者不及。过或不及都是"失"，圣王修德、修刑、修和、修生则能保全。董仲舒说："和者，天之正也，阴阳之平也，其气最良，物之所生也。"（《春秋繁露·循天之道》）意思是"和"是天下之正，阴阳之平，是对立面的统一。可见，"和"是对立物的调节统一，不走极端，管子对"和"的释义被后来儒家思想继承。

其次，"和"是一种差等秩序的稳定。管子说："邪气袭内，正色乃衰。君不君则臣不臣，父不父则子不子。上失其位则下逾其节。上下不和，令乃不行。衣冠不正则宾者不肃，进退无仪则政令不行。且怀且威，则君道备矣。"（《形势》）管子认为"和"在"位"中，社会之人都各守其本位，保持其应有的节制，君在君位，臣在臣位，社会就"和"。因此，"和"是一种差等之和，这正是后来孔子所说的"君子和而不同"之"和"（《论语·子路》），朱熹说："和者，无乖戾之心。"（《论语集注·子路》）意思是合情合理，不与他人发生冲突。从管子到孔子，再到朱熹，都以差等为"和"，不失其位才能实现"和"。

其三，"和"与"合"并存，对立面的调节是以互补为基础。管子说："所谓合独者，凡国都皆有掌媒，丈夫无妻曰鳏，妇人无夫曰寡，取鳏寡而合和之，予田宅而家室之，三年然后事之。此之谓合独。"（《入国》）鳏寡相合，是"和"。董仲舒说："凡物必有合。合，必有上，必有下，必有左，必有右，必有前，必有后，必有表，必有里。有美必有恶，有顺必有逆，有喜必有怒，有寒必有暑，有昼必有夜，此皆其合也。阴者阳之合，妻者夫之合，子者父之合，臣者君之合，物莫无合，而合各有阴阳。"（《春秋繁露·基义》）物都有对立面的存在，"合"是对立面的统一，达到互补，这是"和"的基础。

二、形上之道：天地和合

管子最显著的成就是成功治国，治国成功归功于治国理念的建构。管子在治国理念建构的逻辑进程中首先确立了形而上学的哲学根据，中国古人在思维的过程中善于从形而上学的层次去思维一种现实行为的合理性，这种形而上学就是以"天道"为根据。《周易》说："昔者圣人之作《易》也，将以顺性命之理。是以立天之道曰阴与阳，立地之道曰柔与刚，立人之道曰仁与义。"① 顺性命之理即是追求一种形上与形下秩序的合理性，从天道到人道。管子的君子观就是以天道为根据，从天道向人道过渡，建立了天地人相合的"禾变"君子观体系。② 天地人三道相合即是人顺、家顺、国顺之理。

管子治国以道德建构为根本，道德的根源在于形而上学基础，这种形而上学就是天地之道。他说："察数而知治，审器而识胜，明谋而适胜，通德而天下定。定宗庙，育男女，官四分，则可以立威行德，制法仪，出号令。至善之为兵也，非地是求也，罚人是君。立义而加之以胜，至威而实之以德，守之而后修，胜心焚海内。民之所利，立之；所害，除之，则民人从。立为六千里之侯，则大人从。使国君得其治，则人君从。会请命于天，地知气和，则生物从。"（《管子·幼官》）治人治国以德，以天地和气，一切顺从。"夫天地一险一易，若鼓之有榫，摘挡则击。言苟有唱之，必有和之，和之不差，因以尽天地之道。景不为曲物直，响不为恶声美，是以圣人明乎物之性者，必以其类来也。故君子绳绳乎慎其所先。"（《管子·宙合》）君子以天地之和为根本，因此天地和合是道德建构的根源。管子以土作比喻，说明土具有和性，以证明天地之和。"中央曰土，土德实辅四时，入出以风雨。节土益力，土生皮肌肤。其德和平用均，中正无私，实辅四时。春嬴育，夏养长，秋聚收，冬闭藏。大寒乃极，国家乃昌，四方乃服，此谓岁德。日掌赏，赏为暑。岁掌和，和为雨。"（《管子·四时》）土的德性是和平、中正的，人效仿这一德性。

管子的天地之和是道德形而上学基础，目的是过渡到天地人和。他说："神圣者王，仁智者君，武勇者长，此天之道，人之情也。天道人情，通者质，宠者从，此数之因也。是故始于患者，不与其事；亲其事者，不规其

---

① 阮元：《十三经注疏》，中华书局 1980 年版，第 93—94 页。

② 李长泰：《管子的"禾变"君子观及儒家的"合变"传承——以〈管子〉为中心》，《管子学刊》2009 年第 3 期。

道。是以为人上者，患而不劳也；百姓劳而不患也。君臣上下之分素，则礼制立矣。是故以人役上，以力役明，以刑役心，此物之理也。心道进退，而形道滔赶。进退者主制，滔赶者主劳。主劳者方，主制者圆。圆者运，运者通，通则和。方者执，执者固，固则信。君以利和，臣以节信，则上下无邪矣。故曰：君人者制仁，臣人者守信。此言上下之礼也。"（《管子·君臣下》）天是仁智的，仁智者应该成为王者，既是天道又是人情，这既利于社会治理，又利于上下和合。

管子的和合观以天地和合为根据，实现差等和合，既是形而上之"理"，又是形而下之事，将治国理念与治国现实结合起来，天地之和是"理"，道德之和是方法，仁智之和是"事"，礼义之和是途径，达到完整的治国之学。

三、价值目标：和合偕习

管子的和合治国观念，从天地和合的道德形而上学向社会和合的现实过渡，目的是社会和谐相处。"畜之以道，养之以德。畜之以道则民和，养之以德则民合，和合故能习，习故能偕，偕习以悉，莫之能伤也。"（《管子·幼官》）以道德达到人民和合，道德达到和合的过程通过"畜"、"养"与"习"的过程完成。达到和合偕习的目标具体来说主要有：

第一，行"义"达到和合偕习。"民知德矣，而未知义，然后明行以导之义。义有七体。七体者何？曰：孝悌慈惠以养亲戚，恭敬忠信以事君上，中正比宜以行礼节，整齐撙诎以辟刑僇，纤啬省用以备饥馑，敦懞纯固以备祸乱，和协辑睦以备寇戎。凡此七者，义之体也。夫民必知义然后中正，中正然后和调，和调乃能处安，处安然后动威，动威乃可以战胜而守固。故曰：义不可不行也。"（《管子·五辅》）孝悌慈惠、恭敬忠信、中正比宜、整齐撙诎、纤啬省用、敦懞纯固、和协辑睦，都是"义"，七义能达到和合偕习。

第二，守"常"达到和合偕习。"故天不失其常，则寒暑得其时，日月星辰得其序。主不失其常，则群臣得其义，百官守其事。父母不失其常，则子孙和顺，亲戚相欢。臣下不失其常，则事无过失，而官职政治。子妇不失其常，则长幼理而亲疏和。故用常者治，失常者乱。天未尝变其所以治也。故曰：'天不变其常。'"（《管子·形势解》）"常"就是常理，包括君臣、长幼之礼节，以常理治理，能够和合偕习。

第三，国君谨慎达到和合偕习。"君之所慎者四：一曰大德不至仁，不可以授国柄。二曰见贤不能让，不可与尊位。三曰罚避亲贵，不可使主兵。四曰不好本事，不务地利而轻赋敛，不可与都邑。此四务者，安危之本也。故曰卿相不得众，国之危也。大臣不和同，国之危也。兵主不足畏，国之危也。民不怀其产，国之危也。故大德至仁，则操国得众；见贤能让，则大臣和同；罚不避亲贵，则威行于邻敌；好本事，务地利，重赋敛，则民怀其产。"（《管子·立政》）国君做到四个方面，社会自然和合偕习，即大德至仁、见贤能让、罚不避亲贵、以民为本，国家、社会自然安定。和合偕习即是社会和谐相处，管子的治国目标就是社会和合，这种和合还是以道德为本，通过仁、义、礼、常，实现社会稳定，一是民要知义，二是国家守常，三是国君要谨慎。

四、方法使用：和合成功

管子和合治国观念在方法使用上与天地和合、社会和合的基本逻辑是一致的，道德教化的方法依然是根本。"通之以道，畜之以惠，亲之以仁，养之以义，报之以德，结之以信，接之以礼，和之以乐，期之以事，攻之以官，发之以力，威之以诚。一举而上下得终，再举而民无不从，三举而地辟散成，四举而农佚粟十，五举而务轻金九，六举而絜知事变，七举而外内为用，八举而胜行威立，九举而帝事成形。"（《管子·幼官》）道惠、仁义、德信、礼乐、事官、力诚是重要的方法途径，这些都以道德感化为根本。

第一，个人内心和合方法。管子说："凡人之生也，天出其精，地出其形，合此以为人。和乃生，不和不生。察和之道，其精不见，其征不丑。平正擅匈，论治在心。此以长寿。忿怒之失度，乃为之图。节其五欲，去其二凶，不喜不怒，平正擅匈。"（《管子·内业》）人是天地和合的产物，天地和合产生人，个人和合的方法是心和平正，不喜不怒。"凡食之道，大充伤而形不臧，大摄骨枯而血沍。充摄之间，此谓和成，精之所舍，而知之所生。饥饱之失度，乃为之图。饱则疾动，饥则广思，老则长虑。饱不疾动，气不通于四末。饥不广思，饱而不废。老不长虑，困乃速竭。大心而敢，宽气而广，其形安而不移，能守一而弃万苛，见利不诱，见害不俱，宽舒而仁，独乐其身，是谓云气，意行似天。"（《管子·内业》）个人内心和合要做到大心宽广，独乐其身。管子认为心平气和，宽广无私，达到天的境界，就可以获得成功。

第二，国家内外和合方法。国家的成功也在于和合方法的使用，对内治理国家的首要方法是民和，民和的方法是富民和法治。"夫动静顺然后和也，不失其时然后富，不失其法然后治。故国不虚富，民不虚治。不治而昌，不乱而亡者，自古至今未尝有也。"（《管子·禁藏》）国富才能民治。国际关系处理上也用和合的方法，强调与邻国和睦共处，"合内空周外，强国为圈，弱国为属。动而无不从，静而无不同。举发以礼，时礼必得。和好不基，贵贱无司，事变日至。"（《管子·幼官》）以礼相待，合内周外。"故国多私勇者其兵弱，吏多私智者其法乱，民多私利者其国贫。故德莫若博厚，使民死之。赏罚莫若必成，使民信之。"（《管子·禁藏》）国内外和合，用之有度，不能过多的私勇、私智、私利。

管子使用和合方法治国，从个人到民众、到国家，目标是使用国家得到成功治理。和合方法的使用贯穿于国家内外，既体现了道德为本，又以物质基础为保障，极其具有现实性，表现了理念与方法的统一。

五、形下之用：政通人和

正是基于天地形上和合、社会和合偕习、现实方法和合，管子的和合观自然过渡到形下和合——政通人和。管子是一位政治家，政治理念必须运用于社会现实，和合思想必然运用于政治治理。他说："地者政之本也，是故地可以正政也。地不平均和调，则政不可正也。政不正，则事不可理也。"（《管子·乘马》）土地是国家的依靠、人民的依靠，因此土地是政治的根本，对土地的管理要平均和合，和的思想贯穿于管子的政治理念之中。"然则得人之道，莫如利之。利之之道，莫如教之以政。故善为政者，田畴垦而国邑实，朝廷闲而官府治，公法行而私曲止，仓廪实而囹圄空，贤人进而奸民退。其君子上中正而下谄谀，其士民贵勇武而贱得利，其庶人好耕农而恶饮食，于是财用足而饮食薪菜饶。是故上必宽裕而有解舍，下必听从而不疾怨，上下和同而有礼义。故处安而动威，战胜而守固，是以一战而正诸侯。不能为政者，田畴荒而国邑虚，朝廷凶而官府乱，公法废而私曲行，仓廪虚而囹圄实，贤人退而奸民进。其君子上谄谀而下中正，其士民贵得利而贱武勇，其庶人好饮食而恶耕农，于是财用匮而饮食薪菜乏。上弥残苟而无解舍，下愈覆鸷而不听从，上下交引而不和同。故处不安而动不威，战不胜而守不固。是以小者兵挫而地削，大者身死而国亡。故以此观之，则政不可不慎也。"（《管子·五辅》）从事于政治治理必须以和合的思想治国，一是物质财富丰富，二是法制健全实行，三是人民勤劳安居乐业，四是官府廉洁奉公，五是上下和谐有礼，政通人和包括物质、精神、制度等各个方面。

综上所述，《管子》的治国理念以天地人和合观为基础，建立了形而上的天地和合道德根据，治国的目标是为了达到社会和合偕习，和合观的使用在方法上运用个人内心和合、国家内外和合达到国家治理，形下之用体现于政治上政通人和以实现天地人和。管子之所以成为我国春秋初期著名的政治家，是因为他的治国理念高远、方法得当、运用适宜，既有道德感化，又有法治辅助，还有礼义调和，实现了社会上下和合、内外和合、形上形下和合。管子的天地人和合观得到后来儒家思想的继承与发展，中国文化的特质就是"和合"的。[①] 管子的和合观对中国现代社会发展具有重要的参考价值，国家社会建设既要和合建国理念，又要有和合建设的方法，政治治理要实现政通人和。

（原载《管子学刊》2010 年第 3 期；作者单位：重庆
师范大学马克思主义学院）

---

① 参见张立文：《和合哲学论》，人民出版社 2004 年版，第 17—37 页。

和合价值观与中国传统兵学的文化性格

宫玉振　孙寿祥

与西方文化强调世界的冲突与对抗的本质相比，和合观念反映了中华民族的基本文化心理与终极价值。这一点，极大地影响了中国传统兵学的文化偏好，塑造了中国传统兵学中和平的追求、节制的意识、道德的情怀、民本的精神等基本文化性格。在全球化的时代，中国传统兵学这种文化性格所蕴含的深层价值，将越来越受到世人的认可与重视。

一、冲突与和合：理解中西文化差异的一个视角

一位社会学家曾经说过这样一句话："我们在世界上看到什么并不取决于那里存在着什么，而取决于我们过去的经历使我们能够看到什么以及我们自觉或不自觉地想看到什么。……每一种看法都倾向于有选择性地理解现实，并用独特的方式解释这些现实。"[①] 世界只有一个，然而由于不同的历史经验以及由此形成的不同的思维方式，人们对同一个世界却有不同的理解。

西方文化中存在着强烈的冲突意识，这首先与西方哲学中二元对立的思维方式有关。注重分别与对抗是西方哲学的一大特点。西方哲学通常把理性与感性、物质与精神、本质与现象、内容与形式、主体与客体对立起来，把原本统一的世界分成两个截然不同的世界，并从中寻找内在的差别、对立与冲突。这种特点既体现在西方的辩证法哲学中，也体现在形而上学的思维

---

① 伊恩·罗伯逊：《社会学》上册，商务印书馆 1990 年版，第 31 页。

方式中。西方辩证法的奠基人、古希腊哲学家赫拉克利特认为，统一是由斗争产生出来的，他特别强调对立和斗争的意义，在他看来，"正义就是斗争，一切都是通过斗争和必然性而产生的"①。毕泰戈拉学派则宣称世界的本原便是对立的，此生彼灭、非此即彼的"相反"是绝对的，因为这是出于事物的本性。②古希腊哲学奠定了西方哲学的基础，在此后的西方哲学中，这种"注重对抗和斗争的传统""一直保留了下来"。③黑格尔虽然强调"从对立面的统一中把握对立面"，但是他依然十分强调斗争与冲突的必要性，因而他的辩证法被称为"冲突辩证法"。在这种辩证法里，"冲突是世界真相中不可或缺的元素"，"冲突的存在使斗争成为必须，唯有尽力的斗争，才能消灭其内在的逻辑矛盾"④。在这样的世界中，对抗与冲突自然是难以避免的，合作与和谐则只能是一种短暂的现象，所谓的永久合作与和谐更无非是一种奢望而已。

与西方文化不同，对和谐与合作的强调，是中国文化理解世界的本质与人类的关系的基本出发点。韦伯在论及儒家思想时说过这样一句话：西方的宇宙观念中充满了悲观的紧张与对立，而"乐观主义的宇宙和谐观念对于中国人来说是根本的"⑤。当代的人类学家也认为，与西方式的冲突的世界秩序观念不同，中国人更倾向于一种"积极的、社会性的"、"热忱而人道的"价值取向。⑥与西方主流文化不同，一体意识与和谐追求是理解中国文化的基础。"四海之内，皆兄弟也"，"以天下为一家，以中国为一人"，一直是中国传统文化的主要概念。在中国文化看来，从本质上来说，人类之间的关系应该是和谐的、良性互动的、相互依存的，而不应该是紧张的、冲突的和对立的。与西方文化二元对立的思维方式不同，中国文化在思维方式上的一个基本特点是和合。"万物负阴而抱阳，冲气以为和"（《道德经》

---

① 周辅成：《西方伦理学名著选辑》上卷，商务印书馆1964年版，第12页。
② 庞朴：《一分为三——中国传统思想考释》，海天出版社1995年版，第79页。
③ 张岱年、程宜山：《中国文化与文化论争》，中国人民大学出版社1990年版，第92页。
④ 成中英：《论中西哲学精神》，东方出版中心1991年版，第185—186页。
⑤ 马克斯·韦伯：《儒教与道教》，江苏人民出版社1993年版，第36页。
⑥ 陈来：《人文主义的视界》，广西教育出版社1997年版，第7页。

第42章），这是老子的和合观；"礼之用，和为贵，先王之道斯为美"（《论语·学而》），这是孔子的和合观；"畜之以道，则民和；养之以德，则民合。和合故能谐"（《管子·兵法》），这是管子的和合观；"保合太和，乃利贞"（《易·乾·彖》），这是《易传》的和谐观；"中也者，天下之大本也；和也者，天下之达道也。致中和，天地位焉，万物育焉"，这是《礼记·中庸》的和谐观；"德莫大于和"（《春秋繁露·循天之道》）、"天地之道而美于和"（《春秋繁露·天地阴阳》），这是董仲舒的和谐观。对和谐的追求，可以说是儒家一以贯之的传统。西方学者德克·卜德（Derk Bodde）在评论中国思想文化时指出："中国思想的基本模式，是力图把看起来冲突的东西调和为一。中国哲学充满种种二元体，可是它们的组成部分通常是被认为是互相补充的，彼此需要的，而不是敌对的，相悖的。"① 钱穆先生也指出：在中国文化中，"发生冲突，只是一时之变，要求调和，乃是万世之常"②。

从这个意义上说，与西方的冲突辩证法不同，中国人的辩证法是一种"和谐化的辩证法"。这种"和谐化"主要表现在三个方面：第一，和谐是世界的本质。和谐是宇宙的基本状态，而冲突则不过是一种不自然的失序与失衡而已，是没有永久意义的，用成中英先生的话说：任何对偶的互动形式，不论其复杂程度如何，都不过是和谐的表征罢了。第二，和合是世界变化与发展的趋势。世界上的确存在相异、相对、不合、敌视等现象，但中国人认为整个宇宙、人类社会、个人生活的大方向基本上是趋于和谐与统一的；宇宙与人生经验中的冲突、缺陷、矛盾，都是一种过渡现象而已。第三，和合是中国文化的追求所在。在中国的文化价值体系中，和谐与善是一致的，而冲突则是与恶联系在一起的，寻求化解人类冲突的对策，正是古往今来思想家们的着力点。可以说，在这种和合文化看来，世界的本质、人类的关系，从根本上来说应该是和谐的、良性互动的、相互依存的，而不应该是紧张的、冲突的、对立的。

---

① Derk. Bodde, *Harmony and Conflictin Chinese Philosophy. F.Wright. Studies in Chinese Thought*，Chicago & London：The University of Chicago Press，1967，p.54.
② 钱穆：《中国文化精神》，三民书局1971年版，第51页。

二、暴力的价值与意义：中西文化中不同的战争观念

对于冲突与对抗的强调，使得歌颂战争成为西方主流文化绵延不绝的传统。古希腊赫拉克利特强调：战争是万物之父，也是万物之王。它使一些人成为神，使一些人成为人，使一些人成为奴隶。马基雅维里认为：战争是唯一值得君主从事的事业。尼采提出：只有战争才能使一切变得神圣。崇尚武力、歌颂战争的传统一直绵延不绝。在西方主流文化中，实力与暴力的作用得到了充分的强调。克劳塞维茨有句名言："武力有巨大的作用。只有在国家实力相等的条件下，法律和正义才会扮演角色；否则，强者会随心所欲，弱者将忍气吞声。"[①] 当武力被认为是最有效的战略手段的时候，战争也就被理解成了暴力的无限度使用的过程。用克劳塞维茨的话说，"战争是一种暴力行为，而暴力的使用是没有限度的。"[②] 尼采的权力意志哲学将西方的强者法则表述得淋漓尽致，在尼采看来，"生活本身本质上就是侵占，就是侵犯，就是对外人和弱者的征服，就是弹压，就是严酷，就是强人从我，就是兼并他人，而往最轻处说，最缓和处说，也是剥削。"他强调战争是存在的本质，是培养权力意志的必要手段，所以尼采劝告人们，"不要工作，要去作战"，"不要和平，而要胜利"，因为"只有战争才能将一切事业变得神圣"。[③]

波兰汉学家克利斯多夫·高利科夫斯基在说明西方文化中强烈的冲突认知与西方战争观念的关系时曾有一段简明扼要的阐述，他说："在西方……几乎每一位哲学家都熟悉这个观点：战争，如与孔子同时代的赫拉克利特所言，是万物之根源，是世界的最高准则。它造就了上帝、人类、奴隶和平民。自远古时期直到 20 世纪，西方人把战争和冲突看得如同发展和进步一样重要。甚至把它当作是美德和优良品行的源泉。而和平却被视作倒退的根源，是退化和停滞不前的象征。即使在现代的哲学、科学和政治学理

① 王逸舟：《西方国际政治学：历史与理论》，上海人民出版社 1998 年版，第 7 页。
② 克劳塞维茨：《战争论》，解放军出版社 1964 年版，第 15 页。
③ 周辅成：《西方伦理学名著选辑》下卷，商务印书馆 1987 年版，第 792 页。

论中还存在把战争当作进步力量的思想。对西方社会来说，这个世界离开了冲突和斗争是不可想象的。主张中庸之道的哲学在西方寥寥无几，且在一定程度上都不否定冲突和斗争，占据主流的还是好战主义者。这与中国截然不同。"① 在主流的西方文化中，世界是这样一个世界：它始终"处于一种潜在的'战争状态'，国家行为受始终存在的军事冲突危险所支配"②。尽管20世纪后半叶以来，西方文化中开始重视相互依存、合作、和谐的价值观念，西方文化也出现了富有意义的转变，然而正如高利科夫斯基所说的那样，"实际情况是，西方文化中依然留有斗争的倾向性"。对世界的和合本质的强调，使中国的主流文化从一开始就将战争视为一种不正常的状态，是对于和合状态的破坏，其目的也仅仅在于恢复正常的状态。因而中国文化对于暴力和战争往往持一种谨慎、节制、否定和犹豫的态度。老子将战争的出现视为"无道"的表现，是不吉祥的事情："夫兵者不祥之器，物或恶之，故有道者不处。"（《道德经》第46章）虽然在现实的层面上，老子不得不接受战争的存在，容许"不得已而用之"，但他要求人们要以哀戚恬淡的心情来对待战争和胜利。与老子相似，在孔子的理想世界中，也是没有暴力的地位的。孔子认为，在"大道之行"的大同世界中，天下为公，讲信修睦，谋闭而不兴，盗窃乱贼而不作，人类处于没有任何战乱的和平之中；到了"大道既隐"的小康之世，天下为家，出现了城郭沟池，于是"谋用是作，而兵由此起"（《礼记·礼运》），人类也就进入了战争与暴力的时代。显然同老子一样，孔子也认为战争是人类社会一种不正常的状态，在孔子看来，在一个正常的和合社会中，统治完全可以建立在统治者的道德教化基础之上。统治者一旦到了必须求助于暴力的时候，哪怕是有限的暴力，也只能意味着统治者本身的道德是不完善的。《论语·八佾》中有这样一段话："子谓《韶》，尽美矣，又尽善也。谓《武》，尽美矣，未尽善也。"《韶》是虞舜的音乐，《武》是周

---

① 克利斯多夫·高利科夫斯基：《〈红楼梦〉中战略思想与中国传统军事文化》，载《孙子兵法及其现代价值：第四届孙子兵法国际研讨会论文集》，军事科学出版社1999年版，第413—414页。

② 詹姆斯·多尔蒂、小罗伯特·普法尔茨格拉夫：《争论中的国际关系理论》，世界知识出版社1987年版，第3页。

武王的音乐。孔子认为《武》乐不如《韶》乐，原因是虞舜的天下是用和平手段获得的，而武王的天下是通过征伐取得的，因此只能是"尽美"而"未尽善"的。另一位思想家管子也认为战争有"贫民"、"伤财"、"危国"、"忧主"四患，强调"地大国富，人众兵强，此霸王之本也，然而与危亡邻矣"（《管子·重令》）。

在中国历史上，一个为中国人所普遍接受的战争隐喻是"火"："夫兵，犹火也，弗戢将自焚也"（《左传·隐公四年》），战争必须得到有效的控制："吾闻之，'兵不戢，必取其族'。"（《左传·襄公二十四年》）这种力求控制战争的文化传统，在"止戈为武"的命题中得到了更为充分的体现。在中国人眼中，代表战争的"武"字本身具有两重含义：从文字构成上说，"武"是由"止"（即"足"）与"戈"组合而成的，意思是一个人手持干戈，奋勇前进，显然它所反映的是战争的行为与状态，是战争的本义；然而"武"还有另一层含义，这就是"止戈为武"——只有恢复了和平的"武"，才可以算是真正的"武"。这种文化追求，反过来极大地规范了中国人的战争行为。在春秋时期著名的邲之战中，楚军战胜晋军，有人建议楚庄王修建象征胜利的"京观"，以便"示子孙"时，楚庄王却拒绝了。在他看来，"夫文，止戈为武"，武是为了"禁暴、戢兵、保大、定功、安民、和众、丰财"（《左传·宣公十二年》），而这七项美德，他一项也不具备，所以他认为虽然楚军取得了胜利，但只有战胜，是远远不能称为武功的。

三、和合文化背景下中国传统兵学的文化性格

与老子、孔子这些思想家相比，以孙子为代表的中国兵家，是以更现实的态度来审视现实中的战争现象的。在兵家看来，"争斗之所自来者久矣，不可禁，不可止"（《吕氏春秋·孟秋纪·荡兵》）。战争不会因为人们的善良愿望而自行消失："责仁义，式礼乐，垂衣裳，以禁争夺，此尧舜非弗欲也，不可得，故举兵绳之。"兵家不是不想用和平手段来禁止争夺，但这是行不通的，因此战争必然是有其存在的价值的，所以战争是"先王之傅道也"（《孙膑兵法·见威王》）。

与老子、孔子等人相比，兵家对于战争显然抱着一种远为积极的态度。在诸子百家中，兵家显然所面临的主题就是冲突与对抗。然而中国传统兵家所面对的冲突与对抗，依然是在和合文化的大背景下展开的。在冲突与对抗的表象背后，中国兵学所赖以展开的文化基础，依然是整个民族对于和合的追求。可以说，中国传统兵学是在大的和合文化背景下孕育、成长起来的，因而必然具有独特的文化性格、精神与偏好。这种文化性格、精神与偏好体现在和平的追求、节制的意识、道德的情怀、民本的精神等方面。

（一）和平的追求

在和合文化之中，战争力量的存在只能有一种合法性，这就是恢复被打乱的秩序与和平。因而在军队的价值与战争的目的方面，中国传统兵家非常明确地归结为止战、讨乱、安人。《司马法》认为："古者以仁为本，以义治之之谓正。正不获意则权。"战争只是恢复仁义之治的特殊手段，战争的目的是为了恢复正常的秩序："杀人安人，杀之可也；攻其国，爱其民，攻之可也；以战止战，虽战可也。"（《司马法·仁本第一》）在这方面，汉、唐的兵家有大量的论述，如《三略》认为："圣王之用兵，非乐之也，将以诛暴讨乱也。"《淮南子·兵略训》认为："古之用兵者，非利土壤之广而贪金玉之略，将以存亡继绝，平天下之乱而除万民之害也。"《太白阴经》强调："先王之道，以和为贵，贵和重人，不尚战也。"一句话，只有以消弭冲突与对抗、恢复正常的和平秩序为目的的战争才是能够被中国文化的主流价值观念所接受的战争，才具有文化的合法性。因此，直到明代，兵学家们依然在强调："兵以销兵，然后兴兵；战以止战，然后合战。""凡兵之兴，不得已也。国乱之是除，民暴之是去，非以残民而生乱也。"（《投笔肤谈·本谋第一》）凡此等等，都体现了和合文化背景下"止戈为武"的和平主义追求对于中国传统兵学的深刻影响。

（二）节制的意识

战争是一种暴力行为，战争必然对社会造成巨大的破坏，中国传统兵家从一开始就对战争既可伤人、又可伤己的两面性有深刻的体认。孙子认为："兵者，国之大事，死生之地，存亡之道，不可不察也"（《孙子兵法·谋攻篇》），用兵者对于暴力的使用必须保持节制，坚持决策上"非利不动，非得不用，非危不战"的原则；同时，军事行动也不能超过一定的限度，否则用兵不已，为胜利而追求胜利，走上穷兵黩武之路，只能是祸不旋踵。因此，"乐兵者亡，而利胜者辱。兵非所乐也，而胜非所利也"（《孙膑兵法·见威王》）。一味追求胜利只能带来灾难："五胜者祸，四胜者弊，三胜者王霸，二胜者王，一胜者帝。是以数胜得天下者稀，以亡者众。"（《吴子·图国第一》）"百战百胜，非善之善者也"（《孙子兵法·谋攻篇》），"夫战胜攻取而不修其功者，凶"。对于战争，必须"慎之"、"警之"，保持一种敬畏的意识，这样，才是"安国全军之道"（《孙子兵法·火攻篇》）。这种谨慎而又节制的心态，与西方文化形成了鲜明的对比，使得中国传统兵学形成了非暴力、非扩张的主导倾向。

（三）道德的情怀

就人我关系而言，和合文化强调的是对自我中心主义的超越，从而表现出一种将个体的利益与群体的利益统一起来的致思路向，表现出一种深沉的责任意识与道德意识。兵家关注的是暴力的运用，然而在和合文化的影响下，在关注暴力运用的同时，中国传统兵家又强调必须用道德来规范和约束暴力，因而在战争观念上表现出强烈的道德情怀。这种强烈的道德情怀既体现在战争性质的判断上，也体现在战争行动的约束上。在中国传统兵家看来，首先，战争的出发点必须是道德的，符合道义的。吴子认为，战争可以区分为五种："禁暴诛乱"的为"义兵"，"恃众以伐"的为"强兵"，"因怒兴师"的为"刚兵"，"弃礼贪利"的为"暴兵"，"国乱人疲、举事动众"的为"逆兵"。只有义兵才是举顺天人的，而行不合道、举不合义的非正义之兵，即使能暂时获得某些利益，也终将招致失败。《尉缭子》也将战争区别为"挟义而战"与"争私结怨"两大类，强调支持"诛暴乱，禁不义"的战争，反对"杀人之父兄，利人之货财，臣妾人之子女"的战争。在中国兵家看来，违背正义的原则，一定是会受到惩罚的："兴兵失理，所伐不当，天降二殃。逆节不成，是谓得天。逆节果成，天将不盈其命而重其刑。"（《经法·亡论》）因此，在具体战争行动中，也必须遵循道德的约束。司马法提出："战道：不违时，不历民病，所以爱吾民也；不加丧，不因凶，所《以爱夫》其民也；冬夏不兴师，所以兼爱其民也。""入罪人之地，无暴神祇，无行田猎，无毁土功，无燔墙屋，无伐林木，无取六畜、禾黍、器械；见其老幼，奉归勿伤，虽遇壮者，不校勿敌；敌若伤之，医药归之。"（《司马法·仁本第一》）尉缭子提出："凡兵，不攻无过之城，不杀无罪之人。夫杀人之父兄，利人之货财，臣妾人之子女，此皆盗也。故兵者，所以诛暴乱，禁不义也。"（《尉缭子·武议第八》）"义兵"是中国传统兵家在战争观上的主体思想。对道德规范的强调，也就成了中国传统兵学文化区别于西方兵学文化的一大特色。它使得中国传统兵学具有突出的道义意识与强烈的是非观念，使得战争与武力不再是一种单纯的破坏性力量。

（四）民本的精神

与强烈的是非观念相联系的，是中国传统兵家将民心向背而不是军事力量本身视为决定战争胜负的关键因素，从而表现出强烈的民本主义精神。孙子强调"上下同欲者胜"（《孙子兵法·谋攻篇》）；吴子强调"百姓皆是吾君而非邻国，则战已胜矣"（《吴子·图国第一》）；《淮南子·兵略训》强调"因民之欲，乘民之力"，"故同利相死，同情相成，同欲相助。顺道而动，天下为向；因民而虑，天下为斗"；因而"举事以为人者，众助之；举事以自为者，众去之。众之所助，虽弱必强；众之所去，虽大必亡。"《三略》强调"与众同好靡不成，与众同恶靡不倾"，并提出了"以弱胜强者，民也"的命题。对民心向背的强调，使得中国兵学从一开始便摆脱了单纯就武力谈军事、就战争谈胜负的局限，而是从一个更大的空间去理解决定战争胜负的本质因素。

四、余　论

和平的追求、节制的意识、道德的情怀、民本的精神，反映了中国兵家所追求的超越战争、超越暴力、超越对抗的境界，而这一切，都立足于中国文化中深厚的和合价值观的土壤之中，因而具有强大的生命力。它使得中国传统兵学具有独特的超越时代的伟大品格。

今天，在全球化的时代，人类之间的相互依存将越来越重要，如何找到一种带领世人走出冲突与对抗的超越性价值观念，将成为21世纪人类的共同主题。在这种背景下，中国文化中和合的价值观念也就越来越具有时代的价值。与此同时，立足于和合观念的中国传统兵学文化的深层价值，也必然将越来越受到世人的认可与重视。

（原载《滨州学院学报》2010 年第 5 期；作者单位：北京

大学国家发展研究院、青岛市卫生局）

和谐社会观：对朱熹思想的新解读

徐　刚

在中国历史上，许多儒家代表人物曾有多种和谐社会的设想和实践，这些设想和实践与当时的社会现实有着密切的联系。朱熹也有许多丰富的和谐社会思想，这些观念从不同侧面，深刻反映了儒家思想的本质内容，是今天构建和谐社会的宝贵思想资源。

一、人伦和谐：朱熹和谐社会观的核心观念

春秋末叶，传统儒家提出"天下为公"、"大同之世"的理论，重视以"仁"为核心的仁礼学说，"夫仁者，己欲立而立人，己欲达而达人；能近取譬，可谓仁之方也"，"己所不欲，勿施于人"，与道家"无为而治"有所不同，儒家强调的是"推己及人"，在孔子看来，"有国有家者，不患寡而患不均，不患贫而患不安。盖均无贫，和无寡，安无倾"（《论语·季氏》）。社会的不和谐，往往起因于财富、权势、力量对比的悬殊，尤其是处于强势地位的社会成员以势挟贵对他人的生存境遇漠然视之的时候，更容易引起社会冲突。因而孔子强调人际应该以仁心相感，仁的感通恰如各社会要素的和谐剂。在儒学中，夫妇、父子、兄弟、君臣、朋友这"五伦"构成了完整的社会人伦关系。而"五伦"中前三项都是家庭内部的人际关系，可见儒家对于家庭人际关系及其在社会生活中作用的重视。孔子讲"君君臣臣、父父子子"，每个社会成员各安其位，做到"和而不同"。孔子认为在各阶层内部人与人之间做到均等，而不是不同阶层的一律均等；各利益集团之间和谐相

处，实现上下相安，而不是上下倾轧。孔子在《论语·子路》中曾道出了"和"的内涵："君子和而不同，小人同而不和。"朱熹在《中庸或问》里也曾说过："但能致中和于一身，则天下虽乱，而吾身之天地万物不害为安泰。而不能者，天下虽治，而吾身之天地万物不害乖错。其间一家一国，莫不然。"可见先贤对社会人伦和谐的重视及社会人伦和谐对治国安民的重要性。道德教化、纲常名教，已成为中国传统文化的特征和主流。

在朱熹和谐社会观里，人是社会生活的主体，更是社会和谐的主体，离开了人的交往关系，社会和谐就无从谈起。朱熹运用他的"体、用、施"思维方式将道德结构规定为性、情、行三个层面；根据这三个层面，又将信、仁、义、礼、智划归性这一层面，将诚、爱、宜、恭、别划归情这一层面，将忠、恕、廉、敬、豫划归行这一层面。性、情这两个层面属于德，即性情之德；而行这一层面，是人的品行、操守。但是，品行操守是人的道德在行为中的表现，德与行在人的品行操守（即道德规范）中不能截然分开，所以，行的层面忠、恕、廉、豫，有时又属于德。当它们作为情态的时候，属于德；当它们作为品行操守履之于实践的时候，则属于行。性、情这两个层面属于道德范畴，行这一层面属于道德规范。在人与人关系方面，孔子要求多一些关爱，多一些诚信，做到"老者安之，朋友信之，少者怀之"（《论语·公冶长》）。孔子说"节用而爱人，使民以时"（《论语·学而》）孟子讲"民为贵，社稷次之，君为轻"（《孟子·尽心下》），荀子更言"君者舟也，庶人者水也，水则载舟，水则覆舟"（《荀子·王制》）。

纵观朱熹一生，他努力实践性情之德、品行操守，忧国忧民，无论是任地方官，或是奉祠、家居期间，所为、所想多属安邦定国之事。他关心民众疾苦，救百姓于汤火，任职一方，造福一方。以其赈济救荒实践为例，他力主赈济救荒，对社会成员尤其是贫弱者实施救助。虽然其赈济救荒的社会福利思想并不系统，但却很明晰，并有独特的视角。朱熹将社会福利事业的地位与作用提到了相当的高度，并给予了过去所没有的新认识和理解。针对南宋连年灾害、民贫财匮的现实，朱熹主张"省赋"、"恤民"，一方面建议减轻民众负担；另一方面倡导在民众遭遇困难时予以帮助，即做好赈济救荒工作。因为他知道水灾、火灾、灾荒是百姓面临的大祸患，必须加以治理。面对南宋时水旱灾害时有发生，饥民甚多，常发生起义的情况，朱熹认为救荒于汤，赈济是重要的措施。他认为凶荒之际赈济可以安百姓，以免百姓发动祸乱危及统治。由于他认识到做好赈济救荒社会福利工作的重要，所以朱熹指出：即使赈济后不能收回，也要力行赈济。朱熹通过分析赈济的得失关系强调赈济的重要。朱熹知道灾荒会造成民众的流离失所，并导致生产下降，而最终影响国家的稳定，由此导出赈济重要的结论。朱熹的"民本主义"思想，对我们在构建和谐社会中必须处理好人与人的关系也不无思想启迪意义。

二、风俗和美：朱熹和谐社会观的突出表征

追求人文生存环境的和谐，是不同时代人的共同梦想。朱熹及传统儒家都认为，和谐社会落实于人伦日用之中，除了人伦关系的和谐外，还必须有良好的社会习俗。如果说桃花源中的淳朴和美风俗还带有梦幻的色彩，不足以成为现实社会的样板的话，以礼乐为根基的人文教化，则为和谐社会提供了可资借鉴的资源。《礼记·中庸》所说："喜怒哀乐之未发，谓之中；发而皆中节，谓之和。中也者，天下之大本也；和也者，天下之达道也。致中和，天地位焉，万物育焉。"随着朱熹将《中庸》与《大学》、《论语》、《孟子》合编为《四书》，之后元、明、清三朝均以朱熹的《四书集注》为科举考试的标本，中和之道在中国传统思想中的地位便愈加凸显。按照朱熹的观点，礼乐制度就是要建立一个"群居而不乱"、"体情而防乱"，既有秩序、又有自由的合理的社会。每个人在合理的风俗习惯中，可以改过迁善，过着自己能把握自己又能涵融群体的生活。而淳朴世风的形成，又少不了对民众的礼乐教化。通过礼乐教化，人自觉其作为人的存在，以富于人性的交流，取代相互窥伺与欺骗。朱熹从乐理上解释"集大成"、"金声玉振"，无疑是非常深刻的，集大成之事就如同作乐之事一样，任何一种小成（引者按：成者终也）都是一个大成的开始。朱熹甚至进一步断言，"金声玉振，始终条理"也许正是已经丢失的《乐经》中的遗言。也许人们认为在现代社会中，礼乐的教化是无根的，难以落实到人伦日用中去。但是，无论是在现代科层

社会组织中，还是在人们家居封闭的楼房里，用人对人的温情取代人对人的冷漠总是受欢迎的。无论是礼貌地问候，还是在家居生活中对他人存在的顾及，比如爱护环境、不讲脏话，对人友善这些最低限度的道德规范，都足以成为和谐风俗的基本要素。相反，现代人若没有诚信、孝顺、平等等观念的支撑，人们就会整日生活在控制与反控制的争吵中，人的情感细小裂痕就会化作一道道难以跨越的心灵鸿沟。

三、身心和谐：朱熹和谐社会观的重要基点

在儒家思想史上，无论是张载的"民胞物与"，还是王阳明的"一体之仁"观念，都是基于人与万物的一体感为基础的，它们承认人天生具有同类感，正是这种同类感，才有可能使人的自爱扩大为爱同类。朱熹的和谐社会观传承了儒学传统又带有自己特色的哲学思辨，他强调以人为中心，旨在启迪个人的内心的道德自觉的特点。他说："圣德至道。道者，人之所共由；德者，己之所独得。"（《朱熹语类》卷6）意思是说，道是人人共同必由的道路，而德则是每个人自己要明白的必须遵守的原则和要去践行的。认为道德是有极强的实践意义，它必须与行动结合起来，并以为道德是内在的，它的外在表现就是人的行动、行为。朱熹对《大学》阐释最根本的一个向度是《大学》"三纲领"中之"止于至善"。在朱熹看来，"至善"不同于一般意义上的"善"，小学的工夫成就的是"善"，使人做一般意义上的好人；而大学则要人"止于至善"，是使人做一个圣人。所谓"止于至善"，它一方面意味着要将人本有的明德推至极致，使人心不受一毫私欲之沾染；同时又表现为应事接物之际体察入微，不仅不受事物千变万化所左右而保持吾心之贞定，而且更能将事物之方方面面无不安排得妥当合理。同时，要"止于至善"，工夫上要求无所不用其极，一节接一节而止于至善。而在这层层递进的工夫论体系中，最重要的是格物致知论，它是"止于至善"最重要的保证。朱熹诠释《大学》之所以以重视格物工夫为特色，应落实在这一点上予以考虑。

和谐社会必须有社会成员之间的互相认同与接纳。但是，现实境况往往是人们在追求各自利益的过程中，把同类意识抛却在一边，心中所据有的只是自

我的利益，只有由财富或权势的崇拜而来的同类分化。因而，超越自我的束缚，摒弃商品拜物教，培养人的"富贵不能淫，贫贱不能移，威武不能屈"的人格，是身心和谐的必然要求。

在朱熹看来，天赋人之明德之所以不能"大用全体昭晰无遗"，其原因就在于"为气禀所拘，人欲所蔽"（《大学章句》），从根本上说，所谓"止于至善"，首先就是要对治气禀物欲到极致，做到"尽天理之极，而无一毫人欲之私"（《大学章句》）。在朱熹看来，气禀物欲对人生修养有着极其巨大的负面影响，《四书或问》说："故其所赋之质，清者智而浊者愚，美者贤而恶者不肖。又有不能同者，必其上智大贤之资，乃能全其本体而无少不明。其有不及乎此，则其所谓'明德'者已不能无蔽，而失其全矣。况乎又以气质有蔽之心，接乎事物无穷之变，则其目之欲色、耳之欲声、口之欲味、鼻之欲臭、四肢之欲安佚，所以害乎其德者又岂可胜言也哉？二者相因，反复深固，是以此德之明日益昏昧，而此心之灵其所知者不过情欲利害之私而已，是则虽曰有人之形而实何以远于禽兽。"《朱子语类》中也说："先生问：'顾諟天之明命'，如何看？答云：'天之明命，是天之所以命我，而我之所以为德者也。然天之所以与我者，虽曰至善，苟不能常提撕省察，使大用全体昭晰无遗，则人欲益滋，天理益昏，而无以有诸己矣'。曰：'此便是至善。但今人无事时，又却恁昏昏地；至有事时，则又随事逐物而去，都无一个主宰。这须是常加省察，真如见一个物事在里，不要昏浊了他，则无事时自然凝定，有事时随理而处，无有不当'。"（《朱子语类》卷16第7条，杨道夫录）一个人虽然有心向善，甚至在道理上也明白要明明德而止于至善，但他在现实的生活中就未必能做到这一点，因为与生俱来的气禀物欲无时无刻地不在左右着他："虽于为善之际，却不时会有不善之根苗萌发：如今人虽欲为善，又被一个不欲为善之意来妨了；虽欲去恶，又被一个尚欲为恶之意来妨了。盖其知之不切，故为善不是他心肯意肯，去恶亦不是他心肯意肯。"（《朱子语类》卷16第191条，叶贺孙录）在朱熹看来，这是知之不切的缘故，故需要下格物致知的工夫；但尽管知致了，意仍有可能不诚，即人们虽然知道努力下工夫去对治气禀物欲，但在隐微之间，也有可能"照管不着"或"把捉不住"，"虽不用大段着工夫，但恐其间不能无照管不及处，故须着防闲之，所以说君子慎其独也。"（《朱子语类》卷16第91条，杨道夫录）然意诚之后，心仍有可能不正，"到得正心时节，已是煞好了。只是就好里面又有许多偏。要紧最是诚意时节，正是分别善恶，最要着力，所以重复说道'必慎其独'。若打得这关过，已是煞好了。到正心，又怕于好上要偏去。如水相似，那时节已是淘去了浊，十分清了，又怕于清里面有波浪动荡处。"（《朱子语类》卷16第127条，叶贺孙录）总而言之，在朱熹看来，知致了，意可能还有不诚，意诚了，心可能还会不正，为了对治人的气禀物欲，工夫必须相应地一重又一重，《大学》之八条目，节节有工夫，只有这样不断地"提掇而谨之"。（《语类》卷16第90条，董铢录）推"善"以至于"至善"，才可能真正除去旧染之污而复其本体之明。若是工夫上稍有松懈，有"一毫少不谨惧，则已堕于意欲之私矣"。（《朱子语类》卷16第90条，董铢录）故朱熹说："此一个心，须每日提撕，令常惺觉。顷刻放宽，便随物流转，无复收拾。"（《朱子语类》卷16第103条，余大雅录）正是因为人的气禀物欲甚难对治，朱熹才认为《大学》中"止于至善"之说与单纯的求"善"不同。在朱熹看来，在"善"字上下工夫，如小学中"收其放心，养其德性"等固然是好，而且也确实显得简单易行，但对于人与生俱来的气禀物欲，不免看得不够真切，从而就不可能知道格物致知、诚意正心之类的细密工夫："小学涵养此性，大学则所以实其理也。忠信孝弟之类，须于小学中出。然正心、诚意之类，小学如何知得。须其有识后，以此实之。大抵大学一节一节恢廓展布将去，然必到于此而后进。既到而不进，固不可；未到而求进，亦不可。且如国既治，又却絜矩，则又欲其四方皆准之也。此一卷书甚分明，不是滚作一块物事"（《朱子语类》卷14第21条，郑可学录）。

朱熹又以磨镜为例说："如一镜然，今日磨些，明日磨些，不觉自光。若一些子光，工夫又歇，仍旧一尘镜，已光处会昏，未光处不复光矣。"（《朱子语类》卷5第68条，梁谦录）"消磨旧习"或"磨镜"相当于对治气禀，其工夫非一刻所能停，"惟圣人罔念作狂"，更何况常人乎？有时"眼前道理略理会得些"，这固然是善，或许可称为工夫阶段性的结果，但并不能以之为满足，如果就此满足于眼前略会得的一些道理而不再下工夫，则已明处可能又会重新为气禀物欲所昏蔽，朱熹常以两军对垒比喻天理人欲之紧张，此消则彼长；同时，工夫若在一个阶段上就停滞不前，如意诚了，可能已算是十足君子，但若心仍有所偏，终归不够圆满而不能入于圣境。《大学》和《中庸》都提出了"慎独"的修养方法，而"慎独"乃修养"诚"之要诀。朱熹曰："'诚'字在道，为实有之理；在人，则为实然之心。"（《朱熹文集》卷46）"诚"的外在体现为"信"，故儒家提倡为人须"诚信"。只有做到诚信，才能取信于人。认为凡事都要光明正大，无愧于心，才能因"内省不疚"而做到"君子不忧不惧"。个体身心和谐，取决于社会成员具有良好的心态，个体身心和谐所要求社会成员具有的超越精神，是基于对生存意义的深刻领悟。尤其是当劳动真正被社会所尊重，并且值得全社会所尊重的时候，当财富并不仅仅是作为个人的贪欲而追求，而是全社会各种要素的合理聚合，并通过多种值得人们信赖的方式而反馈于社会的时候，个体的自由才有可能得到与社会发展相一致的实现。总之，从朱熹和谐社会观看，和谐社会的构建取决于在社会经济发展过程中合理地处理人与人的关系，取决于激发社会活力的过程中，既要激发处于社会强势地位的人创造财富的活力，又要注重激发弱势群体的活力。在全社会形成尊重劳动、尊重知识、尊重人才、尊重他人、尊重创造的社会氛围，充分培育社会成员的精神境界，实现社会的稳定与和谐。

四、天人和谐：朱熹和谐社会观的理想境界

"天人"之辩，是中国古代哲学探讨的核心问题之一。与西方古代哲人不同，中国古代哲人很少专门探讨宇宙问题，也很少孤立地研究人生问题，而是将"人"看成是宇宙的一个有机组成部分，其最终希望搞清，人在宇宙中所处什么位置？人对宇宙能够起什么作用？人的命运与宇宙之变化发展有什么关系？等等问题，从大量典籍分析，中国古代学者既研究"天"，也研究"人"，尤其是特别注重研究"天人之际"中之"际"（即天人之关系），注意将宇宙与人生、自然与社会、天道与人道结合起来进行研究。仅以孟子与朱熹为例，在《孟子》一书中，"天"是使用频率较高的字之一，也是其自然哲学思想中一个含义丰富而殊异的重要范畴。"天人"之辩是当时诸子

百家辩论的一个最具有哲学意义的命题，各派人物为阐发自我学术观点，推行自我政治主张，都希望从天道观上寻找依据，使自己的思想观点符合"天经地义"。孟子一生用力最勤之处是"讲道德，说仁义"，其思想主旨是"道性善"，"称尧舜"，与当时其他学派一样，他为了论证自我观点，不能不去回答天道观中提出的许多问题，所以孟子的多层次多视角的天道观是其许多思想观点的出发点与依据，是其思想体系向外扩展与辐射之核心内容。

朱熹所处的宋代与孟子所处的时代已发生了很大变化。一方面，民族危机与文化危机交错在一起。北宋中期始，周敦颐、邵雍、张载、程颢、程颐等理学先驱观点逐渐成为学术界主导思想，他们重新阐述孔孟思想，从理论上回答佛道所提出的问题，建立了一个从天道到人道、从伦理到政治的完整体系；另一方面，宋代是中国科学技术昌明的时代，生产的发展与经济的繁荣，使科学技术有了很大发展，不仅有世界三大发明（活字印刷术、火药、指南针）的完成，提供了古代人们从未想到过的许多科学事实，而且在数理化天地生农医等各方面都居于世界领先地位。这些均使人们对于物质结构以及物质之间的联系形式、天体运动规律、宇宙结构等问题的认识，深入了一大步。上述两方面的客观因素，使朱熹对孟子的天道观等一系列核心观点有了进一步的认识理解与发挥。

其一，孟子将"天"看成是一种无法抗拒无法改变的必然性，他曾指出："尽其心者，知其性也。知其性，则知天矣。存其心，养其性，所以事天也。夭寿不贰，修身以俟之，所以立命也"（《孟子集注·尽心上》）。在这段话里，他提出了尽心、知性、知天、存心、养性、事天、修身和立命八个重要哲学概念，涉及了命运之"天"与人的主观能动性问题，他将"知天"、"事天"与"立命"等概念同人性的善恶与道德修养联系在一起，这是孟子思想体系中一个重要特点。在孟子相互纠缠的思想脉络里，人们可以明显看出他在要求"认识"、"天命"这个无法违抗的必然性条件下更多地发挥人的主观能动性的心愿。一方面，他认为"心之官则思，思则得之。不思则不得也"（《孟子集注·告子上》）；一方面，他将知识与人性看成均由"天"赋予的，人只要尽心之所思，就能够"知性"，通过"尽心"，"知性"，最后可以达到认识万物之源的"天"，即谓"知天"，再经过"存心"、"养性"，就可以达到行事符合于"天"的阶段，即谓"事天"（行与天合），按理，到此处应该达到孔子所说"从心所欲不逾矩"之境界，然而，孟子却从更深层的角度考虑，一个人即便能够做到"知天"、"事天"，对命运的认识能力仍然有很大局限性，由于事物发展的复杂性，很难全都达到人们原来预期的结果，这种认识水平应该是难能可贵的，但孟子却滑向另一边。他认为，不要因为夭寿难定而对"天命"有所怀疑，应该严格要求自己，沿着尽心、知性、知天、存心、养性、事天的道路走到底，最终等待"天命"之安排，此即谓"立命"。这是孟子天道观的基本观点，这就造成了一个矛盾，既有强烈的宿命论倾向，强调命运无法改变，又未抹杀人的主观能动性。

孟子为了摆脱这种理论上的困境，一则，他发挥道："莫非命也，顺受其正；是故知命者不立乎岩墙之下。尽其道而死者，正命也，桎梏死者，非正命也。"（《孟子集注·尽心上》）孟子针对墨家的指责，将儒家"天命论"之"命"分为"正命"与"非正命"。所谓"正命"，即指人的行为遵循事物的必然趋势行事，尽到自己最大努力，无论结果如何，均为得命运之正。所谓"非正命"，即指人的行为违反事物的必然趋势行事，一意孤行，其结局无论如何均为"非正命"。孟子区分"正命"与"非正命"之目的，既要求人们在必然的客观规律面前尽可能发挥主观能动性，同时要求对必然的客观规律认识到什么程度，获得多少自由，均要服从命运之安排。上述可见，孟子在这个问题上，较之孔子等早期儒家有了新的发展，有一种摆脱传统宿命论思想之强烈倾向。二则，孟子在探讨天道与人道关系（也即必然与自由关系）时，曾提出："是故诚者，天之道也；思诚者，人之道也。至诚而不动者，未之有也；不诚，未有能动也。"（《孟子集注·告子上》）孟子将"诚"与"思诚"之区别，当作天道与人道之分野，将"诚"当作天道与人道之桥梁。此处之"诚"，或许可以理解为孟子哲学之最高本体。孟子之所以将天道看作"诚"，有其深刻内涵，"莫之为而为者，天也"，他认为，自然界的形成与存在，本来就如此，没有附加任何有目的成分。孟子与道家有相通之处，但他不同意道家的"人道无为"观点，他认为人是自然界一部分，同时又应当与自然界相对待，人应该积极追求天道之"诚，"认识天道的必然性，就能在"获于上"、"信于友"、"悦于亲"等人事中达到一定自由境界。

朱熹对孟子的天道观进行了深入的分析及发挥。

一是，他认为，"天，即理也，其尊无对，非奥妙之可比也。逆'理'，则获罪于天矣。岂媚于奥妙所能祷而免乎？言但当顺'理'。"（《论语集注·季氏》）朱熹将"天"与其哲学最高范畴"理"相联，故曰"天理"，使"天"这个范畴更具理性色彩，他说："天者，'理'而已矣。……自然合'理'，故曰乐天，不敢违'理'，故曰畏天。"（《孟子集注·梁惠王》）合"理"、顺"理"，即谓顺天；反之，即谓获罪于天。他指出："天者，理势之当然也。"（《孟子集注·告子上》）大自然之生存发展是客观规律之必然趋势。他认为"天命者，天所赋之正理也。知其可畏，则其戒谨恐惧，自有不能已者，而付界之重，可以不失矣"，"不知天命，故不识义理，而无所忌禅如此，"（《论语集注·季氏》）"天"，乃自然之代称，"命"意谓流行、赋予，天命，是天所赋之"正理"，不知天命，就会不识"义理"，朱熹将"天"与"理势"，"天命"与"义理"联系在一起，反映了其自然哲学的本质特征。他还说："只是从大厚中流出来，模样似恁地，不是真有为之赋予者，那得个人在上面分付这个。"（《朱子语类》卷4）对于"命"这个概念，自天而言，它是自然；自人而言，它是必然。命非人力之所可致，非人之所能为。朱熹还提出"命，谓天之付与，所谓天令之谓命也。然命有两般；有以气言者，厚薄清浊之禀不同也，……有以理言者，天道流行，付而在人，则为仁义礼智之性，……二者皆天所付与，故皆曰命。"（《朱子语类》卷61）朱熹在此以理、气两个基本要素作为自然本质，所以"命"所承担的就有理与气这两方面，理是恒动的，气是变化的，自然万物之造化，表现为"二气五行，交感万变"之过程，理始终在主宰着这种气化过程。

二是，在联系天道与人道的问题上，朱熹接着孟子的话说，"诚者，理之在我者皆实而无伪，天道之本然也；思诚者，欲此理之在我者皆实而无伪，人道之当然也。"（《孟子集注·告子上》）孟子不同意道家的"人道无为"的思想，他将"思诚"作为人道的要求，朱熹对此阐释为，应当要求"人道之当然"去符合"天道之本然"，天道之"诚"，应使人道也符合天道"实而无伪"之品格。特别值得指出的是，以天理人欲说解孟子的义利观，是理学的一个基本观点，但此处还应看到天理人欲说对孟子天道观的独特阐释与发挥，朱熹在《孟子集注》中有两段文字说明："此章言仪义根于人心之固有，天理之公也；利心生于物我之相形，人欲之私也。循天理，则不求利而自无不利；徇人欲，则求利未得而害己随之。所谓毫厘之差，千里之谬，此《孟子》之书，所以造端托始之深意。学者所宜精察而明辩也。"（《孟子集注·梁惠王》）他在另一章中说："盖钟鼓、苑囿，游观之乐，与夫好勇、好货、好色之心，皆天理之所有，而人情之所不能无者。然天理、人欲，同行异情。循理而公于天下者，圣人之所以尽其性也；纵欲而私于一己者，众人之所以灭其天也。二者之间，不能以发，而其是非得失之归，相去远矣。故孟子因时君之问，而剖析于几微之际，皆所以遏人欲而存天理。其法似疏而实密，其事似易而实难。学者以身体之，则有以识其非曲学阿世之言，而知所以克己复礼之端矣。"（《孟子集注·梁惠王》）朱熹在这两段话中提出了"天理人欲，同行异情"、"天理之公"、"循天理"、"纵欲而私于一己者，众人之所以灭其天也"、"遏人欲而存天理"等一系列颇具自然以及生态伦理意义的观点，他没有否认"好勇、好货、好色之心"，认为此"皆天理之所有"，"人情之所不能无者"，这说明朱熹并非禁欲主义者。他所推崇的是孟子"数罟不入夸池，鱼鳖不可胜食也，斧斤以时入山林林木不可胜用也"的自然精神。朱熹强调的是在自然与人的关系上，必须要认真考虑"遏人欲而存天理"之问题，他深切地感受到，"其法似疏而实密"，"其事似易而实难"，"理"与"欲"的关系。无论古今中外，在理论上都存在着"纵欲"和"禁欲"两种偏离中道的极端倾向，而儒家有鉴于此，独独主张把人仍欲望控制在合理的限度之内，既不"纵欲"又不"禁欲"，而是"寡欲"与"以理节欲"。这是朱熹强调的本旨，这种既肯认自然人欲的正当性、又强调用理智的态度来克制过度纵欲倾向的思想，无疑是很明智、正确的。朱熹指出："天地以生物为心者也，而人物之生又各得天地之心以为心者也。""此心何心也？在天地则块然生物之心，在人则温然爱人利物之心。"（《朱文公文集》卷67）所以，朱熹认为，人与宇宙有着特殊的关系。作为人，不仅其身体是天地创造的，而且其思想与精神也是天地创造的产物。天地创造了人，又赋予人以创造精神，从而使人既是被创造者，又是创造者；既是被造之物，又是造物之物。在未有人类之前，是原始创造力造就了天地万物，而既有人类之后，除了那原始创造力之外，人成为最有活力的创造者。并且，人作为万物之灵、生命中最高贵者，有着自觉而又伟大的创造力，从而成为宇宙创造力的中心。唯其如此，人才能"与天地合其德"，甚至进而可以"与天地参"。于是，人类不仅创造了无数的实体之物，而且也创造了真善美，创造了科学文化，创造了文明、价值、道德、理想、精神、境界，从而使这个世界更加美好。由此可见，是天与人共同创造了一个神奇美好的世界。朱熹的这些难能可贵的见解不仅在当时尚属罕见，在当今社会可持续发展理论与实践中也有一定的历史价值与理论价值。为我们建设和谐社会必须处理好人与自然的关系，提供了一定的借鉴。

（原载《福建行政学院学报》2006 年第 4 期；
作者单位：福建行政学院经济贸易系）

《太平经》中的"和合"意识探讨

王子今

推崇和倡导"和合",是传统中国的重要历史文化表现。"和合"意识所体现的文化倾向、文化理念、文化意境、文化精神,对于形成和完善中华民族精神,具有不可忽视的意义。对此,笔者在《社会科学》杂志 2006 年第 7 期上发表拙文——《汉代社会意识中的"和合观"》。今次,笔者从"和合"意识的历史演进及其汉代社会思想史的背景出发,深入研究东汉时期形成的早期道教经典——《太平经》中的"和合"意识及其相关信息。

一、"和合阴阳"的自然秩序与"和合同心"的社会理想

《太平经》中的"和合"意识所表达的基本内涵之一,就是"天地"与"阴阳"的自然"和合",并且以此形成了规范万物的自然秩序。庚部卷一一七《天乐得善人文付火君诀》写道:"天地之生凡物也,两为一合。今是上天与是下地为合。"不仅"上天"与"下地""两为一合","天"和"地""亦自有阴阳,两两相合"。

而生命的发生正出自这种"合"。庚部卷一一九《三者为一家阳火数五诀》说:"……夫生者皆反其本,阴阳相与合乃能生。"这里的"合","是指互相联结互相依存而言"[①]。这里的"阴阳"之"合",又表述为"和合阴阳"。

[①] 王明:《太平经合校》,中华书局 1960 年版,第 5 页。

　　《太平经》乙部补卷二二《以乐却灾法》写道："夫乐于道何为者也？乐乃可和合阴阳，凡事默作也，使人得道本也。"将这段文字与丙部卷四八《三合相通诀》所述"阴阳相得，交而为和"联系起来分析，有学者以为，"保持心情的愉悦""具有积极意义"。① 乙部卷二九《行道有优劣法》就认为："和合夫妇之道，阴阳俱得其所，天地为安。"庚部卷一一五《苦乐断刑罚决》又写道："元气自然乐则合，共生天地，悦则阴阳和合，风雨调。""凡物乐，则奇瑞应俱出，生万物之应，精上著天，三光更明察也。三光乐而合，则四时顺行，春乐生，夏乐长，秋乐收，冬乐藏。""阴阳和合"，可以看是导生"三光"、"四时"、"万物"之秩序的根由。

　　宇宙之运行，表现为"天地"、"四时五行"等自然规律，皆基于"阴阳"的"和合"。正如《太平经》壬部卷一四二《五德神人兵马图诀》所说："太平气，② 风雨时节，万物生多长。""天地之行，尚须阴阳相得和合，然后太平，而致四时五行之吏也。"③ 癸部卷一五四《却不祥法》又写道："顺用四时五行，外内思正，身散邪，却不祥，悬象而思守，行顺四时气，和合阴阳，罗网政治鬼神，令使不得妄行害人。"④ 就是说，所谓的"和合阴阳"，表达了人们企盼自然世界的理想秩序和人文世界的理想秩序。

　　《太平经》庚部卷一一五《苦乐断刑罚决》论说理想的人际关系，推崇

---

① 姜守诚：《〈太平经〉研究——以生命为中心的综合考察》，社会科学文献出版社 2007 年版，第 184 页。

② 俞理明注："此疑脱：至。"俞理明：《太平经正读》，巴蜀书社 2001 年版，第 536 页。

③ "风雨时节"，是汉代民间对理想生态的习惯表达形式。《淮南子·览冥》说到"风雨时节，五谷丰孰"。《汉书·地理志下》说到地方地理人文条件，"有和气之应"时，也使用"风雨时节，谷籴常贱"的说法。汉镜铭文中常见"风雨时节五谷孰"，"风雨常节五谷熟"，"风雨时，五谷孰，得天力"，"风雨时节五谷成，家给人足天下平"等，都是祝祝气候正常。袁宏《后汉纪》卷二二载汉桓帝延熹八年（165）刘淑对策，以"仁义立则阴阳和而风雨时"为主题，也体现了同样的社会愿望。《史记·乐书》载："天地之道，寒暑不时则疾，风雨不节则饥。"张守节《正义》释："寒暑，天地之气也。若寒暑不时，则民多疾疫也。""风雨，天事也。风雨有声形，故为事也。若飘洒凄厉，不时有节，则谷损民饥也。"（参见王子今：《秦汉时期生态环境研究》，北京大学出版社 2007 年版，第 419—420 页）

④ 王明《太平经合校》题"以自防却不祥法"。俞理明注："'却不祥'上原有'以自防'三字，是上篇篇末误入。"俞理明：《太平经正读》，巴蜀书社 2001 年版，第 4 页。

"阴阳和合同心为一家"的境界："人莫不悦乐喜，阴阳和合同心为一家，传相生。凡事乐者，无有恶也。凡阴阳乐，则生之始也，万物所受命而起也，皆与人相似。男女乐则同心共生，无不成也。不乐，则不肯相与欢合也，怒不乐而强欢合，后皆有凶。""阴阳和合"的必要条件，即所谓的"阴阳乐"。

《太平经》乙部卷一八《合阴阳顺道法》、丙部卷四八《三合相通诀》，也讲了阴阳"共生和"的道理：

"蠕动之属雄雌合，乃共生和相通，并力同心，以传其类。男女相通，并力同心，共生子。三人相通，并力同心，共治一家。君臣民相通，并力同心，共成一国。"

"凡事悉皆三相通，乃道可成也。""天气悦下，地气悦上，二气相通，而为中和之气，相受共养万物，无复有害，故曰太平。天地中和同心，共生万物。""共生和，三事常相通，并力同心，共治一职，共成一事，如不足一事便凶。故有阳无阴，不能独生，治亦绝灭；有阴无阳，亦不能独生，治亦绝灭；有阴有阳而无和，不能传其类，亦绝灭。故有天而无地，凡物无于止；有地而无天，凡物无于生；有天地相连而无和，物无于相容自养也。""故君为父，象天；臣为母，象地；民为子，象和。天之命法，凡扰扰之属，悉当三合相通，并力同心，乃共治成一事，共成一家，共成一体也，乃天使相须而行，不可无一也。"在这里，"天地中和同心"的说法、"共生和相通"的说法，阴阳天地不可以"无和"的说法，逻辑关系似乎并不十分清晰，但对于"和"的尊崇，则是明确的。

《太平经》癸部卷一五四至卷一七〇专有《和合阴阳法》。其中写道："自天有地，自日有月，自阴有阳，自春有秋，自夏有冬，自昼有夜，自左有右，自表有里，自白有黑，自明有冥，自刚有柔，自男有女，自前有后，自上有下，自君有臣，自甲有乙，自子有丑，自五有六，自木有草，自牝有牡，自雄有雌，自山有阜。此道之根柄也。阴阳之枢机，神灵之至意也。"而"上天与是下地为合"，也被解说为"天地和合"。丙部卷四七《上善臣子弟子为君父师得仙方诀》："天地和合，三气俱悦，人君为之增寿益算，百姓尚当复为帝王求奇方殊求，闭藏隐之文莫不为其出，天下向应，皆言咄咄。善哉，未尝有也。"在《太平经》作者的理念中，"天地和合"是"王者"应当遵循的准则。癸部卷一五四《王者无忧法》也写道:"天地和合,帝王且行吾道,何咎之有?"①

将"和合"精神推行至社会政治生活,还有《太平经》庚部卷一一二《七十二色死尸诫》关于"人君"必须"和合神灵"的说法:"天有四维,地有四维,故有日月相传推。星有度数,照察是非,人有贵贱,寿命有长短,各禀命六甲。生有早晚,禄相当直,善恶异处,不失铢分。俗人不知,反谓无真,和合神灵,乃得称人。得神灵腹心,乃可为人君。"乙部补卷一八《合阴阳顺道法》写道:"顺天地者,其治长久。顺四时者,其王日兴。道无奇辞,一阴一阳,为其用也。得其治者昌,失其治者乱;得其治者神且明,失其治者道不可行。详思此意,与道合同。"题曰"合阴阳顺道",正文又说"一阴一阳,为其用也",而论说的主题,是强调"王""治"之成功,要点在于"与道合同"。天地有"四维","日月"有常规,社会政治也是同样。明其原理,循其规律,统治才能"长久",事业才能"日兴"。这种原理、这种规律,就是"道"。执政者应当"与道合同"。

《太平经》壬部卷一五〇《两生成一决》认为,自然世界与人文世界各有、也共有"同欲和合"、"同志和合":"夫大神不过天与地,大明不过日与月,尚皆两半共成一。夫天地各出半力,并心同欲和合,乃能发生万物。昼夜各半力,乃成一日。春夏秋冬各出半力而成一岁。月始生于西,长而东,行至十五日名为阳,过十五日消,名为阴。各出半力,乃成一月也。男女各出半力,同志和合,乃成一家。天地之道,乃一阴一阳,各出半力,合为一,乃后共成一。故君与臣合心并力,各出半力,区区思同,乃成太平之理。"有了"天地"的"并心同欲和合",才可以"发生万物"。有了"男女"的"同志和合",才可以"成一家"。在这里,自然观和社会观也是相互"和合","合为一"、"共成一"的。《太平经》的作者说,"天地之道","太平之理",其实正在于此。透过"太平之理"的字面,我们知道《太平经》的理论核心、早期道教的基本教义,就是这种"和合"原则。

---

① 俞理明列为"太平经钞癸部(补甲部卷九)"。俞理明:《太平经正读》,巴蜀书社2001年版,第13页。

《太平经》丙部卷三九《解师策书诀》写道："阴阳主和，凡事言阴阳气，当复和合天下而兴之也。"其中，"阴阳主和"的命题值得特别关注。以这样的认识为基点，方可以"和合天下而兴之"。丁部卷六三《分别九人诀》写道："圣人者象阴阳，阴阳者象天地以治事，合和万物，圣人亦当和合万物，成天心，顺阴阳而行。""和合万物"，即是"顺阴阳而行"，正是因为"阴阳主和"的缘故。

有学者综合考察诸多道家文献之后指出，与"儒家的'中庸'、'中和'"相比较，"道家的和合思想具有独到之处"①。"道家的和合思想追求自然状态和精神境界两个层面上的主客统一、天人合一，是既现世又超越的。"② 这样的议论忽略了《太平经》的相关内容，似乎有所不妥。

二、《老子》"中气以为和"思想的继承与发挥

在《太平经》与《老子》这两部古代文化经典之间，存在着明显的思想关联。

《老子》"音声相和"（《老子》第 2 章，以下简称章数）论说的价值，可以作不同文化体系的比较：对于不同的音调相结合形成和谐的乐曲，西方的哲学家看重的是不同音调之间的对立和斗争，认为"美的和谐"也是"通过斗争而产生的"；而中国哲学家强调的是和合与和谐，认为美的音乐出自不同的"声音相和"。③《太平经》内部卷五〇《诸乐古文是非诀》已有说法："故古者圣贤调乐，所以感物类，和阴阳，定四时五行。阴阳调则其声易听，阴阳不和，乘逆错乱，则音声难听。"庚部卷一一六《音声舞曲吉凶》也论述了音乐与"和"、"和合"的关系："夫心同意合，皆为大乐也。苦心异意，皆为乘错，悉致苦气也。夫乐者何？必歌舞、众声相和也。""音和者，其方和善。""音不和者，其方凶恶。"

《老子》书中关于"道"、"万物"、"阴阳"的关系，有这样的说法："道

---

① 姚维：《道家和合思想及其现代意义》，《社会科学研究》1998 年第 5 期。
② 姚维：《道家和合思想及其现代意义》，《社会科学研究》1998 年第 5 期。
③ 左亚文：《阴阳和合辩证思维的当代阐释》，《江汉论坛》2001 年第 7 期。

生一，一生二，二生三，三生万物。万物负阴抱阳，冲气以为和。"（第42章）① 这里指出了宇宙生成和运行的原理。"冲气以为和"，马王堆汉墓帛书《老子》甲本作"中气以为和"。所谓"中气以为和"，或许可以成为理解《老子》有关"和合"观念的思路。清儒黄生《义府》卷上"司中"条，即以"中"理解"冲"。其中写道："《周礼》有'司中'、'司命'二神，始不解'司中'之义。偶读《老子》'万物负阴而抱阳，冲气以为和'，乃知'中'即指此'冲气'而言。'冲气以为和'，谓阴阳两相和合，不偏不杂，人得之以生，此所以为万物之灵。《中庸》：'喜怒哀乐之未发'，意与《老子》合。"《中庸》的说法正是："喜怒哀乐之未发，谓之'中'。发而皆中节，谓之'和'。'中'也者，天下之大本也。'和'也者，天下之达道也。致'中''和'，天地位焉，万物育焉。"这样的理解，是有道理的。②

尽管《中庸》中的"和"、"中和"的思想强调的是一种合理度，而与阴阳五行学说有关异质"和合"的思想有所不同，但在"中"与"和"的关系方面，《老子》书与儒家学说的文化倾向是相当接近的。

《老子》又说"天地相合"（第32章）。有研究者认为，"这里的'合'是和合的意思"。《老子》还以这样的形式说到"和"："有无相生，难易相成，长短相形，高下相盈，音声相和，前后相随。恒也。"（第3章）"挫其锐，解其纷，和其光，同其尘，是谓'玄同'。"（第56章）所谓"音声相和"、"和其光"，都是我们讨论"和合"文化需要注意的命题。《太平经》所谓"上下和合"、"上天与是下地为合"、"天地各出半力，并心同欲和合"，正是《老子》"天地和合"思想的延续。

《老子》还说："未知牝牡之合而全作，精之至也。终日号而不嚘，和之至也。知和曰'常'，知常曰'明'。"（第55章）"精之至"与"和之至"是对应的。"知和曰'常'，知常曰'明'"，马王堆汉墓帛书《老子》甲本写作"和曰'常'，知和曰'明'"。《老子》还书："大道废，有仁义；智慧出，有

---

① 高明先生指出，"楼古与范应元二本，'冲'字作'盅'，谓'盅气以为和'。"高明：《帛书老子校注》，中华书局1996年版，第29页。

② 与《老子》之说相对应，《庄子·田子方》："至阴肃肃，至阳赫赫，……两者交通成和而物生焉。"也明确讲述了"阴阳"、"交通成和"由是演生万物的道理。

大伪；六亲不和，有孝慈；国家昏乱，有忠臣。"（第18章）"六亲不和"，是与"大道废"、"国家昏乱"相对应的非理想状况。《老子》书中又见"和大怨，必有余怨"（第79章）。王弼注："不明理其契，以致'大怨'已至。而德以'和'之，其伤不复，故必有'余怨'也。"可知，"和"应当是及时的、彻底的。

有研究者认为，老子的和合思想可以从三个方面诠释：一是从守静不争出发的人之和；二是具有整一性与阴阳调和性的道之和；三是体道向天的自然之和。[①] 这样的"诠释"，注意到《老子》"和合思想"的文化意义，值得肯定。分析《太平经》中的"和合"意识，可以从《老子》那里找到起初的文化渊源。

三、"和合"：自然主义的文化原则

《太平经》所提炼的"和合"意识，具有农耕社会自然主义观念的背景。

有学者认为，《周易》阐说的"阴阳和合"思想，其基本精神之一就是"和合天地自然"[②]。王弼注《周易》所谓"和合相润，以成其文"（《周易注疏》卷四）。如果将其中的"文"作延伸性理解，扩展到今天的"文化"范畴，也许是适宜的。

古来"和合"意识的发生，原本有自然主义的文化基础。关于"和合"的早期观念，往往表述为"阴阳和合"，体现出对宇宙运行、自然发展、世界构造的朴素认识。"一阴一阳之谓道"（《易传·系辞下》），"观变于阴阳而立卦"（《易传·说卦传》），说明"阴阳"的关系被看作是世界秩序的基本架构。理解"阴阳"的关系，是追寻宇宙真理的主要路径。《庄子·天下》说，"《易》以道阴阳。"有学者指出，作为《周易》生命哲学的基础，"阴阳有不同于西方哲学的矛盾概念，阴阳有自己的质的规定性"。在一个系统

---

① 李汉相：《浅论老子的和合思想》，《中州学刊》2004年第4期。

② 赵继明：《和合：〈周易〉的精神本质》，《晋阳学刊》1999年第4期。

中，二者各有自己的趋向和性态。"在大多数情况下，阴阳彼此是和谐共处的。"①"阴阳和合"，因此成为"阴阳彼此是和谐共处的"观念的一种表述。

在这里，可以梳理历代学者研究《周易》有关"和合"问题所提出的、有较大文化影响的解说："天地和合，万物萌动"（《周易集解》卷一七引荀爽曰）；"夫雨者阴阳和合之所致也"（《周易口义》卷七）；"阴阳二气相感相应而和合，是相与也"（〔宋〕程子《伊川易传》卷三）；"水由地中行，地能容而下之，故地得润泽，而水得安流。地上有水，和合亲比之象也"（〔宋〕沈该《易小传》卷一下）；"庄氏云：天地缊缊，和合二气，共生万物。然万物之体，有感于天气偏多者，有感于地气偏多者。故《周礼·大宗伯》有'天产''地产'。"

《大司徒》云："动物、植物，本受气于天者是动物，含灵之属天体运动，含灵之物亦运动，是亲附于上也。本受气于地者是植物，无识之属地体凝滞，植物亦不移动，是亲附于下也。则各从其类者。言天地之间共相感应，各从其气类"（〔宋〕魏了翁《周易要义》）；"彼此之和合，如阴阳畅而成雨"（〔元〕胡震《周易衍义》卷九）；"天气下降，地气上腾。柔感则刚应，和合大同，不相拂戾，此造化所感之正也"（〔清〕傅以渐、曹本荣《易经通注》卷四）。在这些《易》学家眼中，"和合"是自然规律，是宇宙秩序。一个生生不息的和谐有序的世界，正是以"和合"为特征的。《焦氏易林》卷一《师·解》说："王德五材，和合四时，阴阳顺序，国无咎灾。"以农耕为主体经济形式的国度，将"和合"看作是自然秩序至上的原则。如果背弃这一原则，将会受到"咎灾"的惩罚。清代学者李光地的《榕树语录》卷一四《三礼》写道："夫五行播于四时，是天地阴阳之和合也。和合故月生焉，阴精阳气会于太虚而成象，生之谓也。"这里解说的"五行"、"四时"与"天地阴阳之和合"的关系，有助于理解《焦氏易林》提到的"五材"、"四时"与"阴阳"、"和合"的关系。

"和合"提供了生命创造、生命发育和生命衍化的环境条件。这是古代

---

① 王宏海、左华：《〈易传〉生命哲学研究》，《河北大学学报》（哲学社会科学版）2004 年第 1 期。

哲人的智慧，也是古代社会的人们所共有的朴素自然主义的认识。有学者认为，"天人合一"的观念曾经深刻影响中国的文化传统和民族精神，成为"'和合'人与自然关系的终极追求"①。有学者更加明确地指出，"《易传》和合思想的核心是阴阳的对立统一，阴阳和合的最高境界是人与天地合德，是'天人合一'。"②

在汉代的民间观念中，与"阴阳和合"不同的气候环境，被称作"不和"。③忧虑"不和"、"未和"，与农耕生产需求日照、气温、降水等基本条件有关。于是，"和合"的愿望便很自然地成为一种影响较为普遍的思想定式和文化传统。《太平经》己部卷九六《六极六竟孝顺忠诀》："万物者，随四时五行而衰兴，而生长自养，是其弟子也。不能尽力随其时气而生长实老，终为不顺之弟子。其年物伤人，反共罪过其时气不和，为时气得重过。"按照这样的观念，抱怨"时气不和"，也是不允许的。

四、民间"和合"意识与道家"和合"理念

在中国古代的社会意识中，"和合"与"和谐"的意义是相近的。《急就篇》卷二："乐欣谐。"颜师古注："欣谐，喜于和合也。"儒学力求以"礼乐"维护中国社会的传统秩序，既讲究区别等级层次，又讲究模糊等级差异。"礼"和"乐"因此而分别承担着不同的功能。《史记·乐书》阐说："乐也者，情之不可变者也；礼也者，理之不可易者也。乐统同，礼别异，礼乐之说贯乎人情矣。穷本知变，乐之情也；着诚去伪，礼之经也。礼乐顺天地之诚，达神明之德，降兴上下之神，而凝是精粗之体，领父子君臣之节。"其中，"乐统同、礼别异"说明，"礼乐"之文化品质和社会作用，具有经典的意义。对于"乐统同"，张守节《正义》有这样的解释："统，领也。同，

---

① 张冠湘：《和合：中国人的生活哲理》，《郴州师范高等专科学校学报》2003年第1期。

② 陈恩林：《论〈易传〉的和合思想》，《吉林大学社会科学学报》2004年第1期。

③ 在汉代文书中又称作"不调"、"不时"、"不节"。王子今：《"不和"与"节"：汉简所见西北边地异常气候记录》，载卜宪群、杨振红主编：《简帛研究》（2004），广西师范大学出版社2006年版，第137页。

和合之情者也。”又裴骃《集解》引录汉代学者郑玄的解说：“统同，同和合也。”其“和合”的意义，得以鲜明的显现。对于“礼”和“乐”的文化职能，张守节《正义》又有进一步说明：“礼出于地，尊卑有序，是见地之情也。乐出于天，远近和合，是见天之情也。”在这里，“远近和合”被理解为“天”的意向。清人黄生《字诂》解释“好”之字义：“《说文》‘好’字训云，‘爱而不释也’。女子之性柔而滞，有所好则爱而不释，故于文‘女’‘子’为‘好’。若如所，训则文中‘子’字为赘设矣。余谓‘好’从‘女’从‘子’，盖和合二姓，以成配偶，所谓‘好’也。《诗》：‘君子好逑’，‘妻子好合’，乃其本义。借为凡相睦之称。《孟子》‘言归于好’，《左传》‘修旧好’，言和好如婚姻也。‘好’为美德，故借为‘恶’之对。”“好”字来自于“和合”。有学者指出，“和合”一语常“特指男女之间的结合”。例如，《管子·入国》云：“凡国都皆有掌媒，丈夫无妻曰鳏，妇人无夫曰寡，取鳏寡而合和之。”①《焦氏易林》多处说到“和合”——卷一《履·益》：“衔命上车，和合两家。蛾眉皓齿，二国不殆”；卷二《噬嗑·家人》：“析薪炽酒，使媒求妇。和合齐宋，姜子悦喜”；卷三《家人·渐》：“执斧破薪，使媒求妇。和合二姓，亲御斯酒。召彼邻里，公姑悦喜。”可见，《焦氏易林》这部文献遗存能够比较真切地体现汉代的民间意识。②其中，“和合”多言“和合两家”、“和合二姓”。“和合齐宋”则是“和合”二国。前引“蛾眉皓齿，二国不殆”，可以联系起来理解。当时的社会民众将“和合”的意义理解为“言和好如婚姻”，值得注意。因为，婚姻从来都是最基本的社会组合形式。由婚姻产生家庭、家族、宗族，构成传统社会的最初基础。于是，“和合”便成为维护中国古代社会稳定和民众凝聚力的原理，成为古代中国广泛的民间社会意识倾向。

“和合”意识在道教文化显象特质的过程中发挥重要作用。于《太平经》之后有所演进的道家理论，强调“和合凝集”之说。《慧命经》引《宝积经》：“和合凝集，决定成就。”注文有全面的解说。宋人张伯端《金丹

---

① 郭齐：《“和合”析论》，《四川大学学报》（哲学社会科学版）1999 年第 2 期。

② 王子今：《〈焦氏易林〉的思想史研究——兼论汉代经典文化与民俗文化的交接》，载熊铁基、赵国华主编：《秦汉思想文化研究》，新加坡希望出版社 2005 年版，第 188 页。

四百字序》有"和合四象"的说法。元人萧廷芝《金丹大成集》答问"和合四象"。《性命圭旨》的"和合四象图"和"和合四象说"中的"四象"，指水、火、金、木或"四象者，青龙、白虎、朱雀、玄武也"。

唐代已经有神异僧人"万回"的传说（《太平广记》卷九二引《谈宾录》等）。据说，"万回貌若愚痴"而原本菩萨之身，以言事往往有验，为帝王敬重。宋代"万回"又有了"和合之神"的名号，"其像蓬头笑面"。

"云是和合之神，祀之可使人在万里外亦能回家，故名'万回'。"（《钱塘遗事》卷一"万回哥哥"条、《西湖游览志余》卷二三）《三教源流搜神大全》"风火院田元帅"条后附，亦有"万回圣僧"、"和事老人"、"都和合潘元帅"、"天和合梓元帅"、"地和合柳元帅"等说法。有学者以为，"诸元帅冠以和合之名，当亦取吉祥和睦之意"，而以"万回圣僧"领先。清雍正十一年（1733），封天台寒山大士为"和圣"，拾得大士为"合圣"。于是，有了"和合二圣"，又称"和合二仙"。自此，一神衍化为二神，[①] 成为团圆之神、喜庆之神、吉祥之神。[②]"和合"作为中国传统民间社会共同心理所推崇的文化意境，最终走向神化是很自然的。而具有极大亲和力的"和合二圣"、"和合二仙"，其崇拜源自"万回圣僧"传说。由一而二之后，所借取的寒山、拾得形象，也成为唐代著名诗僧。这一情形，不会与佛教极力推崇"和合"精神，营造"和合"气氛的文化风格没有关系。其相关的"神"、"仙"、"圣"、"元帅"诸称号，同样显示出《太平经》与道教信仰的内在关系。

长期以来，"和合"经历长久的文化凝练，成为中国的民族性格和民族精神的一个重要特征。许多文化迹象表明，"和合"作为一种意识，具有十分广泛的社会普及面和十分深入的社会渗透力。有学者认为，"中国人的世界是一个人情化的世界，人情已经纳入了社会公认的和合的交往渠道和交往公式。人情以保持人际关系的和谐为目的"。社会风习的细微之处，往往透露出"和合"精神。[③]"和合"的风格，表现着中华文化的内质和外貌。有

---

① 吕宗力、栾保群：《中国民间诸神》下册，河北教育出版社 2001 年版，第 565—568 页。

② 马书田：《中国佛教诸神》，团结出版社 1994 年版，第 291—296 页。

③ 赵锦荣：《对中国传统文化和合性的反思》（一），《新疆师范大学学报》（哲学社会科学版）2004 年第 1 期。

学者指出，"和合"可以"概括中华文化的主流特征"①，是中华民族的优秀思想传统。"中国的'和合'文化历史非常悠久，有着鲜明的民族特色和丰富的文化内涵"。"'和合'传统在某种程度上就是中国人文精神的概括。"②"和合"得到社会的普遍认同，表现出持久的文化惯性。考察相关历史文化现象，显然不应当忽略《太平经》这样的历史文献所提供的重要信息。

(原载《中共中央党校学报》2009 年第 2 期；
作者单位：中国人民大学国学院)

---

① 刘保昌：《中华和合文化生成论》，《社会科学研究》1998 年第 3 期。

② 胡海波、魏书胜：《从"和合"文化传统到"和谐社会"理想》，《社会科学战线》2005 年第 5 期。

神佛儒和合的朱子学

——石门心学探究

李甦平

一

关于日本朱子学的分类，可谓众说纷纭。日本学者阿部吉雄将日本朱子学分为两个系谱：主知博学派（主气派——知识主义派）；体认自得派（主理派——精神主义派）。源了圆则将其分为两大学派：经验的合理主义；思辨的合理主义（价值合理主义）。[①] 中国学者朱谦之将日本朱子学分为五大学派：京师朱子学派；海西朱子学派；海南朱子学派；大阪朱子学派；宽政以后朱子学派。[②] 王家骅将其分为两大派系，认为其中一派浓化了朱子学的唯心主义色彩，更加强调其封建伦理学侧面，并进一步密切了与神道的同盟关系，这一派以山崎闇斋为首的崎门学派为代表；另一派则强调朱子学的合理内容，表现了对自然科学和"经世致用"学问的兴趣，逐渐接近唯物主义，这一派以贝原益轩为代表，例如安东守约、新井白石以及怀德堂学派的中井竹山、中井履轩等，另外还有佐久间象山。[③] 笔者在拙著《圣人与武士——中日传统文化与现代化之比较》中，根据日本朱子学对朱熹"理"范畴的不同发展，将日本朱子学划分为两派：客观经验理派；主观道德理

---

① 参见王家骅：《日中儒学の比较》，六兴出版 1988 年版，第 174 页。

② 参见朱谦之：《日本的朱子学》，三联书店 1964 年版，第 2—3 页。

③ 参见王家骅：《儒家思想与日本文化》，浙江人民出版社 1990 年版，第 91—92 页。

派。① 现在，笔者认为除了上述两派外，还应增加一派，即融理（性）与心为一体的石门心学派。

石门心学是由商人哲学家石田梅岩（1685—1744 年）创立的一门商人哲学。石田梅岩在日本商人受难期间的享保年间，为高扬商人的社会地位，凸显商人的价值，创立了一门崭新的学说——反映新兴商人精神觉醒的石门心学。从享保十四年（1729 年）石田梅岩收徒讲学，标示石门心学的创立算起，后经石田梅岩五代弟子的继承、弘扬、流传，一直到 19 世纪中叶，石门心学成为德川时代一门独特的学派。石门心学的最大特点是儒、释、道三教和合。石田梅岩分别吸取了儒教、佛教、神道教思想，并将之融合在心性之中，构建了石门心学。

柴田实教授在编纂《石田梅岩全集》时统计的关于石田梅岩的主著《都鄙问答》所引用的儒教书籍名目及使用次数如下：

《论语》133 次、《孟子》116 次、《大学》20 次、《中庸》20 次、《易经》14 次、《书经》12 次、《小学》11 次、《礼记》11 次、《孝经》7 次、《近思录》4 次、《诗经》4 次、《性理大全》4 次、《太极图说》4 次、《二程全书》3 次、《语孟字义》2 次、《性理字义》2 次、《朱子语类》1 次、《大戴礼》1 次，以上共 18 种、369 次。②

在这些儒教典籍中，梅岩又特别青睐《论语》和《孟子》。《论语》除《乡党篇》外，涉及了 19 篇；《孟子》几乎每一篇都被引用过。梅岩之所以重视儒教经典《论语》和《孟子》，是因为梅岩学问的主旨是探求关于"生生"的问题，即如何做人？怎样做人？他认为"学问第一所在，是成圣成贤"③。从如何做人出发，梅岩更加推崇孟子的性善论，认为"知性善，乃是至圣贤之门户。无门户，则不知如何走圣人之道"。他又说："我之所依，即孟子的尽心知性知天之说。此说与吾心合，故以此为立教之本。观求圣人

---

① 参见拙著：《圣人与武士——中日传统文化与现代化比较》，中国人民大学出版社 1992 年版，第 48—49 页。

② 参见柴田实：《〈都鄙问答〉の形成——石田梅岩の心学について》，《史林》1956 年 6 号所收。

③ 竹中靖一：《石门心学の经济思想》，ミネルヴァ书房 1962 年版，第 95 页。

之道者，必自孟子始。"① 梅岩心学的根本是以心的体验为其学问的依据，所以，孟子的"尽心知性知天"思想成为梅岩心学的基本理论之一。

如果说，梅岩对孔孟原始儒学的态度是视之为其心学思想的根本的话，那么，梅岩对朱子学的态度，则是把朱子学的思辨哲学，融入孔孟原始儒学之中，使孔孟原始儒学更具思辨性。梅岩说："我的学问修行，以论（语）孟（子）为基础，又依据程朱之注解其意。"②

石田梅岩之所以在孔孟实践道德论中融入作为形而上学哲学体系的朱子学，是因为他的心学思想的核心概念如"心"、"性"、"理"等与朱子有着密切关系。为此，他不像有些学者那样，将朱子学视为金科玉律，而是从为我所用的立场出发加以摄取。梅岩曾以实际生活中的事例阐明自己的这种学问态度："我打一比喻告诉你。如一家要将外间的三四间房子出租给外人住，而里间的房子放置着房主的许多东西。所以，家主对先来租房的房客作好约定：因为里间屋放着家主的东西，因此，家主有时要进入里间屋到里面去取东西。而对以后来租房住的房客，就没有作这一约定。但是，如果急用时，虽然没有约定，仍像以前一样，从外间屋进入到里间屋去取东西。我对程朱之学采取的方法，就是如此。"③

这个比喻说明，梅岩对于朱子学，不是只停留于表面的微妙的解释，而是根据心学的"急用"，合理地吸取朱子学中的精华，注入到心学体系之中。

石田梅岩以《孟子》的"尽心、知性、知天"思想为根本，吸取了朱子学关于"知心"、"知性"思想，以此构成了梅岩心学的核心。

梅岩心学思想的形成与佛教亦有不可割舍的联系。其一归之为时代的习俗，其二归结于师长的教诲。

梅岩的老师小栗了云就是一位悟道极深的在家隐士。

梅岩初见了云，拜其为师后，就急切地询问关于人性方面的问题。了云只是对他说：如果你不知心，那么，你所学与人性问题，有如天地云泥之

---

① 竹中靖一：《石门心学の经济思想》，ミネルヴァ书房1962年版，第96页。
② 竹中靖一：《石门心学の经济思想》，ミネルヴァ书房1962年版，第97页。
③ 竹中靖一：《石门心学の经济思想》，ミネルヴァ书房1962年版，第98页。

差。不知心，只读圣人之书，实是差之毫厘，谬以千里。① 梅岩听到了云老师的这番教导后，深深感到：以自己现在的学问去探求人性，实在是以卵击石。于是，他反复体验了云老师所说的"知心"的真谛所在。

了云强调的"知心"，用哲学语言来解释，就是认识主体与认识客体相一致的意思。"知心"，成为石门心学的中心课题。

梅岩认为，人生之道就是自觉知五伦五常，并以此教导世人，以此为己志。但了云认为，如果仅仅如此，不知心的话，那么，五伦五常的知识就不可能真正成为自己的，也不能发挥其作为一身之主宰的功能。了云思想的理论意义是：对于普通的知来说，认识的主体（自己）与被认识的客体（事物、道理）是对立的、有区别的。但"知心"时，认识的主体（知的心）与被认识的客体（被知的心）又必然是同一的，无差别的。更进一步说，人们常常将自我客观化，即通过自我来内省自己的心。在一般情况下，通过自省，达到一种自觉，这就是"知心"。但真正的知心，必须是超越反省，当内在的心与被知的心融为一体时，才能达到那种境界。那种境界不是静止的心，而是自由活动的心。如人们往往不懂得通过自我来认知自己的心。这是因为外在的、内在的各种机缘，将自己的心加以分裂，不能判断欲求和反省的对立，即什么是外在的欲求，什么是内在的反省。因此，人们也就不知如何行动。反之，当人们十分专注、一心一意做某件事时，就不会有任何的疑虑和不安，此时的心呈现为一种自然而然的状态。这种境界，与"知心"就很接近了。

按照小栗了云老师的思路，梅岩反复体验如何体悟自由心，即怎样才能知心。无论是白天还是夜晚，梅岩都苦心体会，反复体验，如何才能尽心，怎样才能知心这一重要问题。

经过一年半的体验，在梅岩 40 岁那年，有一天，当他感到筋疲力尽之时，忽然，进入到一个崭新的境界。

按照老师"性存在于眼睛所不能看到的地方"这一教海，梅岩又开始了自我反省。他的反省达到了废寝忘食、不辨日夜的程度。这种反省又经过

① 参见竹中靖一：《石门心学の经济思想》，ミネルヴァ书房 1962 年版，第 103 页。

了一年多，梅岩四十二三岁时，有一天夜更时分，他感到身体有些疲劳，迷迷糊糊睡着了。天还未亮，他正睡时，听到了屋后树林中鸟雀的叫声。当时，他豁然感受到"腹中如大海一样静寂，如蓝天一样广阔。那鸟雀的啼鸣声，就如同鹈鸟在静静的波浪中发出的音响"。此时，梅岩猛然警醒，他悟到了了云老师所教导的"性存在于眼睛所不能看到的地方"这句话的真谛。这是石田梅岩的第二次开悟。

据柴田实教授统计，梅岩在其主著《都鄙问答》中，涉及佛教典籍31种，引用过42次之多。即：

《法华经》4次、《观无量寿经》3次、《华严经》2次、《无量寿经》2次、《寿量无边经》1次、《涅木经》1次、《维摩经》1次、《随愿往生经》1次、《比婆娑论》（元光太师语、歌）4次、《大原问答》3次、《景德传灯录》2次、《一枚起请文》1次、《无门关》1次、《临济录》1次、《圆觉大师语》1次、《灵云志勤禅师语》1次、《世尊见星悟道语》1次、《四部录座禅仪》1次、《六祖坛经》1次、《般若灯论》1次、《西方要诀》1次、《三藏法数》1次、《名义集》1次、《释氏锱铢》1次、《往生要集》1次、《观心略要集》1次、《佛土率》1次、《圣明太子明眼论》1次、《游行上人歌》1次。①

梅岩对于佛教禅宗，既不像当时的儒者那样采取一概否定、拒绝、批评的态度，也不是一味盲目地吸取。梅岩从心学思想出发，一是接受了禅宗"见性成佛"的教义，二是吸取了禅宗的修行法。尤其是禅宗的修行法，使梅岩能够从第一次开悟飞跃到第二次开悟，最终体悟到"性为何物"。所以，古田绍钦教授指出，梅岩之所以能够立足于"三教的三者即一的一体观"，"完全是由于穷究于禅的境界"的结果。即由于禅宗的修行法，使其开悟，梅岩才能够体悟到儒教、佛教、神道三教其实是一体。这一开悟的结果，形成了梅岩开放、包容的学风。

如果说，梅岩把儒教的哲学思想作为石门心学的理论基础，把佛教的修行方法作为石门心学开悟的修炼工夫的话，那么，梅岩则把神道教的教义作为石门心学的精神信仰。

---

① 柴田实：《石田梅岩》，吉川弘文馆1995年版，第42页。

按《石田先生事绩》所云，石田梅岩信仰的神道，不能归宗于特定的某家某派，而是俗神道。按柴田实教授的考证，梅岩对吉田神道的信仰程度，更深一些。

吉田神道由吉田兼俱（1435—1511年）创立，故名"吉田神道"。吉田神道曾控制了日本全国一半以上的神社，其影响一直延续到德川末期。关于吉田神道的教义，吉田解释说："神非常神，是先于乾坤之神。道非常道，是作为产乾坤之道。"① 他所谓的"神"，是先验的实体。从这一思想出发，他在解释神与灵、心关系时说："夫神者先于天地而定天地，超于阴阳而成阴阳。在天地叫作神，在万物叫作灵，在人伦谓之心。心者神也。""神性不动而动，灵体无形而形，此为不测之神体也。在天地谓之道，在万物谓之灵，在人谓之心。心则神明之舍。"② 从本体论角度来说，他把先于天地而定天地的"大元尊神"（国立常尊）作为宇宙之本原，称为"神"。从现象角度来说，他把"无形之形"的有形存在物叫作"灵"。而"心为神明之舍"，"心者，一神之本"。这样，吉田将一切包罗万象于心，得出了心就是真正的神的结论。所以，他认为神道就是"守心之道"。

"守心之道"的教义与梅岩的心理学思想相默契，这是梅岩把神道教作为精神信仰的原因之一。原因之二是由于神道教所主张的"神人一致"的基本教义与梅岩心学所强调的主体哲学的吻合。

神道教以对诸神的信赖和信仰为生活的基本准则。在神被作为"维持人们生活的根源力量"的同时，神与人之间又具有一种一体化的性质，即相互依存的关系。如《贞永式目》和《倭姬命世纪》中讲："大日本是神国。由于神明的保护，国家得以安全。由于国家的尊严，神明得以增威。"即认为国泰民安依赖于神的佑护，同时神的神威也依赖于人们的崇敬才得以发挥，二者是相互依存的关系。从这种教义道出的积极结果是：人类社会的一切成果，都可以被视作由于人的本身努力和神的佑护一体化的结果，强调了主体的努力进取，即强调了主体的积极性和进取精神。人生到世界上来，就

---

① 《神道由来记》，转引自佐藤通次：《神道哲理》，理想社1982年版，第283页。
② 《神道大意》，转引自佐藤通次：《神道哲理》，理想社1982年版，第285—286页。

具有某种使命，因而，每一个人都要尽自己的责任，努力实现其本来的姿态。

正是在神道教这种思想的感召下，梅岩从青年时代起就立志弘扬神道，向人们宣讲"如何做人"的道理。

石田梅岩通过批判地继承和综合地创造，将神道教、儒教、佛教圆融贯通，为我所用，形成了一门崭新的学说——石门心学。其中，神道教成为石门心学的精神信仰，儒教成为石门心学的理论思想，佛教成为石门心学的体悟方法。由此，神道的"正直"、儒教的"诚"、佛教的"慈悲"汇通于梅岩心学的"心"，构成了梅岩心学的一大特色。

二

三教和合作为石门心学的基本特征，像一条红线，还贯穿于石田梅岩弟子的学问言行之中。例如梅岩的大弟子手岛堵庵以三教和合思想教育后人，使石门心学深入人心。

手岛堵庵（1718—1786 年）为石门心学的深入普及，作出了重要贡献。他在 20 年中，扩建新建心学讲舍 4 所，撰写心学图书 20 余种。

为了将心学普及、扩大到妇女和儿童之中，他以通俗易懂的格言和喜闻乐见的诗歌形式进行宣教。而其宣教的中心内容则是儒、释、道三教和合的思想。他在《前训》这部教育儿童的书中写道："每日早晨起床后，要洗手，然后恭恭敬敬地参拜诸神，拜神之后，再拜佛。"[1] 而在日常生活中则强调施以儒教伦理教育。综观其《儿童修身要语》和《前训》中关于"修身"的要点有以下三点内容：

其一，要"正直"。

手岛堵庵在《儿童修身要语》中，开头第一句话便是：性恶不是天生的，而正直却是与生俱有的。[2] 其意是说，人与生俱有的性是正直。正直是

---

[1] 手岛堵庵：《手岛堵庵全集》，清文堂出版株式会社 1931 年版，第 71 页。

[2] 参见手岛堵庵：《儿童修身要语》，岩波书店 1971 年版。

心学的根本信念。这里的正直也就是儒教中的"性善"。这种正直的善，不是与恶相对的善而是本质上的善，即石田梅岩所说的"元性善"。堵庵认为正直广义，兼有"仁"的意义。关于"正直"的修行方法，堵庵强调要舍去私利、私欲，才能进入"无思案"的境地。如他说：

正直的心，即使思案想歪曲，但也不能歪曲，那才是我们的心。

有贪欲的思案，连鬼都感到受折磨。

有私利、私欲的思案，会把人拉入地狱。[①]

其二，要"忠孝"。

堵庵从庶民日常实践生活出发，认为"忠孝"是庶民修身的一项重要条目。忠孝包括对主人要"忠义"，对父母要"忠顺"，对朋友要"忠诚"。具体实行方法有：早晨沐浴后，要拜国家、神仙，然后拜先祖，即曾祖父、曾祖母、祖父、祖母。外出归家时，要先拜见父亲和母亲。孝子不可有私有财宝，要让父母亲知道。

其三，要"行仪"。

行仪即是各种道德礼仪和道德行为的规范。堵庵更加强调的是妇女的行仪。在《前训》的"女子口教"部分中，对于妇女的行仪进行了具体的论述。如妇女要遵守"三从"（未嫁从父、既嫁从夫、夫死从子）、"四德"（妇德、妇言、妇容、妇功），还要做到"柔顺"（对人和物要慈悲）、"清洁"（无邪念、守贞节）、"不妒"（无奢心、对衣服饮食不能挑剔）、"恭谨"（行为端正、不骄不躁），"勤劳"（任劳任怨、不怕吃苦）等等。

又如手岛堵庵的嫡传弟子中泽道二的三教和合思想。

中泽道二（1725—1803 年）出生于京都以机织为业的家庭。由于京都的商家大多信奉日莲宗，所以道二自幼年起，便受到了肯定现实的具有积极意义的教化。41 岁时，听了等持院东邻禅师的法话，其中"四海皆归妙法之理"这句话对他教益很大，成为他的心学的根干和入手岛堵庵学门的契机。之后，又借助儒教理论，使他对石田梅岩的心性学有了进一步了解，并确立了自己的三教合一思想。

---

① 参见手岛堵庵：《石门心学》，岩波书店 1971 年版，第 144 页。

中泽道二心学思想的核心范畴，一是"道"，一是"性"。关于"道"，道二说："道是什么？就是心的事。所谓的神道就是这种心的事，佛道也是心的事，儒道也是心的事"。① 他从心的角度，强调神、佛、儒的一致性。

所以，在道二思想中，"道"就是"心"。而这个"心"，又是神、儒、佛合流之处。"心为最尊，是神是佛。……儒又叫它作明德，佛家称为佛性，二者没有区别。……三教都视心为大事，心外无教。""三界为一心。……所谓妙法就是心事，又称阿弥陀、大日经、明德、本心，皆心之变名。"② 所以，道二认为如果了解了自己的本心，就进入到了神儒佛一如的世界。

关于"性"，道二认为"天命之谓性"。"性"对一切人、万物都是平等的。"万物一体"是性的第一个特点。"性"的第二个特点是"生命主义"，即强调性的生生，强调天地阴阳和合而生。这样，道二认为"知性就是生的佛道、生的神道、生的儒道"。③ 这里，又凸显了他三教一致的思想。

再如梅岩的三传弟子镰田柳泓的三教同异思想。

镰田柳泓（1754—1821 年）43 岁时写《朱学辨》，倡明三教同异，其实质是为了说明三教一致，弘扬先师石田梅岩的三教和合思想。

关于三教的"同"与"异"，柳泓在《朱学辨》中说：

> 或有问于予曰："儒与释老其道同乎异？"予答之曰："同处皆同而异处各异。"曰："何谓之同？"曰："修其一心以济万物皆同。"曰："有说乎？"曰："有。孔圣之一贯四绝，孟轲之性善养气，曾传之格物致知诚意正心，子思之性命中和未发已发，与夫释氏之真空寂灭，老子之窈冥昏然，其言虽异其意则实同。且如《易》无思也无为也寂然不动，不害其意同其语亦直与释老之言如出于一口，亦可以见其道之同也，是皆语修其一心也。已修其一心以济万物则有自存其中矣。若能默而试之则皆符合而节会，但释老则到底说虚而实在其中，儒则到底说实而虚在其中，虚与实其名如相反而其言实相符。"……曰："何谓之异？"

① 参见《道二翁道话》，岩波文库，第 55 页。
② 参见《道二翁道话》，岩波文库，第 55 页。
③ 《道二翁道话》，岩波文库，第 55 页。

曰："儒重人伦而释氏弃之，儒尚实行而老子忽之则各异。"①

这表明，镰田柳泓认为儒教、佛教和老庄之共同点就是"修心济物"。从这一共同点出发，柳泓主张儒、释、老三教和合。"三教和合"说也是他的直门老师富冈以直和先师石田梅岩的一贯教导，是石门心学的一大传统。

进而，柳泓为弘扬石门心学"三教和合"的传统，视藤原惺窝、林罗山、中江藤树及雨森芳洲为日本心学史上的重要代表者。他说：

> 程朱之学实知其心而传之者，在我邦惟有惺窝先生耳。先生高见笃学实始祖述道学，可谓我邦之程子也。林家则惺窝适传固亡论也，下至中江藤树虽一变入王学，然其于性理之论犹有可观者。……近世惟有雨东阳室直清数人，稍会性命之理。雨东阳亦有三教一致之言，吾石田门之学具源尽出于此乎。②

镰田柳泓认为藤原惺窝是日本的程子。惺窝既学禅学，又习儒学，还接触了老子和庄子思想。可见惺窝是一位兼具儒、佛、道三教思想的学者。以后，在他接触朝鲜朱子学者李退溪的弟子许箓之之后，逐渐转向朱子学。惺窝转向朱子学后，也不是专执于朱子学，而是采取朱陆兼学的态度。用他自己的话说，就是"我于朱陆并无偏执"。惺窝并以这种兼收并蓄的态度，教导他的大弟子林罗山："不要只见朱陆后学之异，而不见朱陆之同。"为此，镰田柳泓以藤原惺窝为日本传播朱子学的重要学者。

镰田柳泓最欣赏的是明确主张三教和合的雨森芳洲（1668—1755 年）。他名东，字伯阳，号芳洲，精通汉文和朝鲜文。在学术思想上，主张儒、佛、老三教一致。

具体讲，他认为在形而上方面，儒、佛、道三家理无二致。如他说："仆不肖窃立三家断案曰：天惟一道，理无二致；立教有异，自修不一。一

---

① 鎌田柳泓：《朱学辨》，《石门心学》，岩波书店 1971 年版，第 347—348 页。
② 鎌田柳泓：《朱学辨》，《石门心学》，岩波书店 1971 年版，第 349 页。

生所得，惟有此十六字耳，未知果然耶否耶？""上天之载，无声无臭。无声者，无形也；无臭者，无体也。佛家谓之虚空，道家谓之自然，儒家谓之理。曰：然则三家同门乎？曰：立教有异，自修不一，五官四肢谓之形，凑而名之谓之体。"① 形而下方面，芳洲也承认三教的不一致性。"曰圣人之教，下学而上达。道释以为既已上达，下学则不屑而自成矣。""曰释氏以天地万物为妄相，所以欲人之去烦恼也。儒者以天地万物为实理，所以欲人之修仪伦也。"② 雨森芳洲指出儒家重实，重人伦；佛家尚妄，尚去烦恼。儒家主张下学上达，而佛道鄙弃下学。这是三教的形而下之异处。

雨森芳洲这种认为儒、佛、道三教形而上的一致性和形而下的区别性的思维路数，与镰田柳泓在《朱学辨》中主张的三教"修其一心以济万物皆同"和"儒重人伦而释氏弃之，儒尚实行而老子忽之则各异"的思想是一脉相承的。正是基于这一点，镰田柳泓才认为"雨东阳亦有三教一致之言，吾石田门之学其源盖出于此乎"。

三

石门心学"三教和合"的特性渐演为"共生意识"。

竹中精一教授在《石门心学的经济思想》一书中，特意写了《和合的世界》一节，讲述石门心学的真谛。他指出"和合的世界是贯穿心学的传统精神"，"和合"这个词，"最能准确地表达心学思想"。③

所谓"和合"，是指自然、社会、人际、人心中诸多元素、要素相互冲突、融合，并在冲突、融合过程中各元素、要素的优质成分和合为新事物、新生命、新结构方式。石田梅岩将儒、释、神道三教和合为一门有别于其他日本朱子学的崭新学派——石门心学。所以，石门心学哲学的理论基础及其追求目标是宇宙间的"和合之道"。"和合之道"是石门心学的本质和精华。而这种"和合"精神，从"东亚意识"（笔者认为，"东亚意识"是指以中国、

---

① 雨森芳洲：《橘窗茶话》卷上，《日本论理汇编》第七册，东京育成会1901年版，第3页。

② 雨森芳洲：《芳洲口授》，东京山城屋佐兵衡1848年版，第21—22页。

③ 竹中靖一：《石门心学の经济思想》，ミネルヴァ书房1962年版，第381页。

日本、韩国为主的东亚地区内在性的一种意识）的角度审视之，亦可称为"共生意识"。"共生意识"就是指以"和合"精神为基本内容的一种意识。

日本社会进入 20 世纪 90 年代以后，"共生"一词很时髦。例如"人与自然的共生"、"人类社会的共生"、"生物学的共生"等。何谓"共生"？日本学者山口定从五个方面加以论述：第一，在我们现今的竞争社会中，必须是对生存方式本身的自我变革之决心的表白。因为在竞争关系中，站在优势一方者虽然也说"共生"，但若没有相当的自我牺牲的觉悟的话，就不会得到弱者的信赖。第二，不是强求遵从现成的共同体的价值观，或是因片面地强调"和谐"与"协调"而把社会关系导向同质化的方向，而必须是在承认种种异质者的"共存"的基础上，旨在树立新的结合关系的哲学。第三，它不是相互依靠，而必须是以与"独立"保持紧张关系为内容的。第四，是依据"平等"与"公正"的原理而被内在地抑制的。第五，必须受到"透明的公开的决策过程的制度保障"的支撑。①

由于山口定是政治学学者，所以"共生"一词多从政治范畴加以界定。但从中亦可看到，所谓"共生"是指异质文化、思想的共存、共融，并创建出有价值的新文化、新思想。而上述的儒、释、道三教和合亦符合这种"共生"原理。"共生性"确实是日本三教和合的基本特性。

"共生意识"在 21 世纪具有重要价值。当今社会，人类面临五大冲突，即人与自然的冲突（生态危机）、人与社会的冲突（社会危机）、人与人的冲突（道德危机）、人的心灵的冲突（精神危机）、文明之间的冲突（信仰危机）。正确运用"共生意识"则有助于化解这五大冲突（危机），为稳定东亚地区，为世界和平，作出贡献。

（原载《日本学刊》2001 年第 5 期；作者单位：中国社会科学院哲学研究所）

---

① 尾关周二：《共生的理想》，中央编译出版社 1996 年版，第 118 页。

和合学与儒道释文化

詹海云

"和合"成为一门近代显学，与张立文教授的提倡推荐有很大的关联，张岱年教授也同意将"和合"列为中国哲学重要课题。而除了中国哲学以外，中国美学、中国音乐、中国绘画、中国诗学都很注意"和"的审美意识。事实上，与和合有关的领域还有中国医学、中国军事学。本文不拟将范围扩展太大，仅就和合文化起源及其与儒、释、道之学和文化关系重点阐述，并就教与会学者。

一、和合文化的起源

谈到和合文化的起源，我们须从文字、词汇、民俗及古史上考察。在甲骨文中"和"字尚未出现。甲文中有"龢"字，近代学者（如郭沫若、吴大澂）说是三孔的管乐。像人以手按龢之形。其实"和"的原字为龢。盉，即龢之转注。龢，古音如合。禾、合并为匣纽……龢所以和众声，故引申为调和。

"和"与音乐的关系。《尔雅》："大笙谓之巢，小者谓之和。"《仪礼·乡射篇》："二笙和而成声。"郑玄《注》："两人吹笙，一人吹和。"虽然，人类的文化起源于游戏、娱乐，故制乐器以自娱的说法，颇有可能。但是，乐器必有所取象。故此，吴其昌教授说："龢为竹制模仿蝉鸣之乐器。……原始初民，农稼未兴……其声韵最曼而最龢者，莫如吹管以象蝉吟……'龢'之得名，殆即创始发明截竹以象蝉吟之人欤？"依此，"和"的本字为"龢"，取象于蝉声以制成乐器，后加"禾"声，变成"龢"，其后通用"和"字取代。由于"龢"的音乐性必须"成调"始可听，因此，"音乐相和"而有"应和"义。如此，我们可以推论，"和"与"禾"的农作物义关联不大。由"龠"，演变成"龢"，再演化成"和"（从口，禾声。口取其以口吹声成乐的意义。禾，取其应和成声）。因此，"龠"，其原始义乃取其乐声似蝉鸣之和谐悦耳，音声相和（呼应）之意。"谐和"是第一义，相和呼应是第二义。以后"和"由音乐的"应和"、"和顺"，引申为内心"平和"、"温和"、"和谐"、"适中"、"恰到好处"以及味道的"调和"、"调味"，再到"掺和"。

"合"字，甲骨文、金文都作"合"，象器盖相合之形。引申而有"符合"、"匹配"之义。许慎说："合，合口。"因此，合有聚合、会合、会集之义。《珚生簋一》："珚生有事，招来合事。"孙诒让曰："合当读为会"，郭沫若曰："合事，指参予处理此事。""合"，又有"祫"义，祫祭是大合祭（先君之主）于祖庙。王力曰："祫，大合祭先祖亲疏远近也"……《说苑·修文》："祫者，合也。……大合祭于祖庙也。"《礼记·王制》："祫禘"。《注》："祫，合也。天子诸侯之丧毕，合先君之主于祖庙而祭之，谓之祫。"《白虎通·宗庙》："祫者，合也。毁庙之主皆合食于太祖也。"由"合"的"相合"（器盖）及其后的"匹配"（百年好合，指文王婚配）、"大合祭"（周天子合祭祖先）、"会集"（军队交战）来看，"合"并未用在"音乐"上。在"祭祀"与"德行"上似乎也未有深义。检索《四库全书》"和合"连用，共1711条，但是未见在经书文本及先秦史书，却已见于《史记》及汉代郑玄、宋代朱子注疏之中。虽然，"和合"二字连用未见先秦经史之书，但是"和"的音乐义、政治义、伦理义的和谐、调和、和睦却已屡见于先秦典籍。

二、儒家思想与和合学文化

先秦儒家继承前人"和"的文化，主要在将音乐性的和谐、调和运用在音声之和、律数之和、天人之和、乐与人情之谐和、乐与政教之和睦以及和实生物的关系，它形成"尽美矣，尽善矣"（文王之乐）与"尽美矣，非尽善矣"（武王之乐）的美善分辨；"乐统同；礼辨异。统同；和合也；辨异，尊卑也。礼乐之说管乎人情"的礼乐之辨。自然界的方向（包含土地）与人的关条是"万物与我并育，天地与我并生"、"万物并育而不相害"的"人与自然和谐相处，而非人定胜天"、克服自然，与自然争地。如此"人与众物并生于世"（人与他人、其他生物的共生共存共荣，而非相互斗争，造成职场成为精神杀戮战场或武器竞争与经济掠夺的毁灭战争）。

在音声之和上，由于《乐经》为六经之一，《诗经》又与乐教相配合，儒者又重视礼教与祭义以教化人心，团结以血缘关系建立的宗法社会，而曾点的弹瑟之乐，又为孔子所称道。所以，儒者自始即重视弦歌不辍，和悦生（学生）心之重要。

"音乐相和"有音程、音序、音阶的前后、高低、强弱、节奏以及乐器长短与声音的人文和自然相配合的问题。《乐记·乐本篇》："声相应，故生变。变成方，谓之音。"声的应和，须有变化，而在变化中，有一定的节奏，才能形成音和。所以由声至音的和谐，需要"调"（调拨）、"节"（节制、节度）、"中"（无过无不及）、"平"（相互妥协、平衡整体节奏，不抢音，不占前，不据后，惟全体乐章之变化是适）。《左传·昭公元年》有"中声以降，五降之后，不容弹矣。"五降，指宫商角徵羽五声。（《晋书·乐历志》称为和声）

在《国语·周语下》记载周景王与单穆公、伶州鸠谈论铸钟如何才能制成音乐谐和极致的音：

> 夫钟不过以动声，若无射有林，耳不及也。夫钟声以为耳，耳所不及，非钟声也……耳之察和也，在清浊之间……听之弗及，比之不度，钟声不可以知和，制度不可以出节，无益于乐，而鲜民财，将焉用之。

又进一步申论说：

> 不容于耳，非和也；听声越远，非平也。妨正匮财，声不和平，非宗官之所司也。……上作器，民备乐之，则为和。今财亡民罢，莫不怨

恨，民不知其和也。

伶州鸠指出青铜编钟之乐器撞击产生的音声，固需合于音乐声学，但是听众的耳朵承受的自然和谐的天籁，与对国家制器尚乐时的施政与财力的内心感受是否和悦，则影响他的审美听觉上的心情感受。在这里，伶州鸠不把音乐单纯的物质化（以乐器制作精粗决定成败），而是结合音乐学的音域、生理学的听觉、政治学的政通人和（《诗经》也常强调盛世之音与衰世之音的区别）、心理学的情绪知觉，提出"音声相和"的道理。

其后，《吕氏春秋》说："声出于和，和出于适。先王定乐，由此而生。"据此可知，"和"的音乐性，不仅要"器适"，也要"人适"。

"律数之和"，见于《尚书·尧典》："歌永言，律和声。"以及上述《乐记·乐本篇》："声相应，故生变。变成方，谓之音"的"变成方"，以及《管子·地员篇》、《吕氏春秋·音律篇》中的三分损益律的生律法（即以旋律计算中4∶3与3∶2的律学演算，注8）

"乐与人情之谐和"，《诗经·郑风·箨兮》："箨兮箨兮，风其吹女。叔兮伯兮，唱予和女"，《关雎》的"鼓瑟友之……钟鼓友之"都是男女用音乐相和，取悦对方，以达到情谊之和、婚姻之和、房事之和的人情和谐。

至若"政通乐平人和"，在家庭上，《易经·中孚》："鸣鹤在阴，其子和之"，父子徒歌，相互应和。《诗经·小雅·常棣》："兄弟既翕，和乐且湛"的兄弟和乐。《左传·襄公十一年》："如乐之和，无所不谐。"将"乐和"与"和乐"联系起来。

另外，《诗经》用音乐的地域性、政治的盛衰性、风俗的淫（过度）正性来区别声音的"和"与"不和"。《左传·昭公元年》提到奏乐，有"中声以降，五降之后，不容弹矣。于是有烦手淫声，慆堙心耳，乃忘平和，君子弗听也。"说明不平和的烦手淫声是不符合君子的听觉。

讲到乐平（音乐平和人心）与天和，《尚书·尧典》说："八音克谐，无相夺伦，神人以和"，它说明初民在社会中"神人以和"是立基在八音和谐，演奏次序有条不紊的基础上。《礼记·乐记》也说："大乐与天地同和。"其后的《吕氏春秋·大乐篇》更说："凡乐，天地之和，阴阳之调也。"都强调天人感应下的"乐和"原理。

离开音乐，谈政治之和，周太史伯在公元前773年，回答郑桓公"周其弊乎"的问话时，提出"以他平他谓之和"及"和实生物，同则不继"，原文如下：

> 今王弃高明昭显，而好谗慝暗昧；恶角犀丰盈，而近顽童穷固，去和而取同。夫和实生物，同则不继。以他平他谓之和，故能丰长而物归之。若以同裨同，乃尽弃矣。故先王以土与金木水火杂，以成百物。是以和五味以调口，刚四肢以卫体，和六律以聪耳，正七体以役心，平八索以成人，建九纪以立纯德，合十数以训百体。出千品，具万方，计亿事，材兆物，收经入，行姟极。故王者居九畡之田，收经入以食兆民，周训而能用之，和乐如一。夫如是，和之至也。于是乎先王聘后于异姓，求财于有方，择臣取谏工而讲以多物，务和同也。声一无听，物一无文，味一无果，物一不讲。王将弃是类也而与剖同。天夺之时，欲无弊，得乎？（《国语·郑语》）

周太史伯认为"和实生物"，为何"和能生物"，因为"以他平他……故能丰物而归之"。"以他平他"，即"不以己平他"（不以人养鸟，而以鸟养鸟），亦即尊重事物的差异性，包容事物的多样性，以此取得和谐性的平衡，所以史伯反对"去和取同"（同谓相同性、统一性、一致性。），因它会导致"声一无听，物一无文，味一无果，物一不讲"的后果。

到了春秋，齐国晏婴回答齐景公的"和同之辨"时说：

> 齐侯至自田，晏子侍于遄台，子犹驰而造焉。公曰："唯据与我和夫！"晏子对曰："据亦同也，焉得为和？"公曰："和与同异乎？"对曰："异。和如羹焉，水、火、醯、醢、盐、梅以烹鱼肉，燀之以薪。宰夫和之，齐之以味，济其不及，以泄其过。君子食之，以平其心。君臣亦然。君所谓可，而有否焉，臣献其否，以成其可。君所谓否，而有可焉，臣献其可，以去其否。是以政平而不干，民无争心。故《诗》

曰：'亦有和羹，既戒既平。鬷嘏无言，时靡有争。'先王之济五味，和五声也，以平其心，成其政也。声亦如味，一气、二体、三类、四物、五声、六律、七音、八风、九歌，以相成也。清浊、小大、短长、疾徐、哀乐、刚柔、迟速、高下、出入、周疏，以相济也。君子听之，以平其心，心平德和。故《诗》曰：'德音不瑕'。今据不然。君所谓可，据亦曰可；君所谓否，据亦曰否。若以水济水，谁能食之？若琴瑟之专一，谁能听之？同之不可也如是。"（《左传·昭公十二年》）

"和如羹焉……宰夫和之，齐之以味，济其不及，以泄其过。君子食之……以平其心。……《诗》曰：'亦有和羹，既戒既平。鬷嘏无言，时靡有争。'先王之济五味，和五声也，以平其心，成其政也。……君子听之，以平其心，心平德和。"就是说：生于其心，害于其政。所以心要和（包容不同，对立、差异都要兼蓄收之）心平则政成、德和。

因此，和合一词虽未见于诸先秦典籍，但是平和、和平、和同、和谐等观念却常与音乐、政治、社会、家庭等伦理一起出现在以儒家思想为主的原典中。

孔子对"和"的观念，在音乐上，提出音乐的"和"是听觉的"美"与道德的"善"的和谐统一是音乐的最高标准。他肯定季札对周文王的《韶》乐与武王的《武》乐的评价。文王是"尽美矣，尽善矣。"因为"文王之德之纯，于穆不已"，德与天齐。武王是"尽美矣，未尽善矣"。

另外，孔子又指出《关雎》之音乐与德（内涵）是"乐而不淫，哀而不伤。"不过度，不失中才是好音乐。《说苑·修文》说孔子赞许"先王之音"是"奏中声，为中节……执中以为本"，《论语·卫灵公》说孔子批评"郑声淫"，并"恶郑声以乱雅乐"。《论语·子罕》孔子说："吾自卫反鲁，《雅》《颂》各得其所。"

虽然，孔子在音乐上多从道德的"善"义，强调音乐的"中"的价值。但是孔子也肯定"音乐"的"兴、观、群、怨"的联想兴起、观察省思、与人和睦相处、抒发感情鬱郁的功能。他将史伯、晏婴从音乐、烹调、政治的"和同"观念，延伸到个人修养上，提出"君子和而不同，小人同而不和。"

在《中庸》，孔子提出"中和"（未发之中与已发之和），《易经》提出"时中"，在《论语》说"思不出其位"。另外，还有"素位而行"（《中庸》）"得位"、"失位"（《易经》）都说明孔子对"和"的进一层认识。

孟子结合仁义、礼乐，乐生乐（快乐产生活力、生命力与舞蹈、音乐）他说："仁之实，事亲是也；义之实，从兄是也；智之实，知斯二者弗去是也，礼之实，节文斯二者是也，乐之实，乐斯二者。乐则生矣，生则恶可已也。恶可已，则不知足之蹈之，手之舞之。"（《孟子·离娄上》）

孟子的"乐教"是乐礼义，生快乐（快乐是活力、生命力的泉源，其实就是"和实生物"观念的发展）"足之蹈之，手之舞之"就是"乐舞合一"。

孟子在与齐宣王谈论"好乐（音乐）"、"先王之乐"、"古之乐"时，故意将"乐"，转成"乐"，说明"乐"必须"与民同乐"，"独乐"、"少乐"，不如"与人乐"、"众乐"。

此处。虽然仅言"音乐"、"快乐"，但是"乐使人心情和谐、和畅，才能生乐"，并且"观乐知风（民风、政教）"，所以，孟子谈和乐是将音乐性导向人情快乐和畅。

三、道家思想与和合文化

老子思想以"无"为本，提出"大象无形"、"大音希声"、"大方无隅"、"道隐无名"的说法。老子的"无"是要人放弃对"有"的执着，最高境界的"道"是"无名""希声"，是"听之不闻，视之不见"，也就是回到"道"自身。才能达到、体会到"道"的境界。因此，陶渊明用"无弦琴"来充分体现老子"希声"的境界，蒋孔阳先生说：

> 最完美的琴声只存于想象和思维中。……通过作为"物"的琴声来寄托我们的情思，也是有所偏限的。因此，为了保持琴声的完美和理想，为了充分地寄托我们的情思，所以，陶渊明宁可蓄无弦琴……说明了老子"大音希声"的含义。

其实，大音希声，应包含有"物不寄意"、"言不尽意"及"道在其自身"的意涵。由于"和"亦是音乐至高之境，所以，"和"的境界也应在"自然之和"、"无声之和"而不在"人为的应和"、"乐器的和声"。

老子的"大"，是价值意的大。他的"希声"是通过"虚"、"静"的修养，达到"至虚极，守静笃"，唯有"无为（无心求和，求音乐谐和之美）才能无不为（达到'至大无外，至小无内'无所不包的境界）"。如果我们再配合《老子》"反者，道之动"（《老子》第40章）"大曰逝，逝曰远，远曰反。"（《老子》第25章）及"吾以观复"的主张，我们就更可以了解"希声"致和的境界层次。

老子在处理人事复杂关系上，主张"和光同尘"。"光"，固然可以鉴人知世，处事明智。但是光线太强，会伤人视力，令人不敢开眼。故有"光"，要使其"和"（亮度减弱，温和）。与尘世中人交往，不要只有批判、或高高在上，要"同"其所处尘世之意见，加以吸收、包容。所以"和光同尘"可以缓和人际关保的紧张，也能"明哲保身"，"全生养生"。

相对于老子在音乐上的"希声"之美与和，《庄子》提出"天乐"、"至乐"、"大音"、"大乐"的主张。庄子要人在"无声之中，犹闻和焉"（《天地》），他要人"心斋"（"无听之以耳而听之以声，无听之以心而听之以气！听止于耳，心止于符。气也者，虚而待物者也。唯道集虚。虚者，心斋也。"《人间世》）才能"视乎冥冥，听之无声。冥冥之中，犹见晓焉。无声之中，犹闻和焉。"（《天地》）

在《天运》篇，庄子引黄帝谈《咸池》之乐说：

> 北门成问于黄帝曰："帝张《咸池》之乐于洞庭之野，吾始闻之惧，复闻之怠，卒闻之而惑，荡荡默默，乃不自得。"

> 帝曰："汝殆其然哉！吾奏之以人，征之以天，行之以礼，建之以大清。夫至乐者，先应之以人事，顺之以天理，行之以五德，应之以自然。然后调理四时，太和万物。四时迭起，万物循生；一盛一衰，文武伦经；一清一浊，阴阳调和。流光其声，蛰虫始作。吾惊之以雷霆，其卒无尾，其始无首，一死一生，一偾一起；所常无穷，而一不可待。

女故惧也。"

吾又奏之以阴阳之和，烛之以日月之明。其声能短能长，能柔能刚，变化齐一，不主故常。在谷满谷，在坑满坑；涂郤守神，以物为量。其声挥绰，其名高明。是故鬼神守其幽，日月星辰行其纪。吾止之于有穷，流之于无止。子欲虑之而不能知也，望之而不能见也，逐之而不能及也；傥然立于四虚之道，倚于槁梧而吟；心穷乎所欲知，目穷乎所欲见，力屈乎所欲逐，吾既不及已夫！形充空虚，乃至委蛇。女委蛇，故怠。

吾又奏之以无怠之声，调之以自然之命。故若混逐丛生，林乐而无形，布挥而不曳，幽昏而无声。动于无方，居于窈冥；或谓之死，或谓之生；或谓之实，或谓之荣；行流散徙，不主常声。世之疑，稽于圣人。圣也者，达于情而遂于命也。天机不张而五官皆备，无言而心悦，此之谓天乐。故有焱氏为之颂曰："听之不闻其声，视之不见其形，充满天地，包裹六极。"汝欲听之而无接焉，而汝惑也。

乐也者，始于惧，惧故祟；吾又次之以怠，怠故遁；卒于惑，惑故愚。愚故道，道可载而与之俱也。

"天乐"有三种层次。第一层是始于惧，惧故祟（未悟"大和"之前，心生惊惧，随意推崇。）第二层是怠于遁［对"太和"的"天乐"稍微领悟，因而无我忘形（忘掉自己的存在）］。最后一层是"卒于惑，惑故愚"（经由无怠而离形去智，同于大道，自然忘情忘欲，回到朴索若愚之境）。如此的"由奏之以人，征之以天，……奏之以阴阳之和……又奏之以无怠之声"到达"无言而心悦，此之谓天乐"，庄子实在是善于体会"乐和天人"的极致境界。

《老子》的"道生一，一生二，二生三，三生万物"中的"三"，其实是将阴阳对立调和之发产生的"中道"，才是万物"生生不已"的泉源。《庄子·齐物篇》"和之以天倪"，"凡物无成与毁，道通为一。""不遣是非以与世俗处""是非莫若两行，是谓道枢。"均是强调对立性必须取消，才能达到"道和"的境界。

儒家讲"正乐"、"文王之乐"、"古之乐"、"先王之乐"重在人，并强调法古。道家讲大音"、"天乐"、"大乐"重在天，不强调法古，而主张"复初"。不过两者同样重视音乐之"和"与"乐"。

四、释氏思想与和合文化

佛学自东汉末年传入中国，历经南北朝到唐代，臻于极盛，有十宗之说。其中义理精微且为中国化的佛教者有天台、华严、禅宗，而普遍为人民接受，易知易行的是净土宗。因此，北宋仁宗遂有"儒门淡泊（道理或处世态度），收拾不住人心。"所以，自唐以来普遍流行的认识是儒学的强项在齐家、治国、平天下，而谈心论性，普及教法能知能行、易知易行的则推佛教。

佛学本来就义理精微（所以佛藏经典如海，高僧辈出）不输儒道。其精微处，如明心见性，说中去执、圆融无碍，脱去烦恼，得大解脱，都深深吸引知识分子及上层贵族。其阐说佛法，又重方便法门，灵活说法，随机指点。无论禅门公案或白话俗讲及大小品般若，都充满智慧、生趣活泼且亲切动人。其传教又特别入境随俗，随顺父母，提倡孝道（如《父母恩重难报经》），又主"在寺在家，均可修行"（因此中国遂有许多留发居士），所以，佛教没有礼仪之争，偶像崇拜（如拜祖先）的问题。佛教之所以如此"和平"传入，"平和"渗透中国社会与人心，实与其"慈（爱）悲（悯）利他"、"忍谦退让"、"持戒修善"、"度尽苦厄"、"同渡彼岸"、"皆大欢喜"的胸怀与修养有很密切的关系。

南朝宋何尚之《答宋文帝赞扬佛教事》认为佛教修"五戒"（指不杀、不盗、不邪淫、不饮酒、不妄语，详北宋契嵩《辅教篇》）可以使"十人淳谨……百人和厚。"造成社会和谐。行"十善"[指三身业（不杀生、不偷盗、不邪淫）、四口业（不妄语、不两舌、不恶口、不绮语）、三意业（不贪欲、不瞋恚、不邪见）] 可以"行一善则去一恶，一恶去则息刑。一刑息家则万刑息于国。"使刑法自动废除无用。大乘佛教则讲六度（六种修行法：布施、持戒、忍辱、精进、禅定、智慧）以利他、断恶、治心、觉慧来自度化众。又用"四摄"（指菩萨摄受众生之法：布施、爱语、利行、同事）发扬慈悲之心，促成众生有情相感，和谐相处。所以，佛教所要促成的社会是淳谨、和睦、无刑、慈悲、智慧的社会，这是它的和合文化。

"和合"在佛教术语中，有"和合性"与"不和合性"二词，它们的梵语分别是 Samagi 与 Asamagri。它们是瑜伽、法相宗心不相应行法的一种。凡诸法不相乖反，就是和合性，反之，诸法相乖反，就是不合和性。（《大乘百法明门论解卷下》："众缘聚会，名为和合；诸行缘乖，名不和合。"）此处用"缘"的"聚"与"乖"说明"和合"与"不和合"，固然可以为上述"五戒"、"十善"、"六度"、"四摄"的完全聚足，缺一不可做说明，但是自"和合"的文化起源义来讲，佛教"和合"的连用与词意内涵，无疑更符合"和合"一词。

（原载《第四届寒山寺文化论坛·国际和合文化大会论文集》，上海三联书店 2010 年版；作者单位：台湾元智大学中语系）

四阿含经中的和合思想浅述

李勇强

四阿含经是原始佛教的根本经典，从这四部经典来看佛教中的"和合"思想，显然对于理解佛教和合观有着正本清源的价值。本文所依据的是四阿含经的四种汉译本，包括后秦佛陀耶舍、竺佛念共译的《长阿含经》、东晋瞿昙僧伽提婆所译《中阿含经》、《增一阿含经》以及南朝宋求那跋陀罗所译的《杂阿含经》。在上述汉译本中，"和合"一词凡195见：《长阿含经》中"和合"18见，《中阿含经》中"和合"69见，《杂阿含经》中"和合"93见，《增一阿含经》中"和合"15见。本文尝试以此对原始佛教的"和合"思想加以整理。

一、四阿含经中的"和合僧"思想

本文所据的四种阿含经汉译本195处"和合"中，最为突出的当为"和合僧"思想。

和合僧，梵语僧伽 Samgha，一译和合。比丘三人以上的僧团，持同戒，行同道者，名和合僧。反之，如果使和合僧分离，使起争斗，则谓之破和合僧，为五逆罪（害父、害母、害阿罗汉、破僧、出佛身血）之一，且五逆之中，其罪最重。又为十恶之一，如《增一阿含经·礼三宝品》："嫉他和合，是为八恶。"

在四阿含经中，直接以"和合僧"出现的仅一例，说的就是"破和合僧"的情形，出处为《阿含经·礼三宝品》："提婆达兜罪人者，以热铁轮轹坏其身，又以铁杵咬咀其体，群暴恶象踌躇其身，又复大热铁山镇押面上，举身为热铜叶所裹。所以然者，由其曩昔斗乱圣众，坏和合僧故。"

在四阿含经中与"和合僧"同义近义的表述包括：和合众僧、共和合、共同和合、和合众、和合于众、和合大众、和合圣众。

由此可见，"和合众"与"和合僧"同义，三人为众，和合众即和合僧也。和合有二义：一理和，同证佛理也；二事和，即六和敬。

1."和合僧"之理和

理和之理，即佛陀所说佛理。在原始佛教中，佛陀所讲佛法大意，主要为三法印、四谛、八正道、十二缘起等思想。作为僧团，能够一起修行，以求证得菩提，觉悟成佛，彼此和合的最重要条件，在于价值观的大体一致，而这种价值取向上的一致，自然要归于对佛陀基本教义的认同，这种认同是一致的，发自内心的。理和者，已经见道，属于出凡入圣的修行者。

《长阿含经》中的《清静经》中说：尔时，世尊告诸比丘："我于是法躬自作证，谓四念处、四神足、四意断、四禅、五根、五力、七觉意、贤圣八道，汝等尽共和合，勿生诤讼，同一师受，同一水乳；于如来正法，当自炽然，快得安乐。"

佛陀世尊告诫众比丘的，是悟道成佛的路径和方法，即三十七道品。对于三十七道品，众比丘当以此作为成佛之资粮，共同通往涅槃之正道。对此，彼此当一起努力修行，不要产生偏差，更不要相互争论，因为，这一既定的路径，是佛陀所悟的正道，无须置疑，也无须动摇，自然也不必聚讼不已。"同一师受，同一水乳"，即众僧所禀同为佛陀所授，同一师门，渊源一致，依循如来正法修道便可。对于如何做到"勿生诤讼"，佛陀世尊说：

> 若有比丘说法，中有作是言："彼所说句不正，义理不正。"比丘闻已。不可言是，不可言非，当语彼比丘言："云何，诸贤！我句如是，汝句如是；我义如是，汝义如是。何者为胜？何者为负？"若彼比丘报言："我句如是，我义如是；汝句如是，汝义如是；汝句亦胜，汝义亦胜。"彼比丘说此，亦不得非，亦不得是，当谏彼比丘，当呵当止，当共推求，如是尽共和合，勿生诤讼。（《长阿含经·清静经》）

佛陀教诫，比丘们在一起研习佛法时，对于他人所说义理，不要轻易否定，也不要轻易肯定，而要让人各抒己见。最好的办法是通过往复讨论，一起切磋，从而深明佛理，取得价值认同，这样就不会偏于我见，产生诤讼。

在佛陀看来，诤讼的原因往往是因为对如来正法理解不当，如同瞎子摸象，从而"各生异见，互相是非，谓己为是，便起诤讼"（《长阿含经·世记经龙鸟品》）。为此，佛陀提醒众僧对于四谛等义理要相共和合，求得正解。

理和，在原始佛教经典中又称为"义和合"。如《杂阿含经》：

> 如是我闻：一时，佛住王舍城山谷精舍。
>
> 时，有拘迦尼，是光明天女，容色绝妙，于后夜时来诣佛所，稽首佛足，身诸光明遍照山谷。时，拘迦尼天女而说偈言：
>
> 其心不为恶，及身口世间，
>
> 五欲悉虚空，正智正系念。
>
> 不习近众苦，非义和合者。（《杂阿含经》）

对于拘迦尼天女所说的偈言，佛陀给予了肯定。也就是说，身、口、意不作恶业，对于财、色、名、食、睡五欲，视为虚空无常，以佛陀正智而起正念。不习行近于诸苦之业，因为非为以义和合的缘故。在此，一方面众生之苦的缘起，乃贪嗔痴三毒等所致，为非义和合；与此同时，不明了苦谛、苦集的因缘，即不明佛的真谛，亦非义和合。上述偈言为拘迦尼天女所自证，但得到了佛陀的印可，故也符合如来佛法。义和合，也属于理和的范畴。

在《中阿含经》中，佛陀还有如下偈言：

> 清净共清净，常当共和合；
>
> 和合得安稳，如是得苦边。（《中阿含经·瞻波经》）

清净的行者，应和清净的行者共修，成为和合僧。和合于清净，就能得安稳，解脱诸苦。离恶行之过失，离烦恼之垢染，即清净。身口意三者脱离恶业，呈现当体清净的境界，便进入了理和的状态即与佛同在的状态。

2."和合僧"之事和

"和合僧"之事和，共有六种，即见道之前的凡僧所应具备的六和敬：身和敬、口和敬、意和敬、戒和敬、见和敬、利和敬。利和敬又名行和敬、学和敬，修行之故也。北宋睦庵善卿所编的佛学辞典《祖庭事苑》卷五云："六和：一身和，共住。二口和，无净。三意和，同事。四戒和，同修。五见和，同解。六利和，同均。"

在同一僧团中，上述六和敬，显然有利于僧团的团结、凝聚，是比丘一起修行、一起证道所必须营造的团队氛围。事实上，在四阿含经中，"和合"一词，就包含了僧众会聚时的和谐、安乐、和平等与秩序相关的含义。如《中阿含经·长寿王本起经》："世尊叹曰：善哉！善哉！阿那律陀！如是汝等常共和合，安乐无净。"

《中阿含经》还记载了佛陀亲眼所见的僧团分裂不和的事件：

> 我闻如是：一时，佛游跋耆，在舍弥村。
>
> 尔时，沙弥周那于彼波和中而受夏坐，彼波和中有一尼捷，名曰亲子，在彼命终，终后不久，尼捷亲子诸弟子等各个破坏，不共和合，各说破坏，不和合事，斗讼相缚，相憎共诤。（《中阿含经·周那经》）

尼捷亲子是耆那教第二十四代祖师，比佛陀年长，名伐驮摩那，被耆那教徒尊称为"大雄"，他将耆那教真正发展成为有影响力的教派。耆那教是外道六师之一，认为一个人的"恶业"可以通过苦行而加以消除，故而强调苦修。尼捷亲子离世后，因弟子不和而走向了分裂。这是"和合事"的反面案例。

《增一阿含经》记载了佛陀对于僧团和合的心愿："亦当发意于圣众所。如来圣众，悉皆和合，无有错乱，法法成就：戒成就、三昧成就、智慧成就、解脱成就、解脱见慧成就。"（《增一阿含经·三宝品》）

在佛陀看来，和合僧不仅包含了井然有序的团队文化，还包含了通过戒定慧三学的努力，取得悟道解脱的成就。此即事和合、理和合的兼具。

对于事和，四阿含经散见于各处的片断，能找到六和敬的相关表述以及分别阐述。

> 所谓六重之法也。云何为六？于是，比丘恒身行慈心，若在闲净室中，常若一心，可尊可贵，恒与和合，是谓比丘第一重法。复次，口行慈心，终无虚妄，可敬可贵，是谓第二重法。复次，意行慈，不起憎嫉，可敬可贵，是谓第三重法。复次，若得法利之养，钵中遗余，与诸梵行之人等心施与，是谓第四重法可敬可贵。复次，奉持禁戒，无所脱失，贤人之所贵，是谓第五重法可敬可贵。复次，正见贤圣得出要，得尽苦际，意不错乱，与诸梵行之人等修其行，是谓第六之法可敬可贵。（《增一阿含经·结禁品》）

以上六和合，即身、口、意、利、戒、见六大和合，与事和（六和敬）相一致。

关于身和合，《增一阿含经》记载了佛陀亲自处理过的一桩反面案例。

> 尔时，拘深比丘恒好斗讼，犯诸恶行，面相谈说，或时刀杖相加。尔时，世尊清旦往诣彼比丘所。到已，世尊告彼比丘："汝等比丘！慎莫斗讼，莫相是非。诸比丘！当共和合，共一师侣，同一水乳，何为斗讼？"（《增一阿含经·高幢品》）

拘深比丘争强好胜，与异见者的冲突，已经从语言升级为肢体冲突，甚至动用了刀枪棍棒，演化成武力冲突了。显然，这不合于身和敬。故佛陀亲自前往说法，晓谕和合之理，劝阻斗讼行为的发生。

关于口和合。口业有三，两舌、妄言、绮语。三口业中，最应去除的莫过于拨弄是非、离间他人的两舌。在四阿含经中，佛陀多次谈及舍离两舌。如：

舍离两舌，若闻此语，不传至彼；若闻彼语，不传至此；有离别者，善为和合，使相亲敬；凡所言说，和顺知时，是为不两舌。（《长阿含经·阿摩昼经》）

沙门瞿昙舍灭两舌，不以此言坏乱于彼，不以彼言坏乱于此；有诤讼者能令和合，已和合者增其欢喜，有所言说不离和合，诚实入心，所言知时。（《长阿含经·梵动经》）

从上引片断可见，舍离两舌，需要做到三点：其一，不传播搬弄是非的话；其二，因他人挑拨离间而造成彼此隔阂的人，要善于说合，使他们相亲相敬和好如初，甚至更进一步；其三，说话要说心里话，要把握分寸，合乎场合。

佛陀还以偈颂的方式，来提倡口和合。如《中阿含经·长寿王本起经》中，世尊对于可拘舍弥诸比丘所行威仪、礼节、所学、所习有所不悦，便起而说颂，前半部分如下：

以若干言语，破坏最尊众；
破坏圣众时，无有能诃止。
碎身至断命，夺象牛马财；
破国灭亡尽，彼犹故和解。
况汝小言骂，不能制和合；
若不思真义，怨结焉得息？
骂詈责数说，而能制和合；
若思真实义，怨结必得息。
若以诤止诤，至竟不见止；
唯忍能止诤，是法可尊贵。（《中阿含经·长寿王本起经》）

在佛陀看来，以言语的不和敬来破和合僧，其实是无法达成的。因为，抢夺财物，国破身灭，尚且可以通过和合的方式来解决，何况责骂、詈骂、数落这种小伤害，和合僧是不应该被它所瓦解的。对于诤讼，错误的方式是寸步不让，结果结怨更深；正确的方式是深思佛法真义，并以忍让来面对，自然就不以为意了。

《中阿含经·降魔经》中，尊者大目捷连也曾以偈答魔王波旬，其中有"爱语共和合，天王常欢喜"，倡导言语得体，做到口和合。

关于戒和合，强调的是遵守戒律。《中阿含经·优波离经》中，佛陀说：

> 优婆离！若比丘众共和合，随所作业即说此业者，是如法业、如律业，众亦无罪。优婆离！若比丘众共和合，应与面前律即与面前律，应与忆律即与忆律，应与不痴律即与不痴律，应与自发露律即与自发露律，应与君律即与君律，应责数即责数，应下置即下置，应举即举，应摈即摈，应忆即忆，应从根本治即从根本治，应驱出即驱出，应行不慢即行不慢，应治即治者，是如法业、如律业，众亦无罪。

关于破和合僧的后果，《杂阿含经》卷19记载了佛陀讲过的一个案例：

> 此众生者，过去世时，于此舍卫国迦叶佛法中出家作比丘，好起诤讼，斗乱众僧，作诸口舌，令不和合，先住比丘厌恶舍去，未来者不来，缘斯罪故，已地狱中受无量苦，地狱余罪，今得此身续受斯苦。

因好争而导致和合僧团不和合，从而原有僧团解体，新的成员不敢加入，犯下这一重罪的比丘，在地狱中饱受煎熬，转生后还要继续受苦。

除了和合僧，四阿含经还讨论了比丘与善知识共和合的意义。也就是说，将和合僧的和合对象，从众僧群体扩大到了善知识群体。即助益菩提之道的善缘、善友、亲友、胜友。善知识使得和合僧与僧团外的社会相和合，在善友的助力下，远离恶道，常修众善，而得解脱。

《中阿含经·即为比丘说经》中，佛陀说：

> 若比丘自善知识与善知识俱，善知识共和合，当知必行精进，断恶不善，修诸善法，恒自起意，专一坚固，为诸善本，不舍方便。若

比丘自善知识与善知识俱，善知识共和合，当知必行智慧，观兴衰法，得如此智，圣慧明达，分别晓了，以正尽苦。若比丘自善知识与善知识俱，善知识共和合，当知必修恶露，令断欲；修慈，令断恚；修息出息入，令断乱念；修无常想，令断我慢。若比丘得无常想者，必得无我想。若比丘得无我想者，便于现法断一切我慢，得息、灭、尽、无为、涅盘。

和善知识相和合，能行精进度、智慧度，斩断恶业，领悟"诸行无常，诸法无我，涅槃寂静"三法印，修证圆满，得益于善知识的助力。

二、缘起说与"和合"思想

在佛陀看来，一切有为法，皆待缘而起，故提出了缘起（pratītya-samutpāda）说。玄奘译《缘起经》解释说："佛言：云何名缘起初？谓依此有故彼有，此生故彼生。所谓无明缘行，行缘识，识缘名色，名色缘六处，六处缘触，触缘受，受缘爱，爱缘取，取缘有，有缘生，生缘老死，起愁叹苦忧恼是名为纯大苦蕴集，如是名为缘起初义。"这就是十二缘起。每一缘生起后一果，而此果又为缘而生彼果，因缘和合，诸法生起。

在佛陀证道的过程中，十二缘起是佛陀体悟到的核心学说之一。在四阿含经中，缘起思想主要体现在《杂阿含经》中。《杂阿含经》卷12也阐述过十二缘起说的总体内容：

> 缘无明行者，云何为行？行有三种——身行、口行、意行。缘行识者，云何为识？谓六识身——眼识身、耳识身、鼻识身、舌识身、身识身、意识身。缘识名色者，云何名？谓四无色阴——受阴、想阴、行阴、识阴。云何色？谓四大、四大所造色，是名为色，此色及前所说名是为名色。缘名色六入处者，云何为六入处？谓六内入处——眼入处、耳入处、鼻入处、舌入处、身入处、意入处。缘六入处触者，云何为触？谓六触身——眼触身、耳触身、鼻触身、舌触身、身触身、

意触身。缘触受者，云何为受？谓三受——苦受、乐受、不苦不乐受。
缘受爱者，彼云何为爱？谓三爱——欲爱、色爱、无色爱。缘爱取者，
云何为取？四取——欲取、见取、戒取、我取。缘取有者，云何为有？
三有——欲有、色有、无色有。缘有生者，云何为生？若彼彼众生，
彼彼身种类一生，超越和合出生，得阴、得界、得入处、得命根，是
名为生。缘生老死者，云何为老？若发白露顶，皮缓根熟，支弱背偻，
垂头呻吟，短气前输，拄杖而行，身体黧黑，四体班驳，暗钝垂熟，
造行艰难羸劣，是名为老。云何为死？彼彼众生，彼彼种类没、迁移、
身坏、寿尽、火离、命灭，舍阴时到，是名为死。此死及前说老，是
名老死，是名缘起义说。

无明、行、识、名色、六入、触、受、爱、取、有、生、死这十二缘
依次而起，前者为缘，后者为果，缘起则果生，缘灭则果灭。缘生，故苦
集，此为增长法；缘灭，故苦灭，此为损减法。在这十二缘起中辗转循环，
便是苦逼的有情众生，只有通过损减法才能摆脱苦难的人生。

值得注意的是，十二缘起说这段话里，"和合"是与"生"相联系的。
这里的"和合"（Sanigha），意为"众缘聚会"，一切诸法，为众缘聚会而
来，并无自性，故而是空。在这里，"和合"是世间"有"的渊源和基础，
离了"和合"，人与世间万物皆不得生，"和合"是世间万有存在的条件，这
一条件一旦消失，作为诸条件的"和合"体，人与万物也不复存在，这就是
"性空幻有"。无自性，故空；但空并非意味着没有，而是假有，或曰"假和
合"，即从因缘而假和合，事物之存在，非实有，为和合所致虚假幻象。出
世间，便要超越对世间和合体本质的经验性认知，不执著于有，亦不执著于
空，秉持所谓中道。

在十二缘起说所提及的六识、六入、六触，所识、所入、所触的对象
为色、声、香、味、触、法六尘（或曰六境），能识、能入、能触的为眼、
耳、鼻、舌、身、意之六根，故六根与六尘，人与境必有一和合的过程，这
就是"六和合"，即眼与色合，耳与声合，鼻与香合，舌与味合，身与触合，
意与法合，而生六识，从而六根、六尘、六识总为十八界。

在《杂阿含经》卷 8 中，佛陀反复申说六触即三事和合，也就是六根、六尘、六识的和合，如：云何苦集道迹？缘眼、色，生眼识，三事和合触；缘触受，缘受爱，缘爱取，缘取有，缘有生，缘生老、病、死、忧、悲、恼、苦集。如是，耳、鼻、舌、身、意亦复如是。

眼根与色的和合，生眼识。眼根、色、眼识的和合，即眼触。眼触色，会生苦、乐或不苦不乐的感受，即受。如果是乐受，便容易滋生爱，爱意增长，便会有"取"，希望占有。以此类推，直至老死。众缘不断和合的过程，也就是所谓增长法，实为人生诸苦和合的过程，即苦集谛。佛教的修道，目的就是断灭苦集，即苦灭谛。

苦灭的前提，是认识到人与万物乃众缘和合而生，即所谓"诸行无常，诸法无我"，故佛陀在对比丘说法时，将和合引向无常、无我观。如：比丘！譬如两手和合相对作声。如是缘眼、色，生眼识，三事和合触，触俱生受、想、思。此等诸法非我、非常；是无常之我，非恒，非安稳、变易之我。（参见《杂阿含经》卷 11）

正如两手合掌而发出声响，两手分开，即掌声不再，六根所识之六尘，也依于和合而生，具有变异无常、无我我所的本质，而非永恒的独立的存在，这就是无常、无我之性空。

佛陀还用了另一个比喻："譬如两木相磨，和合生火；若两木离散，火亦随灭。如是诸受缘触集，触生触集，若彼彼触集故，彼彼受亦集；彼彼触集灭故，彼彼受集亦灭止、清凉、息没。"（《杂阿含经》卷 12）正如两木摩擦（和合）生火，两木分开则火灭，受缘于触，故触灭则受灭。

有情众生也是众缘和合所生，正如偈言所说：

> 如和合众材，世名之为车；
> 诸阴因缘合，假名为众生。（《杂阿含经》卷 45）

既然如各种材料组装为一辆车那样，人也是五蕴和合的结果，并无自性，应作空观。故佛陀有偈云：

世间诸和合，及与第一义，

当知世和合，则为非常法。（《杂阿含经》卷 40）

世间诸法，因缘和合，即当以"第一义"观之，"第一义"即空，人也一样，无常有苦。

对于生命无常的体认，是一种艰难的智慧。《杂阿含经》记载了一个悲惨的故事，有一对夫妇因六个儿子都相继夭折，悲伤过度，裸形被发，一路狂奔，后来佛陀为其说法。他们的第七个孩子也没能逃脱夭折的命运，但此时，妻子不再哭泣，也不现悲苦哀容。她在偈中对丈夫说："儿孙有千数，因缘和合生。"（《杂阿含经》卷 44）如果认识到生命的本质即空，那不如出离生死，断除忧苦，进入佛陀的正教。懂得了"因缘和合生，缘离则磨灭。"（《杂阿含经》卷 45）也就能参透生死，佛陀说："四大和合士夫，身命终时，地归地、水归水、火归火、风归风。"（《杂阿含经》卷 7）作为四大和合而生的人，死去时复归于四大，缘灭则命归，这是自然而然的。

既然众缘和合而生世间万法，那么，从十二缘起的辗转中摆脱出来，就要做损减法，以脱离世间诸苦，即断灭诸苦之缘，而这实际上就是"离和合"的过程。"离和合"最终走向的是涅槃境界，断离了和合众缘，也就灭了苦因，无因，则无果，进入了无因无果、涅槃寂静的世界。

《杂阿含经》的一则偈颂中直接出现了"离和合"的说法。当时，因王舍城举行民众集会，毗罗比丘尼无人供养，敬重她的鬼神就到街头四处传播此事。两位优婆塞分别以衣、食布施毗罗比丘尼。这时，这位鬼神就说了如下的偈言：

智慧优婆塞，今获多福利！

以衣施断缚，毗罗比丘尼。

智慧优婆塞，今获多福利！

食施毗罗尼，离诸和合故。（《杂阿含经》卷 50）

行布施之举的优婆塞被鬼神颂赞，他们供养了比丘尼，将获得福报。

而最大的福报，就是和毗罗比丘尼一样，"断和合"，而得到无上智慧。这种智慧，就是解脱苦集的正等正觉。

《杂阿含经》记载了这样的故事。一个叫本二的比丘，抱着僧迦蓝比丘的儿子，到他房前质问："这个孩子这么小，你舍弃他出家，该谁来养活他？"僧迦蓝比丘不予回答，如是再三，本二就把孩子放下，要僧迦蓝比丘自己养活这孩子，准备离开。但僧迦蓝还是不看孩子一眼。本二比丘没办法，只好把孩子抱走了。本二比丘意识到，眼前的沙门连孩子都不愿看一眼，一定能得到解脱。具备天耳通的佛陀听到了两人的对话，说了如下偈言：

> 来者不欢喜，去亦不忧戚，
> 于世间和合，解脱不染着。（《杂阿含经》卷38）

佛陀就是"断和合"而得解脱者，曾经扰乱过太子得道的魔王波旬在给三个女儿的偈言中就承认："如来于一切，和合悉解脱。"（《杂阿含经》卷39）

佛陀断离了和合，得到了涅槃。涅槃包括有余涅槃和无余涅槃。四大和合而成的肉身，也断灭了，便属于无余涅槃。在《杂阿含经》中，阿难对瞿师罗长者说过如下偈言：

> 晓了于欲界，色界亦复然，
> 舍一切有余，得无余寂灭。
> 于身和合界，永尽无余证，
> 三耶三佛说，无忧离垢句。（《杂阿含经》卷17）

断离了欲界、色戒的诸苦之缘，连同和合肉身，永远地进入常乐我净的涅槃境界。"断和合"，出离世间之生死，不生不死、不来不去、不一不异、不常不断，这是一种最高境界的和合，一种纯粹的精神圣域。

（作者单位：中国人民大学孔子研究院）

正义与和合：当代危机的化解之道

张立文

正义与和合既是中华优秀传统文化的精髓，也是当代时代价值的体现。中华民族自古以降，就崇尚正义与和合，对非正义的价值追求和道德行为深恶痛绝。正义与和合是人之所以为人的基本品质和崇高选择，是主体在行为活动实践中所追求的真善美的道德价值，是主体自我尊严维护的道德规范和原则，是群体内聚力的活水和追索实现群体奋进目标的动力。[①]

一、人类不正义、不和合的社会根源

确立正义与和合的规范、原则的理论前提，必须体认当今世界所遭遇的之所以不正义、不和合的根源，然后才能从根基上予以化解。目前在世界上很多发达国家面临着人与社会的冲突和人与人的冲突，从而造成社会人文危机与道德危机，其中凸显的是由于利益集团与非利益群体的冲突、金融集团与非金融集团群体的冲突以及权力集团与人民大众的冲突而造成的社会与人际间不公平、不正义、不和合的危机，形成人际分离、社会动乱、生命财产不保的重要原因。

---

① 关于正义的标准，自古希腊以来就有论争，善、神、理性、自由、平等、幸福、财富、安全、秩序等随时代的变迁而有不同的标准。有些人认为，当代则以自由、平等、公平、效益为标准。但哈贝马斯认为，这四者只具有相对有效性，正义要求绝对有效性。我认为正义是一种真善美的伦理道德价值目标。

在发达国家利益集团、金融集团、权力集团三位一体，换言之，政客、政府、富翁、大公司，以权金、权利、利金权相互交易、相互勾结，狼狈为奸。利益集团是一个复杂的概念。在工具理性膨胀，市场经济、网络经济、影子银行泛滥的情境下，既给非利益群体带来一定的方便，也损害了非利益群体的利益，给社会带来不公平、不和合的后果。利益集团利用自己拥有的无限制的能量，渗透到社会经济、政治、文化、军事、企业各个领域，以实用工具理性使其利益最大化。利益集团通过各种方法，控制所有制各个部门，使所有制的生产、分配、消费、流通都统摄在利益集团之下，在工业、农业、交通、能源、新兴产业（包括文化产业）、金融等领域形成利益垄断格局。

在某些发展中国家，在经济转型过程中，利益集团通过收买、贿赂、威胁等手段以及勾结权力集团，非法占有各种生产要素，土地被低价卖出、资金被无偿使用，并通过银行贷款获得市场准入特殊待遇。利益集团利用经济、政治权力腐蚀败坏政府。弗朗西斯·福山说："在华盛顿，利益集团和游说团体的爆炸式增长是惊人的，游说企业的数量从 1971 年的 175 家增加到 10 年后的大约 2500 家，到了 2009 年，13700 名说客花费约 35 亿美元。通常情况下，利益集团和说客们的作用不是刺激新政策的出台，而是让现有法律更糟。"[1] 利益集团甚至还获得治外法权。这些利益集团既不从事创造社会财富活动，也不谋有利公共利益的经济活动，而是利用政治经济的特殊权为自己谋取利益，最终侵犯非利益群体的利益，社会贫富差距不断拉大，社会的平等被撕裂，正义被埋葬，和合被破坏，社会陷入不断动乱、战争之中。

经济学家曼库尔·奥尔森"对利益集团政治对经济增长以及最终对民主所造成的不利影响提出了一个最著名的论断。他认为，在和平与稳定的时代，民主国家往往会积聚越来越多的利益集团。这些利益集团非但不从事创造财富的经济活动，反而利用政治制度为自己谋取利益或寻租，这些租金对

---

[1] 弗朗西斯·福山：《衰落中的美国》，原载美国《外交》双月刊 9/10 月号，《参考消息》2014 年 8 月 22 日转载。弗朗西斯·福山是美国斯坦福大学民主、发展与法治研究中心高级研究员。

于集体来说是无益的，对于整体公众来说是有成本的……其结果是随着时间的推移，能量渐渐向寻租活动转移，最终只有被大的冲击如战争或革命终止"①。这便加剧了利益集团与非利益群体的冲突，而与正义、和合相悖。

与正义、和合相悖的形势，突出表现在金融集团与非金融群体的冲突。21世纪是金融资本发展到垄断的世纪，换言之，是金融资本的时代。金融资本以形形色色的方式渗透到实体政治、经济、文化、军事、环保等各个领域，使社会方方面面金融化。金融无处不在，无所不占，加速了与非金融群体的冲突。这个冲突体现在资源占有和财富分配制度的不公平上。托马斯·皮凯蒂认为："2008年开始的金融危机的真正原因是由于美国财富分配制度的不公。冷战结束后，自由市场经济让高收入人群收入的增加远远超出了经济的增长速度……美国财富分配的不平等才是导致美国经济和金融系统脆弱的最重要原因。"②金融集团既可以使资本增值，也可以使经济破产；既可以制约资本的自由发展，也可以加强全球范围合作，加强金融透明度和市场调节。金融集团这种两面性，在不同时期扮演着不同角色，起着不同作用。

金融集团制约政治，收买政府，操纵竞选，支配意识形态，真可谓"衙门八字开，无钱莫进来"。虽说"钱不是万能，但无钱却万万不能"。中国晋代鲁褒写过一篇《钱神论》，他认为世人以钱为神宝，"钱之所在，危可使安，死可使活。钱之所去，贵可使贱，生可使杀。是故忿净辩讼，非钱不胜。孤弱幽滞，非钱不拔。怨仇嫌恨，非钱不解……钱能转祸为福，因败而成"。他改子夏讲的"死生有命，富贵在天"为"死生无命，富贵在钱"。社会把有钱与无钱分为两个不平等阶层，有钱可使鬼推磨，无钱穷困待死，是为两重天。贫富差距无限扩大，导致财富不平等加大。

在当今世界，"即使不发生信贷泡沫，在工资上涨缓慢的背景下，货币宽松也会导致资产价格大幅度上涨。这种政策会拉大贫富之间的差距，使得

---

① 弗朗西斯·福山：《衰落中的美国》，原载美国《外交》双月刊9/10月号，《参考消息》2014年8月22日转载。

② 应强：《用数据勾画财富不平等历史——专访〈21世纪资本论〉作者皮凯蒂》，《参考消息》2014年6月12日。

财富更加集中到富人手中"①，其结果必然会激化金融集团与非金融群体的冲突，酿成金融危机。特别是主权财富资金不断膨胀以及对经济、政治命脉的掌控，而形成对财富的寡头垄断，仍将是埋下新一轮金融危机的定时炸弹。

虽然美国金融监管机构颁布了"沃尔克规则"，旨在使吸收储蓄的金融机构回归其原本角色，重新承担起吸收存款、发放贷款等"效用银行"的功能，而不走向"赌博银行"、不支持实体经济的发展之路，为金融市场增加多重风险，②但这个规则能否起到监管金融资本和金融寡头违规活动的作用，还有待审视。

无论是利益集团，还是金融集团，都需要权力集团的支撑或开绿灯，否则利益集团的利益最大化、金融集团的金钱游戏横行和金融庞大化就会遭到打击，因此利益集团、金融集团必然与权力集团构成联盟。

权力集团是集一个国家政治、经济、文化、军事、外交、法律、制度、环保、意识形态等领域的规则和原理的制订者、实施者于一身的集团，这些规则、原理的制订者首先是贯彻权力集团的利益，他们只重权力利益，而罔顾人民大众。弗朗西斯·福山认为："美国又重新'世袭化'了……政客们通常不会把工作岗位回报给家族成员，而是代表这些家族做坏事，从利益集团手中拿钱，从游说集团手中拿好处，从而确保他们的孩子能够上名校。"③其实权力集团对拿过钱和好处的对象，都会以各种方式加以回报，或以不同形式大开方便之门，或在短缺经济方面加以惠顾，或在派驻各国大使上首先考虑等。"世袭化"的政治制度，就无可避免地形成"一朝天子，一朝臣"的政治格局，权力集团把国家重要部门的官职给予自己党派成员或观点、立场一致的精英分子，而不会给予真正代表广大人民大众利益的党派和精英分子。这种"世袭化"政治权力结构，已远离人民大众的利益，其间冲突也逐渐加深、激化，以致出现各种形式的抗议活动或动乱状况。

---

① 福田慎一：《发达国家面临无法回避的增长极限》，原载《经济学人》周刊，8月19日第1期，《参考消息》以《西方发达国家面临增长极限》为题，于2014年8月22日转载。

② 参见窦海阳：《美国金融监管机构颁布"沃尔克规则"》，《光明日报》2014年9月21日。

③ 弗朗西斯·福山：《衰落中的美国》，原载美国《外交》双月刊9/10月号，《参考消息》2014年8月22日转载。

正如弗朗西斯·福山所说，"美国的政治制度已经随着时间的推移走向衰败，因为传统的制衡制度越来越根深蒂固，越来越僵化。在政治两极化的背景下，这种权力分散的制度越来越难以代表大多数的利益，使利益集团和社会组织的观点获得过多的表达"。① 在这种情境下，权力集团与利益集团、金融集团的联盟更紧密，换言之，其勾结更广泛、更深层化，而与非利益群体、非金融群体、人民大众冲突也更尖锐、更深刻，这就戕害了社会正义、公平、和合的价值秩序。②

再者，全球化与民族主义的冲突在某些地区趋于激化。全球化在商业、金融、技术互相紧密渗透，你中有我、我中有你的命运共同体以及互联网快捷的跨越界限的沟通下，传统的国界被模糊或淡化。但全球化所带来的冲突与上述三大冲突结聚，刺激了民族主义的升温，加上一些地区破坏正义、和合的动乱和战争，制造了大量的难民与移民，强化了民族主义的国界意识，领土、主权的认同感将是持久的，其所造成的动乱对于正义、和合的威胁也将是持久的。愿正义、和合的巨舰顺利驶过错综复杂的暗礁，人们将翘首以待。

二、道德理性构成人存在的和合性与合理性

化解正义、和合当前所面临的上述种种情境，究其产生的元根源，与人的本性相关。"人不为己，天诛地灭"，为己之私性的膨胀，物欲的横流，贪婪的无厌，以致丧失人之为人的最基本的人性与品质，而与禽兽无甚分别。孟子虽讲人与禽兽的差分只有"几希"，而是以此箴告人不要沦溺为禽兽。荀子认为人与动植物的基本区别是"义"，他说："水火有气而无生，草木有生而无知，禽兽有知而无义，人有气，有生，有知，亦且有义，故最为天下贵。"（《荀子·王制》）如果说水火、草木、禽兽只具有物性、自然性的话，那么人则具有人性、社会性。作为人性和社会性的义，蕴涵道德理性。

① 弗朗西斯·福山：《衰落中的美国》，原载美国《外交》双月刊9/10月号，《参考消息》2014年8月22日转载。
② 上述观点获得著名经济学家杜厚文教授的帮助。

尽管人的力气不如牛，走路不如马，但是人能合群，合群又有分工，分工合作，而达和合，"义，故义以分则和"（《荀子·王制》）。和合而力强，力强而胜物，这样人性而化物性，人的物性消而德性长，社会性长而自然性消。

人性、社会性长而凸显人的珍贵性、价值性。"天地之生，人为贵。"人之所以贵，是因为"人者，其天地之德，阴阳之交，鬼神之会，五行之秀气也"（《礼记·礼运》）。人是天地、阴阳、鬼神、五行的德秀之气的和合交会，所以"唯人也，得其秀而最灵"（《周子全书》卷2《太极图说》），人最具聪明智慧。其珍贵性、价值性体现为道德性，"恻隐、羞恶、恭敬、是非，唯人有之，而禽兽所无也。人之形色足以率其仁义礼智之性者，亦唯人则然，而禽兽不然也"（《读四书全说》卷10）。四德四端的道德理性唯有人所具，构成人存在的和合性与合理性。

人的和合性与合理性需要人的自主性来体现。唯有爱人，"泛爱众"，博爱大众，尊重人，人的自主性才得以确立。博爱是由主体出发而施于客体活动或行动之中的一种情感，它并不蕴含着既定的功利目的和特有的条件。"君子学道则爱人"。学道爱人是人的自我觉醒和自我肯定，亦是人的自我尊重与相互尊重的主体意志。"政之所兴，在顺民心；政之所废，在逆民心。"（《管子·牧民》）顺逆人民意志、愿望，是国家兴衰、存亡的根本。

人的珍贵性、价值性、和合性、合理性、自主性，造就了人的公平性、互尊性、正义性，然而人的利己性、贪婪性、物欲性，却形成了社会政治、经济、权利的不平性、冲突性、不义性和垄断性，使三大冲突严重失控。

人的珍贵性，在于向往和合性，在于追求善。善的价值是社会、人际、心灵所普遍期盼的。社会政治善就施德政，而公平、正义；经济善就施诚信，而无假冒伪劣；人际善就行仁爱，而无杀人奸淫；心灵善就具不忍人之心，而无害人之心。善是人之所以为人的责任和义务，是人性应具的本质。孟子主张性善，人性向善。"人性之善也，犹水之就下也。"（《孟子·告子上》）人的善性犹如水往下流一样，是自然的，而非外加的。荀子与孟子相对，主张性恶。"人之性恶，其善者伪也。"（《荀子·性恶》）人性是恶的，善是后天人为的结果。荀子之人性论，是讲人性贪图私利，顺着这种本性，就会出现互相争夺而丧失辞让；人性有忌妒憎恨心，顺着这种心性，就会伤害忠信；人性喜好声色，顺着人性的这种喜好，就会产生淫乱，而礼义制度和道德规范便荡然无存。这样便破坏了社会的安定和正义，以及社会秩序与和合。

《左传》认为："善不可失，恶不可长。"（《左传·隐公六年》）要以农民除草绝根的精神去恶，使善得到发扬，"彰善瘅恶"，造就为善的道德风气。孔子对季康子说："子为政，焉用杀？子欲善而民善矣，君子之德风，小人之德草，草上之风，必偃。"（《论语·颜渊》）你从善政治理国家，人民亦会从善，领导人的政风、德风是改变社会风气的风向标。孟子认为，应"尊德乐义"，士人穷困时不失义，发达时不离道；得意时惠泽善于百姓，不得意时，修身养性。这就是说"穷则独善其身，达则兼善天下"（《孟子·尽心上》）。从穷到达，从独善到兼善，从个体到群体，从殊相到共相，形成社会互惠体系和程序正义的雏形。

三、如何化解当代社会的冲突与危机

在西方发达国家利益集团、金融集团、权力集团与非利益群体、非金融群体、人民大众的冲突，其元根源的追究已明，如何化解其间的冲突和危机，依据和合学的价值原理，建构社会正义结构。罗尔斯为实现社会正义，曾提出"完善的程序正义"、"不完善的程序正义"及"纯粹的程序正义"三种，以便建立一种伦理关怀的、有效的社会正义体系，但事实上并没有给人带来财富，也没有使权力不平等、不自由现象消除，更没有给每个人，"尤其是那些最少受惠的社会成员带来补偿利益"。[1] 换言之，没有给社会弱势群体带来利益。因此，罗尔斯《正义论》受到各方面的挑战。

中华传统文化对义、正义的诠释与西方有异。"正利而为谓之事，正义而为谓之行。"（《荀子·正名》）为正当的利益去做，这称为事业；为正义而做，这叫作德行。正义的行为是符合道德的。杨倞注："苟非正义，则谓之

---

① 约翰·罗尔斯：《正义论》，何怀宏、何包刚、廖申白译，中国社会科学出版社 1998 年版，第 14 页。

奸邪。"正义与奸邪相对，奸邪便是非正义的行为。为正当利益去做的事业，是为道，亦是符合正义的行为。荀子认为，一般庸俗的人，以富利为崇高，是没有正义精神的。"不学问，无正义，以富利为隆，是俗人者也。"（《荀子·儒效》）正义是需要人通过后天学习而获得的思想，而不是先验的。

从文字学上说，东汉许慎《说文解字》："正，是也。从止，一以上。"饶炯《说文部首订》："正，下云是也。是，下说直也，义即相当无偏之谓……《书》云：'无偏无党，王党荡荡；无党无偏，王道平平，无反无侧，王道正直。'亦是意也。""正"就是正，正是无偏无党、无反无侧的正道、直道、中道。郝懿行《尔雅义疏·释诂下》："《考工记·鞟人》注：'正，直也。'《文选·东京赋》注：'正，中也。'中、直皆是之义也。"正中、正直、公正符合正义伦理道德规范的价值标准。如孔子说："晋文公谲而不正，齐桓公正而不谲。"（《论语·宪问》）晋文公好耍权术阴谋而不公正，齐桓公公正而不使诡诈手段，体现了正义原则。

义为宜，适宜。《释名·释言语》："义，宜也。裁制事物使合适也。"《尚书·康诰》："用其义刑义杀。"孔传："义，宜也。用旧法典刑宜于时世者以刑杀。"裁制事物使之合适、合情、合理，便蕴含着公平、公正。《孔子家语·执辔》记载："以之道则国治，以之德则国安，以之仁则国和，以之圣则国平，以之礼则国安，以之义则国义。"王肃注："义，平也，刑罚当罪则国平。"罪依法得到公平、公正的裁决，而无偏无党，这是合宜的。

正与义，其义有重合之处。既明正义之义，又已明和合之义，那么，应该怎样建构正义与和合，以化解当代三大冲突和危机？

第一，积善成德。改造人性中的物性、自然性以及其中所蕴涵的利己性、贪婪性、物欲性。荀子说："积善成德，而神明自得，圣心备焉。"（《荀子·劝学》）坚持不懈地做善事，养成高尚的道德，自然达到神明的智慧，就具备了圣人的精神境界。"善"被普遍地认为是正义的价值标准或原则。

正义之"正"，便具有善的意思。《仪礼·士冠礼》记载："三加曰，以岁之正，以月之令，咸加尔服。"郑玄注："正，犹善也。"正义之义，亦犹善。《诗·大雅·文王》："宣昭义问，有虞殷自天。"毛传："义，善。"中国传统文化所谓正义之举，如洪迈《容斋随笔》卷8记载："与众共之曰义，义仓、义社、义田、义学、义役、义井之类是也。"从事公益性的事业称为义举，民间称之为做善事。

义举和善事都属无私的、不计报酬的，出于一种善心、良心、正心、公心，或不忍人之心。"今人乍见孺子将入于井，皆有怵惕恻隐之心，非所以内交于孺子之父母也，非所以要誉于乡党朋友也，非恶其声而然也。由是观之，无恻隐之心，非人也。"（《孟子·公孙丑上》）这种不忍人的恻隐之心，即具有高尚道德情操的仁义之心，是人所应有的人性品德。孟子说："大舜有大焉，善与人同，舍己从人，乐取于人以为善……取诸人以为善，是与人为善者也。故君子莫大乎与人为善。"（《孟子·公孙丑上》）朱熹诠释说："善与人同，公天下之善而不为私也。"偕同别人一起行善，这是公天下之善的最高尚纯洁的德行，其推己及人、及物、及社会，即使社会私欲膨胀、物欲横流，仍要坚守廉明公正的廉正，清白高洁的廉洁，清廉知耻的廉耻，树立"澄清天下之志"，使社会的污泥浊水得以澄清，正义之风得以横扫腐败贪污的歪风，和合之华得以弘扬中华道德精髓。

第二，建设诚信。正义之"正"，古时与"成"通用，意含诚实、诚信。朱骏声《说文通训定声》："成，假借为诚。"《管子·心术下》："正心在中不可匿。"俞樾《诸子评议》："正心者，诚心也。《论语·述而篇》：'正唯弟子不能学也。'郑注曰：'鲁读正为诚。'是正与诚古的通用。诚心在中，则自不可得匿矣。"正与诚通，正便具诚意。"诚者，天之道也；诚之者，人之道也。诚者不勉而中，不思而得，从容中道，圣人也。诚之者，择善而固执之者也。"（《朱子全书》第6册《中庸章句》）诚是形上的天道，达到诚是人道，具备真实无妄的人，不用努力就可以获得中道，不用思考就能晓得中道。从容中道，便能无过不及，不偏不倚，意蕴着正义原则。"义者，宜也，断决得中也。"判断、裁决事物皆能公正、恰到好处，便是得中。从容与中道符合，便达圣人境界。朱熹说："未至于圣，则不能无人欲之私，而其为德不能皆实，故未能不思而得，则必择善，然后可以明善，未能不勉而中，则必固执，然后可以诚身，此则所谓人之道也。"（《朱子全书》第6册《中庸章句》）诚的真实无妄，就是不欺骗、不虚伪、不作假、不冒牌、不坑人，而讲真诚、诚意、真心、真言、真行、真实。现今世界未至诚，充塞着贪心、嗔心、痴心、谄心、诳心、嫉心、害心、私心等，以至于行为不端，品德不善，谋利害义，邪气弥漫，诚信沦丧。诚信是为人的根本，是一切道德价值的基石，是人文化成的利器，是真善美的和合。

第三，义无不和。"义"是一种中道、公正、适宜的决断、裁制，以使之达到和合的标准。在私欲、私利充塞世界的情境下，如何融突义与利，成为重要问题。儒家并不简单排斥利，而是肯定正当的利和欲望。孔子说："富而可求也，虽执鞭之士，吾亦为之。"（《论语·述而》）富贵如果可以求得，虽身为贱役，吾亦去做。荀子说："义与利者，人之所两有也。虽尧舜不能去民之欲利，然而能使其欲利不克其好义也。"（《荀子·大略》）董仲舒认为利以养体，义以养心，两者各有功效。

据此，两者并非绝对对立，而可以和，古人认为，义的和处便是利，"利者，义之和也"（《左传·襄公九年》；《周易·文言传》）。利物、利他，各得其分或各得其所之利，便是和。朱熹说："义之和，只是中节。盖义有个分至，如亲其亲，长其长，则是义之和。"（《朱子语类》卷68）凡一切事务处理得合宜，都符合一定的节度，无过不及的中，这便是义与利的和处。"义则无不和，和则无不利矣。"（《朱子语类》卷68）然而，小人只理会得利，把利者义之和，从中间半截处做，遗了上面一截义，便落入唯利，而坏了"利者义之和"。"义之和只是中节"，符合正义和合的原则。

第四，舍生取义。孟子说："生亦我所欲也，义亦我所欲也。二者不可得兼，舍生而取义也。"（《孟子·告子上》）生命是我欲要的，义也是我所欲要的，如果两者不能兼有，就牺牲生命而要义。因为我有比生命更欲要的，这就是义。义是人要走的正路，放弃正路而不走，放失了善心而不去找回来，悲哀得很呀！正路犹正义之路，正义比生命更可贵。若违反正义，就会失败。"多行不义，必自毙。"（《左传·隐公元年》）正义是道德价值的标准，"苟非德义，则必有祸"。（《左传·昭公二十八年》）行动没有德义，必遭祸殃。孔子说："君子之于天下也，无适也，无莫也，义之与比。"（《论语·里仁》）康有为解释说："言君子于天下之事之人，无所必偏往，无所必禁绝，但于义之合宜者，则亲附而从之。盖非从人也，从公理也，从事宜也。事宜者，其地与人合宜，其时与人合宜，则施之恰当。"（《朱子全书》第1册《周易·象上传》）于义合宜，其地其时与人合宜，实施恰当，这便是从事宜。"从公理"蕴含着从正义之意。

第五，正义社会。建立天下之人之事都从公理的正义社会，其所以可能，是因为中华民族人人都具有一种不忍人的善心，一种四德四端的道德本性，建立在此基础上的正义观念，是建立正义社会的坚固的支柱。荀子说："义之所在，不倾于权，不顾其利，举国而与之不为改视，重死而持义不桡，是士君子之勇也。"（《荀子·荣辱》）正义社会不屈服于权势，不顾虑于利益，坚持正义原则而不改变，虽然爱重生命，也要坚持正义而不屈从，这是君子的品德。若能如此，正义社会建设就可能实现。

正义社会亦是和合社会，和合社会是正义的社会、美善的社会、包容的社会、道德的社会，是太和、中和、保和的社会。"乾道变化，各正性命，保合太和，乃利贞，首出庶物，万国咸宁。"（《朱子全书》第1册《周易·象上传》）天道世界不断变化，万物各正其性命，才能保和大和，有利于正道，万物开始生长，万国都安宁太平。和合社会是多元冲突融合而和合的社会。当今世界冲突不断，其出路与导向，唯有对话、谈判、互利、合作、共赢；唯有和生、和处、和立、和达、和爱，而达和合社会。1993年在美国芝加哥召开的世界宗教议会发布的《全球伦理普世宣言》中，制定了四条"金规则"：不要杀人，即要尊重生命；不要偷盗，即要诚实公平；不要撒谎，即言行应该诚实；不要奸淫，即要彼此尊重，相亲相爱。为着人类的正义、自由、公正、和平及文明的延续、地球的保护、善心的发扬、邪恶的消除，一个正义和合的美好世界将要呈现。如此，当今世界利益集团、金融集团、权力集团与非利益、非金融群体及人民大众的冲突也可以得以化解。

（原载《人民论坛·学术前沿》2015年第14期；
作者单位：中国人民大学孔子研究院）

中华和合文化研究及其时代意义

蔡方鹿

中华民族是一个伟大的民族。中华民族的文化是世界文化中的一种伟大的、别具特色的文化，它为世界文明的发展作出过重大贡献，并将为新世纪世界文明的发展继续作出贡献。在中国文化发展史上，"和合"是中华文化人文精神的精髓，亦是传统文化的精华。在此世纪之交，和平与发展已成为世界的两大主题，两者相辅相成，发展不仅需要和平的国际环境，需要建立国际间日益紧密的经济文化合作关系，而且需要调动国内一切积极因素，实现稳定，政通人和，化解矛盾，解决冲突，造成安定团结的政治局面，以服务于改革开放，保证现代化事业的持续发展。而作为中华人文精神精髓的和合文化则可为此提供一种卓越的思想和可供选择的价值评判标准。可以说，研究、弘扬和推广中华和合文化，对于推动社会的长治久安和国家的安定团结，促进祖国和平统一，推动世界的和平与发展，具有重要的时代意义；也可使中华和合文化在解决人类的冲突中，走向世界，并使世界认同于中华文化的和合精神。

一、中华和合文化的形成与发展

中华和合文化源远流长，和、合二字都见之于甲骨文和金文。和的初义是声音相应和谐；合的本义是上下唇的合拢。殷周之时，和与合是单一概念，尚未连用。《易经》中"和"字凡两见，有和谐、和善之意，而合字则无见。《尚书》中的"和"是指对社会、人际关系诸多冲突的处理；合指相合、符合。

春秋时期，和合二字连用并举，构成和合范畴。《国语·郑语》称："商契能和合五教，以保于百姓者也。"韦昭注："五教，父义、母慈、兄友、弟恭、子孝。"意思是说商契能把五教加以和合，使百姓安身立命。《国语·郑语》记述了史伯关于和同的论述："夫和实生物，同则不继。……若以同裨同，尽乃弃矣。"认为阴阳和而万物生，完全相同的东西则无所生。可见和合中包含了不同事物的差异，矛盾多样性的统一，才能生物，才能发展。

儒家学派创始人孔子以和作为人文精神的核心。其弟子有子曰："礼之用，和为贵。"这代表了孔子的思想。认为治国处事、礼仪制度，以和为价值标准。在处理人与人之间的关系时，孔子强调："君子和而不同，小人同而不和。"既承认差异，又和合不同的事物，通过互济互补，达到统一、和谐。这与"同而不和"，取消不同事物的差异的专一观念形成对照。

道家创始人老子提出"万物负阴而抱阳，冲气以为和"（《老子》第42章）的思想，认为道蕴含着阴阳两个相反方面，万物都包含着阴阳，阴阳相互作用而构成和。和是宇宙万物的本质以及天地万物生存的基础。

《管子》将和合并举，指出："畜之以道，则民和；养之以德，则民合。和合故能习，习故能偕。偕习以悉，莫之能伤也。"①认为蓄养道德，人民就和合，和合便能和谐，和谐所以团聚；和谐团聚，就不会受到伤害。给和合以高度重视。

墨子认为和合是处理人与社会关系的根本原理。指出天下不安定的原因在于父子兄弟结怨仇，而有离散之心，所以"离散不能相和合"②。

孟子讲"天时不如地利，地利不如人和"（《孟子·公孙丑下》），把人和视为超过天时、地利的最重要的因素。

《易传》提出十分重要的太和观念，讲"保合太和，乃利贞"（《周易集解》卷1）。重视合与和的价值，认为保持完满的和谐，万物就能顺利发展。

荀子提出"天地合而万物生，阴阳接而变化起，性伪合而天下治"（《荀

---

① 参见郭沫若等：《幼官》，《管子集校》，科学出版社1956年版。
② 孙诒让：《墨子间诂》卷三，中华书局2001年版。

子·礼论》）的观点，认为万物化生、事物的运动变化、天下的治理，都是和合的结果。事物不能离"合"而存在。

从上可见，在先秦时期，和合文化已得以产生和发展。概而言之，所谓和合的和，指和谐、和平、祥和；合指结合、融合、合作。和合连起来讲，指在承认"不同"事物之矛盾、差异的前提下，把彼此不同的事物统一于一个相互依存的和合体中，并在不同事物和合的过程中，汲取各个事物的优长而克其短，使之达到最佳组合，由此促进新事物的产生，推动事物的发展。在此和合精神的指导下，中华文化不断创新，同时也推动了中国社会的不断发展。由此可见，和合文化并不否认矛盾、差异和必要的斗争，它本身就是矛盾的对立统一体，只是把矛盾、差异和斗争限定在相互依存的和合体中，防止因过度的矛盾斗争而破坏了不同事物共同存在的基础，使得事物的发展停滞不前。这表明，和合文化有两个基本的要素，一是客观地承认不同，比如阴阳、天人、男女、父子、上下等，相互不同；二是把不同的事物有机地合为一体，如阴阳和合、天人合一、五教和合、五行和合等。中国古代先哲们通过对天地自然界、人类社会普遍存在的和合现象作大量观察和探索，从而提出了和合的概念，对和合现象作本质的概括，由此促进事物的发展和新事物的产生。在这个过程中，中华和合文化得以产生、流传和发展，成为人们普遍认同的观念。而孔子"和而不同"的思想较能够反映和合文化的本质，而不仅限于人与人之间的关系，包括国与国、人与社会、人与自然（天人）之间，都可以用"和而不同"，或不同而和，来加以概括。

秦汉以来，和合概念被普遍运用，中国文化的发展也呈现出一种融合的趋势，同时也保留各家的鲜明特色和个性。《吕氏春秋》就是融合百家九流之说的产物，思想文化的融合与统一，反映了天下统一这个社会发展的大趋势和人们的共同愿望。

西汉董仲舒为适应"大一统"社会发展的需要，提出"罢黜百家，独尊儒术"的思想。其实儒术独尊，并不是对诸子百家的绝对排斥，而是以儒家思想为本位，兼取道、法、阴阳五行说等各家思想，主张把礼治与法治相结合，明显受到燕齐文化的影响。由此，董仲舒崇尚"和"，指出："和者，天地之正也，阴阳之平也，其气最良，物之所生也。诚择其和者，以为大得天地之奉也。"(《春秋繁露·循天之道》）以和作为天地间最普遍的原则。

魏晋玄学亦是以道为主，儒道和合的产物，同时亦受到了佛教思想的影响，使和合文化得以发展。

在中国文化发展史上，不仅世俗文化各家各派讲和合，而且宗教文化也讲和合。道教《太平经》重视阴、阳、和三者和合，三分而合，指出："无阳不生，无和不成，无阴不杀，此三者相须为一家，共成万二千物。"（《太平经合校》卷119）阴、阳、和三者合一，万物得以生成。

佛教则讲因缘和合，比如"五众和合因缘故名为人"，认为人是由色、受、想、行、识五众因缘和合而产生，而无实在自性的生，"诸法因缘和合生，故无有法；有法无故，名有法空"。（《大智度论》卷31）因缘和合论成为佛教的重要理论，在历史上也产生了重要影响。

不仅道佛二教讲和合，而且佛教道教之间，宗教文化与世俗儒家文化之间也讲和合，在保持各自文化特色的同时，相互融合，相互吸取，由此促进了中国文化的持续发展。宋明理学实乃儒、佛、道三教和合的产物。

宋明理学家一方面批评了佛道二教忽视社会治理，有悖于儒家伦理的思想；另一方面又注意解决哲学思辨欠缺的问题。于是，他们和合三教，以儒家伦理为本位，汲取佛、道较为精致的思辨哲学之长，建立起完整的理学或称新儒学的思想体系，由此形成并促进了中国文化继先秦以来的第二个发展高潮的到来。

理学家张载提出"民胞物与"（《正蒙·乾称》）的思想，认为人与人是同胞手足的关系，人与物是一种朋友、伙伴的关系，整个宇宙如同一个和谐的大家庭，体现了中国文化的和合精神。

以上可见，和合思想自产生以来，作为对普遍的文化现象本质的概括，始终贯穿在中国文化发展史上各个时代、各家各派之中，而成为中国文化的精髓和被普遍认同的人文精神。

二、中华和合文化研究概况

正因为和合思想是中国文化的精髓和被普遍认同的人文精神，在历史上产生了重要而深远的影响，故引起了当代学者的关注和重视。许多海内外人士对中华和合文化作了深入地研究，以图揭示其内涵、本质及在中国文化史上的地位，并探讨了其影响和现代意义。

中国人民大学教授张立文先生多年来从事中华和合文化的研究，在海内外演讲、介绍中华和合文化，共发表研究和合文化的学术论文十数篇。在此基础上，他出版了78万字的研究专著《和合学概念——21世纪文化战略的构想》（上、下卷，首都师范大学出版社1996年版）一书，此书标志着他的和合学理论体系的确立。张立文教授在他的和合学研究中，对中华和合文化的源流作了深入的考察；对和合与和合学及其相互关系作了明确界定；对和合学的体与用作了详尽的论述，完整地展现出他对中华和合文化的理解。为今天的人们了解、研究和弘扬中华和合文化，提供了极大的方便。[①]

台湾学者钱穆先生对中华和合文化深有研究和心得。这位国学大师并不否定文化冲突和文化变异，但他所强调的是中国文化的融合精神。他说："中国人常抱着一个天人合一的大理想，觉得外面一切异样的新鲜的所见所值，都可融会协调，和凝为一。这是中国文化精神最主要的一个特性。"[②]："文化中发生冲突，只是一时之变，要求调和，乃是万世之常。"[③]认为西方文化似乎冲突性更大，而中国文化则调和力量更强，中国文化的伟大之处，乃在最能调和，使冲突之各方兼容并包，共存并处，相互调济。钱穆以他自己的眼光考察了历史和现实的中西方文化性格和国民性格，指出："西方人好分，是近他的性之所欲。中国人好合，亦是近他的性之所欲。今天我们中国分成两个，然而我们人的脑子里还是不喜分，喜欢合。大陆喜欢合，台湾亦喜欢合，乃至……全世界的中国人，亦都喜欢合。"[④]认为喜欢合而不喜欢分，注重和合，是中国文化乃至中国人的特性。钱先生晚年对中国文化天人合一的和合观念作了深刻论述："中国文化过去最伟大的贡献，在于对天

---

① 参见蔡方鹿：《张立文教授的和合学研究概述》，《中华文化论坛》1997年第2期。

② 钱穆：《中国文化史导论》，上海三联书店1988年影印本，第162页。

③ 钱穆：《中国文化精神》，三民书局1971年版，第51页。

④ 钱穆：《从中国历史来看中国国民性及中国文化》，香港中文大学出版社1982年版，第27页。

人关系的研究。中国人喜欢把天与人配合着讲。我曾说天人合一论，是中国文化对人类最大的贡献。……中国人是把天与人和合起来看。中国人认为天命就表露在人生上。离开了人生，也就无从来讲天命。离开天命，也就无从来讲人生。所以中国古人认为人生与天命最高贵最伟大之处，便在能把他们两者和合为一。"① 直接以和合精神来论述天人合一观，并以此作中国文化对人类最大的贡献，可见其对天人合一和合观念的高度重视。并主张以此精神为指导，"使全世界人类文化融合为一，各民族和平并存，人文自然相互调适"②。

北京大学教授张岱年先生重视研究中国文化的和合精神，对天人合一思想作了深刻剖析，他指出："合有符合、结合之义。古代所谓合一，与现代语言中所谓统一可以说是同义语。合一并不否认区别，合一是指对立的双方彼此又有密切相连不可分离的关系。"③ 认为天人合一既讲结合、统一，又不否认区别，对立双方既彼此相异，又密切相连地结合在一起。这反映了和合文化不抹杀矛盾、对立的性质。关于人类应如何对待自然界，张岱年先生认为，要以《易传》的天人调谐说为理想；并指出天人调谐说是"一种全面的观点，既要改造自然，也要顺应自然，应调整自然使其符合人类的愿望，既不屈服于自然，也不破坏自然。以天人相互协调为理想。应该肯定，这种学说确有很高的价值"④。天人相互协调，人与自然和谐相处，这是中华和合文化的重要内涵，张岱年先生对此作了高度评价。对当前开展的和合文化研究，张岱年先生作了充分肯定。他说："近来许多同志宣扬'和合'观念，这是有重要意义的。按'和合'一词起源很早。用两个字表示，称为'和合'；用一个字表示，则称训'和'。……许多不同的事物之间保持一定的平衡，谓之和。和可以说是多样性的统一。'和实生物'，和是新事物生成的

① 钱穆：《中国文化对人类未来可有的贡献》，《中国文化》1991 年第 4 期。
② 钱穆：《中国文化对人类未来可有的贡献》，《中国文化》1991 年第 4 期。
③ 张岱年：《中国哲学中"天人合一"思想的剖析》，《文化与哲学》，教育科学出版社 1988 年版，第 141 页。
④ 张岱年：《中国哲学中"天人合一"思想的剖析》，《文化与哲学》，教育科学出版社 1988 年版，第 153—154 页。

规律。"①

北京大学教授季羡林先生对中华和合文化中的"天人合一"命题作了深入研究和新解，甚至认为"天人合一"的命题不仅是中国而且亦是东方综合思维模式的最高、最完整的体现。他指出，"天人合一"，"这个代表中国古代哲学主要基调的思想，是一个非常伟大的、含义异常深远的思想"②。并认为印度文化所说的"梵我一如"，"也就是天人合一，中印两国的思想基本上是一致的。……换句话说，'天人合一'的思想是东方思想的普遍而又基本的表露。我个人认为，这种思想是有别于西方分析的思维模式的东方综合的思维模式的具体表现。这个思想非常值得注意，非常值得研究，而且还非常值得发扬光大，它关系到人类发展的前途"③。季先生把天人合一思想作为东方综合思维模式的最高体现和代表，认为"天人合一"是东方的主导思想，主张人与自然浑然一体，同大自然交朋友，了解自然，认识自然及其规律，在这个基础上再向自然有所索取，体现了中国及东方文化的和谐精神。而与西方主张征服自然的指导思想不同。面对地球上存在的生态危机，季先生提出要"以东方文化的综合思维模式济西方的分析思维模式之穷。人们首先要按照中国人、东方人的哲学思维，其中最主要的就是'天人合一'的思想，同大自然交朋友，彻底改恶向善，彻底改弦更张。只有这样，人类才能继续幸福地生存下去"④。季羡林先生在这里提出的以"天人合一"思想来挽救人类面临的危机的见解，正是中华和合文化在化解人与自然冲突中无穷魅力的体现。

北京大学教授汤一介先生十分重视中华和合文化中的和谐观念，并对此作了深入研究。他认为，在当今科技高度发展的信息时代，人类要生存和发展下去，就必须争取"和平共处"，必须实现"共同发展"。要达到此目

---

① 张岱年：《漫谈和合》，《社会科学研究》1997年第5期。
② 季羡林：《21世纪文化瞻望——"天人合一"新解》，《大国方略——著名学者访谈录》，红旗出版社年1996年版，第171页。
③ 季羡林：《21世纪文化瞻望——"天人合一"新解》，《大国方略——著名学者访谈录》，红旗出版社1996年版，第173页。
④ 季羡林：《21世纪文化瞻望——"天人合一"新解》，《大国方略——著名学者访谈录》，红旗出版社1996年版，第183—184页。

的，就要建立起一种人与人之间的和谐关系，扩而大之，就是要调整好国家与国家、民族与民族、地区与地区的关系。同时也要建立起一种人与自然之间的和谐关系。而"在中国的儒家和道家思想中，为我们提供了极有价值的'和谐'观念的资源"①。汤先生认为，中国哲学的和谐观念由四个方面构成，"这就是说，由'自然的和谐'、'人与自然的和谐'、'人与人的和谐'、'人自我身心内外的和谐'构成了中国哲学的'普遍和谐'的观念"②。关于"自然的和谐"的观念，汤先生指出："老子、庄子的思想均以'自然之和谐'为基础。儒家同样把自然（天或天地）看成一和谐的整体。"③ 关于"人与自然的和谐"，汤先生认为，"这就是儒家所追求的'天人合一'的境界。儒家这种主张'天人合一'、追求'人与自然和谐'的观念，是基于不把人和自然看成是对立的，是把人看成是自然和谐整体的一部分"④。汤先生并指出，在道家的思想中，同样包含着"人与自然和谐"的观念："照庄子看，天本来是一和谐的整体，如果人不去故意破坏自然的和谐，'无以人灭天'，而是顺应自然，这样就可以达到'天地与我并生，万物与我为一'的'天人合一'的境界。"⑤ 关于"人与人的和谐"，汤先生指出，儒家以"礼之用，和为贵"来调节人与人之间的关系，使人们之间的关系得到和谐。关于"人自我身心内外的和谐"，汤先生指出，"儒家和谐社会的理想既然是建立在个人道德修养提高的基础上，因此儒家特别重视个人自我身心内外的和谐。"⑥ "安身立命"就是要使自己的身心和谐，内外和谐，言行符合天道的

---

① 汤一介：《世纪之交看中国哲学中的和谐观念》，《大国方略——著名学者访谈录》，红旗出版社 1996 年版，第 192 页。

② 汤一介：《世纪之交看中国哲学中的和谐观念》，《大国方略——著名学者访谈录》，红旗出版社 1996 年版，第 192 页。

③ 汤一介：《世纪之交看中国哲学中的和谐观念》，《大国方略——著名学者访谈录》，红旗出版社 1996 年版，第 193 页。

④ 汤一介：《世纪之交看中国哲学中的和谐观念》，《大国方略——著名学者访谈录》，红旗出版社 1996 年版，第 194 页。

⑤ 汤一介：《世纪之交看中国哲学中的和谐观念》，《大国方略——著名学者访谈录》，红旗出版社 1996 年版，第 195 页。

⑥ 汤一介：《世纪之交看中国哲学中的和谐观念》，《大国方略——著名学者访谈录》，红旗出版社 1996 年版，第 196 页。

要求，至于衣、食、住、行等都不能对自己的身心发生什么重要影响，这种对待生活的态度正是宋儒所追求的"孔颜乐处"。可见儒家所强调的正是由道德学养的提升，以求身心内外的和谐。汤先生认为，"道家则与儒家不同，它要求通过顺应自然、超越自我，以求身心内外之和谐。"①

通过对上述四种和谐论述，汤一介先生认为这四种和谐构成的"普遍和谐"观念，即是"太和"观念。所谓太和，《周易·乾·彖辞》曰："乾道变化，各正性命，保合太和，乃利贞。"即是说，天道的大化流行，万物各得其正，保持完满的和谐，万物就能顺利发展。这就是汤先生对"太和"观念作出的解释。并认为中国文化的这一"普遍和谐"观念在现代社会中能充分显示其意义，将为在21世纪建立和平的、共同发展的人类社会发挥重要作用。这也可视为中华和合文化现代意义的体现。

全国人民代表大会常务委员会副委员长、"中华和合文化弘扬工程"组委会主任程思远先生为了弘扬和普及中华和合文化，撰写专文《世代弘扬中华和合文化精神》，在全国产生了重要影响。程思远先生指出："'和合'是中华民族独创的哲学概念、文化概念。国外也讲和平、和谐；也讲联合、合作。但是，把'和'与'合'两个概念连用，是中华民族的创造。"②认为一般说来，说"和"，是指异质因素的共处；而说"合"，是指异质因素的融会贯通。把"和"与"合"连用，突出和强调了事物是不同因素的相异相成和紧密凝聚，体现了中华民族的辩证思想和系统观念。并指出，"和"与"合"连用的这种文化传统，应在我国不断被弘扬光大。程思远先生指出："中华民族讲'和合'，主要用来正确处理人际关系、党派关系、民族关系乃至国际关系，强调要使这些关系保持和谐统一，形成合力。"

程思远先生主张，"弘扬中华和合文化，需要澄清国内国际的不正确认识，以保证这笔宝贵的精神财富能得到完整的继承和弘扬。"他指出："国内一直有一种看法和说法，认为提和合就是抹杀矛盾，抹杀斗争。一提到

---

① 汤一介：《世纪之交看中国哲学中的和谐观念》，《大国方略——著名学者访谈录》，红旗出版社1996年版，第19页。

② 程思远：《世代弘扬中华和合文化精神——为"中华和合文化弘扬工程"而作》，《人民日报》1997年6月28日，以下程思远引文，均出自此处。

'和'或'合'，就自然联想到不搞斗争，就将其与矛盾、斗争绝对对立起来。说得严重点，这是'文革'遗毒的表现。事实上，和合文化不仅不抹杀矛盾和斗争，而且本身是矛盾学说和斗争学说的展现。"认为正是由于有相异物质的存在，才有相互和合事物的产生。和合的过程也就是一种矛盾的斗争和融通过程，这两者不是对立的。程思远先生还非常赞同建立中华和合纪念碑的设想。他说："美国用自由女神像作为自己的精神象征。我则希望中华和合文化纪念碑能够把中华和合文化物化为建筑，成为中华和合文化精神的象征和标志，昭示后来人，要永远弘扬中华和合文化的基本精神！"为此，程思远先生衷心希望全国人民能够继承和合文化这一宝贵的精神财富，为推动祖国的和平统一和国际和平事业努力奋斗。

《求是》杂志总编辑、"中华和合文化弘扬工程"执委会主任委员邢贲思教授站在全局的高度，深刻揭示了弘扬中华和合文化的现实意义。他说："面对我们争取国际和平环境和推动祖国和平统一的时代背景，面对国内调动一切积极因素，实现大联合、大团结，服务于改革、发展、稳定的局面，最近一批新闻单位和学术机构发起和开展了'中华和合文化弘扬工程'。这个工程得到了中央领导同志的重视、关注和社会各界的大力支持。我认为，深入开掘和研究中华和合文化的内涵和本质特征，发挥其文化凝聚力，有助于我们建设社会主义精神文明，提高人们的精神素质和道德水平；有助于强化中华民族的凝聚力，推动社会的长治久安和国家的安定团结；有助于我们建立有中国特色的国际关系价值评判标准，推动世界和平与发展的两大潮流。"[①] 邢贲思教授指出，"将'和合'连用，除了强调团结、协作的意思外，更有向心、凝聚的含义，特指事物与它所处的环境和相联系的总体结构实现融会统一"。邢贲思教授概括和合文化的精髓有三个方面：第一，中国古代思想家将自然界理解为一个和合的统一体；第二，他们强调人与自然要保持"和合"的关系，这方面最著名的论述是源远流长的"天人合一"思想；第三，我国思想家最主要的贡献是将和合文化运用于社会的人际关系中，强

---

① 邢贲思：《中华和合文化体现的整体系统观念及其现实意义》，《光明日报》1997年2月6日。以下邢贲思引文，均出自此处。

调社会要保持和合的整体性，这方面最著名的论述是孔子的"礼之用，和为贵"。和合文化的上述整体系统观念对今天有着重要的借鉴意义，在人际关系方面弘扬和合文化的优秀内涵尤其有着必要性和紧迫性。

邢贲思教授还强调：我国古代思想家强调"和合"，并不否认事物的本来矛盾和进行必要的斗争，认为"和合"不是等同，更不是社会领域的"无冲突境界"，而是通过矛盾的克服，形成总体上的平衡、和谐、合作即和合状态。从这点上说，和合文化有助于我们认识事物的矛盾并正确掌握斗争的尺度。我们推动事物的矛盾转化，正是为了促使新的事物即新的和合状态的产生。

以上著名专家学者对中华和合文化所开展的卓有成效的研究，已产生了重要的影响，必将带动和促进中华和合文化研究工作的进一步深入开展，并为普及和弘扬中华和合文化，发挥日益重要的示范作用。

三、弘扬中华和合文化的时代意义

和合文化是中华民族特有的思想，科学理解和正确弘扬中华和合文化，加强对和合思想的研究和推广，是社会发展的需要，具有重要的现实意义。

第一，在思维方式上有助于纠正以往"斗争哲学"的偏差。

以往过分强调矛盾双方斗争的一面，忽视同一的一面，提倡"斗争哲学"，"以阶级斗争为纲"，严重阻碍了社会的发展，挫伤了人民群众的积极性。此流弊虽得到纠正，但过分强调斗争的"文革"遗毒在今天仍有表现，这不利于调动各方面的积极因素，也对现代化事业带来消极影响。提倡和弘扬和合文化，具有超越、抛弃"斗争哲学"的意义，以和合思维方式推动矛盾的转化，解决冲突，促使事物在化解矛盾的过程中得到进一步发展。和合文化不是不讲矛盾、斗争和冲突，而是既承认矛盾、冲突和差异，又解决矛盾、冲突，使诸多异质要素、各个不同的事物在对立统一、相互依存的和合体中，求同存异，形成总体上的平衡、和谐、合作，把斗争限定在一定的范围内，并汲取各要素的优质成分，择优汰劣，促使新事物的产生，即由旧的和合体发展为新的和合体，由此而促进事物的不断发展。

第二，对内有利于推动社会的长治久安和国家的安定团结。

弘扬中华文化的和合人文精神，有助于形成和发展互助、友爱、和谐、团结、与人为善的良好人际关系，从而化解矛盾，解决冲突，保证现代化事业顺利发展。当前搞市场经济，必然充满了竞争，有竞争就有矛盾冲突，就有成功者和落伍者，会带来差异、矛盾和各种各样的社会问题。如不妥善解决，将影响到安定团结。我们看到随着经济在竞争中发展，整个社会逐渐走向经济与市场的一体化，竞争是为了发展，是为了繁荣，但也需要协调个人与社会、不同利益集团、不同社会阶层之间的利益关系，以共谋发展，把各方的利益都融和进去，而不可偏废。使整个社会经过由相互冲突，到解决冲突、化解矛盾的过程，合理满足各方的利益和要求，保证市场经济的健康发展。如果不同利益主体相互对峙，就难以维持社会稳定和安定团结。在这方面，和合思想可提供合理解决以上社会矛盾的新的思维模式和有效的方法，以妥善处理在市场经济的竞争中出现的各种社会问题。如东西部地区差距、中央与地方的协调、困难企业职工的再就业以及正确处理民族问题、宗教问题等。在解决问题的过程中，化解各种社会矛盾，增强中华民族的亲和力和凝聚力，使所有相对独立的利益主体经过和合，都服从于国家和民族的整体利益，同时照顾到并满足个体、局部的合理利益。使整体与局部、国家与个人、不同利益主体都得到发展。所以说，弘扬和合文化有助于发展经济和实现社会进步。

第三，对外有利于推动世界和平与发展的两大潮流，提供反对霸权主义的价值评判标准。

当今国际社会进入了后冷战时代，当年的军事竞争变成了经济竞争；民族主义抬头，民族纠纷增加，一些民族要求更加独立自主，更加自由，除经济因素外，民族问题背后往往具有文化及宗教的背景；当今世界各国有不同的文化传统，存在着不同的文明和社会制度，因此客观地存在着差异和矛盾。事实上，世界上有二百多个国家，有好几千个民族，有不同的文明和文化。不能只有一种模式、一种要求。应该是多元而又互补的，即冲突又相交流的。国与国之间的冲突、矛盾难以避免，但不应诉诸武力，而应以和平的方式化解冲突，摒弃冷战思维。在这方面，中华和合文化可提供解决冲突、和平共处、互不干涉、共同发展的理论思想，可提供反对霸权主义的价值评判标准。使人类文明和文化在迎接新时代的挑战中，相互汲取优长，融会贯通，综合创新，而共同创造 21 世纪人类未来的文化。在这个过程中，将中华和合文化推向世界，同时使世界也认同于和合文化。

第四，有利于推进"和平统一，一国两制"的战略构想，实现中华民族及海外侨胞的大团结。

邓小平同志提出的"和平统一，一国两制"的伟大战略构想，指引我们顺利解决了香港问题和澳门问题，完成了香港回归。中国的完全统一已为时不远。"一国两制"虽是邓小平同志依据马克思主义、毛泽东思想的理论，结合新的时代发展的形势，创造性地提出的伟大构想，但与中华和合文化的"和而不同"思想仍有着某种契合的因素。"一国"可理解为"和"，"两制"即是"不同"。既承认"不同"社会制度、生活方式之差异，又以"和"来统一之，和合差异，而不抹杀个性。从一定意义上讲，"一国两制"与"和而不同"是相互沟通的。因此可以说，与中华和合文化相契合的"一国两制"构想，既有鲜明的时代特征，又有深厚的历史文化基础。宣传和论证中华和合文化、"和而不同"思想与"一国两制"相契合的关系，容易得到台、港、澳同胞和海外华人的认同，实现中华民族及海外华人的大团结。正如著名学者钱穆所指出，喜欢统一（合），不喜欢分裂（分），是中国文化的特性和中国人的国民性格使然，而不同于"西方人好分"的文化特性。由此可见，"和平统一，一国两制"植根于中华和合文化深厚的土壤之中；而分裂则与中华和合文化的基本精神相悖，是不得人心的。中华和合文化的时代意义和现实价值正表现于此。

通过以上对中华和合文化的形成与发展、中华和合文化研究概况，以及弘扬中华和合文化的时代意义的探讨和论述，我们对中华和合文化就有了一个大概和基本的了解。

（原载《社会科学研究》1997 年第 6 期；作者单位：四川师范大学马克思主义学院①）

---

① 本篇论文发表时，作者介绍的单位为：四川省社会科学院哲学文化研究所。

和合思想与中国伟大复兴

胡鞍钢　黄　瑜　鄢一龙

一、和合思想与中国文化国情

和合思想贯穿于中国文化发展脉络之中，是中国文化之基本脉络、基本线索、基本内核，是中国古代最基本的文化国情。早在先秦时期，和合思想便产生并作为各家普遍追求的至高境界。老子提出"万物负阴而抱阳，冲气以为和"（《老子》第 42 章）；庄子提出"与人和者，谓之人乐；与天和者，谓之天乐"（《庄子·天道》）；《论语·学而》中则记载了"礼之用，和为贵"，"和合"成为诸子百家最为重要的人文思想。从秦汉到宋唐，和合思想不断被总结和提炼，董仲舒提出："和者，天地之正也，阴阳之平也，其气最良，物之所生也。"（《春秋繁露·循天之道》）道教《太平经》言："无阳不生，无和不成，无阴不杀。"（《太平经合校》卷 119）佛教则讲因缘和合，以其解释万事万物存在机制与消亡原因。在中国思想文化发展进程之中，和合不仅是万物化生的依据，也是天乐人乐的基础，还是处理人与家庭、国家、社会关系的根本原则。

不仅如此，当代学者也从不同领域对和合思想的内涵进行不同角度的分析、论述和延伸，逐渐对其本质、地位与对于中国社会发展的意义形成共识。从哲学角度分析，张岱年先生论述和合文化的一大重要特点是既讲结合统一，又不否认区别，对立双方既彼此相异，又密切相连。[①] 季羡林先生对

---

① 张岱年先生指出："合有符合、结合之义。古代所谓合一，与现代语言中所谓统一可以说是同义语。合一并不否认区别，合一是指对立的双方彼此又有密切相联不可分离的关

中华和合文化中的"天人合一"命题作了深入研究和新解，认为它是中国古代哲学主要基调的思想，是东方综合思维模式的最高、最完整的体现。① 从历史学角度分析，钱穆先生指出："文化中发生冲突，只是一时之变，要求调和，乃是万世之常。"② 中国文化的伟大之处，乃在最能调和，使冲突之各方兼容并包，共存并处。从社会学角度分析，费孝通先生提出"中华民族多元一体格局"③，指出中国文化要为世界文化的多元和谐作出贡献，并总结概括了他对和谐社会、美好社会的思考——"各美其美，美人之美，美美与共，天下大同。"④ 从理论建构角度分析，张立文先生综合性地从中华和合文化的源流、和合与和合学的相互关系、和合学的体与用等多角度进行深入考察与详细论述，⑤ 标志着和合学理论体系的确立，成为当代和合思想理论之集大成，并作为 21 世纪文化战略构想。这些努力使得对于和合思想的研究早已超越了对其古典含义的简单阐释，而发展成为一个完整、系统的和合思想理论体系，成为当代中国社会文化发展的重要组成部分，成为当代中国的重要文化国情，成为 21 世纪中华民族伟大复兴的重要学理基础。这显示了中国学者的原创和独创，也展现了他们的文化自觉和自信。

可以说，无论是古代或当代，中国思想文化在本质上就是独一无二的和合文化，和合思想是中国最基本的文化国情。它始终贯穿于中国文化思想发展史上各朝各代、各家各派之中，与时俱进、不断创新，成为中国文化的精髓和被普遍认同的人文精神。它作为一种精神文化的"基因"，以其巨大的渗透力和生命力，深深根植于我国传统的哲学、政治、经济、文学、艺术、医学乃至日常的生活方式和风俗习惯之中，陶冶和塑造了中华民族的心

系。"[张岱年：《中国哲学中"天人合一"思想的剖析》，《北京大学学报》（哲学社会科学版）1985 年第 1 期]

① 参见季羡林：《"天人合一"新解》，《传统文化与现代化》1993 年第 1 期。

② 钱穆：《中国文化精神》，三民书局 1971 年版，第 51 页。

③ 费孝通：《中华民族多元一体化格局》，中央民族大学出版社 1989 年版。

④ 此观点于 1990 年 12 月在东京召开的"东亚社会研究国际研讨会"上，费孝通先生发表"人的研究在中国——个人的经历"主题演讲时首次提出。

⑤ 参见张立文：《和合学概论——21 世纪文化战略的构想》（上、下卷），首都师范大学出版社 1996 年版。

理特质、思维习惯、人生态度、价值取向和行为方式，长久存活民族的生存和发展之中。从某种程度上来说，中国发展的历程恰恰就是和合思想不断演变和发展的历程。

正如毛泽东同志所言："认清中国的国情，乃是认清一切革命问题的基本的根据。"① 中国的伟大复兴必须建立在对于中国国情的深刻认识与挖掘基础之上。和合思想是最具有中国特色的文化国情，中国道路的选择、中国规划的制定、中国战略的实施和中国对于资本主义危机的应对都必须建立在对于这一基本文化国情的深刻认识与充分挖掘基础之上。

二、和合思想与中国道路

和合思想作为中国最基本、最独特的文化国情，毫无疑问深刻影响着中国社会发展进程。更准确地说，和合思想深刻影响着中国发展的总道路、总方向，指导着中国特色社会主义建设事业，为实现中华民族伟大复兴提供丰富的历史来源、文化依据和理论基础。

和合思想对于中国发展道路的影响首先体现在邓小平关于"小康社会"的战略设想。1979 年，邓小平会见来华访问的日本首相大平正芳时，没有简单地照搬现代化的概念，原创性地提出要建设"小康社会"，他说："我们要实现的四个现代化，是中国式的四个现代化。我们的四个现代化的概念，不是像你们那样的现代化的概念，而是'小康之家'。"②1984 年邓小平又将这种"中国式的四个现代化"称之为"小康社会"③。从20世纪70年代末的战略构想，到党的十六大报告明确提出"全面建设小康社会"，再到党

---

① 《毛泽东选集》第二卷，人民出版社 1991 年版，第 633 页。

② 《邓小平文选》第二卷，人民出版社 1994 年版，第 237 页。

③ 1984 年 3 月 25 日，邓小平在会见日本首相中曾根康弘时说："中国现在的情况总的是好的。这几年一直摆在我们脑子里的问题是，我们提出的到本世纪末翻两番的目标能不能实现，会不会落空？从提出到现在，五年过去了。从这五年看起来，这个目标不会落空。翻两番，国民生产总值人均达到八百美元，就是到本世纪末在中国建立一个小康社会。这个小康社会，叫做中国式的现代化。翻两番、小康社会、中国式的现代化，这些都是我们的新概念。"（参见《邓小平文选》第三卷，人民出版社 1993 年版，第 53—54 页）

的十八大提出"确保到 2020 年全面建成小康社会"，中国特有的"小康"的内涵与意义得到不断的丰富与拓展，在四十余年的时间里始终引领着中国特色社会主义事业的深入发展。从历史来源看，"小康"一词最早出现于《诗经·大雅·民劳》，其中有"民亦劳止，汔可小康"①的诗句。从春秋战国时期开始，"小康社会"一直是士大夫们的社会理想，它包含了丰衣足食、宗族和合、邻里和睦、社会和谐等主要特征，正如儒家经典《礼记·礼运》中所描述："今大道既隐，天下为家，各亲其亲，各子其子，……是谓'小康'。"因此可以说，"小康"是一个具有传统"和"文化色彩的范畴，其经由邓小平的创意性诠释而被赋予了新的时代内涵，完成了从传统文化精髓到现代中国目标转换。在这里，"小康"已不仅仅是邓小平对社会主义现代化建设目标的一个中国式的简单而通俗的描述，而且成了邓小平理论中一个非常重要的、彰显时代特点和中国特色的概念。它作为构成邓小平理论的重要组成部分之一，巧妙融合了传统和合思想与马克思主义精髓，为当代中国发展提供理想图式和现实指向。也正是因为有了和合思想的融入与指导，中国的现代化不是简单的"全盘西化"、"模仿西方"，而是学习西方，借鉴西方，还有超越西方现代化，成为具有自身特色的"中国化"。

和合思想对于中国发展道路的第二重影响体现在"社会主义和谐社会"的建设。党在十六届四中全会上正式提出构建社会主义和谐社会的命题，这既是推进改革和现代化建设的新的伟大纲领，同时也是和合思想在当代的新发展新应用，吸收和包含了民主法治，也超越了西方。党的十六届六中全会通过的《中共中央关于构建社会主义和谐社会若干重大问题的决定》，则对构建社会主义和谐社会作出了总体部署，明确地提出了"和谐文化"的概念，表明我们党对构建社会主义和谐社会实践的一种理论自觉和文化升华，成为当代和合思想的集中展现与最新成果。社会主义和谐社会的建设，是以科学发展观统领经济社会发展全局，按照民主法治、公平正义、诚信友爱、充满活力、安定有序、人与自然和谐相处的总要求进行的；是立足当代社会实践，针对当代社会建设中出现的各种不和谐的问题，特别是人与自然、人

---

① 吴树平点校：《十三经》，燕山出版社 2007 年版，第 349 页。

与人之间、人与社会之间存在的突出问题，提出的一整套以"和合"为核心的理论，是对中国特色社会主义理论体系的又一创新和发展。历史的经验一再启迪我们，文化理论的创新不仅是社会变革的先导，而且是凝聚社会力量，维系社会稳定，促进社会发展的强大精神力量。[①] 少新的实践需要新的理论，而新的理论一经与实践结合并"掌握群众，也会变成物质力量"[②]。社会主义和谐社会理论体系的建设既是基于马克思主义理论对我国社会发展提出的具体要求，也是对和合思想在当代中国发展进程中做出的清晰的时代解释。和合思想成为中国建设社会主义小康社会、构建社会主义和谐社会、实现社会主义科学发展的思想来源与理论基础，这是中国文化的历史原创，又是当代世界的理论创新。

那么，和合思想为什么能够在这么长的时间内始终成功指引中国道路呢？这不仅因为和合思想在中华民族发展历史中奠定了深厚的文化根基与认同感，更重要的，是当代和合思想所具备的开放性、包容性与创新性。它以开放的胸怀容纳不同的文化（包括西方文化）要素，广泛吸收各方的精华智慧，并不断进行理论超越与创新，使自身更具生命力和持久力。一方面，当代和合思想超越传统中国哲学，充分吸收了马克思主义的养分，摒弃了传统中国哲学中的消极部分，并赋予其新的时代意义。当代和合思想不再是为了上下有别，等级森严，尊卑贵贱，各安其位的社会秩序，而是为了实现"民主法治，公平正义、诚信友爱"的和谐社会；当代和合思想不再是围绕巩固帝王统治、加强封建专制的逻辑展开，而是宣扬以人为本，全面、协调和可持续的科学发展观；当代和合思想不再是简单重复、盲目崇拜中国传统文化，而是将马克思主义与中国传统历史相结合，与中国革命和社会主义建设的实践相结合，产生的马克思主义中国化的理论成果，是以毛泽东、邓小平、江泽民、胡锦涛等为代表的几代中央领导集体在探索社会主义和谐社会建设的实践中形成的一系列理论成果。另一方面，当代和合思想打破了传统西方哲学二元论的框架，强调矛盾双方的同一与融合。西方斗争哲学强调矛

① 左亚文：《论中华和合思想的时代价值》，《江汉论坛》2007 年第 2 期。
② 《马克思恩格斯文集》第 1 卷，人民出版社 2009 年版，第 11 页。

盾双方的斗争和破裂在造成事物新质中的意义，虽然并不否认矛盾双方的统一性，"但斗争的目的是为了打破当下的这个统一体"① 与之不同，和合思想的独特价值在于它所提倡"和而不同"，是统一之中的差异、和谐之中的多样，是在寻求一致的同时包容个别。和合思想始终从一个统一的整体出发，这一整体常常用"一"、"道"、"理"、"性"、"太极"、"太和"等概念来表征。然后阐明这一整体内部对立面或异质要素之间的和谐性、平衡性、互补性、有序性在事物发展中的作用，探讨它们发生作用的内在机制及其特殊规律。"和合"不仅是指"正相反"的两个方面在统一性或同一性基础上的有机结合，而且是指诸多异质要素的统一，即多样性的统一。因此，和合哲学是以矛盾双方的融合解决事物矛盾的哲学，是"一生二"的整体性的哲学。

三、和合思想与中国战略

和合思想作为一种整体性的哲学，以其开放包容、和谐统一的特质，不仅深刻影响着中国特色社会主义发展的总道路和总战略，也同时影响着中国发展的具体道路和具体战略，为破解当代中国以及当代世界各类重大矛盾提供了极其独到而智慧的思想理念和行为准则。这主要体现在以下几个方面：

其一，在处理人与自然的问题上，当代和合思想推崇"天人合一"的自然观，大力推进生态文明建设，实施绿色发展战略，努力建设美丽中国，实现中华民族永续发展。②

传统和合文化十分重视人与自然的和合协调关系。《周易·文言》提出"与天地合其德，与日月合其时，与四时合其序，与鬼神合其凶吉，先天而天弗违，后天而奉天时"，"天人合一"就是古人处理人与自然关系的基本思想。它强调人与自然间并无绝对的分歧，自然是内在于人的存在物，人是自

---

① 毛卫平：《和谐哲学：当代中国时代精神的精华——兼论马克思主义哲学与中国传统"和"文化》，《中共中央党校学报》2008年第6期。

② 参见胡锦涛：《坚定不移沿着中国特色社会主义道路前进，为全面建成小康社会而奋斗——在中国共产党第十八次全国代表大会上的报告》2012年11月8日。

然界的一部分，人服从自然规律。人与天地万物合为一体，达到一种完满和理想的境界，是中国人文精神追求的最高目标。

当代和合思想是在传统的"天人合一"思想基础上进一步发展的理念。绿色发展是对消费驱动、资源高消耗、污染高排放的黑色发展道路的彻底否定，是"不以牺牲环境为代价去换取一时经济增长"①，是对可持续发展模式的进一步深化与创新。从黑色发展到绿色发展，是"经济—自然—社会"系统的全面转型，是跳出"天人对立""天人互害"的恶性循环，进入"天人合一""天人互益"的良性循环。② 中国是全球最大的发展中国家，也是最大的生态危机受害国。面对严重的国际和国内挑战，中国要推进生态文明建设、落实科学发展观、实现"全面建设小康社会"的总体目标，就必须深刻认识到转变发展方式的重要性，在实践和思想两个层面都实现不断缩小人与自然差距的新型"绿色化"。③ 这本身就已经超越了传统的不断扩大人与自然差距的黑色现代化。当代和合思想恰恰就是中国实现"思想绿色化"与"实践绿色化"的理论源泉，以绿色思想引领绿色实践，以绿色实践完善绿色思想。中央政府、地方政府、企业、人民都将受益于"天人合一"的思想理念，共同参与、共同推动中国绿色发展之路。中国将在和合思想指导之下，逐步实现中国"绿色现代化"，即生态文明的绿色现代化，在较低的不可再生资源和能源消耗、污染物排放水平上的现代化，又是生态资产不断增值、生态盈余不断扩大到人与自然和谐的现代化。④

其二，在处理经济发展重大矛盾上，当代和合思想奉行"和实生物"的发展观，落实社会主义科学发展观，实现全面、协调、可持续发展。

和合思想重视整体思维和辩证综合，将天地人我都视为有机联系的系统。

"和实生物，同则不继。"（《国语·郑语》）事物互不联系，没有相互作用，不能产生新的事物；相互联系又处于和合状态，才能孕育并产生新的事

---

① 习近平：《决不以牺牲环境换取一时经济增长》，新华社 2013 年 5 月 24 日。

② 参见胡鞍钢：《中国：创新绿色发展》，中国人民大学出版社 2012 年版。

③ 参见胡鞍钢：《全面建成小康社会与绿色发展辩证统一》，《甘肃日报》2012 年 8 月 14 日。

④ 胡鞍钢：《中国：创新绿色发展》，中国人民大学出版社 2012 年版，第 237 页。

物。正因如此，社会主义科学发展观强调全面、协调、可持续发展，强调各发展要素之间的和合状态。全面，是指发展要有全面性、整体性，不仅经济发展，而且各个方面都要发展；协调，是指发展要有协调性、均衡性，各个方面、各个环节的发展要相互适应、相互促进；可持续，是指发展要有持久性、连续性，不仅当前要发展，而且要保证长远发展。首先，"和实生物"的发展观强调"共同发展"，坚持经济与社会共同发展，解决经济和社会发展存在的"一条腿长，一条腿短"的问题；坚持城乡共同发展，实行以城带乡、以农养工、以工促农、城乡互动，协调发展；坚持区域共同发展，形成东中西互动、优势互补相互促进、共同发展的新格局和合体；坚持人与自然共同发展，统筹人与自然、经济建设与人口增长以及生态环境保护的关系。其次，"和实生物"的发展观强调"共同协调"，要求协调处理好公有制与非公有制经济之间，按劳分配与其他分配之间、市场机制与宏观调控之间、中央与地方之间、经济体制改革与其他体制改革之间、改革发展与稳定之间的关系，使它们之间能够和谐共处，彼此之间相互取长补短，从而满足社会经济和谐、稳定、快速发展的需要。最后，"和实生物"的发展观强调"共同分享"，使十几亿人能够共同拥有发展的机会，共同提高发展的能力，共同提升发展的水平，共同分享发展的成果。① 经济的发展强调天和、地和、人和、己和，和谐创业，和谐安邦，和谐兴国。这既是全面、协调、可持续发展的重要内容，更是和合思想发展的必然结果。

其三，在处理重大政治问题上，当代和合思想践行"和衷共济"的政治观，坚持和完善中国共产党领导的多党合作和政治协商制度。

中国当代政党制度以保障和谐为其根本目标，通过坚持社会主义制度，提高党的执政能力，发挥党对社会的整合功能，坚持和完善中国共产党领导的多党合作和政治协商制度，巩固和发展最广泛的爱国统一战线，保证整个社会的和谐与发展。中国当代政党制度以体现和谐为其基本内核。与西方的政党关系相比，中国的政党没有"在朝""在野"之分，也不存在反对党，而是一党领导、多党合作，一党执政、多党参政。执政党和参政党长期以来

① 胡鞍钢：《中国需要共赢的改革》，《光明日报》2013 年 5 月 22 日。

奉行"长期共存、互相监督、肝胆相照、荣辱与共"的十六字方针，中国共产党与各民主党派通力合作、相互依存、良性互动。党际和谐是社会和谐的政治基础，有助于政局的稳定和实现广泛的团结，有助于社会的进步和国家的安宁。

和合思想是中国共产党治国的核心理念。1949年之后，中国共产党的执政哲学先后经历了"人民民主"哲学（1949—1956年），到"斗争哲学"（1957—1977年），再到"建设哲学"（1978—2001年），以经济建设为中心；再到"和合哲学"，[①] 逐渐形成了经济建设、政治建设、社会建设、生态建设、文明建设"五位一体"的社会主义现代化总体布局。中国共产党执政理念的一次又一次变化彰显了和合思想的不断融合、不断发展与不断创新。

中国当代政党制度是对和合思想的继承和创新，它既体现了中华民族整体利益和一致性，又反映了各方面、各阶层人民群众的利益和愿望的差异性；既有助于促进执政党与参政党、各参政党之间的政治和谐，又有助于促进我国政治资源的优化配置，将各阶层、各方面的力量整合成强大的社会合力，共同致力于中国特色社会主义建设事业。它通过合作、协商的和平方式，有效化解各种社会矛盾和冲突，促进社会和谐发展，是对传统和合思想的伟大创新。

其四，在处理人与人、人与社会的关系中，当代和合思想恪守"以和为贵"的社会观，致力于构建"以人为本"的社会主义和谐社会。

"天时不如地利，地利不如人和。"（《孟子·公孙丑下》）和被认为是人一生中最为重要的德行，是人与人之间良好关系的集中体现，是处理人际关系的伦理原则。当代和合思想首先继承了这一思想，强调人与人关系的和谐，"讲求和谐、和睦、和气、和善、祥和、谦和，提倡团结、互助、友爱"[②]，更进一步将"和"的思想扩展到了人与社会的关系之上，强调以人为本，使"社会各方面的利益关系得到妥善协调，人民内部矛盾和其他社会矛

---

① 胡鞍钢：《科学发展是硬道理，社会和谐也是硬道理》，《国情报告》2006年第26期。

② 李瑞环：《弘扬"和"的思想具有重要的现实意义》（1996年1月），《务实求理》（上），中国人民大学出版社2010年版，第81页。

盾得到正确处理，社会公平和正义得到切实维护和实现"①。党的十六届六中全会首次明确地提出 2020 年全面构建社会主义和谐社会的宏大目标，可概括为九大目标：民主法制目标、共同富裕目标、民生目标、政府职能改革目标、全民素质目标、创新型国家和创新型社会目标、社会和谐与社会稳定目标、可持续发展目标、全面建设小康社会目标。②"以人为本"是这九大目标的核心思想。当前我国社会正处于激烈的转型期，转型期的一切矛盾、问题，都需要通过人去解决，都涉及对人与自然、人与社会、人们的经济关系乃至于整个社会关系作出调整，这种调整正是通过有机的磨合、整合，使社会实现最佳、最优的经济组合和社会组合，这个调整过程就是和合、追求和谐的过程。社会主义和谐社会以宣扬建立宽容、双赢、诚信友爱的新型人际关系，树立爱国主义、集体主义、社会主义的全局思想为理念；以建立公平的利益分配机制、完善的社会保障体制和健全的法律法规体制为切入点；以不断缩小城乡差距、地区差距和居民收入差距为目标③，标志着中国在践行和合思想、推动社会和谐发展过程中取得重大进展。

其五，在处理民族与民族、国家与国家之间的关系时，当代和合思想秉持"和而不同"的世界观，推动建设持久和平、共同繁荣的和谐世界。

"和而不同"作为和合思想的核心理念之一，其精髓是："和谐而又不千篇一律，不同而又不互相冲突。和谐以共生共长，不同以相辅相成。"④长期以来，中国在"和而不同"的世界观的指导之下，始终不渝坚持和平共处五项原则，始终不渝走和平发展道路，始终不渝奉行互利共赢的开放战略。中国不仅是"和谐世界"理念的提出者，更是"和谐世界"的主要实践者。

"和而不同"的世界观中的"不同"要求尊重各国的多样文明，维护世界文化的多样性和发展模式的多样性，坚持平等对话和交流，倡导开放和兼

---

① 胡锦涛：《在省部级主要领导干部提高构建社会主义和谐社会能力专题研讨班上的讲话》，《人民日报》2005 年 6 月 27 日。

② 参见《胡鞍钢：和谐也是硬道理已成为中国最大软实力》，中国新闻社 2006 年 10 月 12 日。

③ 从 2004 年之后，以人均 GDP 为指标的地区差距由扩大转变为缩小；从 2009 年之后，城乡居民人均收入差距逐渐缩小；从 2009 年之后，全国居民人均收入的基尼系数开始缩小。胡鞍钢：《中国需要共赢的改革》，《光明日报》2013 年 5 月 22 日。

④ 《江泽民文选》第三卷，人民出版社 2006 年版，第 522 页。

容并蓄的文明观和发展观，使不同文明在竞争中取长补短，在求同存异中共同发展。"和而不同"的世界观中的"和"则要求努力寻找各国利益共同点，努力缓解并消除发展不平衡、贫困等问题，积极推进并参与区域和全球经济合作，努力建立开放、公平、规范的多边贸易体制，真正实现优势互补，互利共赢。"和而不同"的世界观强调要构建和谐世界，大国必须率先垂范，反对霸权主义和强权政治。中国作为负责任的大国，应该在国际事务中率先垂范，以大公无私的态度处理国际关系，以合作共赢的态度处理国际事务，把世界的机遇转变为中国的机遇，把中国的机遇转变为世界的机遇。这既是和合思想向世界传递的正能量，也是顺应中国和平崛起大趋势的应时之举，更是实现中国梦的根本保障。

总而言之，在和合思想的指导之下，中国未来发展战略的主题既是"发展是硬道理"，又是"转型是硬道理"，还是"和谐是硬道理"。[①] 中国战略的最终目标是实现十几亿人口的经济福利、社会福利和生态财富最大化，是实现中华民族的伟大复兴。和合思想与中国战略之间具有天然的、历史的联系，为妥善处理上述关系提供了独特的政治智慧与坚实的思想保障。

四、和合思想与中国应对

和合思想以"天人合一"、"和实生物"、"和衷共济"、"以和为贵"、"和而不同"为主要内涵，以追求人与自然的合一、人与人的和合、人与社会的和谐、民族与民族的团结、文化与文化的会通、政治局面的祥和及国与国的和平共处等为基本目标，指导中华民族实现政治、经济、社会、生态、文化等多领域的伟大复兴、全面复兴！以和合思想为根源的中国伟大复兴不同于历史上任何一个文明、一个朝代、一个政党或是一个大国的兴起，体现出当代中国伟大复兴的独特性、创新性、历史性与时代性。不仅是中国人民，全世界人民都将极大地受益于中国的"和合复兴"。

国际金融危机至今已经长达 5 年，国际经济与政治形势依旧错综复杂、

---

① 胡鞍钢：《和谐也是硬道理已成为中国最大软实力》，中国新闻社，2006 年 10 月 12 日。

充满变数。有西方学者甚至宣告资本主义体系面临根本性危机，资本主义的新自由主义全球化经济已陷入绝境。[①] 事实上，当今人类所面临的重大危机从根本上来说都是资本主义体系的危机，它具体地表现为四大主要危机：经济危机、战争危机、生态危机和文化危机。以和合思想为根源的中国伟大复兴可以成功应对资本主义固有危机，从四个角度为超越当代资本主义提供全新思路，为各国探索适合自身的发展道路提供全新视角。

其一，中国的伟大复兴以实现共同富裕为目标，拉动全球经济协同增长，有效应对资本主义经济危机。

当前的国际金融危机本质是资本主义发展到金融资本主义阶段，资本主义基本矛盾不断深化和资本主义国家政府各种反经济危机政策和措施叠加的必然结果，表现为实体经济增长乏力，国家债务积重难返和贫富差距日益扩大。与资本主义世界情况相反，中国长期以来保持着积极、稳健的经济增长态势。从 2001 年到 2011 年十年时间内，中国对全球的新增 GDP 的贡献是 23.23%，美国的贡献是 17.93%，中国是美国的 1.3 倍，[②] 中国已经成为名副其实的世界经济增长引擎。可以预期，未来以和合思想为根源的中国的伟大复兴还将为全球经济增长持续注入动力[③]，引领和促进着世界经济增长、就业增长、农业增长、贸易增长和投资增长，为世界发展带来新机遇。

不仅如此，以和合思想为根源的中国伟大复兴还将跳出资本主义经济危机周期性的恶性循环，不再以利润为唯一的价值衡量标准，以"缩小贫富差距、实现共同富裕"为目标，以"以人为本、以德为先"为理念，通过促进城乡共同富裕、缩短地区差距、促进基本公共服务均等化、实现基本社会保障全覆盖等方式，追求人与人、人与社会、城市与农村、地区与地区之间关系和谐；通过驱动中国经济转型和社会主义和谐社会的建设，缔造公平和

---

① 这一观点由美国社会学家伊曼纽尔·沃勒斯坦于 20 世纪 80 年代提出。2009 年 11 月 12 日美国《每月评论》杂志网站（http://mrzine.monthly review.org）又刊登沃勒斯坦题为《资本主义体系的危机》的文章，指出："资本主义体系面临根本性危机……这一体系在未来 20 年或 30 年将不会再存在，它将会消失并且被另一种世界体系所取代。"

② 胡鞍钢：《让世界分享中国开放红利》，《光明日报》2013 年 5 月 22 日。

③ 参见胡鞍钢：《"中国贡献"是世界之福》，《人民日报》（海外版）2013 年 3 月 8 日。

谐、共同富裕的"和合大国"。经济发展和政治稳定不再是唯一的评价标准，使十几亿人能够共同拥有发展的机会，共同提高发展的能力，共同提升发展的水平，共同分享发展的成果才是"和合大国"的题中之义。

其二，中国的伟大复兴以和平崛起、互利共赢为理念，反对霸权主义与强权政治，有效应对资本主义战争危机。

战争危机常常与资本主义经济危机相随相伴。正如毛泽东同志在评价两次世界大战爆发原因时所言："帝国主义世界大战的爆发，是由于各帝国主义国家企图解脱新的经济危机和政治危机。"[1] 纵观历史，为了摆脱和转嫁经济危机，资本主义国家常常选择以战争的形式强制占领其他国家的资源与市场。资本主义超级大国的崛起，也常以对于其他国家残酷的掠夺与压榨为代价。

与之相反，以和合思想为根源的中国伟大复兴区别于世界历史上任何一个超级大国的崛起。它以"以和为贵、和以处众"的价值理念，着眼于建立"大同世界"、"和谐世界"。"和合大国"是和平崛起、和谐发展、兼容并包的新型世界大国。和合思想不是一方消灭一方、一方打倒一方的唯一法，而是"万物并育而不相害，道并行而不相悖"的互补法、双赢法。中国和世界其他国家的关系不是"我吃掉你，你吃掉我"的竞争对立，而是"你中有我，我中有你"的紧密融合。长期以来，中国坚决反对霸权主义和强权政治，坚持国家不分大小、强弱、贫富一律平等，尊重各国人民自主选择发展道路的权利。因此，中国的伟大复兴不是"零和式"的结果，不会带来战争因素的增加，也不会对世界其他国家造成威胁，反而会为世界发展注入正能量，与世界实现互动互补、互利共赢。

在对外开放的基本国策之下，中国改革红利将为世界二百多个国家和地区、七十多亿人口所分享。中国的成功，就是世界的成功。[2] 更进一步地说，中国的伟大复兴不仅以自身经济发展驱动着世界经济的协同增长，还以政治发展超越资本主义发展道路和人类既有发展模式，为广大发展中国家争

---

[1] 《毛泽东选集》第二卷，人民出版社 1991 年版，第 615 页。

[2] 参见胡鞍钢：《让世界分享中国开放红利》，《光明日报》2013 年 5 月 20 日。

取发展提供战略启示。中国主张"各国人民携手努力，推动建设持久和平、共同繁荣的和谐世界"，在世界舞台上倡导"共同分享发展机遇，共同应对各种挑战"，遵循"平等互利、不附带任何政治条件"的原则积极开展对外援助，为全球几十亿人口共同迈向"现代化，和平、发展、合作、共赢的时代"提供保障。

其三，中国的伟大复兴以天人合一、绿色发展为宗旨，努力建设新型绿色大国，有效应对资本主义生态危机。

长期以来，资本主义国家以资源消耗和环境破坏为代价的发展模式加剧了人与自然之间的矛盾恶化，引发了生态危机。全球变暖、森林减少、生物多样性降低、化学污染、饮用水短缺、土壤荒漠化、海水酸化、土地围积，这些情况如不加以改善，甚至还将引发人类生存危机。

"和合大国"是注重环境保护、追求绿色发展、天人相互协调的新型绿色大国。在能源结构上，由"黑色能源"向"绿色能源"转变，煤炭、石油等化石能源比重迅速下降，非化石能源比重大幅上升，可再生清洁能源技术得到飞速发展；在产业结构上，由"黑色工业"向"绿色工业"转变，努力发展低排放、低污染的"绿色服务业"，广泛应用第三次工业革命中兴起的信息技术、核能技术等"绿色技术"，提升资源使用效率，大幅降低污染排放量；在日常生活中，传播与践行"崇尚自然，保护生态"的"绿色观念"，发展综合可再生能源转换、水循环利用等多项环保科技的"绿色建筑"，倡导购买绿色产品、注重环保节约的"绿色消费"，推广安全便捷、低碳节能的"绿色交通"；使基要生产函数与碳排放脱钩，最终实现生态要素资本与经济发展间的"全面脱钩"。①

中国的伟大复兴将兴起一场"绿色工业革命"，② 其目的在于为人类、特别是发展中国家创新出新的绿色发展模式，从人与自然对立斗争转变为尊

① 参见胡鞍钢：《中国：创新绿色发展》，中国人民大学出版社 2012 年版，第 64—67 页。

② 作者受张培刚先生关于工业化定义的启发，将绿色工业革命定义为：一系列基要生产函数，发生从以自然要素投入为特征，到以绿色要素投入为特征的跃迁过程，绿色生产函数逐步占据支配地位，并普及至整个社会。胡鞍钢：《中国：创新绿色发展》，中国人民大学出版社 2012 年版，第 38—39 页。

重自然与自然和谐相处；从一味向自然索取追求享受转变为珍惜资源爱护环境；从只顾自己、本国的利益转变为关心全人类；从只考虑眼前利益转变为关注长远利益；从只追求当代发展转变为保存后代发展机会；避免重蹈西方国家二百年来的传统黑色发展模式，不断缩小南方国家与北方国家之间的差距，缩小人与自然间的差距。在这场绿色革命中，世界各国将不仅受益于中国绿色发展的改革成果，共享一个更加清洁友好的环境；还将充分利用中国绿色革命的契机，与中国在清洁能源、清洁技术、碳排放交易等多个领域展开密切合作，中国伟大复兴为世界作出"绿色贡献"。

其四，中国的伟大复兴以兼容并包、和合共生为原则，丰富世界文明多样性，有效应对资本主义文化危机。

随着资本主义物质的日渐丰裕，量入为出、勤奋节俭的"禁欲主义"一面逐渐消退，而过度消费、贪婪攫取的一面逐渐成为主流，"占领华尔街运动"提出的"重塑美国"反映出资本主义文化本身突出的内部矛盾。与此同时，文化霸权主义盛行，以文化产业等形式进行的意识形态输出导致世界文化多样性逐渐丧失，并逐渐渗透至政治经济等领域，对国家自主性与独立性造成威胁。

独特的中国"和合文明"本身即是世界文明生态中璀璨的一员，对人类文明做出了原创性的文化创新，丰富了人类文化的多样性。"和合文明"的兴起不同于以往任何一种文明的兴起，而是一个五千年连绵不断的伟大文明的复兴，是一个"文明型国家"的崛起。这种"文明型国家"有能力汲取其他文明的一切长处而不失去自我，并对世界文明作出原创性的贡献。[1] 它强调不同文明的共生共长、不同社会的协调发展，不同国家的和谐相处，使得中国文明能够在日益变化的世界多样化文明环境中与时俱进、吐故纳新，与世界各个文明交流融合、共同发展。"和合文明"不仅吸收了西方自由民主的思想内涵和马克思主义的基本理论，还将其与中国传统文化精神完美融合；不仅从理论上极大地充实了马克思主义的理论成果，也丰富了人类文明发展的多样性和对社会发展规律和道路的认识。"和合文明"的兴起是一场

---

[1] 张维为：《中国震撼：一个文明型国家的崛起》，上海人民出版社 2011 年版，第 5 页。

展现全民性、时代性和创新性的文明复兴，正是由于和合思想宣扬"应时而变"，才使得中国得以深入挖掘本国文化，脚踏实地了解本国国情"不唯上""不唯书""不唯洋（人）"，探寻出全民学习、全民创新、自我修正、独立自立的发展模式。

同时，和合思想作为中国文化的内核，成为促进世界文化交流的重要一环，为世界各国解决人类各项重大矛盾提供了可借鉴的思想理念和文化哲学。以和合思想为根基的中国的伟大复兴极大地震撼了南方国家，鼓励其重塑价值理念一每一个南方国家都应该且必须根据自己的国情实事求是，独立自主，以和平的方式走出一条自己独特的发展道路来。中国伟大复兴的力量也让世界瞩目，西方资本主义逐渐认识到，以"和合"、"包容"为核心的价值观，将成为国际新秩序建立的核心。这促使西方资本主义国家深刻反思其道德价值和理论体系，也为人类文明进程提供了全新的文化起点。"和合文明"的兴起将成为当代世界一个划时代的伟大典范，引发国际社会对于世界政治、经济、伦理道德等诸多方面的深入思考，为建设持久和平、共同繁荣的和谐世界提供了可参考的途径与机会，具有辐射全球的正外部性。

五、总结：和合思想是伟大复兴的内生动力

进入 21 世纪，中共中央提出了伟大中国"三部曲"：第一部曲，用 20 年时间，到中国共产党成立 100 年时全面建成小康社会，现在时间过半，任务超额过半，党的十八大又围绕这一核心目标系统地设计了经济建设、政治建设、文化建设、社会建设和生态文明建设"五位一体"的目标体系。第二部曲，再花 30 年时间，到新中国成立 100 周年，全面实现中国特色社会主义现代化。第三部曲，在整个 21 世纪一步步实现中华民族伟大复兴。

这就是伟大人民、伟大国家、伟大民族的"中国梦想"的"三部曲"，也是中国共产党的伟大历史使命，领导十几亿人民一同建设、一同创造、一同分享、一同实现伟大中国梦想。[1]

---

[1] 参见胡鞍钢：《世纪"中国梦"伟大"三部曲"》，《人民日报》（海外版）2012 年 12 月 1 日。

中华民族伟大复兴必然伴随着中华文化繁荣兴盛。这里涉及两个关键问题：一是中国传统文化深层的生命智慧和生命活力能否得到新的焕发；二是中国文化对于现代文明所面临的困境与课题能否作出积极有效的回应。和合思想是中国在传统文明基础之上为应对现代文明困境、实现伟大复兴所提出的具体可行的解决之道。因此，中国伟大复兴的本质是文化复兴，是和合复兴。

对于中国自身，"和合思想"作为中国最古老、最基本、最独特的文化国情，深刻影响着中国发展的总道路和具体道路，指导着中国发展的总战略和具体战略，同时为中国成功应对资本主义危机，超越现有资本主义发展模式提供新思路、新视角。和合思想是中国伟大复兴的基本精神、基本内涵，也是实现"中国梦"的内生动力。

对于世界的外溢性，中国伟大复兴的实现还将进一步推动"大同世界"梦想的实现，根本改变了过去两个世纪世界南北大趋异，极大地促进 21 世纪世界南北大趋同。① 随着和合思想的不断推广与深入，世界各国将逐渐实现"政治上相互尊重、平等协商，经济上相互合作、优势互补，文化上相互借鉴、求同存异，安全上相互信任、加强合作，环保上相互帮助、协力推进"②。21 世纪的中国将成为和合型的世界大国，致力于维护世界和平、促进人类的共同繁荣、构建和合型的国际秩序，为人类发展作出巨大贡献。

中国的伟大复兴是一场全新的、全球的、全面的复兴，是和谐的、绿色的、创新的复兴。和合思想贯穿于中国伟大复兴的全过程，并逐渐向世界各国推广传播，得到世界人民认同认可，在不同的文化背景之下落地生根，从而见证了中华文化生生不息、代代相传的茁壮生命力！

（原载 2013 年《国情报告》第十六卷；作者单位：清华大学国情研究院）

---

① 参见胡鞍钢、鄢一龙、魏星执笔：《2030 中国：迈向共同富裕》，中国人民大学出版社 2011 年版。

② 胡锦涛：《在世界媒体峰会开幕式上的致辞》，《人民日报》（海外版）2009 年 10 月 9 日。

和实力与中国的和平发展道路

洪晓楠

一、"和实力"概念提出的背景

20世纪90年代初期，美国哈佛大学教授约瑟夫·奈首次提出了软实力概念，随后发展了"软实力"理论，从而他被世人誉为"软实力之父"。他认为一个国家不应该仅仅只看军事实力、经济实力、科技实力，还要从文化的方面去影响其他国家从而获利。"软实力"这一概念一经提出，随即成为冷战后使用频率极高的专用词汇，深刻影响了人们对国际关系的看法。"软实力"理论的最大价值在于，它表明一个国家可以用自己的文化和价值体制塑造世界秩序，它的行为在其他国家眼里就更具有合法性，它也可以通过自己的价值和制度力量来规范世界秩序，而不需要诉诸武力和经济制裁。约瑟夫·奈提出软实力概念，发展软实力理论，其根本出发点是为美国领导世界、称霸世界、当世界警察辩护，实际上并没有摆脱冷战思维。正鉴于此，在全球都在跟随软实力研究潮流的时候，致力于传承和弘扬中华文化的我国著名哲学家张立文教授，提出了"和实力"这一概念，展现了中国文化的魅力。

那么究竟什么是和实力？和实力和软实力、巧实力有什么样的差别？和实力的特征是什么？和实力与中国和平发展道路有什么关系？要回答这些问题，我们首先必须了解和把握张立文教授对中国传统文化精髓的理解以及他由此所创立的"和合学"。

二、"和实力"概念的理论基础是"和合学"

所谓和合，是指自然、社会、人际、心灵、文明中诸多元素、要素冲突、融合，与再冲突、融合的动态过程中各元素、要素和合为新结构方式、新事物、新生命的总和。[①] 所谓和合学，是指研究在自然、社会、人际、人自身心灵及不同文明中存在的和合现象，与以和合的义理为依归，以及既涵摄又超越冲突、融合的学问。

和合这个概念最早是春秋时代《国语·郑语》卷 16 记载："商契能和合五教，以保于百姓者也。"契是人名，保是养育的意思，五教是父义、母慈、兄友、弟恭、子孝。这属于伦理学范畴。当时春秋时代主要讲怎样治理国家，稳定社会，和合能把各种关系、规范协调起来，这样国家就安定了，这是和合最初的意义。"和"是当时社会所需要的一种文化选择。"夫和实生物，同则不继。以他平他谓之和，故能丰长而物生之，若以同裨同，尽乃弃矣。"（《国语·郑语》）孔子说过："礼之用，和为贵"（《论语·学而》），以和作为人文精神的核心。在人与人之间，孔子说："君子和而不同，小人同而不和"（《论语·子路》），强调小人只搞同，意见完全一样，君子的和是有差别的同。"和"的意思是"他"与"他"之间应该互相尊重，平等对话。在中国历史上有非常丰富的和合资源，儒家从差别中求和合，道家从人与自然的分别中求和合，佛学从因缘中求和合，墨家从兼爱交利中求和合，阴阳家从对立中求和合，法家从守法中求和合，名家从离坚白与合同异中求和合。总之，各家都以达到和合为其最高境界。和合是中华文化人文精神的精髓和首要价值，是"天下同归而殊途，一致而百虑"的"同归""一致"之道。

如果说，中国传统文化中包含着丰富的和合资源为创造和合学打下了理论基础，那么，现代和合学则是传统和合论的转生，这个转生是批判、转

---

① 张立文：《和合学概论——21 世纪文化战略的构想》，首都师范大学出版社 1996 年版，第71 页。

换和创新式的新生，是化腐朽为神奇、转神秘为科学的转生。在张立文先生看来，和合学既不是知识体系，也不是意识形态，而是关于化解价值冲突的战略思维。

当前，基于人类共同面临着五大冲突（人与自然、人与社会、人与人、人与人的心灵和各文明间的冲突）和五大危机（生态危机、社会危机、道德危机、精神危机、价值危机），它关系着每个国家、民族、种族和每个个人的生命存在和利益，未来人类可以通过共识获得五个中心价值或五大原理来融突五大冲突和危机，这便是和生、和处、和立、和达、和爱原理。[①] 和生是"天地之大德曰生"的精神的体现。和生意识是以共生意识为基础的，共生的核心就是和，所以称为"和生"。"共生"意识与"共处"意识相联系，"共处"以"共生"为前提。"和处"是一种"和而不同"的精神的体现，有差分而和谐相处。"和立"以"和生""和处"为基础。"和立"是"己欲立而立人"的立己立人的精神的体现。和立意识基于和达意识。和达是"己欲达而达人"的己达达人的精神的体现。和生、和处、和立、和达意识的基础和核心是和爱，这是一种"泛爱众""兼相爱"的人类之爱精神的体现。和合五义，都蕴涵着"融突"理论，即关于融合冲突关系的理论，简称"融突论"。和合是涵容了冲突的融合，融合的冲突。无论是和、和合，还是合、合和，都以不同、冲突、差异的存在为前提，而否定"一律"、独尊、独断。和合有三个阶段：冲突、融合、新生。和合不是否定矛盾，它承认冲突，但这个冲突必须经过融合，才能新生。就此而言，和合既是事物的根源，是一种存在方式，也是一个过程。

三、"和实力"概念的内涵

"和实力"这个概念内在包含着"力"、"实力"、"和实力"三个概念及其之间的关系。"力"本来是一个物理学概念。在物理学中，力是指一个物体对另一物体的作用，一个物体受到力的作用，一定有另外的物体施加这种

---

① 张立文：《中国和合文化导论》，中共中央党校出版社 2001 年版，第 54 页。

作用。前者是受力物体，后者是施力物体，只要有力发生，就一定有受力物体和施力物体。有时为了方便，只说物体受了力，而没有指明施力物体。但施力物体一定是存在的。就此而言，力就是一种相互作用。后来，力这个词逐渐引申出多种含义，比如力量、能力这样的基本词义。

"实力"是一个相对的概念，我们说一个国家相对于另一个国家的实力较强，一个地区、一个城市、一个企业、一个人相对于另一个地区、另一个城市、另一个企业、另一个人比较有实力，也都是从这个意义上来说的。具体来说，"实力"包含哪些内容，真是见仁见智。《现代汉语词典》（第5版）对"实力"一词的解释是"实在的力量（多指军事或经济方面）"。实力作为一个相对的概念，通常用高低强弱来表述，它是国家的属性之一，每一个国家都具有相应的实力，然而目前我们看到的国际政治的新现实是：实力的性质和资源发生了很大变化，实力赖以产生的资源已变得越来越复杂，非物质性实力在国际关系中的作用日益凸显。就此而言，实力是指影响别人以达到你想要达到的目的的能力，实现方式有三种：威胁（大棒）、利诱（胡萝卜）、吸引（自由选择）。其中第三种就是软实力。

和实力是指军事、经济、话语、制度等实力的融突和合以及其在融合的实践交往活动中和合为一种新实力的总和。和合的"生生"文化精神是一种生命力，这种生命力不是指核酸、蛋白质等物质和合而成的生物体所呈现的特殊现象的能力，而是指一种文化能吸收、利用、改铸外在与内在的因素、成分，形成、发展、完善自己和繁衍后代，以适应于时代环境变化的生命力及对历史和现实进行新诠释的能力。[①]

和实力实际上是按照和合学理论对于世界上各个国家综合实力的一种衡量和评价，就此而言，和实力是对于硬实力、软实力和巧实力的超越，是军事权、经济权和话语权的融突和合。和实力的和，意蕴多元冲突融合，而非二元对立的潜在冷战思维，它的目标是和平、发展、合作。

和实力既然作为一种实力，它就像其他实力一样，应该具有大小、方向。我们运用和合学的理论和方法对于和实力可以测量和评价。其中，文化

---

① 张立文：《中国和合文化导论》，中共中央党校出版社2001年版，第16页。

实力的判断标准是，在现代它能否为解决人类所面临的共同问题提供化解之道。和合学的宗旨就是依据对人类文化新世纪发展前景的战略预见，建构和合的和合解构系统，作为和合学立论的主体和骨架。和合学彰显了中华文化的无限实力。

四、"和实力"的特征

1939 年，英国著名学者卡尔（E.H.Carr）认为，国际权力格局分为三种——军事权的威慑力、经济权的收买力以及话语权的吸引力和舆论控制力。1989 年英国学者肯尼思·E.博尔丁在其出版的《权力的三张面孔》一书中提出了威胁权力、经济权力和整合权力，或称为大棒、胡萝卜和拥抱。[①] 据此，约瑟夫·奈按照西方二元对立的思维将前两者称为硬实力，后一种称为软实力。后来，美国安全与和平研究所高级研究员苏珊尼·诺瑟、约瑟夫·奈和时任美国国务卿希拉里等提出了巧实力，主张软硬兼用。其实，对于中国学者来说，这些思想并不是新鲜的，如邓小平早就提出"物质文明与精神文明一起抓"的思想，这一思想更具中国气魄。同样，我们今天强调经济建设、政治建设、社会建设、文化建设、生态建设"五位一体"，既符合马克思主义，也有中国气派。

基于这一认识，我们认为，和实力至少具有三个方面的特征：综合性、和合性和开放性。

和实力具有综合性。和实力是对硬实力、软实力和巧实力的超越，是从整体高度看一个国家的实力，是一种综合国力。根据前述的五大中心原则，和实力具体包括人与自然和生的和实力、人与人和处的和实力、人与身心和立的和实力、人与社会和达的和实力以及人与世界和爱的和实力。约瑟夫·奈认为，一个国家的软实力很大程度上取决于三种基本资源，分别为该国的文化、政治价值观和外交政策。就此而言，和实力包含了软实力，又高于软实力。如何提高一个国家的综合实力？或者说，一个国家的

---

① 肯尼思·E.博尔丁：《权力的三张面孔》，经济科学出版社 2002 年版。

综合实力怎样才是合理的、值得称道的？答案是一个国家的综合实力如果达到了和合的状态，就是最佳的。如果说，硬实力是阳，那么软实力就是阴，只有和实力才是阴阳和合，融突和谐。和实力是一种和合架构的最佳的实力。另一方面，巧实力不是硬实力，也不是软实力，而是硬实力和软实力的结合体。巧实力理论强调软硬兼施，重在灵巧。和实力可能是巧实力，但也可能高于巧实力。巧实力强调灵巧，和实力强调和合、融突。灵巧只是和合、融突的一种状态。由此，我们认为，和实力包含了巧实力，又高于巧实力。

和实力具有和合性。很明显，和实力是军事、经济、话语和制度的和合，缺一不可。正如张立文教授所说的，没有军事力量作为后盾，话语权就没有力量，腰杆子不硬。没有经济作为基础，话语权的底气就不足，话语没有分量，人家不理你，等于没有话语权。没有制度的保障，军事权、经济权、话语权也无法实践。相反，光有军事权的威胁施于人，这是侵略者、占领者；光有经济权施于人，这是经济掠夺和殖民；光有话语权，是不可能吸引人的；光有制度施于人，这是政治霸权。从这个意义上讲，和实力强调军事权的后盾功能、经济权的基础作用、话语权的精神指导作用以及制度的保障作用。唯有四力和合起来，能够发挥其效能，促进综合国力提高，才能发挥最大正能量。

和实力具有开放性。和实力的"和"表示多元冲突的整合和包容，而不是二元对立的冷战思维。和实力具有一种海纳百川、有容乃大的思维。约瑟夫·奈提出软实力理论的目标是为了推行美国的民主价值观，而西方二元对立的思维必然导致其独断专行，即对所谓的"非民主国家"采取制裁等方法。和实力的实践形式是建设和谐社会与和谐世界。和实力的目标是和平发展，合作共赢，有利于人类的长远发展，是为人类谋福利的。

五、中国的和平发展道路

2002 年中国著名学者郑必坚提出"中国和平崛起"的理念。他指出，"和平"是针对某些国际舆论鼓吹的"中国威胁论"；而"崛起"则是针对国际上另一些人鼓吹的"中国崩溃论"。①2003 年时任中国国务院总理温家宝在哈佛大学发表"把目光投向中国"的演讲。在这次演讲中，他第一次提出并解释了"中国和平崛起发展道路"的要义："中国是个发展中的大国。我们的发展，不应当也不可能依赖外国，必须也只能把事情放在自己力量的基点上。这就是说，我们要在扩大对外开放的同时，更加充分和自觉地依靠自身的体制创新，依靠开发越来越大的国内市场，依靠把庞大的居民储蓄转化为投资，依靠国民素质的提高和科技进步来解决资源和环境问题。中国和平崛起发展道路的要义就在于此。"②

2004 年 8 月 24 日，胡锦涛在纪念邓小平诞辰 100 周年大会上，正式提出"坚持走和平发展的道路"。坚持走和平发展道路，是以胡锦涛同志为总书记的中央领导集体在深刻把握时代特征和中国国情，统筹国内国际两个大局，研究借鉴其他大国发展经验教训的基础上提出的崭新发展道路，既是我国发展战略的重大抉择，也是我国对外战略的重大宣示。2013 年 1 月 28 日中共中央总书记习近平在中央政治局第三次集体学习时发表重要讲话，回答了中国的和平发展道路在新形势下所面对的四个课题——中国坚持和平发展道路到底包含哪些内容？坚持走和平发展道路和维护国家核心利益之间的关系？在什么条件下和平发展道路才能走得通？我们在什么基础上坚持和平发展道路？之后，他多次反复强调：走和平发展道路，是我们党根据时代发展潮流和我国根本利益作出的战略抉择。

笔者认为，中国走和平发展道路是由以下几个方面综合作用而导致的：

第一，源远流长的"和文化"决定了中国道路是和平发展之路。从先秦时代开始，诸子百家就开始对"和"的意蕴、价值、实现途径和理想状态等进行了理论阐发，使之成为中华民族精神之自觉。在一定程度上，"和"成为涵盖自然（天地人）、社会（群家己）、内心（情欲意）等层面的基本原则以及修身、齐家、治国、平天下的本质规定。在中国，传统文化历经数千年来仍然极富活力，其中的原因之一就是对于"和"的价值理念的践行。因

---

① 参见郑必坚：《21 世纪第二个十年的中国和平发展之路》，《国际问题研究》2013 年第 3 期。
② 温家宝：《把目光投向中国》，《人民日报》2013 年 12 月 11 日。

为"和"的精神是以承认事物的差异性、多样性为前提的，延续这种传统思维理念，而尊重不同事物或对立因素之间的并存与交融，相成相济，互动互补，即是万物生生不已的不二法门。数千年过去了，传统的"和文化"对国家的统一、民族的团结、经济的发展、社会的安定、文明风尚的养成、人才的造就、政德政风的淳化等，起到了重要的促进作用。直到今天，贯穿其中的人文精神和自强不息、积极进取等价值取向，仍是综合国力的重要源泉。"和为贵，忍为高"，"不与邻为壑"，"己所不欲，勿施于人"，"保合大和"等，这些信条千百年来铸就了中华民族热爱和平、追求和谐的民族性格。

第二，"和实力"的理念彰显了中国和平发展的决心。首先，是基于中国一贯地处理国与国、民族与民族问题的和平共处五项原则和中国提出建立和谐社会、和谐世界的战略思维，以及我国在一切国际争端和冲突中主张通过对话、谈判解决问题的严正立场。其次，我们试图用中华民族自己的话语来概括和阐释中国和平、发展、合作、共赢的理念。当今世界正处在大变革大调整之中。和平与发展是时代的主题，求和平、谋发展、促合作已经成为不可阻挡的时代潮流，和实力这个概念能够很好地体现国际的核心话题和当前的主流趋势。再次，和实力是中华民族五千年来"礼之用，和为贵"、"君子和而不同"、"己所不欲，勿施于人"、"协和万邦"、"亲仁善邻，国之宝也"、"四海之内皆兄弟也"、"远亲不如近邻"、"亲望亲好，邻望邻好"以及中国自汉代以来"和亲"政策的继承和发展。最后，中华民族是智慧的民族，我们应该有自己的话语，和实力正是根据这一需求而提出来的。① 西方国家强调软实力的背后是其政治价值观，我们的政治价值观与他们不同，所以特别需要我们自己的话语。

第三，"和实力"的价值导向决定了中国必须走和平发展道路，实现"三个超越"。经过三十多年的改革开放，我们从"以阶级斗争为纲"到以经济建设为中心，全面推进社会主义现代化事业；从搞计划经济到推进各方面各领域改革，建立起社会主义市场经济体制；从封闭状态和片面强调自力更生，到实行对外开放、发展国际合作；从以意识形态划线到主张各种社会制

---

① 参见张立文：《和实力：我们中国自己的话语》，《中国教育报》2013 年 10 月 25 日。

度和发展模式和谐并存，全方位发展对外关系，中国的变化可谓翻天覆地。这一变化迫切要求我们必须从我国的基本国情出发，牢牢把握现阶段发展的阶段性特征，深入推进改革开放，加快转变经济发展方式。为此，我们谋求实现"三大超越"：一是要超越西方大国近代以来依靠殖民主义掠夺世界资源完成工业化的老路；二是要超越当年的德国、日本等军国主义依靠发动战争来重新瓜分世界的老路；三是要超越苏联霸权主义搞超级大国争霸和争夺势力范围的老路。①

第四，和平发展是由社会主义的性质决定的。中国的战略意图就是四个字——和平发展。即对内求和谐、求发展，对外求和平、求合作。所谓和平发展，就是通过和平的方式，通过对自身制度的不断改革和完善，通过中国人的艰苦奋斗和发明创造，通过同世界各国持久友好相处、平等互利合作来实现上述目标，使占人类 1/5 的中国人能告别贫困，过上比较好的日子，使中国成为人人安居乐业、大家和睦相处，政治文明、物质文明、精神文明、人与自然都协调发展的国度，成为国际社会最负责任、最文明、最守法规和秩序的成员。在这个过程中，我们要根据中国的国情发展社会主义民主政治。中国共产党把这一过程称为"和平发展"，把实现和平发展的方式、方法和途径称为"和平发展道路"。正如人们所看到的，这条道路已庄严地载入中国共产党的十七大报告、十八大报告以及十八届三中、四中全会报告之中，这些足见中国共产党人坚持走和平发展道路的诚意和决心。国际社会对中国的和平发展应该是欢迎而不是害怕，应该是帮助而不是阻碍，应该是支持而不是遏制，应该理解和尊重中国在和平发展进程中正当和合理的利益与关切。

> （原载《文化学刊》2016 年第 10 期；作者单位：大连理工大学马克思主义学院）

---

① 参见郑必坚：《中国和平发展与两岸关系的回顾与前瞻——在"两岸一甲子"学术研讨会开幕式上的讲演》，《毛泽东邓小平理论研究》2010 年第 1 期。

"和合"理念与青海多元文化的创新和发展

方国根

一

张立文先生一生从事教学研究，教书育人，著书立说，多有创建。他不仅提出了"中国哲学逻辑结构论"，建构了传统学、新人学，而且一直致力于中华和合文化、和合哲学的思考与研究，从传统哲学诸多范畴中拈出"和合"二字，戛戛独造，匠思巧运，提出并创立了"和合学"与"和合哲学"体系。早在1988年，张立文先生就提出了"和合学"思想。①之后，在国内外的一系列学术研讨会上，张先生作了诸多的阐发。1990年，在纪念冯友兰先生诞辰95周年国际学术讨论会上，张立文先生提交了《理学的演变与理学的超越》一文，明确地提出"和合学的建构"。1991年3月，张先生参加在东京女子大学召开的"现代化与民族化——亚洲现代化过程与民族性因素国际研讨会"，会后分别在东京大学和京都大学作"和合学建构"与"和合学概述"的演讲；同年6月，在新加坡大学召开的"汉学研究之回顾与前瞻国际会议"上，宣读了《宋明理学研究的反思》一文，对"和合学"进行了界定和阐发。②1994年4月，在日本福冈召开"东亚传统文化国际学术会议"，张先生提交了《中国传统文化的精髓——和合学》一文，并在九州大学和东京大学分别作《宋明理学形而上学理路的追究》与《关于

---

① 参见张立文：《新人学导论》，职工教育出版社1989年版。

② 参见张立文：《宋明理学研究的反思》，载林徐典编：《汉学研究之回顾与前瞻》（历史哲学卷），中华书局1995年版。

21 世纪文化战略的构想——和合学》的演讲、答辩。1995 年 8 月，在美国波士顿大学召开的"第九届国际中国哲学研讨会"上，又作了《中国文化的和合精神与 21 世纪》的演讲。1995 年，完成并出版的两卷本《和合学概论——21 世纪文化战略的构想》，标志着张立文先生"和合学理论"的确立和体系化。

自 20 世纪 90 年代以来，张立文先生不断在海内外诸多报纸和学术刊物上发表和合学的论文，在学术界乃至其他领域产生了广泛而重要的影响，引起了国内外学人或政界的关注。1999 年 2 月和 2000 年 2 月，日本难波征男教授在《福冈女学院大学纪要》上连续发表《张立文的和合学——21 世纪的中国哲学》的文章，引起日本学界的广泛关注，特别是引起以永续发展和建构未来文明为宗旨的日本将来世代综合研究所所长金泰昌教授、日本将来世代国际财团理事长矢崎胜彦先生的关注。当金泰昌、矢崎胜彦两位先生于 2000 年春访问联合国教科文组织总部，获悉联合国教科文组织正为 2001 年"不同文明间对话年"编纂不同文明对话理念的西方文献，而无东亚文献时，他们决定以"和合学"作为东亚文明对话理念，并于 2000 年 12 月同中国人民大学伦理学与道德建设研究中心联合举办了"东亚'和'思想与 21 世纪国际学术交流会"。与会的中、日、韩三国著名学者对"和合学"给予充分肯定和很高评价。会后将张立文先生提供会议的《和合学论纲》翻译成日、英文本，连同会议纪要，报送联合国教科文总部。经过 10 年的"炼狱"、沉思和体悟，2004 年张先生又撰写出版《和合哲学论》。

特别是近两年来，在国内倡导"建构和谐社会"、国际上冲突频仍、呼吁和平的社会背景环境下，"和合"价值理念的契合得到广泛认可和共鸣。张先生受邀在国内外的高校、讲坛及面对社会、企业等专门演讲"和合学"达数十次之多。2005 年 12 月初，张先生以中国哲学家身份，随同国务院总理温家宝参加了在葡萄牙召开的"文化多元化国际学术研讨会"，就"和合学"作了主题发言，在国际上产生了很大反响，国外诸多媒体进行了报道。

张先生认为，我们站在一个新时代、新理论、新思维的起点上，从文化上来审视、反省、总结 20 世纪人类所走过的风风雨雨的艰辛历程，重新寻求、规划 21 世纪人类的命运和走向，这是世界和东亚的思想家、政治家、谋略家都在自觉或不自觉地关注和思考的重大问题。具体说来，一个是中国文化所面向的问题，即如何回应西方文化的挑战与传统文化的现代转生的问题；另一个则是人类所共同面临的问题，即如何化解世界现代化过程中所日益表现出的人与自然、人与社会、人与人、人与自身心灵、不同文明之间的"五大冲突"问题。无论是从化解人类"五大冲突"的时代发展需要上来讲，还是从解决理论发展所面临的东西文化的种种论争与传统文化的现代化挑战来说，未来21世纪文化方式的最佳选择，当是"和合"文化的价值系统，而其新的哲学理论形态就称之为"和合学"或"和合哲学"。这也就是张先生之所以把"和合学"作为21世纪的文化战略来建构的原因所在。张先生断言，20世纪是对抗、战争、科技的世纪，而21世纪将是和平、发展、生态的世纪，强弱、富贫、大小之间的冲突融合，其性质是以民族的、宗教的、科技的、经济的融合为主导，归根到底是以文化为主导。因此，21世纪是文化冲突与文化融合的世纪，即文化融突的和合世纪。

张先生指出，人们通常对"和合"一词有两种误解：一是从语源上视"和合"为佛教用语，即"因缘和合"；二是从语意上解释为调和、折中、和稀泥。其实，"和合"是中国文化中土生土长的价值理念，在先秦经典中已成为重要哲学语汇。[①] 中华和合思想文化源远流长，博大精深。"和"与"合"两字，最早都分别见于甲骨文和金文。"和"字的初义是指"声音相应"和谐，即和谐地跟着唱或伴奏；"合"字的本义是指人口的上唇与下唇、上齿与下齿的合拢。殷周时期，"和"与"合"只是单一概念，尚未联用。至春秋之时，"和合"两字始并举，构成"和合"范畴。"和合"一词最早出自《国语》："虞幕能听协风，以成乐万物生者也。夏禹能单平水土，以品处庶类者也。商契能和合五教，以保于百姓者也。周弃能播殖百谷蔬，以衣食民者也。"当郑桓公与太史伯谈论"兴衰之故"与"死生之道"时，史伯认为虞舜、夏禹、商契、周弃之所以能建立与天地一样长久的丰功伟业，就是因为其能够和合天地与人事之间的诸多生意。即是说商契能够了解民情，因伦施教，和合父义、母慈、兄友、弟恭、子孝"五教"，使百姓和睦保养、安

---

① 参见张立文：《和合哲学论》，人民出版社2004年版，第38页。

身立命。史伯还进一步指出周幽王必将衰败的根本原因是"去和取同"，提出了"和实生物，同则不断"（《国语·郑语》）的哲学命题。可见，"和合"的最初含义是指协调各种伦理规范或关系，以治理国家百姓的方式，表明如何得以和谐、协调的方法和价值取向。张先生认为，"和合"是中国思想文化中被普遍接受和认同的人文精神，它纵贯整个中国思想文化发展史的全过程，横摄于各个时代的各家各派的思想文化之中，因此，它体现着中国思想文化的首要价值和精髓，也是中国思想文化中最完善、最富生命力的体现形式，是我们当今仍然可资借鉴的合理传统人文资源。由此，他对"和合"与"和合学"作了自己的界定。所谓"和合"，是指自然、社会、人际、心灵、文明中诸多元素、要素的相互冲突融合，以及在冲突融合过程中各元素、要素和合为新的结构方式、新事物、新生命的总和。[1] 和合的主旨是生生，是新生命的化生，体现了对生命存在的关怀。宇宙间一切现象都蕴涵着和合，一切思维都浸润着和合。所谓"和合学"，是指研究自然、社会、人际、心灵、文明中存在的和合现象，与以和合的义理为依归以及既涵摄又超越冲突融合的学说。[2] 凡存在都含蕴着冲突和融合（简称融突），大至日月星辰，小至草木蝼蚁，都是融突和合。和合无所不在，无处不有，一切融突存在，都是和合存在，都是和合学研究的对象。

"和合学"的率先提出与体系创立，是张先生对中国传统哲学在全球化语境下转生的尝试，也是他对中国哲学范畴及其逻辑结构在"生生之道"核心话题中创新的艰辛探索，更是他长期从事中国哲学和传统文化研究的自我超越。如果说北宋理学家程颢说"天理"二字是"自家体贴出来"的，以"天理"为核心范畴，建构了理学理论的思维形态，那么，"和合"二字，是张立文先生通过对中国传统哲学"天道"与"人道"近百个范畴的系统梳理[3]，从中体现出来的中国人文精神，并以"和合"为核心范畴建构了和合

---

① 参见张立文：《和合学概论——21世纪文化战略的构思》上卷，首都师范大学出版社1996年版，第71页。

② 参见张立文：《和合学概论——21世纪文化战略的构思》上卷，首都师范大学出版社1996年版，第87页。

③ 参见张立文：《中国哲学范畴发展史》（天道篇、人道篇），中国人民大学出版社1988年版。

学理论体系，从而实现了现代中国哲学理论思维形态的转生。"和合生生道体"是和爱与智慧的结晶，是人类度越生态、人文、道德、精神和价值"五大危机"的诺亚方舟，是化解人与自然、人与社会、人与人、人的心灵和各文明之间的"五大冲突"的智慧之旅，也是安顿高科技全球化的精神家园。

张先生提出并强调了"和合"的价值理念，认为"和合"是对冲突融合所要达到的价值理想的追求，也是对这种追求的抽象和概括。无论是人与自然、人与社会冲突所造成的生态危机与社会危机，还是人与人、人的心灵、各文明之间冲突所形成的道德危机、精神危机与文明危机，这存在于现代社会之中的"五大冲突"和"五大危机"，追根究底还是价值的冲突和危机。①认为"和合学"以创造性为根基，因而在和合价值的意义世界，从我们每个个人、民族、种族到每个国家、地区、社会，都有自己独特的生命智慧与独特的文化传统；不存在哪一个人、民族、种族、国家、地区、社会是绝对优越或至高无上的，或是天然"文明"与当然"中心"的；推崇和倡导人文精神的价值，视人文精神是一种民族化与时代性的价值形态，主张每一种人文精神的价值，只有贯彻到个人、民族、种族、国家、地区、社会的心理结构、行为方式、思维方式以及生活世界，才能真正成为活生生的文明灵魂。因此，就文化创新的评判而言，不同的文化之间只存在观赏其民族特色与时代特征的价值风景线。②

二

如果说张先生的《和合学概论》出版，仅仅从文化战略层面来思考和建构"和合学"，标志着他的"和合学"理论的诞生与体系化，那么，《和合哲学论》则是重点思考如何在形上层面即哲学维度去诠释、解答为什么提出"和合学"，以及怎样去落实"和合"即怎样才能"和合起来"、把"和合学"继续讲下去等深层次的哲学理论问题，标志着他的"和合学"理论体系化的

---

① 参见张立文：《和合哲学论》，人民出版社 2004 年版，第 228—229 页。

② 参见张立文：《和合哲学论》，人民出版社 2004 年版，第 234—235 页。

进一步完善和成熟。

张先生关于"和合学"、"和合哲学"及其理论体系的提出与建构，不仅是对源远流长的中华和合思想文化的本质概括或提升，而且也适应了时代形势的发展与文化、哲学理论自身发展的客观要求，因而有着深刻的理论价值和重大的现实意义。

从"和合学"理论的思维建构来说，其价值和意义表现为：首先，针对当前人类所面临着"五大冲突"的严峻挑战，"和合学"提出了21世纪"五大文化原理"，即"和生"、"和处"、"和立"、"和达"、"和爱"五大中心价值，[①] 以回应和化解"五大冲突"，为人们寻求安身立命之道。回顾和反省20世纪，从中可以看到，现代化固然带来了人类社会历史的巨大进步和文化生活高度繁荣，但也给人类走向未来带来沉重隐患，这便是伴随社会经济发展而至的精神文明的萎缩；科学主义的极度膨胀与人文主义的相对衰竭；对立意识的鲜明与和平意识的暗淡；工具理性的发达与价值理性的失落。由此而导致了人类与自然、个人与社会、自我与他人、肉体与心灵以及不同文明之间的"五大冲突"。如何解决这些冲突，关系到人类的生存和发展，而"和合学"向人们展示的21世纪人类的"五大中心价值"，正是要化解人类面临的"五大冲突"，重建人文精神的"终极关怀"意义的价值目标或价值理性。其次，"和合学"是中国文化走向现代化的最佳文化方式的选择和价值取向，它不仅彰显着中国文化的现代转生，使一个多世纪以来关于中国文化的现代化由方法的论争转化为文化形态的选择，而且在一定意义上说，它也是21世纪人类文化方式的最佳选择和价值取向，昭示着21世纪学术文化思潮的发展趋势。近百年以来，东方特别是中国就传统文化与现代化问题进行了一代又一代的艰难探索，提出了各种各样的看法：就中西文化的体用而言，有中体西用、西体中用、中西互为体用、中西为体与中西为用、中西即体即用与非体非用；就如何继承传统文化来讲，有抽象继承、选择继承、宏观继承、批判继承与创造发展；就传统文化如何创新来看，有现代解释、客

---

① 参见张立文：《和合学概论——21世纪文化战略的构思》上卷，首都师范大学出版社1996年版，第584—590页。

观解释、创造性理解、创造性转化、分析扬弃与综合创新以及与传统文化决裂论、全盘西化论、复兴儒学论、儒家文化第三期发展说、返本开新论，等等。见仁见智，莫衷一是。这些主张的提出都有其时代与文化的背景，有其合理内涵和学术价值，但还都是属于如何实现和走向现代化的方法、手段问题，而未真正在大处落墨，没有落实到实处。我们用"和合学"理论来思考和前瞻21世纪人类文化的命运，就会超越纠缠不清而又道说不明的古今、中西文化论争的情结。"和合学"回答了现代化的具体文化形态与当代哲学理论形态是什么的问题，并在此基础上建构和展望21世纪人类文化与哲学的精神家园，既彰显了中华和合人文精神存在方式的价值，又凸显了"和合学"与"和合哲学"理论自身寻求"终极关怀"的具体理路和意义，代表着21世纪中国学术文化思潮乃至哲学的发展方向。再次，"和合学"与"和合哲学"理论是对西方未来学和文化学者亨廷顿提出的"文明冲突论"所作出的理论回应。亨廷顿在《文明的冲突》一文中认为，未来世界将由文明冲突取代军事、经济和意识形态上的冲突，强调西方文明应该防范儒学与伊斯兰教两大文明的互相联合，其本质是"西方文化中心论"在新形势下的翻版，旨在以西方文明来排除异己，试图以西方文明标准来规范当今社会和未来世纪的文化走向。张先生一针见血地指出，我们只要在现代化运动中创造转生"和合精神"这一中华文明的古老智慧，定能成为未来社会历史和文化发展的重要精神资源。

从"和合哲学"理论形态的创新来讲，则是标志着张先生对传统文化人文精神的沉思与觉解，是对哲学理论创新的自觉追求，是以"自己讲"的方式对当代中国哲学理论形态的重新建构。中华民族五千余年的文明史，其中就包含着极为丰富的哲学思想资源，特别是自先秦至现在的两千多年社会历史发展，各个时期都产生出了诸多不同形态的哲学思潮、学派，共同汇聚成中国民族传统哲学的历史大河。就学科而言，"中国哲学"一词是20世纪初"西学东渐"后的产物。最早将中国哲学作为学科来研究，并撰写中国哲学史的有谢无量、胡适、冯友兰、李石岑、范寿康等，他们或依照传统儒学史观，或以西方实验主义哲学、西方新实在论哲学为指导，或用马克思主义为指导来写中国哲学史，虽然他们的研究方法、指导思想各不同，但都一直肯定并以各自撰写中国哲学史来证明中国是有哲学的，奠定了中国哲学史学科的范式。至于 1949 年之后，由中国内地、台湾、香港有关专家、学者撰写的中国哲学史著作可谓汗牛充栋，不胜枚举。近一个世纪以来，中国学者通过不懈的努力，在学习西方哲学和系统研究中国哲学的过程中，对"什么是哲学"、"中国有没有哲学"等问题作出了积极的探索和回应。但是，从现有的"中国哲学史"研究来看，大都是本着"照着讲"或"接着讲"的方式，而缺少"自己讲"的方式。张先生根植于中华民族的哲学智慧，以高度自觉的理论创新意识，建构和阐扬"和合学"、"和合哲学"，体现出其学说思想的独创性与前瞻性。他认为，研究中国哲学，不能简单地"照着讲"、"接着讲"，而应该是智能创新式的"自己讲"、"讲自己"，即讲述中国哲学自己对"话题"本身的重新发现、对时代冲突的艺术化解、对时代危机的义理解决、对形而上学之为道的赤诚追求等。张先生正是在"自己讲"、"讲自己"的中国哲学观的视域下，认为中国哲学的创新，不仅要面对过去的"问题"、"话题"，而且更主要的是要面对 21 世纪现实的"问题"、"话题"；既要"知己"哲学的核心灵魂，明白中国哲学新理论思维形态创新转生的内在根据和演替脉络，又要"知彼"哲学的核心灵魂，明白世界哲学的思潮演变和发展趋势。哲学作为时代精神的精华和凝聚，作为智慧生命的觉解，总是以核心话题、人文语境、诠释文本来体现或阐扬特定时代的意义追求和价值创造。因此，核心话题的转向、人文语境的转移、诠释文本的转换，则标志着哲学的创新。张先生认为，"和合哲学"就是基于现代中国哲学的转生，不仅将有助于化解和解决目前人类所面临的"五大冲突"和"五大危机"，而且作为永远"在途中"的哲学，将超越自身，不停地和合下去；"和合起来"是人类生命和文化在未来发展的必然趋势、必然选择；"和合学"与"和合哲学"作为中国哲学的一种新的理论思维形态，是走出"中国有没有哲学"、"中国哲学是不是哲学"及超越中国哲学"合法性"危机的一种尝试和努力，且这种尝试和努力只是"在途中"。总之，"和合学"与"和合哲学"不是向后看的理论总结，而是向前看的理论创生。

从时代和现实的角度看，"和合学"与"和合哲学"具有对内对外的双重意义。对国内情形而言，"和合"是中华民族特有的思想，是中华文化的最高境界和智慧，加强"和合学"与"和合哲学"的研究与推广，有益于中华各民族凝聚力的增强，推动社会的长治久安、国家的安定团结，共同搞好"构建和谐社会"、全面建设小康社会的中国特色社会主义现代化建设。随着我国市场经济体制的确立和改革开放的深化，一方面是竞争机制已成为市场经济的必然，另一方面则是整个社会越来越走向经济与市场一体化，市场的分割和垄断已行不通，但只要有竞争，就会有社会的矛盾冲突，就必然引发因不同利益集团、不同社会阶层的利益关系而导致的种种有待解决的社会问题。"和合学"与"和合哲学"为我们处理不同主体之间的利益冲突，提供了一个切实可行而有益的方法和思路，即谋求共同发展，将各方的利益和意见都融合进去，合理地满足各方的利益和要求。特别是随着时代的发展，那种一味地讲"斗争哲学"的时代已一去不复返了，当今时代与社会在文化多元化、多样性和合中求生存、求发展，"和合"、"和谐"是新时代的核心话题和人文语境，倡导科学发展观，追求和"建构社会主义和谐社会"更是成为中国当今建设中国特色社会主义的重大实践中所面临的重要现实问题，成为时代的主旋律。"和合"理念是张先生所倡导的价值理念，从本体的意义上讲，是作者虚拟的一种价值理想世界，也是一种人文的终极关怀，多少具有思想"乌托邦"的色彩。但张先生从人文关怀意义上力倡"和合"价值，强调文化建设的民族性和多样性。从中国文化和哲学建设层面上讲，既是对中华民族固有的传统文化智慧的重视、彰显和提升，也是对近现代以来一批仁人志士和专家学者提出诸多哲学与文化发展模式、学说的反思、重建，更是对西方以亨廷顿"世界文明冲突"论为代表的诸种"西方文明中心论"以及西方所谓"普世主义价值观"的一种积极的理论回应，其理论建构的局限性固然在所难免，但在人类世界面临种种冲突和危机的时代，特别是在我国全面建设小康、"建构社会主义和谐社会"的大背景下，其所揭示和彰显的重要理论价值与现实意义，也就不言而喻了。对国际范围而言，"和合学"与"和合哲学"有助于促进世界各民族与文化的多元化、多样性的协调发展，有益于推动世界和平、发展与生态社会的潮流，为创建国际政治、经济的新秩序，维护世界文明多样性，反对文化霸权主义，提供了一个价值的评判标准。众所周知，我们所处的地球上生活着二百多个国家和地区，有数千个民族，有着诸多不同的文化传统，这就要求我们妥善处理各民族、各国、各文化传统之间的相互关系。"和合学"强调既冲突又融合，既多元又互补，承认有差别性的统一，追求"和合"与"和谐"，并倡导综合创新，这无疑为世界各民族的和睦相处、各国之间的平等互利、各文化和文明的协调发展以及追求自然生态平衡、国际社会和谐，提供了正确的途径和思想理论的指导。与此同时，随着中国社会经济的迅猛发展，即中国的"和平崛起"，世界上一些国家就从意识形态出发，戴着有色眼镜来看待中国的发展，一时"中国威胁论"甚嚣尘上，其根本原因就在于他们不了解中国传统文化或传统哲学的精髓——倡导和追求"和合"精神。"和合学"与"和合哲学"则向世界各国人民展示和宣告了中国人民始终不渝所秉持的"和合"价值理念，我们着眼于"和谐中国"、"和谐世界"①，我们所追求和高扬的是中国社会的和平与发展、人类社会的和平与发展，中国人民的和谐与幸福、世界人民的和谐与幸福。

三

那么，"和合学"与"和合哲学"中所凸显的中华民族的"和合"价值理念，与青海历史文化是一种什么样的关系？如何从历时性与共时性层面看待"和合"理念与青海历史文化的多元化、多样性？如何从"和合"理念价值视域来阐明青海历史文化的现代价值以及其未来的发展？诸如此类问题，应当引起我们的重视。通过对青海历史与文化形成、演变的考察，我们从中大致可归纳和梳理如下基本线索：就青海的民族主体而言，青海在历史上各个时期有着一定差异的民族主体，从秦汉时期以羌、汉、匈奴民族为主，经魏晋隋唐时期的羌、汉、小月氏、匈奴、吐谷浑、鲜卑和吐蕃等民族，再到元明清时期主要居住着汉、藏、回、撒拉、蒙古、土等各民族，从而形成多民族杂居共处的社会格局，他们都在经历着历史风雨的漫长洗礼，自觉不自觉地加入到大浪淘沙的民族融合的洪流，并在不断繁衍、迁徙、融合、发展

---

① 孟晓驷：《"和谐世界"理念的文化意蕴》，《光明日报》2005年12月9日。

的民族历史大潮中生生不息，即其每一民族在青海的发展与壮大，都是在历史中不断融合其他民族成员的结果。就青海历史文化的区域内涵和特色而言，既是以汉、藏、回、撒拉、蒙古、土为主体的青海各民族人民在特定地理环境、历史发展背景和生存发展空间所创造的与其他民族相互区别的民族文化，又是各民族文化在不断发生碰撞、冲突而又相互汲取与融合、继承与弘扬中逐步形成的独具特色的多元化一体的地域文化，是融汇了青海各民族的某些文化意识和精神特征而内化为深层文化基因和文化心理的称之为"青海人"的类文化。① 换言之，青海各民族文化在发展过程中，虽有矛盾、冲突，但以相互交流、相互兼容、相互涵化、相互影响、相互依存为主流，共同构筑起青海多民族文化融合共进的辉煌历史，呈现出农业文化、牧业文化；佛教文化、伊斯兰教文化、道教文化、儒家文化；羌族文化、藏族文化、蒙古族文化、土族文化、中西亚文化相互整合而多元化的地区特点，从而成为中华民族文化多元性、多样性、包容互补中不可分割的重要内容之一，凸显其文化多元性、多样性、包容互补性的地域特色的人文内涵与精神魅力。② 总之，青海历史文化所展示的多民族与多元化、多样性的特点，也铸就了青海各种文化之间的相应尊重、承认差别、和睦相处、广容博纳与兼容并蓄的历史文化氛围。③ 尽管彼此有冲突、碰撞，但是，友好共存、和谐发展，一直是青海社会历史文化发展的主流。

首先，从历时性与共时性的历史统一角度审视，"和合"价值理念，贯穿于中国近三千年的传统思想文化史，既是张先生对源远流长的中华"和合"思想文化的本质概括、提升，又反映和揭示了新时代精神与哲学理论创新，其内在包涵的价值理念之一，就是彰显文化价值的差异性、多样性。换言之，即承认和维护文化价值的差异性、多样性，坚持各种文化或文明的包容互补、兼容并蓄，是"和合"价值理念最为基本且重要的内容。作为一种

① 参见贾晞儒：《试论青海民族文化的精神特质及其创新》，《青海社会科学》2005 年第 4 期。

② 参见朱普选：《青海历史文化的地域特色》，《西藏民族学院学报》（哲学社会科学版）2005 年第 5 期。

③ 参见阿朝东：《从历史文物看青海地区多元文化的形成及发展》，《青海民族研究》2005 年第 3 期。

传统文化的基本内涵和文化体系，是经过长期的历史演变、筛选、检验而形成的思想价值观念、心理习惯、思维方式等，其发展往往具有历史传统与地域差异的双重性。如果说中华民族文化本身就是多民族文化、多形态文化的融合而呈现为"和而不同"、多元一体、"海纳百川，有容乃大"的格局，是文化样态的共性，那么，青海历史文化发展的多元化、多样性，则是文化样态的个性，是中华民族文化多元化的有机组成部分；如果说"和合"理念只是从文化与哲学理论的思维方式上为人们提供某种理想的价值选择，那么，青海历史文化的多元化，则恰恰是一个活的仍然在持续的例证，"和合"理念与青海文化的多元化发展具有共性与个性的关系，正好说明二者在价值上的契合，可以用"和合学"与"和合哲学"理论来诠释、指导青海历史文化的研究。因为和合历史哲学所推崇的是历史创造和呈现的多元性、多样性。

其次，"和合"理念的内在价值之二是倡导和高扬人类社会与文化的和谐、共存、发展。"和合"作为中华文明的古老智慧和精神家园之一，是我们未来社会历史和文化发展可资借鉴的重要精神资源。无论是整体纵览中华民族五千年的社会历史发展及其众多民族关系发展的历史，还是地域性地考察青海各民族社会发展及其民族之间关系发展的历史，我们都可以从大量考古发掘的实物与历史文献记载中发现，或者是用我们的心灵去深刻地感受到，"和谐"思想或"和谐"文化既是中华民族文化又是青海各民族文化中的一个核心内容[1]，友好相处与和谐发展，也一直成为中国社会包括青海社会发展的历史主流。即便是当今我们正在建设中国特色的社会主义现代化的伟大事业，倡导和追求人与自然、人与社会、人与人之间的"和谐"共处以及人的心灵、不同文明之间的互动，仍然是我们为之努力奋斗的理想目标，也是作为"重中之重"时代精神风貌的体现。党的十六届四中全会通过的《中共中央关于加强党的执政能力建设的决定》中在强调指出加强党的执政能力建设问题的同时，明确提出"构建社会主义和谐社会"[2]；胡锦涛总书记在《庆祝中国共产党成立 85 周年暨总结保持共产党员先进性教育活动大

---

① 参见贾桂英：《试论青海民族文化的"和谐"思想》，《青海民族研究》2005 年第 3 期。

② 《中共中央关于加强党的执政能力建设的决定》，人民出版社 2004 年版，第 23 页。

会上的讲话》中再次明确指出："构建社会主义和谐社会，是我们党从中国特色社会主义事业四位一体的总体布局和全面建设小康社会的全局出发提出的重大战略任务。"① 所谓"构建社会主义和谐社会"，就是要把我国建设成为一种以人为本，政治、经济、文化、环境全面协调与可持续发展，并以公平、正义为基本特征，有利于人的良性生存与全面发展的社会主义社会。因此，倡导和追求和平、和谐、合作与发展的价值取向，是当今 21 世纪中国社会乃至世界社会发展的趋势，已得到世人的认可和共鸣。同样道理，着眼于"和合"理念，挖掘和探讨中华民族传统文化中特别是青海民族文化中"和谐"思想或文化传统的合理资源，应该既是我们弘扬祖国传统文化精华，培育和建设"和谐"文化，构建和谐社会的重要内容，同时也是我们进一步深化青海历史文化的研究，培育和建设青海"和谐"文化，推动青海文化事业健康发展的题中应有之义。

再次，"和合"理念的根本价值是追求和强调思想理论的创新与发展。"和合学"所倡导"和生"、"和处"的生存逻辑与"和立"、"和达"、"和爱"的人文精神，已成为化解人类所面临"五大冲突"和"五大危机"的中心价值。"和合"作为人文精神与时代精神，因人文而有，因人性而贵；"和合"的本真与根基就在于其生生不息的创造性。因此，创新与发展是"和合"理念的题中应有之义。而"和合"理念与青海历史文化多元化、多样性发展在价值理念上的契合与互证，从人文精神与民族文化创新来讲，旨在肯定青海历史文化以民族文化多元化、多样性为依归的合理价值与可借鉴的传统人文资源，同样仍然是推动未来青海社会、经济、文化事业全面发展的不可或缺的内在动力，尤其是青海民族文化创新与发展所必须继承和发扬的精神源泉。因为，只有张扬和凸显民族性或民族特色的文化，才具有世界性或普适性的价值，从而富有生命力。

青海历史文化具有"和而不同"、多元化、多样性一体的地域特色，是青海各民族在经历漫长时间的历史演变，通过各民族文化之间既不断碰撞、

---

① 《庆祝中国共产党成立 85 周年暨总结保持共产党员先进性教育活动大会文件汇编》，人民出版社 2006 年版，第 17 页。

冲突又涵化与互融、继承与创新而逐步实现的。在 21 世纪新的历史条件下，面对举国上下正置身于以科学发展观为指导，全面建设小康社会、"构建和谐社会"的社会主义现代化的热潮之中，如何提高青海历史文化的利用价值，如何创新青海文化，挖掘、培育和建设青海"和谐"思想或文化传统，这又是摆在青海人面前而无法回避的严峻的理论与现实问题。

众所周知，新中国成立以后，在党和国家的大力关怀、支持下，伴随新的民族政策所建立起的青海新型民族关系更是深入人心，各族人民更加团结，自力更生，艰苦奋斗，奋发图强，经过 50 年特别是改革开放以来的建设和发展，青海国民经济与社会事业（包括文化）都发生了翻天覆地的变化，取得了历史性的伟大成就。而今，青海各民族在以胡锦涛总书记为首的党中央的指引下，坚持以马列主义、毛泽东思想、邓小平理论和"三个代表"重要思想为指导，坚持科学发展观，以人为本，在充分肯定和挖掘青海历史文化多元性、多样性合理内核的基础上，着眼于新时代精神与要求，整合青海高原民族文化与中华民族传统文化、当今社会主义先进文化以及世界各民族的优秀文化资源，正在建构并创新出适应社会主义和谐社会与全面小康社会建设的、独具青海高原民族地域特色的现代民族多元化的文化体系。①

（原载《青海民族学院学报》（社会科学版）2007 年第 1 期；

作者单位：人民出版社）

---

① 贾晞儒：《试论青海民族文化的精神特质及其创新》，《青海社会科学》2005 年第 4 期。

"和合主义": 建构"国家间认同"的价值范式

——以"一带一路"沿线国家为例

余潇枫　张泰琦

"一带一路"方略的推进正在构造一个横跨亚欧非的新治理空间，这一由"一带一路"沿线国家构筑的"丝绸之路新区域"具有多重复合性的特点：既是国际的、又是区域的；既是双边的，又是多边的；既是陆上的，又是海上的；既是跨国的，又是跨洲的，还是跨文明的。探索这样一个新区域的治理，"国家间认同"显得特别重要。目前，"一带一路"沿线国家对中国发起的倡议反响各异、认同不一、对策迭出。本文将围绕"国家间认同"建构的现实困境与理论缺失，分析沿线国家间认同差异的深层原因，并为消解可能的"认同危机"提出建设性建议。

一、"国家间认同"的地缘语境："丝绸之路新区域"

(一) 认同、国家认同、国家间认同

任何一个共同体都是自者 (self) 与他者 (other) 的组合，而认同正是自者与他者之间的一种价值关系的确定，这种价值关系表现为客观方面的有出身认同、领土认同、经济认同等，表现为主观方面的有文化认同、社会认同、政治认同等，但在本质上，认同可以被归纳为"归属感"的确定。

认同的最为基本的归属感是"生存感"与"安全感"，它们直接影响主体间的"共生"认知与"共识"形成。简言之，生存归属与安全感归趋的关系确定便是认同的获得。有相同生存感归属与安全感归趋的主体相组合便形

成特定的社会共同体，因而认同也是一种主体与他者相关联的重要"文化标识"。当然在大范围共同体内或在众多共同体组合范围内，生存感归属与安全感归趋可以相对地分离，生存权利的获得与安全权利的保障可归属于不同的共同体。

对一个国家来说，国家层次的认同构成涉及众多的要素，如土地、人口、民族、历史、文化与宗教信仰、主权、政权等，其"生存感归属"与"安全感归趋"可以具体表现为：共同居住的"此在感"，相同人口（种）的"我们感"，共有文化或文明的"同源感"，共有政治的"合法感"以及国际社会承认的"集体自尊感"等。当然，国家的政治认同是国家认同的主导因素。

"国家间认同"则是国家认同诸要素通过在特定时空领域内的交互作用所形成的国家间的某种"归属感"的确定。"国家间认同"不仅是国家间相互合作的基本前提，也是区域共同体形成的必要条件。欧盟的形成取决于其成员国之间对"强制度"性质的"主权让渡"方式的一致认同，并在此基础上开拓"集团对集团"或"集团对区域"的共有认同。再如东盟的成立取决于其成员国对"弱制度"性质的"协商发展"方式的共有认同，并在此基础上建构"多轨道"并行的国家间与区域间新认同。较之于一般行为体，国家间认同的建构更具有其复杂性，认同要素会涉及政治、军事、经济、社会、环境以及文化等领域，认同层次会包括跨国家、国家、次国家以及群体性的非国家行为体等。

"国家间认同"是一种"跨国认同"（包括"他国认同"、"区域认同"等），其建构必然是"多向性"与"交织式"的。"国家间认同"的建构具有积极与消极的双重效应。从积极方面讲，"国家间认同"的形成可以大大促进国家间合作，促进与此相关的区域治理与全球治理；同时有助于国家在跨国发展中寻找自己的合理定位与制定适当的国际战略。从消极方面讲，"国家间认同"的建构会带来对原有"国家认同"在某种程度上的消解，甚至会导致国家的某种"身份危机"。亨廷顿认为人类正处在一个"国家间认同"建构失当的"全球认同危机"的时代，如日本想"脱亚入欧"，追求西方的发达、民主和现代，但其地域、历史和文化却是亚洲的；俄罗斯虽"横跨亚欧"，但其迷失于要成为一个"标准的"欧洲国家还是一个区别于欧洲人的国家之间；相应地，伊朗一直被描述为是一个"寻求一种认同的国家"；南非忙碌于"认同的探索"；土耳其则因"剧烈的认同危机"而导致热烈的"国家认同论争"；墨西哥迎来的问题是"墨西哥的'认同'"是否存在？① "一带一路"方略的推进必然会对"国家间认同"提出特别要求并产生重要影响，必然会促进中国建构跨国家认同的实践与经验总结，同时也必然会引发国家间新的认同冲突与危机。

（二）"一带一路"与"国家间认同"的新维度

"一带一路"方略将要构建起的"丝绸之路新区域"需要有"国家间认同"的新维度。其实，关于"丝绸之路"的复兴有许多版本，除20世纪80年代末联合国的"丝绸之路复兴计划"外，还有美国的"新丝绸之路"计划，俄罗斯的"新丝绸之路"，日本的"丝绸之路外交"战略，伊朗的"铁路丝绸之路"，哈萨克斯坦的"新丝绸之路"项目等。② 中国的"一带一路"方略是较之于上述丝绸之路计划的更宏大、更包容、更具有共建性质的"国际大平台"的搭建与合作。

"一带一路"的内涵深刻丰富，中国政府称其为"一项造福沿途各国人民的大事业"，"发展好海洋合作伙伴关系"，"共同打造开放、包容、均衡、普惠的区域经济合作构架"等。国内专家、学者有着各自不同的见解，但总体上可以归结为：一个核心理念，即"合作共赢"；三个共同体，即"利益共同体"、"责任共同体"和"命运共同体"；"五通"，即"政策沟通、设施联通、贸易畅通、资金融通、民心相通"。

从目的的设定和路径的选择来看，"一带一路"是对古丝绸之路的一种"创新型传承与发展"，它不仅是一条"亲善之路"、"繁荣之路"与"交流之路"，它还是一条"和合之路"、"共创之路"与"超越之路"。③ 值得指出的是，"一带一路"不是以往人们所熟知的"马歇尔计划"的中国版，那是美

---

① Samuel·P.Huntington：*Who Are We？The Challenges to America's Natioal Identity*，New York，Simon & Schuster press，2004，pp.12-13.

② 王义桅：《"一带一路"机遇与挑战》，人民出版社2015年版，第22—25页。

③ 王义桅：《"一带一路"机遇与挑战》，人民出版社2015年版，第12—18页。

国推行冷战战略的一个重要计划，美国以期通过该计划让欧洲经济在第二次世界大战后尽快复兴以抗衡前苏联，结果是美国成了最大的受益方并导致了欧洲的分裂。"一带一路"的实质是中国以行动来倡导亚洲新安全观与打造人类命运共同体，以"和平合作"、"开放包容"、"互学互鉴"、"互利共赢"①精神为引领建构起"国家间认同"的新维度，并通过国家间的合作与共同发展，开创"共建、共享、共赢"的局面。

各国对"一带一路"的认同与响应如何将直接影响其发展的广度与深度。国际间交往与人际间交往一样，"心通才能一通百通"，国家间只有相互尊重彼此认同，才能更好地促进"一带一路"合作目标的实现。然而，"一带一路"方略从提出到开始全面推进虽已得到一些沿线国家的积极响应，但前进的道路依然漫长，甚至可以说国家间要取得一致的认同仍困难重重。从目前的形势来看，热切响应的国家有之，消极观望者有之，疑虑重重者有之，与之竞争者有之，企图干扰阻碍者有之。"一带一路"方略真正的落地生根，不能仅取决于中国的"一厢情愿"与"一方豪情"，更需要众多沿线国家的认同和响应。这就需要研究"国家间认同"的冲突与缺失，开创新的理念范式，探索建构"国家间认同"的有效路径。

二、"国家间认同"的建构困境：现实冲突与理论缺失

（一）国家间认同的现实冲突

"一带一路"沿线的"国家间认同"存在着明显的结构性差异。一是从文明样态的角度看，"一带一路"沿线至少包括 64 个国家，人口将近 50 亿，是包括伊斯兰文明、印度文明、基督教文明、中华文明以及各种文明的区域性文明。在这些文明圈里，既有传统的东方国家中国和印度，也有传统的西方国家英国、法国和德国；既有地理文化横跨欧亚的国家俄国和土耳其，还有东西方文化交融的国家新加坡和马来西亚。不同的文明样态赋予不同的国

---

① 参见习近平：《弘扬人民友谊，共创美好未来》，人民网 2013 年 9 月 8 日，http://politics.people.com.cn/n/2013/0908/c1001-22842914.html。

家身份，而"国家身份的定位则塑造国家对利益的认知，从而影响着国家行为和内外政策选择。'一带一路'涉及的领域广，沿线国家在参与的广度和深度上因自身对利益的不同判定而呈现出差异性"①。另外，"一带一路"沿线国家民族众多，宗教信仰多元，各民族宗教之间的历史纷争复杂，均增加了沿线各国合作的难度。二是从社会差异的角度看，"一带一路"沿线国家的不平衡性也十分明显。"如制度体制差异大，既有共产党领导的社会主义国家，也有实行西方式政党制度的资本主义国家，还有实行君主政体的阿拉伯国家等，特别是在东南亚、南亚、中亚和中东地区，许多国家国内政治形势复杂，政局变化频繁，政策变动性大，甚至内战冲突不断。再如经济发展水平不平衡。不同国家的经济发展水平和市场发育程度极为不同。有些国家法律法规比较健全，市场发育程度较高，经济环境相对稳定，为企业投资创造了便利条件；也有一些国家市场封闭，进入难度大，增加了企业投资评估的复杂性，制约了建设成果的合作共享。"②

结构性差异必然会导致"国家间认同"的现实性冲突。首先是"国家间"观念上的冲突。"'一带一路'，联通亚欧非三大陆，连接太平洋和印度洋，包含了老牌欧洲发达国家和新兴发展中经济体，发展的理念多不相同。沿线国家特别是各国从精英到民众对'一带一路'的认知、理解不尽相同，对中国意图的不信任与猜忌将成为'一带一路'长期推进面临的重要风险"③。其次，"一带一路"沿线地区客观上存在领土与岛屿的争端。"在海洋上，我国同东南亚国家存在南海问题上的主权争端，如中越由于中海油钻井问题引发的'西沙主权'之争，中菲南沙争端等"④。南海主权争端虽然在中国所提出"搁置主权，共同开发"理念的指引下不会引发大的冲突，但在一定程度上仍然影响到我国"一带一路"方略的实行。另外，中国和日本也存在钓鱼岛和东海专属经济区之争。短期内，这些争端都不会得到妥善解决，这不利于中国发展同东南亚国家之间的关系，也不利于深化中国与东盟的交

---

① 吴志成：《"一带一路"建设需要直面五大挑战》，《上海证券报》2015 年 7 月 16 日。
② 吴志成：《"一带一路"建设需要直面五大挑战》，《上海证券报》2015 年 7 月 16 日。
③ 吴志成：《"一带一路"建设需要直面五大挑战》，《上海证券报》2015 年 7 月 16 日。
④ 王义桅、郑栋：《"一带一路"战略的道德风险与应对措施》，《东北亚论坛》2015 年第 4 期。

流与合作，进而影响"一带一路"在海上的推进。在陆地上，中国和印度在藏南地区存在较大争议，印度和巴基斯坦关于克什米尔地区的争端有愈演愈烈之势，巴勒斯坦和以色列的冲突似乎让人看不到任何解决的希望。另外，因苏联解体而独立的主权国家中，边界划定尚未完成，特别是中亚的吉尔吉斯斯坦、塔吉克斯坦、乌兹别克斯坦三国之间互有飞地，很可能成为中亚地区冲突的重要来源之一。

（二）"国家间认同"建构的理论缺失

"国家间认同"建构需要有理论的支撑。以国际关系现实主义理论为支撑的"霸权认同"越来越行不通。美国在全球治理中作出过许多贡献，美国对世界各国的援助也是巨大的、有目共睹的。但美国难以摆脱冷战思维与他国交往的"霸权主义"范式。如《美国大战略》一书告诉世界，美国大战略要必须顾及四个根本性问题：一是美国在世界上的利益是什么，二是美国可采取哪些大战略模式保卫这些利益免受威胁，三是这些大战略模式中哪一种能够最好地保卫美国国家利益，四是为了支持选定的大战略模式需要何种具体政策与运用何种军事力量。[①] 可见，美国的大战略始终围绕"美国利益"这一核心。美国的学者基欧汉提出由美国主导世界的"霸权稳定论"，其目的仍是要凸显围绕美国国家利益的"霸权护持"与"霸权安全"。[②] 冷战以降，美国制造了"流氓国家"和"非国家行为主体威胁"的话语，提出过"俄国威胁论"、"中国威胁论"、"古巴威胁论"、"墨西哥威胁论"和来自"邪恶轴心"的威胁及"恐怖主义的威胁"，新近也谈"致命技术的扩散"、"经济动荡"和"气候变化"等非传统安全威胁。进攻现实主义的代表米尔斯海默更是毫不掩饰地大谈美国霸权，他认为获得霸权并进攻性地阻止任何挑战国的崛起是获得安全之本，而"中国将比20世纪美国面临的任何一个潜在霸权国都更强大、更危险"，因而要"遏止中国"。[③] "在面对利益涨落与文

---

① 参见 ［美］罗伯特·阿特：《美国大战略》，北京大学出版社2005年版，第2页。

② ［美］罗伯特·基欧汉：《霸权之后：世界政治经济的合作与斗争》，苏长和等译，上海人民出版社2003年版，第61页。

③ ［美］约翰·米尔斯海默：《大国政治的悲剧》，王义桅、唐小松译，上海人民出版社2003年版，第543—544页。

明冲突等发展趋向极不确定的国际社会中，美国惯用自己的善恶去判定与别国之间的冲突，惯用自己的制度尺度去衡量与别国之间的紧张"①，从而难以使"国家间认同"取得一致，而制造"敌人"却变得十分容易。

以国际关系新自由制度主义与"英国学派"理论为支撑的欧盟"后联邦主义认同"亦存有问题。制度自由主义强调国家间的相互依赖；"英国学派"则强调"世界社会"的理念，重视国际伦理为核心的规范性理论建立。欧盟的成立是人类历史上的一个伟大的创举。欧洲从"煤钢共同体"到"欧洲共同体"的跨越再到"欧洲联盟"的历史性拓展，较好地超越了"国家间认同"的建构困境，提供了一种较之于以往更激进的"后联邦主义"范式。欧洲统一大市场的建立和欧元的问世；欧洲共同外交与安全政策的构成以及欧洲共同努力应对欧债危机等，均是让渡主权基础上的"一体化"实践，表明了欧盟倡导的共同体制度，在某种程度上在欧洲的现实可行性。但欧盟战略制订所依据的仍是基于欧洲中心主义的立场，在利益的处理上欧洲某些强势大国甚至仍然是"政治先行、军事殿后"②。中国学者张蕴岭在分析命运共同体的逻辑时曾指出，与欧洲构建的靠制度建设的共同体不同，中国与周边邻国构建的命运共同体所体现的是一种"共生理念"和"共利的关系"，它具有"共享发展成果，实现合作安全，人民和谐相处"之特征。③

在全球化与全球治理过程中充满各类"同质性"与"异质性"冲突的语境下，"国家间认同"的建构仍面临困境与缺失创新性的价值范式，而以"和合主义"为价值范式的"中国话语"、"中国方式"、"中国样本"与"中国实践"在国际外交领域取得了不少成绩，并开始受到各国的重视与欢迎。

---

① 余潇枫等：《选择性再建构：安全化理论的新拓展》，《世界经济与政治》2015年第9期。
② 参见王逸舟：《创造性介入：中国之全球角色的生成》，北京大学出版社2013年版，第15页。
③ 参见张蕴岭：《中国与周边关系命运共同体的逻辑》，《人民论坛》2014年2月17日。

三、"国家间认同"的中国范式："和合主义"

（一）"和合主义"的渊源与内涵

"和合主义"范式的思想渊源可以追溯到中国古代的"整体论"、"和合论"、"共存论"与"互补论"思想。《周易》是中国历史上最早系统提出"整体"、"和合"、"共生"与"互补"思想的重要著作，《周易》一书明确提出有"保合太和"的天下大同方略与"万国咸宁"的人类安全理想。《尚书》是另一部早期强调"和合"与"共生"思想的重要典籍，《尚书》明确提出"协和万邦"的治世方略。数千年来，"和合主义"催生了中国人处事待人、治世理国的"和而不同"与"天下大同"的人文理想，"和合"强调的是一种能承认差异性的相互包容，是以"不同"之"和"达成"大同"之"天下"的价值追求。"和合主义"范式的内涵可以概述为：其理性原则是"社会共有、权利共享、和平共处、价值共创"[1]，其核心价值是"优态共存"（superiorco-existence）[2]，其实现途径是"和合共建"。从根本上说，"和合主义"所追求的是：既跨越现实主义与理想主义的历史鸿沟，又超越物质主义与观念主义的二元对立，进而为世界未来的发展显示一条"共建、共享、共赢"的别具一格的坦途。在"一带一路"中倡导"和合主义"，就是"要把合作共赢的理念体现到政治、经济、安全、文化等对外合作的方方面面。即在政治上，要树立建设伙伴关系的新思路；在经济上，要开创共同发展的新前景；在安全上，要营造各国共享安全的新局面；在文化上，要形成不同文明包容互鉴的新气象"[3]。

"和合主义"产生于中国独特的追求"天下大同"的价值语境中，其思维方式如"整体论"、"共生论"、"和合论"、"互补论"等体现了中国式"世界主义"的精神特质，且与西方的"世界主义"有较好的契合之处。古希腊

---

[1] 余潇枫：《国际关系伦理学》，长征出版社 2002 年版，第 202—231 页。

[2] 余潇枫：《安全哲学新理念：优态共存》，《浙江大学学报》（人文社会科学版）2005 年第 2 期。

[3] 王毅：《构建以合作共赢为核心的新型国际关系》，《国际问题研究》2015 年第 3 期。

哲学中的斯多葛派最早从"整体论"角度提出了世界主义的概念，认为人类是一个整体，主张建立一个以理性为基础的世界国家。近代的世界主义概念是在启蒙运动中提出来的，强调世界的"共生性"，"世界公民"成为当时非常流行的口号。世界主义在康德的学术思想中占有极为重要的地位。在《世界公民观念之下的普遍历史观念》和《永久和平论》中，康德认为，人类社会应本着世界公民的精神，彼此信任团结，以谋求世界的和平与共同发展，这与"和合论"十分契合。世界主义的理念真正在全世界得到普及是在第二次世界大战之后。第一次世界大战和第二次世界大战给人类带来的惨痛教训，使人们逐渐觉醒，民族国家并非想象中的那么美好，以国家为中心的国家主义对人类的整体利益是有害的。世界主义的理念为人类的永久和平指引了前进的方向，联合国的成立便是世界主义践行的结果。当然，西方世界主义的本体论前提是在"二元对抗中求'同化'"，而中国式的世界主义是从"多元共生中求'通化'（求通存异）"，即"从对话、商量、相互尊重中寻求共能共鸣的地方，从而相互融合，形成国家间交往和文明间交往模式的突破以及世界秩序建构的另一种可能"①。因此，与西方相比较，"中国的世界主义是包容的，而非排斥的；关系具有可转化性；转化的路径是文化的，而非武力的，依靠的是吸引力和感召力；转变的方式是自愿的，而非强制的；天下可以和为一家，这是中国的世界主义的最终理想。"②"和合主义"强调的"和合"是天下之"和合"，是"协和万邦"之大同之"和合"，这正是中国式世界主义的另一种完好表达。

西方除了具有历史传承的"世界主义"，近现代以来还有现实主义、新自由制度主义、建构主义以及"英国学派"等理论流派与范式，这些均是当前国际关系理论中的主流范式，每一范式都有自己独特的视角和解释现实的功能，但都有其局限性，特别是这些"主义"或"学派"所透射出来的"二元对立"思维与"主体中心"立场远不如中国"二元互补"思维与"关系中心"立场有利于"国家间认同"的建构。中国学者秦亚青认为，无论是结构

---

① 苏长和：《世界秩序之争中的"一"与"和"》，《世界经济与政治》2015 年第 1 期。

② 任晓：《论中国的世界主义》，《世界经济与政治》2015 年第 8 期。

现实主义、新自由制度主义还是结构建构主义都把注意力集中在体系层次，忽略了社会性特别是关系性的维度，在讨论国际关系时，"关系"恰恰没有被得以应有的重视，使"关系"理论处于失语状态。① 相比之下"和合主义"范式的独特之处在于，它既有理想主义的"共生共存"的内核，又有现实主义的"均衡协同"精神；既有建构主义"共有观念"的价值立场，又有世界主义"普世共享"的精神要素，或者说"它是对目前西方国际关系理论范式的某种程度的整合与超越"。②

（二）"和合主义"的中国外交实践

"和合主义"价值范式体现于中国历史发展的实践中。春秋时期，中国发展出国家间的"会盟"制度，达成一致的"国家间认同"是形成作为中国"国际关系原初形态"的会盟制度的关键。在处理"国家"关系上，中国推崇的是以"王道"立国，通过文化自觉的社会认同与建构达成"协和万邦"。自秦汉以来，作为主体民族的汉族以和合精神在融合、同化了许多其他民族的基础上，缔造和发展了以"文化认同"为纽带的"中华民族多元一体格局"。③ 自唐朝以降及至清朝，中国与邻近中小国家之间以"结盟、和亲、赠礼、通商"的途径建立起具有象征意义的自愿性朝贡关系，"是国际关系史上以'敬服'为特点的独一无二的国际关系体系"④。中国传统文化中"和合中庸、礼让为国"的传统特点，形成了中国特色的"阴阳互动"、"和而不同"、"兼容共存"的外交伦理原则，形成了"协和万邦"的外交目标与文化自觉。这些均表现出了"和合主义"国际关系理论范式所具有的历史文化内涵。众所周知，历史上的"丝绸之路"本身就是"和合"与"共赢"的最好体现，它之所以纵横万里、跨越千年，不仅把中国的丝绸、茶叶、瓷器以及四大发明传到了中东和欧洲，而且把欧洲的文学、艺术与科技，中东的香料、宝石、药材、玻璃也经西域传到了中国，其关键就在于它体现了开放、合作、互鉴、共赢的理念，在国家间相互认同的基础上密切了欧亚大陆不同

---

① 参见秦亚青：《国际政治的关系理论》，《世界经济与政治》2015 年第 2 期。

② 余潇枫：《"和合主义"中国外交的伦理价值取向》，《国际政治研究》2007 年第 3 期。

③ 参见费孝通：《中华民族多元一体格局》，中央民族学院出版社年 1989 年版。

④ 俞正梁等：《全球时代的国际关系》，复旦大学出版社 2000 年版，第 8 页。

国家人民的交往，促进了人类不同文明之间的交流与进步。

"和合主义"价值范式贯穿于新中国成立以后的外交实践中。与其他国家相比，中国在"共生、共建、共享"与"和平、和谐、和合"上有着其独特的努力与贡献。1954年，中国与印度和缅甸共同提出了"和平共处"五项基本原则，为推动建立公正合理的新型国际关系作出了历史性贡献；20世纪60年代，"中国人民勒紧裤腰带，援建了坦赞铁路。我们最近提出合作建设非洲高速铁路、高速公路、区域支线航空网络等倡议，实施产业合作、金融合作、减贫合作、环保合作、人文合作、和平安全合作等工程"①；1979年，中国提出了处理岛屿争端的"搁置主权、共同开发"方针，为国际上和平解决争端提供了一种全新的方式；1982年，中国提出了处理香港回归的"一国两制"方略，创造性地把和平共处原则用之于解决一个国家的统一问题；世纪之交，中国提出了"互利、互信、平等、协作"为核心内容的"新安全观"，强调在文明多样性前提下的合作与共享；2012年，中共十八大报告提出了"命运共同体"意识与"合作共赢"思想；2014年，中国提出了倡导共同、综合、合作、可持续原则的"亚洲新安全观"，坚持与邻为善、以邻为伴，践行"亲、诚、惠、容"理念，努力维护亚洲地区的和平与稳定，使自身发展惠及邻国；2015年中国又建构亚洲基础设施银行、设丝路基金，全面推进丝绸之路经济带和21世纪海上丝绸之路建设。一直以来，"中国秉持公正、劝和促谈，推动政治解决伊朗核、朝核、阿富汗、伊拉克、叙利亚和巴以等地区和国际热点问题，为维护有关地区和平稳定尽了应负的国际责任"。② 中国还把欧洲视为推进全球治理的重要伙伴，支持欧洲一体化。欧债危机爆发后，中国及时向一些国家提供力所能及的帮助，增进了相互信任。这一切均证明了以"和合主义"为价值范式的外交实践是中国政府一以贯之的追求，也取得了巨大的成就。

---

① 李肇星：《中国是增进国际互信的正能量》，《和平与发展》2014年第6期。
② 李肇星：《中国是增进国际互信的正能量》，《和平与发展》2014年第6期。

四、"国家间认同"的建构路径：
"大平台、多结伴、深融合"

（一）"和合主义"范式的运用要有针对性地描绘新的认同图景

"一带一路"方略是基于总体发展考虑的长远规划。为了抛弃冷战思维，用"方略"代替"战略"一词具有特别的"和合共赢"意味。目前，统合"丝绸之路经济带"与"海上丝绸之路"的"一带一路"方略正是中国新近向世界展示的、为促进区域一体化和促成人类命运共同体所设计与倡导的多边性长远规划。任何方略都有其内在的价值取向与范式，"和合主义"范式的实践是要通过和平共处前提下的平等合作与价值共创，实现利益共享、责任共担的发展目标，打造人类命运共同体。为此，"和合主义"将既是不同文明交往、求同存异、取长补短的交往智慧的提升，也是体现和平性、包容性、开放性、互补性、互利性的新外交实践的拓展，因此，对于"一带一路"沿线国家基于不同文化、不同社会制度、不同经济发展阶段和不同意识形态的交往中的"国家间认同"建构具有重大的现实意义和推动作用。"和合主义"范式既是中国对世界的思想贡献，又符合当今人类发展的趋势与国际社会的认知取向与发展追求。与世界以往的区域一体化战略相比，基于"和合主义"范式的"一带一路"方略所体现的重要特征是："它不是一种单向性援助，而是一种多向性共建；不是一种对抗性结盟，而是一种合作性结伴；不是一种例外主义的算计，而是一种关系主义的互惠；更不是一种殖民主义的强制，而是一种和合主义的联动。"①

"丝绸之路新区域"治理中的"国家间认同"建构需要在"和合主义"范式运用中区别对待。中国既要"谨防直接或间接地自我声言是完的利他主义者和道德完美主义者"，又要"谨防生成和流露恩赐心态、'老大'心态和急于求利、'义不及利'倾向"②。在定位好自己的角色与位置的前提下，通

---

① 徐黎丽、余潇枫：《"一带一路"是沿线国家的合唱而非中国的独唱》，《光明日报》2015年6月8日。

② 时殷弘：《"一带一路"：祈愿审慎》，《世界经济与政治》2015年第7期。

过"协商"而不是通过"谈判"①，通过"合作共利"而不是"合谋共斗"②，积极主动地建构国家间认同与推进"丝绸之路新区域"治理。

首先，针对积极响应"一带一路"方略的国家，中国需要加强全面合作，共建一个具有包容性的发展大平台，以成就来推进和合共赢。事实上新加坡对"一带一路"的热切响应，马尔代夫、斯里兰卡、巴基斯坦、老挝、泰国、印尼以及马来西亚对此的积极欢迎，俄罗斯与蒙古国构想以"中蒙俄经济走廊"方式的努力"对接"，以及中亚、西亚、中东欧等国的赞赏与回应等，均表明大多数沿线国家对"一带一路"有着基本共识与共同向往。

当然，有不少国家采取保守态度后仍在观望之中，如印度担心中国通过"一路"在印度洋上崛起，并担忧中国在巴基斯坦和斯里兰卡修建港口，想另外发起印度版的丝绸之路计划等。针对那些持保守、徘徊、观望甚至想另谋他途的国家，中国需要加强共同研讨与重点合作，探讨"一国一策"的可行设计。如，我们要"实现'一带一路'与印度'跨印度洋海上航路与文化景观'计划的全面对接，推动孟中印缅经济走廊的务实合作与发展，举办中印'丝路文化'联展项目，并防微杜渐，管控分歧，理性引导两国关系的积极发展"③。再如，我们要加强与韩国的合作，推进韩国将"东北亚和平合作构想"、"半岛信任进程"、"欧亚倡议"等与中国的"一带一路"有效对接。④

另有一些国家对"一带一路"持以怀疑态度，特别是"一带一路"沿线国家"多有着悠久的宗教文化传统和浓厚的宗教信仰氛围，一些国家的某一宗教乃是绝大多数人的信仰，而随着丝绸之路的延伸，我们则还需要面对以基督教信仰为主的众多国家，如果不了解这些国家及地区的宗教国情及其宗教信仰传统、风俗习惯，想要深入展开'一带一路'的建设则几乎是不可能的"⑤。针对那些持犹豫怀疑态度的国家，中国需要加强相互接触与沟通，

---

① 参见张蕴岭：《如何认识"一带一路"的大战略设计》，载张洁主编：《中国周边安全形势评估："一带一路"与周边战略（2015）》，社会科学文献出版社 2015 年版。
② 张蕴岭主编：《新安全观与新安全体系构建》，社会科学文献出版社 2015 年版。
③ 杨思灵：《"一带一路"：印度的回应与对策》，《亚非纵横》2014 年第 6 期。
④ 参见王晓博：《"一带一路"倡议下的东北亚局势与动向》，《东北亚学刊》2015 年第 3 期。
⑤ 卓新平：《"一带一路"上的宗教：历史积淀与现实处境》，《中国宗教》2015 年第 6 期。

对有宗教信仰的国家要建构各种层次的宗教对话交流机制，在增信释疑的基础上寻找共同合作的突破口，特别是"中国在推进'一带一路'倡议时，需要解决自己与东盟部分邻国之间的信任赤字问题"。①

"一带一路"也形成了与某些国家发展战略的"竞争关系"，因而不排除有个别国家试图抵制等。如日本海上贸易的"亚—非—欧"路线与"一带一路"有着竞争关系，日本一开始带着抵触态度加快了对"一带一路"国家的出访与合作，随着区域合作的加强，且日本也看到日本企业可以在"一带一路"中受益，因而从抵触态度转向了观望。②针对个别持抵制心态的国家，中国则需要首先表示理解并主动解释，以积极主动的开放性政策加强合作，通过寻求利益交汇点，在更广阔的视野中寻找平等合作的可能性。特别是中国应在既有的合作平台上取得新的发展，努力与欧亚经济联盟、上合组织、"中巴经济走廊"以及"孟中印缅"经济走廊等合作机制形成新的合作，并"为这些机制注入新的血液和活力"。③

不可否认，还会有试图干扰或捣乱的国家，如"随着中国'一带一路'战略的全景呈现，美国对中国的中亚战略目标疑虑日益加深"，"过去一段时期，美方主要致力于干扰中国主导的亚投行筹建，在惨遭欧盟和部分亚太盟友背弃后，新的干扰和破坏可能很快出笼"，"美国很可能将中亚政策从'遏俄防中'转变为'双遏中俄'，其干扰中国丝绸之路经济带建设的着眼点可能会从经济领域转向政治与安全领域"④。因此，针对极个别别有用心试图通过挑拨制造危机或妄图进行破坏的国家，中国则需要在中美不发生大对抗的前提下与之"竞合"⑤，同时加强"一带一路"方略的稳步实施与推进，随着给世界带来普遍实惠与发展希望，这些消极因素自然会逐步消解。

① 林民旺：《印度对"一带一路"的认知及中国的政策选择》，《世界经济与政治》2015年第5期。
② 参见杨思灵：《"一带一路"：印度的回应与对策》，《亚非纵横》2014年第6期。
③ 李文、蔡建红：《"一带一路"对中国外交新理念的实践意义》，《东南亚研究》2015年第3期。
④ 袁胜育、汪伟民：《丝绸之路经济带与中国的中亚政策》，《世界经济与政治》2015年第5期。
⑤ 储昭根：《竞合主义：国际关系理论的新探索》，《太平洋学报》2015年第8期。

（二）"和合主义"范式的运用要重视"三个共同体"的打造

一带一路沿线各国的"国家间认同"建构有其坚实的相互依赖的现实需要，其主要体现在经济上的互补、能源上的合作、文化上的交融与安全上的共享上。"一带一路"沿线各国的"国家间认同"建构又有其不确定的错综复杂层次关系，除了政治、经济、社会、文化、环境等领域，还有着超国家、国家、次国家以及非国家层次的行为体参与其中。因此，基于"和合主义"范式的利益共同体、责任共同体、命运共同体的打造是"一带一路"沿线国家间认同建构的关键。

首先，中国以欢迎他国来搭中国这列经济快车与便车的心态来促成"利益共同体"的形成，这无疑可为"国家间认同"的建构奠定坚实的物质基础。沿线国家经济社会发展水平并不均衡，通过"一带一路"建设，在实现各自发展利益的同时，寻求最大的利益契合点，进而增强互信，减少猜疑与误判，促进国家间的相互理解与认同。

其次，要通过对"责任共同体"的打造来提升"国家间认同"，利益共同体的物质基础与命运共同体的精神将建构起"相互责任主权"（mutual responsible sovereignty）的国家间认同。在"丝绸之路新区域"治理的公共产品提供与享用过程中需要重新探索"国家与主权"关系的新本质。"当国家不仅要留意本国公民的本土需要，还要关心其他国家公民的国际义务时，国家主权就变成了责任主权。"① 当然这种"责任主权"是"相互的"才算合理，要实现"丝绸之路新区域"治理需要提倡"相互责任主权"，而以相互依存与"相互性责任主权"为基础的"共同治理"才是各国应对共同危机的有效良策。② 从责任的角度讲，建构"国家间认同"，中国将首先作出表率，中国"坚持走和平发展的道路、不走传统大国崛起的道路、不称霸、和平解决争端等，这些都是以往任何崛起大国没有承诺过的，中国既然敢于承诺，也就有信心和意志做到"③。

再次，在利益共同体与责任共同体基础上形成"命运共同体"是提升

---

① 张胜军：《全球深度治理的目标与前景》，《世界经济与政治》2013 年第 4 期。

② 参见张胜军：《全球深度治理的目标与前景》，《世界经济与政治》2013 年第 4 期。

③ 张蕴岭：《中国的周边区域观回归与新秩序构建》，《世界经济与政治》2015 年第 1 期。

"国家间认同"的关键一步。如果说"利益共同体是相关国家利益、权力共生关系的结构体系"，那么"责任共同体是利益共同体的伴生体，是相关国家保障利益、权力共生关系结构体系的制度、机制规范体系"，而命运共同体则是"你中有我，我中有你"的"共建、共享、共赢"体系的形成，总体而言，"利益共同体、责任共同体、命运共同体三位一体理念是共建'一带一路'的时代指南"[1]。"和合主义"的价值指向是共同体命运的"休戚与共"与"价值共创"。命运共同体意识更多强调的是对国家中心主义的超越、对共同体命运的关切，共同分享"大平台"利益、共同体现"大合作"精神、共同创建"大家庭"命运，这是"国家间认同"也是"丝绸之路新区域认同"的必由之路，也是中国引领创建可持续发展与可持续安全方式的必由之路。

（原载《西北师大学报》（社会科学版）2015 年第 6 期；
作者单位：浙江大学公共管理学院）

---

[1]　金应忠：《"一带一路"是欧亚非的共同发展战略》，《国际展望》2015 年第 2 期。

试论和合学的"人类意识"

李会富

"任何真正的哲学都是自己时代的精神上的精华"①，都是人类智慧植根现实世界、回应时代课题的产物。任何真正的哲学家都必须对时代课题具有非凡的敏锐性，对历史发展具有强烈的使命感。因而，真正的哲学创造必须超越各种狭隘的局限和短浅的目光，具有广阔的学术视野、深厚的现实根基和超前的问题意识，必须展现出开阔的胸怀，关注时代的危机，关心人类的命运。张立文先生开创的和合学，便体现了哲学创造的这一特点。它立足于博大精深的中国文化，着眼于当今时代面临的各种问题，以化解人类面临的五大危机、构建人类和合精神家园为己任，明确了体现时代精神、符合人类理想的首要价值理念，构建了贯通"三界"、兼备体用、融合中外的理论思维体系。这使得和合学体现出广阔的"世界视野"和强烈的"人类意识"。

一、和合学的"世界视野"与"人类意识"

和合是中国文化的首要价值，和合学植根于中国文化的沃土，继承了中国文化的精髓，但这并不表明，和合学只是"中国的"。相反，它从一开始就超越了狭隘民族主义的局限，展现了宽广的胸襟，具有了"世界视野"和"人类意识"。

首先，和合学的视野是开阔的，它立足中国，放眼世界，从"世界视

---

① 《马克思恩格斯全集》第 1 卷，人民出版社 1995 年版，第 220 页。

野"中发现问题、思索途径、建构思想、发明智慧。

一方面，和合学从"世界视野"中发现了当今时代的"世界性"的问题，并提出了化解之道。它结合当今世界风云变幻的大趋势，特别是冷战以后世界发展的新格局，综合考察了当今世界存在的各种问题，深入分析了这些问题的产生原因、主要特征和发展趋势，从而体贴凝练、归纳总结出当今世界存在的五大冲突和危机。它认为当今世界人类所面临的问题尽管错综复杂、千头万绪，但归根到底可以概括为五大冲突和危机：一是人与自然的冲突及其生态危机，二是人与社会的冲突及其人文危机，三是人与人的冲突及其道德危机，四是人的心灵的冲突及其信仰危机，五是文明之间的冲突及其价值危机。这五大冲突和危机是当今世界所有问题中影响最为广泛的问题，它们不是某个国家、某个民族、某个文明的问题，而是全人类共同面临的问题。和合学正是把化解这五大冲突和危机作为自己的"立言宗旨"，因而，和合学所关注的问题是世界性的问题，或者说，和合学的问题意识具有"世界视野"。

由于五大冲突和危机都是当今世界影响广泛的全球性问题，它们影响了全世界的各个领域，所以，它们的出现造成了当今时代自然环境、社会环境、人文环境的巨大变化，进而深刻影响了当今时代人文语境的转移。解决这五大冲突和危机成为当今世界最为主要的时代课题，相应地，谋和平、求合作、促和谐则成为当今世界的一大主题和全人类的共同呼声，和合成为当今时代的首要价值。这样，五大冲突和危机的出现便在一定意义上导致了当今时代核心话题的转换，使得"和合"成为体现当今时代意义追寻和价值创造的核心话题。人文语境的转移和核心话题的转换呼唤着新哲学的产生，于是，和合学便应运而生了。这样一来，和合学的人文语境和核心话题便都具有了"世界性"。

另一方面，和合学从"世界视野"中审视中国哲学或中国文化的内在问题，探索中国哲学或中国文化的现代转生之道，从而使中国哲学或中国文化在新时代的发展具有了广袤的学术背景和宽阔的演绎空间。

张立文先生的和合学不只是由《和合学概论》、《和合哲学论》、《和合与东亚意识》、《中国和合文化导论》等数本学术著作所阐发的哲学体系，而是贯彻于张先生的全部学术研究中，是张先生生命学术和学术生命的思想升华和智慧结晶。它与张先生提出的中国哲学逻辑结构论、传统学引论、新人学导论融为一体，与张先生数十年的中国哲学史研究融为一体。和合学是中国哲学逻辑结构论、传统学引论、新人学导论乃至其整个中国哲学史研究的活的灵魂和理论归宿，和合学的建构和阐发是贯通其整个学术创建过程的主线。数十年来，为了阐发中国文化的真精神、揭示中国文化的和合价值、构建和合学，他探赜索隐，条分缕析，撰写了《中国哲学范畴发展史》（天道篇、人道篇），主编了《道》、《理》、《气》、《心》、《性》等"中国哲学范畴精粹丛书"，对中国哲学史上的主要范畴进行了系统梳理、深入挖掘。他兀兀穷年，乾乾不息，撰写了《周易思想研究》、《朱熹思想研究》、《宋明理学研究》、《走向心学之路》、《正学与开新》等大量著作，对中国哲学史上的主要学术流派和主要思想家进行了专题研究、专门阐发。他自出心裁，戛戛独造，撰写了《中国哲学逻辑结构论》、《传统学引论》、《新人学导论》等著作，对中国哲学的发展规律和中国文化的现代创生进行了揭示发明、体贴探索。在这数十年的学术创建过程中，张先生始终坚持以开放的心态、开阔的眼界、开明的态度，对待整个中国哲学史研究，阐述中国文化在现代社会的"古今中西之辨"，探索中国文化现代发展的可能路径。在他这里，"古今"之辨从来都是与"中西"之辨相结合的，中国哲学史研究特别是对中国文化现代转生的思考从来都是与借鉴人类文明、研究世界学术相统一的，思考中国文化的命运从来都是与探索人类文化的未来相一体的。换言之，和合学所统贯的中国哲学史研究从来都不是隔绝中外的"闭门造车"、"孤芳自赏"，而是一个从世界学术的大背景下审视中国文化的过程，是在"世界视野"中的中国哲学史研究。

其次，和合学的立意是高远的，它关切人类命运，放眼人类未来，将化解人类共同危机、构建人类精神家园作为自己的"创学标的"，体现出强烈的"人类意识"。

"人类意识"是一种关注人类命运的意识，是一种从全人类的高度发现问题、思考问题的意识。它表现为以天下为己任的担当意识、勇于推动人类历史发展的使命意识、关注人类整体利益的全局意识和敢于破除"门户之见"的开放意识。和合学从其创立之日起就体现出很强的"人类意识"。关注人类命运、化解人类危机，是和合学得以提出的重要动因之一。张先生曾明确指出，人类所面临的五大冲突和危机归根到底是价值危机，而"和合学创学标的之一，就是为了化解人类文化系统内的价值冲突和危机"①。化解这些价值冲突和危机，"就需要创立一种新的文化价值观，以适应时代发展的需要"②，而和合学倡导的和合理念、和合价值，正是这种适应时代发展需要的"新的文化价值观"。和合学就是要以这种"新的文化价值观"，以和生、和处、和立、和达、和爱五大原理去化解人类面临的冲突和危机。张先生在谈论亨廷顿的"文明冲突论"时也曾谈到他创立和合学的初衷。他说："为了全人类的福祉，我把中华民族传统学术文化资源中的化解冲突和危机的深邃思想、智慧洞见发现出来，体贴和合话题，而转生为'和合学'理论思维体系，以全面回应和化解人类所面临的五大冲突和危机。从更广的文化视野、更强的和平祈求、更切的幸福期望来观照文明冲突，人们会自然而然地觉解亨氏'文明冲突论'的谬误，'和合学'的魅力。"③ 这就是说，和合学的提出是"为了全人类的福祉"，和合学的魅力也在于它能化解全人类的问题。

和合学的"人类意识"体现在它的各个方面。无论是在和合学的建构阐发过程中，还是在和合学体系的各个部分之中，都体现了对人类命运的关切。张先生阐述和合学的基本著作《和合学》（初版题为《和合学概论》）一书的副标题即为"21世纪文化战略的构想"，这表明和合学首先是作为一种21世纪的人类文化战略提出的。其第一章《世纪之交的文化思考》开篇就指出："在此20世纪21世纪之交，人类站在一个新时代、新理论、新思维的起点上，反省、检讨、总结20世纪的两次世界大战、两次大革命，以及世纪末的冷战向后冷战的转化等风云变幻，以寻求21世纪人类的命运。世界的思想家、政治家、谋略家自觉或不自觉地都在思考21世纪人类怎样才

---

① 张立文：《新人学导论》，广东人民出版社2000年版，第245页。
② 张立文：《新人学导论》，广东人民出版社2000年版，第245页。
③ 张立文：《和合学：21世纪文化战略的构想》，中国人民大学出版社2006年版，"再版序"第5页。

能生活得美好。人与自然、人与社会、人与人，以及民族与民族、国与国、地区与地区、文明与文明之间的关系，应以什么新原理、新原则，来建构新关系、新秩序，使人人都能安身立命。"① 和合学正是在这样的时代大背景下提出的一种旨在"寻求 21 世纪人类的命运"、"思考 21 世纪人类怎样才能生活得美好"、"使人人都能安身立命"的"新原理、新原则"。其"三界"、"六层"、"八维"等理论体系的建构以及传统学、新人学理论的阐发，都充满着对 21 世纪人类命运的深刻思考和对人类美好生活的殷切向往，都是张先生力图"使人人都能安身立命"的尝试，都体现了鲜明的"人类意识"。

再次，和合学重视人性的挺立，高扬人的价值，重塑理想人格，倡导人的"第三次发现"，展现出鲜明的"人道情怀"。

"人类意识"归根结底是对人本身的重视，是一种彰显人性的"人道情怀"。和合学作为一种文化战略和人文价值，把"人"看作了文化的主体和一切价值关系的核心，把"发现人"作为自己的一项重要任务。

一方面，从文化战略的角度讲，和合学强调人是文化的主体。张先生曾指出："这个世界因有了人的生活交往活动，而有文化；文化又因人的生活交往活动，而有进化。人创造了文化，文化亦创造了人。文化说到底是人的本质力量的对象化和对象的人化，所以，文化是人的文化。"② 一切文化都由人而创造，因人而发展，为人而存在。和合学作为一种"文化"战略，自然要彰显人的价值，重视人的地位。为此，张先生从和合学的立场出发，在继承和批判中西人学思想的基础上，提出了自己的新人学。和合学的新人学"从对人的规定的传统观念中超越出来"，对"人"做了重新规定，认为"人是会自我创造的和合存在"③。按照这一人性规定，人的"自我创造"过程也就是"人创造了文化，文化亦创造了人"的过程。"人创造了文化"，表明人创造了其所生存的外在世界；"文化创造了人"，表明人在创造文化的过程中创造了人自己。也就是说，人是和合"三界"的创造者，同时也是人自身的

---

① 张立文：《和合学：21 世纪文化战略的构想》，中国人民大学出版社 2006 年版，第 1 页。
② 张立文：《和合学：21 世纪文化战略的构想》，中国人民大学出版社 2006 年版，第 2 页。
③ 张立文：《和合学：21 世纪文化战略的构想》，中国人民大学出版社 2006 年版，"自序"第 14 页。

创造者，人在创造世界的同时创造了自身。人的这种创造，并不是毫无根据地"凭空杜撰"、"无中生有"，而是要利用天地宇宙的诸多要素，是天地宇宙诸多要素的融突和合，因而，人是一种"和合存在"。这里，和合学的新人学突出了人的自我创造性，这与《和合哲学论》中将"生生"提高到道体高度是完全一致的。在一定意义上，"创造"即是"生生"，人的自我创造过程就是一个"和合生生"过程。人正是在永不止息的"自我创造"过程中，体认和合生生道体，创建和合精神家园，演奏"和合起来"的华美乐章。

另一方面，从价值关系的角度讲，和合学强调人是价值关系的核心。张先生指出，"和合学'三界'、'六层'、'八维'是以'人是会自我创造的动物'①为基点。若没有人生存在这个事实，任何'上帝'、'天'、'理念'、'真如'、'心'、'绝对精神'，都不可能存在，天地万物也无存在的价值。人为'天地立心'，天地万物以人心为'心'。人类社会的一切运作，归根到底是为了人，自然科学、社会科学、人文科学各领域、部门、学科的发明创造，都直接地、间接地为了人。其实，哲学理论思维的形式虽远离人，但其出发点和归宿点，还是人。千百年来，人们所探索的核心，说到底就是为人。只要人类还存在，它便是一个人们所探究的永不完结的中心课题"②。这就是说，人是人类社会一切运作的最终目的，是天地万物一切存在的灵明。人是天地万物之"心"，是天地万物具有价值的依据。它既是价值的"出发点"，也是价值"归宿点"；既是价值的创造者，也是价值的评判者。在所有价值关系中，人始终居于中心位置。所以，和合学高扬人的价值，认为"人是目前宇宙已知的一切存在物中最高、最灵的存在者"③。

和合学对人的价值的弘扬，是在继承中国传统"天地之性人为贵"的人文精神的基础上，对当今时代人的精神空虚、意义迷茫和价值危机的回应，是一种新的"人道主义"。为了在新时代合理地弘扬人的价值，和合学倡导"人的第三次发现"。和合学认为，以亚里士多德为代表的古希腊哲人

---

① "人是会自我创造的动物"，这是张先生在《新人学导论》中对人性规定的表述。这一表述后来被张先生修改为"人是会自我创造的和合存在"。

② 张立文：《新人学导论》，广东人民出版社 2000 年版，第 220 页。

③ 张立文：《新人学导论》，广东人民出版社 2000 年版，第 1 页。

"从大自然中、从动物中发现了人",这可以称为人的第一次发现;文艺复兴以来的人文主义者"从依据人所塑造的上帝,即在宗教神学中发现了人",这可以称为人的第二次发现;如今,"人面临着第三次发现或第三次解放,这就是从大工业工具系统和现代科学技术中发现人,把人从现代机器的控制下和生态危机的灾难中解放出来"①。实现"人的第三次发现"便是和合学的使命之一。为此,和合学的新人学提出了塑造"和合型人格"的任务,阐述了人生"五大境界"(生命超越境、知行合一境、情景互渗境、圣王一体境、道体自由境)的理论。

在这里,和合学所谓"人的第三次发现"及其追求理想人格、理想境界的过程,是与其化解五大危机和冲突、建构和合精神家园的过程同一的。从个体的角度讲,塑造理想人格、追求理想境界、实现人性挺立的过程就是逐步体认和合生生道体、建构和合精神家园的过程;从人类的角度讲,实现"人的第三次发现"的过程,就是化解五大冲突和危机、实现人类和合共生的过程;它们都需要高扬和合价值理念,都是人的自我和合、自我创造的过程。这也表明,和合学的各种论述尽管存在于不同的著作中,却是有机联系、融为一体的;和合学体系的各部分尽管存在着文字表述的差异和思想关注点的偏重,却是相互照应、贯通为一的;它们共同担负着表达和合价值理念的使命,一起构成了"和合学"这个融突和合的和合体。

二、和合学的"民族意识"与"东亚意识"

我们说和合学超越了狭隘民族主义的局限,具有"世界视野"和"人类意识",这并不意味着它没有自己的民族文化立场。和合学的"世界视野",是在继承优秀传统文化、坚守民族文化立场前提下的"世界视野";和合学的"人类意识",是与"民族意识"相统一的"人类意识"。也就是说,和合学归根到底是站在中华文化的立场上去审视人类问题,从中华文化的思想中去寻找人类危机的化解之道的。民族文化立场始终是和合学阐述思想、

---

① 张立文:《新人学导论》,广东人民出版社 2000 年版,第 29 页。

分析问题的根本立足点。

首先，和合学植根于中华文化之中，是中华人文精神的自觉继承者，民族文化立场是和合学的当然立场。

一方面，和合学所倡导的"和合"价值首先来源于源远流长的中华人文和合精神，是中国文化真精神的当代延续。张先生正是在数十年的中国文化研究中，爬梳剔抉，参互考寻，发现了中国文化数千年来绵延不断的真精神，挖掘出了"和合"这个中华文化的首要价值。他说："'和合'二字，是通过对中国传统哲学'天道'与'人道'近百个范畴的系统梳理，从中体贴出来的中国人文精神。"又说："'和合'二字虽是'自家体贴出来'，但实实在在地是中国文化源远流长的人文精神，是民族精神的活生生的灵魂。"① "和合既是中国文化人文精神的精髓，也是中国文化的终极本体和终极价值。"② 和合学正是这一"民族精神的活生生的灵魂"的继承者和弘扬者。

另一方面，和合学的诠释文本和表述话语来源于中国文化。和合学把先秦经典文献《国语》作为自己首要的诠释文本，从中发掘出"和实生物，同则不继"的和合生生意蕴，并把其发扬光大。为了阐述这一价值理念，和合学又从中国文化中寻找自己的名字范畴和表述话语。为此，张先生系统梳理了中国哲学的范畴发展史，从中总结出中国哲学范畴的演化规律，将中国哲学范畴划分为实性范畴、象性范畴、虚性范畴三大类，提出了"中国哲学逻辑结构论"。这为和合学提出自己的名字范畴、建构自己的逻辑结构奠定了基础。和合学正是在此基础上，复活了一系列中国传统哲学的概念范畴和名字体系，形成了自己的话语系统。

这样一来，和合学便成为中国学人用中国文化的名字范畴、表述话语而表达中国文化价值精髓的学术形态。它"从一开始就深深地滋润在民族精神及其生命智慧的'源头活水'里"③，从一开始就以"中国文化价值系统中

① 张立文：《和合学：21世纪文化战略的构想》，中国人民大学出版社2006年版，"自序"第15页。
② 张立文：《新人学导论》，广东人民出版社2000年版，第246页。
③ 张立文：《和合哲学论》，人民出版社2004年版，第38页。

根深叶茂的人文和合精神"为其"精神沃土"①。或者说，它本身就是中国文化现代化的产物，是中国哲学在当今时代的一种新形态、新精神或当今时代的中国哲学。因此，中国文化的立场先天地成为和合学的当然立场。

其次，中华文化的当代生存始终是和合学开题立论的首要目的，实现中华文化的现代转生是和合学的当然使命。

中华文化是人类文明中影响深远的几大文明之一，曾在数千年中长期引领人类文明的发展潮流。然而，在人类文化现代化的过程中，中华文化逐渐落后于时代的发展。特别是近一个多世纪以来，中华文化一直受到西方文化的压制，甚至到了危亡之刻，它在现代社会的生存面临着多重压力和危机。于是，中华文化如何走出危机、焕发新生，便成为一百多年来无数文人学者、志士仁人反复探索的一大课题。从"中体西用"，到"综合创新"，历代学者就中国文化的现代转生作出了艰辛的探索，提出了许多有重要价值的新构想、新论说。但是，这些构想和论说，"都只是关于如何向现代转换的方法或手段的探讨"，"总未提出一套新的理论体系或学说架构"②，最终都没能有效地实现中国文化转生现代、走向世界的梦想。和合学正是在这样的时代背景下提出的，它深刻分析了中国文化所面临的各种危机，在继承前人的基础上提出了自己的化解之道，成为中国文化现代转生的最佳选择。在和合学看来，中国文化在现代化的过程中，面临三大挑战：一是人类共同的五大冲突和危机的挑战，二是西方文化的挑战，三是现代化的挑战。"中国文化要恢复其生命的活力"，就必须对这三大挑战"作出成功的回应"③，和合学正是基于此而建构自己的体系、提出自己的思想的。由此，实现中国文化的现代转生和走向世界，便成为和合学的首要的当然使命。

再次，和合学从博大精深的中国文化中汲取营养，生成智慧，为中国文化的现代转生提出了自己的战略构想，形成了中国哲学现代转生的新形态。

---

① 张立文：《新人学导论》，广东人民出版社 2000 年版，第 246 页。

② 张立文：《和合学：21 世纪文化战略的构想》，中国人民大学出版社 2006 年版，"自序"第 12 页。

③ 张立文：《中国和合文化导论》，中共中央党校出版社 2001 年版，第 23 页。

　　张先生曾指出，未来的中国哲学"不再是中国'王道'的政治观念，'天理'的伦理赋值，'良知'的道德范式。它有可能是通过对效用历史和价值式能的超越，将中国传统哲学'断烂朝报'式的文明资源'和合起来'，恢复中华和合文明历史，激活并转生中华新思维、新理论、新哲学"①。和合学就是这种"激活并转生"的"中华新思维、新理论、新哲学"。它从中国文化中体贴出化解人类五大冲突和危机的"和合"之道及其五大原理，在化解人类五大冲突和危机、回应中国文化三大挑战的过程中形成了新的理论体系。它不再停留于对中国文化的"照着讲"，也不满足于对中国文化的"接着讲"，而是突出了当代中国文化的独立性和自主性，力求做到中国文化的"自己讲"。这就使得和合学既根植于中国传统文化的土壤，继承了中国文化的活的灵魂，又不局限于对传统的"复述"，而是在塑造中国文化新形态的过程中使传统文化获得了新生。为了实现中华文化的现代转生，实现对传统文化的度越，张先生对"传统"本身做了深入研究，并从文化学中分离出传统学，建构了和合学的传统学理论。在继承传统的基础上，它不再停留于中国文化现代转生的方法的探讨，而是直接着眼于中国文化新形态的创造。"和合学既是民族精神生命智慧转生的转生者，也是中国文化整体性、结构性、有机性转生的载体。"②"它使一个多世纪以来关于中国文化的现代化由方法的论争转向文化形态的选择，即使方法论争落到了实处"③，以自己的存在及其生命力展现了中国文化的当代生命，彰显了中国文化的现代转生。

　　在和合学看来，中国文化的现代转生主要是中国文化精髓的转生和文化生命力的恢复。"这种转生，是中国传统文化创造性再生的延续，而不是传统文化原封不动的单传；它内在于中国传统文化人文精神的蕴含，又超越中国传统文化人文精神固有的意蕴。"④其关键是让中国文化的活的灵魂在当今时代得以延续并重新焕发活力，让中国文化能真正适应时代的需要，回应时代的课题，为化解人类面临的五大冲突和危机贡献自己独特的智慧。中国

---

① 张立文：《新人学导论》，广东人民出版社 2000 年版，第 216—217 页。
② 张立文：《中国和合文化导论》，中共中央党校出版社 2001 年版，第 22 页。
③ 张立文：《中国和合文化导论》，中共中央党校出版社 2001 年版，第 52 页。
④ 张立文：《中国和合文化导论》，中共中央党校出版社 2001 年版，第 22 页。

文化只有在自觉回应时代课题、化解人类危机的过程中，才能真正引领时代精神，才能真正与西方文化站在同一平台对话，才能真正在现代社会焕发出蓬勃生机；"只有在化解、协调现代人类所共同面临的五大冲突和危机中，发挥出自己独特的巨大魅力和价值，才能获得世人的认同，才能真正走向世界和走向现代化"①。亦即是说，实现中国文化现代转生的过程与以中国人文智慧化解人类冲突与危机的过程是同一的，实现中国文化现代化的过程与推动中国文化世界化的过程是同一的。"中国文化的世界化和现代化，实质上是一而二、二而一的问题。"② 和合学正是中国文化为解决人类共同面临的冲突与危机而提供的化解之道，是中国文化"与时偕行、唯变所适地适应世界化的需要"③ 的产物。它在实现中国文化现代转生的过程中，发掘出了体现时代精神的和合价值，找到了解决人类危机的化解之道；又在化解人类面临的五大冲突和危机的过程中恢复了中国文化的活力，展现了中国文化的实力。因而，和合学的民族文化立场及"民族意识"是与其"世界视野"及"人类意识"融为一体、密不可分的。

这里还需要说明的是，和合学不仅彰显了强烈的"民族意识"和"人类意识"，同时还提出了自己的"东亚意识"。张先生曾为阐述和合学的"东亚意识"而撰写了大量文章，并专门写作了《和合与东亚意识》一书。按照和合学的构想，东亚各国地缘相近、文缘相似、人缘相亲，具有共通的历史文化和现实利益。东亚人民的生存发展需要东亚地区的和平和睦、和谐共生，需要东亚各国的相互支持、合作共赢，需要各国自觉维护共通的文化传统，并从这一文化传统中汲取现代发展的营养。因而，东亚各国应该自觉树立起"东亚意识"。和合学"所谓'东亚意识'，是指中国、日本、韩国等东亚地区，以儒学为核心的文化意识，指儒学对这个地区的社会结构、典章制度、伦理道德、风俗习惯、心理结构、行为模式以及价值观念都有极其重要的影响，并在这种影响下形成以东亚地区为主体的一种意识"④。它"是东

---

① 张立文：《中国和合文化导论》，中共中央党校出版社 2001 年版，第 21 页。
② 张立文：《中国和合文化导论》，中共中央党校出版社 2001 年版，第 21 页。
③ 张立文：《和合学：21 世纪文化战略的构想》，中国人民大学出版社 2006 年版，第 57 页。
④ 张立文：《东亚意识与和合精神》，《学术月刊》1998 年第 1 期。

亚地区人民自我觉醒的意识，它意蕴着主体意识（或曰独立自主意识）、忧患意识、危机意识、经世意识、批判意识和反省意识"①。而归根到底，"东亚意识"是一种"和合意识"。它既是东亚各国文化历史中的真实存在，也是东亚地区未来发展的现实需要。东亚各国树立"东亚意识"，一方面要用"和合意识"或和合价值观去化解东亚地区的现实纷争，促进东亚地区的和平共处、合作共生，使东亚地区成为东亚人民安居乐业、和谐生活的共同乐土；另一方面要用"和合意识"或和合价值观凝聚东亚人民的合力，弘扬东亚人民共同的文化传统，实现东亚地区的文化自觉和文化自主，以便在与西方文化的竞争和对话中发出东亚文化的声音，为人类文明的发展作出东亚人民的贡献。

和合学以"东亚意识"的存在，有效回应了马克斯·韦伯（Max Weber）等西方学者对以儒家伦理为代表的中国文化或东亚文化能否适应资本主义社会发展需要的置疑。在韦伯看来，儒教伦理与作为资本主义精神的新教伦理截然不同，它"未能让近代资本主义在中国出现"，"同近代资本主义了无缘分"②。韦伯的论断否定了儒家伦理适应近代经济社会的可能，也就在一定意义上否定了中国传统文化现代化的可能。和合学正是以"东亚意识"的存在和东亚地区的崛起对韦伯的论断进行了有力驳斥，证明了中国文化或东亚文化在现代社会的顽强生命力。

和合学的"东亚意识"是与其"民族意识"、"人类意识"密不可分的，它是其"民族意识"和"人类意识"相融合的一个例证。一方面，东亚地区都属于儒家文化圈，深受中国文化的影响。相较于西方文化而言，中国文化与东亚其他国家的文化具有共同的文化基因。这就使得中国文化在走向世界的过程中可以与东亚各国合作，以东亚文化的形态共同谋取民族文化的当代发展，挺立民族文化的主体性。因而，和合学弘扬中国文化精神，彰显"民族意识"，便很自然地与树立"东亚意识"融合在一起。另一方面，东亚各国文化尽管同属儒家文化圈，但毕竟属于不同国家、不同民族的文化，它们

---

① 张立文：《东亚意识与和合精神》，《学术月刊》1998 年第 1 期。
② ［德］马克斯·韦伯：《儒教与道教》，王容芬译，商务印书馆 1995 年版，第 295 页。

各有自己的民族特点。东亚文化实际上是一种国际性的文化，它超越了国家或民族的界限。由此，和合学的"东亚意识"便是一种国际性的文化意识，是其"人类意识"在东亚地区的体现。在历史上，中国文化首先是通过在东亚地区的传播而实现其国际化的，并最终走向世界各地。如今，和合学正是沿着同样的道路，弘扬着中华和合精神，实现着中国文化的世界化。

三、"人类意识"与和合学的几个特性

和合学的"人类意识"，是和合学学术建构过程中自觉具有的重要意识，也是和合人文智慧的重要内容，对和合学的思想阐发和体系建构产生了重要影响。与其"人类意识"相适应，和合学呈现出自己特定的理论品格、思想性格或学术特性。其中，普适性、民族性、现实性和开放性，是和合学所具有的比较凸显的几个特性。

和合学的普适性，就是和合学的普遍适应性和普遍适用性。它是和合学的"世界视野"和"人类意识"所直接呈现出来的特性。正是因为和合学从一开始就具有"世界视野"和"人类意识"，从一开始就关注人类社会普遍性的问题，所以，它提出的文化战略和价值原理才具有普遍适应性和普遍适用性。具体而言，和合学的普适性主要表现在以下几个方面：

一是它所关注的问题具有普遍性。和合学所关注的人与自然、人与社会、人与人、人的心灵、文明之间的五大冲突，及其造成的生态危机、人文危机、道德危机、信仰危机和价值危机，是人类社会进入 20 世纪以来普遍存在的问题。这五大冲突和危机所产生的一系列问题遍布于世界各个国家、各个民族，影响了人类生活的方方面面。无论是两次世界大战、冷战对峙、恐怖主义泛起等影响世界格局的大变动，还是"温室效应"、能源危机、环境恶化等影响人类生存的大课题，抑或是精神空虚、价值迷茫、信任缺失、个性丧失、生活单调等涉及个人生活的许多全球性问题，都是五大冲突和危机在不同领域的具体体现。

二是和合学所确立的首要价值理念具有普适性。和合学所确立的"和合"价值理念，固然是中国文化的首要价值，但同时也体现在其他文化之

中。"'和合'不仅是儒家文化价值的取向，而且是道家、墨家、阴阳家和《周易》、《管子》文化价值的基本取向；同时，亦是东方日本文化、朝鲜文化、印度文化和西方古希腊罗马文化价值的取向。它既是中华民族多元文化所整合的人文精神的精髓，亦是世界各民族文化的基本精神。"[①] 由于"和合"价值理念本就不同程度地存在于人类各大文明之中，所以，和合学倡导和合价值，便自然而然地与人类各大文明相适应。特别是在当今时代，"和合"价值理念更是符合了全人类的美好理想，体现了全人类的价值追求。由此，和合学所确立的首要价值理念便具有了鲜明的普适性，"和合是全球文明的亨通之道。"[②]

三是和合学所提出的文化战略和价值原理具有普适性。由于和合学所关注的问题即五大冲突和危机具有普遍性，它所倡导的首要价值即和合价值具有普适性，所以，它在其首要价值的统领下为化解五大冲突和危机而提出的一系列文化战略，以及和生、和处、和立、和达、和爱五大原理，便自然具有了普适性。和生、和处、和立、和达、和爱是化解人类共同危机的共通之道，可以成为人类的共识，适用于各个民族、各种文化，是21世纪的"普适文化原理"[③]。

四是和合学所追求的价值理想具有普适性。和合学所发挥的和合生生意蕴是从天地万物的普遍存在中体贴出来的，它所揭示的和合生生道体是天地万物的普遍之道。由此，它所追求的和合精神家园是一种人人和生、和乐、和爱、和美的理想状态。这种理想状态，既是和合学依据天地之道及其人性规定所体认出来的人文理想，也是对世界各大文化中本有的理想追求的现实归纳。它不是为某个特定民族、某种特定文化而做的理想设定，而是对全人类共同理想追求的真实反映，是一种普遍适用于不同民族、不同文化的共同价值追求。

需要说明的是，和合学的普适性不是一种"排他性"的普适性；具有普适性的和合学也不是"一元论"的"普适价值"，不是"唯一"的"绝对

---

① 张立文：《中国和合文化导论》，中共中央党校出版社2001年版，第279—277页。

② 张立文：《中国和合文化导论》，中共中央党校出版社2001年版，"自序"第2页。

③ 张立文：《中国和合文化导论》，中共中央党校出版社2001年版，第276页。

真理"。与西方某些以自己的价值观为唯一普遍真理并妄图一统世界的所谓"普世价值"截然不同,和合学并不否定其他文化价值的合理性,并不谋求以自己的文化价值观取代其他一切文化价值观,而是崇尚"和而不同",主张"和实生物,同则不继"。它所追求的普适性的"和合"价值,不但不谋求以一种"普适价值"一统天下,反而以文化的多元存在为前提,主张通过多元文化的和平共处、和谐合作共创丰富多彩的人类文明。

民族性是和合学的一个重要特性,它是和合学的民族文化立场和民族意识的反映。由于和合学继承了中华人文精神,植根于中华文化的沃土,是中国文化现代化的最佳选择,所以,它必然呈现中国文化的理论特性,反映中华民族的民族性格。一方面,和合学的价值理念首先来源于中国文化,体现了中华民族的价值偏好。张先生曾指出,"和合是中华文化人文精神的精髓和首要价值,是'天下同归而殊途,一致而百虑'的'同归'、'一致'之道。她纵贯整个中华文化人文精神的底蕴,横摄一定时代各家各派的文化思想"①。另一方面,它所确立的战略规划和价值原理也反映了中国文化的精神内涵,体现了中华民族的理论智慧。此外,和合学的学术话语也具有鲜明的民族文化特色,反映了中华民族的思维习惯和语言风格。这都使得和合学呈现出明显的民族性。

和合学承认自己的民族性,并自觉继承、捍卫和弘扬自己的民族性,但并不因此而主张狭隘的民族主义或极端的文化保守主义。它既不主张为了民族的眼前利益而拒绝与世界各民族合作,也不主张为了保守自己的民族文化而拒绝接纳人类文明优秀成果,而是主张在与世界各民族的合作中吸收人类文明积极成果,进而对本民族文化进行相应的因革损益,促使民族文化现代化、世界化,主张"在中华文化和全球文化接轨、会通的态势中,凸显中华文化价值的创造性、开放性和价值创造的和合本质,展现中华和合文化的生命智慧的历史风流,接纳人类文化科技革命的现代进步"②。换言之,和合学对外来文化持开明态度,认为"一个否定自己传统的民族是没有前途的民

---

① 张立文:《中华和合文化导论》,中共中央党校出版社 2001 年版,"自序"第 2 页。

② 张立文:《中国和合文化导论》,中共中央党校出版社 2001 年版,"自序"第 3 页。

族，当然，一个不吸收外来文化的民族也是不会发展的民族。"① 正是这种开明态度，使得它能以开阔的视野着眼于中国文化的现代转生和未来发展，着眼于中国文化精髓的继承和传播，使得它能真正成为中国文化在当今时代的积极捍卫者和担当者。

这就是说，和合学秉承了中国文化中"己欲立而立人，己欲达而达人"的价值原则，在继承和捍卫自己文化民族性的同时，也尊重其他文化的民族性，承认其他文化的积极价值；在积极推动中华文化世界化的同时，也期待着其他文化的繁荣与发展。它认为，文化的全球化与文化的民族化是密不可分的，"无前者，文化便少了价值目标；无后者，文化就缺了多彩多姿。简言之，全球化与民族化是一与多、共性与个性的问题。若依非此即彼的思维来'观'，文化的全球化和民族化是相对相斥、不可两立的；若依融突和合的思维来'观'，两者是相待相关、互补会通的。这就是说，一与多、共性与个性是既冲突，又融合。有一才有多，有多才有一；一中有多，多中有一；一多相摄、圆融。21 世纪的文化价值目标是：全球化的多元民族化；多元民族化的全球化，即融突和合化"② 。如此一来，和合学便将文化的全球化与文化的民族化有机统一起来，将保持本民族文化的民族性与尊重其他民族文化的民族性有机统一起来。

和合学还具有很强的现实性。和合学固然是张先生自我"体贴"的成果，但这种"体贴"不是一个人躲在书斋里的冥思玄想、自吟自唱，而是从一开始就置身于现实世界、现实问题之中。它既是张先生对中国文化中实际存在的真实价值的体认，也是张先生对当今世界中实际存在的现实问题的思索。所以，和合学从一开始就密切关注现实问题，从一开始就具有强烈的现实感。

和合学的一系列的战略构想和价值原理，都是为解决中国文化和人类文明的现实问题而提出的。它所提出的中国文化的"三大挑战"、人类共同的"五大冲突和危机"，都是实实在在的现实问题，反映了中国文化和人类

① 张立文：《新人学导论》，广东人民出版社 2000 年版，第 2 页。
② 张立文：《中国和合文化导论》，中共中央党校出版社 2001 年版，"自序"第 3 页。

文明在当今时代的真实状况。为解决这些现实问题而提出的"三界"、"六层"、"八维"以及"五大原理"等，都是具有很强的现实针对性的实际策略。即便是作为和合学的形上建构的和合哲学及其所追求的和合精神家园，也都栖身于现实世界之中。和合精神家园的建构，需要人们的现实努力，需要现实的人在现实世界中通过融突和合的自我创造而实现。关注现实、付诸实践，是和合学能走向世界的重要原因，也是和合学能不断发展的直接动力。

和合学的现实性还体现在它所具有的对现实世界的批判意识中。由于和合学密切关注现实世界，所以它能敏锐地觉察到现实世界中的一些不合理或消极的因素。这使得它对当今时代许多司空见惯的现象持理性的批判态度。特别是对由工具理性的泛滥所带来的一系列社会问题，以及随着全球化、信息化的发展所产生的一些社会现象，和合学都进行了审慎的分析批判，指出了其中存在的问题，并依据和合学的原理指出了问题的化解之道。

开放性也是和合学的一个突出特性。这主要体现在三个方面：一是和合学的视野是开放的，它不仅关注中国文化，而且关注世界文化；不仅关注传统文化，而且关注现代文化；不仅关注人本身的和合创造特性，而且关注宇宙万物的和合生生之道。二是和合学的思想内容是开放的，它不仅继承了中国文化的精髓，而且吸收了其他文明的价值成果；不仅坚守了中国文化的活的灵魂，而且敢于作出适当的因革损益，勇于推动中国文化的新发展。三是和合学的体系是开放的，它不是追求"同一性"的封闭的体系，不谋求话语霸权，不是思想内容的束缚，而是一个为表达其和合价值理念服务的开放的不断发展的系统，因而它不是某些现代西方哲学家所反对的那种"体系哲学"①。

和合学的开放性使得它能不断发现新问题、新领域，不断吸收新思想、新内容，不断随着时代的发展而自我调适、与时偕行。所以，张先生反复强

---

① 某些现代西方哲学家对"体系"持否定态度。如沃勒斯坦（Immanuel M. Wallerstein）便发起了"反体系运动"，而阿多诺（Theodor W. Adorno）则在其《否定的辩证法》中认为真正的哲学是反体系的。尽管他们所理解的"体系"的含义有所不同，其立意的角度也各有所异，但都表达了对"体系"的反感。

调，和合学是"在途中"的和合学，"它是一种生生不息之途！"①

四、中国哲学的新形态与当代世界的新哲学

"在途中"的和合学以强烈的历史使命感和"人类意识"回应着时代课题，以中国文化的"和合"智慧化解着人类面临的五大冲突和危机，以自己的活生生的存在证明了中国文化的现代转生。在这个过程中，和合学不仅实现了中国哲学的学术创新，成为当今时代中国哲学的新形态，而且为人类共同面临的世界问题的解决提供了新思维、新智慧，成为当代世界的新哲学。

和合学对中国哲学的创新是有其自己的遵循的。张先生依据自己近50年来对中国哲学教学研究的心得和对中国哲学概念范畴全面系统的梳理，总结了数千年来中国哲学数次大的形态创新的内在规律，体贴出中国哲学创新的三条"游戏规则"或创新标志：一是核心话题的转换；二是诠释文本的转变；三是人文语境的转移。这三条中国哲学形态创新的"游戏规则"，"是逻辑地蕴涵在每一次哲学理论思维形态转生之中的，是存在于中华哲学的创新标志之中的"②。"要进行中华哲学的创新，要实现中华哲学理论思维形态的转生，必须遵照此'三规则'去做。"③

由于发现了中国哲学形态创新的三条"游戏规则"，和合学便实现了对中国哲学创新的方法论自觉。它以"和合"为核心话题，实现了对中国哲学自先秦哲学到宋明理学数次哲学创新的核心话题的超越。它以先秦重要文献《国语》为诠释文本，辅以《管子》、《墨子》，实现了哲学诠释文本的转变。它以20世纪以来特别是冷战以后世界形势的变化、时代主题的转变，以及"文化大革命"后国内社会环境的变革为其人文语境，实现了哲学人文语境的转移。和合学自觉遵照这三条规则去进行中国哲学的创新，从而真正实现

---

① 张立文：《中国和合文化导论》，中共中央党校出版社2001年版，第55页。

② 张立文：《和合学：21世纪文化战略的构想》，中国人民大学出版社2006年版，"再版序"第8页。

③ 张立文：《和合学：21世纪文化战略的构想》，中国人民大学出版社2006年版，"再版序"第8页。

了中国哲学理论思维形态的转生。

我们说和合学是当代中国哲学的新形态，不仅是因为它自觉实现了核心话题的转换、诠释文本的转变与人文语境的转移；而且是因为它摆脱了以往哲学创造的种种藩篱，努力做到了"自己讲"、"讲自己"，使中国哲学真正具有了国际视野和人类意识，真正具有了回应时代课题、化解人类危机的生机和能力，进而将中国哲学的现代转生落到了实处，使古老的中国哲学智慧或中华人文精神获得了新生。

正如张先生所说，"和合是中华人文精神的绍承，亦是中国文化精神的新生"①。和合学通过阐发和合生生意蕴、弘扬和合价值，继承并发展了中国哲学的精髓，构建了中国哲学的新形态。一方面，和合学使中国哲学精神不再是书斋里的学问，而是面向现实，具有了回应时代课题、解决现实问题的实际效能。另一方面，和合学使中国哲学精神不再是中华民族的自我言说，而是面向世界，具有了自觉与其他文明对话的意识和解决人类问题的能力。由此，和合学所阐发的中国哲学精神就真正实现了现代化，走向了世界化，真正具备了在现代社会、在当今世界生存发展的勃勃生机。相应地，和合学便真正成为新时代的中国哲学。

和合学构建中国哲学新形态的过程与其以中华人文精神化解人类危机的过程是同步进行的；创新中国哲学与丰富人类文明是和合学学术建构的一体两面。和合学正是在化解人类危机、丰富人类文明的过程中实现了中国哲学的创新，也是在创新中国哲学的过程中萌生了化解人类危机的新智慧。由此，和合学便不仅是中国哲学的新形态，而且成为当今世界具有中国特色的新哲学。

首先，和合学关注了当今世界影响人类发展的一些亟待解决的前沿问题，并提出了自己的解决方案。自人类社会进入现代化以来，随着社会生产力的巨大发展和科学技术的突飞猛进，现代性的一些负面作用日益暴露出来。特别是进入 20 世纪以来，伴随着经济全球化的深入和科技理性的膨胀，现代性的弊病被迅速放大。于是，以宣泄对现代主义的不满情绪、批判现代

---

① 张立文：《中国和合文化导论》，中共中央党校出版社 2001 年版，第 53 页。

性弊病为旨归的所谓后现代主义思潮在西方兴起。这种思潮反映在哲学领域便形成了形形色色的后现代主义哲学。后现代主义哲学尽管学派各异、思想纷杂，但都把揭露现代社会的弊病作为自己的使命。现代社会的许多问题，从人的异化到生态危机，从现代思维方式的弊端到全球化的缺陷等，都沦为后现代主义批评反思的内容。和合学虽然不属于后现代主义思潮，但也对现代性的弊病和后现代主义哲学问题给予了充分关注。无论是现代社会的价值迷茫、精神空虚、道德沦丧、信仰缺失、个性丧失、生活单调等人的异化所导致的一系列问题，还是环境恶化、生态危机以及全球化、信息化的问题，抑或是现代思维方式问题、语言问题等，都在和合学的问题视域之中。和合学对这些问题给予了理性的反思，以批判五大冲突和危机为核心，对现代化所带来的各种问题和弊病给予了深刻批判。因而，从问题意识的角度看，和合学与后现代主义有异曲同工之处。但是，和合学不像某些后现代主义者那样极端地反对现代性，而是在批判现代性弊病的同时肯定了现代性的积极意义，并在此基础上为现代性问题的解决提出了自己的化解之道。它通过弘扬和合价值理念，以五大原理化解了现代社会以五大冲突和危机为代表的一系列问题。由此，和合学不仅对现代社会亟待解决的前沿问题给予了充分关注，而且是解决这些现代问题的最佳文化选择。

其次，和合学以中国哲学的独特智慧弥补了西方哲学传统价值观的不足，克服了西方哲学长期存在的某些思维方式的弊病。一般认为，现代社会的许多问题都与西方传统思维方式及其价值观有关。西方传统的价值观认为，价值存在于价值主体与价值客体的关系之中，离开了价值主体和价值客体也就无所谓价值。这种价值观反映了西方长期存在的主客二分、非此即彼的思维方式。这种价值观及其思维方式反映在人与人的关系上，便产生了"他人"的"客体"化以及人与人的对立，进而导致了人的异化；反映在人与自然的关系上，则产生了人类中心主义，进而导致了生态危机、能源枯竭、环境恶化等全球性问题；反映在文明之间的关系上，则产生了文明的冲突。为了消除这种主客二分、非此即彼思维模式的弊端，现代西方哲学进行了一些有益的探索；无论是胡塞尔的消解主客体的"意向性"，还是哈贝马斯的"主体间性"，在一定意义上都体现了这种探索的努力。但是，由于西方文化传统的深刻影响，现代西方学者的努力并未从根本上找到解决这一问题的完美方案。例如，为了克服人类中心主义的弊病，西方兴起了反人类中心主义的思潮，出现了"自然中心主义"、"动物中心主义"、"生物中心主义"、"生态中心主义"等各种思想流派。这些思想流派尽管观点有所不同，但都极力否定人在宇宙中的中心地位，其结果则否定了人的独特价值，将人降到与物同等的地位。和合学则从中国文化中汲取智慧，提出了和合价值观及其和合思维方式。这种价值观及其思维方式，强调诸多要素的融突和合，尊重价值的多样性，主张在保持事物多样性的前提下实现多元共生。与其相适应，和合学的新人学则一方面肯定了人在宇宙中的中心地位，认为人的自我创造性是天地生生之道的体现，具有参赞天地的功能，从而避免了西方非人类中心主义降低人的价值的缺陷；另一方面又认为人对和合生生道体的体认是"大其心而体天下之物"的过程，需要通过人与人、人与社会、人与自然的和谐共生而实现，从而避免了人类中心主义所导致的否定生态价值的弊端。

和合学正是通过这种中道圆融的和合思维，阐述了不同于西方哲学的新价值观，形成了不同于西方哲学的新体系。这种新价值观和新体系处处呈现着中国文化的独特魅力和中国哲学的独特智慧，是中国哲学对世界文明的新贡献，也是当代世界的一种新哲学。

（原载《和合之思》，河北大学出版社 2014 年版；
作者单位：天津社会科学院哲学所）

生态和合精神及其当代化

陶火生

中国生态哲学建设性发展必须始终吸收合理的文化资源，深入挖掘中国和合文化，立足当代中国发展实际来重建和合文化新形态，为建构当代中国生态哲学提供有效的思想支撑。

一、和合精神：生态哲学的中国"乡愁"

和合文化是中国传统文化的重要组成部分，适应于几千年的生产与生活。在中国社会的发展中，中国人日渐积累地形成了博大精深的中国文化。在中国文化的盛像中，和合文化一以贯之，并且始终是中国文化的内在脉络。它形成了从自然到人事的和合认识，也深刻体现了中国人参育天地的和合实践。

什么是和合？用今天的话来说，和合就是对立统一的中国式表达。在张立文先生看来，"和合是指自然、社会、人际、心灵、文明中诸多形相和无形相的相互冲突、融合，与在冲突、融合的动态变易中诸多形相和无形相和合为新结构方式、新事物、新生命的总和"①。和合关系不是一个抽象的思维本体，而是来自于中国人的生产和生活实践的总结。"和合是各生命要素的创生、发展、整合而融突成整体的过程，是对和合经验的反思、梳理和描

---

① 张立文：《和合学——21 世纪文化战略的构想》（上），中国人民大学出版社 2006 年版，第 58 页。

述。"① 可以说，就世界的存在来说，和合是一个过程，体现了事物发展过程中不断展开矛盾、相互协调发展的过程辩证法。同时，和合也是一种关系，体现了事物之间"和而不同"的关系辩证法。和合学是对和合关系与和合过程的系统概括所形成的学问。按照张立文先生的说法，中华文化的人文精神所蕴含的生命智慧便是和合学。

和合精神广泛存在于中国文化之中，几乎在中国传统文化的各家各派都能够找到和合文化及其不同的表达方式。在实践和诠释"安身立命"的中国文化中，中国人认为一切生命体，甚至一切事物之间都呈现出相互转化、相互交融的和合关系，这一和合关系既是人理解自己生存和发展的基本语境，也是中国人自己的生活方式。同时，中国文化的和合精神构成了中国人的思维方式，并且深刻地影响了中国社会的发展，形成了中国人对于秩序的认同，也深刻规范着中国人的实践方式和思维方式。

在多维度、多层次的和合文化系统中，人与自然的和合关系始终是中国文化的重要论题。② 佘正荣教授分别论述了《周易》和儒家、老子和庄子、佛教的生态智慧，他认为，《周易》和儒家主张的天人合德、"天人合一"思想③，原初道家的平等尊重、顺应自然思想④，佛教的因缘和合⑤ 中都体现了中国式的和合精神，蕴含着丰富而深刻的生态智慧。中国人把自然视为人生的

---

① 张立文：《和合学——21世纪文化战略的构想》（上），中国人民大学出版社 2006 年版，第 59 页。

② 参见在这里，我们不再赘述传统文化中关于人与自然和合关系的具体论述，因为已有大量的学术成果较为全面地作出了分门别类的研究，而本文主题在于生态和合的"宏大叙事"。仅以著作而言，近些年就有代表性的著作形成了系统的文本群，如乐爱国的《道教生态学》(2005 年)、蒋朝君的《道教生态伦理思想研究》(2006 年)、安乐哲等主编的《道教与生态》(2008 年)、陈霞主编的《道教生态思想研究》(2010 年)、乔清举的《泽及草木恩至水土——儒家生态文化》(2011 年)、陈红兵的《佛教生态哲学研究》(2011 年)、王索芬的《顺物自然——生态语境下的庄学研究》(2011 年)、陈业新的《儒家生态意识与中国古代环境保护研究》(2012 年)、吴洲的《中国古代哲学的生态意蕴》(2012 年) 等，相关研究论文更是难以计数。

③ 参见佘正荣：《生态智慧论》，中国社会科学出版社 1996 年版，第 7 页。

④ 参见佘正荣：《生态智慧论》，中国社会科学出版社 1996 年版，第 20 页。

⑤ 参见佘正荣：《生态智慧论》，中国社会科学出版社 1996 年版，第 21 页。

榜样，汲取自然的变化流行来体悟安身立命之道，这需要洞察并且内化天人之际的和合关系。

生态和合能够以最优化的方式来化解人与自然的矛盾与冲突。自然不会主动地满足人，人只有在改变自然的过程中满足自己的需要，展开自己的生存，怎么样才能把自我生存与生态共存有机地统一起来呢？张文立先生提出了整体性的生态和合观，他认为和合学是一种文化选择的最佳方式，"它在化解人与自然的冲突，协调两者之间的关系，建构优化价值理论等方面，具有无限的魅力和功能"[①]。和合学之所以能够成为最佳文化方式，关键在于和合实践本身，在人与自然关系方面，化解冲突、协调关系才能达到最优状态。最优，就是既有效地满足人的生存和发展，又不破坏自然的稳定、美丽与完整，从而实现人的生存与自然的存在的有机统一。这个"最优"是建立在人改变自然的实践基础上的，是实践方式的优化建构，是实践理性的价值协调。

天人和合与人际和合一理相通。孙隆基先生把生态和合归结为人际和合，他认为："中国人的'天道'其实就是'人道'，它是人间的理想化了的和谐关系的映照。"[②] 只有通过"存天理，灭人欲"的自我突破的方式，个人才能超越自我、"参"透天道。只要每个人都能够符合天道地生存，人与人之间就能够保持和谐，人类整体就能够与自然保持和谐。在这里，符合天道成为了个人生活方式的根本准则，人与人之间的差异性、利益分化不能有损于符合天道。如果人际分化超过限度，那只能是有些人不符合天道，天道就会失常，人与自然的矛盾就会激化。但是要指出的是，在这里，人与自然的关系变成了人与人的主体间关系的物质中介，人与自然的生态和合不过是人与人的人际和合的表现方式。换言之，生态和合的独立性是相对的，是人际和合境遇中的衍生体，这可能会与当代生态哲学的深化发展不相适应。不过，天人一理相通是确定的。

对天人和合关系的把握根源于人的生态实践。相比较而言，天道不可

---

① 张立文：《和合学——21世纪文化战略的构想》（上），中国人民大学出版社2006年版，第139页。

② 孙隆基：《中国文化的深层结构》，广西师范大学出版社2011年版，第398页。

改变，符合天道这一根本准则也不可改变，人们可以改变天道的表现方式，可以选择利用天道的实践方式。生态实践是人们在处理人与自然关系中的实践方式，由于人在生态环境中生存，生态实践是人的生存实践在生态中的展开，是连接人与自然的和合实践。笔者认为："对自然的适应、遵循自然的实践就是中国传统社会中的'天人合一'的生态实践，中国传统文化中的生态实践观就反映了这种实践方式，充分地表现出人们的实践智慧。"① 生态实践是人符合自然的实践方式，也就是符合天道的实践方式，无论在个人实践层面，还是在群体的实践层面，生态实践都包含着妥善处理人与人、人与自然的价值态度和方式选择。

中国传统文化中的和合精神是当代中国生态哲学的"乡愁"。在思想发展中，继承、创新、发展、重建是相互交融的。中国生态哲学的当代建构必然要立足当代发展实际来充分吸收传统文化中的思想资源，做到推陈出新、古为今用。"古"之和合精神也是当代生态哲学的"乡愁"，这种和合"乡愁"是传统中国人的内在精神，已经融入人与自然关系的中国血脉之中，深深地影响着中国人的生态生存。这种和合"乡愁"也是当代中国生态哲学的自主性的源泉，现代化进程中的当代中国生态哲学面临着西方生态哲学的启发与介入，保持多元对话中的中国自主性，没有深厚的传统脉络是难以实现的。

提出生态哲学的"乡愁"意识有重大的理论意义。当代生态哲学的中国建构业已面临多重的文化选择，尤其是改革开放以来的西方思潮对中国生态意识的影响至深至远。沉迷于外来生态意识的主导型地位，我们可能会遭遇到自我迷失、文化失落、认识与实践的错列等。只有记得住生态和合的中国"乡愁"，我们的生态意识才能有连续性、继承性，我们的生态哲学的创新才能有理论自信、文化自信和民族自信，我们才能在生态哲学的全球建构中表达出中国特色和中国风格。

---

① 陶火生：《生态实践论》，人民出版社 2012 年版，第 115 页。

二、生态和合与中西生态哲学的文明互通

中国生态和合精神的深入开发既源自对现实的中国生态环境问题的回应，也有西方生态哲学进入中国之后引起的中国学者的返身回溯。从哲学文化的角度来看，我们今天来解释和开发中国生态和合精神的时候，不可避免地会遭遇到西方生态哲学及其话语体系，两种生态话语能不能平等地对话？我们的生态话语能不能被别人理解？或者说，我们能不能用"中国生态好声音"来表达"中国生态好故事"？当然，随着中国改革开放的日益深入，西方的生态故事、生态话语已经被近乎全面地介绍到中国了。我们认识了西方生态哲学[①]之后，能不能吸取其有益的成分，做到为我所用？在我看来，比较中国生态哲学的和合精神与西方生态哲学的内在精神，立足于中国发展的实际状况，实现中西生态哲学的文明互通，对于我们建构当代中国生态哲学、形成生态哲学的中国表达是非常重要的。可以说，这是从中国生态哲学的建构意义上实现中西生态哲学的当代互通的最有效方式。

西方生态哲学伦理学的发展形成了较为成熟的概念、命题和思想逻辑，尽管其中有着内部性的转向、批评和发展，但是，它已然形成了自己的内在精神。这就是自然界是和谐、稳定、美丽、完整的，人应该保持与自然之间的整体性生态关系。这一内在精神是西方生态哲学的发展进程中逐渐形成的，西方生态哲学强调动物权利、敬畏生命、生命共同体、自然的内在价值、整体主义、有机论等，这些范畴构成了西方生态哲学的话语体系，并且在某种程度上成为当代生态哲学的主流话语。

西方生态哲学强调敬畏精神。在思考生命的意义和努力形成"肯定世界和生命的世界观"的文化探索中，施韦泽（Albert Schweitzer）强调了敬畏生命。他认为："肯定世界和生命存在于我们的生命意志之中，但必须在生命的意义中才能够被把握。"[②] 把握生命的意义需要敬畏生命，施韦泽把敬

① 纵览西方生态哲学，群星璀璨的思想家们有着各不相同的观点，尽管可能挂一漏万，但笔者还是着力选取一些代表性的学者来表达西方生态哲学的基本思想。

② 阿尔贝特·施韦泽：《文化哲学》，陈泽环译，上海世纪出版集团 2008 年版，第 95 页。

畏生命作为文化的本质。他认为："文化的本质在于：我们的生命意志努力实行敬畏生命；敬畏生命日益得到个人和人类的承认。……由于所有个人和人类能实行的进步，在世界上就有尽可能多的生命意志，它们在其活动范围内敬畏一切生命，并在敬畏生命的精神中寻找完善：只有这才是文化。"① 在施韦泽这里，生命意识和文化转向的内在一致性是现代文化批判和 20 世纪文化重建的本体性根据。

西方生态哲学强调共同体意识。奥尔多·利奥波德（Aldo Leopold）用土地概括了土壤、水、植物和动物的共同体，提出了尊重土地共同体中的每个成员。他认为："当一个事物有助于保护事物共同体的和谐、稳定和美丽的时候，它就是正确的，当它走向反面时，就是错误的。"② 尊重共同体的和谐、稳定和美丽，尊重每一个成员的平等存在，这是土地伦理的内在精神。共同体的公民意识是这种土地伦理的观念形态，是保护环境的精神支柱。

西方生态哲学强调整体主义的价值认同。整体主义的生态中心认同是深生态学的内在精神。比尔·德维尔（Bill Devall）认为："在深生态学中，最为独特的方面是生态中心认同观念，奈斯称之为自我实现的'终极规范'。"③ 统一了人与自然的生态自我是生态整体主义的自我实现，大写的生态自我是自我融合到生态系统之中。霍尔姆斯·罗尔斯顿Ⅲ（Holmes Rolston III）分析了西方生态哲学的内在精神。罗尔斯顿认为，在一个全球性的环保年代，生态精神需要"在新的洞见和强度水平上来联合自然和优美"。生态哲学的内在精神蕴含在地球物理学规律、生物学规律、进化的和生态的历史、我们所寓居的自然体系的创造性以及这些形成的价值中，生态精神是我们人类生存的基础，而不仅仅是我们脚下的土地。④

可以说，西方生态哲学是敬畏生命、有机整体、生态认同、内在价值

---

① 阿尔贝特·施韦泽：《敬畏生命——五十年来的基本论述》，陈泽环译，上海社会科学院出版社 2003 年版，第 33 页。

② 奥尔多·利奥波德：《沙乡年鉴》，侯文蕙译，吉林人民出版社 1997 年版，第 213 页。

③ 参见 Bill Devall, "Deep Ecology and Radical Environmentalism, *Society & Natural Resources*, 1991, 4（3）：pp.247-258.

④ 参见 Holmes RolstonⅢ, "Ecological Spirituality", *American Journal of Theology & Philosophy*, 1997, 18（1）：pp.59-64.

等主旨精神的汇合，体现了西方学者对于现代性生态危机的生存论关怀，以及由此引导的生态化转向。

中国生态哲学的和合精神与西方生态哲学的内在精神有相互一致或近似的关系。首先，从人与自然之间相互协调的关系来看，中西方生态哲学都强调了人应该与自然取得和谐统一，关键是在人的实践和意识中要始终坚持尊重、适应、保护、热爱自然。其次，中西方生态哲学都强调了在人的生存过程中开展对生态环境的理论自觉，都带有生存论哲学的底蕴。正如邹诗鹏教授曾经提出的，"环境哲学的根本点在于通过伦理学努力大大地促进了对人与自然关系的新认识与调整，这一活动无疑强化了当代生存论哲学的生存论自觉。因为当代生存论哲学的基点就在于重新认识并调整人与自然的关系，形成一种新型的人地观念。在环境哲学中具有存在论意义的人与自然的共生性的关联特别值得当代哲学的存在论建构考虑并利用"①。在这里，"生存论自觉"实质上就是人们在遭遇生态问题时的生存危机感、重新评价人类在自然界的位置、人类的发展方式等。

同时，中西方生态哲学之间也存在着明显的差异性。首先，西方的生态哲学是一种包含了对西方社会的现代性的批判与超越的后现代生态世界观。中国生态哲学的和合精神源自传统社会，是一种前现代文化的现代性重建。西方生态哲学是对现代人与自然关系的批判性反思和超越，力图消解现代性的人类中心主义内核，最终转向到非人类中心的生态整体主义，以此来构建新型生态世界观。中国生态哲学源自前现代的农业文明，是把"天人合一"的和合精神作为内在精神继承下来并且结合中国现代化进程作出新的阐释。其次，西方的生态哲学是立足于生态学基础上的社会批判，中国生态哲学的和合精神源自人的生存解答，是一种生存伦理的世界性拓展。西方生态哲学立足于生态科学基础之上，求真性思维、规律性意识是其主要思维方式，这就形成了西方生态哲学从自然之"是"中开发生态伦理学的思维路径。正如牟宗三先生所认为的："中国既然确有哲学，那么它的形态与特质怎样？用一句最具概括性的话来说，就是中国哲学特重'主体性'

---

① 邹诗鹏：《生存论研究》，上海人民出版社 2005 年版，第 321—322 页。

（subjectivity）与'内在道德性'（inner-morality）"。① 由于中国哲学的这种内在性特质，中国生态哲学侧重于以主体性的道德自觉来解答对象性的生态生存。再次，西方生态哲学围绕着自我与自然的关系而展开，中国生态哲学中物我不分。在西方生态哲学中，预设了自我与自然的分离，这才有了弥合自我与自然、用有机论的方法统一二者的哲学努力；而中国生态哲学中自我并没有从自然中分离出来，自我与自然的和合是内部性的。正是由于外部性的关系，罗尔斯顿着力把生态之"是"与生态"应该"缝合起来，以此来论证生态理论的存在合法性。

在全球化的文明交融和中国改革开放的现代化实践中，中西方生态哲学是可以对话互通的。不仅中国学者在学习和借鉴西方生态哲学思想的积极成果，西方学者也在从中国文化传统中寻求思想资源。西方学者特别强调了中国和合精神所蕴含的生态和谐意识，在罗尔斯顿、奈斯、利奥波德等的整体主义生态哲学中，人与自然是有机统一的系统整体，是休戚与共的生命共同体。人与自然和而不同的自主性、统一性、协调性已经成为中西方生态哲学中的价值共识。

就中国生态哲学而言，真正实现当代语境中的中西方生态哲学的融会互通，关键在于以保持中国生态哲学的自主性为基础的开放共享。我们与西方生态哲学的互通，不是一头倒在西方生态哲学的怀抱中，而是充分借鉴和吸收西方生态哲学中的积极的方面，使之紧密接合中国实际（中国的生态治理实际、中国的发展实际、中国的国情实际等），做到为我所用。同时，我们还需要祛除传统文化中不合时宜的部分，使中国传统的和合精神现代化、现实化。中西方生态哲学的融会互通的过程，实质上就是这个生态哲学的开放性建构，在这个过程中，我们要保持这个生态哲学的自主性。自主性是基础和前提，如果失去了自主性，那么，我们的生态哲学就变成了西方生态哲学的中国应用，我们也难以有效地建构起适合中国发展的生态哲学。开放性是重要特征，如果仅仅停留在自主性的固化边界中，我们就会变得狭隘短视，看不到他人的优秀思想成果。

---

① 牟宗三：《中国哲学的特质》，上海世纪出版集团 2008 年版，第 4 页。

在自主性和开放性的辩证互动中建构当代中国生态哲学，就必须站在时代的前沿，建设当代化的生态和合精神。

三、自主性重建：生态和合精神的当代化路向

随着生态问题的凸显，从 20 世纪 80 年代开始，中国踏上了生态治理的征途。从保护生态环境到建设生态文明的全部过程，不仅立足于中国实际，体现中国发展，有明显的中国特色，更是充分体现了自主性的中国智慧。这就是说，在生态文明建设中，中国人把自己的文化元素、理论创新都融入生态文明建设中去了。

从和合学的当代化来看，张立文先生提出了人与自然之间"冲突—融合—和合体"的辩证否定结构。张立文先生以"五大中心价值"[1] 和"五大要旨"[2] 作为人与自然融合的核心前提，他认为，"人与自然融合，即按五大中心价值和五大要旨，以及依据形上和合的和合原理、人文标准和道德期望，使人与自然在进行物质、能量、信息的交换、交流、协调中，诞生新的和合体，使从事各种环保活动和使人与自然达到融突而和合的世界各种形式的环保机构、组织、团体等的活动效益化，即冲突—融合—和合体"[3]。在当代条件下，人与自然的和合实践是随着时代的发展，尤其是随着中国发展的实践展开而历史性地形成的。"冲突"、"融合"的构建在于我们的实践方式，只有立足于生态实践，我们才能在生态文明建设中，建构起人与自然的"和合体"。

在人与自然的"和合体"建设中，张立文先生以"和合之路的义理结构"为框架来诠释生态和合精神的当代化路向。他认为，"自然生态的'人文化成'与人类文化的生态化发展，使天人关系彼此叠合，纵横纠结，构成

---

[1]　即张立文先生所说的，人类 21 世纪文化行为和文化价值的和生、和处、和立、和达、和爱五大原理，亦即走向和合之路的五大中心价值。

[2]　即生生、变化、神妙、互动、中和。

[3]　张立文：《和合学——21 世纪文化战略的构想》（下），中国人民大学出版社 2006 年版，第 934 页。

天人和合体"①。生态"和合体"的建设需要促进传统和合思想的当代化,与当代中国发展的实践相结合、为当代中国和谐发展服务。因此,当代人需要根据当代实践来开发传统和合思想、赋予传统和合思想新内涵。

这一点倒是体现了在现代化背景下追求"尚和合、求大同的时代价值"的思想努力和时代潮流。但是,张立文先生却存在着把现代范畴与传统范畴、现代观念与传统意识简单对接的倾向。这种把传统与现代简单对接的话语表达中体现了明显的中国风格,也凸显了现代生态和谐中的中国精神。而与时俱进地提出大众化的生态话语,才能更接地气,才能够更有效地创新当代中国生态哲学。

生态和合精神的当代化包括当代生态和合的文化建构,这就是人与自然、经济与社会的整体性和谐。2013 年 11 月,习近平在党的十八届三中全会上作关于《中共中央关于全面深化改革若干重大问题的决定》的说明时指出:"我们要认识到,山水林田湖是一个生命共同体,人的命脉在田,田的命脉在水,水的命脉在山,山的命脉在土,土的命脉在树。"②把人与自然看成是"生命共同体",在共同体内,不同事物休戚与共、共生共荣,这充分体现了当代中国马克思主义生态理论的生态和合精神。必须注意的是,这种生态和合精神已经不是在传统小生产方式基础上的"共同体"意识,而是在当代中国发展的现实基础上、在当代中国生态文明建设的全部生态实践基础上的人与自然新生态关系。同时,值得思考的是,习近平总书记在不同场合多次提到"共同体"这一概念,其中,没有和合关系,"共同体"就会变成机械联系的个体加和,个体之间就会缺乏联系的整体性和有机性。

人与自然是命运相关的生命共同体,意味着人的实践活动、社会的发展方式必须要生态效益、经济效益、社会效益的协调发展。用中国式的表达来说,就是绿水青山和金山银山的辩证关系。人们对这"两座山"的认识经历了历史性的发展过程,习近平强调:"第一个阶段是用绿水青山去换金山

① 张立文:《和合学——21 世纪文化战略的构想》(下),中国人民大学出版社 2006 年版,第 942 页。

② 习近平:《关于〈中共中央关于全面深化改革若干重大问题的决定〉的说明》,《人民日报》2013 年 11 月 16 日。

银山，不考虑或者很少考虑环境的承载能力，一味地索取资源。第二个阶段是既要金山银山，但是也要保住绿水青山，这时候经济发展和资源匮乏、环境恶化之间的矛盾开始凸显出来，人们意识到环境是我们生存发展的根本，要留得青山在，才能有柴烧。第三个阶段是认识到绿水青山可以源源不断地带来金山银山，绿水青山本身就是金山银山，我们种的常青树就是摇钱树，生态优势变成经济优势，形成了一种浑然一体、和谐统一的关系，这一阶段是一种更高的境界。"[①] 可以说，"两山论"既包含了生态和合的发展辩证法，也包含了中国发展的实践观。新的时代条件下的"两山论"将是 21 世纪中国马克思主义生态理论的内在逻辑，是中国生态文明建设实践的主导精神。

发展是当前中国解决全部问题的关键。当代中国生态哲学的实质是中国发展，基石是生态实践。[②] 当代的中国发展是建构生态和合的现实背景，正如生态"失和"来自于不合理的发展方式一样，致力于生态和合只能依靠转变发展方式。中国发展的现实从根本上决定了我们对待和处理人与自然的生态关系必须立足于当前中国发展的实际，这就是建立当代生产方式基础上的，或者说中国现代化发展中的生态哲学。这里的生态和合肯定不同于传统意义上的天人和合，这是建立在现代化上的生产方式，即全新的生产力与生产关系基础上的生态协调，这不再是农业文明时代的小生产方式基础上的生态协调。

因此，生态哲学中的和合精神是以生态实践观为理论基石来检校中国发展的生态辩证思维。这里需要注意的是，生态和合从根本上来说，是生态实践和合，是在和合的生态实践中建立起来的人与自然之间的和合关系。中国传统文化是小生产方式基础上的社会文化，随着生产方式的当代转变，传统文化的现代化也是不可逆转的。小生产方式是传统和合关系的生产方式基础，小生产方式指的是人们主要依靠自己的肢体从事生产的生产方式，小生产方式是生产力不发达的农业文明时代的生产方式，在这种生产方式基础

---

① 习近平：《干在实处走在前列——推进浙江新发展的思考与实践》，中共中央党校出版社 2016 年版，第 198 页。

② 参见陶火生：《当代中国生态哲学的发展实质和实践基石》，《哈尔滨工业大学学报》（社会科学版）2015 年第 1 期。

上，生产的社会化程度不高，机械化程度较低，生产与消费一体化。随着生产方式的现代化转变，中国发展进入到了新的历史阶段，也需要新的实践方式。当前，中国发展经过了近四十年的改革开放和现代化建设，工业化、信息化、智能化等现代生产方式已经取代了传统的小生产方式。新型工业化已经有着新业态，尤其是在制造业领域，智能制造方兴未艾，新的生态实践已经呈现出立体性的生态全覆盖。

生态和合的实践建构已经在具体的"点状"实践中全面展开，建立健全完善的生态文明制度体系将是中国生态哲学的主题。生态文明意识已经在全社会广泛树立，在树立和建构资源节约意识、环境友好意识的过程中，生态文明建设中的中国文化元素主要是对中国传统的生态和合精神的当代开发。在生态文明的理论和实践中，当代中国人立足中国发展的实际，重新解释了传统文化中的"天人合一"、"道法自然"等观念，提出了适应生态文明的新概念、新命题、新思路、新战略。同时，不断建立健全社会主义生态文明制度体系、用完善的制度体系来保障生态和合已经成为中国生态文明的主题。在依法推进中国生态治理现代化的进程中，我们正在制定完善的法律制度，加强执法力度来保障人与自然的和合统一。这是实现生态和合的最根本途径，从长远来看也是最有效的途径，是生态和合精神实践化的自主性重建。

（原载《南京林业大学学报》（人文社会科学版）2015 年第 4 期；
作者单位：福州大学马克思主义学院）

和合管理：探索具有中国特色的管理理论

黄如金

现代管理学的理论意义和实践意义，不仅在于和经济学一道创造了20世纪的现代文明成果，而且还在于其正在21世纪中显示出来的与时俱进。中国经济社会的发展在近代历史上的落后，也同时导致了理论创新的滞后，例如经济学、管理学以及其他科学的创新成就在诺贝尔奖上就与中国无缘。但是，在中国五千年的悠久历史进程中，曾经是显赫于世界民族之林的东方泱泱大国，无论是在经济、技术、文化乃至管理上都有着许多令世人瞩目的成就。世界上任何一个国家，都没有像中国的封建社会那样有过延续数千年的持续发展，特别值得后人深思的就是中国传统管理的支撑作用及其实践模式所蕴含的历史意义和理论意义。在今天中国的改革开放取得了辉煌成就的时候，市场经济深入发展以及构建和谐社会的需要，向中国管理学的创新发展提出了新的更高的要求。

管理学与其他社会科学相比，一个突出的特点就在于具有更强的实践性，在市场环境和市场条件不断变化的情况下，任何成功的管理理论，都必须是从实际出发的、符合国情特点的管理思维及其相应的方式方法。所谓"管理无定式"，正是基于这一考量的结论。在管理学对经济社会发展越来越具有重要意义的今天，创新发展有中国特色的管理学，成为具有重大历史意义和现实意义的课题。

一、和合管理的理论基础

管理是一种资源配置过程，是管理者对人、财、物等所拥有的各种资源通过计划、组织、指挥、协调、控制等活动进行有效配置，以实现预定的目标的过程。如普特曼等人①所言，管理应该定义为切实有效地支配和协调资源，并努力达到组织目标的过程。按照制度经济学的观点，管理又是一种制度安排过程，是管理者为了保证有效地实现预定目标，而对于如何营造一个能够让人们高效率工作的环境进行设计和维护的过程。如孔茨等人②所言，管理就是设计和保持一种良好的环境，使人们能够在群体里高效地完成既定的目标。基于现代管理学的组织行为理论，管理又是一种社会合作活动，是通过人们之间的有机配合和相互协作有效完成工作任务的社会活动过程。如罗宾斯③所言，管理这一术语指的是和其他人一起并且通过其他人来切实有效地完成活动的过程。无论是资源配置也好，还是制度安排也好，或是合作活动也好，管理都是一种人的活动，是一种以人为主体的社会性活动，而财、物等以外的各种资源都只不过是被人所配置、安排的对象，是为了实现人们的预定目标而必须具备的客体资源条件。所以，理念的指导意义是第一位的，进行资源配置或者制度安排的方式方法正确与否是至关重要的。

按照辩证唯物主义和历史唯物主义的观点，理论产生于实践，理论对实践又具有指导作用，而理念作为理论和实践相结合的理性思维之升华，更是继续进行成功实践的活的灵魂。同时，管理学的一个突出特点就是实践性，因此，作为理论指导的管理理念就成为管理学创新的前提和关键。所以，笔者在《和合管理》④开篇的"题记"中写道：管理首先是一种理念，管理的实践是一项系统工程，管理的运作过程是领导艺术的运用。管理是在一

---

① 参见 L. 普特曼、R. 克罗茨纳：《企业的经济性质》，孔经伟译，上海财经大学出版社 2000年版。

② 参见 H. 孔茨、H. 韦里克：《管理学》，郝国华等译，经济科学出版社 1998 年版。

③ 参见 S.P. 罗宾斯：《管理学》，黄已伟等译，中国人民大学出版社 2001 年版。

④ 参见黄如金：《和合管理》，经济管理出版社 2006 年版。

定的理念指导下为了实现既定目标的系统工程，是需要通过组织综合运用相宜的领导艺术来实现这一系统工程的实践过程。由于文化和历史背景的不同，西方现代管理学重实际管理方法的运用，以绩效管理为基本方式，以数学和统计分析为主要工具。以中国为代表的东方管理学重理念，认为理念是管理的活的灵魂，并且同时重视管理过程的系统性和管理艺术的综合运用，认为管理艺术是贯彻和实现管理理念的关键。"和合管理"的研究，正是从和合理念的历史扬弃出发，旨在探索和合管理过程的一般规律以及相应的和合管理艺术中，构建了一种有中国特色的管理理论体系。作为和合管理理论基础的和合理念，是中华民族深厚历史文化的结晶。中国的"和合"思想最初是作为一种哲学概念在先秦时期开始出现，在老子、孔子、荀子等著名思想家的著述中都有着许多关于和合哲学思想的不同论述，在以后的历史进程中，和合思想逐渐为儒家、道家、佛家所通用。佛教以"因缘和合"、"和合生"、"和合相"诠释世界万物的生死存亡机理，以和合为显语阐发"因缘和合"原理的概念。易道作为中国传统文化和管理思想之源，以"阴阳五行"、"天人合一"彰显和合理念，《易传》中提出"乾道变化，各正性命，保合太和，乃利贞"，认为世界万事万物的运行，尽管有各自的特殊性，但始终保持着整体的组合，最高程度地达到和谐，才是最为光明的前景；保持完满的和谐，万物才能够顺利发展。道家的代表作《太平经》已经把和合提高到了"治事"（即管理）的高度，并且把和合规定为圣人（即管理者）必须掌握的管理原则和方法。

中华民族文化的精华就是和合文化，程思远先生[①]曾经大力倡导"中华和合文化弘扬工程"，并一再指出："和合"是中华民族独创的哲学概念、文化概念。国外也讲和平、和谐，也讲联合、合作。但是把"和"与"合"两个概念联用，是中华民族的创造。一般说来，我们说"和"，是指异质因素的共处；而说"合"是指异质因素的融会贯通。把"和"与"合"联用，突出了事物是不同因素的相异相成和紧密凝聚，体现了中华民族的辩证思想和

---

① 参见程思远：《世代弘扬中华和合文化精神——为中华和合文化弘扬工程而作》，《光明日报》1997 年 6 月 28 日。

系统观念。

张立文① 的研究指出，中华民族的基本文化精神就是和合，它不是某家某派的文化精神，而是儒、道、墨、法、阴阳、释、兵、农诸子百家的普遍的文化精神。这种文化精神便是追求人与自然的和合、人与社会的和合、人与人的和合、人自身心灵的和合，以及不同民族文化之间的和合。本研究认为，创建有中国特色的管理理论必须坚持贯彻体现中华民族基本文化精神的和合理念，而"不是某家某派的文化精神"，如所谓的"周易"管理、"中庸"管理，当然这些理论思维也可以成为中国式管理方式方法的一种；和谐社会是一种社会发展目标，和谐是一种追求或者可以是一种暂时性的方式方法，唯有"和合"才具有辩证法的矛盾统一性以及历史普遍性的意义，由此创新发展的和合管理成为构建和谐社会的必然选择。

"和合"哲学思想在几千年封建社会中不断得到发扬光大，成为支持和管理中国封建社会长期稳定发展的重要精神支柱，是中国传统管理思想的精髓，也是我们今天创新发展管理学、构建和谐社会的宝贵精神营养。为了社会和谐，"和合"哲学教导人们按照礼仪制度规定，去适应家庭和社会等级，去服从权力权威，"作为传统文化的继承遗产，儒家思想宣扬建立在美德、社会成员各司其职基础之上的秩序，这种秩序的建立对王子、对一家之长均有意义"。"和合管理"主张的和合管理理论，就是建立在"和合"哲学思想基础之上的，并且要与现代经济学和管理学的理论融会贯通。"和"，即和谐、和睦、和平、谐和、中和；"合"，即合作、联合、结合、融合、组合。"和"、"合"联系在一起组成了一个充满哲理性的概念，表示了和睦共处、和气生财、合作聚力、协作致胜的管理理念和管理方法之要义。

"和"是"合"的基础和前提，和睦共处才能和气生财；"合"是"和"的选择和结果，合作联合才能取得最佳经济效益。坚持"和合"理念和原则，才会有双赢；贯穿"和合"思想，才能克服现代公共管理理论和经济管理理论及其实践上的缺陷，才有管理学的创新发展。

笔者在历史性的挖掘中深入研究了和合理念的哲学基础，即由《老子》

---

① 参见张立文：《和合学概论——21世纪文化战略的构想》，首都师范大学出版社1996年版。

的"一阴一阳之谓道"，"道生一，一生二，二生三，三生万物"的思想中，归纳和生发出一种全新的"三分法"辩证法思想。笔者的研究认为，按照《周易》本意及衍义，太极乃阴阳混沌未分之始，故太极为一，"一者数之始"；在宇宙自然界自身运动变易的作用下，由太极而生两仪，即"一生二"之阴与阳，阴与阳之相互作用是为矛盾对立的双方，一阴一阳是为易道的核心，道蕴涵阴阳；由阴阳对立、矛盾斗争而生长出阴阳和合之状是为之三，三是由和合之一种新生，是万物生成、生长的根据，即所谓"三生万物"。就是说矛盾的事物不仅有矛盾对立的双方，而且还有对立的双方矛盾调和时的中和状态，没有这种中和状态，就不可能有事物的稳定发展。这一全新的认识，不仅为传统的和合思想提供了更加坚实的基础，而且扩展了辩证法的视野，使人们在传统的一分为二、合二而一的"二分法"基础之上，又有了一个对于事物发展的第三种状态即"中和"的认识。这是一种基于科学分析的合乎理性的有益见解，尽管其科学性还有待于进一步地论证和检验，但无论是世界万事万物的生成、生长，社会道德的完美构成，社会的发展繁荣，人们的安居乐业、健康长寿等之所以然，都蕴含有中和的理论意义和实践意义。

"和合管理"除了从中国传统文化浩如烟海的典籍以及诸子百家的思想中提炼出了一种共性的并且符合国情的和合管理理念之外，还在于论证了以人为本与和合相互叠生的价值观体系；提倡并坚持了从研究的实际需要出发兼收并蓄各种相关的研究方法，在贯彻辩证唯物主义和历史唯物主义的基础上融合众家之长为一体的多种方法的集合；对于"和气生财，合作致胜"这一貌似平庸而实际蕴含有丰富管理学内容命题的阐述和论证；关于市场经济发展阶段以及和合发展力的论述；关于当代管理学出现融合发展趋势的研究。和合管理对于和合理念的提炼，旨在使"和合故能谐"的传统思想精华得到升华，成为时代所需要的一种具有中国特色管理理论的精神内涵，这主要表现在和合管理中由和合理念生发的以"和气生财，合作致胜"原理及和合发展力范畴，对于社会稳定发展和提高政府生产力、构建社会主义和谐社会和社会主义新农村有着直接而现实的意义。而且，和合管理所倡扬的和合理念，与世界的和平、合作与发展的主旋律有着内在的一致性，从而使和合管理具有了更加深厚的时代意义。

二、和合管理的理论架构

和合管理在探索有中国特色的管理理论的努力中，坚持从中国的实际出发，从中国的历史和现实的分析批判中，以及对现代管理学的学习和借鉴中，去构造一种中国式的和合管理理论体系。和合管理的理论意义，在于其是生长于中华民族数千年宝贵文化遗产和历史文明基础之上的管理理论，它弘扬和继承了中华民族和合文化的精华，吸收了中国传统和合管理思想和管理实践的经验教训，立足于改革开放中的中国之实际，植根于中国社会主义市场经济的环境和土壤之中，是适合于中国管理实际的管理理论，是有中国特色的管理理论的重要组成部分。和合管理的现实意义，一是可以有望弥补现代管理学中的缺陷和不足，有利于管理效率的改进和提高，有利于推动社会主义市场经济的健康、稳定和持续发展；二是在于与构建和谐社会的总体发展目标相互一致、相辅相成，有利于促进和谐社会的顺利发展；三是符合和平共处、和睦共进、联合合作、共谋发展的时代主旋律，对于国际事务的有效处理具有一定的理论意义和现实意义。

在研究方法上，笔者从研究的实际需要出发，提倡兼收并蓄各种相关的研究方法，在贯彻辩证唯物主义和历史唯物主义的基础上融合众家之长为一体，形成和合管理独具的研究方法体系。这就是以社会存在决定社会意识为基本研究纲领，将中庸原则与矛盾分析相结合的规则、历史和逻辑相结合的规则、借鉴与创新相结合的规则与社会科学研究一般方法（包括个体分析与整体分析相结合的规则、实证分析与规范分析相结合的规则）有机统一。在企业管理理论构造以及管理模式分析过程中，"和合管理"的研究始终坚持了这种研究方法的集合，始终坚持贯彻"以人为本"与和合理念的叠生价值观，从而开发了一系列重要的内容，比如：对于和合思想的历史追溯中的推陈出新式研究；把和合管理的基本原理概括为"和气生财，合作致胜"的经典式语言；关于和合人本管理就是人性化加和合方式的管理与实现人的全面发展的论述；把和合市场营销过程分为和合营销导向确定—目标市场定位—市场信息管理—市场诚信塑造—顾客价值创造—激励与约束机制—动态调控协调这种与企业的战略管理过程相呼应的新提法，以及相应的市场营销策略分析——理念创新与组织创新、和合市场形象塑造、协调营销组合、电子商务营销网络、营销关系网络；关于企业和合文化建设的全新研究；关于在东西方文化冲突中管理学将趋向融合发展的预见等。

任何一种社会科学理论体系，都要求有一定的价值观为指导。传统的和合理念为什么能够经久不衰？因为和合理念是中华民族深厚历史文化的结晶，符合经济社会发展的需要。和合管理为什么能够支撑中国封建社会数千年的持续发展？因为和合管理不仅有着现实的适应性，而且还在于理论上有着正确的价值观基础。"和合管理"的研究揭示，"以人为本"与和合理念是和合管理特有的叠生价值观体系。"以人为本"与和合理念的有机组合，是和合管理与时俱进的生命源泉。早在数千年前，中国古代思想家就已经明确提出了"以人为本"的理念。管子说："夫霸王之所始也，'以人为本'，本治则国固，本乱则国危"。孔子、孟子主张以德为先；以民为重、社稷次之。曹操言：天地间，人为贵。唐太宗李世民认为，致安之本，唯在得人。重视人才、识别和选拔人才、培育和任用人才，在中国古代有一整套完善的体系和办法，构成了中国传统管理中人本管理的丰富内容。"和合"理念是中国传统文化的精华之所在，是人们行为处事的基本原则。和合管理把"以人为本"与"和合"作为叠生的价值准则，"以人为本"是内在的原则，"以人为本"必须"和合"；"和合"是外在的表现形式，唯"和合"才能"以人为本"。二者相辅相成，不仅形成了和合管理的更为坚实的价值观体系，而且使和合管理成为独具中国特色的管理理论。

从"以人为本"与和合价值观准则出发，和合管理提倡和合人本管理，认为现代管理学从企业资源观出发，把对于管理过程主体因素的人的管理概括为人力资源管理，从严格意义上来说，实在是有失偏颇。因为，人是管理的主体，是管理的中心，所以，无论是把作为管理的主体的人称之为人力资源还是人力资本，都是把人简单地归结为物。虽然，舒尔茨[①]由于创立了全

---

① 参见［美］C.W.舒尔茨：《论人力资本投资》，吴珠华等译，北京经济学院出版社1990年版。

新的人力资本理论而于 1979 年与刘易斯分享诺贝尔经济学奖，而且，舒尔茨的人力资本理论得到了一代经济学大师斯密、费雪、马歇尔的支撑，但说到底，这种人力资本理论，正如芮明杰[①] 所指出的那样："仅是对人在经济动力中贡献的物质的、量化的因而是简单的描述而已，是一种便于作经济分析的人格的物化。"马克思主义严肃论证了人与资本的区别，把人看作是最革命的因素，认为一切经济社会活动都是为了促进人的全面发展。为了避免把人当作资本品甚至比资本品低贱的难堪，甚至连穆勒也提出了"人民不应当作财富，因为财富正是为了人的缘故而存在"的看法。[②] 因此，管理学讨论人本管理似乎更为贴切。和合管理所倡导的和合人本管理，就是人性化加和合方式管理与实现人的全面发展，也就是从人性化的要求出发，实行"和合"管理的模式，研究如何使人的积极性与组织目标相一致，以及人的素质的不断提高和全面发展。

和合管理中关于和合发展力范畴的提出，不是简单地要与核心竞争力范畴相比较，而是遵循辩证法的认识以及博弈论等科学分析的结果，是基于市场经济环境与市场经济条件的新变化研究的结论。按照辩证法的事物发展阶段性观点，市场经济应该有着不同的发展阶段，竞争是与市场经济相伴生的，"羊吃人"的资本原始积累及其路径依赖形成了以"大鱼吃小鱼"为基本特征的市场经济的竞争型发展阶段，所以，竞争战略成为指导战略，核心竞争力就成为竞争型市场经济中企业获利和胜出的关键。随着市场经济的深入发展，与竞争因素相矛盾而存在的合作因素会不断增强，当企业之间的竞争白热化而市场规则日益完善和透明的情况下，合作日益成为企业获利和持续发展之必需，市场经济就将转化为合作型发展的新阶段。所谓和合发展力，就是在和合理念及其战略思想指导下，通过合作伙伴之间各种相关因素的优势互补，包括生产、技术、价格、市场、管理等各个方面的有机整合，形成的有利于共同发展和增加赢利的能力。通过"和气生财，合作致胜"的途径选择形成的企业和合发展力应该成为新时期企业获利能力和持续发展的

---

① 参见芮明杰：《人本管理》，浙江人民出版社 1997 年版。

② 参见 [美] C.W. 舒尔茨：《论人力资本投资》，吴珠华等译，北京经济学院出版社 1990 年版。

核心能力。从博弈论的视点出发，企业和合发展力是冲突与互存同在情况下的混合博弈解，是通过互动和沟通的"和"与"合"的努力形成的共赢结果。按照新制度经济学的说法，这一过程由于降低了机会成本和交易成本，因此对企业的获利能力提高有利。同时，和合发展力不仅为企业在市场经济新时期的持续健康发展开辟了一条可供选择的新途径，而且符合当代经济社会的发展趋势。

和合管理研究的主要对象是企业管理，但是基于中国传统的和合管理思想与和合管理实践是对于古代公共事务的管理，以及出于对创新发展中的中国管理学整体上的考虑，《和合管理》还从公共管理视角进行了和合公共管理的初步研究，而且较深刻地展示了和合公共管理的创新意义，这主要表现在其中关于和合管理对社会稳定发展的重要意义，以及和合管理对于提高政府生产力的作用的论述，并由此生发了和合管理的时代意义。

三、和合管理的未来——管理界的发展与融合

按照辩证法的要求，不同的问题要用不同的方法去解决。所以，什么样的管理方式方法有助于管理效率的提高，什么样的方式方法就是最好的；不同的目标环境有不同的状况和条件，要求有不同的管理方式方法，从实际出发采取不同的方式方法解决实际问题是管理的根本准则。和合管理的基本策略原则或者方式方法，主要是遵循传统和合哲学思想中的无为无不为、阴阳和合、刚柔相济、中庸之道等辩证法思想。应该指出的是，中庸之道不应该简单地或者望文生义地被视为"和稀泥"和保守。就中庸的本意而言，它是一种不偏不倚、刚柔相济、执中行权、与时屈伸的辩证法思想和领导艺术。

执中行权、与时屈伸，强调在中庸基础上的变化，根据变化了的情况，从变化了的实际出发去寻找处理问题的办法，正是"中庸"之道的精华所在。《易·易辞上》中说："君子之道，或出或处，或默或语。"意思是说，君子之道，就是该出去的时候出去，该相处的时候相处，该沉默的时候沉默，该说话的时候说话。《孟子·尽心上》中说："执中无权，犹执一也。"

意思是说，守中庸之道而不知权变，与固执一端是一样的。《荀子·不苟》中说："与时屈伸，柔从若蒲苇，非摄怯也；刚强猛毅，靡所不信（伸），非骄暴也。义以变应，知当曲直故也。《诗曰》：'左之左之，君子宜之；右之右之，君子有之。'此言君子能以义屈信变应故也。"意思是说，顺应不同时势或伸或屈，犹如蒲苇那样柔软顺从，并不是胆小怕事；刚强勇猛，没有什么可以屈服的，这不是骄横暴戾；用义去应对变化，就是知道何时该屈何时该伸罢了。《中庸章句》中说："君子之所以为中庸者，以其有君子之德，而又能随中以处中也。……盖中无定体，随时而在，是乃平常之理也。"意思是说，君子之所以能够按照中庸之道去办事，是因为他们既具有君子的品德，又能够根据中的变化而变化……因为中并不是固定不变的，它随着时间的变化而变化，这是很平常的道理。

和合思想中的"中庸"之道，自古以来被统治者和士人奉为"齐家、治国、平天下"的帝王之术、管理之法，修身养性、成名成家的必经之路，其中蕴含的丰富的方法论思维，不仅构成了和合管理的策略原则和管理艺术基础，而且也揭示了理论之树长青的生命源泉——从变化的实际出发。

中国的以和合哲学思想为指导的传统和合管理，是人类文明的重要组成部分，管理学的历史并不仅仅是由西方文明写下的，早于西方管理学问世的数千年以前，中华民族的祖先就已经创造了和合管理理论和实践的辉煌。只是到了明末清初以后，西方的工业文明超过了中国的农业文明的时候，作为社会科学中最具实践性要求的经济学（在很长时期内包含着管理学）应运而生，成为推动经济社会发展的重要思想武器；伴随着西方工业文明深入发展的需要，才开始有了以泰罗为代表的科学管理的问世和以后的各种管理学派的出现和发展。中国近现代经济社会发展落后于人，也导致了曾经创造过中国古代文明的和合经济思想与和合管理被世人所忽视。在西方现代文明的迅速发展中，经济学、管理学发挥着重要的作用，经久不息地焕发出令人心醉神迷的光彩。因此，崇尚西方文明，包括崇尚西方的经济学和管理学，甚至是西方的所有一切，一时间成为一种时尚和趋势。当西方经济社会发展于20世纪后半叶以来，日渐呈现停滞颓势，以西方为代表的当代经济学、管理学的缺陷和不足逐渐暴露，同时由于我们处于进行社会主义和谐社会建设的历史转折关头，继承和发扬中国传统的和合管理理念和实践之精华，进行与时俱进的扬弃，无论对于今天创建有中国特色的管理理论和有效地进行和谐社会建设，还是克服现代管理学的缺陷和不足，都有着重大的理论意义和现实意义。管理学和其他社会科学一样，源于社会和实践，并且随着社会和实践的发展而发展，与时俱进是管理学不断发展的客观要求。管理学的与时俱进也必将从东西方的历史文化差异造成的分歧和差距走向相互融合和共同发展，由以竞争为主旋律的"管理理论丛林"转化为以合作共赢为主要内容的理论创新。

西方资本原始积累时期的"羊吃人"的行为方式尽管有其历史必要性，但向来受到鞭笞和诅咒，而由资本原始积累方式的路径依赖形成的"大鱼吃小鱼"式的残酷竞争，虽然成就了西方经济学和管理学所标榜的竞争理论，不过人们对于"和合"的依恋却一时一刻也没有被遗忘。就像在社会公共管理领域，帝国主义的强权政治和霸权主义虽然可以甚嚣尘上于一时，甚至可以用武力、用炮火毁灭一个国家、威慑一个地区，但是和平的呼声以及对于和平共处的向往也从未停止过。当历史的车轮驶入 21 世纪的轨道，和平、和睦、联合、合作终于取代了战争而成为时代的主旋律。在经济管理领域，更多地重视和强调"和"、"合"思想的管理理论，比如战略联盟、学习型组织、虚拟企业、物流和价值链管理等追求合作共赢的理论越来越多地受到人们的重视和被广泛采用。正如黑格尔所言："存在的就是合理的"。任何社会存在的东西都有其合理性和必然性。就管理无定式而言，西方的竞争管理理论，并没有理由也没有资格否认东方的管理实践以及中国的和合管理。历史进一步告诉我们，随着市场经济的深入发展，以先进科学自我标榜的西方式竞争理论已经开始受到质疑，如孔茨所言，西方管理学已经步入理论丛林之中，相互交杂不一。或如美国的管理学大师西蒙所指出的，美国的管理学已经走向了死胡同，只是一些不协调的一般性知识，缺少一个有意义的结构。单纯强调竞争的思维定式，及其在实践中越来越难以开辟新的获利空间的表现，引起了人们的质疑和反思，寻求竞争对手之间和睦相处的可能性，并进行优势互补性的整合，以至于建立战略伙伴关系，合作开拓市场与共同分享利益的思考和努力，成为新形势下的创新选择。随着双赢、共赢的理念和实践的不断深化，又出现了所谓"竞争合作"、"合作竞争"的理论。布兰登伯格和梅尔巴夫合著的新著就直接命名为《竞争合作》，书中着重指出，把竞争与合作相结合是一种革命性的设想。穆尔甚至写了一本题为《竞争的死亡》的论著，认为当前已经进入了所谓工商生态系统时代，提出了在工商生态系统时代中的领导与战略，应该由抛弃竞争而实行合作。尽管，无论是"竞争合作"还是"合作竞争"的理论，在提到合作时，依然没有忘记"竞争"二字，这也许是一种"路径依赖"，以及思维惯性；或者是如辩证法的考量，由竞争到合作要有一个渐进的转化过程。而且竞争与合作本来就是一种对立统一关系，二者相互依存、相辅相成，只是在一定条件下矛盾的双方会发生作用主次的转移、转化。但这种理念变化，毕竟已经开始认识到了合作的必要性和重要性，并在逐渐重视和倡导合作。随着市场经济的深入发展，今天，一种走向东西方管理理念融合、自觉或者不自觉地认可并类似于"和"、"合"理念的全新主张——"蓝海战略"① 管理思想正在风靡西方世界。

"蓝海战略"所主张的实际上就是一种通过合作实现共赢的思想，这与创新发展中的中国的和合管理有着异曲同工之妙。相比较之下，二者的相同之处在于：《蓝海战略》强调通过"整合"与"统合"，把"企业在功能和运营方面的活动都统合起来"，实际上就是要"和"，和睦相处，以和求财，以和达合，合作共赢。和睦相处加上合作努力才能有"对自身的成本结构和买方的价值主张都产生积极影响"，唯有"和"才能"彻底甩脱竞争"，唯有"合"才能进行"整合"与"统合"而实现"价值创新"。中国传统和合管理艺术的"和气生财、合作致胜"的真髓，在"蓝海战略"中，在当代西方的管理理论中得到了再现和升华。我们所主张的和合管理，正是要由"和"到"合"，由"合"致胜，就是通过"和"与"合"创造新的利润空间和实现共赢，也就是"蓝海战略"的精髓——"价值创新"。二者的不同之处在于：《蓝海战略》是立足于"彻底甩脱竞争"、回避竞争和"开创新的无人争抢的市场空间"的"蓝海"的路径选择，而没有竞争或者"彻底甩脱竞争"也许只能是一种理想化或者是不太贴切的表述。因为，辩证法坚持矛盾的对立统

---

① 参见 [韩] W. 钱·金、[美] T. 莫博涅：《蓝海战略》，吉宓译，商务印书馆 2005 年版。

一以及对立因素的此消彼长及相互转化，或者是矛盾调和时的"中和"状态，而不可能有对立因素的消灭或吞并。竞争与合作作为一种矛盾的对立统一，表现为相反相成、相互转化的矛盾运动，生成的是历史性涵盖与创新，是竞争因素的逐渐减少与合作因素的日益增多，是由市场经济的竞争型阶段向合作型阶段的转化和发展。

和合管理提倡的是一种立足于"和合"方式方法的"和气生财，合作致胜"式的路径选择，其中蕴含的是对竞争的包容和矛盾的化解，体现的是矛盾事物的相反相成和相互转化，促成的是"中和"与稳定发展，在实践中就是要通过"和"的努力达成"合"，而最终实现企业利益和消费者效用共赢的目标。因此，对于今天的西方管理学，可以有"蓝海战略"；对于市场经济深入发展而有中国管理理论创新的今天，我们有和合管理。可以说，和合管理为当代管理所必须，适用于未来经济社会发展，是未来发展的一种全新的战略思维。西方管理学正在创新发展中的双赢、共赢理论，特别是"蓝海战略"提倡的由"整合"、"统合"、"开创新的无人争抢的市场空间"而实现"对自身的成本结构和买方的价值主张都产生积极影响"的"价值创新"的合作共赢理论，与中国创新发展中的和合管理，有着许多相通、相似、相同之处，深刻地反映了当代管理学出现了一种融合发展的新趋势。

（原载《管理学报》2007 年第 2 期；作者单位：中国社会科学院工业经济研究所）

和合翻译研究刍议

吴志杰

一、引　言

　　一般来说，要建立一种新的翻译理论话语体系，需要有两方面的话语资源：一是新的翻译实践与经验，二是新的理论资源。就第二点来说，所谓"新"并不意味着就是前所未有的东西，而应该也包括传统的但尚未被现代的翻译理论所（充分）吸纳与挖掘的那些理论话语。勒菲弗尔在《翻译·历史·文化：资料汇编》一书的"前言"中很有感触地说，"我们正在言说的东西很多已被前人说过了，尽管使用的术语不同"①。这说明，古代的东西未必就是落后的东西，古人的话语很可能孕育着现代的思想，对当下历史语境中的问题也许有启示作用与参考意义。本研究立足于中国传统文化，试图借用中国传统文化的和合思想对翻译问题作出理论阐释与建构，并最终提出创立"和合翻译学"话语体系的设想。

　　"和合"一词最早出现在春秋时期，而"和"与"合"二字的历史要更为悠久。据已有的文献看，甲骨文中已见"合"字的使用，而"和"字最早见于金文，且其通假字"龢"也已见于甲骨文。②"和合"，是指自然、社会、文明中诸多元素、要素的相互冲突、融合，与在冲突、融合的动态过

---

① Lefevere André, *Translation/History/Culture*：*A Source Book*，London and New York：Routledge，1992.

② 参见张立文：《和合学——21 世纪文化战略的构想》（上、下卷），中国人民大学出版社2006 年版。

程中各元素、要素和合为新结构、新生命、新事物的总和。[①] 和合文化的基本特征是注重和谐与多元，关注过程与创生，提倡一种追求伦理与审美的理想生存模式。和合是中华文化的精华，也是当代和谐文化之根。"中华民族的基本文化精神，便是和合或合和，它不是某家某派的文化精神，而是涵摄儒、道、墨、法、阴阳、释各家各派的普遍的文化精神"[②]，它"纵贯整个中国文化思想发展的全过程，横摄各个时代各家各派的文化思想"[③]。作为一个独立的理论形态，和合学首先由张立文先生提出[④]，它不仅仅是一种宇宙观、认识论、方法论或本体论，而是涵盖并超越这些内容的生存哲学，代表了整个中国传统文化的精神。和合翻译研究就是和合学关照下的翻译理论研究，目前张从益[⑤]、钱纪芳[⑥] 等学者已经从某些层面论述了从和合学途径进行翻译研究的可能性，本研究拟更加全面、深入、系统地探讨和合翻译研究的空间，并尝试建立一个完整、独立的"和合翻译学"的理论话语体系。笔者认识到，和合翻译学的理论体系既需要建立在中国传统文化的"和合"思想之上，但又不能是"和合"思想在翻译领域的牵强附会的比附。和合翻译学必须具有自身的理论系统，对翻译领域各方面、各层次的现象和问题均具有较强的解释力。本论文将简述"和合翻译学"的构建思路，介绍"和合翻译学"的主体构架，论证"和合翻译学"的主要观点。

二、和合翻译研究的理论体系

本研究从中国传统文化中抽取能够体现和合精神与和合价值的"意"、

---

① 参见张立文：《和合哲学论》，人民出版社 2004 年版。
② 张立文：《和合学——21 世纪文化战略的构想》（上、下卷），中国人民大学出版社 2006 年版，第 53 页。
③ 张立文：《和合学——21 世纪文化战略的构想》（上、下卷），中国人民大学出版社 2006 年版，第 375 页。
④ 参见张立文：《和合学——21 世纪文化战略的构想》（上、下卷），中国人民大学出版社 2006 年版。
⑤ 参见张从益：《和合学途径的翻译研究》，《外语学刊》2009 年第 3 期。
⑥ 参见钱纪芳：《和合翻译思想初探》，《上海翻译》2010 年第 3 期。

"诚"、"心"、"神"、"适"五个核心范畴,分别对和合翻译本体观、和合翻译伦理观、和合翻译认识观、和合翻译审美观、和合翻译文化观作出了系统的理论分析与阐释,初步形成了和合翻译学的主体框架(见图1)。

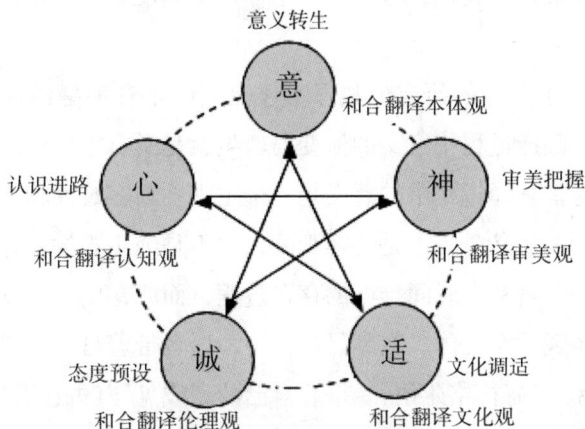

图1　和合翻译学的结构图

(一) 和合翻译本体观

和合本体论把事物的存在看成一个和合过程,作为本体论的和合乃为各事物、各因素相互冲突而聚合或融合从而组成或产生相对稳定的新秩序、新事物的动态变化过程。在本体论(又作存在论)层面,中国传统的和合文化体现出了非完成性、非实体性、非确定性的思维特征,具有过程向度、创生向度、动态向度。① 西方传统的哲学本体论长期以来混淆了存在与存在者的差别,以对存在者的研究替代了对存在本身的研究,忽视了存在的时间维度和过程维度,这一传统直到海德格尔才有所改变②,而我国以和合文化为代表的传统哲学一直重视探索有关存在的问题,挖掘和合观的本体论特点对当前翻译研究有重要价值。正如张柏然先生在"翻译本体论的断想"一文中指出,当前译学中的"(作)译者研究系列"、"(作)译品研究

---

① 参见吴志杰、王育平:《论"和合"本体的非实体性特征》,《湖南科技大学》(社会科学版) 2009 年第 6 期。

② 参见张祥龙:《海德格尔思想与中国天道:终极视域的开启与交融》,生活·读书·新知三联书店 1996 年版,第 36 页。

系列"、"读者研究系列"属于对"是者"（按：存在者）的认识论上的探讨，缺乏真正意义上的针对翻译活动和阅读活动本身的翻译本体论探索。[①] 如果借鉴重视过程研究而被称为"生生哲学"的和合学，并从学理上描述和分析翻译的存在过程，我们或许能够从本体论的高度更好地认识翻译的特征与属性。

本体论是关于存在的研究，翻译本体论则应是有关翻译存在过程的学问。笔者认为，翻译过程中意义的流变与转生就是具有本体论意义的翻译的存在方式。首先，翻译过程中的意义是一个主观性与客观性相互生发、相互和合的过程。所谓意义，既不是纯客观的，也不是纯主观的。意义的诞生与变迁是一个事件，是具有时间维度的存在过程，而原文则是生发意义的源头与路标，而非客观的意义体。在翻译过程中，译者带着自己的"前有"、"前见"和"前把握"（海德格尔语）、带着自己的"成见"（伽达默尔语）、带着与自身经历与境况相关的"当代视域"去阅读作为"意义之种"的原文，激活了的历史性使得对意义的体验不具有可复制性。从绝对意义上来讲，一个译者阅读某文本所得的"意义"体验必然不同于其他读者或译者阅读该文本的感受。然而，同一"意义之种"文本在不同读者或译者那里所生发出来的意义虽各不相同，但也会表现出相似性。这种相似性是如此明晰，以至于我们可以轻而易举地分辨出它们属于同一个家族，就像我们能够在树林中不费劲地辨认出桃树来，尽管任何两棵桃树都不会一样。意义的这种家族相似性便是社会性的体现。意义的社会性一方面通过译者在社会交往中所获得的共同的与相通的群体认知与评价能力来保证（大致属于主体间性的研究范围），另一方面也通过该文本与其他文本之间的千丝万缕的联系来确保（大致属于文本间性的研究范围）。如果说翻译中意义的历史性是断裂性、独特性、不可认知性的体现，那么意义的社会性则是连续性、可通约性、可认知性的症候。这两个特征也在一定程度上规定了翻译中意义的"可译性"与"不可译性"的范围。对意义的历史性与社会性的辩证分析与探究，将有利于我们摆

---

① 参见张柏然：《翻译本体论的断想》，载张柏然、许钧编：《译学论集》，译林出版社1997年版，第55—63页。

脱绝对的"可译论"与"不可译论",走出"可译"与"不可译"二元对立的泥沼。①

(二) 和合翻译认识观

和合认识论就是以观、感、体、悟为认识的主要手段,同时借用调查、试验、推理等辅助手段,达到主体与客体、思维与存在的历史性统一的和合过程,从而实现人类更美好的生存理想。② 客观地讲,东方人与西方人思维器官的生理基础与潜质并无根本性差别。从功能来讲,东、西方的思维方式也没有非此即彼的二元对立关系,人类的思维一方面具有概念式、分析型、对象性的操作模式,体现出理智性、客观性、科学性的特征;另一方面也具有溯源式的认知理想、体悟式的认知进路、情感式的认知方式,表现出模糊性、主观性、非理性的特征。然而不容否认,不同文化孕育了不同的致思方式,使其具有了显著的不同倾向。在认识论层面,中国传统的和合文化体现出了整体性、体悟性、主客不分性等特征,而西方文化传统则更青睐概念式、分析型、对象性的思维方式,正如傅雷所指出:"东方人与西方人之思想方式有基本分歧,东方人重综合,重归纳,重暗示,重含蓄;西方人则重分析,细微曲折,挖掘唯恐不尽,描写唯恐不周。"③ 前者可以称为思维的心性特征,后者可描述为思维的脑性特征。我国春秋时期的著名医书《黄帝内经》提出了"心舍神明"的命题,孟子则有"心之官则思"(《孟子·告子上》)的说法,虽然心从严格的意义上来讲并不是思维的器官,但作为一个比喻的说法,用"心思维"来指代中国人擅长的溯源式、体悟式、情感式的思维方式还是比较切合的,这与"心"在汉语中表示"根本"(如天地之心),"思维"(如心思、心机),"情感"(如心情、伤心)等意义的用法相一致。西方文化通常用脑代表理智,因而,用"脑思维"指代西方理智型、分析型、对象性的思维方式也比较形象和恰当。应该说,思维的心性特征与脑性特征较好地描述出中西致思方式之间的倾向性

---

① 参见王育平、吴志杰:《意的流变与转生——翻译的本体论视角》,《南京社会科学》2009年第4期。

② 参见吴志杰、王育平:《和合认识论》,《内蒙古社会科学》2011年第2期。

③ 傅雷:《论文学翻译书》,载罗新璋编:《翻译论集》,商务印书馆1984年版,第694页。

差异。

"心思维"的本源性主要体现在中华民族自古以来对事物的原初面貌与本真状态的追求。这里的本源性并非指实体性，而是从本体或存在的意义上讲的本真与本然，具有过程性。中国传统思维方式的本源性特征在《易经》中已经有所体现。

《易传·系辞下》云："《易》之为书也，原始要终，以为质也。"也就是说，《周易》的一个根本原则是探明事物发生与发展的变化过程（"原始要终"），试图通过回到事物的发展过程之中来认识其本真状态（"质"）。老子认为认识客观世界时首先需要做到"虚静"，要排除外界干扰，回返内心去体验。老子说："至虚极，守静笃，万物并作，吾以观其复。"（《老子》十六章）老子认为，在纷繁复杂、变化万端的大千世界中，只有"虚极静笃"才能观"复"识"道"。庄子提出了"心斋"的认识论思想："无听之以耳，而听之以心；无听之以心，而听之以气。听止于耳，心止于符。气也者，虚而待物者。唯道集虚，虚者心斋也。"庄子认为，要用"心"而不要用"耳"去"听"，进而要用"气"去"听"，这样才能做到"虚而待物"，才能真正地识"道"践"道"。虚以待物、向内用力，从而达到对事物本真状态的认识，这就是中华民族传统思维在认识活动中所体现的本源性特征。在翻译活动中，译者所追寻的本源是"意"的体验。这种"意"也是从存在论（或曰本体论）意义上来讲的，因为译者所追寻的"意"既不是纯主观的，也不是纯客观的，而是主观与客观的历史性的和合过程——意义在译者的阅读中生成，在这一过程中，文本规定了译者阐释的基本方向，但他又总是从当下的、个体的视野进入文本，译者的意义无不掺入了自己的知识、阅历、悟性和情感，前者是阅读过程客体性的显现，后者则是译者主体性的表现。因此，从根本上说，译者所寻求的"意"是主客和合的"意"，是读者与作者"视域融合"而产生的"意"。翻译活动中译者所寻求的"意"可以看作是存在论上的"真"，而我们有必要把它与认识论上的"真"区别开来。在翻译中"并不能把'真'单纯地理解为知识论上的'真'"，翻译中对"真"的理解"应该是存在论意义上的，这种真实已经不只是再现对象的外貌，而是揭示了心理的真实"①。既然译者在翻译活动中追寻的本源主要是具有生命灵性的"意",是存在论上的"真",是一种主、客观和合而产生的"心理真实",那么,翻译中无疑需要"心思维",需要体悟式的认知方式。

和合认识论强调用心体悟,倾向于在对认识对象的整体观照中直接感悟事物存在之本真面貌与本然状态,具有明显的直觉性、模糊性、跳跃性、超越常规性,体现了思维的体悟性特征。与此不同,"脑思维"侧重于对认识对象作条分缕析的解析,强调认识活动的分析性、客观性、科学性、逻辑性。目前,体悟式的"心思维"由于缺乏明确的可分析性的程序与步骤以及客观性、科学性与逻辑性的华丽外衣,已经被大多数人斥以"落后"与"过时"。然而,实际的翻译实践告诉我们,译者并非完全按照西方翻译理论所提供的复杂分析模式(例如奈达提出的深层句法分析)对文本进行逻辑和语言分析然后再进行翻译。口译中,时间不允许有如此复杂的分析程序,在整体理解的基础上的记忆与速记显得更为重要。在文学翻译中,译者理解与把握原作在整体上所体现出来的风格与气势是最为关键的一步,虽然这种整体上的把握是建立在对每个句子的理解之上,但对句子层次的过多分析往往会让译者陷入"只见树木不见森林"的境地。在科技翻译中,句子通常比较简单,一般不需要做过多的语义分析,专业知识的准备与术语的理解与翻译显得更为重要。事实上,译者通常的做法是首先全身心投入到阅读活动中(口译中则是认真地聆听),通过调动自己的知识与经验体悟其中的意义,然后再用适当的目的语翻译出来。换言之,体悟式的认知方式仍是译者进入文本的主要途径,在翻译中依然占据了重要的地位。

"心思维"具有情感性特征,主要是因为"体悟"作为"心思维"的主要认识方式,要求认识主体与认识对象"融为一体",全身心地投入到认识事件之中。这种体悟式的认知法无疑对主体的情感投入提出了较高的要求。实际上,体悟式的认识进路彰显了情感与理智的和合共存,译者用心叩开文本之门的过程中存在着情感与理智的共栖现象,而情感的投入在精神产品的阅读中显得尤为必要。翻译家萧乾把情感作为选择译什么的重要依据,认为

---

① 刘华文:《汉诗英译的主体审美论》,上海译文出版社 2005 年版,第 18 页。

"喜欢"才能翻译出精品："只是译的必须是我喜爱的。""我认为好的翻译，译者必须喜欢——甚至爱上了原作，再动笔，才能出好成品。"①傅雷明确提出感情与理解紧密联系的观点，把情感看成译者是否适合做某一类翻译的根据："测验'适应'与否的第一个尺度，是对原作是否热爱，因为感情与了解是互为因果的。"②

最后还需要解释一下和合认识论中的最后一句话："实现人类更美好的生存理想。"我们认为这是中国传统认识论的本质特征之一。和合文化是一种"生存哲学"，它把认识论置于存在论框架内，在人的生存中定位知识，把对事物的认识看成是体悟"天道"、修身养性的一个途径。在中国传统文化中，认识不是最终的目的，认识是为了更好地生存，这与西方认识论与存在论相分离的做法不一样。西方认识论与存在论的分离必然致使知识与生存伦理和价值的脱钩，导致"纯知识"、"纯科学"、"纯技术"的出现，进而带来科学技术的迅猛发展与知识的爆炸性增长，并最终导致人的异化与对环境无限制的索取与破坏。把认识论置于生存论框架内，并在人的生存中定位知识，中国传统的做法追求的是人与自然的和谐共存和人自身的全面发展。因此，中国传统智慧历来关注生存（本源性），强调在生存中感悟（体悟性），强调在情感互动中提升自己（情感性），最终达到理想的生存状态。这种思维方式在翻译中就体现为溯源式的认知理想、体悟式的认知进路与情感化的认知方式。如果译者在翻译活动中努力使自己的行动符合"心思维"的规律，他就会不断地逼近"真"（存在论）、"善"（伦理学）、"美"（审美观）统一的状态，逐渐地接近"从心所欲不逾矩"的理想生存状况。③目前翻译研究中的情形是过于强调了概念式、分析式的思维方法，在一定程度上忽略了思维的本源性、体悟性、情感性特征。和合翻译认识论的提出，对目前翻译的认知研究模式和方法具有一种互补与完

---

① 萧乾、文洁若、许钧：《翻译这门学问或艺术创造是没有止境的》，《译林》1999年第1期。
② 傅雷：《翻译经验点滴》，载罗新璋编：《翻译论集》，商务印书馆1984年版，第625—626页。
③ 参见吴志杰：《中国传统的"心思维"及其在翻译研究中的应用》，《民族翻译》2010年第4期。

善的功能，有利于更充分、更全面地认识人类的思维潜能，促进翻译认知研究的发展。

（三）和合翻译伦理观

和合实践论以"至诚"之心，秉"中和"之美，顺应"天道"（自然规律）与"人道"（社会规律），实现"成物"与"成人"的双重理想，最终成就人的诗意的生存。这种实践论标举理想的生存方式与状态，因此有着"先在"与"先有"的价值判断，有着其明显的伦理倾向。和合学在伦理上推崇"直心"，是一种"己所不欲，勿施于人"、"己欲立而立人，己欲达而达人"的境界。① 在翻译活动中，这一"直心"就是翻译各方的"诚"，甚至可以进而追溯到法国著名哲学家勒维纳斯（Emmanuel Levinas）所说的面向他者的"倾听"态度。

勒维纳斯在语言、思维、存在三者之间的关系上，找到了隐藏在语言背后的"他人"，发现了任何言语活动都预设的"倾听"态度，最终实现了语言的伦理学转向。② 勒维纳斯说："在全部语言分析中，当代哲学很有道理地坚持其解释学结构以及肉体存在表达自身的文化力量。第三个维度难道没有被遗忘吗？对着他人的方向，他人不仅是我们表达的文化成果的合作者和邻居，或我们艺术作品的主顾，而且是对话者，表达是对他表达，庆典是为他庆祝，它们命名了定向和原始含义。换句话说，在存在的庆典之前，表达就和他人相关了，我向他表达着这种表达，我进行表达的文化姿态业已需要他人的在场。"③ 按照勒维纳斯的看法，他人独立于被表达的存在之外，是超越存在的。"面对着我的他人不包含在被表达的存在总体之内。当我对他表达着我表达的东西时，他出现于任何存在之聚集的后面。"④ 在笔者看来，勒维纳斯的高明之处就在于发现了人的超越性——对于存在，人既能

---

① 参见张立文：《和合学——21 世纪文化战略的构想》（上、下卷），中国人民大学出版社 2006 年版，第 117 页。

② 参见孟彦文：《语言从存在论向伦理学的转换》，《安徽大学学报》2004 年第 3 期。

③ 孟彦文：《语言从存在论向伦理学的转换》，《安徽大学学报》2004 年第 3 期。

④ Evinas.Emmanuel，*Collected Philosophical Papers*，translated by Alphonso Lingis，Dordrccht/Boston/Lancaster：Martinus Nijhoff Publishers，1987，p.52.

置身其中，又能抽身事外。通过引入"人"这一能够超越存在的存在者，语言与存在之间的从属关系被打破了，既不是语言从属于存在，也不是存在从属于语言，而是语言通过人与存在发生关系，语言从属于人，语言因为人而具有了对存在的超越性。然而，言语之所以能够发生，因为在此之前还存在着"原初的语言"。他人以脸（face）的方式出场，他人的脸"注视"我，这种"注视"向我说话，但说话并不必然发声为辞，这就是所谓的"原初的语言"，就是一种"倾听"的态度。因此，勒维纳斯又说，"原初的语言"是"没有言辞或命题的语言"，是"没有所言的言说"（saying without said），"这一言说先于交流命题和信息的语言"①。勒维纳斯认为"原初语言"的作用在于引出"回答"（response），"回答"就意味着"责任"（responsibility）。② 正是通过这一词源学上的考察，勒维纳斯把责任与对话画上了等号——回答之必须就是责任之不可避免。也就是说，"原初语言"既意味着我和他人的亲近关系，又意味着我与他人的责任关系。因此，从根底上讲，语言既不是认识论的，也不是存在论的，而是伦理学的。作为一种借助语言进行的跨文化的交流活动，翻译从根本上也体现为一种伦理关系。翻译活动中也存在着作为原动力的"原初语言"——译者的一种"听"的态度。译者的"听"是沉默，但沉默不一定是没有话说，而是虚怀若谷，是尊重与信任，它一方面要求"放弃自己顽固的解释学倾向及解释学前见，对自己的能力和权力保持明智的审慎态度"③，一方面要求相信他人有话要说，有重要的话要说。这是一种"诚"的态度。"听"同时还是一个主动行为，是呼唤、邀请、吁求与鼓励，是在他人说话之前就"回答"，即承担"责任"，这是真心实意，也是一种"诚"的态度。当然，译者的"听"根据不同的对象会出现不同的姿态：对作者与原作是"倾听"，对出版商或赞助人是"恭听"，对读者是"敬听"。三种"听"的姿态的不同之处在于"倾听"强调的是对作者的尊重与

---

① Levinas, Emmanuel, *Basic Philosophical Writings*, edited by Adriaan T.Peperzak, Simon Critchley, and Robert bernasconi, Indiana University Press, 1996, pp.119-121.

② 参见 Levinas, Emmanuel, *The Levinas Reader*, Edited by Sean Hand, Bash：Blackwell, 1989, p.69。

③ 孟彦文：《语言从存在论向伦理学的转换》，《安徽大学学报》2004 年第 3 期。

对原作的信任，"恭听"凸显的是对出版商或赞助人的责任，"敬听"重在表现的是对读者的召唤与邀请。然而，三种"听"的姿态却又都可以概括为一个"诚"，在意义上是相连相通的。对作者与原作的"倾听"同时也是译者的一个承诺，承诺他将全力以赴、承担责任；对出版商或赞助人的"恭听"同时也是译者对他们的尊重与信任，把他们作为"自己人"、作为"同僚"、作为"合作伙伴"，结成"道义联盟"；对读者的"敬听"也表现出译者对读者的诚挚与信赖，向读者托付自己的理想，坚信读者将和自己完成他们共同的事业。由此可见，翻译之所以可能，之所以发生，首先就是因为译者通过"听"的姿态发出了一种"原初的语言"，表明了一种"诚"的态度，确定了译者与作者、读者等他者之间的伦理关系。换言之，"诚"便是翻译的伦理预设，是翻译活动的前提与基础。

以"诚"为基础的伦理关系不仅体现在翻译活动的起始阶段，它还贯穿了翻译的整个过程。译者不仅"听"，他还"说"。译者在经过第一轮的"听"之后便发声成言，这种应答便立下了与"他者"的契约关系。作者或作为作者化身的作品的出场，就向作为译者的"我"说话，而译者的应答就意味着"我"对他人的不可避免的责任。这种责任要求"我"不把他人作为对象来认识，而是作为高度来敬仰，这是一种"诚"的态度。译者也回应出版商或赞助人，这种应答，即这种责任，要求"我"不把他人作为"上帝"或"主子"来看待，而是作为"知己"和"盟友"去关心与帮助，在成就共同的事业中互敬互爱，这也是一种"诚"的态度。译者对作者说，对出版商或赞助人说，但最主要是对读者说。在与读者的关系中，当作为译者的"我"开口说话，这首先意味着把"某事"托付给读者，向读者发出共建一片家园的"吁请"，而不仅仅表示"我"把存在呈现给他看。这种信任与恳切还是一种"诚"的态度。不管是译者"听"，还是译者"说"，翻译活动都体现为一种说者与听者之间以"诚"为基础的伦理关系。"诚"不仅是一切翻译活动得以进行的伦理前设，也是确保翻译顺利完成的保障。总之，译者只有"诚于中"才能"行于外"，只有诚于译事才能处理好翻译活动中与作者、读者、赞助人等多个主体之间的关系。

"诚于译事"是一种做人的态度，而不仅仅是从事某一职业（例如翻译）所需的谋略。《周易·乾卦》云："君子进德修业。忠信，所以进德也；修辞立其诚，所以居业也。"和合翻译伦理观也认为，译者有必要在翻译中超越语言层面的文字转换活动，把翻译与修德、立业、做人联系起来，这样才能真正处理好翻译中的伦理关系，才能解决好翻译中所遇到的种种矛盾与困难。① 在和合翻译伦理观中，"诚"表现出以下三个方面的和合特性：

其一，"诚"表现为由内而外、内外兼修的和合过程。《大学》说："诚于中，形于外。"由心而生的诚才是真正的诚，因此，内心之诚是基础，是关键。然而，仅仅"内修心"还不够，还需要"外修礼"。内不修，则是"里不诚"；外不修，则是"表不诚"。② 只有内外兼修才是儒家一贯的传统，才是有机的、整体的、和谐的"诚"，即所谓"合内外之道也"。这反映在翻译研究中就是要求译者要诚于翻译事业，而不是出于利益关系，浮于表面地服从或服务于某人。

其二，"诚"表现为认识与伦理的和合过程。"诚"从根本上讲是一种态度与观念，具有伦理意义。然而，"诚"又是一种开放的、包容的、积极的、审慎的伦理态度与观念，它具有容纳他者的胸襟，因此，伦理意义上的"诚"通常能够促发、激励、保证认识过程的发生，使主体达到对事物及他人的认识。当然，认识也会反过来促进"诚"的进一步发展，从而形成"诚明相资"的循环过程。《中庸》云："诚者不勉而中，不思而得，从容中道"，认为做到了"诚"就能进入"无待"的境界，就能掌握事物的本质、体悟万物之"道"，这就是"诚则明"。同时，"明"也能促进"诚"，通过"博学之，审问之，明辨之，笃行之"而达到"诚"，这是"明则诚"的过程。③在"诚则明"与"明则诚"的往返运动中，人逐渐进入了"诚明"的境界，实现了人的全面发展。这对翻译的启示就是译者的知识水平与道德修养是相辅相成的，两者不可偏废。

其三，"诚"表现为成人与成物的和合过程。"诚"以伦理意义为出发

---

① 参见吴志杰、王育平：《以诚立译——论翻译的伦理学转向》，《南京社会科学》2008 年第 8 期。

② 参见王夫之：《读四书大全说》，中华书局 1975 年版，第 137 页。

③ 参见袁济喜：《和：审美理想之维》，百花洲文艺出版社 2001 年版，第 24—25 页。

点，自是一种"成己"的行为，但其由内而外，从而促使认识过程的发生，进而导致诸如生产等进一步的实践活动。《中庸》也说："至诚无息，不息则久，久则征，征则悠远，悠远则博厚，博厚则高明。博厚，所以载物也；高明，所以覆物也；悠久，所以成物也。"在这一过程中，"诚"逐渐具备了实践意义，实现了"成物"之举，即所谓"诚者，非成己而已也，所以成物也"。然而，伦理意义上的"诚"只有转化为实践，这种"诚"才具有价值与意义，才具有了可感、可触的真实感，才能进一步加强与巩固这一伦理之"诚"。《中庸》所说的"诚者自成也"应该包含了这一层意思。"诚"经由"成人"至"成物"再到达更高一层的"与天地参"，便完成了一个"成人与成物"的循环："唯天下至诚，为能尽其性；能尽其性，则能尽人之性；能尽人之性，则能尽物之性；能尽物之性，则可以赞天地之化育；可以赞天地之化育，则可以与天地参矣"。一个译者的成长过程也应如此，只有自身道德水准与知识水平达到一定的高度，才有可能做到诚于翻译事业，真诚对待他人，才有可能最终成为翻译大家。大师级的翻译家绝不仅仅是一个匠人，必定是一个有天赋又勤奋的德艺双馨的译者。①

（四）和合翻译审美观

和合实践论标举理想的生存方式与状态，有着显著的审美诉求。根据和合美学的观点，艺术的意境是"情"与"景"的融突和合②，审美活动的本质就是"神与物游"③。和合翻译学继承了和合美学的"融突和合"论，把艺术品看成作者之精神特征与艺术对象之间互动而和合的结晶，把艺术品的这种"主客和合"、"物我相融"的美学特质称为"神"。④ 在翻译活动中，"神"是译者对译作风格的审美把握，体现了明显的和合特征。

---

① 参见吴志杰：《中国传统范畴"诚"及其对翻译研究的启示》，《民族翻译》2009 年第 3 期。
② 参见张立文：《和合学——21 世纪文化战略的构想》（上、下卷），中国人民大学出版社 2006 年版，第 786 页。
③ 参见张立文：《和合学——21 世纪文化战略的构想》（上、下卷），中国人民大学出版社 2006 年版，第 802 页。
④ 参见吴志杰、王育平：《以神驭形——傅雷"神似论"之学理探微》，《翻译季刊》2009 年第 1 期。

　　首先，"神"是内容与形式的和合体。在翻译研究领域，茅盾[①]可能是国内最早讨论文学翻译形神观的作者，而傅雷则是公认的最有影响力的文学翻译"神似论"的提倡者。傅雷于 1951 年在《〈高老头〉重译本序》中对"神似论"作了提纲挈领式的陈述："以效果而论，翻译应当像临画一样，所求的不在形似而在神似。"[②]此后，翻译界对翻译形神观进行了大量的，甚至激烈的讨论，争论的焦点大都集中于"神"是内容还是形式，以及如何实现"神"的问题上。一部分学者认为，神借形而存在，形具而神生，不能脱离形而讨论神。也有部分学者倾向于认为，神是作品在形式上体现出来的审美特质，把其与作品的意义相提并论，主张文学作品翻译中如若出现冲突，应当把神放在首位，把意义放在次要位置。这些讨论一般都置于西方哲学有关形式与内容的辩证法框架中进行，未能展示出中国传统美学应有的魅力。实际上，"神"是形式与内容的独特结合，是文本的美学价值的潜在形式，正如萨特所说："人们不是因为选择说出某些事情，而是因为选择用某种方式说出这些事情才成为作家的。"从美学的角度来看，文本的价值不仅仅在于内容，更在于以特定形式来表达内容。这种形式与内容的和合体便是"神"，便是文本的美学价值所在。语言中，"意"与"形"（/"音"）相对，"神"则比二者高一个层次，与"意"、"形"不在同一个平面上。"神"作为比"意"（"音"）"形"更高层次的结构，又是如何存在的？我们说"神"是形式与内容的独特结合，是文本的美学价值的潜在形式，但普通的文本（即以传递"信息"而不是以"审美"为目的的文本）也具有形式与内容，两者有何区别？在普通的文本中，语言只是一种载体，一种工具，它把读者（/译者）的眼光引向语言以外的事物或概念，引向语言所承载的"信息"或曰"意义"。读者（/译者）在领悟了这些事物或概念之后便抛开了语言这个载体，正如法国释意派的主要代表勒代雷在《今日翻译——释意模式》一书中所描述的翻译过程：听清语言符号→理解它们所表达的思想内容→摆脱语

---

① 参见沈雁冰：《译文学书方法的讨论》，《翻译研究论文集》（1894—1948），外语教学与研究出版社 1984 年版，第 93—98 页。

② 傅雷：《〈高老头〉重译本序》，载罗新璋编：《翻译论集》，商务印书馆 1984 年版，第 558 页。

言外壳→表达思想内容。① 在这类翻译中，语言形式便是译者在获得了"信息"或"意义"之后需要抛弃的"外壳"。然而，文本一旦作为一个审美客体出现，情况就发生了根本的变化——语言不再仅仅是承载"信息"或"意义"的工具，它本身也成为一个需要认识的对象。语言在普通的文本中是透明的，人们可以穿透它而获取"信息"与"意义"，但在作为承载美学价值的文本中，语言变得厚重起来，不再那么透明。当然，这种具有审美价值的文本并非没有意义，而是把语言的"音"、"形"、"意"浇铸在一起，文本本身成为了充盈着"意义"的审美客体，"神"由此诞生了。因此，"神"是"音"、"形"、"意"在更高层次上的有机和合体。

其次，"神"是主观与客观的和合过程。翻译领域对形、神问题的讨论一般都采用对象性思维，把形和神看成是具有客观性的认识对象。然而，审美是一个事件或过程，这就要求我们在"形神"之辨中增加时间的维度，把我们对"形神"的平面思维转换为更加清晰、更加准确的立体图画。事实上，原文的美学价值还只是潜在的，需要读者（/译者）慧眼识珠。原作以潜在形式存在着的美学价值需要读者（/译者）的审美阅读来激活。怎样激活、在多大程度上激活，这些都依赖读者（/译者）的审美能力。从这种意义上来说，作品的"神韵"只在与读者（/译者）具有的审美能力和付出的审美努力相应的程度上存在，因而具有一定的主观性。

当然，我们也不宜过分强调"神韵"的主观性，不宜把其看成"仁者见仁、智者见智"的主观想象。

"神韵"并非读者（/译者）凭空创造的产物，原作蕴含的潜在的美学特质决定了"神韵"的客观性，读者（/译者）在原作引导下的审美阅读自然不会天马行空、为所欲为。笔者倒是更倾向于把原文比作一首乐曲。一首乐曲虽会因不同的乐器、不同的演奏者而产生不同的演绎，每次演绎的"神韵"比起作曲家谱曲时心中的"原生态的神韵"多多少少都会有些"过"或"不及"，但每个优秀演奏者的演绎都有其相似之处，都会让人辨认出是《蓝色的多瑙河》，是《春江花月夜》或是其他的旋律。这便是乐曲的客观性的

---

① 参见许钧：《翻译论》，湖北教育出版社 2003 年版，第 93—95 页。

显现，或者说是由乐曲潜在的客观价值在不同的演绎者那里所表现出来的家族相似性。翻译亦然，原文本之潜在的美学神韵经过不同的审美阅读虽然会产生渐变，但也会保留与原作的血缘关系。"神韵"在每一次审美阅读中的闪现都是一次遗传与变异的独特结合，是一个新生命的诞生，是一次血缘的延续。因此，作品的"神韵"也是一个有机生命，是一个主观与客观的和合过程。

"神"作为"音"、"形"、"意"在更高层次上的和合体，是形式与内容的有机和合体，具有整体性。原作的"神"只是潜在的，需要通过读者（/译者）的审美阅读来激活，呈现为一个主观与客观的和合进程，具有过程性。正是从"神"的整体性与过程性出发，和合翻译学主张在翻译中采用由上至下的工作路径，通过"先神后形、以神写形"的再创造行为保证译文的各个部分与层次各得其所，使译者审美阅读中所体悟到的"神"在译文中得到栩栩如生的再现。许多学者提倡"以形写神"，但其实际上是一种静态的平面思维，以为"形存则神附"。然而，翻译中的"神"作为形式与内容、主观与客观的有机和合过程，却是立体的。我们需要在"形神"之辨中引入时间的维度，反对平面化的"形具而神生"的观点。译作之"神"虽然需要形体作为自己的载体与依托，但作为一个有机生命，"神"最初却是在另一个系统中孕育出来的，这便是译者的审美阅读行为。"神"在译者的"娘胎"中发育成长，最终在译作中诞生。"神"在整个过程中无时不在、无处不在，主宰着、制约着"形"的发展。如果相反，"神"从一开始就没有出现，我们只是把一些不相干的四肢与躯干拼凑起来，那么我们所能得到的只是一副没有灵魂的行尸走肉。翻译活动亦是如此，如果从一开始就没有"神韵"的主宰而是在字句层次进行盲目的翻译，那么，最终所得的译作必然会缺少"君形"之灵魂（笔者注："君形"在古代画论、文论中即指"神"），必然会导致"形似神散"。由此可见，翻译中"先神后形"的观点符合生命哲学与系统论的思想。

我们认为，译者不仅要求在翻译中做到"先神后形"，而且还要求"以神写形"。翻译神似论反对"以形写神"的做法，强调"以神写形"。两种方法最根本的差别是："以形写神"所走的是从下至上的路径（the bottom-up approach)，"以神写形"所遵循的却是由上至下的途径（the top-down approach)。"神韵"作为"音"、"形"、"意"在更高层次上的有机体，牵涉到的因素太多，若从字句等低层次的单位着手进行翻译，难免费心费力、顾此失彼。文学翻译中，译者若想再现"神韵"，必然是重新创造的结果，只有重新创造才能保证各个部分各得其所，才能保证译者审美阅读中所体悟到的"神韵"得到整个的再现。因此，我们认为，文学翻译中应以由上至下的工作路径为主，其实质便是要求我们在翻译过程中心里时刻装着"神韵"，"以神制形"，"以神写形"。正如许钧① 所说，"是采取与原作相同、相似的语言表现手段，还是不同的甚至相反的语言表现手段，并不是一个有着明显界限的是非对错的原则问题……。形可似，也可不似，但译者都不能不投入自己的创造个性，不然，形合神离，形似神散，都是不可避免的"。"先神后形、以神写形"的翻译方法强调文学翻译中的再创造行为，而不是亦步亦趋的模仿行为。不难理解，这种翻译方法必然体现出"重神似不重形似"的特征。②

（五）和合翻译文化观

和合文化观推崇和谐、多元与创生的价值体系，其主旨之一就是"人类厚生文化万事"③。和合文化观一方面指出了"同则不继"的观念，让我们认识到一个物种如果只是小范围的种内繁殖便有退化与灭种的危险，另一方面提出了"和则生物"的思想，让我们认识到适当比例的异质因子的"和合"有利于新事物的产生。和合翻译学继承并发扬了这一思想，提出了"适译"的文化生态翻译观，反对作为文化侵略与殖民手段的替代式翻译，提倡适量、适宜、适度的吸收型翻译，其目的便是使翻译适合文化生态发展之"道"，促进全球文化生态系统的多元性与创生性。

"适"在中国传统文化中具有丰富的含义，呈现出开阔的意义谱系。

---

① 参见许钧：《翻译论》，湖北教育出版社 2003 年版，第 311 页。
② 参见吴志杰、王育平：《以神驭形——傅雷"神似论"之学理探微》，《翻译季刊》2009 年第 1 期。
③ 张立文：《和合学——21 世纪文化战略的构想》（上、下卷），中国人民大学出版社 2006 年版，第 635 页。

"适"的本义是前往某处，其描述的是一幅"在途中"的行旅境域。或许由于行旅的最大要诀是"适应"，"适"字逐渐产生了转义，形成了以"调适"、"适应"的过程意义为经，以"适合"、"适宜"的目标意义，"适当"、"适度"的道德意义，"适中"、"适切"的美学意义为纬的意义网。纵观"适"字意义的发展与演变历程，"适"一方面秉承了道家"道法自然"的思想，主张音乐、养生、政教等人类活动要符合事物发展的自然规律，另一方面又继承了儒家注重伦理与审美的特征，对"调适"之道提出了超越工具性价值、跃入道德性与审美性生存方式的要求。这样的"适"必然不是达尔文"适者生存"的进化论思想所能概括，它历来鄙弃"执一"和"乡愿"的行事原则，既反对只固守某一个特定原则而不能视具体情况调整方法与策略的做法，也反对不讲原则地迎合世俗、投机取巧的工具式生存方式，其最终目的自然不是仅仅"为自己"甚或"为人类"的狭隘的生存模式，而是实现"成物"与"成人"的双重理想。这种"适"的观念深受和合文化的滋养，深得和合思想的精髓，蕴含了重视和谐、多元与创生的价值观，是一种深度的文化生态思想。翻译作为一种不同文化系统之间互动的重要方式，既不能看作一种可任意阐释的、供主观性肆意发挥的个人行为，也不能简单当成一种由语言的客观规律决定的、不以人的意志为转移的符码转换行为，更不能看成一种仅仅由意识形态操纵或行为目的左右的工具性活动。翻译既具有一定的客观规律性，同时也体现了人文性与伦理性，用以"适"为核心观念的文化生态思想来认识与指导翻译活动，必将有利于合理而恰当地摆正翻译的位置，使翻译超越译者个体的视域，超越操纵机制赋予翻译的工具性存在，达到和合翻译学所追求的推进和谐、多元与创生的文化生态理想。

和合翻译文化观，反对作为文化侵略与殖民手段的替代型翻译，提倡使用符合文化生态发展之"道"的适度的吸收型翻译。从翻译对文化生态系统的影响来讲，译入与译出具有完全不一样的作用与效果。译出对一个文化本身的生态影响甚微，一般不会对输出一方的文化生态系统产生不利的因素，不会对该系统的复杂性、多元性或协调性造成负面的干扰。但对于输入一方的文化生态系统而言，译入就意味着接受来自他者文化的影响。这一摄入他者文化因子的译入行为通常可以从两个角度来分类。从目的语文化的接受意愿的角度来看，译入行为可以是主动的，也可以是被动的。从译入活动的规模来看，可以是文化因子层次的，也可以是文化系统层次的。这两种分类角度还经常具有一定的相关性，主动的译入行为通常会从文化因子层次进行，我们可以把这类的翻译称为吸收型翻译，而被动的译入行为更多地与文化侵略与殖民相关，较多从文化系统层次进行，以便全面排挤甚至完全取代目的语文化生态系统，我们可以把这种翻译称为替代型翻译。当然，现实中典型的吸收型翻译和替代型翻译并不是很多，但两种倾向还是明显地存在着，因此有必要对此作出区分。和合翻译文化观反对的是替代型翻译，因为这种翻译类型是一种显性或者隐性的文化侵略或扩张，将可能导致文化多样性被损害，文化多元性被降低，文化生态的复杂性、平衡性与和谐性被削弱。吸收型翻译，与替代型翻译不一样，是译入语文化主动吸收与借鉴另一文化生态系统的文化因子的方式。这种翻译一般不以替代自身文化生态系统为目的，而通常采取一种为我所用的态度，大多是一种文化因子等低层次的原料型引进。吸收型翻译不是要通过引进成品去替代目的语文化生态的全部或部分系统功能，而是旨在输入该文化生态系统能够消化与吸收的外来文化因子，补充与壮大其系统功能。

和合翻译学提倡使用符合文化生态发展之"道"的适度的吸收型翻译，要求翻译主体超越自身的眼界，抵制源语文化的压力，通过适量、适宜与适度的翻译实现"物相杂而生生不已"的文化生态景观。适量的翻译，是"适译"在量的方面的要求，就是指翻译要从本土文化生态系统的稳定性与和谐性出发，在通过翻译进行的对外文化活动中做到"适量吸收、以我为主"，捍卫民族文化的主权与完整，保证本土文化的稳定与繁荣，在一定程度上实现本土文化的创新，抵制与反对强势文化的侵略与殖民。适宜的翻译，是"适译"在质的方面的要求，就是指翻译要引进有利于目的语文化生态系统的发展与创新的文化因子，避免引进容易导致目的语文化生态系统产生极大混乱或巨大破坏的内容。换言之，"适宜的翻译"就是要求引进目的语文化生态系统能够消化与吸收的内容，而不允许引进直接替代目的语文化生态的文类系统或价值体系，尤其是核心的文类与价值。适度的翻译，本指适宜且适量的翻译，也就是适宜的东西、适量的引进，是适宜的翻译与适量的翻译的有机结合，是"适译"在度的方面的要求。但这里主要用来指翻译的程度，更准确地讲是目的语文化生态系统对源语文本的消化程度。所谓"适度的翻译"不仅指译文语言的文法等形式因素能够被目的语文化所容纳，也指原文的语义、价值观等内容经过翻译的适度"消化"而不至于损害目的语文化的生态体系。这种做法的目的，一方面是通过引进适量的"异质因子"激发本土文化的创新与发展，另一方面是让本土文化生态系统对"生态入侵"的外来文化因子具有"免疫力"，避免自我文化身份的丧失，成为源语文化的翻版与复制。不管是反对作为文化侵略与殖民手段的替代式翻译，还是提倡适量、适宜、适度的吸收型翻译，和合翻译文化观的目标就是抵制文化领域的"全球化"，反对强势文化对其他文化的侵略与殖民，努力促进全球文化生态的和谐、多元与创生。

三、结　语

本研究开发了中国传统和合文化的理论资源，对翻译本体观、伦理观、认识观、审美观、文化观等问题作出理论阐释与建构，并尝试创建"和合翻译学"的话语体系。和合翻译学以博大精深的中国传统和合文化为依托，以中国传统言路探讨翻译理论问题，希望能够在整体上提高人们对翻译过程与属性的认识，也力求为人们解决现实中的具体翻译问题、解释历史中的具体翻译现象提供一个新的方法和视角。

最后有必要指出，和合翻译学与当代西方翻译理论之间应该是一种互相补充、相互促进、互相完善的关系，而不是简单的竞争与替代的关系。目前的情形是过度地强调了西方式的翻译研究方法，既不利于全面而深入地认识翻译活动的过程与属性，也不利于翻译理论界的健康发展。和合翻译学的提出对西方的思维方式具有一种互补与完善的功能，其意义不只是去开发未被充分利用的中国传统文化资源，也不只是建立一个中国自己的翻译理论体系，也在于唯有如此才能使翻译实践与研究更加符合人的全面发展、文化的多元繁荣与社会的和谐进步的需要。作为一个仍在建设中的开放的翻译理论课题，本研究意在抛砖引玉，我们诚邀翻译研究界的各位方家参与到这一理论建构中来，改进和完善"和合翻译学"的理论建设，进一步推进和提升我国的翻译理论研究。

（原载《中国翻译》2011 年第 4 期；作者单位：南京理工大学中国语言战略研究中心）

学术著作撷英

和合哲学论

张立文

本书旨在从作者撰写的《和合学——21世纪文化战略的构想》的文化战略构想提升到哲学理论思维道体，进而使和合学成为真正的爱智哲学。一是用和合学方法澄清传统哲学的一些理论问题，在解题方案上有创造性突破，以此体现和合学方法的殊胜效能。二是用哲学的"爱智约定"反观和合思想及其方法的内在建构问题，力求在超越层面找到生生道体的归宿，使和合价值道体在理论思维世界得以呈现。和合哲学立意于人对宇宙、社会、人生、心灵之道的道的体贴和"名字"体系，由此彰显和合哲学创造性主旨和形态即"生生"。鉴于此，在作者看来，这是对哲学这门学问"老是原地踏步不前"的化解和"不近情理"的冲决。

本书主要分成七章来展开和合哲学的论述。第一章着意于和合哲学得以产生的爱智之旅。分别从三大思辨的和合解构、中国哲学的创新标志、和合哲学的日新努力和和合学方法的建构来阐述和合哲学的传承与创造。其中，关于和合学方法一节的论述是本章的"点睛之笔"，着重于和合学方法与中西传统思辨方法的比较，进而得出和合学方法的三大法宝即生生法、创新法、意境法。第二章从"和合起来"破题，和盘托出和合哲学的真面目。分别从生命智慧的朗现、作为和合者的人、走向和合创造与和合生生之道来揭示和合哲学的根本所在。在本章中，作者紧扣人的生命本真，以和合学的视野顺次展开和合者生命的品格，以及和合追求的三性真容，进而证成"和合生生之道"的廓然、境界和道枢，最终凸显了生生元性的品格。

第一、二章分别着重于和合哲学的哲学史与哲学本体论的阐述与建构。

后四章是对这种哲学本体论的分解式诠释，最后一章就此哲学的逻辑结构做了整体性阐明。

第三章着眼于和合历史哲学，紧扣和合哲学所关注的生存世界而展开。和合学视域中的历史哲学从历史哲学之谓历史哲学、历史学家对历史的诠释、历史是一个顽童、历史的精神家园四个方面对生存世界的境—理和合予以阐明，进而揭示了情—势—理构成的和合链。

第四、五章集中阐发了和合哲学的意义世界。前者阐述了和合语言作为沟通媒介，旨在凸显存在之家的言—象—意结构，进而阐明意义存在的"符号之家"。后者从价值创造的本质揭示出人类把握价值世界的基本方式，在对价值做了环境、功利、情感等分殊的基础上，进而突出人类的人文和合创造。它开拓的不是自然之道，而是自由之道，旨在建构由真善美融突和合的人文和合精神家园。它兼有宗教般的激情、史诗化的意愿与哲学性的理智。无论是前者，还是后者，都是紧扣意义世界的核心主旨"性命"和合链而展开。只不过是，前者侧重于表征，后者侧重于测量。

第六章从人类精神家园的一种形式即艺术来深化和合哲学的主旨。和合艺术哲学的基本范畴立、达、爱从三个不同的维度彰显了人类在和合可能世界里的主体精神、道德心灵和自由意志的生生而和合。由此，直接点出了创造真几的大和至乐境界。在作者看来，艺术正是以其创造向现有的界域超越，终而成就"和合起来"的即超越即流行。

最后一章，作者再次基于学术思想发展史与逻辑的视野，不是时代关切地，完整且严谨地阐明这个自家体贴出来的"和合"哲学所本有的逻辑结构。三界四层及其内在逻辑这种和合哲学的整体逻辑框架又被作者分别在本章以垂直串行式和水平并行式予以标明。同时，对此整体的贯通又分别从情势理的效用、真善美的式能、上下求索的脉络、立达爱的功德和言象意的存相五个方面进行了详略得当的统摄性阐述。至此，和合哲学的圆融无碍的华严境界鲜明无比！

（人民出版社 2004 年出版）

和 合 学

——21 世纪文化战略的构想

张立文

和合学在本书中指向了一个时代的文化战略。时代的变迁不容置疑地在召唤作者在中国哲学几十载耕耘的历史担当。唯有创造性地接续这种历史使命，才能解时代之困，作者之忧。本书正是切中时代的脉搏，力图以文化战略的眼光，用和合学回应时代之问。以文化巨系统的面貌向世人展示作者的智慧。

本书分为上下两卷，上卷包括第一章到第十章，旨在阐述和合学的"体"即理论、原理。下卷包括第十一章到第二十章，意在阐明和合学之"用"，也就是，和合学体系结构的八维学科分类的具体、深入的分析论证。

第一章是有关世纪之交的文化思考。在作者看来，在此时代变迁之际，人类共同面临着五大冲突和危机，对此，中国文化的人文精神的精髓——和合精神正是化解这些冲突和危机的良药或妙计。

第二、三章从义理入手规定和合与和合学，并且给出和合学的整体构想。作者指出，和合是指自然、社会、人际、心灵、文明中诸多元素、要素相互冲突、融合，与在冲突、融合的动态过程中各元素、要素和合为新事物、新生命的总和。在对传统和合方式坎陷的批判中，建构了"地"、"人"、"天"三界，即和合生存世界、和合意义世界、和合可能世界；基于对传统和合类型之考察，构想了和合学理论共设和形上、道德、人文、工具、形下、艺术、社会、目标八维和合的新新学科分类。

第四、五、六章，是对于和合生存世界、意义世界、可能世界的诠释，以及人与自然、人与社会、人与思维关系的阐述。融突和合"地"、"人"、"天"三界的"境理"、"性命"、"道和"六层及八维的义理蕴涵；三界八维的"知行"、"修养"、"健顺"的转换机制，与"智能"、"规矩"、"名字"的中介机制。

第七章是和合三界的整体贯通与生生。既是同一世界内部纵向层间贯通，亦是三界之间横向界际贯通。阐述了和合八维的序化、级化、偶化反演，以及分级生生。

第八章着意于和合精神的追寻。从对中西传统哲学的批判与超越到和合学的融突和合，作者顺次就人类价值观念的转换，提出了有别于以往对人的规定的观念，即"人是会自我创造的和合存在"。此外，阐释了和合学流变原理，和合经验世界、认知活动和语言"魔圈"等。

第九章追溯了"和合"及其精神在中国文化中的源远流长，同时也梳理了和合灵魂在文化历史上的脉络、性相，而且就此涉猎了文化心理积淀的考察。

第十章提出了顺时应人的和合学所自有的五大中心价值。和生（共生）、和处（共处）、和立（共立）、和达（共达）、和爱（兼爱），这五大价值具有文化原理的属性，具有放之四海皆行的普适性，终将为21世纪的良性发展所汲取。

第十一章力图将和合学理论原理转变为应用方法。作者做了从文化战略构想的基点到文化价值系统的价值度量理论和智能创造道路，以及科学技术是和合人文精神的现代体现等探索。

第十二章，作者运用形上和合理论、原理揭示自然科学的实质、意义和目标，自然科学的和合的人学前提，人与自然的融突和合关系；自然科学的意义危机，以及其规范行为使命，规范行为使命的人文价值和标准；自然科学的和合前景和道德期望。第十三章是运用道德和合原理，分析伦理学的融突和合，创立和合伦理学科群，对和合伦理、道德的意蕴作出规定。第十四章作者运用了人文和合的理论原理，对人文精神的意蕴、人类学的内涵作出了分析和规定。第十五章是运用工具和合原理，揭示技术科学的融突和合本质，拓展技术范畴的外延，聚合技术工具的求解功效。第十六章是运用形下和合原理，说明经济融突和合体及其相应的经济学科，建构和合经济学。第十七章是运用艺术和合原理，探究美的自由本质、创立和合美学体系。第十八章是运用社会和合原理，研究组织管理，创建和合管理学科。第十九章是运用目标和合原理，确定价值目标和功夫目标，建构和合决策学科。

第二十章，在和合人文精神的观照下，作者从时间结构、空间结构、义理结构三层面，针对人类共同面临的五大冲突和危机，全面且扼要地阐释了 21 世纪的和合之道。

（首都师范大学出版社 1996 年出版；中国人民大学出版社 2006、2016 年分别再版）

中国和合文化导论

张立文

　　顾名思义，该书是对中国和合文化的导论，但是内容不单单局限于导读，而是作者对和合文化及其哲学底蕴的简要性阐述。尽管扼要而述，但是本书非常注重对和合文化核心概念、范畴以及相互关系的逻辑结构分析。在作者一贯持有的历史与逻辑并重的笔法阐释下，和合文化以名副其实的深入浅出，娓娓道来。从时代变迁及其文化精神的转向伊始，作者起步于和合的名字释义，进而推导出和合学的要义旨归。顺此，框定和合学的整体结构。在此基础上，进一步阐释和合三界的核心要义与旨归。这是和合学形上要义的阐明，继而转入形下即八维和合体的诠释，终指向和合世界的圆融生生。

　　该书共分为九章来阐释和合文化。第一章阐明和合学的缘起及其基本的意蕴。和合学的提出源自对当代现实问题的关切，旨在指明文化理论上的应对之道即和合之道。和合意在"和合起来"，融突和合是其不言自明的主题，关键在于对五义的统摄，包括差分和生、存相式能、冲突融合、自然选择、烦恼和乐。和合的原理一旦指向对自然、社会、人际、人自身心灵及不同文明中存在的和合现象的研究，旨在形成既涵摄又超越冲突、融合的学问，即是和合学。在此基础上的和合学思维极具时代价值与意义。

　　第二章，作者着手于和合学的基础建构。从两个方面展开：一是以和合学理论公设作为整个和合学体系建构的基本原理；二是以和合学的和合结构系统作为和合学立论的主体和骨架。天、地、人三界的融通构成和合学基础理论体系结构。形相差分、结构整合、中介转换、功用择优、归致反演形成和合学的理论公设。此外，基于和合学的基础建构，作者又借助"太极图"

非常形象化地表征了"八维"和合体。

第三章以生命的生存为核心，围绕着和合生存世界，借助对境理、知行、智能、和合等的演绎而形成了生存和合学。第四章主要是就人对和合生存世界这种已成事实产生的意义和价值而展开。和合意义世界旨在从人所在的社会存在出发，指出人生的意义和价值就在于创造性的活动。作者凭借对性命、修养、规矩的和合演绎而最终建构了意义和合学。第五章所谓的和合可能世界意在探究更美好、更富有理想、更充满希望的活法。正因为如此，作者从可能、想象、理想、境界的人学剖析中，走向道和、健顺、名字的互融建构，终成可能和合学。

第六章和第七章是作者立足于和合学的理论建构，以八维和合体的诠释来确立化解五大危机的价值观和方法论。本章分别阐释了形上和合与和合自然科学、道德和合与和合伦理学、人文和合与和合人类学、工具和合与和合技术科学、形下和合与和合经济学、艺术和合与和合美学、社会和合与和合管理学、目标和合与和合决策学。

第八章从"反观"、"合观"的角度展开对和合世界整体圆融的诠释。一是三界六层的圆融，二是八维四偶的流行。二者为和合学的动态结构。无论是前者，还是后者，最终都旨归太极和合的生生之道。

第九章就21世纪的世界融突和合之路阐明中国人文精神迈向的化解之道。从人与自然、社会、人、自身、文明的五个方面导出化解危机的五大原理，包括和生、和处、和立、和达、和爱。最终，具体落实于通达和合之道的时间、空间和义理三层结构中。

（中共中央党校出版社 2001 年出版）

东亚与和合

——儒、释、道的一种诠释

李甦平　何成轩

　　李甦平与何成轩合著的《东亚与和合——儒释道的一种诠释》是以东亚意识与和合意识诠释儒、释、道"三教"关系的专著,中国社科院黄心川教授和中国人民大学张立文教授作序。黄心川教授评价该书"首先是从价值层面、哲学层面和宗教戒律仪式层面对三教在中国、日本、韩国、朝鲜、越南诸国的历史、理论和文化等方面的作用作出了系统的阐述。……另外,该书还进一步从三教合流在东亚各国的影响和作用的角度阐述了作为共性和内在性的共同意识——东亚意识"。张立文教授认为:"作者并从总体上高屋建瓴地分析和总结了东亚意识何以成立、东亚意识的内涵、东亚意识与东亚社会关系等当前学术界所关注和论争的问题。他们以深厚的功底、精髓的论点回应了这些问题,对于推进东亚学术的繁荣和发展具有重要的理论价值和现实意义。"全书内容由六章、三部分构成:

　　第一部分即第一章,作者主要讲述了本书的方法论——和合学。认为"和合学"是张立文教授近几年来掸尽心血创建的一门崭新的学问。张立文先生从中国传统文化的视角构筑了"和合学"。作为一种理论,它也运用于与中国传统文化有着深厚渊源关系的东亚文化。用"和合学"解剖东亚各国的儒释道合一思想,既贴切又犀利。

　　第二部分即第二、三、四、五章,主要论述了中国、日本、韩国、越南儒、释、道三教合一的形态和价值。其中,对于中国的三教合一,主要探求了儒、释、道三教合一思想在其产生地中国的基本情况,以及儒、释、道三教的融合点和三教和合的理论形态；关于日本的三教合一，则从日本民族重融合的思维出发，重点分析了日本的固有宗教——儒、释、道三教习合的"神道教"；关于韩国的三教合一，按照历史顺序勾画了从古代社会到近代社会儒、释、道三教合一思想的发展脉络。关于越南的三教合一，梳理了越南三教合一的历史及其现状。

第三部分即第六章，主要阐述了东亚学的一个重要理论问题——东亚意识。东亚意识是在探讨东亚三教和合基础上提出的一个理论问题。它是指以中国、日本、韩国为主的东亚地区的内在性的一种意识。它是东亚文化共同体的深层内涵，是西方中心论被解构的必然产物，也是东亚区域化的核心因素之一。东亚意识与东亚的现代化和全球化有密切关联。

（百花洲文艺出版社 2005 年出版）

简素与和合

[日] 难波征男　编

难波征男编的这本《简素与和合》主要记录了冈田武彦和张岱年两位大师的世纪对谈，点明此次世纪畅谈的旨归在于时代的大同意蕴，核心要旨即是简素与和合的融贯。该书分为三个部分，就此核心主题展开编排。一是总说冈田武彦和张岱年两位先贤大哲的生平简历、学问体系及其思想旨归；二是冈田武彦和张岱年两位先贤大哲的世纪对谈实录，分别从六个方面来展开此次交流，主题是基于中国哲学研究的世纪展望，归结于"简素与和合"；三是本书的附录，核心部分是钱明对此次对谈的汉语译文。

《简素与和合》这本书的主体部分是冈田武彦和张岱年两位先贤大哲的对谈，现拟将此次对谈的内容简要叙述如下：一是冈田武彦和张岱年两位先贤大哲的中国哲学研究动机；二是中国哲学的特点——体认；三是中国哲学的特点——人伦；四是 21 世纪新人伦的畅想；五是 21 世纪共生共存的理念和畅想；六是 21 世纪的融突和合构想。

在此次对谈的第一部分中，冈田武彦先生着重讲述了他源自家庭伦理困惑的中国哲学研究动机，同时也扼要地阐述了他的思想历程及其核心要点所在；张岱年先生是出于当时救国救民的家国情怀而走上哲学这条道路，进而探求解困时局的真理，也简要地谈及自身的学思历程以及研究旨归。

第二部分主要是就中国哲学的特点，分别就体认和人伦，结合自身的学思历程，给出了令人备受启发的真知灼见。从体认来讲，无论是冈田武彦先生，还是张岱年先生，都认同这是中国哲学非常独特的属性所在。冈田武彦先生结合自身的切身体悟经验，从静坐到兀坐，从心学到身学，逐次点出自家体认的经验。不过，对于作研究，冈田先生认为还是要一边"追体验"，一边做必要的理论分析。张岱年先生从中国哲学的一个主题"体用一源"，结合庄子、张载、朱熹有关"体道"的论说以及熊先生和冯友兰先生有关"良知"的辩说，进而总结出中西印三种不同的哲学研究方法。从人伦来讲，二位先生紧紧围绕着人伦关系而展开了各自的论说。张先生侧重于外在规范的讲述，主要是关于三纲的历史意涵和现代性意义。冈田先生侧重于内在的本性，着重于三种人性观。

第三部分是诸位对谈者对21世纪的畅想。一是关于新人伦的设想。面对民主主义为主导的现代社会，在奉行"自我中心，个体本位"的时代潮流中，诸位对谈者着重从人伦道德的现代性意义展开各自的论说，特别是张岱年先生提出了忠的新意和夫妇有敬。二是关于21世纪国际社会理想。冈田先生提出了世界国家、天下大同的想法，张岱年等诸位先生在此基础上强调了中国哲学的"天人合一"，张立文老师基于这样的天下情怀，点出了当代的五大冲突。对此，冈田先生提出了"万物一体"的共生共存理念来化解诸种危机。三是关于21世纪的整体展望。冈田武彦和张岱年先生均一致呼吁"唯共生，才可存"。张立文教授顺此提出了融突和合的五大原理即和生、和处、和立、和达、和爱，以此解危应机。与会其他学者纷纷就此展开了积极的补充和赞赏。

（中国书店 1999 年出版）

和 合 之 境

——中国哲学与 21 世纪

李振纲　方国根

《和合之境——中国哲学与 21 世纪》完成于世纪之交，反思人类走过的 20 世纪，展望即将来临的 21 世纪，以中国哲学智慧"和合"为主线，思考 21 世纪人类的文化命运。中国人民大学张立文教授为该书作序。全书由绪论和第一至第九章内容构成。

绪论：珍惜生命，热爱和谐——21 世纪的文化价值观。作者认为，宇宙和合之理是中国哲学家致力探究的一贯之道，也是中国古代哲人对宇宙万物存在本质的一种根本性见解。这种宇宙观和人生哲学长期以来滋养了中国人一种近乎宗教般的悲天悯人的意识，教会了中国人懂得热爱宇宙中的和谐，珍惜大自然的生命。在人与自然的关系上，古代中国人不以敌对态度加以贪婪的掠夺和宰制，而是怀着某种泛神论的情调交友游乐于大自然的怀抱中，甚至达到忘我的境界。这种思想原型对 21 世纪各种社会文化矛盾的化解具有重大的理论借鉴意义。

第一章：21 世纪的生存世界。作者首先交代了世纪末的一系列忧患，如环境恶化、人口膨胀、生态危机、资源枯竭等，进而探讨了可持续发展的问题，认为可持续发展是人类危机意识的觉醒，中国在这个觉醒的过程中扮演了重要的角色，即"中国 21 世纪议程"明确了可持续发展的国家战略。其次，作者重点中国古代"天人合一"思想为可持续发展提供了价值资源，人类要实现可持续发展，就要扬弃人类中心主义的立场，实现人与自然的和合相处。

第二章：未来思维方式的转换。作者追溯了两种传统，即东方传统和西方传统，指出这两种传统在很多方面都存在着分野，进而导致了人类精神视野中的两个世界，即工具理想的世界和价值理性的世界。作者认为，在未来人类的发展中，必须要实现科学精神与人文精神的融突和合。

第三章：21世纪的人类与价值观。作者在本章从三个层面探讨了21世纪应当树立怎样的价值观问题。第一个层面是人性善恶，作者认为人的存在是二重化的，即肉体和精神，古今中外的哲学家大都探讨过灵魂和肉体的关系问题。现代社会的种种危机，尤其是观念危机，在很大程度上归因为实证论的传统，特别是它的道德观和自由观。只有当实证论传统得到彻底清算，形而上学这一真正的哲学视野才有可能获得充分的展现，它为人性的重新发现提供了可能。第二个层面是经验世界与超验世界，作者从生存论的意义上探讨了传统哲学关于经验世界和超验世界的分离问题，指出要合理地实现经验世界与超验世界的融合统一对建构21世纪人类的精神价值具有重要的意义。第三个层面是寻找全球化的普遍价值，作者认为，面对全球危机，从人的类生活和类生命存在出发，在充分尊重差异的同时，努力形成人类的共识，形成人类共同的价值，乃是人类新千年的重任。

第四章："异化"与中国人文精神。作者主要讨论了人类自我异化的必然性和历史作用，并分别讨论了中国的传统人文精神的宗法人伦异化问题和西方的自由异化问题，指出要在中西文化的互补中扬弃异化人伦。

第五章：个人与社会的和合。作者在肯定了个人的本能的需求和个性的差异之后，从个人利益和社会公正、个人情感和社会效率的统一层面论证了个人与社会的和合的必要性，并论述了和谐和竞争的辩证关系，以及群体意识和个人精神的和合关系。

第六章：化解过渡时代的文化冲突。作者认为，走向21世纪的中国哲学必须正视传统意识与现代生活的矛盾，探求这种矛盾的化解方式。我们正处在传统社会走向现代社会的"过渡时期"，我们的文化正处在打破原有秩序、重建新秩序的历史转型期，在社会结构和文化结构上都存在着二重化的现象，小农经济和商品经济、等级观念和民主政治、封建意识和开放社会、道德本位和人的全面发展等方面都存在着冲突，需用运用和合的方法化解这些矛盾冲突。

第七章：现代人格与价值矛盾的克服。作者着重探索了传统文化与现代生活的矛盾冲突及过渡时代文化困境在现代人人格结构和文化意识中的表现，揭示了过渡时代（文化转型期）中国人的人格与价值矛盾。21 世纪的哲学与人文精神要真正成为"时代精神的精华"，就必须正视过渡时代的文化冲突，同时自觉研究传统文化与现代文化逆向互补、综合创新的具体途径，为中国文化现代化实践作出正确的理论导向，只有弥合了过渡时期中国文化的二重化结构，克服现代中国人的文化错位、心态失衡、意义失落、精神迷惘及道德困境，才能塑造出与 21 世纪现代文化相适应的现代文明主体。

第八章：21 世纪中国文化的和合转生。作者首先论述了中国文化史上的一个普遍性的"文化怪圈"，就是近代史上几乎所有激烈抨击传统文化、反传统的人士最后都变成了传统文化的坚定守护者，即使是中国近代第一个最明智地向中国人介绍西学，主张"中国今日之政、非西洋莫与师"的严复，也未能摆脱这一命运。继而作者详细分析了中国近代以来的反传统与传统文化之间的张力，在此基础上提出了促进传统与现代之间的理解沟通的主张，认为在传统与现代化的沟通中，现代化是矛盾的主要方面，而传统是矛盾的次要方面。现代化要求人们用科学的眼光去理解传统、分解传统、扬弃传统，而不是用宗教的态度去迷信传统、恪守传统、盲从传统。现代化要求人们对历史文化遗产古为今用，去芜存菁，唾弃那种以古人、圣人、死人的言论为天经地义的愚昧态度，现代化不是任传统自发地流向未来，而是把传统引导向符合历史发展规律的轨道上来，让传统为人类未来的文明服务，这才是历史的主动的沟通。

第九章：走向和谐——21 世纪的哲学期待。作者主要讨论了中国古典人文精神如何在和合之思中获得现代性的诠释和转生，并介绍了张立文教授创立和合学的过程和成果，驳斥了亨廷顿的文明冲突论，认为随着中国的不断崛起，中国传统文化中的和合精神一定会在世界范围内得到认可，并获得实践。

（华东师范大学出版社 2001 年出版）

和 魂 新 思

张玉轲　李甦平等

本书着眼于日本哲学及其21世纪的转生，力图从八个方面全方位地呈现日本时代哲学的概貌。同时，也就日本文化的核心主旨即和魂，从纵横两个维度进行了时代性的阐述，就其内涵的时代价值"和合"予以点出。

作者在第一章对超越传统的文化哲学做了历史的回顾、反思和时代的把握、统合。从日本文化的几大历史源头及其发展的谱系中反思传统文化的发展历史必然性，从国学、洋学等的跌宕起伏中凸显日本一种抗争的文化精神。在日本近现代的明治维新、战后发展、世纪危机三个历史阶段中呈现东西方文化在时代变革中的交媾、融合、发展。在21世纪，对日本文化的三维和合统握从时间、空间、结构三个层面予以和合学的诠释与建构。

第二章着重于价值哲学的和合创新。从价值哲学的迷惘、源流、未来三个层面给予了充分的说明。首先，对于日本而言，明治维新之后，陷入了三种迷惘：国民性价值、文化价值、宗教价值。其次，延续了儒学、神道教、佛教的价值观，同时予以了时代性的解释与重构。与其同时，面对西方价值的冲击，福泽谕吉提出了"文明观"、"独立观"予以回应，西周以"人世三宝说"予以回应。在日本价值哲学的未来方面，作者主要阐述了梅原猛有关"和"的思想，并且由此着重介绍了张立文教授的和合学五大原理。

终极关切的宗教哲学是本书第三章的主要内容。日本传统宗教有神道教、佛教，均体现了和合的特征。战后日本的宗教改革过程中，无论是神道教，还是传统佛教都积极顺应时代的变迁而革新，最终催生了日本20世纪的新兴宗教，如创价学会、立正佼成会、天理教。这些教派均积极参与政治。与此同时，日本的宗教在 21 世纪出现了如下三个趋势：多种教义的融合、宗教与现代科技的调和、神事活动向着艺术化发展、宗教活动与社会现实问题相结合。

从第四章开始，作者直接从现实问题所涉及的哲学，对日本传统与现代融突和合于现实的哲学精神、理念予以阐明。主要关注于科技、经济、教育、管理、环境五个方面。从科技来讲，日本的科技革命经历三次大发展，伴随着发展的同时，科技文明依然出现了诸种困境和危机，科技文化亟待转生。在以"和魂洋才"为主轴的科技观引导下，重塑日本科技哲学精神是当务之急。作者指出了这种重塑的内在机制、根本动力和和合之路。从经济来讲，日本立足于东西融突和合的文化传统，最终发展形成独具民族特色的市场经济体制。历经经济增长、困境，这种体制也亟待时代的创造性发展。在作者看来，这将是日本经济与一体化、全球化的世界经济融突和合的过程。从教育来讲，作者指出，和合是日本教育发展的思想基础，教育发展本身就是和合过程。这体现于日本的教育发展史中，见于和魂汉才、和魂洋才等教育主题。尽管如此，当代日本的教育陷入迷惘、徘徊之中，急需变革。从管理来看，基于东西方文化的融突和合，日本的管理哲学体现了三个特征：以和为贵、"以人为本"、以德为先。从环境来看，面对人与自然这一日益紧张的关系，日本已然发生了从物质文明到生态文明的"转生"过程。

（华东师范大学出版社 2001 年出版）

中华早期和合文化

杨建华

《中华早期和合文化》是较早系统梳理中国和合思想的专著，出版于1999年的世纪之交的前夕，具有一定的代表意义。中国人民大学张立文教授为该书作序，认为"该书对于中华和合文化的发生原理、中轴结构、实现方式、心理机制、学术流派、思想学说等作了全面、系统、深入的分析，皆能中其肯綮。该书言之成理，持之有故，在当前关于和合文化讨论中，不仅适应了时代的需要，而且具有重要的理论价值和现实意义，对推动和合文化讨论的深入，大有裨益。"是由导言、第一至第七章、结束语三大板块组成，其中主体部分为一至七章，章节内容如下。

第一章：和合文化的发生背景。作者主要介绍了中国南北差异的地理背景、以农为本的经济背景、家国同构的社会背景。认为中国早期文化在地理、经济、社会多元组合的背景中，呈现出两种不同的"原色"：北方文化与南方文化；"人文"哲学与"天文"哲学；整体意识与个体情感、功利理性与超越理想。这些文化"原色"的并立又在二元和合的民族心理结构中得到融合，导致了和合思想文化的建构。

第二章：和合文化的基本精神。作者分别探讨了《周易》的阴阳和"两仪相逢"、《左传》史墨的"物生有两"、名家的"操两可"、道家的"反者道之动"、儒家的"执两用中"、公孙龙的"二无一"、墨家的"坚白相盈"、董仲舒的"凡物必有合"等先秦秦汉时期重要的体现和合文化的思想资料，认为早期中国思想文化的合一、分，常，变，文、武等，其逻辑发展正是紧沿着"二元和合"精神来不断扩大增值，开辟自己前进道路的。

第三章：和合文化的中轴结构。作者认为"天人合一"是中华和合文化的中轴，其中内容主要有宗教与政治的合一、天理与人事的合一、天爵与人爵的合一、天道与伦理的合一、天性与人性的合一等。

第四章：和合文化的认知方式。作者认为和合文化有着独特的认知方式，主要有格物致知、观物取象、万物交感、类比推理、静观玄览等。

第五章：和合文化的心理机制。作者认为，和合文化精神经过格物致知实践理性活动的提炼，成为一种相对稳定的思维方式。这种思维方式造成了这样一种格局：一切事物都有一个矛盾对立的两极，一切事物也都可在这种矛盾对立中产生和合，即荀子所说的"心未尝不两也，然而有所谓壹"。这种格局影响、贯穿、渗透和制约着主体的整个文化心理活动，即持守中道、趋中和合、允执厥中等。

第六章：和合文化的学术流派。作者主要讨论了先秦及秦汉时期的儒、墨、道、法、阴阳、黄老之学、《吕氏春秋》、《淮南鸿烈》等学派和著作的相互交流融合，以及其中蕴藏的深刻的和合思想。作者认为中华早期文化在先秦以《拱范》、《周易》开创其源，道家、儒家首成体系，其余诸家皆为道儒思想之流衍。它们相互诘难，被此交锋，同时又相互影响，彼此渗透，最后趋于融合。这种融合实际上就是道儒文化的融合，是南北文化的融合。《吕氏春秋》首立道儒融合之体系，经《淮南鸿烈》，最后由董仲舒完成这一思想文化的发展。这正如司马迁在《太史公自序》引《易大传》之语说，"天下一致而百虑，同归而殊途"。

第七章：和合文化的思想学说。作者主要从六个层面展开了论述，即神人一统的宗教观，天人相合的宇宙观，道圣合一的价值观，群己一体的伦理观，王霸杂施的政治观，治乱交替的历史观等。

最后，作者总结性指出，和合文化在我们民族文化结构中居于较高的层次和水平，作为这一文化内核的二元和合观念，是人们对认知和社会评价进行理性浓缩凝练而提升出来的理念、精神。它在一个又一个事例中控制了文化系统中的其他特质，以至成了我们民族所共享的一种文化通则。这一通则使人们在下意识中受其制约而趋于特定的行为模式和生存模式，并使这一文化中的个人思想和情感固定化。和合文化提倡"尽物之性"、"利用厚生"，尽量与天地万物协调共存；提倡中正平和、睿智豁达，保持身心内外与群体的谐和；提倡国泰民安、万邦辑睦，努力推进人类和平与发展。

（浙江人民出版社 1999 年出版）

和合思想的当代阐释

——唯物辩证法与东方智慧的对话

左亚文

　　左亚文的《和合思想的当代阐释——唯物辩证法与东方智慧的对话》是国内第一本将马克思主义的唯物辩证法与中国传统的和合思想进行比较研究的著作，由中国人民大学张立文教授和武汉大学陶德麟教授分别作序，全书共七章：

　　第一章：导论。作者认为和合辩证思维是中华文化之根，因为和合辩证思维是一种独具特色的辩证思维方式，集中反映了中华民族的心理持质、思维习惯、认知图式、人生态度、价值取向和行为准则。这个和合辩证思维与马克思主义哲学辩证法有相通和相似之处，和合辩证思维作为一种朴素的辩说法思想，它与马克思主义的辩证法有诸多契合之处，对于这一部分相契合的内容，我们可以通过改造使之上升到唯物辩证法的水平。

　　第二章：和合的普遍特性。作者首先考证了中国古代阴阳范畴的起源及其和合统一的基本内容，以及在我国古代社会中的运用，在此基础上，作者认为中国古代的和合思想是对阴阳矛盾关系的一种高度抽象，揭示了宇宙万物的"一物两体"、"阴阳和合"的普遍特性。最后，作者认为，中国古代的和合辩证思维所坚持的和合性原则，所侧重的是阴阳矛盾的统一性和互补性，凸显的是和实生物的创生性原则。

　　第三章：和合的内理分析。作者在本章着重阐述了中国古代和合辩证思维的相关概念范畴如和、合、和合、中、中和、中庸等在历史上的起源和发展，及其具体内涵和相互关系，进而指出，中国古代的和合辩证思维主要体现为阴阳的矛盾统一，它的运行模式为：从和合出发，通过自组织和自调节的功能，而达到新的和合。作者认为，对于这一模式，中国传统的辩证思想并没有作出具体的论证和清晰的表达，但关于阴阳调合和阴阳变易的思想却蕴含了这些思想的胚胎和萌芽，因此，必须用马克思主义的唯物辩证法思想对之进行重新诠释，才能为我们的时代所用。

第四章：阴阳变易与永恒发展。作者指出，和合辩论思维实质上是关于"变"或"变易"的学说，而事物内部阴阳对立面的和合则是"变易"的源泉。因此，作者讨论了阴阳大化的辩证图景，进而论证了和合是变易之源。首先，中国传统辩证思维肯定了阴阳变易的普遍性。其次，中国传统辩证思维肯定了阴阳变易的永恒性。再次，中国传统的辩证思维肯定了阴阳变易是对立面的统一，是"自己的运动"。

第五章：和合的基本原则。作者认为中国古代的和合辩证思维的原则不仅包合在中国传统朴素的哲学系统之中，而且与古代的迷信观念、神秘思想以及种种非科学的东西混杂、交织在一起。因此，必须运用马克思主义辩证法这一科学的方法论原则对之进行批判、清洗和改造，才能把它从落后的、神秘的和非科学的思想的层层包裹中"拯救"出来、使之成为辩证法宝库中的一块熠熠生辉的瑰宝。进而，作者认为中国古代的和合思想包含的具有科学意义的原则主要有整体和谐的原则、有序对称的原则、和合协同的原则这三大原则。

第六章：和合辩证思维的方法论。作者认为，和合辩证思维本质上是一种思维方式或思维模式，它给我们提供了一种具有独特价值的思维坐标和思维方法。作者认为，和合辩证思维的方法主要有：和合辩证思维方法是与认识论相一致的方法、"天人合一"、主客依存的方法、在对立面的和合中把握和谐与平衡的方法等。

第七章：和合辩证思维的时代价值。作者认为，运用马克思主义唯物辩证法，重新研究中国传统的和合辩证思维，绝不仅仅是对过去的历史遗留问题重新"正名"，而是社会主义改革实践的需要，是深化思想解放和转换思维方式的需要，同时也是进一步推进马克思主义哲学的中国化和中国哲学的现代化的需要，我相信，它的重要理论和实践意义将随着时间的推移日益显示出来。首先，继承和改造和合辩证思维对于开拓人们的辩证视野，真正树立科学的辩证思维方式具有重要意义。其次，继承和改造和合辩证思维，对于我们根据时代发展的特征确立和合系统思维，具有重要的意义。再次，继承和改造和合辩证思维，对于我们推进马克思主义哲学的中国化与中国哲学的现代化，具有重要的意义。

（湖北教育出版社 2003 年出版）

价值与理想

——《国语》"和合"思想研究

张永路

张永路博士撰写的《价值与理想——〈国语〉"和合"思想研究》是专门研究《国语》中的和合思想的最新著作，中国人民大学张立文教授作序，认为"本书可以说是《国语》和合思想研究的补白之作"。全书由绪论、第一至第五章、结语三大部分构成。

绪论：《国语》时代的生活世界。作者认为《国语》中呈现出了一个完整的先秦生活世界以及时人对整个世界的认知理解，其中对万物化生基本原理的探求、对圣人道德修养的追求、对治国安民之道的寻求、对安身立命终极信仰的渴求四个维度都贯穿着一条和合的思维总线，和合成为先民认识理解整个世界的思维主线并贯彻于生活世界的各个维度中。

第一章：《国语》与和合。作者从两个层面展开讨论：一是针对《国语》文本，在详细考证的基础上提出了三个重大论断，即《国语》是编者而非作者作品、《国语》是著作而非汇编作品、《国语》是语书而非史书作品。二是分别就和、合、和合三个概念作了详细的文字、文献考据工作，认为和合思想的语词载体不仅在和合一词，而且还在和、合二字中，三者同样具足和合思想的表意能力，共同组成了和合范畴。

第二章："和生"的世界图式。作者首先通过对《国语》中出现的和实生物、和五味、和六律三类表述的梳理，从生物、饮食、音乐三个方面讨论《国语》中的和生意蕴。其次，作者讨论了《国语》时代所处的生存之境，以及根植于这一生存之境中的和生之理。作者认为，无论是和五味的饮食体验，还是和六律的音乐感悟，抑或从根本上立论的和实生物，都是春秋先民于生存之境中体悟出的和生之理，这一思想影响了诸子时代和合思想的生成论路向。

第三章："和德"的价值品质。作者首先梳理了"慈和惠和"的价值范畴，然后以"道之中德"分析"慈和惠和"之所指，最后通过"听和德昭"论述价值范畴如何由生存世界提升而来。在此基础上，作者讨论了《国语》中的意义世界，以"性"、"情"、"中"、"和"等范畴分析"和德"的具体内容，阐述了和合思想的价值维度在诸子时代流衍为和合思想的情感论路向。

第四章："和民"的外王理想。作者首先通过分析"柔和万民"的概念，阐述了"和民"的意义，然后通过对"非精不和"、"和合五教"的论述，讨论君主自修德行以及以德教养民众来达到"和民"的目的，并解答了从和合思想的价值维度落实于政治维度的路径问题。紧接着，作者以"内圣外王"、"宗法家国"为理论工具，分别分析了"非精不和"与"和合五教"两种"和民"的途径，并指出"和民"所具有的民本意蕴，以及所指向的理想社会，特别是诸子时代的大同社会，认为这是诸子时代和合思想的人世间路向。

第五章："和神人"的信仰秩序。作者认为《国语》中的"和神人"就是先秦信仰世界中神人关系的体现。首先通过分析"和民于神"的概念，探讨和合思想的政治维度向信仰维度的转换，然后就"和于民神"和"安靖神人"来讨论神民和神人关系，并进而通过对神、人、民等范畴的梳理，深入到了对宗教意义上的天人关系的讨论，指出"和神人"的信仰秩序适应于宗教意义上的天人关系，并启示了诸子时代的"天人合一"观念。

最后，作者总结性指出，《国语》呈现出来的生存、价值、政治、信仰四个维度的和合思想框架，在诸子时代得到了进一步的发展，呈现出了四个路向：即《老子》、《庄子》、《吕氏春秋》等典籍中的阴阳和生万物的生成论路向，《论语》、《中庸》等典籍中蕴含的中和情感论路向，《孟子》、《礼记》等典籍中的民本论路向，以及"天人合一"论路向。

（人民出版社 2016 年出版）

博硕论文集萃

《庄子·内篇》"天—人—地"和合思想研究

孟济永

摘 要

当前中国处于社会转型时期，当今西方世界也正处于一个全球性的转折时期（The Turning point），由此，东方人、西方人皆面临着"典范变换（Paradigm shift）"的要求。此典范变换的要求无疑是为了拯救自身文化危机，也是文化自身发展的需要。某一文化危机，在特定时间和空间上，以"人与自身心灵之间的冲突"，"人与社会（人）之间的冲突"，"人与自然之间的冲突"的现象来具体出现。今世的人类面对各种"冲突"现象，正迫切需要人们寻出答案（Alternative），即人类应当选择何种"文明形态"，才足以克服今世的苦难及危机，以达致人和存在、人与人、人与自然的"和合"之境。笔者试图由《庄子·内篇》来为此一复杂而迫切的问题寻求答案的线索。

先秦时由"周礼"所维系的人和天、人和地、人和人间的关系，随着周礼的崩解，而普遍地动摇和受到怀疑。因此，先秦诸子面临当时文化危机，重新思考宇宙人生的各种关系，企图透过他们对"道"的理解，重构人天、人物、人我的合理秩序，使中国传统礼乐文化重新获得生命。换句话说，由"周文解体"而带来的突出现象是"失和"的"丧己丧人"的人间世，即乱世的民生疾苦。先秦诸子所关心的问题，就在如何解决民生疾苦，将"冲突"的人间世点化为"和合"的人间世的问题。庄子也不例外，庄子针对乱世并未消极遁世，而是提出其救世之方作为"逍遥游"，即"虚而委蛇"即"既游于道亦游于世"的"两行"境界，告人以"免刑无伤"的入世"和合"之道。本文探讨了在《庄子·内篇》中庄子所提出的救世和合之方与其当代意义。

就现代东方世界而言，正在面对社会转型时期，在吸收西方文化过程中，面临着"自然—人—社会"整个世界系统的破裂和失衡的问题。现代，东方社会问题比西方社会更复杂，因为，东方文化本身具有"劣"的文化因素，加上在西方对东方的冲击之下，东方社会内就出现了西方文化"劣"的种种价值因素。

我们为了能够解决当前面临的问题，又为了能够涵盖未来可能发生的问题，东方社会应该在学习西方文化过程中，一方面充分分析、批判西方文化与典范危机的种种原因，从而扬弃其"劣"的价值，吸收其"优"的价值；另一方面，积极维护传统文化的合理、优良规范，以此来再探索自身传统文化的创新，以使东西文化在互动、互补中，融突和合，使其具有最广泛的普遍性和前瞻性。

就《庄子·内篇》而言，判断"优劣"的价值原则应为"天（自然）—人—地（社会）"三元的"和合"。就是说，任何被认为"优"的人文因素，若造成"天—人—地"三元"和合"的破裂和失衡，则其因素该为"劣"的。反过来讲，任何被认为"劣"的因素，若能保持"天—人—地"三元和合，则其为"优"的。这种思维方法贯穿着《庄子·内篇》，而足可提供我们再探索"人类选择何种文明形态"，这一问题一个相当的反省与救本之道。

关于庄子"天人合一"思想，经过魏晋时期的"自然与名教"之辩，当代不少著名学者曾加研究、讨论。但学者们往往忽略庄子对"地"作为"生存世界（人间世）"的关怀，而认为"追求精神绝对自由是庄子人生理想"。然而，就《庄子·内篇》而言，对人间世的种种"冲突"、"失和"现象的关怀，即"忧患意识"，便是庄子哲学的出发点，由此，庄子提出他的救世之方。

但《庄子·内篇》的入世和合精神，在中国思想史上一直被误解。战国时期，荀子对庄子的评价是第一次误解："（庄子）蔽于天而不知人"（《荀子·解蔽》），又经过魏晋时期郭象的误解。从中唐以后，韩愈、李翱，经过北宋的孙复、石介、欧阳修等人，到了张载、二程主张排佛道。他们之所以主张非道家，认为道家的价值判断是只落在自我超越的自由性上的，即落在"超世"、"出世"方面的，即他们之所以批评道家，其分歧点在于"儒家的仁义"与"道家的自然"之间的矛盾。对庄子这样的评价，到今世纪，仍然没改变，因此，学者们把庄子看成"出世"者，或"厌世"者，或"为己的隐士"，或"忽视人的主观主动性"者，或"失败主义"者，"悲观的宿命论"者等。对庄子的这种评价是否妥当？正确地评价庄子哲学，实在具有重要的意义。因此，笔者通过提出、探讨《庄子·内篇》"天—人—地"和合思想的逻辑结构与其内容，从中反驳学术界对庄子的种种误解，而认为在《庄子·内篇》中的庄子实为一位杰出的"入世"思想家。

笔者通过分析《逍遥游》篇首段文章"鹏"的寓言，可以归括《庄子·内篇》思想的逻辑结构为二：一是"人"从"地"（生存世界）到"天"（理想世界）的过程，就是"超世"过程，即一己的身心的超拔和复归于"道"的过程，此"超世"过程的理论结构可称为"修养论"或"为道论"；二是"人"从"天"（理想世界）到"地"（生存世界）的过程，是"入世"过程，即得于"道"的"有德者""入世救世"的过程，此"入世"过程的理论结构可称为"救世论"。前者，就其"超世"过程而言，乃注重探讨个体主体的内心性、人与自我关系，寻求人与存在本身的和合；后者则就其"入世"过程而言，乃注重探讨人的社会关系性，寻求人与人、人与物、人与社会关系和合。换句话说，前者是由下而上的过程，即现实生存世界→意义世界→理想可能世界的过程，后者是由上而下的过程，即理想可能世界→意义世界→现实生存世界的过程。就是说，前者是从对"冲突"的生存世界的反省、批判和否定开始，并在这种批判和否定的基础上，寻求圆满、"和合"的可能世界（"道"）的过程；后者则通过"真人（得道者）"的主体活动，以可能世界或理想世界替代生存世界，向现实的转换的过程。由此《庄子·内篇》思想的逻辑结构，我们把"逍遥游"之义解为主体人的"超世又入世"的过程与境界。

因此，笔者按上述《庄子·内篇》的逻辑结构，在本文内探讨：一、庄子所处的现实生存世界的情况是如何（第二章）；二、探讨庄子所建立的意义世界是如何，即人从生存世界到理想世界的超拔过程及其所最终达致的境界是如何（第三章）；三、探讨通过理想人格主体活动，以理想世界替代生存世界，向现实的转换的过程是如何（第四章）；四、探讨庄子思想与其当代意义（第五章）。

（中国人民大学 1999 年博士论文）

阳明哲学的儒、佛、道三教和合体系及其精神

[韩] 朴喆洪

摘　要

王阳明曾对人的存在问题（包括人的本质问题）与价值问题及其二者关系问题有过深入的思考，这一问题之所以仍然引起我们的注意，这是因为与其说是在于摆脱朱子学以理为压倒一切的形而上学之世界观而重新确立人的主体性，毋宁说是在于为了解决理想与现实、自然性与道德性之间的矛盾和紧张，为这些人类的永恒性的根本问题寻求新的出路。在这个意义上，阳明的哲学思维及其精神的确有现代意义。

我们认为阳明用道家的本体论思维及其"有无"范畴与佛家的以般若（真空、无）佛性（妙有、有）为基础的解脱精神，把在朱子学中分化了的本体与现象一元化，同时把它引进于主体之心，用来与儒家的普遍道德原理的"天理"结合，以便建构以自然为基础的道德秩序。本文就是侧重于从这些角度来探讨阳明思想的儒、佛、道三教和合体系及其哲学精神。我们所探讨的阳明哲学体系的主要论点，不在于与佛道思想的影响关系本身，而在于阳明如何吸取佛道的理论思维来奠基心本体论体系及其精神特质。

自隋唐以来，儒、佛、道三教的哲学思想走向心性之学。同时，三教之间发生了冲突和融合也是思想史上的事实，又是人们都认定的思潮。

阳明的心学体系以心为其体系内的最高范畴。他主要从个体自我的情感意识着眼，来论证心即理、心即性。分析地看，阳明讲的"心"在逻辑层次上有三个层面。一则，作为经验心的"人心"，是指人个体之情感意识和

视听言动等一切现象意识。人欲、私意属于此。二则，作为本原心或体段心，指通过工夫回到了的纯粹情感意识层次。他说的"体段"、"本原"都属于这个层次。不仅如此，"良知"、"至善"、"诚"、"天理"、"乐"、"定"也都是在这个层次中能够体会并表现的。譬如，"至善"（或天理）作为儒家不能抛弃的价值本原，阳明并不是从抽象的思维导出来的，反而是从具体经验的情感意识，经由返本还源（逆觉体证）的思考而导出的，如同孟子从人的四端之心（恻隐、羞恶、辞让、是非之心）来论证人所本具的四德（仁、义、礼、智）这种思路一致的。不止于此，还有一个深层，即"无"的层次。在阳明那里，这个"无"的层次表现为"心之本体原无一物"、"无善无恶"等命题。就阳明来讲，"心无体"的"无"是对心本体的另一种表现，又是一种境界心。其实，在他那里，作为本体心的心本体主要是指包括上述第二个层次与第三个层次。因此，所谓"体段"也是指本体心。在这个意义上，阳明的心本体可以说是一种"有"、"无"和合的统一整体。

在哲学的意义上，上述"无"指的是一种没有固定形式的先验层次，而不是指空无所有。这个"无"一方面是指超越一切认识与名言，另一方面是指万物之所以为万物的终极实在（ultimate reality）的状态。这的确是与道学（包括道家、玄学和道教）的本体论思维有关系的。但阳明与道家的这种思维不同的是，在逻辑结构上，他从"有"的层次入手承认"有"的深层的内在结构，即"无"的层次。相反，道学从作为"无"的本体着眼承认作为用的"有"。

阳明对心体的思维一方面与道学本体思维类似，又在另一方面即逻辑结构方面上，跟它有所差别，这是因为阳明把佛教的有关思维引进于自己思想体系，并以此作为自己心体思想体系的一个组成部分。

阳明说："须知太极原无极，始信心非明镜台，须知明镜亦尘埃。"这里，太极、无极、明镜台、明镜，都是比喻"心"或"心体"的。禅宗慧能曾经以"明镜亦非台"表现与神秀的"心如明镜台"不同的立场。阳明的"心非明镜台"和六祖慧能的"明镜亦非台"，不仅仅是在文字方面相似，并且在思维方式上也是一致的。据此，慧能和阳明都否定把"心"看作实体性存在。在阳明那里，"心非明镜台"便是"心之本体原无一物"思想的另一种表现。"心非明镜台"是为了破除人们把某种心相执着为一个实体。所以他说："心体上着不得一念留滞"。这就是，阳明说的心之"本体"的另一个深一层的内在逻辑层次。这个层次可以称为"无"的层次。佛学讲的"无"（即"空"）与道学的"无"在内涵上大相径庭。前者的"空"并不是本体论的命题，只是为了破除人们把名、相偏执为实有存在而提出的一种形容语。

那么，作为"有无和合的统一整体"的阳明的"心体"所内含的哲学性意义是什么？阳明以自己的本体论思维，即"有无和合"的境界为基础而从现象心论证心之本体为至善。他把天理内化于心体，极大地提高了人的道德主体性，同时也认识到了对主体性的无条件的肯定所导致的严重的后果。就是说，为了约束个别主体的擅自做主，需要确保普遍性。因此，他把道家的自然之道即道体与儒家的天理内在地统一起来，以便为个别主体的道德行为提供普遍性的依据，同时以佛教般若中道观之无执着精神作为根本精神，以便消解把它客观规范化的问题。他并不是否定伦理道德规范包括道德行为在内，而只是反对把道德外在化、客观化而已。主体意识的情感活动获得普遍性的这个地点（point）就是相当于所谓"本原"、"体段"。还要指出的是，这个地点就是工夫（即致良知）的着手处。

经由上述的复杂曲折，阳明以《易传》的"寂然不动，感而遂通"思想和程明道的"廓然大公，物来顺应"思想，就提出了"仁体"说。阳明认为："心之本体……此便是寂然不动，便是未发之中，便是廓然大公！自然感而遂通，自然发而中节，自然物来顺应。"这里的"自然"是心体的自然，也是和道体的自然本性密切联系也相同的，又意味着自然性、动态性、创生性。即作为仁体的自然性、动态性、创生性，表明着实现人文价值的动态性主体。这样，阳明把与佛、道不同的心体说，建构于自己的思想体系中。

以上所说的，都是以阳明自己的存有论思维为基础的。他认为："斯道之本无方体、形象，而不可以方体、形象求之也。本无穷尽止极，而不可以穷尽止极求之也"，"道不可言也，强为之言而益晦；道无可见也，妄为之见而益远"，"道无方体，不可执着。……道即是天，若识得时，何莫而非道！人但各以其一隅之见认定，以为道止如此，所以不同。"在道学中，"道"规定为宇宙世界的终极实在。阳明对"道"的描写，可以说十分与道学有关

"道"的思想契合。"道"为"无方体"，这意味着，道不是具有任何定向或者占有时空的某种固定形式的，因此它能够无所不在。把象征具体存在世界的日、月、风、雷之类和人、物、草、木之类，说成是天（即道）也不行，又说不是天也不行。看来，这好像是逻辑矛盾。然而，在阳明看来，因为本体不是某种固定的实体，而是不断显现其自身的过程性存在，所以前后逻辑并不是相矛盾的。正因为如此，他把它表现为"有无之间"。"有无之间"之"间"是强调生生不息的、永续不已的"动态性"的。

"有无之间"是阳明的本体论，同时也是他的方法论。在道家那里，作为终极实在的"道"，也是无形无象、不可言说的。但是，阳明把这种道等同于"心"，并作为他自己心体体系的内涵之一。"心即道，道即天，知心则知道知天。"既然说"道"是"本无穷尽止极，而不可以穷尽止极求之也"，那么，"心"也如此。这样，本体的存在方式问题转移到主体的存在方式问题，即主体自我的存在方式成为阳明哲学的中心课题（当然，在阳明看来，本体的存在问题与主体的存在问题并不是两回事）。这种问题就发展为"真有"、"真无"和"真见"的命题。在他那里，心、道、天，由于不是一般认识的对象，也不是对象性的存在，因此只有特殊的思维方式才能把握之。"有无之间"是一种包括有与无的肯定性思维。它是以动态的本体论为前提的，同时也是统一本体与现象的方法论思维。若"有无之间"之"间"是强调生生不息的、永续不已的"动态性"的，则"见而不见之妙"之"妙"是强调体会一种动态的流行不息的本体的体验思维的。这种"妙"的方式就是"真见"。"真见"兼有认知意义的体认义与实践义。这就是阳明所谓的"体验"。这种体验思维的典型就是"见而未尝见"之"妙"的方式。因此，又可以说在"真见"的"妙"的方式中体现"真有"、"真无"的本体的存在方式。

关于善恶的价值观念及其来源问题，阳明认为，善恶的价值不在于自然的生生不息的世界，而来源于人的好恶的情感意识。就存在实相而言，无善无恶，但这并不意味存在实相与善恶价值根本没有关系。善恶的价值是在人类与外部世界（包括人类社会与自然世界）的交涉中，即在人类的一切行为包括一切意识活动中产生出来的。在这一点上，超伦理的自然世界也是与善恶价值有一定的关系的，只是他否定在自然世界中善恶价值的实体性存在罢了。即善恶的价值不是对象性的客观存在。值得指出的是，阳明并没有全面否定佛教的以存在实相（空）为主的"无善无恶"和道教的以道体自然为主的"无善无恶"，而只把它们不关注人文价值这一点批判为"自私自利"。由此可见，在阳明那里，"至善"作为价值的最高范畴，是以超伦理的无善无恶为内在结构。同时只有通过"至善"才能够实现人类价值理想。"至善"或"天理"是在心体的"体段"、"本原"上显现的，即在人的道德情感意识上显现。在这个意义上，阳明把人的情感意识与道德判断结合起来，以便主张"至善"是天道自然本性的具体体现。其实，道佛二家早就都在各自的立场上分别主张"自然"道性、"自然"佛性，并把它看作人的本来面目。有鉴于阳明要涵盖佛道二教，并超越它们的思想这一点，不难理解他的自然本性思想受到佛道二教的自然本性观的启发或者刺激。

阳明所讲的圣人之学、精一之学，是以天地万物一体之仁为核心观念，又以仁民爱物为其内容。当然，"仁"的主体无疑是良知。阳明以天之太虚喻良知的"虚"性，以太虚之无形喻良知的"无"性。这里，阳明提到的"虚"，指的是道教内丹学系的作为本体的"虚"。道教内丹学的整体思想体系，是以生成论与工夫论（修养论）这两条思路为基本模式而组成的。生成论模式一般称之为顺向演化，工夫论模式是基于生成论模式而形成的，一般称之为逆向演化。所谓逆向这个方向，是作为修养论的方向，并不是生物学上的生命不死，或者说长生久视，而是指超越有限个体生命而融合于无限的宇宙整体。在这个意义上，通过一定的修持所达到的境界并不是指物理生命的超越，而是指回到本体生命。回到本体生命就意味着与"道"冥合。这就是指所谓"返本还源"。在道教内丹学那里，"虚"这个概念是与"道"同一层次的概念，只要达到"虚"的境界就能够获得无限的生命境界。佛教的"无"，即"空"。佛教的"空"是指宇宙万有的存在实相。按照佛教的观点，我们看到的一切万有都是因缘条件和合而成的，也就是说，它们都是因不真实而空。就其精神而言，可以简要地说"空"标示不执着的精神。尤其是依禅宗的般若智思想，般若智不仅是看透缘起性空无自性这种佛教真理的佛智慧，还是"识心见性，自性佛道"的主体智慧。般若智的鲜明特点，就在于只存在于万法（即天地万物）之中，并破除对万法的各种执着。阳明看到禅学的这种不执着精神，但同时他把禅学以一切万有存在为假有这种观点，批判为这倒是另一种执着。因此，阳明虽把与禅学类似的不执着的精神安置于良知体系内，但把它儒学化，并以此反对伦理道德的实体化、规范化、客观化。

致良知说作为阳明的晚期思想，就是以本体与工夫的合一为逻辑结构。"致"字兼有"复"（恢复）义与"扩充"义。这都是良知的自己展开过程，同时也是良知的自己检束过程。这两个过程并不是以时间上的先后次序进行，而是同一层次上成立的。只是在逻辑上可以分为自己展开（"扩充"）和自己检束（"复"）两个过程罢了。"心之本体即是天理，……天理原自寂然不动，原自感而遂通，学者用功虽千思万虑，只是要复他本来体用而已。"如此，工夫的目标全在于恢复本来体用，其内容就在于以天地万物为一体。这样一来，阳明的"致良知"与南宗禅的"般若行"，虽在形式上难以发现不同点，但在其内容上有明显的差别。

致良知的"致"字可以训为"至"（相当于"复"）和"尽"（相当于"扩充"）。即这是兼有"实践"或"实现"之义。因此，阳明的致良知是一种内外双向性、内外重叠性工夫。在这个意义上，致良知是双向内外、统一心物、合一知行的工夫。因此，可以说，它是恢复并实现"知行合一"、"心即理"、"体用一如"、"天地万物一体"的过程。同时，致良知又是在经验的具体层次的实践上展开的，因此阳明提出"事上磨炼"这种积极的致良知工夫。

总而言之，阳明作为儒者，并不是简单地吸收佛、道的思想资源，而是边吸收边把它儒学化，而意图超越佛道二教。他的广阔的胸怀在于以"心理不二"与"天地万物一体"思想，重新建立真正的圣人之学。他认为，圣人之学无不是体现"大道"，并"大道"本身是一种动态的、创生的、无限的整体有机生命机制。因此，他毫无讳言地说："圣人尽性至命，何物不具，何待兼取？二氏之用，皆我之用：即吾尽性至命中完养此身谓之仙；即吾尽性至命中不染世累谓之佛。但后世儒者不见圣学之全，故与二氏成二见耳。譬之厅堂三间共为一厅，儒者不知皆吾所用，见佛氏，则割左边一间与之；

见老氏，则割右边一间与之；而己则自处中间，皆举一而废百也。圣人与天地民物同体，儒、佛、老、庄皆吾之用，是之谓大道。二氏自私其身，是之谓小道。"如此，他的圆融无碍的思维方式与广大深渊的视野，经由出入儒、佛、道的思想遍历，最终回归儒家的穷理尽性至命之学。作为"大道"的圣人之学已含有道教的成仙精神和佛教的成佛精神，这无不是他的心学体系的内在结构。

（中国人民大学 2002 年博士论文）

传统"和"文化与和谐社会

刘海龙

摘　要

　　构建社会主义和谐社会是一项系统工程，文化建设是其中重要的组成部分。中国传统文化中有相当一部分内容蕴含了和谐的价值观和方法论，可以为和谐社会建设提供宝贵的思想资源，是和谐文化的重要来源之一。同时，和谐社会崇尚和谐的理念与思维，这无疑为传统"和"文化的发展提供了良好的发展机遇。本文首先分析了和谐社会与传统"和"文化的关系，然后对传统"和"文化在和谐社会建设过程中的重要价值及其与马克思主义理论的关系做了研究，同时对传统"和"文化的生存境遇与发展路径进行了探讨，这些问题对于和谐社会的文化建设具有非常重要的意义。

　　论文由引言、正文和结束语三部分组成。

　　引言部分对论文选题的意义、当前研究现状以及论文的逻辑结构与研究方法进行了介绍。指出：在"和为贵"价值观的影响下，中国历史上形成了一系列贵和求和的理念与思维方式，充分发掘和利用传统"和"文化的宝贵资源对构建社会主义和谐社会来说是非常必要的。经过梳理以前的研究成果，认为关于在和谐社会如何借鉴利用和发展传统"和"文化的问题尚缺乏系统的研究，其中的一些问题尚需要进行具体深入的研究。论文着重研究如何在和谐社会的建设中弘扬和发展中国传统"和"文化。

　　论文第一章从和谐社会的内涵与社会主义和谐社会提出的背景入手，探讨了和谐社会与传统"和"文化的关系。指出：和谐社会的内涵在于社会各组成部分之间的和谐，社会主义和谐社会的提出是基于当前社会发展过程中存在的不和谐现象。建设社会主义和谐社会，就需要与之相适应的和谐文化，中国传统"和"文化为此提供了宝贵的思想资源。概括地讲，传统"和"文化的内容主要体现在以下几个方面：一是保合太和、"天人合一"的宇宙观和人生追求；二是和而不同、合二为一的辩证法；三是"以和为贵"、求同存异的价值观和方法论；四是厚德载物、仁爱天下的处世哲学；五是天下大同、天下为公的社会理想。传统"和"文化中蕴含的这些理念与思维，均可以为当今的和谐社会建设所借鉴。

论文第二章从建设和谐社会的现实出发，对传统"和"文化的相关内容进行分析整理，从中挖掘出可以用于和谐社会建设的精华成分。本章从人际关系的和谐、人与社会的和谐以及人与自然的和谐三个方面展开。在人际关系方面，传统"和"文化中有以"和为贵"的重要理念和差异共存、矛盾和解的思维方式，同时也形成了仁、义、礼、智、信、忠、孝、恕等一系列旨在实现人际和谐的道德准则。在人与社会关系方面，古人在一定程度上认识到了人在社会发展中的重要作用，也有相当多的重视人的地位和价值的表述，并且阐发了大量爱民利民的思想。在人与自然关系方面，传统"和"文化中有"天人合一"思想、富有仁爱精神的生态伦理思想，也有丰富的保护自然资源的思想和措施。在继承和发扬传统"和"文化合理成分的同时，也对其中的糟粕进行了批判。

论文第三章对传统"和"文化与马克思主义之间的关系进行了研究。指出：社会主义和谐社会为传统"和"文化提供了广阔的用武之地，而其社会主义属性又决定了其要以马克思主义理论为指导。对和谐的共同追求是传统"和"文化与马克思主义相结合的前提，而社会主义和谐社会建设的实践则为两者的结合提供了条件。"和"文化兼容并蓄的品格及其发展历史表明其能够吸收利用人类文明中的一切精华理论，而马克思主义与时俱进的开放特性则保证了两者能够相互吸收、相互利用，共同在和谐社会的建设中发挥作用。在马克思主义与传统"和"文化的相互作用中，我们必须坚持马克思主义的主体地位，充分发挥传统"和"文化合理成分的作用，谨防其消极成分的渗入。在此前提下，马克思主义与"和"文化可以进行多个层次、多种方式的结合。

论文第四章对传统"和"文化的生存境遇与发展路径进行探讨。传统"和"文化与和谐社会之间的关系是相互的，传统"和"文化为和谐社会建设提供思想资源和精神指导，和谐社会为传统"和"文化的发展提供了良好的发展空间。在构建和谐社会的过程中，一方面要应用传统"和"文化指导和谐社会建设，另一方面也要抓住历史机遇，找到合理的路径使传统"和"文化得到进一步的发展和提高。继承与发展传统"和"文化，需要做好以下几方面的工作：尽快完成传统"和"文化的现代转型；充分发挥传统"和"文化的特色和优势；大力吸收外来文化的养分进行综合创新；充分利用信息技术传播传统"和"文化。

结束语从文化自觉的角度对弘扬传统"和"文化的重要意义做了探讨。

（中共中央党校 2007 年博士论文）

传统和合思想与中国社会发展

陈忠宁

摘　要

构建社会主义和谐社会是党中央提出的关于我国社会发展的一项重大战略任务和奋斗目标。传统和合思想与构建社会主义和谐社会两者之间到底存在什么样的关系是我们必须认真对待的一个问题。在这里，必须防止以实用理性来代替逻辑内容的错误做法。这一问题的真正解决，有赖于两方面工作的完成：一是我们必须对传统和合思想有一个客观、准确、全面的认识；二是对当前构建社会主义和谐社会这一伟大实践的现实需要有深入的理解和准确的把握。就当前的实际情况来看，相比较而言，第一方面的工作相对比较薄弱。基于这样的认识和思路，本文尝试先对传统和合思想进行解读，包括它的含义、演变脉络和它的理路；然后，对传统和合思想与中国历史发展之间的关联进行考察，企图把握两者之间关联的机制；最后，着眼于构建社会主义和谐社会的实践，探索和合思想起作用的空间和条件以及我们可能的对策。

论文主要包括以下几个部分：

绪论部分主要阐述写作的目的、课题的研究现状和本文的研究方法。指出：研究传统和合思想是构建社会主义和谐社会的客观要求，我们应避免简单地从实用的角度出发把某些不属于和合思想本身的观念塞入传统和合思想的做法，而应该客观地把握它的本质。目前的研究在这些方面还存在一定的欠缺，在探讨和合思想与中国历史发展之间的关联方面也不够深入。论文试图在这些方面有所突破。

第一章主要论述和合思想的含义及其历史演变脉络。指出：传统和合思想是中国在长期历史发展过程中逐步形成的关于天与人相通、人与人共处的一种思想体系。相应地，它的核心范畴主要有两个，一个是天人关系，另一个是人与人的关系。处理人与人的关系是传统和合思想的主要内容，然而，人与人的关系的处理要遵从天与人的关系（"天人合一"）中所体现出的原则。传统和合思想的演变脉络大致是："天命"的思想一直贯穿着和合思想的始终，但是，"人"的能动性不断得到肯定和加强；由于祖先崇拜与至上神崇拜的不断结合，皇权成了"天命"的化身，"天人合一"中的"人"由早先的一般人过渡为"王"、"皇帝"之类的人，他们取得了人间秩序的控制权。

第二章对传统和合思想的世界观、社会观和和合思想思维方式的特征进行了梳理和分析。传统和合思想的本体论基础是它的世界观，它的社会观建立在其世界观之上并由其决定。传统和合思想认为世界是一个相互联系的统一整体，天地万物总是处于不断变易之中，宇宙是一个变易不息的大流。"天"、"地"、"人"是这一本体论中的核心范畴，它们相通互动，但从根本上说，"人之道"从属于"天之道"和"地之道"。因此，人间秩序的安排要遵从天上秩序的模式。这种秩序模式的特征是讲究等级差别、各安其位以达到"天人合一"。其思维方式的特征主要是：宏观层面上具有浓厚的原始思维特征；不重视概念的内在规定；从事物外部要求事物达到和合的结果；求善的思维，而非求真的思维。

第三章论述传统和合思想在历史上曾对中国社会发展产生过的影响。这一章首先对和合思想对社会发展产生影响的机理进行了分析，认为传统和合思想是通过对社会主体的行为产生影响来最终影响中国社会的发展。在传统和合思想影响下，历史上中国社会主体的一般行为特征主要有两个：一是讲究尊卑贵贱，各安其位；一是讲究"做人"。和合思想对中国社会发展的影响主要包括：它强化了中国社会的超稳定结构，使专制社会在中国历史上延续了很长时间；它使人民群众的主体意识受到了严重压抑，中国人的个性得不到自由发展；它是近代以前中国科学不发达的重要原因；它使中国社会发展缺乏动力；它使中国在处理对外关系时不能正视外国。

第四章分析传统和合思想与当代中国社会发展的关系。文章先指出传统和合思想仍然在当代中国发挥着作用这一事实，并选取了新中国历史上两个特殊时期的历史作为考察、分析对象，它们分别是新中国成立初期到"大跃进"运动的十年和"文化大革命"的十年。在这个基础上分析传统和合思想仍然在中国延续其作用的机理，这些机理主要包括：传统和合思想本身具有的相对独立性使它在当代仍然具有相当大的惯性作用；近代以来西方文明在中国的传播和影响范围主要限于社会的上层和知识分子，一般民众受西方现代思想观念的影响十分有限；高度集中的计划经济体制和高度集权的政治体制不利于人们培养发展个人的独立自主人格。文章最后分析构建社会主义和谐社会与传统和合思想的关系，指出这一问题的合理解决应以辩证的否定观为指导。改革开放以来，传统和合思想发生作用的空间和条件虽逐步缩小，但没有最终消失，因此仍然要求我们谨慎应对。文章提出的应对措施主要有：进一步完善我国的社会主义市场经济体制，推动市场经济的发展；创造有利条件，推动有利于社会发展的各类民间组织的建立和展开活动；进一步推动政治体制改革，把实现党的领导和落实人民当家做主的权利有机地统一起来。

（中共中央党校 2008 年博士论文）

和谐文化论

韩美群

摘　要

　　一定的文化是一定社会发展进步的灵魂和动力，构建社会主义和谐社会需要和谐文化来支撑和推动。当代中国，和谐文化是全体人民团结进步的重要精神支撑，是促进社会和谐的思想道德基础，是发展中国特色社会主义的巨大精神动力。建设社会主义和谐文化，既是一个历史课题，又是一个时代课题；既是一个理论课题，又是一个实践课题。因而，加强和谐文化的研究，既要深刻把握历史，与时俱进，深化理论创新；又要站在时代的高度，高瞻远瞩，促进社会和谐与进步。

　　从历史的角度来看，和谐是古今中外人类普遍追寻的理想和目标。中华民族在悠悠数千年的文明发展长河中，创造和积淀了风格独特、宏伟浩瀚的和谐文化传统，是当代中国和谐文化建设最直接和最切近的思想理论资源。西方传统文化虽然主要侧重于矛盾及其斗争性的论述，但和谐思想也蕴藏其中。深入考察西方传统文化中的和谐思想，借鉴其合理成分，有利于全面科学理解和把握当代和谐文化的建构问题。马克思主义和谐思想是建设和谐文化的重要理论基础，是其理论精神的实质所在，注重对马克思主义和谐思想及其时代价值的研究，既是马克思主义理论品质的现实表现，也是发展社会主义和谐文化的必然要求。回顾历史，系统梳理，继承和改造历史上中西关于和谐文化的思想资源，开掘马克思主义的和谐思想，是马克思主义文化创新和发展的需要，是社会主义和谐文化建设的要求。

从理论的角度来看，和谐文化是一个重要的学术概念。这就需要我们按历史与逻辑相统一的方法，建构一个包括和谐文化的科学内涵、基本原则、基本特征、构成要素、社会功能、实践理念、价值目标等在内的科学理论体系。其一，和谐文化的科学内涵。和谐文化是指以和谐为思想内核、基本原则和价值导向的观念体系，它与和谐政治、和谐经济等并列而成为和谐社会的一个重要组成部分，主要包括和谐的思想理论、道德风尚、文学、艺术、科学、教育、宗教、哲学等表现形式。从和谐文化的动态历史过程来看，它体现的是一种文化性状，即某一具体历史时期某一种文化形态的和谐特性，以及多种文化理论或文化体系共生共荣的平衡状态。从和谐文化的静态功能和作用来看，它主要以不同的方式表现在一个民族的思想观念、心理结构、思维习惯、价值标准、行为方式、审美情趣、风土人情、道德风尚、文化产品、社会制度等方面。其二，和谐文化的基本原则和特征。和谐文化的精髓和命脉是通过其基本原则即宇宙和谐、系统和谐和对立和谐体现出来的，这些基本原则从一个特定的角度揭示了宇宙世界普遍的本质和一般规律，丰富了人类辩证法思想的宝库，体现了独特的智慧特征。这些独特的智慧特征具体表现为共处和融通性、变动与创新性、开放与有序性、中和与适度性等。其三，和谐文化的构成要素。和谐文化是一个极其复杂的理论体系，它的基本要素不可能一劳永逸地给定和完成，而总是处在不断地生成和变动过程之中。一个完整的和谐文化体系，主要包括和谐文化主体、客体、介体和环境等要素，它们相互依赖、相互渗透和相互转化，共同构成和谐文化的整体系统。其四，和谐文化的社会功能。和谐文化的社会功能是和谐文化存在与发展的依据和意义。作为构建和谐社会的内在核心要素，和谐文化具有价值导向、实践规范、精神整合、素质培育、思维塑造等社会功能。在现实实践中，为保证和谐文化的社会功能顺利实现，需要建立一整套科学有效的测评机制。其五，和谐文化的实践理念。和谐文化的实践理念是和谐文化的社会功能转化为社会的实践规范以及人们的具体实践的中介，体现了和谐文化理论与实践的一致性。建构和谐文化的实践理念，最重要的便是科学把握和谐文化对人们实践活动予以规范、制约、引导的观念和原则问题，主要包括以人为本、公平正义、诚实守信和共建共享等，它们虽然反映的内容是客观的，但从本质上讲，其仍然属于主体的观念表征，因而又是主观的。其六，和谐文化的价值目标。和谐文化实践理念的实践过程，实际上也是一定价值目标的实现过程。作为和谐社会的精神基础，和谐文化总是要受一定的价值观念与价值目标的引导与支配，总是要为一定的实践活动服务，指向一定的价值目标。和谐文化的价值目标，即天人和谐、身心和谐、人我和谐、社会和谐和世界和谐，主要是关于和谐文化的根本价值属性的定型与定位，其所涉及的基本问题是主体如何对待自然、自身、他人、社会等的关系问题。以上六个方面，对和谐文化的理论体系进行了初步的构建，将为和谐文化的进一步研究提供必要的基础和平台。

分析和谐文化的理论沿革，建构和谐文化的理论体系，归根结底是为了在实践中加强和谐文化建设，促进社会和谐。从时代和实践的层面来讲，和谐文化是一个重要的实践概念。这就需要我们理论结合实践，分析建设和谐文化所面临的主要机遇和挑战，并提出相应的建设路径。21世纪新阶段，时代主题的转换与全球化趋势为和谐文化建设提供了有利的环境条件，科学发展观与构建社会主义和谐社会现实实践为和谐文化建设提供了坚实的实践基础，人们思想解放的深化与观念的更新为和谐文化建设提供了稳固的思想前提。但从我国目前文化发展的现状来看，和谐文化建设却客观存在诸多问题，如大众文化的滥觞和精英文化的式微、西方文化的冲击和传统文化的淡漠、价值紊乱和道德失范、体制障碍与发展滞后，等等。鉴于这样的条件和基础，我们对和谐文化建设的基本思路作了简单梳理：第一，应建设社会主义核心价值体系，正确处理主导文化与多元文化的关系；第二，应合理利用各种文化资源，正确处理文化积累与文化创新、文化冲突与文化融合的关系；第三，应营造和谐的社会风尚，正确处理价值再造与道德重建的关系；第四，应进一步深化文化体制改革，正确处理文化事业与文化产业、文化竞争与文化公平的关系；第五，应建立科学的文化体系，正确处理文化生产与社会需求、文化内部诸要素之间的关系。总之，随着和谐文化研究的深入和建设力度的增强，社会将步入一个和谐文明的发展新境界。

（武汉大学2008年博士论文）

和合翻译学

吴志杰

摘　要

　　中国传统文化应该也可以对世界文化的丰富、多元、和谐、美丽与活力作出自己独特的贡献。哲学领域的现象学，翻译领域的文化研究，已初步显示出向中国传统文化靠拢的端倪，这说明中国传统文化具有与当代西方哲学和翻译文化研究进行深入对话的基础。不仅如此，通过对当代翻译文化研究的缺点进行分析，我们还发现中国传统文化比西方翻译的文化研究有着更为彻底的构成见地和和合精神，以中国传统文化为基础的"和合译学"有望克服西方翻译文化研究途径所具有的不足与缺陷。

　　"和合"是中国传统文化的精髓。本论文首先通过对中国传统文化中"和"、"合"、"和合"、"合和"四范畴进行理论梳理与阐释建立了由和合本体论、和合认识论、和合实践论构成的和合观，提炼出过程性、系统性、伦理性、审美性等和合精神和"多元与创生"的和合价值，为和合译学的建构提供了理论依据。在此基础上，本文作者从中国传统文化中抽取了能够体现和合精神与和合价值的"意"、"诚"、"心"、"神"、"适"五个核心范畴，分别对翻译本体、翻译伦理、译者对文本的认识进路、译作的风格、翻译的文化生态效应等问题作出了系统的理论分析与阐释。

　　在第三章"意——论翻译之本体"中，剖析了语言与意义的关系。对于"何为意"这一问题，有人从客观的角度来认识，有人从主观的维度来论证，亦有人从主客契合的视角来分析，各家各派仁者见仁、智者见智，从而也带来了对翻译活动的不同认识。和合译学把"意"看成一"生生不已"的过程，认为"意"在翻译活动中处于核心地位，翻译从根本上说乃为"意"的流动与转生的过程，从而把"意"提升到翻译本体论的高度。

在第四章"诚——论翻译的伦理"中，着重分析了翻译活动起始阶段译者所需的"倾听"态度及其中所蕴含的伦理性。在翻译活动中，最先确定的并不是译什么或怎么译，而是译者与作者、读者等他者之间的以"诚"为基础的伦理关系。和合译学认为，"诚"是一切翻译活动得以进行的伦理前设，是译者叩开翻译殿堂的敲门砖，也是确保翻译顺利完成的保障。译者只有"诚于中"才能"形于外"，只有诚于译事才能处理好翻译活动中与作者、读者、赞助人等多个主体之间的关系。

在第五章"心——论译者对文本的进路"中，我们从意义的主客合和性出发，认为译者不是一个被动地接受意义的存储器，他直接参与意义的生产过程，因此，译者是否用"心"去体悟原作就显得尤为重要。和合译学认为，心是译者对文本的进路，阅读就是译者用心体悟原文的过程。在这一过程中，译者调动自己的知识与阅历、投入自己的情感对原文进行整体阅读，通过对认识对象的整体观照用心体悟作为"存在的真"的"意义"。这种体悟能力的高低是译者阅读能力与艺术修养的重要评价指标，也是译者翻译能力的检测标准之一。

第六章"神——论译作的风格"探讨的是翻译具有审美价值的作品时如何做到"传神"的问题，主要针对的是文学翻译。文本的美学价值在于以特定形式来表达特定内容，"神"是"音"、"形"、"意"在更高层次上的有机结合。然而，原文的"神"只是潜在的，需要通过读者（／译者）的审美阅读来激活，呈现为一个主观与客观的和合过程。鉴于"神韵"的整体性与过程性，和合译学主张译者在翻译中采用由上至下的工作路径，通过"先神后形、以神写形"的再创造行为保证译文的各个部分与层次各得其所，使译者审美阅读中所体悟到的"神"在译文中得到栩栩如生的再现。

在第七章"适——论翻译的文化生态效应"中，主要分析了译作对目的语文化生态系统所具有的影响作用。"适"的观念深受中国传统文化的滋养，深得中国传统"和合"思想的精髓，蕴含了重视"多元与创生"的价值观，是一种深度的文化生态思想。基于"适"的思想，和合译学批判作为文化侵略与殖民手段的替代式翻译，提倡适量、适宜、适度的吸收型翻译，其目的便是使翻译适合文化生态发展之"道"，促进全球文化生态系统的多元性与创生性。"适译"的主张彰显了翻译在异质文化的互动过程中对目的语文化生态系统所具有的文化调适作用。

和合译学对翻译活动各方面、各层次的现象与问题作出了较好的理论阐释与分析，不仅对翻译本体、翻译伦理、译者对文本的认识进路、译作的风格、翻译的文化生态效应等重要翻译理论问题进行了系统分析与说明，还对翻译过程、翻译属性、译者修养体系以及译作评价体系作了全面的探讨与阐释，有利于从整体上提高人们对翻译活动的认识，也为人们解决现实中的具体翻译问题、解释历史中的具体翻译现象提供了一个新的方法和视角，具有较大的现实意义与理论价值。

（南京大学 2008 年博士论文）

和合管理研究：基于东方管理"人为为人"核心理论的探索

黄智丰

摘　要

苏东水教授提出了东方管理学的"三为"核心思想，即"以人为本，以德为先，人为为人"。"人为为人"是管理的本质，也是东方管理学的精髓与核心所在。"和合"是时代精神的召唤，是中华文化人文精神的精髓和中华文化的生命智慧。东方管理学的精髓——"人为为人"与中华传统文化的精髓——"和合"有着本质的联系与内在的统一。基于两者的互动与统一，本文深入研究和合管理的理论内涵和运行机制。

本文从东方管理"人为为人"核心理论出发，以和合文化及其管理思想作为研究的主要内容，探讨"人为"、"为人"、"人为为人"与"己身和合"、"群己和合"、"组织和合"之间的关系；探寻和合管理的理论基础，系统建构和合管理的理论框架；提出"人为"基础上的自我管理与"为人"基础上的关系管理，在自我管理与关系管理互动基础上形成和合管理；探讨和合价值观及企业和合文化建设；通过案例研究的方式，探求和合管理在管理实践中的应用；探究面向未来的和合管理，阐述东西方管理融合与发展的新趋势。

本文共分八章：第一章是论文的导论部分，介绍本文的研究背景，阐述和合管理的理论与实践意义、写作框架和研究方法；第二章是文献综述部分，阐述包括"人为"、"为人"、"人为为人"与"和合"在内的与和合管理有关的重要概念，对相关文献进行综述；第三章系统构建和合管理的理论基础，探寻和合管理在哲学、文化学、管理学方面的支撑点；第四章分析"人为"、"己身和合"与自我管理的关系，阐述自我管理在心理学上的运行机制、主要内容及其实现途径；第五章分析"为人"、"群己和合"与关系管理的关系，阐述关系管理的运行机理、主要内容及其实现；第六章分析"人为为人"、"组织和合"与"和合管理"的内在关系，阐述东方管理"人为"观下的和合管理理论及其模式，探讨和合价值观及企业和合文化建设；第七章阐述和合管理的应用目标、应用方式及应用空间，通过案例研究的方式多层面、多角度探讨和合管理在企业组织中的实践；第八章阐述当代管理实践与管理理论的新发展，探讨当代管理学理论发展的新趋势——东西方管理的融合与发展，认为和合管理是管理理论发展到哲学阶段的产物，是企业管理的新发展。

（华侨大学 2009 年博士论文）

中华和合思想研究

王　颢

摘　要

　　中华和合思想既是我们民族宝贵的精神遗产，也是活生生的思想资源与不断传承着的学问。和合思想在不同类型的哲学语境中是有差别的。比如，佛教的和合思想与古代印度哲学的缘起理论关系深厚，所以在中国佛教文献中对其有一个逐渐融通的过程。印度佛教中因缘和合的观点是一种解释诸法性空的手段，所以这里的和合是从反面立论的，只有从和合的假象里超脱出来，才能达到佛教所谓的涅槃。但是涅槃的获得却也是善法和合的结果。对于后者，中国佛教学者有着更加集中的发挥。再如道教讲究阴阳、神气的和合，儒家重视人伦、社会的和合，理论的风格差别是显著的。此外，和合本身包含的义理非常丰富，不是简单的平和或结合，还和生生论、全息论等相关，成为典型的中国境界论范畴。张立文先生将和合理解为差分、融突与和合生生的全过程，立足《国语》中"和实生物"的基本体认，着重彰显中华和合思想的固有精神和包容品格。无论和合思想多么形态丰富，都是围绕中华民族固有的传统和合思想来立论，从而确认了和合作为民族气质的根本属性，在此基础上不断涵摄、包容外来文化，适应社会历史条件的变动，呈现出各种具体的和合思想主张。因而在综合上述理解的前提下，本文对和合思想的古今形态进行全面的研究，对和合作最为宽泛的理解：和意识中的差分、平等观念，合意识中的结合、融通观念，和合参与的二元、多元要素及新生、生生环节都是考察对象。当然，这个宽泛的理解本身是遵循和合思想的内在结构而统一把握的，同时仍然以中华民族主流意识为核心来处理不同派别哲学中和合思想的演化，这些不同形态和合观之间本身也存在着以中华和合思想为主流而互相和合会通的关系，因为思想的和合与和合思想之间本身就有着体用难分的联系。

第一章重点考察百家争鸣之前的和合思想。首先探究和合思想的起源问题。因为《五经》等古代文献中就已经具有丰富的和合价值理念，所以春秋战国时期哲学家普遍认为上古三代便是和合的社会时代，而经由夏商周再到春秋战国，便是一个退化的过程。《五经》等文献中的和合思想与当时的社会、自然环境密切相关，然而当时社会并不具有和合价值理想的现实性存在，仅仅是提供了人们创造性地构想出和合观念的基本条件。西周末年的史伯提出"和实生物，同则不继"，代表着周代之前和合思想的最高水平，同时也奠定了和合理念的基本框架。

第二章以诸子百家的和合思想为研究对象。春秋时期晏婴讨论和同关系进一步加深了对"和合"作为思维方式的理解。原始儒家把和合思想拓展到人伦与社会的领域，并在人伦社会与万物、天道等的基本关系中使之上升到普遍性的和合意识。道家重视对宇宙根源的探讨，从阴阳之气的和合推进到人的生命观，在延续生命力或与整个自然相和合方面有独到建树。墨家崇尚兼爱，触及了通达和合手段的问题，将心灵的和合与国家、社会的和合统一起来。

第三章研究秦以后的儒家和合思想。汉武帝以后儒家思想多与社会意识形态相结合，因此产生了道德形而上学的建构，这本身就是一个观念不断和合的过程。朱熹哲学以天理为最高范畴，以理气关系的和合性论证了儒家宗法制度的合理性，显示了儒家学说的入世品格与和合思想的社会实践性。张载的气学体系尤其具有浓厚的和合意味，是儒家和合思维的典范，从宇宙、社会、伦理、人生和学术融合等角度，全面体现了和合的根本精神。到了明中期以后，王阳明心学崛起，以期补救程朱理学的流弊。对于社会人心的收摄来讲，本身就是需要极大的自觉性，形式的、标准性的要求与惩治手段只能做到初步的社会、伦理稳定。而深入的社会与人伦和合，必须兼顾内外两者，所以心学思想家呼唤"本心"与"良知"的努力是对儒家和合意识的一大推进。

第四章探讨秦以后道家和道教的和合思想。道教继承了道家保身的思想，进一步把阴阳和合的观念发展为神气和合的修养理论。他们还非常重视和乐，以及音乐的教化与修养功能。在从事炼丹等宗教活动的时候，他们对和合要素参与的丰富性也产生了自觉的认识。受佛教思辨的影响，有些道教徒也在一定程度上接受了和合生成不有、既然生成不无的中道观点，在方法论层面拓展了道教和合思维的广度。

第五章研究的是佛教和合思想。和合思想在佛教中本来是一种世界观的支持理论：因缘和合产生有情，以缘起故无常，亦无我，所以苦既是执着的情识作用，也是和合而有的假象，故苦可灭，是为有余涅槃。而大乘佛教以和合的所生为名色的有，名色是世俗谛的有，故不无，所以对和合的看法更为深邃。从和合的正面效用来说，佛教还认为修行善法的福德因缘与智慧资粮等，可以和合成熟佛果。此外佛教僧团的和合，包括忍辱波罗蜜等都是善法的和合。而中国佛教对于全面把握佛教不同宗派之间关系，协调统构的努力，也是一种典型的和合思想。

第六章探讨张立文先生的和合学体系，将其作为当代和合思想的代表，从而也侧面反映和合思想本身的旺盛生命力与现实意义。首先把和合学放在传统学的框架里进行考察，通过和合学对和合范畴的体贴、中国哲学创新规律的发现以及它对和合内涵与原理的全新规定，展示了和合学作为一种独立学术体系的继承性原则。其次，和合学通过生存世界、意义世界和可能世界的基础性构造，把现代思议的理论视野植入和合意识的观照之下，对哲学的理论基础地位重新予以论证。再下来，转入到和合学的现实关怀，讨论了和合学对时代问题的体认和应对宗旨，即以"五大价值"全面应对"五大冲突"，为人类未来发展的理念与规范提供了精神资源。最后，重点阐释了和合形而上学的理论基础与创新方面，彰显了和合生生道体的虚灵品格，认为它开启了后现代形而上学的新转向。

通过对中华和合思想的全面研究，展示中华传统文化的博大精深，增强了我们的民族自豪感和凝聚力。和合思想不是短时期出现的思潮，而是深深地扎根在中华民族全部精神生活的土壤中的活生生的价值理念。她伴随并激发着古代哲人和当代哲人的智能创生和价值创新活动，并必将对未来的世界哲学思想发展起到重要影响。

（中国人民大学 2010 年博士论文）

和合天下论

翁俊山

摘　要

　　"家国天下"是中华传统文化的 DNA，天下观集中体现了中华文明的宇宙观、地域观、政治观、制度观、经济观、价值观以及文化观。所谓天下观，是指中华民族对生存世界的空间、秩序和意义世界的人生价值活动的整体看法和价值认同。领略中华文明的魅力、中华民族之精神，探寻汉文化的长青之道，就需要深入剖析"天下"这一渗透在中华民族精神世界的文化内核。

　　先秦华夏民族的天下观以儒家的天下观为主体，主导着后世中国人对理想世界秩序的想象和永恒价值的追求；天下观的源头是中华农耕文化背景下的敬天信仰；天下观的发展缘于先秦儒家礼乐文化渗透到政治生活以至于"平天下"理念的提出和践行；传统天下观的衰落导火索是中华王朝的政治、经济体制在与现代民族国家的较量中式微。

　　在中华民族着力实现伟大复兴的今天，在世界新秩序亟待建立的多元化时代，天下观的重建是一项迫切的理论课题和一个亟待实施的思维目标。重建天下观，首先需要对天下观特别是先秦儒家的天下观的性质内涵作深入的梳理，对天下观的精神实质进行整体上的把握。早在先秦甚至更早以前，中国人的精神世界里，便存在着一个超越任何具体政权（邦国、王朝）、体现着理想世界秩序、永恒的、不可侵犯的价值共同体，这就是"天下"。对"天下"的理解，需要把握"秩序"和"价值"两个层面的内涵。《中庸》

称："中也者，天下之大本也；和也者，天下之达道也。致中和，天地位焉，万物育焉。"可以说，"天下"在本质上是和合的。

在近年来学术界对天下观的研究中，学者们大多从史学、历史地理学、政治学等视角入手，将"天下"的研究等同于华夏民族世界秩序观、国际政治观的研究。从哲学的角度进行理论的系统的深入研究，目前基本上是一项空白。同时，学者们的研究虽然凸显了"天下"在政治、制度层面的内涵，但只重视"天下"在秩序层面的内涵而忽视了价值层面的重要底蕴，没有发现天下的价值共同体这一本质特征，没有触及天下的和合本质，因此未能回答何以"天下"能跨越历史时空，到现代仍在主导包括中国、韩国、日本等在内的汉文化圈对世界秩序的看法和世界模式的想象，更无从提出全球化时代天下观的发展方向问题。

和合学的创立，为天下思想的哲学研究打开了一扇窗户，开辟了广阔的理论视野，并为天下观的重建提供了坚实的理论基础。在和合学的指导下，本论文提出了"和合天下"这一创新理念。

所谓"和合天下"，是按照和合五大法则——和生、和处、和立、和达、和爱——协调个体心灵和社会秩序，所形成的生生不息、开放包容、中和有序、三才圆融、多元互利的和合体。"和合天下"的提出，是对中国哲学资源进行深入挖掘的成果，不仅体现了天下的和合本质，而且反映了深受危机和冲突煎熬的现代人对协和、和睦的社会状态的向往和追求。

实现"天下和合"的方式是"和道"。"和道"是对王道、霸道之辨的超越。"和道"主张，各种利益主体之间不是一方打倒另一方、一方吞并另一方，而是在寻求共同利益基础、谋求共同发展和创新之上的竞争与合作的关系。在当今世界，"和合天下"是全球化时代多元圆融的天下观，描绘了天下观在当代发展的可能方向，有助未来人类社会在自身文明的创新与发展中协调行动，从而最终真正实现"天下和合"。

在文章结构上，本论文包括前言和正文六章，共七章。本文的研究，以先秦社会文化为背景，以天、道、德、性、礼、和等逻辑关系为理论前提，以先秦社会的天人关系、伦理建构、价值观念、礼乐制度的演化为基础，从天与天下、道与天下、德与天下、性与天下、礼与天下、和与天下等几方面的关系入手，深入揭示中华传统文化中的天下思想的价值本源、德性根基以及和合本质彰显天下思想的内在逻辑和人文精神。最后，对天下思想的总体精神进行归纳，提出"和合天下"的理念，并结合现代世界秩序的重建，探讨和合天下理念的现代价值和天下的和合愿景。

在"前言"中，界定了天下观的含义，阐明和合天下的含义及其提出的背景，指出"天下"在本质上是和合的。从"和合天下"到"天下和合"，是人类理想实现的过程，也将是和合理念在天下传播、重建天下观、重构天下秩序的过程。本文的意义在于：首先，从哲学角度深入、系统研究天下思想，弥补当前理论界在这方面研究的不足；其次，提出"和合天下"和"和道"新理念，有助于继承和发展儒家思想，丰富和完善和谐社会建设的理论体系，为世界新秩序的建立提供新视角；最后，有助于增强中华民族的认同感和凝聚力，携手共建和谐新世界。

第一章"天"：天下的价值本源。在中华文明中，先人们认为天不仅划定了人类的生存空间，而且是人世间价值、权威的来源和伦理道德、政权合法性的终极依据。因此，天下思想的研究，逻辑起点便是"天"。在先秦儒家思想中，"天"是自然之天、天命之天、义理之天三位一体。"天圆地方"是华夏先人描述宇宙的盖天说的具体模式。从"天圆地方"宇宙模式的普遍认同到"中央——四方"观念的萌芽，再到古代中国自居天地中央观念的形成，"自然之天"奠定了"天下"的时空基础。在周初，天命的含义主要包括天的意志、天的命令和任命等。周人认为，是否敬德保民，是有无资格获得天命、能否获得上天的授权治理天下的前提。治理天下的价值标准便是敬德保民。在天的绝对权威下，"天下"拥有了正统性的根源。本文论及的"义理之天"之"义理"，仅是从天的主宰地位引申出来的。天的道德化是指道德伦常之义理。伦理之天，是从天的主宰地位引申出来的。天的道德化是周人的思想。道德化的天，通过天子执行它的意志，天下这一道德体得以构建。周公制礼作乐的本意便是"纳上下于道德，而合天子、诸侯、卿、大夫、士、庶民以成一道德之团体"。此外，礼是人世伦理秩序的规范，而礼的制定要效法天。这也体现了在古人的观念里，天是天下的道德本源。

第二章"道"：天下的化成依据。道是天地万物运动的总规律，是表述自然和人文秩序的范畴，是一个由天道和人道组成的系统。天下是天道的广大无边、生生不息的秉性滋养的结果。天道化成天下体现在人文领域，便是包括器物、礼乐、风俗等在内的文明生成和传承。人道效法天道。在中国传统文化里，行道天下，可以实现天下太平。正是在这个意义上，行道的目的有了明确指向，"道"的形而上和形而下属性被赋予到"平天下"这一载体，天下成为了传承道、践行道、弘扬道的场域。

第三章"德"：天下的德性根基。在西周，"德"字已经在"道德"意义上使用。内省其心，加强内心修养，使心性端正、言辞合体、行为得当，便是德。万邦协和，九族亲睦，天下和乐，是明德的目标。天下治不仅表现为社会秩序井然、百姓安居乐业的世俗生活的安逸，而且体现出文明化成、仁爱广泽的人文世界的祥和。在先秦儒家看来，这一理想目标的实现，既需要以德政来确立统治权力源自天命的合法性，需要以德治来使得各阶层循其礼、安其位，也依赖于德化民风，自觉践德。总而言之，便是"敬德保民"、"务德而安民"。儒家思想还认为，实现"天下文明"，靠的是文德教化，即礼乐制度的文治和仁善的教化。而文德教化的过程，也就是实践文德的过程。

第四章"性"：天下的人本之源。天地之间人为贵，对人性的探讨，是为了认知人，洞察人性、体恤人心，确立为人之道和治国之道。儒家的内圣外王之道，将心性修为视为王天下的根基和起点。从自然生命的角度来理解，性为生，由"生"所具有的生长的含义还可引申出"性"具有生生不息的秉性；从道德生命角度来阐释，性为善恶。虽然孟子主张人性善，荀子坚持认为人性恶，但荀子的初衷也是劝人行善，与孟子并无二致。先秦儒家的性论，为天下德性空间的展开提供了善的基础，为王天下、保天下预设了得民心的前提条件。尽心知性知天，身正而天下归之，达则兼善天下，天下是"善"的终极指向。在天下境域中，人为天地立心，天地因向人敞开人所赋予的价值世界而获得自身的价值。在此境况中，天与人、天道与人道会通圆融，这便是"诚"的呈现。"诚"沟通了天人，显现了人的天下。从尽己之性，到尽物之性，乃至赞天地之化育、与天地参，人的主体价值得到高扬。

第五章"礼"：天下的制度基础。作为具有普遍性的社会规范，传统社会的政治、外交、战争等国是和个人世俗生活的方方面面，构成了天下的制度基石。在古人的观念中，天是道德规范礼仪制度的根源，礼是天道在人道中的体现。因此，礼的合理性与必然性来自天。从功能角度看，礼的一个重要作用是"分"。有了"分"，社会秩序方能得以维持。但是，从儒家思想的整体精神实质来看，"分"是为了上下和睦、秩序井然，"和"才是最终理想。所以，礼的基本精神是以"分"为基础的"和"。在历史上，华夷之辨和内外之别，判别的标准是"礼"。"礼"成为衡量天下内部文明程度的标尺，同时也是天下认同的依据。

第六章"和"：天下的本然境界和价值意蕴。在当今社会人文背景下，从和合学的角度研究和诠释"天下"，发现"天下"的和合本质，发扬其和合精神，既是时代发展的要求，也是中国哲学范畴发展的必然。《中庸》称："万物并育而不相害，道并行而不相悖，小德川流、大德敦化，此天地之所以为大也。"这描绘了天地人和合的天下图景。以和合观天下，当今全球化时代的天下观便是多元圆融的"和合天下"。它既是一种伦理原则，也是一种社会组织体系，一套观察世界、实现和谐生存创新发展的新方法体系。"和合天下"具有五重内涵：生生不息的和合体、开放包容的社会共同体、中和有序的道德体、三才圆融的人文世界、多元互利的方法论体系。"和合天下"理念始终坚持四大原则：人本主义、超越国家、消解中心、广施仁爱。在 21 世纪，"和合天下"具有更广泛的人文价值：首先，展现人文宇宙观，凸显人的主体性；其次，重建社会价值观，彰显人的创造力；最后，构建新时代的世界观，弘扬"和道"之精神。作为主体的人，在"和道"中起到能动的作用，在实现"天下和合"中发挥创生、创新的智能功能。"天下和合"意味着天、地、人的和合，人与自身的和合，天下万物在和合中获得新生。

（中国人民大学 2010 年博士论文）

和合学视野下教师合作研修共同体建构的研究

宋　燕

摘　要

　　教师之间进行有效的合作研修不仅是社会变革的需求，也是教育改革的现实诉求。理想教师合作研修共同体的建构，面向实践本身，积极回应了"和谐"教育思想观。本研究以和合学为理论基础，同时综合社会学、合作教育学等多学科内容，有助于教师合作研修的理论和研究方法的创新，研究主要指向中小学教师合作研修共同体的建构，在实践上产生示范效应。

　　研究首先审视了目前处于"合之境"状态的教师合作研修组织，通过对教师合作研修组织的现状分析，包括对教师合作研修组织的具体形态进行反思以及对运行实践进行调研，借此在理论和实践层面进行问题透视。

　　在教师合作研修共同体的建构过程中，吸取中国传统和合文化中"和为贵"、"和生万物"、"和而不同"等思想精髓，遵循整体和谐、有序对称、和合协同、平衡互动等原则，参照目标和合原理、元素差分原理、主体互动精神、结构整合原理、协同共生原理、范畴立极技术、融会贯通思想等和合学的现代意蕴，同时从创新型共同体框架的搭设以及共同体意义的现代更新两方面重申共同体精神，分析了共同体的信息交流、伦理约束、社会强化功能，剖析了共同体的特质，包含共同体主体的自愿性和平等性、共同体运行目的指向性和同一性、共同体运行过程的自发性与超越性、共同体运行结果的不可预测性和创新性，并且还关注到合作教育学等相关理论，为构建教师合作研修共同体打下扎实的理论基础。

研究提出构建教师合作研修共同体的宗旨，教师合作研修共同体作为新型的教师合作范式，为教师合作提供深层次的支撑，教师合作研修共同体助力教师专业发展，促进教师优化知识结构，提高教师反思能力且利于教师心理健康，对于学生合作精神的培养及个性化发展有良好的推动作用，并且有利于优化学校管理模式以及贯彻新课程理念，有助于学习型学校的建设，还有利于建立一体化的教师教育方式。

研究的核心部分是对理想的教师合作研修共同体进行设计。首先秉承内和外顺、和实生物、和而不同的设计理念。其次分析其人际关系契合、认知体系的融合、学术力量的整合的三维支撑侧面，解析教师合作研修共同体的静态构成因子，涵括和合主体、和合意识、和合愿景、和合内容、和合知识、和合工具、和合规则、和合情境，展示其动态生成流程，包括确立主体、培养共同意识、明确共同愿景、设置任务导向、搭建公共平台、树立核心人物、打造专业设计团队、进行活动分工、开展深度会谈、实施监控与评价。

研究还追寻教师合作研修共同体的运行机制，分别从传统文化的群体本位特征、自然合作文化的脉络、多维度的文化内蕴、多元共享的文化氛围、整体性的文化依托五个方面探寻教师合作研修共同体的文化背景。还从思维方式的革新和教育理想的生成两个方面追寻了教师合作研修共同体的动力之源。

研究最后部分分析了教师合作研修共同体的具体案例，即以"TinKaPing Foundation Chongqing English Teacher Training Program"为依托而构建的教师合作研修共同体，旨在通过实证研究检验教师合作研修共同体的可行性与有效性。

通过研究得出结论，教师合作研修共同体有效践行和合思想，其彰显了"和为贵"、"和生万物"、"和而不同"的传统和合思想精髓，体现了和合学的现代意蕴，是有中介的和合、有差分的和合、注重融突和合以及共同体成员精神生活的差异中和。教师合作研修共同体的建构表征了和合思维的意义，体现智能的整体性、信息的开放性和文化创生性。教师合作研修共同体与教师合作研修组织在基础、背景、理念上有共通之处，但也具有区别之维，这恰是教师合作研修共同体的独特亮点。具体体现在教师合作研修共同体以和合学作为研究视野，并采取相应的研究技术，研究着眼点集中在如何进一步强化对于民主管理和共同协作等信念的诉求。其沿循社会文化的研究路径，强调文化与习俗的驱动，重视共同体成员社会身份重建，使其成为社会文化中成熟的实践者倡导嵌入式的交往方式，强调成员之间在文化传承中的延续性，关注代际之间的交往与多层次的参与，研修机会更多，研修内容更丰富，使教师合作研修从"合之境"升华至"和合之境"。

（西南大学 2011 年博士论文）

差异教学评论

——基于和合文化精神的观点

孙　玲

摘　要

　　工具理性、科学方法、功利追求在现代教学评价中显示出无比强大的魅力。在单一的社会教育共识和评价体制下，教学评价异化为标准化的"无差异"评价，人被数字化、抽象化、科学化，人的独立价值丧失，个体差异被抹杀。每一个人都是有差异的，教学评价是对人的评价，应该是尊重个体差异的评价，使每个人的特性得到所有人的尊重和承认。但差异的价值并未得到足够的关注。本文试图在中国古代的和合辩证思想中寻找差异教学评价的智慧源泉，在此基础上，构建差异教学评价的理论框架，并对其提出的一系列问题及其意义进行重新诊释。

　　差异教学评价在"以人为本"与"和合"的双重价值基础上构建，其基本内涵和要求就是在评价的过程中，运用差异的方法，即"和"与"合"的方式、方法，实现主体之间关系的协调与合作，从而保证和促进教学的发展。

　　从理论抽象的角度来说，差异教学评价追求真善美的和合之境，从根底上说是对人自身"安身立命"的价值追求，即关于人自身的存有和发展的最终根据、标准和尺度的价值。它不是要去制定一个至上的终极律令式的标准，而是寻求多重标准之间的调适，即相互之间的契合。差异教学评价永远没有逻辑终结，永远面向未来开拓。从严格意义上讲，它只是多维构想、多重意境和多元关切，并不设置绝对的、封闭的理论体系。

从实践操作的角度来讲，我们首先探讨的不是在操作层面上如何具体地实践差异教学评价，而是追寻尊重差异背后的评价精神。游戏精神基于"自由、幸福、快乐、和谐、创造、探索、超越"等价值元素之上的精神变异与思维衍生，表现出与和合文化精神观照下的差异教学评价在价值向度上的内在趋同。因此，游戏精神可作为差异教学评价理应涵摄的基本精神之一。在以游戏精神实践差异教学评价的探索中，本研究分别尝试最能体现游戏精神的游戏评价和最需要游戏精神的课堂评价这两种形式，以促进差异教学评价在日常教学评价中的具体化和丰富化。

（南京师范大学 2011 年博士论文）

和合视域下跨境民族地区中学生国家认同教育研究

柳翔浩

摘　要

现代民族国家产生之前，既不存在跨境民族问题，也没有现代意义上的国家认同问题。主权国家出现后，国境线的人为划分把本属同源民族的边民分割于分属不同国家的国境线两侧，形成了"一坝两国，一村（寨）两国，一家两国"的跨境而居的特殊地理格局。国境线的划分迫使原本具有同一原生形态文化与心理特质的民族分属两个不同的国家，这势必会造成其国家认同模糊和游弋的结果。作为一种重要的国民意识，国家认同是维系一国存在和发展的心理纽带和合法性基础，关系着多民族国家的稳固和发展。面对全球化和现代化所形成的巨大冲击，诸如地域主义、民族主义等问题对国家认同产生了一定的消解作用；尤其在跨境民族地区，由于地缘和政治的特殊性，该地区人们国家认同度关系到边疆的稳定和国家的安全。中学时期作为一个人国家认同感形成的关键期，在认同感的形塑过程中具有重要的阶段性价值和意义。对于跨境民族地区的中学生而言，其国家认同的现状、存在的问题等将直接关系到国家未来的前途和命运。

本研究主要采用问卷调查、深度访谈和实地观察等研究方法，对具有跨境民族典型区位特征的云南德宏地区中学生的国家认同现状进行了实地调查。调查发现：(1) 该地区中学生国家认同度较低；(2) 随着年级的增长，中学生的国家认同度有逐步弱化的趋势；(3) 在影响中学生国家认同的因素中，家庭、学校和社会三方面的因素与国家认同呈正相关，且相关较为显著；（4）家庭影响因素中，父母亲受教育程度越高，中学生的国家总体身份认同度越高；（5）社会影响因素中，经济差异、社会问题与跨境民族地区中学生的国家认同度呈显著负相关，跨境民族地区与内地经济差异越大，学生的国家认同度就越低，反之，学生的国家认同度就越高；（6）学校因素中，课堂教学水平越高，学生的国家认同度就会得到提高；思想政治教育和中国传统语言文化教育效果越好，学生的国家认同度就高。调查结果显示，跨境民族地区中学生大都具有最基本的国家认同，虽然认同度处于时强时弱的动态变化之中，但总的趋势是民族意识较为高涨，而国家认同则渐入弱化的危机境地。

从历史溯源、现实原因两个层面在对跨境民族地区中学生国家认同危机产生的原因进行深层分析的基础上，本研究认为国家认同与民族认同的失谐是造成跨境民族地区中学生国家认同危机的核心症结。

为探寻解决跨境民族地区中学生国家认同危机的理路，对现有的理论观点和范式进行了反思，提出了一个新的理论视域——和合哲学。因为，和合哲学符合跨境民族地区发展的现实诉求，是化解跨境民族地区社会危机的"良方"，是跨境民族融突化险与构建和谐社会的"润滑剂"，是整合跨境民族多元文化和实现世界和谐的"指南针"。以和合哲学为视域，在处理多民族国家跨境民族地区中学生国家认同与民族认同的关系时主张"求同存异"，在化解矛盾的过程中平息冲突，在沟通和对话过程中实现和谐，这既是和合哲学思想的核心诉求，同时也是消解跨境民族中学生国家认同危机的理论基础和核心路径。

在提升跨境民族地区中学生国家认同感的诸多影响因素中，国家认同教育是强化国家认同、国家建构的"原动力"。以和合哲学为统领，本研究在教育学的视野中探讨了加强跨境民族地区中学生的国家认同感的路径。在厘清跨境民族、国家认同教育与和合哲学所具有的内在契合机理的基础上，审视和考量了当前跨境民族地区中学生国家认同教育的历史、现实经验以及存在的问题；在和合视域的折射下，有针对性地提出了教育应对策略和相应的保障体系。在和合视域下，跨境民族地区中学生国家认同教育欲取得实效性的教育成果，要处理好学校教育、家庭教育与社会教育的关系，构建出家庭、学校、社会三位一体的和合教育网络体系，以实现跨境民族地区中学生国家认同教育的和谐共生。而教育应对策略的实现则需要理念、经费、政策、法律等诸多方面的保障。这一体系的形成，首先要以和合理念作为理论引导和规范；其次要建立科学而合理的教育经费保障体系；再次要倡导和制定以和合为价值导向的政策保障体系；最后要构建完备的法治保障体系。

（西南大学 2013 年博士论文）

和 合 之 美

——先秦儒家理想人格的美学研究

杨 黎

摘 要

中国古典美学一开始就自上而下地赋予人性或人格独特的美学精神。而儒家美学所蕴含的人伦谐和及通过涵养德性的善来达成天人合一、知行合一的美的思想，便是典型的经世致用的人格美学。回到现当代来看，标榜自由与个性的文化氛围，可以说为个体的人格理想提供了更为广迈的空间，但是也将我们引入了道德理想与现实生存之间的裂隙之中，比如主要体现在现当代社会文化的价值缺失，自然生态的环境失衡以及个体生存的意义迷失等紧要的问题。从这个意义上说，这种种失衡与失和所带来的生存现象，也是在以一种极端的方式呼唤着积淀于中华民族人格精神中的那份纯真、向善、臻美合一的和合理想。而这也正是本文展开的最大初衷。

基于此，本文相关论述的研究立场，是将人格观念置于先秦儒家人学思想之中予以展开，首先以人（身、心）与人格的关系作为思考的逻辑起点，意在将人格的诸问题导引至文化、伦理、美学、艺术的人生哲学中探其究竟。在先秦儒家融生命与精神于身心的和美人格气象中，我们可以捕捉到各种意义，诸如投射到人生中的天意、仁义、诗情、乐感、六艺等，送些微妙而深沉的意义形态聚集、交织于先秦儒家的人性思想，互相渗透、转化，最终落实到丰富深广的社会人生的行事之中。具体来看，本文的研究内容主要从以下几个方面逐层展开：

第一，先秦儒家理想人格的理论前提：天人和合。通过对"天道"、"人道"的基本含义和转化路径的分析，认识到"天道"与"人道"的观念意义就在于它们都是宇宙观与人生观的哲学化表达，而儒家的人格思想就是顺着这种意旨而发。概括地讲，安己身与立天命，这是天人之和的必然；而其思想的落点就在于修己身与行天义，这是天生人成的应然。所以如果给儒家人格理想一个定位的话，它的坐标就是天道的纵向贯通与人道的平面横摄。

第二，先秦儒家理想人格思想的展开：身心和合。先秦儒家人格气象之纯之正，正是由于它是身心共和的大生命所孕育而生的，并坐实于人的血、气、形、神的全幅展现中，其间不仅开启了学问与修行的知行智慧，更是凝聚着己身与仁心之间的人生精义。大、圣、神的理想人格之所以能够合于天道，不是仅以通晓万物之理作为其依据，毋宁说是一种投身于生存情势中的体验和领会，其间涌动不息的是一种臻生命与精神融于身心的人格气象，身心的共同守护氤氲化成了人格气象的内外相融，本末一源的和美之境。由此本文认为，人格气象的基本景观是由人的身心合一的气场而氤氲化成的，它的边界模糊但又如此切己；它的意义深远却毫不玄虚。身与心、灵与肉、形与神亦在其中相互对待，体用一如。无论是精气化行的形身，抑或是义气流贯的仁心，都处于通向人格世界意义不断生成的途中，而朗现出一种充盈而丰满的身心生生之态，儒家人格思想发生的缘起就在于对此身心气象的肯认。

第三，先秦儒家理想人格的美学实现：知情合一。通过对儒家身心思想的进一步解读，认识到儒家所守护的人格理想，并不是遥不可及的乌有之乡，而是将个人身心安放于物事人情、家国天下的和谐共生中。所以在儒家，居仁、践礼是其人格价值衡量的量尺，它不仅是对容貌声色、行事举止的丈量，也是对善心、德性修为的度量。人格意义的生成与个人所处的社会情境、人生际遇有密切的关系，偏于保身养形的一隅，或执于事功的强权，抑或溺于物欲的不拔，都是这一量尺的失准。从这个意义上讲，大、圣、神的理想人格的典范意义，并不在于其形身的完美与德性的高深，而在于其依凭身心之和的修持工夫，将生命与精神的和合一体，这就是人格的气象化、艺术化，这种"大艺术"化的境地便是身心相融，德艺双修的人格世界。

第四，先秦儒家理想人格的美学归宿：和合之美。先秦儒家人格气象的和合，在于其氤氲化成的纯正质地。这种质地的形成，源于中国古代思想家对人的五官百体、心志气色的认识，即并不是着眼于个别的器官，而是从形色、百体各部分间相互呼应的全息性观照中，理解自身，自然与社会。所以形体之身不仅以具体肉身形象、心志气质显示人之为人，更为重要的是，借以此种肉身化的符号特征形成其人之为人的气场，此气场构成了人格意义世界的边缘之境，它由人的气质、性灵所涵养，既切近，又玄远，却从不离人生。所以，儒家理想的人格境界所开启的是这样一个世界；无论是致知的智者，或是至情的仁者，唯有经历践形生色、履行天职的历练，其人格的意义才能自身绽出，而呈现出意蕴丰厚的动人气象，而其间凝结着的是情理一如的诗性智慧，或者可以说，先秦儒家的理想人格是美学化的姿态呈现于世人面前。

纵观全文，本文的结论是：在先秦儒家肯定生命真谛的美学思想中，赋予了人格更完整的意义，我们从仁者、大人、圣人的身上，感受到的是一种结合身心的和合艺境。在这里，形身与道心、至情与至理、修身与事君、扬名与保身，彼此间并无隔阂，此情此景，安顿的不仅是个体的生命，更是宇宙间的一片祥和。

（武汉大学 2015 年博士论文）

和合翻译观照下的苏轼诗词英译对比研究

戴玉霞

摘　要

本论文以和合翻译理论为参照，对苏轼诗词英译状况进行了较为深入系统的研究。和合翻译理论是将中国传统文化中的和合理论与翻译相结合而构建的一种翻译模式，其意图在于挖掘中国传统文化的精髓，为翻译研究提供新的方法和视角。目前钱纪芳（2008 年）、吴志杰（2008 年）和张从益（2009 年）等学者已经在某些层面从和合学途径论述了翻译研究的可能性，因此它是一个崭新的领域，有更多的内涵可以开发。

关于苏轼诗词英译研究，目前尚没有这方面的博士论文和研究专著，研究资料十分匮乏，并未形成相当的气候。有鉴于此，本研究力争在这两个方面都有所突破：首先在理论上对和合翻译尝试性地建构新的模式；其次，在实践上通过对苏轼诗词英译的对比研究来验证这个模式的效能性。一方面期待对和合翻译理论的蓬勃发展作出自己应有的贡献；另一方面，通过苏轼诗词的英译研究为中国传统文化走向世界作出铺垫。

本论文由七个章节组成，内容如下：

第一章为绪论，介绍本论文的研究方法、研究思路以及创新之处。第二章为文献综述，评述了苏轼诗词国内外英译状况，指出国内外苏轼诗词英译状况不容乐观，呈现出两个特点：一是起步晚，二是数量少。此外本论文通过分析国内外苏轼诗词英译作品的特点，对于中国古典诗词到底应该译成何种形式，由谁来翻译，进行了分析与探讨。

　　第三章为理论分析，为和合翻译理论溯源，考察和合的本源与发展，探究和合翻译理论的哲学渊源，阐发和合翻译理论新的构想，提出了和合翻译理论的标准和原则。本论文结合"和合学"创建者张立文教授提出的"人文价值时空态"的概念，将翻译所涉及的诸多要素有机地融合起来。纵向维度上，从翻译的审美主体，即译者、原文作者和读者入手；横向维度上，从翻译的审美客体，即文本着手。提出了"和合翻译"新的构建思想：认为和合翻译是融合了"纵向维度"和"横向维度"上主客体之间通过对话，走向融合的人文价值时空态的生生不息的创作过程。在"纵向维度"，翻译是一个启用三维序态的生生过程，翻译主体之间涉及三场对话：冻结的既往过去的"往古"序态的在场，也就是译者与原文作者对话的过程；"现今"序态的在场，也就是译者与作品中隐含作者对话的过程，从而了解原作者的意图；以及等待美好词语将其表达出来的"将来"序态的在场，也就是译者与译文读者对话的过程。译文是在既冲突、又融合的三维序态互动互补的过程中创作出来的。在"横向维度"，翻译主体与翻译客体（即文本）进行对话，在语言、文化、艺术等多个层面达到和合，实现从原文到译文的信息传递与化生。和合翻译理论模式的建立意图在于为从事翻译实践的译者提供一套规范，以便译者在翻译过程中，可以从"纵向维度"与"横向维度"出发，充分发挥译者的主体作用，通过主体与主体之间、主体与客体之间的对话与交流，实现原作者、译者、原文、译文等翻译中诸多要素的一个平衡与协调，达到多种因素的和谐状态。接着，本论文通过分析文本中内容与形式的关系，提出了和合翻译理论的标准，即译文要与原文达到形式与内容两个方面的"和"。然后根据中国古典诗歌的特点，将其定位到"音和"、"形和"与"意和"，即译文在这三个方面都应尽力表现原诗之美，当三者无法兼顾时，则舍音而保形与意；在形与意无法兼得时，则舍形而保意，避免因韵害义、因字害意等情况。然后，本论文提出了和合翻译的原则，指出在翻译过程中要秉承"和而不同"的原则，即在承认矛盾和差异的基础上，通过不断消除不和谐因素、不断增加和谐因素，实现多元文化之间的碰撞和共存发展。翻译原则与标准的提出，可以用来规范翻译行为，可以看作是衡量和检验翻译实践的尺度，意图更好地指导翻译实践，为判断译文的成功与否提供客观依据。

第四章本论文从纵向维度，通过苏轼诗词英译作品的对比研究，细致探讨了译者与原文作者、与作品中的隐含作者和译文读者之间如何通过对话的途径，产生在"音和"、"形和"与"意和"方面融合度较好的译文，实现原文意义的转生及原文生命的延续。首先，译者与原文作者进行对话。根据伽达默尔的哲学解释学中的"视域融合"，译者带着不同的"偏见"即不同的"视域"与作者的"视域"走向融合。接着，译者与作品中的隐含作者进行对话，通过不同的叙事角度，了解原作者通过隐含作者表达的真实意图，与原作者达到融合。再者，译者与未来读者进行对话，了解读者的不同意图与期待，达到与译文读者的视域融合。

第五章本论文从横向维度，通过苏轼诗词英译作品的对比研究，细致地探讨了译者与文本如何通过对话形成在"音、形、意"方面融合较好的译文。本论文从语言、文化与艺术三个层面进行分析。在语言层面上，从语音、词汇、句子与意境着手；在文化层面上，从文化意象词和文化典故的英译切入，研究翻译主体与翻译客体之间如何通过对话消除对立，达到"理解"和"和谐"；在艺术层面上，研究的是原文中内容与形式的统一关系，即"形"与"神"是如何达到统一和融合。也就是说，翻译时不仅要注意保持"形似"，而且应深入其深层结构，挖掘原语的内涵与神韵，因为"神"是中国古典诗歌的精髓之所在，是诗歌的神韵之所在，所以翻译时应从整体着眼，从细节着手，注意每个细节包含的生机和灵魂，通过"形"与"神"的传达，实现译作与原作在内容与形式上的高度融合与和谐。

第六章提出一个全新的视角，在和合翻译的观照下，专门研究了苏轼禅诗的翻译问题。苏轼一生深受佛禅思想的影响，不研究他的禅诗的翻译，则不能反映诗人诗词造诣的全貌。本论文以苏轼的禅诗《定风波》为例，以纵向维度为主，横向维度为辅，从立体维度交互分析二者的融突与和合过程，以此来剖析译者如何完成译文生存世界的造化活动，完成语言、文化、意境与禅境等方面的传递，实现"音、形、意"最好的融合与再现。

第七章为结论，讨论了本研究的局限性与未来在此研究方面的展望。

（上海外国语大学 2015 年博士论文）

中国古代儒家"和"观念研究

刘绪晶

摘　要

本文以历代儒家经典为线索，对儒家"和"观念的起源、内涵与思想观念的内在发展轨迹，进行了梳理与理论分析，以此探究"和"观念在中国哲学文化形态中的独特内涵与理论特征，并力求展现儒家"和"观念背后中国哲学独特的问题意识、理论思维方式与价值关怀。本文的主旨在于梳理与阐释出从先秦到宋明时期儒家"和"观念的内涵特征，内在的发展轨迹与理路，这是本文的重点和难点所在，也是本文的创新之处。儒家"和"观念在不同的历史发展时期展现出了不同的思想范式。本论文在考察了"和"字的语源学分析的基础上，分别从礼乐之"和"、阴阳气感之"和"与天命心性之"中和"三个方面阐发了儒家"和"观念在不同历史时期的不同思想范式。

第一章阐释"和"观念的源起。首先从甲骨文、金文入手对"和"做了相关的语源学方面的考察，揭示出"和"的原始本义与引申义，以求从根源处理解"和"之内涵。在此基础上，结合社会历史文化的发展，对"和"观念之源起的三代时期的"和"观念作了相关的阐释。最后围绕着"和"观念，对"和"与"中"、"中和"与"中庸"、"忠恕"、"仁义"、"致诚"等儒家思想中几个极为重要的观念之间的关系作了相关的考察，以求更全面地、完整地理解儒家"和"观念之内涵。

第二章阐释儒家的礼乐之"和"观念。先秦儒家主要从人文层面的礼乐教化上阐释"和"。先秦儒家关注的重点是现实社会秩序的和谐有序上，在阐释"和"的内涵与特征时也重在将"和"纳入礼乐制度的范围之下进行考察。他们以人的中和本性为人性论依据，主张礼以致"和"，乐以成"和"，通过礼乐教化的方式来调节、涵养人的中和性情，进而来调和人与人、人与社会之间的关系，从而促进社会群体的整体有序之和谐。这个时期"和"观念的内涵、思想范式与理论特征可以概括为礼乐之"和"。

第三章阐释儒家的阴阳气感之"和"观念。由《易传》开始，儒家开启了从宇宙论层面论"和"的阴阳气感之"和"思想模式。先秦儒家主要从人文主义层面上追求一种礼乐教化之"和"，而缺乏一种对"和"观念的形上理论建构。《易传》在吸收、借鉴道家的宇宙观之后对儒家思想"蔽于人而不知天"弊端进行了纠正与补充，使得儒家"和"观念开始展现出一种形上的宇宙论理论维度。《易传》把"太极"作为宇宙万物的本源，而"太极"即是阴阳淳和未分之气，即是一种阴阳气感之"和"。本源之"和"按着阴阳和合之道化生了宇宙万物，宇宙的化生及其万物之间动态的整体和谐即是在阴阳交感、阴阳变易的过程中得以实现的，阴阳和合之道成为宇宙生命和谐历程的根本法则。由《易传》开启的阴阳气感之"和"思想范式成了战国中晚期、汉代儒家"和"观念的主要内涵特征与思想范式。汉代的"和"即是一种天人合一视野下的阴阳气感之"和"，至宋初的张载，天地万物之间的阴阳气感之"和"观念达到了思想理论的高峰。

第四章阐释儒家的天命心性之"中和"观念。宋明理学主要依据《中庸》首章的"中和"观，围绕"未发"、"已发"、"天命"、"心性"、"体用"等范畴，从形而上的天命、心性的层面对"中和"观展开了细致的论述。宋明理学通过对《中庸》、《易传》、《大学》等原始儒家文献的挖掘，融合佛老思想，并结合自身的心理体验与理论建构，找到了"中和"的形而上的天命与心性论的依据，使得"中和"的天命、心性内涵在宋明理学中被大加阐发。由于《中庸》对"中"与"和"、"未发"、"已发"等概念并未作出明确而清晰地界定，这就为对其作出进一步的诠释与阐发保留了极大的理论空间。这个时期的"中和"观系统、深刻而富有思辨性，"中和"被赋予了至高无上的形而上地位以及心性化的色彩，我们把这个时期"和"观念的内涵特征与思想范式概括为天命心性中和观。

（山东大学 2016 年博士论文）

和合哲学对当代行政法理论基础平衡论的影响

阎　巍

摘　要

和合哲学是中国传统文化的核心与精髓，在内容上包含了价值观和方法论两个部分。前者可以概括为"天人合一"的理论、原始的综合治理观念、朴素的和谐观念，后者则由元素差分、结构整合、中介转换、功用择优和反演流行五个相互紧密联系的阶段组成。和合哲学在法的价值观、功能论、方法论中被分别演绎为"中正"、"中和"、"时中"之道，从而对中华法律文化产生着深刻的影响。这种影响具体到行政法律制度方面，则表现为"法自君出"与"立君为公"、"择君子"与"督奸吏"、"导之以礼"与"齐之以刑"等范畴的平衡调整。从和合哲学方法论的角度看，对"君"和"民"的概念和地位的把握属于元素的差分，"法自君出"与"立君为公"是和合理论公设中的结构整合部分，"择君子"与"督奸吏"是激励与制约的中介转换机制，"导之以礼"与"齐之以刑"则是和合行政法制系统内部的功用择优。由此可见，和合哲学影响下的中国古代行政法与现代行政法的平衡理论有着惊人的相似，表现为后者权力与权利结构的平衡，行政主体与相对人激励与制约机制的平衡，以及现代行政法权力运作模式的平衡。但从和合哲学方法论的角度看，平衡论则存在着元素差分不足的缺陷，即"结构性平衡"理论在实现双方权利与权力平衡的方式上过于简单化，"结构性平衡"理论在哲学上陷入普遍化困境，"结构性平衡"理论在操作层面缺乏针对性，从而只能停留在美好的理论设想层面而无法在实际的行政法律关系运作中得以实施。对此，笔者提出了以和合哲学来完善平衡论的主张以及初步设想。笔者认为，从和合学的角度来看，作为整个理论体系的根基，行政主体与行政相对人这对基本元素，只有客观地反映现实社会的需求，才能彰显其元素间的差分，从而在理论建构的可能世界中存在并发挥其功能；才能使属于结构整合层面的权力与权利的结构平衡；才能使机制转化层面的行政主体与相对人激励与制约的机制平衡；才能使功用择优层面的现代行政法权力运作模式的平衡得以真正实现。而要实现这些平衡就不能局限于行政法的范围内寻找答案，而应该站在综合治理的角度上，从社会入手，全力培养市民社会和市民社会的自治权，进而使行政主体与相对人这对元素的差分，彰显于国家与市民社会的关系，使得平衡论成为行政法学发展的坚实理论基础。

（山西大学 2005 年硕士论文）

和合文化与中国和平外交

杨宁宁

摘 要

冷战结束以来，世界经济一体化的趋势使得国家之间的经济界线变得日益模糊，通过文化研究外交政策正是为了适应国际政治这种新的发展，试图在外交的政策理论研究上提供一种新的视角。第一，从研究方法上看，通过文化研究外交政策主要是一种研究角度的创新，它强调的是上层建筑的不同因素之间的作用。第二，从实践上看，在现实的外交政策研究中，体现研究方法实用意义的最好方式，就是将抽象的理论研究与具体的国家外交政策结合起来，从文化分析外交体现的正是这样一种价值。第三，研究和合文化有鲜明的时代意义。该论文涉及国际关系和哲学领域，从文化角度研究国际关系是一种全新的角度。研究和合文化与和平外交，将有助于推动世界和平与发展两大潮流，提供反对霸权主义的价值评判标准，有利于推进祖国和平统一。鉴于笔者学识浅薄，掌握的材料和驾驭问题的能力有限，因此只能进行一些初步的探索，希望能起到抛砖引玉的作用。

主要内容有：

前言从文化、外交的概念入手，论述文化尤其是传统文化对于外交的影响，引出和合文化与中国和平外交。

第一章简要回顾和合文化的发展历程，在此基础上概括出和合文化的内涵，指出和合文化是一种社会秩序观，是中国传统理想主义国际关系的重要组成部分。

第二章讲述中国古代对外关系思想中的和合文化因素。

第三章阐述和合文化对于当代中国外交的影响，主要体现在如下方面：和合文化对中国外交的基本原则的影响、对于中国外交家外交风格、思维方式的影响。

第四章和合文化与国际秩序的构建，论述在当今国际形势下，和合文化在建立国际新秩序、反对局部冲突中的作用。

结语总结上文，简要分析新中国卷入外部军事冲突的行为，呼吁大力弘扬和合文化。

（华东师范大学 2005 年硕士论文）

和合文化与东亚区域合作理念的建构

易佑斌

摘　要

当今世界，全球化与区域化并行发展。作为世界经济三大区域集团之一的东亚地区，在区域内相互依存关系深化的要求下和区域外一体化加速的压力下，区域合作已进入稳步发展的轨道。然而，东亚的软制度化与区域认同感的贫乏，已成为制约区域合作向更高层次发展的瓶颈。究其根本，东亚区域合作理念或共有文化的缺失是重要的因素。中国作为区域内的大国，有着五千年文明的积淀，其优秀传统文化的精髓——和合文化，在过去千百年传统"文化东亚"形成历程中发挥过特殊作用，对其进行与时俱进的价值观、辩证法、科学化的现代改造后，具有了符合时代精神的先进性，而必将成为东亚区域合作理念建构的重要观念力量。和合文化在东亚区域合作理念构建中的作用，主要体现在因果作用、建构作用和整合作用三个方面。基于东亚文化结构状况、区域合作现状与区域观念整合层面的分析，东亚要建构的是一种多元共生的合作理念。建构东亚区域合作的多元共生理念，就必须要将这种理念内化为东亚各国区域合作的共有文化，实现这个目标的途径有两条：一条是体系互动层次，即按照共有文化自我实现的逻辑，造就和再造多元共生理念；另一条是单位建构层次，即通过国家内部的区域整合教育和加强区域合作实践，来建构国家的身份和利益，从而内化多元共生理念。

（华中师范大学 2005 年硕士论文）

论传统和合思想的当代价值及实现途径

虢美妮

摘 要

中华和合文化底蕴丰富、源远流长，作为一种民族的文化理念和精神支柱，深深植根于中华民族文化的沃土之中。它强调人与自然、社会在动态制衡中的和谐统一，蕴含着事物与其所处环境多元统一、和而不同、追求总体结构融合统一的思想，对当今中国构建社会主义和谐社会以及世界的和平与发展具有强大的现实意义和深远的影响。当代中国社会的深刻变化以及现代国际关系的整体性、系统性呼唤和合文化。和合文化在建立社会主义和谐社会和公平合理的国际新秩序中的积极作用表明，和合文化是当今社会中一种可行的文化理念。一方面，我国正处在经济社会结构的整体转型时期，经济社会进入关键发展阶段，全方位对外开放格局已经形成，机遇与挑战并存，从而使得社会阶层、经济成分、组织形式、分配方式、利益关系呈现多样化，人民内部矛盾复杂化，环境污染严重，人和自然对立倾向日益明显，城乡、地区、经济社会发展不平衡的矛盾日益突出，这就需要发扬传统和合思想的合理内核，发挥其统筹兼顾、协调各方、追求和谐、和而不同的作用，为社会主义和谐社会的构建提供理论和实践指导。另一方面，在国际上，和平与发展已成为世界的两大主题，两者相辅相成，发展不仅需要和平的国际环境，而且需要建立国际间日益紧密的经济文化合作关系，而当代尤其是 21 世纪，人类面临着人与自然、人与社会、人与人、人与心灵及不同文明之间的冲突，和合思想的和生、和处、和立、和达、和爱五大原理在处理人与自然、人与社会、人与人之间的矛盾与问题方面具有独特的现代价值，对国际政治经济新秩序的建立具有重要的意义。

和合学自问世以来，已经在国内外学术界引起广泛而深远的影响，对它的研究很多，但从哲学层面系统地对其当代意义特别是对构建社会主义和谐社会的价值方面进行分析的较少，本文在对传统和合思想深入分析、解读的基础上，较全面系统地论述了传统和合思想的当代意义及现实实现途径。文章的主要特点是从哲学高度系统的研究了传统和合思想的当代价值，并从现实实现原则和实现途径上论述了传统和合思想的现代"转生"，从而使传统和合思想在解决当代人类面临的冲突、构建社会主义和谐社会、维护世界和平与发展的过程中能更好地发挥其作用。

全文共分为三部分进行论述：

第一部分：在对传统和合思想进行历史分析基础上，阐述和合思想的内涵、特点、精神实质及价值原理，为后面揭示其当代价值奠定理论基础。

第二部分：从理论和实践两个层面揭示和合思想对构建社会主义和谐社会、维护世界和平与发展的作用。

第三部分：从实现原则和实现途径两方面阐述和合思想的当代实现。

（中共陕西省委党校 2006 年硕士论文）

中国传统和合理念与当代和谐文化建设

白明峰

摘　要

中华和合文化底蕴丰富、源远流长，作为一种民族的文化理念和精神支柱，深深植根于中华民族文化的沃土之中。它强调人与自然、社会在动态制衡中的和谐统一，蕴含着事物与其所处环境多元统一、和而不同、追求总体结构融合统一的思想，对当今中国构建和谐社会具有强大的现实意义和深远的影响。和合文化在建立社会主义和谐社会和公平合理的国际新秩序中的积极作用表明，和合文化是当今社会中一种可行的文化理念。一方面，中国正处在经济社会结构的整体转型时期，需要发扬传统和合思想的合理内核，发挥其统筹兼顾、追求和谐、和而不同的作用，为和谐社会的构建提供理论和实践指导。另一方面，和平与发展已成为世界的两大主题，两者相辅相成，需要建立国际间日益紧密的经济文化合作关系。当代尤其是 21 世纪，人类面临着人与自然、人与社会、人与人、人与心灵及不同文明之间的冲突，和合思想的和生、和处、和立、和达、和爱五大原理在处理人与自然、人与社会、人与人之间矛盾提供价值指导。

建设和谐文化是构建社会主义和谐社会的重要任务。今天在构建和谐文化时，要辩证对待传统和谐思想，取其精华、去其糟粕，并借鉴国外文化优秀成分，对其进行综合创新。这种传统的和谐思想，无疑对整合矛盾、团结人民、凝聚民族精神起着积极作用，同时对构建和谐社会文化有着积极意义。

（青海师范大学 2008 年硕士论文）

论先秦儒家"和"观念的源流与信仰基础

王书海

摘　要

在人类社会的早期，来自原始宗教的信仰使人类走上了文明之路。"和"观念作为古代中国礼乐文化核心的精神原则，起源于古代的原始宗教，是早期中国社会共同体根本的精神取向。在原始平等的社会条件下，祭祀泛滥引发的经济危机导致"神人以和"观念的产生，继而"和"观念发展成为一种被广泛认可的社会价值取向。随着社会的发展，资源紧张与竞争加剧导致商代祖神崇拜与祭祀被过度强化，"和"观念变为对上帝（祖宗神）的极端迎合。宗周时代则以历史经验的理性为主导，强调了"以民为本，天民合一"之和，从政治、经济、教化、社会等四个方面完成了古代尚"和"文化的理性建构。

春秋末期，礼崩乐坏社会无序的现实让思想家们各抒己见，对"和"问题展开了深入的思辨。孔子仍把传统的礼作为实现社会之和的根本，并注入了"仁"的时代元素，他通过赋予天命以"仁"的目的，为个体生命开显天命的信仰，从而完成了儒家"和"观念的信仰奠基。子思通过对性与天道的深入探索，根据所处的时代背景展开了与道家关于天与道的本原之争以及"和"的有无之辩，初步提出了"和"观念的形上建构。战国时代的孟子则在子思的理论基础更进一步，以"人性论"与"气论"完善儒家内在超越的道德人格，丰富和发展了儒家"和"观念的内涵，并将道德人格中的"仁义"思想引入政治经济领域构建社会和谐，完成了儒家内圣与外王思想的统一。成书于战国中后期的《易传》通过对《周易》义理的阐释将先秦儒家"和"观念系统化和立体化，使"和"观念成为一种超越性的追求，并贯注整个生活世界，并进而形成综合的逻辑和历史体系。

在战国后期，人们对礼乐文化的信仰已经十分淡漠。荀子通过转换礼乐文化"和"观念之本，用物质之天的理论对天命思想进行消解与转化，并转变礼乐文化"和"观念之用，以人性本恶论建构"隆礼重法"的理论基础，追求基于礼治功利基础上的和谐。但荀子对天命信仰的消解，人性本恶的理论建构，最终让传统的礼乐"和"观念历史地潜隐。先秦儒家提出理性的"和"观念，是建立在中华礼乐文明起源的特殊环境基础上的，而这种礼乐文明正是特定经济背景下文明的理性突破。因此，"和"观念成为了传统文化的核心价值观念，在中国朝代交替的历史中屡仆屡起，成为大多数朝代所共同追求的盛世理想的准则。

（首都师范大学 2008 年硕士论文）

儒家和合世界政治思想研究

金海洋

摘　要

本文尝试从儒家和合视角思考世界政治，探索儒家和合政治思想的现代价值。总体上看，儒家的和合政治思想是一种人文主义取向的政治交往模式。它试图从整体和谐的角度把握世界，选择中道中庸之道作为达致和合的路径。

全文共四章。第一章，首先阐述了选题的目的与意义，然后将儒家和合世界政治理论界定为理念性理论，以区别于解释性理论与阐述性理论。同时指出，中道是儒家达致和合的方法论。为了揭示其现代意义，本文尝试通过"建构实在论"等方法诠释与建构儒家和合世界政治理论。

第二章，对儒家和合政治思想的流变与内涵作出必要的说明，以作为构建儒家和合世界政治的理论基础。儒家和合思想在流变中可以归纳为形而上的"太和观"，中观层面的社会国家的"协和观"与微观层面的个体"中和观"，三者贯通和合构成儒家和合思想的立体存在，而"守中"又是三层和合的共同特点。具体的内涵则可概括为阴阳和合观、中道和合辩证法、天人合一观与人际和合观四个方面。

第三章，阐发儒家和合世界政治思想。首先提出三重和合的世界秩序体概念，作为儒家和合视角下世界秩序安排的一种理念式。然后考察和合观之下的国际秩序，指出一个合法的国际秩序必须根植于世界的民意，其即为王道。在获得世界民意的认可之后的国际秩序，以位差的政治安排作为世界治理的方式，此种位差的政治安排目的在于从不平等中求取平等。而最终的目标则是文治的世界国家的实现，其意在世界文化进展的高度发达，以文治的方式降低以至消除战争的酷烈。接着再提出和合视角下的中道—协和外交理念，最后阐述国际间和合方略。

第四章则是思考儒家和合世界政治思想的现代启示。首先探讨了在全球化时代的中国责任，指出中国的崛起应当是道德崛起与文化崛起在实力方面，应走硬实力与软实力均衡发展之路在外交上坚持中道和合理念，并且有必要超越传统冲突性国际政治运作窠臼，为世界探索新的交往与发展模式。其次探讨了对世界治理的启示。笔者认为，一个立体的世界秩序必须将个体层面的"心际和合"，家庭的社会融合功能、国家内部完善的公民制度、国际间的协调与融合、国家与自然的调和综合起来，只有如此，才能达到世界整体和谐的理想境界。

结论指出，在中国崛起与世界发展转型创造新的生存模式的过程中，儒家的和合世界政治思想将为此提供新的动力。

（南京大学 2008 年硕士论文）

和合精神与两岸文化交流

朱　丹

摘　要

　　文化是一个民族的灵魂和血脉，中华民族在几千年的历史长河中，创造了独具特色、瑰丽灿烂的中华文化，这是凝聚中华民族的精神纽带，也是两岸同胞共同的珍贵遗产与宝贵财富。两岸文化交流已经二十多年，在这二十多年中，两岸文化交流快速发展，对拉近两岸同胞的认知，增进双方感情，消融彼此隔阂，加强心灵沟通，推动两岸关系发展发挥了十分重要的作用。但两岸同胞虽然血同缘、书同文、语同声，也以各种方式延续了中华文化的传统，却因为地理、历史等原因在历史发展过程中形成了各具特色的文化。如何在两岸文化各有特色的情况下，在两岸关系进入大交流、大合作、大发展的新时期，使两岸的文化交流不断向前迈进，构建两岸文化交流新格局，进一步推动两岸关系的发展显得尤为重要。

　　本文分四个部分，第一部分论述了和合精神和文化交流的内涵，指出和合精神的实质和文化的和谐交流需要和合精神。第二部分从两岸文化的同与不同进行了分析，在同的方面主要从文化定义的三个层次及特殊文化上论述，在不同方面主要论述了中华文化在台湾地区发展的特色。并在此基础上分析了不同的原因。在第三部分中，主要介绍了两岸文化交流的现状，取得的成绩及存在的问题。第四部分，则在上述三部分的基础上，提出用和合精神指导两岸文化交流，要坚持原则打击文化"台独"，在两岸文化相同的地方进一步加强交流，努力创建和完善两岸文化交流平台，积极开展多种形式的交流活动。在不同的方面，要互相尊重，互补长短，共同弘扬发展中华文化。

（首都师范大学 2009 年硕士论文）

传统和合文化对人的全面发展的
启示与价值研究

刘延芹

摘　要

　　人的全面发展问题一直是马克思主义所关注的一个重大课题，随着我国社会主义现代化建设的顺利开展，人的全面发展也日益受到很多学者的重视，关于人的全面发展的研究也是进行得如火如荼。和合文化作为中华文化的精髓，其中的一些思想内在的包含着对人的全面发展的一些有益的启示，因此，本文主要采用逻辑与历史相统一的方法，从和合文化的角度，从宏观方面来探讨一下和合文化对人的全面发展的启示与价值，兼及当代中国人的全面发展问题的一些研究。

　　论文主要包括以下几个部分：

　　导言部分主要介绍和合文化的生成背景、概念、特征等各方面，对人的全面发展的研究历史、相关概念等进行简单梳理。

　　第一章，着重分析和合文化为人的全面发展创造了有利的条件。主要包括以下几个方面：第一，倡导"天人合一"，实现人与自然和谐，从而为人的全面发展提供自然生态前提。第二，坚持以人为本，构建人与社会和谐，为人的全面发展提供良好的社会环境。第三，弘扬人际和合，促进人与人的和谐，为人的全面发展塑造良好的人际氛围。第四，注重和而不同，保持社会稳定发展，为人的全面发展提供有效的社会机制。第五，倡导身心和合，促进心灵世界的和谐，给人的全面发展奠定精神基石。从和合文化的价值取向的各个方面，逐一分析其对人的全面发展意义与价值。

第二章，着重从和合文化角度，对人的全面发展的内容体系的丰富与拓展问题进行研究。主要包括和合文化促进了人的选择性发展和社会责任意识的培养；拓展了人的可持续发展能力；拓宽了人的权利与义务的内涵；"和而不同"理念推动了人的民主意识的培养。

第三章，主要论述了和合文化的一些弊端及对人的全面发展的消极影响。主要包括传统和合文化忽视了人的全面发展的主体性、平等性和目的性原则。这也从反面启示我们，人的全面发展要遵循发展的主体性、平等性和目的性原则。

第四章，在对当代中国人的全面发展所存在的"和合性"缺失现象分析的基础上，从宏观、中观和微观三个方面来探讨人的全面发展的现实路径。宏观方面，主要从加强生态文明、正确处理当代人发展与后代人发展的关系、促进"人"的生产力发展三个方面来促进人的全面发展。中观方面，主要从加强经济、政治、文化具体制度的公正性建设方面，来促进人的全面发展。微观方面，主要从加强人的主体性意识的培养、培养个体和谐的心理素质两个方面，来促进发展主体自我的和谐发展。

（山东大学 2010 年硕士论文）

"和合共生"：中国模式的价值向度

孙凌宇

摘　要

近年来，随着中国经济的飞速发展，"中国模式"已成为国际辩论的热点、学术上的显学，但关于中国模式的理论研究的有着严重的不足，从伦理的角度探讨其价值维度更是寥寥无几。而"和合共生"是中国模式发展的理论基础和价值支撑，并有着多重的价值意义。中国模式必将在正确的伦理指导下，创造出光辉的发展之路。

本文从伦理的角度探析"中国模式"的"和合共生"价值向度。从哲学和社会角度看，"模式"是社会发展的一种样式；"中国模式"是对当代中国发展的出场语境的独特描述，不是固定不变的"范式"，而是不断自我完善和发展的。因而，本文不是去详析"中国模式"的有无——这个国内外争论的焦点问题，而是独特地从伦理视野思索挖掘"中国模式"的深层价值，从而阐释"中国模式"是以实现社会主义中国共同富裕，民生的幸福为奋斗目标，以人的自由和完全解放为终极理想，以实事求是的原则，不懈奋斗、不断修正、不断学习、不断创新的精神，创立自己发展的价值——"和合共生"。

"中国模式"中的"和合"哲学思想是突破传统话语作为致思趋向并梳理而出的，和合哲学也是创新的哲学，其现实意义是对现实社会具有形而上学的和谐张力。"和合而生"是"以和为贵"的包容精神实现共生、共创、共同繁荣。所以，"和合而生"本质是向善的，是人类至善的价值。本文从四个方面展开论述中国模式的"和合而生"价值，探讨中国模式的独特创新价值，分析对人类文明的贡献，对建立生态文明的积极意义。

首先，探讨了"和合而生"的内涵及其历史渊源，明晰了"和合而生"是人类共同不懈的最高追求目标，人类的发展史正是追求"和合"社会的历史。"和合"思想强调不同文化之间的相互交往、吸收、融合，也对推进人类文明的发展起到了至关重要的作用。

其次，本文进一步探讨了"和合共生"在中国模式中的生成。中国模式的"和合共生"有其内在的历史必然性和合理性，它是中国人民的正确发展选择，它汲取了人类最先进的伦理道德和思想文化，整合了古今中外最优秀的思想理念，重构成了中国新价值。"和合而生"是包容性、共生性的价值，没有和合思想的宽容，社会主义的统一价值、公平就没和谐之义，所以说"和合而生"中国生存发展之本，也是世界和谐发展的目标。当前，中国经济步入高速发展时期，价值整合重构之际，中国发展的独特历史背景及其当前伦理道德价值的缺失状况需要构建统一社会主义价值观，并且完成社会主义共同目标，实现共同富裕。

再次，详尽地探析了中国模式"和合而生"的当代中国创新价值。中国模式"和合而生"不同于以往社会模式，它以不断学习、渐进的方式创立起当代中国新的价值独特的社会主义社会的本质、实事求是的核心理念、以人为本的价值尺度以及持续发展的价值动力。

最后，归纳中国模式"和合而生"对人类文明的贡献。中国模式的"和合共生"对人类文明有着很大的多重贡献。中国模式丰富了人类文明的多样化，社会主义中国以"和合共生"的价值完成了中国的和平崛起，为发展中国家指引了发展道路，对西方发达资本主义国家道德价值有很大的影响，对世界和平新格局贡献新的力量。中国模式的"和合共生"对人类的生态文明建设提供了"和合"价值理念，从而真正实现人与自然的和谐。

（安徽大学 2011 年硕士论文）

和合思想在当代思想政治教育实践中的运用

韩继伟

摘　要

当下，思想政治教育实践面临着各种严峻的挑战，现状不容乐观。如何走出困境？如何寻找新的出路？成为思想政治教育发展突破瓶颈的必然途径。这个时候就需要总结现状，深入分析，从中找到出路，而传统文化的借鉴就不失为一个好的途径。"和合"思想是中华民族传统文化的思想精髓，其表征为以平和、融合的价值观和方法论去解决问题、调和各种关系。在思想政治教育实践过程中，辩证地运用"和合"思想的珍贵资源，对于挖掘并发挥其在思想政治教育实践中的价值和作用，具有十分重要的理论和现实意义。

中华民族传统文化源远流长，博大精深，而"和合"思想就是中华传统文化思想体系中的精髓，是我们的祖先传扬下来的宝贵遗产，是历史和文化的结晶。"和合"思想经过数千年的演绎与扬弃，已然深深融入了中华儿女的思想认识和行为规范之中，同时也渗透到了社会政治、经济、文化生活的方方面面。

新的社会历史条件下，人们的价值观体系、生存态度等都发生了巨大变化，思想政治教育实践面临新的挑战和危机，新时代背景下，这就要求思想政治教育实践必须传承和拓展中国传统文化思想尤其是"和合"思想的精华内涵。只有思想政治教育工作者清楚地认识到当下思想政治教育实践的现状和面临的问题，重视将"和合"思想中合理的理论成果、思想认识、价值体系与当今的思想政治教育实践有机结合，才能增强思想政治教育实践的实际效果，实现思想政治教育实践的综合创新。因此，笔者试运用"和合"思想的合理内涵指导并运用到思想政治教育实践中，力求找出一条思想政治教育实践创新的新路子。

　　本文共分五大部分：第一部分是绪论，探讨了"和合"思想与当代思想政治教育实践相结合的研究背景、研究目的、研究意义、研究思路和方法等；第二部分是"和合"思想概述，通过深入分析"和合"思想的合理内核，探寻"和合"思想之于思想政治教育实践的价值；第三部分是在研究思想政治教育实践相关理论基础上，基于第一部分和第二部分的论述，探讨了"和合"思想与当代思想政治教育实践的契合，探求一个研究二者之间关系的切入点和角度；第四部分是"和合"思想在当代思想政治教育实践中的具体运用问题研究，分别从观念、认识、方法和细节四个方面提出在当代思想政治教育实践中运用"和合"思想合理内涵的具体可行性操作建议；文章的最后，通过探讨"和合"思想与当代思想政治教育实践结合的启示，得出"和合"思想的研究将对社会发展起到积极的作用和意义。

（杭州电子科技大学 2011 年硕士论文）

《论语》中的"和合"政治思想探究

赵启迪

摘 要

作为中国传统文化最核心的代表人物，孔子及其创立的儒家学说对中国政治思想产生深远影响。儒家早期文献《论语》，记录了孔子和弟子的言行，包含丰富的思想内容。《论语》产生于先秦时期农耕文化背景下，家国同构的宗法制度，春秋后期礼崩乐坏的社会现实和多元文化的碰撞，为"和合"思想的形成提供了时代舞台。

"和"与"合"体现和贯穿《论语》始终，是传统政治思想的精华，对修身和治国都有重要意义。"和"的核心是和谐协调，"合"的核心是融合包容，孔子在继承我国历史上的"和合"思想的基础上，形成的一套独具特色而且内容丰富的"和合"思想体系，认为"和合"就是将人与社会以及自我内在的心灵等诸多要素统一在一个和合体中，经过摩擦、冲突之后逐渐协调，最后融会成一个统一的整体的过程。更为可贵的是孔子的理论视野是极其开阔的，他并没有单纯拘泥于对传统"和合"思想理论的继承，而是将其应用于人类实践过程中去，以此来指导人们正确处理身与心、人与人之间的关系，实现身心和合与群己和合，在修己以安人、义以为上和以人为本的价值原则的指导下，人与自身本体的和合造就了理想的政治人格——君子人格，人与他人之间的群己和合造就了理想的社会与国家图景，即民众有耻且格的社会价值定位、老少安怀的社会风尚以及有道的社会和国家秩序。在有章有典的社会秩序中，过着老少安怀的安静和睦生活，即是某种意义上人们追求的和合之境。

孔子是一个很现实的人,他一生主张积极入世、经世致用的观点。"和合"思想是他整个思想体系中的精华,对于《论语》中的"和合"政治思想,孔子是渴望付诸实践的,实践的主要内容就体现在以下四方面:首先,"齐之以礼"。"礼"是为政之要,是政治秩序的规范,是治国安民的重要准则,不仅可以立人,可以定纷止争,还可以经国家定社稷。其次,宽民惠民。宽民惠民三部曲为"庶之"、"富之"、"教之",即第一,增加人口数量,保证一定的社会规模;第二,提高治下的物质生活水平,实现民众的丰衣足食;第三,富而后教,对民众进行教育、教化,实现精神文明和物质文明协同发展。再次,中庸的方法。中庸反对过与不及两种极端,认为叩其两端而取其中用,才能实现和而不同的社会生态,成就理想君子人格,实现社会与国家的安定有序,进入和合之境。最后,德主刑辅。"德"与"刑"都是社会调控的重要手段,前者治本,自内而外修持人的灵魂,靠的是人内心的信念,后者治标,自外而内约束人的行为,靠的是国家的外在强制,在政治治理的过程中相互区分又相辅相成,《论语》中强调为了将"有道"的政治理想变为社会现实,统治者在为政过程中要以德为主、刑罚为辅,重德轻刑、重教轻杀。

"和合"政治思想蕴含了丰富的理论内涵,是中国传统政治文化中的核心内容和基本精神,不仅为中国封建社会的发展提供了理论基础,而且在中华文化的传承与中国历史的发展过程中奠定了我国优秀民族品格和民族精神。但是由于所处的历史背景和时代特征,其中不可避免地存在一些历史局限性问题。从严格意义上讲,"和合"政治思想并未得到真正全面的贯彻实施,因为理想主义色彩过于浓厚的理论思想在现实社会中往往适应性不会太强,后代封建统治者所推崇的那套所谓儒家政治理论只是被重新加工后又套上了一层孔圣外衣,使得孔子"名正言顺"地成为封建王朝的代言人,《论语》中的"和合"政治思想也就沦为封建统治者的治下工具,很大程度上束缚和限制了底层民众的思想和行为,给人们套上了沉重的思想枷锁,比如重男轻女、鄙视工艺等观念。

对《论语》中的"和合"政治思想的探究过程,是一个品味经典的过程，目的就在于关照现实，借传统政治文化的精华来启迪现代社会与人生。在当代，"和合"政治思想在实现个人的全面发展方面有重要的价值导向作用，对于实现现代社会的有效治理有重要意义，也为我国坚持以人为本的治国方略提供了坚实的理论支撑。时过境迁，我们应该吸收和借鉴珍贵的思想宝库，承接和弘扬中国传统"和合"政治思想的合理内核，做到古为今用，从传统文化的源头引出活水，在继承优秀的传统文化的基础上进行创新，充分发掘其理念蕴含的当代价值，为构建社会主义和谐社会提供精神动力和思想基础。

（河北师范大学 2014 年硕士论文）

和合翻译论视域下的合译伦理认同研究

米 滢

摘 要

和合翻译思想是在新语境下对张立文先生提出的和合学和郑海凌老师所倡导的翻译和谐说的发展。"和合"学中，"和"是指和谐、和平与祥和，"合"则包含结合、融合与合作。和合翻译理论立足于中国哲学和合理论的"生生"理念和"融突"方法，"天人合一论"是其坚实的理论基石，"中庸之道"则为其提供基本的行为依据。本文所探讨的合译伦理认同正是基于吴志杰所提和合翻译理论展开。

纵观中西翻译史，合译现象屡见不鲜，全球化大背景下的合译更发挥着不可替代的作用。其目标在于追求全面化合译为"合一"，其最高目标是力求译作和原作历史地、全方位地"合一"，最低目标是力求合译者本身在理解、传达等方面做到"合一"。这在某些层面与和合翻译不谋而合。然而，在合译实践过程中，译者的翻译能力，翻译素养及翻译风格存在着很大差异，翻译质量必然参差不齐，而且不同个体在合译过程中最易出现伦理迷失。另一方面，在合译理论研究层面，国内学界对合译的研究虽有所触及，其深度与广度却远不及独自翻译的相关研究成果。

鉴于此，本文瞄准合译伦理认同问题，集中关注两个焦点：

（1）结合合译现实中伦理缺失现象，解决合译伦理困惑并达成共识，即认同；

（2）结合翻译历史中的合译现象，从求真、向善与获美三个维度诠释合译伦理认同。

　　一言以蔽之，本研究从和合翻译理论出发，结合合译的相关研究成果对其加以阐释，旨在挖掘合译的本质属性，寻求达成合译伦理认同的方法，以期为解释和解决翻译实践中尤其是合译实践中的具体问题与现象提供一个新的视角。

（湖南农业大学 2014 年硕士论文）

庄子和合思想研究

田梦佳

摘　要

在全球化、现代化、城市化趋势渐盛的时代背景下，全球文化日渐趋同，人们的思想观念、思维方式、生活习惯等也深受影响，致使人类历史上创造、和合、积淀而成的物质与精神文化面临空前的危机；且人们在物质生活日益富足的情况下对于精神富足的诉求越发强烈。如何转危为安，也即如何推动当下文化建设任务、强化本国软实力和丰富国人精神世界，成为目前世界各国亟待解决的大问题。

先秦诸子竞起争鸣而开创了中国思想史上一大黄金时代，庄子作为儒、道、墨、法几大学派之中道家的集大成者，其思想是以儒家思想为主体的中国传统思想体系的重要组成部分，亦是中国传统思想的一些主要特征和思想内容的观念来源，并在社会思想和人生态度上对后人影响深远。"和合"是不同思想和文化交流与融合的理想模式，是中华民族安身立命的处世之道，亦是中国传统文化的精髓。本文以哲学的视角对庄子的和合思想进行研究，从经济、政治、文化多角度探寻庄子所处的时代背景对于庄子的和合思想之形成所可能产生的影响，并基于文献调查法、归纳研究法，从人与自然、社会政治、文化教育和人生处世的角度概括庄子和合思想的基本内容；再通过比较研究法，在深入挖掘其基本内容的基础上，辨析其基本特征，进而继续从人与自然、社会政治、文化教育和人生处世的角度，探索其对于当代社会的现实意义，以期能够帮助人们更好地认识庄子的和合思想、传承与发展庄子的和合思想，促进万物和谐、人际和睦、文化发展和人生通达；也期望能为时下推动文化建设任务、强化本国软实力、丰富国人精神世界提供一些思想理论和实践活动方面的借鉴。

（苏州科技大学 2017 年硕士论文）

和合学视域下"三路合一"
中学阅读教学案例研究

谷淑雨

摘　要

为化解 21 世纪以来不同主体之间的矛盾冲突，当代著名哲学家张立文教授创建了和合学理论。该理论蕴含的"五和"原理在化解主体间矛盾的过程中具有重大作用。论文试图将和合学理论和中学阅读教学相结合，意在运用和合学的"五和"原理指导文本、教师、学生三主体之间的关系和相互作用，指导阅读教学环节设计。

论文包括四个部分：第一章为绪论。该章节从当前阅读教学文本、教师、学生三主体之间失衡的普遍现象出发，提出本研究的目的及意义；通过文献梳理，对和合学理论，师生关系演变及阅读教学模式相关研究进行综述，探讨和合学理论指导中学阅读教学的可能性和合理性；对论文核心概念"阅读教学"、"三路合一"等进行内涵界定。本论文认为"三路合一"阅读教学是指教师在以人为本的理念指导下，重视学生的生活和学习经验的起点，关注学生的情感需求和行为表现，与学生进行平等对话，能根据课堂实际情况对自身教学目标和过程作出智慧调整，以促进学生创造性地运用语言符号自致其知，自启其智，自奋其力量，自健其德的过程，包括四大环节，分别是："初读有声，读准字音，把握课文内容（What）；再读有情，读出节奏，感悟课文（How）；三读有疑，读出内涵，理解课文（Why）；四读有形，读出韵味，实践课文（Way）"。第二章为调研过程及问题呈现部分。在通过问卷及访谈的形式了解当前初中语文教师处理自身、学生及文本之间地位及关系的实际存在问题的基础上，探究其深层次原因：以语文知识为阅读教学本位，教师成为课堂"权威"；以学习成绩为阅读教学评价标准，文本主体观念淡薄；"生本"观念误读，教师成为课堂"旁观者"。第三章是案例研究部分。在对研究方法的选择进行说明的基础上，展示并评析了人教版七年级上册课文《走一步，再走一步》的"唯文"、"唯教"、"唯学"及"三路合一"阅读教学设计及实录，在此基础上探析和合学视域下"三路合一"阅读教学的价值意义。第四章结合案例与价值研究，提出文本之路，应遵循母语教学的规律，于方圆中寻自由；学生之路，应尊重学生主体性发展规律，于自在中求自为；教师之路，应注重教师专业发展规律，于沉潜中求发展等三方面的策略建议，为阅读教学理论及一线教师课堂教学提供参考。

总之，论文从阅读教学过程设计入手，力图通过案例研究的方式探讨教师、学生及文本的和合相融方式，希望引起相关理论研究专家及一线教师的重视，完善中学语文阅读教学。

（宁波大学 2017 年硕士论文）

学术评论辑要

理论价值与超前预见

——推荐《和合学概论——21世纪文化战略构想》

张岱年

在此世纪之交，国内外学术界都在思考21世纪的文化战略问题。张立文同志经过深思熟虑，写了《和合学概论——21世纪文化战略的构想》一书，提出了许多创造性意见。该书从文化战略的高度透视中国文化的现代化和如何把中国文化推向世界，使中国文化的人文精神被世界所接受，批判了亨廷顿《文明的冲突》一文对儒家文明的无知。儒家文明主张"和为贵"，中国文化的人文精神讲"保合太和"。因此，提出了和合学的思想，和合学植根于中国文化的深厚土壤，从《国语》一直到近代，都讲和合。和合是解决人类所共同面临的五大冲突：人与自然的冲突——生态危机；人与社会的冲突——战争、民族种族歧视、贫富不均、黑社会、贩毒、恐怖组织等；人与人的冲突——道德危机；人的心灵的冲突——孤独、苦闷、精神分裂；文明之间的冲突等文化选择。并提出和生（共生）、和处（共处）、和立（共立）、和达（共达）、和爱（兼爱）五大文化原理，以回应人类所面临的五大冲突。张立文同志对和合观念作了新的解释，提出了和合学的概念范畴，是当前讲21世纪文化战略问题的佳作，是对中国传统文化与现代化论争的贡献。该书条分缕析，见解深刻，论证详密，具有重要的理论意义和现实价值。

（原载《中国图书评论》1998年第6期）

张立文著《和合学概论——21 世纪文化战略的构想》

庞 朴

12 月①，张立文著《和合学概论——21 世纪文化战略的构想》一书由首都师范大学出版社出版，该书提出了和合学理论。书中认为，和合学的首要价值，在于其现实意义。现代中国文化面临着三方面的挑战：一是人类共同的五大冲突（人与自然、人与社会、人与人、人的心灵、不同文明间）的挑战；二是西方文化的挑战；三是现代化的挑战。回应此三大挑战的最佳、最优化的文化选择，便是和合学。和合学的和合思维与西方神创思维不同：西方文化中有一种被普遍认同强化了的上帝"创世"说，解释了天地万物的根由问题。上帝作为唯一的、绝对的存有，一直延续着；中国文化中没有像西方那样被普遍认同的上帝造万物说，也没有唯一的绝对产生万物说，而是人文诸多差分或异质的要素融突和合产生万物。这种和合思维，开出了有异于西方神创思维的独特思维方式、价值观念、心理结构、审美情趣以及处理人与自然、社会、人际、心灵、文明间关系的独特的方式方法。文中强调，和合学绝不否认矛盾和冲突，它本身即是矛盾存在的形式和解决冲突的最佳途径。和合学揭示了天地万物生生的本质和生命之所在，以及天地万物相互之间关系的融突和合联系。和合学的范畴系统、逻辑结构、关系网络和转换中介，是高度差分的，具有自组织系统的目的性，这与现代科学技术强调复杂性的发展态势是一致的。

（原载庞朴主编：《20 世纪儒学通志——纪年卷》，
浙江大学出版社 2012 年版）

---

① 指 1996 年 12 月。

评张立文先生的"和合学"体系

杨庆中

中国人民大学哲学系教授、中国哲学专家张立文先生，近年来一直致力于自己的"和合学"体系的建构①，并于1996年出版了两卷本巨著——《和合学概论》。张先生之所以将自己的哲学称之为"和合学"，乃是受到《周易》"保和太合"思想的启发。用张先生的话说："和合世界的结构模型，绍承易学结构模型；其结构方式，亦与易学相互对应。"②本文不揣浅漏，拟对张先生的"和合学"体系，作一简单的评述。

一

张先生的"和合学"构想和体系建构，其切入点，乃是《周易》的"生生"。张先生说："所谓和合，是指自然、社会、人际、心灵、文明中诸多元素、要素相互冲突、融合，与在冲突、融合的动态过程中各元素、要素和合为新结构方式、新事物、新生命的总和。"③而"所谓和合学，是指研究自然、社会、人际、人自身心灵以及不同文明中存在的和合现象，与以和合的义理为依归，以及既涵摄又超越冲突、融合的学问"。④张先生认为，和合的主旨是"生生"。"生生"是天地间最基本、最一般的德性，和合是生生

---

① 参见方国根：《世纪之交的文化抉择——读〈和合学概论〉》，《现代哲学》1997年第4期。
② 张立文：《和合学概论》，首都师范大学出版社1996年版，第12页。
③ 张立文：《和合学概论》，首都师范大学出版社1996年版，第392页。
④ 张立文：《和合学概论》，首都师范大学出版社1996年版，第71页。

的所以然之理。和合学则是对生生之理的追求。用张先生的话说，即"和合学是对如何生生的为什么的追求，即诸多差异元素、要素为什么冲突融合？为什么冲突融合而生生新事物，新结构方式？以及新事物、新生命化生的所当然的所以然的探讨，亦是对和合生生的生命力源泉的寻求。因此，和合学亦即新生命哲学、新结构方式说，即生生哲学"。①

"和合学"体系中的"生生"是以"融突"为形式，以"融突"为目的的。②"突"就是冲突、对待、变易，"融"则是变化之"化"达到一定限度时的倾变。它是新生命、新事物的诞生。从这个意义上说，融突论，亦可谓之"变化论"。③有二义：即生化、成化，化生不息的过程。化的流程的裁节、裁断，称之为变。如《易传》所云："化而裁之存乎变，推而行之存乎通，神而明之存乎其人。"既然和合宇宙间的一切都在变化日新之中，宇宙便是一个大化流行。《易传》所谓"乾元资始"，"坤元资生"，"云行雨施，品物流形"；就是对这幅大化流行之图的生动描绘。此种宇宙大化，生生不息。变动不居，周流六虚。而凡此种种，都是"和合体内在的异质差分元素、要素的相互冲突、碰撞，亦即和合中涵变化、交感、动静之潜能，而有细缊、摩荡之相"④。张先生把这种大化流行之潜能，称为"神"。并认为这个"神"是大化流行以然之故，"是'融突论'的融合"，"是冲突融合之使然和呈现，

---

① 张立文：《和合学概论》，首都师范大学出版社 1996 年版，第 87 页。

② 参见张立文：《和合学概论》，首都师范大学出版社 1996 年版，第 76—77 页。"融突"是和合学的一个十分重要的概念。张先生所谓的"融突"包括冲突与融合两个方面，但又不是二者的简单相加。张先生说，"冲突是指诸元素性质、特征、功能、力量、过程的差异和由差异而相互冲撞、伤害、抵牾状态。""融合是指任何可差分的诸要素，在其差分或继存过程中，它们各自的生命潜能、力量、特质、价值均有赖于另一方的聚会、渗透、补充和支援。"二者的关系为："冲突是融合的因，融合是冲突的果；冲突是融合的前提，融合是冲突的理势"，和合则包容了冲突与融合，作为冲突融合的和合体，是一种提升，使原来的冲突融合进入一个新的领域或境界；冲突也只有在新的和合体中才能继续发展和获得价值。冲突若不走向融合，冲突便毫无所成，只有负面的价值和意义，故冲突需要融合来肯定和认可；融合若无冲突，就无所谓融合，融合的正面价值和意义，亦无所肯定和定位。冲突就是生活，融合亦是生活，融突的和合体，便是生活体。

③ 参见张立文：《和合学概论》，首都师范大学出版社 1996 年版，第 90 页。

④ 张立文：《和合学概论》，首都师范大学出版社 1996 年版，第 91 页。

亦是冲突融合进程的描述,使冲突融合的进程清通无碍,并导向和合。"① 张先生特别强调整"和合学"所谓的和合,不是简单的融合,而是包容了冲突与融合两个方面。用张先生的话说,"和合不仅仅是融合,融合也不就是和合,和合包容了冲突融合。"② 这是颇值得注意的。现在有不少人谈和合,多是就"和合"的字面意谙作一些泛泛之论,使人有一种单纯的和合之感。张先生所谓的"和合"不是这样,他从"太极图"的阴阳对称原则中受到启示,把冲突融合看作是一种和合优化的过程。张先生指出:"如果说冲突包含对称,那么融合则包含整合。因此,对称整合与融突相联结。对称的差异,意味着相对相成,而非独对独成;相对意蕴着此消彼长,还彼消此长,即意蕴着在对称、相对中的择优,择优即是对劣的否定和淘汰。对称整合即是汰劣择优,而达整体的统一和谐。"③ 可见,和合是一种相反相成中的对称整合和此消彼长中的汰劣择优。张先生把这种"对称整合"视为"和合学"的内在与外在的结构方式,把"汰劣择优"视为和合学的价值取向和价值尺度。他说:"和合学的本旨是和,它是对自然、社会、人际、心灵、文明的整体和谐、协调、有序的探索;是对在这一不断破缺和完美过程的所以然的求索;是对于什么是优与劣的为什么的追求,以及什么是优劣的价值原则的为什么的追求。对称整合作为中国人文精神的原则,在诸多元素、要素的优质成分和合为新事物、新生命中,起着重要作用。它不仅提供诸多优质成分,而且使整体的运作协调、稳定,促使新事物、新生命的顺利化生。"④

那么,新生命的化生又将经历什么样的历程呢?

二

在《和合学概论》第三章"和合学的整体结构"中,张先生指出:"和合学是巨系统文化结构,它展现为'三界六层'的和合空间结构和'八维

---

① 张立文:《和合学概论》,首都师范大学出版社 1996 年版,第 96 页。

② 张立文:《和合学概论》,首都师范大学出版社 1996 年版,第 98 页。

③ 张立文:《和合学概论》,首都师范大学出版社 1996 年版,第 99 页。

④ 张立文:《和合学概论》,首都师范大学出版社 1996 年版,第 99 页。

四偶'的和合时间结构"。"和合学体系结构的进路是地、人、天或天、人、地，可以由上而下，也可以由下而上。它既是天上地下的宇宙空间次序，亦是《周易》卦爻的逻辑次序。这里是把中国传统文化中天、人、地三才的空间次序，转换为地、人、天的逻辑次序，即泰卦乾下坤上的次序，这样才能'天地交（交合）而万物通也，上下交（交合）而其志同也'"。[1]

和合学的这一"巨系统文化结构"的框架显然是来自《周易》的"才"思想。不过，在张著那里，"三才"思想已被赋予了新的内涵，那就是张先生所谓的"三界"说，即：

地：和合生存世界；

人：和合意义世界；

天：和合可能世界。

张先生说："和合学从'根底'说起，或者从最根本、最原始的现象讲起，就是人生存这一事实。有人的生存及与人生存相联系的'八境'和'八理'，才有其他一切。"[2] 可见，和合学是以人为出发点的。而人是"会自我创造的动物"[3]，人的创造以"地"——生存的世界为舞台。所以，作为意义世界和可能世界的基础，"生存世界为和合学的下层结构"。但生存世界又不仅仅是一种基础，它之成为"生存世界"，亦有赖于意义世界和可能世界的"反哺"，用张先生的话说就是"意义世界的价值规范通过可能世界的逻辑建构，转换为指导主体实践交往活动的信念系统和方法论系统，并使其价值规范与逻辑结构在主体交往实践活动中和合为生存世界的新方式"[4]。这表明，生存世界之为生存世界，不是就其本然的物理意义而言的，乃是就"人生存"这一事实而言的。

正是由于"人生存"，所以"和合学基于主体规范意义，使生存世界与可能世界符合人的存在需要"[5]。而这也正是和合意义世界的本质内涵。张先

---

[1] 张立文：《和合学概论》，首都师范大学出版社 1996 年版，第 123 页。

[2] 张立文：《和合学概论》，首都师范大学出版社 1996 年版，第 101 页。

[3] 张立文：《新人学导论》，职工教育出版社 1989 年版，第 30 页。

[4] 张立文：《和合学概论》，首都师范大学出版社 1996 年版，第 124—125 页。

[5] 张立文：《和合学概论》，首都师范大学出版社 1996 年版，第 124—125 页。

生说:"人力图赋予进入人的视野的一切对象以意义和价值,使'地(生存世界)'和'天(可能世界)'不再是自在的存在对象,而是在人之光普照下的有意义、有价值的存在,即为我的存在。"这意味着"人是天地间价值和意义的能动的、创造的主体"。① "天地间由于满足人的需要而获得价值和意义,天地间的万物的意义体现了人对事物的价值需要和价值态度;人在定位天地中定位自身,在为天地立心中立己之心,也在创造天地价值和意义中,获得自身的价值和意义"。这就是说主体人作为天地的核心,给予了生存世界和可能世界以价值和意义,并在这种给予的同时也获得了自身的价值和意义。从这个意义上说"意义世界的价值和合规范,具有导向功能:(1)可能世界的逻辑规范、范畴应当向有利于实现人类的价值方向运演;(2)生存世界的实践变革应当向有益于人类实现其意义和价值方向发展;(3)意义世界在导向生存世界和可能世界实现其价值和意义中,自我导向完善主体自身的方向进取。其总导向最终还是聚合到完善人、提升人这点上来,建构'善'的世界"②。

在和合学的巨系统文化结构中,可能世界被张先生看作是"本质上是人的自由创造,是人的思维能动的表现"。张先生说:"可能世界的'可能',是指无逻辑上的矛盾,或者说能自圆其说的、完满的'可能'。人的自由创造、设计的可能性,说是人自身是一能动的存在。人通过不断选择、设计可能世界来展现自身的生命智慧。"③ 这种选择、设计和创造表现为主体观念和精神的整体和合过程,是人对生存世界、即"真"世界的认知与对意义世界、即"善"的世界的评价基础上的思维结晶。因此,"和合学的可能世界的范畴逻辑结构,是对人类认识机制的哲学提炼"④。具体而言,可以表现为四个方面:

其一,思维创造的可能世界("天")高于存在或生存世界("地")。

其二,可能世界以其美、好、善、完满,表示对既存的生存世界的丑、

---

① 张立文:《和合学概论》,首都师范大学出版社 1996 年版,第 125 页。
② 张立文:《和合学概论》,首都师范大学出版社 1996 年版,第 126 页。
③ 张立文:《和合学概论》,首都师范大学出版社 1996 年版,第 127 页。
④ 张立文:《和合学概论》,首都师范大学出版社 1996 年版,第 127 页。

坏、恶、坎陷的批判和否定。

其三，可能世界创造、设计，标志着人的主体观念世界在一定的特殊内外缘下所达到的具有共时性意义的心理——观念的状态空间，以便填补生存状态空间和意义空间，还给生存状态空间和意义状态空间制造转换的契机。

其四，可能世界变革生存世界的主体能动活动能否达到预期目标，取决于这种能动活动有无逻辑上转换的可能性；规范意义世界的价值系统能否确立，取决于理智的力量，而理智的力量又取决于可能世界逻辑结构周密严谨水平。[①]

张先生说，意义世界的价值规范与生存世界的变革活动能否和合，取决于可能世界的逻辑结构建设一条贯通的蹊径。通过这条路径，和合的价值理想现实化，成为和合的存相式能或结构方式；和合的存相式能或结构方式理想化，成为新的和合价值理想。总之天、地、人三才的生存、意义、可能的三极世界，是以人为核心和基点而展开的世界。三界既是差异分殊，相互冲突、相互竞争，又是贯通融合，相互涵摄、相互转换。从而构成和合学基础理论体系结构。[②]

三

"人生存"，而有三界的和合。而三界和合，又遵从于一定的逻辑建构机制，这就是差分、结构、转换、归致。

差分，即和合诸元素、要素的差异与分殊。张先生认为，和合是诸元素、要素在冲突融合过程中优质成分和合生生。没有这种元素、要素的差异与分殊，便没有"和合学"的建构。所以"差分"是"和合学"建构的理论前提和现实依据。张先生说："这种元素、要素的差异与分殊，是一种连续不断的过程，也即是不断生生的过程，故称谓其为'差分'。差分是和合学

---

① 参见张立文：《和合学概论》，首都师范大学出版社1996年版，第128页。
② 参见张立文：《和合学概论》，首都师范大学出版社1996年版，第129页。

逻辑建构的理论生长点和生存的根据"①。就此意义而言，和合的水平与程度怎样，取决于差分的高度与水平。如"算盘与电脑都是和合化的计算工具，前者差分水平低，和合体的功能亦低；后者差分水平高，和合体功能亦高"。因此"充分展现和合过程以及和合整体之间的结构、功能等差分特征，是和合学大厦的基础工程"②。

结构，被张先生看作是"和合学"逻辑建构的理论中介。张先生说，"和合学"的建构，必须有建构"和合学"的结构方式。否则，各性质、品格、功能差分的元素、要素便是零散的、无序的、非逻辑的、非系统的。差分化元素、要素的和合过程，可看作是结构的生长过程。"从这个意义上说，结构是和合学逻辑结构的理论中心环节"③。而这里所谓的"结构"，又分为"和生结构"、"式能结构"、"融合结构"、"择优结构"、"和乐结构"等。这些结构，其生成的过程即是元素、要素和合的过程；其差分、同构的关系即反映和合体之间的和合关系。"和合学的生存世界、意义世界、可能世界都以结构为中介，使各差分异质元素、要素的优质成分构成新和合体。其间形成结构的过程或结构方式选择的过程，就蕴含着对差分异质元素、要素的分解择优的过程。在这里，结构是以选择为机制实现转换差分异质元素、要素的。和合学三界以及和合学自身系统的整体性，有赖于三界及和合学内部的相互联系，这种联系方式的多样性和强弱程度，就构成了和合学三界的复杂结构，并以结构为中介，使和合学三界构成一整体"④。

转换，是"和合学"逻辑建构的动态机制，这种机制保证着和合体的内在变化或自我更新，体现着和合体的自我批判和自我否定功能。张先生说："如果说结构是诸差分异质元素、要素到和合的逻辑中介，那么，转换就是和合体自我发展的理论关键。和合体从一种和合状态到另一种和合状态的变易过程，逻辑上必须通过结构转换来实现。因此，结构的转换，是和合

---

① 张立文：《和合学概论》，首都师范大学出版社 1996 年版，第 129—130 页。
② 张立文：《和合学概论》，首都师范大学出版社 1996 年版，第 132 页。
③ 张立文：《和合学概论》，首都师范大学出版社 1996 年版，第 133 页。
④ 张立文：《和合学概论》，首都师范大学出版社 1996 年版，第 133 页。

学逻辑结构的动态机制或运演规则。"① 张先生认为，和合体的状态变化和发展可以逻辑地通过两种途径来实现，一是元素、要素的差分转换方式，即原和合体分解为相对独立的元素、要素，诸元素、要素及其相互之间，经过冲突、选择、吸收、淘汰，而重新和合为新的和合体。二是结构的整体转换方式，即原和合体通过自我批判、否定，更新元素、要素，修复或调适结构，整体性转换为新的和合体。"两种方式通常相杂或相间进行。一般说来，具体事物多采取要素差分转换方式，如个体生物性生命的转换，生产工具的转换等；抽象事物多采取结构整体性的转换方式，如文化传统的转换，思维方式的转换"。

在和合学的逻辑建构中，"归致"所反映的是此建构的生生过程。"和合学的逻辑建构，是从生存世界无限多样化的差分元素、要素出发，通过结构的生长达到元素、要素的和合整体；并以元素、要素——结构的综合转化方式，实现和合体的变化与流行，理论地再现宇宙大化流行，变化日新的内在逻辑结构的生生机制"。②

四

如前所述，"和合学"是以《周易》的"生生"为逻辑起点的，而实际上，"和合学"的整体建构又都是为了再现宇宙生命的生生不息的流程。所以，张先生说："和合学'三界'所开显的是生命之生生不息。"③ 在和合世界中，这种"生生"是透过三界之前的整体贯通来实现的。具体而言，"和合学"所成之和世界又表现为六大层面：

　　　和合生存世界的"境"——生存活动环境；

　　　和合生存世界的"理"——生存行为原理；

　　　和合意义世界的"生"——价值活动本性；

　　　和合意义世界的"命"——价值行为使命、命运；

① 张立文：《和合学概论》，首都师范大学出版社1996年版，第135—136页。
② 张立文：《和合学概论》，首都师范大学出版社1996年版，第137页。
③ 张立文：《和合学概论》，首都师范大学出版社1996年版，第377页。

和合可能世界的"道"——逻辑活动之思维道路、道理；

和合可能世界的"和"——逻辑活动之义理和谐。

张先生认为，和合学所建构的此三界六层，是立体性的，整体贯通的。这种整体贯通又差分为两类贯通机制：

其一，同一世界内部纵向层间贯通；

其二，和合三界之间横向界际贯通。

因着这种贯通，加之同界八维的序化反演，三界同维的级化反演，以及三界对峙的偶化反演，而最终成就了和合世界的"圆通和美"①。张先生指出："和合学内在层间转换和界内流行，以及界际转换和跨界贯通。达到和合学三界整体无碍，无碍即通。通则上下、内外、左右、表里无有不通；自然、社会、人我、心灵、文明亦无有不通；通则透，透则相对相关，不离不杂；然后能补，即互补互济；补则能合，即相互融合、相互涵摄，犹阴中有阳，阳中有阴，负阴而抱阳；合则和，阴阳'冲气以为合'。即'乾道变化，各正性命，保合太和'。物所受为性，天所赋为命，'阴阳会合冲和之气'，便是'太和'，此解与老子释'和'同，即最优美的和合境界。"②

张先生认为，和合学的三界六层，并非一种先验的理论图式，乃是人类文化千百万年历史演化的结果。在人类的童蒙时期，在民族的幼稚状态和个体的自在存在中，因差分水平极低，人类文化、民族精神和个体思维均处于元始混沌和合状态，即没有三界六层的分化，更没有八维四偶的流行。人类经过漫长的文化历史发展过程和文明进步奋斗，人类文化、民族精神和个体思维在生生不息中不断分序分维，进而分层分级，并在新的层次上继续生生不息，新分序分维，直到构造出"和合学"所揭示的整体贯通、大化流行结构。

---

① 参见张立文：《和合学概论》，首都师范大学出版社 1996 年版，第 384—385 页图。

② 张立文：《和合学概论》，首都师范大学出版社 1996 年版，第 383 页。

五

以上所述，只是"和合学"体系中的部分内容。需要指出的是，张先生的"和合学"建构，其目的乃是为了回应中国文化面临的来自三方面的挑战："一是人类共同的五大冲突（人与自然、人与社会、人与人、人的心灵、不同文明间）的挑战；二是西方文化的挑战；三是现代化的挑战"①。换句话说，张先生的"和合学"建构，其目的是要在民族文化及世界文化的反思的基础上，以一种前瞻性的姿态，"从时间结构、空间结构、义理结构阐释21世纪的和合之道"②。

张先生说：在此文化多元冲突、多元融合的错综复杂的后冷战时期，价值观念的冲突是导致世界变革和多元冲突的原因之一。因此，不能建构一种融合各种文化价值观为基础的文化价值体系，人类便不可能共同面对自然、社会、人际、心灵和文明的五大冲突的挑战，既不能给人的生存提供充足、舒适而无污染的自然生活资源的"元境"；亦不能给人的生存提供一个安定有序、富裕文明的社会生活的"理境"；也不能给人的生存提供一个互助、互爱、互尊、互信的人我生活活动的"己境"；以及人人心灵愉悦的艺术生活活动的"心境"；各种不同文明间的宽容开放、和平共处的"和境"。这就迫切需要建构一个新的、能融合各种价值观的、能化解五大冲突挑战的文化价值系统。笔者认为，"和合"文化价值系统，是未来21世纪文化方式的最佳选择。这就是为什么笔者把"和合学"作为21世纪的文化战略来建构的原因所在。③

这一点，"和合学"究竟能否做到，将做得怎么样，现在回答为时尚早。但有一点可以肯定，张先生至少是作出了自己的努力，并提出了一套颇为新颖的致思理路。也许这比问题的解决本身更为重要。站在20世纪中国文化发展的立场，如何评价张先生的和合学建构？张岱年先生曾经有过一段论

---

① 张立文：《和合学概论》北京师范大学出版社1996年版，"自序"。

② 张立文：《和合学概论》北京师范大学出版社1996年版，"自序"。

③ 参见张立文：《和合学概论》，首都师范大学出版社1996年版，第15—16页。

述，他说："在世纪交替之际，国内外学术界都在思考 21 世纪的文化战略问题。张立文同志经过深思熟虑，率先提出和合学，撰著《和合学概论——21 世纪文化战略构想》一书，提出了独创性见解，具有很高的学术水准、理论价值和超前见解。""和合学作为 21 世纪文化战略的构想，是当前最系统、最全面、最有创见和学术价值的佳作"。①

张岱年先生的评价，侧重于从"21 世纪文化战略的构想"的角度肯定其价值，可谓至矣高矣。在这里，我倒想就浅见所及，从哲学的意义上对"和合学"体系的不足提出几点认识，如能对张先生进一步完善其体系有所启示，则幸甚焉。

首先，"和合学"体系的一个最基本的出发点或前提是"人生存"，有人的生存，才有关于人的三层世界的展开。那么，"人生存"与"和合学"体系中颇带本体意义的"八境"、"八理"究竟是什么关系？在有关人的三层世界的展开过程中，"八境"、"八理"又是如何运作或转换的？这一点在张先生的"和合学"中，论证得稍显不足。

与此相关的第二个问题是，作为一种形上学的建构，张先生十分强调"和合"精神的追求和"融突"境界的实现。但在"和合学"的三层世界中，对于融价值理性与宗教情感于一体的"人生存"的终极意义问题却鲜有探讨，虽偶有涉及，也似乎给人一种极力回避之感。而事实上，这些问题不说清楚，通向"和合"之境的道路是很难描述出来的。由于对本体世界和终极世界的忽视，便使得张先生的"和合学"体系，自始至终似乎都在把"方法论"问题作为研究的核心。也许正是由于此故，张先生特把"21 世纪文化战略的构想"作为了其《和合学概论》的副标题。不过，就方法论而言，也仍然有一些问题值得探讨。例如，张先生的"和合学"建构，目的是要对21 世纪以来关于文化的古今中外等问题的讨论作出总结，并力图在此基础上对前人的探索有所推进，有所超越。但张先生只是单方面地宣布了和合学的方法，而前人（或他人）提出的诸种方法究竟有哪些长短，和合学的方法

---

① 张岱年：《理论价值和超前预见——推荐〈和合学概论——21 世纪文化战略构想〉》，《中国图书评论》1998 年第 6 期。

与之有无继承关系，和合学的方法究竟在哪些方面超越了前人等，张先生却没有进行详细讨论。这是颇令人遗憾的。

总之，作为一种哲学体系，"和合学"尚存在诸多不周延之处。但作为一种创新的哲学体系，"和合学"的价值也是不言自明的。只要我们解放思想，摒弃成见，真正从学术的立场提出问题、讨论问题，相信类似的研究对于中国学术的发展一定会是有益而无害的。

（原载《社会科学家》1999 年第 5 期）

和合学：观照人类命运和文化的战略构想

——评《中国和合文化导论》

周桂钿

原全国政协主席李瑞环 2000 年在会见香港各界人士时指出，"当今中国要发展、要振兴，必须继续弘扬中华民族的优良传统，特别要提倡'和合'，强调团结。……唯团结才能稳定，唯团结稳定才能发展稳定。"中国人民大学教授、孔子研究院院长张立文教授在最近由中共中央党校出版社出版的《中国和合文化导论》一书中，对和合学的基本理念又作了进一步的浓缩和诠释。

和合与和合学：一种新的文化形态。作者认为，"和合"是中国思想文化中被普遍接受和认同的人文精神，它纵贯整个中国思想文化发展的全过程，积淀于各个时代的各家各派思想文化之中。因此，它体现着中国思想文化的首要价值和精髓，是中国思想文化中最完善最富生命力的体现形式。作者在书中系统阐述和确定了和合学研究的对象、范围、方法、规范，将和合作为一门单独学科来研究。作者关于和合学及其理论体系的提出与构建，不仅是对源远流长的中华和合思想文化的本质概括或提升，而且适应了时代形势的发展和文化理论自身发展的要求，因而有着深刻的理论意义和重大的现实意义。

冲突与回应：寻求化解矛盾冲突之道。自有人类以来，人类面临诸多共同的冲突和挑战。作者将这些冲突和挑战，概括为人与自然、人与社会、人与人、人的心灵以及不同文明间的五大冲突。这五大冲突关系着人类在 21 世纪的生存和发展。笔者站在 21 世纪文化战略的高度，为化解现代人类面临的这五大冲突，依据和合学理论提出了和生、和处、和立、和达、和爱五大文化原理，呼吁共存共荣，多元互补，以开放的心态，接纳自然、社会、人生、心灵、文明按其自身的特性存在和发展；强调人对自然、社会、他人的责任意识和爱人爱物的仁爱精神，认为人类只有把一切关系都建立在"爱"的根基上，才能化解冲突，实现和合，不断获得提升。和合学理论凝结着历史的智慧，洋溢着强烈的时代精神，无疑具有重要的现代价值。

和合文化：人类 21 世纪的一种文化构想。和合学是对时代的呼唤和挑战作出的回应，更是人类走向 21 世纪的战略思维和文化构想。（1）立足于民族文化的世界性发展，把握人类文化冲突、融合的历史趋势。（2）立足现代文化，促成传统文化的创新和转换。（3）立足 20 世纪文化发展的现实，预见 21 世纪文化进步的逻辑进程。和合学对 21 世纪中国文化和人类文明发展前景的战略预测，既是和合学原理合乎逻辑规则的实践运用，又是和合人文精神合乎价值准则的理论选择。它的主题是：弘扬中华民族文化传统中的人文和合精神；光大中国传统哲学文化中的人学与和合理想。

（原载《中国新闻出版报》2003 年 10 月 10 日）

和合学：一种观照人类命运和文化的战略构想

——评《中国和合文化导论》

王 杰

　　张立文教授创建的和合学自问世以来，已经在国内外学术界引起了广泛而深远的影响，其《中国和合文化导论》一书对和合学的基本理念又作了进一步的浓缩和诠释。作者关于和合学及其理论体系的提出与建构，不仅是对源远流长的中华和合思想文化的本质概括或提升，而且适应了时代形势的发展和文化理论自身发展的要求，因而有着深刻的理论意义和重大的现实意义。

一、冲突与回应：寻求化解矛盾冲突之道

　　自有人类历史以来，人类面临诸多共同的冲突和挑战。作者将这些冲突和挑战，概括为人与自然、人与社会、人与人、人的心灵以及不同文明间的五大冲突。这五大冲突关系着人类在 21 世纪的生存和发展。作者站在 21世纪文化战略的高度，为化解现代人类面临的这五大冲突，依据和合学的理论，提出和生、和处、和立、和达、和爱的五大文化原理，呼吁共存共荣，多元互补，以开放的心态，接纳自然、社会、人生、心灵、文明按其自身的特性存在和发展；强调人对自然、社会、他人的责任意识和爱人爱物的仁爱精神，认为人类只有把一切关系都建立在"爱"的根基上，才能化解冲突，实现和合，不断获得提升。作者提出的和合学的五大文化原理，既触及到人类文明的内核，又具有现实针对性。过去的 20 世纪是冲突的世纪，未来的

21 世纪应该是和合的世纪。预计它将对人类合理地、道德地、审美地化解五大冲突发挥积极的作用。和合学理论凝结着历史的智慧，蕴含着 20 世纪人类的痛苦教训，洋溢着强烈的时代精神，无疑具有重要的现代价值。

二、和合文化：人类 21 世纪的文化构想

和合学是对时代的呼唤和挑战作出的回应，更是人类走向 21 世纪的战略思维和文化构想。

其一，立足于民族文化的世界性发展，把握人类文化冲突、融合的历史趋势。和合学以中华民族文化发世界化发展为空间性的战略基点，力求通过对各民族文化的人文精神的和合诠释，把握人类文化历史性冲突、融合的理路、脉络和取向。

其二，立足现代文化，促成传统文化的创新和转换。从和合学的实践方式和思维方式来考察，传统文化与现代文化是民族文化和合体历史演进的两个历史阶段、两种历史形态。它们彼此相继，前后承接，按照文化进步的时间顺序定向转换。

其三，立足 20 世纪文化发展的现实，预见 21 世纪文化进步的逻辑进程。20 世纪人类文化的发展，集中体现在科学技术的进步这一维度上。科学技术是 20 世纪人类文化的现实基础和集中代表。21 世纪的文化进步，只能是现代科技基础上的新发展、新完善。这样，20 世纪那些科技欠发展或落后的民族和地区，在 21 世纪将面临更强烈的挑战和更严峻的生存及发展的考验。

和合学对 21 世纪中国文化和人类文明发展前景的战略预测，既是和合学原理合乎逻辑规则的实践运用，又是和合人文精神合乎价值准则的理论选择。它的主题是：弘扬中华民族文化传统中的人文和合精神；光大中国传统哲学文化中的人学与和合理想。

（原载《中华读书报》2002 年 12 月 11 日）

民族智慧与哲学创新

——读张立文教授《和合哲学论》

方国根

中国人民大学哲学学院、孔子研究院张立文教授自 20 世纪 80 年代末以来就致力于和合学理论体系的创建和阐释，他从传统哲学诸多范畴中拈出"和合"二字，戛戛独造，匠思巧运，提出并创立了"和合哲学"体系。继 1996 年 12 月由首都师范大学出版社出版《和合哲学概论——21 世纪文化战略的构想》（上、下卷）一书之后，张立文教授又于 2004 年 12 月由人民出版社出版了《和合哲学论》这一标志着其"和合学"最新研究成果的专著。如果说张先生的《和合学概论》出版，还是从文化战略层面来思考和建构"和合学"，标志着他的"和合学"理论的诞生与体系化，那么，《和合哲学论》则是重点思考如何在形上层面即哲学维度去诠释、解答为什么提出"和合学"，以及怎样去落实"和合"即怎样才能"和合起来"、把"和合学"继续讲下去等深层次的哲学理论问题，标志着他的"和合学"理论体系化的进一步完善和成熟。

《和合哲学论》全书共 7 章，29 万字。作者着眼于和合哲学形上层面的思考和建构，不仅对和合哲学的概念范畴、逻辑结构、理论架构以及和合方法等进行了深入的阐释，而且从和合学的理论视野出发，重点对和合历史哲学、和合语言哲学、和合价值哲学、和合艺术哲学的体系建构与理论创新，一一进行了阐明、分析和探讨，从而阐扬起作者自己体贴出来的和合哲学的理论体系，无疑是一部理论独创、思想前瞻、思辨性强的、耳目为之一新的哲学论著。《和合哲学论》作为纯思辨性的哲学学术著作，初版后即在国内外学术界引起不小的反响，旋即于2006年9月又再版发行。其所倡导的"和合"价值理念，与我们时代所提出的"和谐社会"、"和谐世界"以及世界民族文化所追求的文化多样性不谋而合，彰显了其价值理念的前瞻性、合理性、普适性。

本书特点之一是学说思想的独创性、原创性。理论是灰色的，但人类的哲学思维之树常青。众所周知，中华民族五千余年的文明史，其中就包含着极为丰富的哲学思想资源，特别是自先秦至现在的两千多年社会历史发展，各历史时期都产生了诸多不同形态的哲学思潮、学派，共同汇聚成中国民族传统哲学的历史大河。就学科而言，"中国哲学"一词是20世纪初"西学东渐"后的产物。最早将中国哲学作为学科来研究，并撰写中国哲学史的有谢无量、胡适、冯友兰、李石岑、范寿康等，他们或依照传统儒学史观，或以西方实验主义哲学、西方新实在论哲学为指导，或用马克思主义为指导来写中国哲学史。虽然他们的研究方法、指导思想各不相同，但都一直肯定并各自撰写中国哲学史来证明中国是有哲学的，奠定了中国哲学史学科的范式。至于1949年之后，由中国内地、台湾、香港有关专家、学者撰写的中国哲学史著作可谓汗牛充栋，不胜枚举。近一个世纪以来，中国学者通过不懈的努力，在学习西方哲学和系统研究中国哲学的过程中，对"什么是哲学"、"中国有没有哲学"等问题作出了积极地探索和回应。

但是，就现有的"中国哲学史"研究而言，大都是本着"照着讲"或"接着讲"的方式，而缺少"自己讲"的方式。张立文先生根基于中华民族的哲学智慧，以高度自觉的理论创新意识，建构和阐扬"和合学"，体现出其学说思想的独创性、原创性。他认为，研究中国哲学，不能简单地"照着讲"、"接着讲"，而应该是智能创新式的"自己讲"、"讲自己"，即讲述中国哲学自己对"话题"本身的重新发现、对时代冲突的艺术化解、对时代危机的义理解决、对形而上学之为道的赤诚追求等。张先生正是在"自己讲"、"讲自己"的中国哲学观的视域下，认为中国哲学的创新，不仅要面对过去的"问题"、"话题"，而且更主要的是要面对21世纪现实的"问题"、"话题"；既要"知己"哲学的核心灵魂，明白中国哲学新理论思维形态创新转生的内在根据和演替脉络，又要"知彼"哲学的核心灵魂，明白世界哲学的思潮演变和发展趋势。

哲学作为时代精神的精华和凝聚，作为智慧生命的觉解，总是以核心话题、人文语境、诠释文本来体现或阐扬特定时代的意义追求和价值创造。因此，核心话题的转向、人文语境的转移、诠释文本的转换，则标志着哲学的创新。诚如张立文先生所言，虽然"和合"两字早就见于古代典籍《国语》，但将"和合"上升为一种形上的概念（范畴）与哲学精神，则是自己通过40多年从事中国哲学的教学和科研、长期潜心思考，"自家体贴出来的"。

只要我们认真通读、反复阅读《和合哲学论》一书，从中就会深切地感受到，张立文先生提出的"和合学"，是建立在其一整套独特的范畴和话语系统之上的，其思想和语言都具有很强的原创性和学术个性，形成了自身独特的学术风格和理论表达形式。从《和合学概论》到《和合哲学论》，张立文先生无论是话语形式还是理论思想都是"一以贯之"，既不是"照着讲"，也不是"接着讲"，而是"自己讲"、"讲自己"，走自己的学术创新之路。也正因为张立文先生为我们提供了一套汲取中华民族智慧的概念、范畴和富有学术个性的独特话语系统，使得我们因其话语而感到既熟悉又陌生，觉感其概念、话语在一定程度上的晦涩难懂，同时当我们熟悉和理解了其概念、话语，洞察了其思维方法，则会进一步感悟到其思想的深邃和超越，无不充溢着思想与心灵、思想与生命、思想与价值、思想与境界的流动、转换、融会和升华。举凡本书中所论述的"古今之变"、"中西之争"、"象理之辨"、"生生法"、"创新法""意境法"、"生存世界"、"意义世界"、"可能世界"、"和合象性"、"和合实性"、"和合虚性"、"和合"、"和生"、"和立"、"和达"、"和爱"、"和乐"诸范畴以及在和合学视野内对和合历史哲学、和合语言哲学、和合价值哲学、和合艺术哲学等哲学门类的阐释，都无不透视和彰显了张立文先生对哲学理论创新性的自觉追求。

本书的特点之二是理论高度的思辨性。从本书的内容看，"和合哲学"所探讨的很多问题都属于"元哲学"的范畴或论域。书中不仅以"和合生生道体"与"和合学方法"为主体来阐明"和合哲学"的一般原则，提出了"和合"、"和生"、"和立"、"和达"、"和爱"、"和乐"等众多范畴，而且从和合历史哲学、和合语言哲学、和合价值哲学、和合艺术哲学等分支领域展开深入的具体探讨，进而揭示"和合哲学"自身的逻辑结构和价值取向，从而创建和阐发了"和合哲学"的理论框架及其体系。如果没有高度思辨性的理论运思，是很难完成这样艰巨的理论创新任务的。张立文先生指出："在途中"的和合学是对古今、中西、象理三大思维的和合解构，从而梳理出和合价值时间、和合生存空间与和合逻辑本原；和合哲学以其新的核心话题、人文语境、诠释文本而呈现其新的理论思维形态之所谓新；和合学旨在化解一切基于二元对待的冲突和危机，并以其生生法、创新法、意境法，而与传统的求一法、对立法、写实法相区别；和合学重在创造性的显现过程，在和合生生中构成境域，它自己敞开自己，其逻辑进程是天、地、人三界，即生存、意义、可能世界；和合哲学活动需要通过和合象性、实性、虚性的追求，走向"和合生生之道"；"和合起来"的和生之道，是价值创造的枢纽，是化解与体贴的机理，是即超越即流行的生生道体；和合历史哲学与和合价值哲学相和合超越而至生生道体，并与和合生存、意义世界相关联；……"和合生生道体"是和爱与智慧的结晶，是人类度越生态、人文、道德、精神和价值五大危机的诺亚方舟，是化解人与自然、人与社会、人与人、人的心灵和各文明之间的五大冲突的智慧之旅，也是安顿高科技全球化的精神家园。

本书的特点之三是理论的前沿性与思想的前瞻性。张立文先生还以开阔的视域与开放的心态，关注中西方哲学的研究动态，通过中西哲学的比较和辨析，倡导既根植于中国民族哲学智慧，又吸纳西方哲学优秀成果的"和合哲学"，追寻"和合起来"、"走向和合创造"的价值理念，凸显出其理论的前沿性与思想的前瞻性。张先生认为，和合哲学就是基于现代中国哲学的转生，不仅将有助于化解和解决目前人类所面临的五大冲突和五大危机，而且作为永远"在途中"的哲学，将永远超越自身，不停地和合下去；"和合起来"是人类生命和文化在未来发展的必然趋势、必然选择；和合学作为中国哲学的一种新的理论思维形态，是走出"中国有没有哲学"、"中国哲学是不是哲学"及超越中国哲学"合法性"危机的一种尝试和努力，且这种尝试和努力只是"在途中"。总之，"和合哲学"不是向后看的理论总结，而是向前看的理论创生。

本书的特点之四是理论的重大现实意义。从时代和现实的角度看，"和合学"与"和合哲学"具有对内对外的双重现实意义。就对国内情形而言，"和合"是中华民族特有的思想，是中华文化的最高境界和智慧，加强"和合学"与"和合哲学"的研究与推广，有益于中华各民族凝聚力的增强，推动社会的长治久安、国家的安定团结，共同搞好"构建和谐社会"、全面建设小康社会的中国特色社会主义现代化建设。随着我国市场经济体制的确立和改革开放的深化，一方面是竞争机制已成为市场经济的必然，另一方面则是整个社会越来越走向经济与市场一体化，市场的分割和垄断已行不通，但只要有竞争，就会有社会的矛盾冲突，就必然引发因不同利益集团、不同社会阶层的利益关系而导致的种种有待解决的社会问题。"和合学"与"和合哲学"为我们处理不同主体之间的利益冲突，提供了一个切实可行而有益的方法和思路，即谋求共同发展，将各方的利益和意见都融合进去，合理地满足各方的利益和要求。特别是随着时代的发展，那种一味地讲"斗争哲学"的时代已一去不复返了，当今时代与社会在文化多元化、多样性和合中求生存、求发展，"和合"、"和谐"是新时代的核心话题和人文语境，倡导科学发展观，追求和建构和谐社会更是成为当今建设中国特色社会主义的重大理论课题与所面临的重要现实问题，成为时代的主旋律。"和合"理念是张立文先生所倡导的价值理念，从本体的意义上讲，是作者虚拟的一种价值理想世界，也是一种人文的终极关怀，多少具有思想"乌托邦"的色彩。但是，张立文先生从人文关怀意义上力倡"和合"价值，强调文化建设的民族性和多样性，从中国文化和哲学建设层面上讲，既是对中华民族固有的传统文化智慧的重视、彰显和提升，也是对近现代以来一批仁人志士和专家学者提出诸多哲学与文化发展模式、学说的反思、重建，更是对西方以亨廷顿"世界文明冲突论"为代表的诸种"西方文明中心论"，以及西方所谓"普世主义价值观"的一种积极的理论回应。其理论建构的局限性固然在所难免，但在人类世界面临种种冲突和危机的时代，特别是在我国全面建设小康、"建构社会主义和谐社会"的大背景下，其所揭示和彰显的重要理论价值与现实意义，也就不言而喻了。

就国际范围而言，"和合学"与"和合哲学"有助于促进世界各民族与文化的多元化、多样性的协调发展，有益于推动世界和平、发展与生态社会的潮流，为创建国际政治、经济的新秩序，维护世界文明多样性，反对文化霸权主义，提供一个价值的评判标准。众所周知，我们所处的环境仅仅是一个地球，而生活在这块热土上却有两百多个国家和地区，有数千个民族，有着诸多不同的文化传统，这就要求我们妥善处理各民族、各国、各文化传统之间的相互关系。"和合学"强调既冲突又融合，既多元又互补，承认有差别性的统一。追求"和合"与"和谐"，并倡导综合创新，这无疑为世界各民族的和睦相处、各国之间的平等互利、各文化和文明的协调发展以及追求自然生态平衡、国际社会和谐，提供了正确的途径和思想理论的指导。与此同时，随着中国社会经济的迅猛发展，即中国的"和平崛起"，世界上一些国家就从意识形态出发，或是戴着有色眼镜来看待中国的发展，一时"中国威胁论"甚嚣尘上，其根本原因就是他们不了解中国传统文化或传统哲学的精髓——倡导和追求"和合"精神。"和合学"与"和合哲学"则向世界各国的人们展示和宣告了中国人民始终不渝所秉持的"和合"价值理念，我们着眼于"和谐中国"、"和谐世界"，我们所追求和高扬的是中国社会的和平与发展、人类社会的和平与发展，中国人民的和谐与幸福、世界人民的和谐与幸福。

（原载《中山大学学报》（社会科学版）2007 年第 4 期）

世纪之交的文化抉择

——读《和合学概论》

方国根

世纪之交，中国正面临着民族文化传统的流失和中西文化的冲突，呈现着真正的文化危机。因此，迎接文化危机的挑战和重建文化乃是我们迫在眉睫的当务之急。中国人民大学哲学系教授、博士生导师张立文先生的新著《和合学概论——21世纪文化战略的构想》凝聚着作者对世纪之交的文化抉择的深沉反思与前瞻，书中所提出的合和学理论，建构恢宏、分析深刻、论证详密、观点精辟，委实发人深省。

一

张立文教授长期以来一直致力于中华和合文化的思考与研究。1990年在纪念冯友兰先生诞辰95周年国际学术讨论会上，张立文教授对宋明理学又作了新的探讨，撰写并提交了《理学的演变与理学的超越》一文，其中有一节为"和合学的建构"，始明确地提出和合学的思想。1991年3月，张立文教授参加在东京女子大学召开的"现代化与民族化——亚洲现代化过程与民族性因素国际研讨会"，会后在东京大学和京都大学作"和合学建构"与"和合学概述"的演讲。同年6月，在新加坡大学召开的"汉学研究之回顾与前瞻国际会议"上宣读了和合学的论文。1994年4月，在日本福冈召开"东亚传统文化国际学术会议"，张立文教授提交了《中国传统文化的精髓——和合学》一文，引起了与会各国学者的兴趣并进行了热烈讨论。期间在九州大学和东京大学作《宋明理学形而上学理路的追究》与《关于21世纪文化战略的构想——和合学》的演讲、答辩。1995年8月，在美国波士顿大学召开的"第九届国际中国哲学研讨会"上，又作了《中国文化的和合精神与21世纪》的演讲。近年来，张立文教授在海内外多家学术刊物上发表和合学的论文，在学术界产生了广泛而重要的影响。《和合学概论》的出版，标志着张立文教授和合学理论体系的确立、完善和成熟。

张立文教授认为，我们处于世纪之交，站在一个新时代、新理论、新思维的起点上，从文化上来审视、反省、总结20世纪人类所走过的风风雨雨的艰辛历程，重新寻求、规划即将面临的21世纪人类的命运和走向，这是世界和东亚的思想家、政治家、谋略家都在自觉或不自觉地关注和思考的重大问题。具体说来，一个是中国文化所面向的问题，即如何回应西方文化的挑战以及传统文化的现代转生的问题；另一个则是人类所共同面临的问题，即如何化解世界现代化过程中所日益表现出的人与自然、人与社会、人与人、人与自身心灵以及不同文明之间的"五大冲突"的问题。无论是从化解人类"五大冲突"的时代发展需要上来讲，还是从解决理论发展所面临的东西文化的种种论争及传统文化的现代化的挑战来说，未来21世纪文化方式的最佳选择，当是"和合"文化的价值系统，而其新的哲学理论形态就称之为"和合学"。这也就是张立文教授之所以把"和合学"作为21世纪的文化战略来建构的原因所在。张立文教授断言，20世纪是对抗、战争、科技的世纪；21世纪将是和平、发展、生态的世纪，强弱、富贫、大小之间的冲突融合，其性质是以民族的、宗教的、科技的、经济的融合为主导，归根到底是文化为主导。因此，21世纪是文化冲突与文化融合的世纪，即文化融突的和合世纪。

二

在《和合学概论》一书中，张立文教授运用历史与分析、训诂与解释学等方法，着眼于文化战略，通过对世纪之交的文化思考，不仅立意于对中外和合精神原理的追寻和把握，特别是对中外和合思想源流的考察和梳理，而且着重对和合与和合学的基本内涵及其关系、和合学的整体结构、和合学的体用、和合学与 21 世纪人类文化等作了详尽而系统的阐述和展开，从而清晰地勾勒和论述了和合学的理论学说体系。

张立文教授指出，中华和合思想文化源远流长，博大精深。"和"与"合"两字，最早都分别见于甲骨文和金文。"和"字的初义是指声音相应和谐；"合"字的本义是指人口的上唇与下唇、上齿与下齿的合拢。殷周时期，"和"与"合"只是单一概念，尚未联用。至春秋之时，"和合"两字始并举，构成"和合"范畴。"和合"一词最早出自《国语·郑语》："商契能和合五教，以保于百姓者也。"即是说商契能和合父义、母慈、兄友、弟恭、子孝"五教"，使百姓安身立命。可见，"和合"的最初含义是指协调各种伦理规范或关系，以治理国家百姓的方式。张立文教授认为，"和合"是中国思想文化中被普遍接受和认同的人文精神，它纵贯整个中国思想文化发展史的全过程，横摄于各个时代的各家各派的思想文化之中，因此，它体现着中国思想文化的首要价值和精髓，也是中国思想文化中最完善、最富生命力的体现形式。由此，他对"和合"与"和合学"作了自己的界定。所谓和合，是指自然、社会、人际、心灵、文明中诸多元素、要素的相互冲突融合，以及在冲突融合过程中各元素、要素和合为新的结构方式、新事物、新生命的总和。宇宙间一切现象都蕴含着和合，一切思维都浸润着和合。所谓和合学，是指研究自然、社会、人际、心灵、文明中存在的和合现象，与以和合的义理为依归以及既涵摄又超越冲突融合的学说。凡存在都含蕴着冲突和融合（简称融突），大至日月星辰，小至草木蝼蚁，都是融突和合。和合无所不在，无处不有，一切融突存在，都是和合存在，都是和合学的研究对象。

由此定义出发，张立文教授进而提出和阐明了和合五义与和合学五义以及它们之间的相互关系。认为和合五义与和合学五义相对应，蕴含"融突"理论与对于"融突论"根据的追究。和合学义蕴与和合人文精神的原则相融合，并通过纵横互补律、整体贯通律、模糊对应律，达到和合艺术境界。他指出，和合与和合学之间既有所区别又有密切联系，和合学建构在自然、社会、人的心身普遍和合现象的基础之上，且把和合现象提升为存有方式，确定和合学研究的对象、范围、方法、规范，将和合作为一门单独学科来研究。从具体内容来说，和合蕴含五义：

其一，差异与和生。和合就是差异，只有差分、冲突，才能回应如何与怎样和合是可能的。和合是差分、异质元素、要素、材料多元和合而生生。和生万物并不是否认矛盾，并非没有冲突，但矛盾冲突必须融合，才能产生新的事物。其二，存相与式能。存相是"突"，式能是"融"。天地间的存有都是相，式能是指存相的方式及种种潜能，也指存相所蕴含的潜能方式和潜能结构。在和合生生万物中，存相和式能有一个结合选择的过程，由选择而转换为式能，走向和谐有序。因此，式能是无限的、活泼的、日新的，是天地万物存相的动力和生命力。其三，冲突与融合。冲突是融合的因和前提，融合是冲突的果和理势。和合包容了冲突与融合，作为冲突融合的和合体，是一种提升，使原来的冲突融合进入一个新的领域或境界；冲突也只有在融合成为新的和合体中，才能继续发展和获得价值。其四，汰劣与择优。和合是诸多差分、差异元素的优质成分的和合，从而形成新事物或新结构方式，这样就必须对优、劣作一个价值判断，其关键在于优化选择。选择说到底是主体的选择，优化是主体在选择过程中的价值取向。其五，烦恼与和乐。烦恼是"突"，和乐是"融"。和合能协调、和谐人的精神生活中存在的烦恼、焦虑、孤独、空虚等冲突，陶冶情操，净化心灵。由人和而至天知，进而由人乐而至天乐，达到天人和乐的和合心灵境界，即一种美感的艺术境界。

和合学亦含五义：其一，然与所以然。和合的主旨是生生，生生是不息的流程，是新生命的化生，体现了对生命存在的关怀，因而也是中国思想文化中所具有的人文精神的精髓。冲突融合而生生不息，这是然；冲突为什么或怎样融合而生生，便是所以然。和合学是对如何生生的缘由的追求，即对和合生生的生命力源泉的寻觅。因此，和合学即是新生命哲学，或称生生哲学。其二，变化与形式。和合作为差分存相的式能，存相便是有待，有待就是变化；式能是存相之为存相，有此式能，便呈现存相的种种形式。和合学是对于存相式能是什么与为什么的追究，是对诸多元素构成新事物、新生命的中介转换机制的探讨，是对于存相变化日新的生命力潜能的阐述。其三，流行和超越。宇宙间万事万物都是"融突"的大化流行中的存相和式能，而宇宙之所以大化流行，乃和合体中变化、交感、动静之潜能的展现。和合学是对于宇宙大化流行的动因和根据的追究，它既涵摄又超越冲突融合。只有探索超越冲突融合，才能涵摄冲突融合的原因和根据。其四，对称与整合。"优"与"劣"是对称的价值判断；"汰"与"择"则是与其相对的主体态度和方法。中国的"太极图"（阴阳鱼）体现了对称原则，即宇宙间各种现象在形态、结构上相对待的表征。非对称是系统内部的不同要素、元素与系统、环境之间差异所引起的冲突的表征。整合是关于诸多元素、要素统一、构成一个整体结构。冲突就意味着重新整合或转换，重新产生对称。对称与整合作为中国人文精神的原则，在诸多元素的优质成分和合为新事物、新生命中，起着重要作用。其五，中和与审美。有差异，才有中和。宇宙间的一切事物包括人的精神生活都存在着差异中和。中和作为审美对象的价值或意义，必须通过主体的实践和感受来实现。和合学是对于中国传统思想文化中以中和为美的审美价值的反思，以及对于审美方式、审美结构的思考。中华思想文化中的人文精神的精髓和生的智慧突出地呈现为和合，并构成中华思想文化和生命智慧的稳定结构。

张立文教授还指出，和合学是包括诸子系统的巨系统的文化结构，具有体用两方面的内容，并作了论证。就和合学之体而言，其体系结构的进路是地、人、天或天、人、地，可以由下而上，也可以由上而上，它是天上地下的宇宙空间次序。"地"作为和合生存世界，是人生存所必须生活于其中而不可逃避的世界，可谓真的世界。生存世界（"地"）包含"八境"和"八理"等，是意义世界（"人"）和可能世界（"天"）的基础，也是和合学的下层建构。"人"作为和合意义世界，是和合学的主体和核心，和合学的人学可称为"新人学"。和合学意义世界（"人"）包含"八性"和"八命"等，是和合学的中层建构。"天"作为和合可能世界，在本质上是人的自由创造、思维能动性的表现。和合学可能世界（"天"）包含"八道"和"八和"等，是和合学的上层建构。就和合学之用而言，是使体的和合学转换为用的和合学，使和合学理论原理进入生存世界、意义世界和可能世界的各个层面。张立文教授根据和合学原理的"八维"和合，构想并提出了和合学八类新学科分类系统，即形上和合与和合自然科学、道德和合与和合伦理学、人文和合与和合人类学、工具和合与和合技术科学、形下和合与和合经济学、艺术和合与和合美学、社会和合与和合管理学、目标和合与和合决策学，以此八类新学科来分析论证和合学之用。

三

张立文教授关于和合学及其理论体系的提出与建构，不仅是对源远流长的中华和合思想文化的本质概括或提升，而且适应了时代形势的发展和文化理论自身发展的要求，因而有着深刻的理论意义和重大的现实意义。

从和合学理论的思维建构来说，其意义表现为：首先，针对当前人类所面临着"五大冲突"的严峻挑战，和合学提出了21世纪"五大文化原理"，即"和生"、"和处"、"和立"、"和达"、"和爱"五大中心价值，以回应和化解"五大冲突"，为人们寻求安身立命之道。我们站在跨世纪的桥头，回顾、反省即将走完的20世纪，从中可以看到，现代化固然带来了人类社会历史的巨大进步和文化生活高度繁荣，但也给人类走向未来带来沉重隐患，这便是伴随社会经济发展而至的精神文明的萎缩，科学主义的极度膨胀与人文主义的相对衰竭，对立意识的鲜明与和平意识的暗淡，工具理性的发达与价值理性的失落。由此而导致了人类与自然、个人与社会、自我与他人、肉体与心灵以及不同文明之间的内在紧张的"五大冲突"。如何解决这些冲突，关系到人类的生存和发展，而和合学向人们展示的21世纪人类的"五大中心价值"，正是要化解人类面临的"五大冲突"，重建人文精神的"终极关怀"意义的价值目标或价值理性，即对人生目的、意义及人际关系的看法与思考，体现了一种伦理精神。其次，和合学是中国文化走向现代化的最佳的文化方式的选择和价值取向，它不仅彰显着中国文化的现代转生，使一个多世纪以来关于中国文化的现代化由方法的论争转化为文化形态的选择，而且在一定意义上说，它也是21世纪人类文化方式的最佳选择和价值取向，昭示着21世纪学术文化思潮的发展趋势。近百年以来，东方特别是中国就传统文化与现代化问题进行了一代又一代的艰难探索，提出了各种各样的看法：就中西文化的体用而言，有中体西用、西体中用、中西互为体用、中西为体与中西为用、中西即体即用与非体非用；就如何继承传统文化来讲，有抽象继承、选择继承、宏观继承、批判继承与创造发展；就传统文化如何创新来看，有现代解释、客观解释、创造性理解、创造性转化、分析扬弃与综合创新以及与传统文化决裂论、全盘西化论、复兴儒学论、儒家文化第三期发展说、返本开新论等，见仁见智，莫衷一是。这些主张的提出都有其时代与文化的背景，有其合理内涵和学术价值，但还都是属于如何实现和走向现代化的方法、手段问题，而未真正在大处落墨。我们用和合学理论来思考和前瞻 21 世纪人类文化的命运，就会超越纠缠不清而又道说不明的古今、中西文化论争的情结。和合学回答了现代化的具体文化形态是什么的问题，并在此基础上来建构和展望 21 世纪人类文化的精神家园，既彰显了中华和合人文精神存在方式的价值，又凸显了和合学理论自身寻求"终极关怀"的具体理路的意义，代表着 21 世纪的学术文化思潮的发展方向。再次，和合学理论是对西方未来学和文化学者亨廷顿提出的"文明冲突论"所作出的理论回应。亨廷顿在《文明的冲突》一文中认为，未来世界将由文明冲突取代军事、经济和意识形态上的冲突，强调西方文明应该防范儒学与伊斯兰教两大文明的互相联合，其本质是"西方文化中心论"在新形势下的翻版，旨在以西方文明来排除异己，试图以西方文明标准来规范当今社会和未来世纪的文化走向。张立文教授一针见血地指出，我们只要在现代化运动中创造转生"和合精神"这一中华文明的古老智慧，定能成为未来社会历史和文化发展的重要精神资源。

从时代和现实的角度看，和合学具有对内对外的双重意义：就对国内情形而言，和合是中华民族特有的思想，加强和合学的研究与推广，有益于中华各民族的凝聚力的增强，推动社会的长治久安、国家的安定团结，共同搞好有中国特色的社会主义现代化建设。随着我国市场经济体制的确立和改革开放的深化，一方面是竞争机制已成为市场经济的必然，另一方面则是整个社会越来越走向经济与市场一体化，市场的分割和垄断已行不通，但只要有竞争，就会有社会的矛盾冲突，就必然引发因不同利益集团、不同社会阶层的利益关系而导致的种种有待解决的社会问题。和合学为我们处理不同主体之间的利益冲突，提供了一个切实有益的方法和思路，即谋求共同发展，将各方的利益和意见都融合进去，合理地满足各方的利益和要求。就国际范围而言，和合学有助于促进世界各民族与文化的多元的协调发展，有益于推动世界和平与发展两大潮流，为创建国际政治、经济的新秩序，反对霸权主义，提供一个价值的评判标准。众所周知，我们所处的环境仅仅是一个地球，而生活在这块热土上却有两百多个国家，有数千个民族，有着诸多不同的文化传统，这就要求我们妥善处理各民族、各国、各文化传统之间的相互关系。和合学强调既冲突又融合，既多元又互补，并综合创新，这无疑为世界各民族的和睦相处、各国之间的平等互利、各文化和文明的协调发展，提供了正确的途径和思想理论的指导。

（原载《现代哲学》1997年第4期）

构建和谐社会的思想智源

——读张立文教授新著《和合哲学论》

蔡方鹿

促进人与人、人与自然、人与社会的和谐发展，是人类社会发展的永恒主题。在新时期全面建设小康社会，树立科学的发展观，保持社会可持续发展，都离不开和谐的原则。和谐思想、和谐社会需要思想智慧的源泉以提供支持，给人们一种理智的沉思和情感的反省。张立文教授多年来从事和合学研究，他在 1988 年冬完成《新人学导论——中国传统人学的省察》一书的写作后，便开始思考、酝酿和合学的理论建构。1990 年在纪念冯友兰先生诞辰 95 周年国际学术讨论会上，他对宋明理学又作了新的探索，开始提出了和合学的思想。于 1996 年出版的《和合学概论——21 世纪文化战略的构想》一书，标志着他的和合学理论体系的确立、丰富和完善。接着，张立文教授从《和合学概论》出发，深入探讨和合哲学，在和合哲学之历史、价值、语言、艺术等领域求索，继而有和合哲学论之创造。最近出版的《和合哲学论》（人民出版社 2004 年版）一书，就是他取得的最新研究成果。笔者前些年曾探讨过张立文教授的和合学，联系其新著《和合哲学论》与以往张教授的和合学研究，深感在和合哲学的研究方面，作者确实有不少创新，是对和合学的进一步发展，充分体现了作者的思想创造精神。

一、和合哲学论之创造

张教授认为，西方传统哲学侧重于使人理智地沉思，而中国传统哲学侧重于使人情感地反省。前者以追究终极真理为标的，后者以体认价值理想为目标。而现代中国哲学则试图在两者的冲突融合的智能创造中，来建构新哲学、新思维、新体系的和合体：即以和合哲学思维体系来创新中国传统哲学。于是他尝试着把"在途中"的和合学继续深入下去，跃入历史、价值、语言、艺术的深渊谷底去求索。以和合学的方法对传统哲学作和合批判和反思，以彰显和合学方法的创造性；同时用哲学的"爱智约定"反观和合思想及其方法的内在建构问题，以求在超越层面找到生生道体的归宿，使和合价值道体在理论思维世界得以呈现。这种对和合思想及其方法的哲学审视，是以崭露和合生生道体的爱智品格为宗旨的。张教授指出："和合哲学创造性主旨和形态是生生。从这个意义上说，和合哲学是新生命哲学、新结构方式学说，即'生生哲学'。"这是对哲学这门学问"老是原地踏步不前"的化解和"不近情理的冲决"，体现了张教授的哲学创新精神。这种对和合哲学的求索，既不是照猫画虎式的"照着讲"，也不是秉承衣钵式的"接着讲"，而是独具匠心的"自己讲"。

张教授提出"和合学"已有十几年了，在这期间，得到不少人的赞同，如国学大师张岱年先生就曾撰文指出："近来许多同志宣扬'和合'观念，这是有重要意义的。"要使和合哲学体系得到认同和自立，须对以往哲学文化中的"古今之变"、"中西之争"、"象理之辨"这三大思辨体系进行和合解构。也就是说，和合哲学之和合体是从三个维度"和合起来的"：一是通过解构"古今之变"来疏明人文价值时间的和合本性，将往古、现今、将来和合成一条不断超越的思议升华之路；二是通过解构"中西之争"以疏明生存空间的和合特征，融摄全球，使"和立"、"和达"与"和爱"和合成一条不断通达的生命流行之路；三是通过解构"象理之辨"来疏明人文精神的和合结构，守护激情之源，搏击想象之翼，使和合之道与和合之体成为人类的精神家园和终极关切。张教授认为"古今之变"的"崇古"、"是今"、"古为今用"，都是以二分古今、遗忘未来作为"前识"的，未曾把往古、现今与未来三维序态联系起来，所以说要以和合来融通三维。在"中西之争"问题上，他认为中西之争，中方节节后退，华夏不再是世界文明的地理中心而被偏离化，儒教不再是人类文化的道德正统而被边缘化，去西洋请教民主理念和科学精神，已成为华语世界的共识。然而，欧美工商文明绝不是世界文明的唯一价值归属，经过五个世纪的融突，和合已成为全球化的主旋律和跨世纪的协奏曲。人类在生存活动空间的和合通识形成以后，"中西之争"已失去立论的支柱。关于"象理之辨"，他认为古典形而上学是一种抑爱崇智的在场形而上学。贬抑爱情欲望及其诗意想象，推崇理智认识及其概念思维，使这种形而上学具有枯燥乏味、晦涩难读的抽象本质。和合哲学体系须全面启动"和爱"原理，设法激活"象性"范畴，深入探测激情渊源，使其思想哲学体系成为和合精神的殿堂，把象理结合起来。

回顾中国哲学的发展道路，人们可以看到，在思想学说的创新时代，往往会同时出现三种变易现象：一是核心话题随时代精神偕行而转向，不存在千年不变的哲学根本问题；二是人文语境随民族精神及其生命智慧的觉悟而转移，没有万古常驻的哲学理论范畴；三是诠释文本随主体精神及其自由创造的选择而转移，没有放之四海而皆准的真理大全之文本。和合学的提出与和合哲学体系的创立，是中国传统哲学在全球化语境下转生的尝试，是中国哲学范畴及其逻辑结构在"生生之道"核心话题中创新的艰辛求索，是张教授长期从事中国哲学和传统文化研究的自我超越。和合以其新的核心话题、人文语境、诠释文本而呈现其新的理论思维形态。和合学旨在化解一切基于二元对待的冲突和危机，并以其生生法、创新法、意境法而与传统的求一法、对立法、写实法相区别。和合学是创造性的显现过程及其构成境域，它自己敞开自己，其逻辑进程是天、地、人三界，即生存、意义、可能世界。和合哲学的创造性活动需要通过和合象性、实性、虚性的追求，走向"和合生生之道"。

和谐社会的构建需要和合哲学，和合学以化解人类共同面临的人与自然、人与社会、人与人、人与心灵、人与文明这五大冲突和危机的效用为旨趣，给整个社会和生活于其中的人们营造身体健康、心理健康、道德健康、社会健康、文明健康、自然健康的安身立命之所，化解身体病态、心理病态、道德病态、社会病态、文明病态、自然病态的冲突和危机所带来的种种痛苦，而达到融合、和谐之境，使整个社会协调、有序、健康、科学、持续地发展。

二、和合的历史、语言、价值、艺术哲学之沟通

张立文教授的和合哲学论之创造，具体从和合历史哲学、和合语言哲学、和合价值哲学、和合艺术哲学方面加以探讨和论述，并把四者结合起来，从整体上加以沟通，以论证和合历史哲学与和合价值哲学的和合超越而至生生道体，并与和合生存、意义世界相关联，以及和合语言哲学与和合艺术哲学的和合流行而至生生道体，并与和合意义、可能世界相关联的道理。从而细化了和合哲学的内在逻辑，使和合哲学体系得以整体贯通。

信息时代和虚拟哲学的诞生，使原来的历史哲学被解构，以往的社会历史主体转生为和合，这是因为现代历史生活需要和合，和合是人类生活的主题。哲学是一种历史性的学问，它对于社会历史的理解也是历史的。不存在没有哲学的历史，也不存在没有历史的哲学。哲学是历史的结晶，历史是哲学的展开。哲学是历史的灵魂，历史是哲学的血肉。和合哲学历史学是指哲学的历史学的研究，即把哲学置于历史学之中，对人类社会历史作总体的反省。由此理念出发，张教授的和合历史哲学主张，和合可能历史世界是多元的，人类社会历史演化的道路、模式、原理、内涵、阶段也是多元的，这样人类社会的历史才能导向完善、优美的和合世界。而倡导普遍主义、中心主义便背离了多元化、多样性的主题和合可能历史世界（理的历史世界）的历史学主旨是多元精神家园、价值理想并行而不相悖，提倡多元化、多样性的价值理想或精神家园，以此彰显和合是历史的主题。

语言凝聚了一个国家、民族、社区的精神的精华，它代表着一个国家、民族、社区的文化和生命的智慧、价值理想和精神家园。一种语言的消失，则意味着一种文化的消失。一个通用单一语言、文化的世界并不必然会带来和平、繁荣和发展。和合语言哲学主张多元民族语言和文化的全球化，与全球化语言和文化的多元民族化。只要世界是一个多元化的世界，而不是单一化的世界，语言、文化就应是一个多元化的民族语言和文化，而不是单一化的语言和文化。也就是说，如果全球一统为单一化的语言和文化，那么它不仅是乏味的、呆板的，而且是窒息的、无力的。因此，语言、文化单一化之

际，将是人类语言灭绝之时，也是文化生命停止之时。

人们说：中国文化以求道为标的，求道是为了求善，基于价值判断；西方文化以求知为标的，求知是为了求真，基于事实判断。这两者之异，亦非绝对。中国思想不乏求知求真，西方思想亦不乏求道求善。两者既冲突又融合，若能进而和合，便可达真善美的和合价值之境。和合价值哲学是指人类解释、把握价值世界的一种基本方式。人的一切活动，归根结底是追求和创造价值的活动，价值不是先验的，而是人创造的产物。离开了人，这个世界就无价值。张教授强调，价值创造的本质在于和合，和合价值哲学以人的智能创造为核心，以价值创造活动为纽带，以天、地、人"三才"之道为框架，开显为和合可能价值世界、意义价值世界和生存价值世界，亦即美的价值世界、善的价值世界和真的价值世界。

和合艺术哲学是指人对于自然、社会、人际、心灵、文明的艺术活动中所描述的艺术现象的艺术理论的检讨，亦即融突和合人的艺术观念、艺术理想、艺术标准、艺术智能的差异。通过对和合艺术理论的思考，我们可以获得艺术意识和艺术情感的沟通，以及对自然、社会、人际、心灵、文明的艺术精神的理解和对艺术生命智慧的诠释。艺术创造活动在历经长期的艺术与道德、善与美的冲突反思之后，和合学重构了和合艺术哲学。虽然它深深植根于中国远古艺术创造之中，但和合艺术哲学是反思后的现代建构。和合艺术哲学的整个范畴逻辑结构之流是：从虚拟性的立境、立象、立理的和立之言出发，经交互性的达情、达性、达命的和达之性，进入无限性爱艺、爱道、爱和的和爱之道之"大和至乐"境界。

以上和合的历史、语言、价值、艺术哲学又是相互沟通的，在和合哲学体系的求索中，和合三维世界的显隐、体用关系，一方面显现了"生存即可能，可能即生存"的生命智慧，另一方面也适合"体用一源，显微无间"的易学原理。在思议超越和言说流行两条和合哲学体系的路径上，体用差分，相互涵摄，在思议和合超越路径上汇合成冲决一切限隔的和合激情、化解一切冲突的和合理性与度越一切危机的和合态势。这样，和合哲学体系成为首尾相连、贯彻古今、融通中西的道体，整个和合哲学生生道体的逻辑结构就可以通达无碍。

三、和合生生道体的爱智品格

和合生生道体作为张立文教授和合哲学的核心范畴和根基，在其和合哲学论中占有十分重要的位置。客观把握和合生生道体的内涵和品格，对于了解张教授的和合哲学，其重要性是显而易见的。

以哲学的"爱智约定"来观察和合哲学及其方法的内在建构，力求在超越和流行的层面上解析和合生生道体。张教授认为，和合生生道体是和爱与智慧的结晶，是为人类度越大危机的诺亚方舟，也是在高科技与全球化背景下人类生存的精神家园。和合生生道廓然与太虚同体，是自由澄明的境界，为虚灵无物的道枢，概括起来，它有以下属性：第一，"和合起来"的和合生生道体是"虚性"的，具有包容万事万物的开放性吸纳性。第二，"和合起来"的和合生生道体是"无性"的，即无始性：无性之无即大无；无性之用即大用；因其无为，而无不为；因其无执，而无不执。第三，"和合起来"的和合生生道体是"空性"的，空能容有纳物，空能融摄万有。而和合生生道体的爱智品格具体表现在：第一，和合生生道体是各种价值现象"资始"与"资生"的无尽渊源，犹如万物生于天地之间，"立"、"达"、"爱"均孕育于和合之内；第二，和合生生道体是各种价值观念沟通与交汇的转换枢纽，恰似万流奔腾到大海，言、象、意均灌注于和合之中；第三，和合生生道体是各种价值行为期盼与追求的永久目标，"情"、"理"、"势"皆凝聚于和合之上；第四，和合生生道体是各种价值尺度权变与转换的最高根据，"真"、"善"、"美"皆汇聚于和合之下。总之，价值创造的本质在于和合，人类文化、哲学的智能创生或价值创新是和合学的根基和灵魂，这亦体现了和合生生道体的品格和个性。

张立文教授的《和合哲学论》是他在 21 世纪哲学探索的创新之作，是他多年来研究心得的结晶。因其倡导融突而和合，提倡化解矛盾，相互沟通，和合而创新，为当今构建社会主义和谐社会，提供了重要的思想智慧的源泉和资源。

（原载《探索与争鸣》2005 年第 3 期）

中国哲学的自觉

——谈张立文教授新著《和合学概论—— 21 世纪文化战略的构想》

李光福

张立文教授笔耕不辍，自 20 世纪 80 年代以来，相继推出了《周易思想研究》、《朱熹思想研究》、《宋明理学研究》、《中国哲学逻辑结构论》、《中国哲学范畴发展史（天道篇、人道篇)》、《传统学引论》、《新人学导论》等有分量的哲学史和文化学著作，在海内外学术界赢得了广泛赞誉，奠定了令人尊敬的学术地位。

近年来，张立文教授又从中国哲学史的研究走向构筑中国哲学新形态的艰苦探索。如果说，我们在《中国哲学逻辑结构论》、《传统学引论》和《新人学导论》中对此还只是隐约感觉到，那么，最近由首都师范大学出版社出版的《和合学概论——21 世纪文化战略的构想》则集中反映了他的这一探索。该书分上下两卷，洋洋近八十万言。结构严谨，体系庞大，新见迭现，读来令人耳目一新。该书的出版，不仅是张立文教授殊精竭思、不断超越自我的见证，而且也是当代中国哲学的一个新形态——和合学诞生的标志。这是张立文教授对中国哲学和中国文化作出的又一重要贡献。

一

"和"即和谐、和睦、和平，"合"即合作、结合、融合，和合一词指的是两种以上不同要素的协调、结合、融合与和谐。中华民族是一个崇尚和合的民族，在其传统文化的宝库中蕴藏着丰富的和合思想资源。"和为贵"、"和实生物"、"天时不如地利，地利不如人和"、"天人合一"、"知行合一"……时至今日仍为人们津津乐道。正如张立文教授所言，和合是中国文化的首要价值，是中国文化人文精神的精髓。和合不是某家某派的文化精神，而是涵摄儒、道、墨各家各派的普遍文化精神。儒家讲"仁者爱人"、"爱有等差"，是在承认社会等级的基础上求和合；道家主张自然无为，是追求人与自然的和合；墨家倡导"兼相爱，交相利"，是通过无差别的爱来实现家庭和社会的和合。和合不是中国文化某一发展阶段特有的思想，而是中国文化"一以贯之"、绵延不绝的人文精神。先秦各家讲和合自不待多言；汉代董仲舒提出天人感应论，将自然现象与政治相联系，旨在求君臣、上下与宇宙的普遍和合；魏晋玄学家讨论"有"、"无"，认为"名教出于自然"，则是要把儒家的伦理道德与道家的自由精神和合在一起；宋明理学家热衷于"理气之辩"，认同理气和合、每个事物是有理有气的理气和合体，和合不仅停留在思想层面，而且还渗透到社会生活的方方面面。张立文教授建构的和合学首先是对中国文化这一资源的开掘、弘扬和转生。他的这部著作植根于民族文化的沃土，具有深厚的民族文化底蕴。事实证明，任何一种文化的创新，都应该到本民族文化的传统中去吸取养分，寻找基础，唯有如此才会有生命力。这部新著在这方面正是作了很好的榜样。

但是，张立文教授创建的和合学并不单纯是对传统和合思想的简单继承，更是一种突破和超越。这种突破和超越表现在形式和内容两个方面。从形式上看，传统和合思想零散不成体系，没有上升到理论的层次。而张立文教授建构的和合学则是一种系统的理论，它既有自己的基本原理、理论公设，也有自己的理论体系、逻辑结构；既有自己的价值观，也有自己的方法论；既讲"体"，也讲"用"。从内容上看，传统的和合方式是无中介的直接和合，如把"天人合一"只作为一种神秘体验和道德意识，而不是通过发展科学技术等中介系统，追求"天人合一"是差分不足的简单和合，作为和合的要素还未充分分化和展开，就急于合一，使一切都处于混沌之中；是无冲突的重一和合，因为传统中国人过分重视和谐，不能正视冲突的价值，特别强调形式上无冲突的一致和融合……这些都是传统和合思想的缺陷。张立文教授力图克服这些缺陷。他在建构和合学体系结构的过程中，分别在和合生存世界、和合意义世界和和合可能世界引进了智能、规矩、名字（即概念、范畴）三个中介概念，并将此作为"三界"和合的重要环节，突出了发展人类智能、工具理性、科学技术与理论思维的重要性。张立文教授摒弃传统差分不足的简单和合思想，积极肯定多元和多元发展的价值，认为和合是诸多异质因素、要素的多元和合、和合首先需要承认多元的、多样的事物的存在。只有多元的异质因素的和合，才能产生新质事物；一元的、同质因素的叠加产生不出新质事物；不同因素差分的程度愈高，和合的水平也愈高。在这一认识的基础上，他进而接纳冲突概念，并对冲突进行了某种限定：和合包容了冲突和融合，冲突是融合的因，融合是冲突的果；冲突是融合的前提，融合是冲突的理势。冲突若不走向融合，冲突便毫无所成，只有负面的价值和意义，故冲突需要融合来肯定和认可；融合若无冲突，就无所谓融合，融合的正面价值和意义亦无从肯定和定位。这些都是崭新的观念，不仅是对传统和合思想的创造性超越，而且能够发人深省，给人以启迪。

二

意大利著名的哲学家克罗奇说一切历史都是现代史。我们则认为一切哲学都是现代哲学。张立文教授的和合学是基于现实、基于现代化以及西方文化和人类共同面临的五大冲突这三方面的挑战而创建的。它凝结着历史的智慧，蕴含着 20 世纪人类的痛苦教训，洋溢着强烈的时代精神，具有重要的现代价值。

冷战结束后的当今世界有两大特点：一是由两极向多极化方向演变，多极化的趋势越来越明显，超级大国主宰世界的时代一去不复返；二是经济的全球化和国际化的趋势得到进一步加强，人类已进入相互联系、相互依赖的"地球村"时代。虽然各个国家在经济实力、社会制度和宗教文化上存在着很大的差别，但在国际大家庭中都有自己的生存空间，都能够发挥自己的积极作用。同在一个星球上生活，应该相互尊重、和平共处、加强交流、促进合作、减少对抗、共同发展，这正成为越来越多的关注人类前途命运的有识之士的共识。这个共识体现的就是和合学的原则和精神。这说明，和合学对于解决国际争端、推动世界的和平和发展可以作出自己的贡献。张立文教授指出，建立多种形式的世界性和地区性的政治、经济、军事组织即国际和合体，就是这方面的一种有效途径。

在当代中国，随着改革开放和现代化建设的日益进展，单一的公有制模式早已被打破，形成多种经济成分并存的局面；以往计划经济体制下的大一统格局已不复存在，地区、部门、企事业单位、个人都成为相对独立的利益主体；社会日趋分化、经济利益多元化已成为活生生的现实；贫富悬殊、地区发展不平衡已带来一系列不容忽视的消极后果。如何协调不同利益、不同经济成分之间的关系，如何处理贫富悬殊和地区发展不平衡，既维护社会稳定，又不影响发展，是摆在我们面前的严肃课题。另外，香港于1997年7月1日回归，"一国两制"的构想正在变成现实，如何在一个国家内部长期保持两种不同的社会制度，也是一个新考验。在这种情况下，提倡相互理解、相互尊重、互谅互让、和衷共济、友爱互助的和合精神，运用"己所不欲，勿施于人"、"己欲立而立人，己欲达而达人"的和合学原则去解决问题，以营造一个宽容、和谐的社会氛围，就有更加特别的现实意义。就企业而言，市场经济带来了更激烈的竞争，依据和合学的原理，对内搞好上下级、员工之间的关系，对外尊重和融合各方的意见，订立并信守契约，将有助于提高企业的竞争力和市场秩序的完善。

中国文化源远流长，一脉相承，包含丰富的智慧和潜在的价值，直到现在仍产生着深刻的影响，是中华民族对人类作出的伟大贡献。但从近代开始它却一直面临着西方文化和现代化的挑战，存在着如何向现代转换的问题。虽然一百多年来，中国人提出了许多种关于中西融合、使中国文化向现代转换的主张和方法，但都没有使这种转换落到实处。不论是"中体西用"、"西体中用"，还是"抽象继承"、"综合创新"，都只停留在方法和口号的层面，而没有整合出一套新的理论或学说架构，以展现中国文化现代化的新面貌。张立文教授有鉴于此，紧紧抓住中国文化的精髓，建构和合学，给我们提供了一个中国文化向现代转换的崭新形态，使一个多世纪以来这方面的探讨有了一个具体的落实和安顿。虽然我们现在还不能断定当代中国文化发展的新形态就一定是和合学，但张立文教授这项开创性的工作，无疑会推动学术界对中国文化现代化的探讨由方法上的论争转向文化形态的选择，促进中国文化的新发展。

处于世纪之交，人类面临诸多共同的冲突和挑战，张立文教授将之概括为人与自然、人与社会、人与人、人的心灵以及不同文明间的五大冲突。人与自然的冲突引发严重的生态危机；人与社会的冲突造成贫富对抗、种族冲突、贪污腐败、黑社会犯罪；人与人的冲突，导致人情冷漠，道德堕落；人的心灵的冲突，产生精神空虚，心理失衡，自杀率上升；不同文明间的冲突，主要是指儒教文明、佛教文明、伊斯兰教文明、基督教文明之间的冲突。美国著名政治学家亨廷顿预言，未来的国际冲突将是不同文明之间的冲突、不同文化之间的冲突。这五大冲突关系着人类在21世纪的生存和发展。张立文教授依据和合学的理论，站在21世纪文化的战略高度，为化解现代人类面临的这五大冲突，提出和生、和处、和立、和达、和爱的五大文化原理，呼吁共存共荣，多元互补，以开放的心态，接纳自然、社会、人生、心灵、文明，按其自身的特性存在和发展；强调人对自然、社会、他人的责任意识和爱人爱物的仁爱精神，认为人类只有把一切关系都建立在"爱"的根基上，才能化解冲突，实现和合，不断获得提升。宽容和爱是人类文明的两大基石。没有宽容，就没有合作，就没有多样性；没有爱，就只有仇恨和破坏。爱比恨好，宽容比排斥好。人类要进一步文明和发展，就应有更多的宽容和爱，而宽容和爱正是和合学的核心精神。张立文教授提出的和合学的五大文化原理，既触及人类文明的内核，又具有现实针对性。即将过去的20世纪是冲突的世纪，未来的21世纪应该是和合的世纪，预计它将对人类合理地、道德地、审美地化解五大冲突发挥积极的作用。

三

"为天地立心，为生民立命，为往圣继绝学，为万世开太平"，这是中国古代哲学家的座右铭，也是中国哲学家应有的气魄和风范。张立文教授以回应中国文化所面临的三大挑战为己任，以先哲"三年不窥园"的精神，潜心竭思出和合学，充分体现了中国哲学家的这一气魄和风范。《和合学概论》的出版是当代中国的哲学和文化走向自觉的一个重要标志。

世界的现代化首先是从西方开始的，我们的现代化是在反思传统、向西方学习的过程中展开的，所以我们在近百年追求现代化的过程中，往往把西方奉为楷模。在思想文化层面，用西方的观念来批判自己的传统，把中国固有的哲学和文化放到西方的框架内来进行解释和评价，以西方的标准来裁剪中国的哲学和文化，甚至连概念、范畴也以西方的规定为规定，不仅扭曲和掩盖了中国哲学和文化的特点和价值，而且使中国哲学和文化的主体性受到了挫伤，中国的学者丧失了主体意识。但是，近年来情况有所改变。随着深受中国文化影响的日本和东亚"四小龙"的崛起、中国大陆经济的高速成长，中国文化的价值得到了积极的评价，中国学者越来越恢复自信。他们告别西方中心主义，开始用自己的眼光去看待自己的哲学和文化，并强烈地感到当代中国需要有自己的哲学和文化形态。张立文教授在阐扬传统文化的基础上建构出和合学，以此作为中国文化回应现代三大挑战的最佳、最优化的文化选择，代表了中国哲学家的自信，显示了中国哲学和文化的新自觉。

张立文教授建构的和合学具有鲜明的中国特色，但它不是为特色而特色的刻意雕琢，而是张立文教授运用中国文化的基本精神回应现代三大挑战所形成的哲学文化体系。它也不是西方哲学中国化的产物，而是中国哲学的一种现代形态，是真正的中国自己的哲学。在当代世界哲学的百花园中，中国哲学应该有自己的相应位置。中国的哲学家们必须要有这样的自觉。张立文教授在这方面无疑走在了我们的前面。

这种自觉不仅表现为抛弃西方文化中心主义、追求中国哲学自身的发展，而且表现为对中国哲学经学传统的否定。春秋战国是中国哲学的黄金时代，当时群星灿烂，人才辈出，百家争鸣，留下了许多部堪称经典的哲学著作。可是，自汉武帝"罢黜百家，独尊儒术"之后，学者丧失了学术上的独立性，只能在解经、注经中来表达自己的哲学思考，鲜有独立的哲学著作问世，中国的哲学家和思想家们长期以来不是"照着讲"就是"接着讲"，而不敢"自己讲"。抗战时期，冯友兰先生著《新理学》，构造自己的哲学体系，也只是接着程朱讲。张立文教授敏锐地洞察到哲学发展的新趋势，推出自己独立的哲学体系——和合学，打破了经学传统，开了良好的风气。

张立文教授不仅是一位博学的哲学史家，而且是一位有思想和开拓精神的哲学家。他的新著《和合学概论》，立足现代，瞩目未来，扎根传统，气势恢弘，思想深邃，在当今流行文化快餐的时代，是一本很耐读的书。其中的精湛见解和深刻意蕴，需要慢慢品赏，慢慢理解。下卷所谈的和合经济学、和合管理学，就是对非哲学专业的人也能提供有益的启示。

（原载《学术月刊》1997 年第 12 期）

寻我传挽与现代文明的连结点
——张立文先生的《和合学概论》评介

陈盈盈

张立文先生站在时代的高度，对当代社会进行了宏观的审视，对中华传统文化中的"和合"概念进行了一系列创造性的转换和提升，使之成为既能够满足民族精神需要，又属于自己时代的新形态哲学体系——和合学。它对于我国走向 21 世纪具有重要的现实意义。

张立文先生的《和合学概论——21 世纪文化战略的构想》（首都师范大学出版社 1996 年版）与传统和合观相比，其中至少有三个方面的突破。

一、独具特色的融突论

和合是回应和化解天与人、国与国、家与家、人与人、人与心灵以及东西南北中不同文化冲突的最佳方式，而这个最佳方式又是建立在他的和合学的基本理论支柱——融突论之上的。张先生认为和合就是融突。他说："所谓和就是既冲突又融合，无冲突就无所谓融合，无融合亦无所谓冲突。"又说："所谓和合是指自然、社会、人际、心灵、文明诸多元素、要素和合为新结构方式、新事物、新生命的总和。"并认为，和合无所不在、无处不有，大至日月星辰，小至草木缕蚁都是融突和合，一切冲突存在都是和合存在，这就是和合学的研究对象。由此引出了融突和合论的基本原理，即和合五义：第一义差异与和生，即生命生生之所本；第二义存相与式能，即变化日新之所本；第三义冲突与融合，即大化流行之所本；第四义汰劣与择优，即对称整合之所本；第五义烦恼与和乐，即中和审美之所本。这五义蕴含了融突论，即差异——存相——冲突——汰劣——烦恼——突；和生——式能——融合——择优——和乐——融。在这里，和合不是简单的和同、和道、合和、天和、太和、声和等，它是融突和合，是以往和合概念的提炼与升华。因而它也就更能完整、准确地体现"和合"概念的丰富内涵。其次，事物通过融突和合，从而产生变化为新事物，因此说融突和合也是一个变异的过程。他说："和合的融突论，在某个意义上说亦是变化论，突就是冲突对待变易，融是变化之化到了一定限度，便进入变即顿变阶段，是新生命、新事物的诞生，便是融。可见，融突和合是一种充满了辩证思想的和合论。"

二、创新的和合结构方式

中华和合文化传统的整体结构方式，始创于《老子》和《周易》。《老子》称："道生一，一生二，二生三，三生万物。"这是一个整体结构。《周易·系辞下》称："易之为书也，广大悉备，有天道焉，有人道焉，有地道焉，兼三才而两之，故六。六者非它也，三才之道也。"张立文先生抓住了传统和合学中天、人、地"三才之道"，把它转换为"地、人、天"的新"三才"之道，并以《泰》卦入手，颠倒乾坤，认为这样才能"天地交而万物通也，上下交而其志同也"。因此"泰"是一种交通和畅的最佳状态。由此构建了他的和合学的结构体系——地（生存世界）、人（意义世界）、天（可能世界）的新三才之道或和合三界的理论。

他以地为生存世界、人为意义世界、天为可能世界，认为地（生存世界）是人（意义世界）和天（可能世界）的基础，无此基础，人（意义世界）和天（可能世界）的大厦就无从而起。所以说地（生存世界）是和合学的下层结构。人既是"地"（生存世界）及一切活动的主体，又是"天"（可能世界）的建筑师。这里他说："西方哲学只说到人是万物的尺度，人为自然立法，人化自然这样一个水平。北宋理学家张载明确地表述为：为天地立心。比较尺度、立法说深刻。……所以，天、地、人，人为中央，沟通天地"。又说："人在定位天地中定位自身，在为天地立心中立己之心，也在创造天地的价值和意义中，获得自身的价值和意义。"这不仅坚持人是价值关系的主体，而且坚持人只有在与宇宙天地的统一和谐中才能获得价值。天（可能世界）本质上是人的自由创造，是人的思维能动性的表现，是人将地（生存世界）中的丑、坏、恶、坎、陷等进行了扬弃，从而升华为美、好、善、完满的、有生命的、理想的、美的和合世界。

可见，由天、地、人和合结构向地、人、天的和合结构的转变，更加突出了人的主体性，充分体现了人的价值和作用。因此，和合三界的理论也就构成了和合"新人学"的理论基础。

三、匠心独具的"三五"学说

（一）人类所面临的五大冲突

张立文先生在其《和合学》中明确地提出了人类共同面临的五大冲突，即："人与自然的冲突（生态危机），人与社会的冲突（民族、种族歧视，战争，贫富差距扩大，贩毒卖淫，恐怖组织等），人与人的冲突（道德沦丧、人际疏离等），心灵冲突（孤独、苦闷、失落等），文明的冲突（各文明之间的价值观念、思维方式所造成）。此五大冲突时时困扰着人类。""和合学以它融突而和合的人文精神，为人类追求进步指出化解人类所面临的五大冲突之路。"和合对于化解人类所共同面临的五大冲突有巨大的魅力；对回应西方文化的挑战有强大的生命力，对传统文化的现代化转换有内驱力，这已逐渐成为人们的共识，关键在如何化解？化解的路径是什么？张先生为此提出了"五大中心价值"和"五大精神要旨"。

（二）五大中心价值

（1）和生原理：也就是共生，比如人与自然的关系就应该建立一种共生关系。人与社会、人与人、人的心灵以及各文明之间的关系莫不如此。（2）和处原理：人们欲自己生存，也要让自然、社会、他人、他文明生存。故应倡导人类和平共处，建立和处意识。（3）和立原理：孔子说："己欲立而立人。"即以开放的、宽容的胸怀，接纳自然、社会、人生和他人的心灵及文明，走适合于自己实际的发展道路和建立自己的制度。（4）和达原理：孔子说："己欲达而达人。"这种达己达人的意识，才足以促进在当前多元文化、多元发展、多元模式各种错综复杂融突情境中协调、平衡、和谐以达到共同发达。（5）和爱原理：和生、和处和立、和达意识的基础与核心是共爱，人类要懂得爱、学会爱，虽然人类之爱不能完全实现，但比仇恨要好。这也就是孔子的"泛爱众"和墨子所提倡的"兼相爱"的精神。

这五大中心价值，是 21 世纪人类最重要的原理和价值。

（三）五大精神要旨

（1）生生："生生之谓易"，"易"的精髓就是生生，生生是由"绷蕴"、"相交感"、冲突融合而成，反之则是"独阳不生"。（2）变化：冲突融合是运动变化的一种形式，这种运动变化日新，就是式能发动不息，由于式能状态自然而然地运动变化日新，这样就使现实的冲突融合承担转变为新事物、新生命的和合体。（3）神化：所谓神，不是神灵不是上帝，而是"阴阳不测之谓神"。神是阴阳变化之所以然。（4）选择：汰劣与择优就是选择。（5）和谐：一个和谐、宽松的氛围无论对于人的生活活动还是各种形式的活动都是有益的。

总之，按照和合学五大中心价值和五大要旨以及各具体的和合方面、层面的融突和合原理、原则，促使和合三界（生存世界、意义世界、可能世界）的各个层面、方面的和合体更真实、更完善、更优美，便可达到和合世界或和合境界，这就是化解人类所共同面临的五大冲突的和合之路。

张立文先生在其花甲之年完成的这部巨著，是以"赤子之心"或"婴儿之心"的真诚来写作的，这是一种创新，也是一种尝试。他的这些重要的原理和价值，将会在现代中国所面临的三大挑战（人类共同面临的五大冲突的挑战、西方文化的挑战、现代化的挑战）中，使中国文化以崭新的面貌走向世界、走向 21 世纪。

（原载《中华文化论坛》1998 年第 1 期）

21 世纪文化战略的抉择

——评《和合学概论——21 世纪文化战略的构想》

黄德昌

中国人民大学哲学系教授、博士生导师张立文先生，积多年研究成果，并以董仲舒"三年不窥园"的精神，潜心竭思，撰著成《和合学概念》一书，由首都师范大学出版社正式出版。这本专著的问世，引起了国内外学术界的密切关注。笔者有幸浏览全书，认为这是一本具有划时代意义的专著，具有如下特色和学术价值。

1. 自家体贴，开拓创新。张著所揭示和概括出来的和合学，虽然是早已蕴藏在中国传统文化中的人文精神，即该书的思想"虽有所受"，但和合学的概念和思想体系，却是张先生"自家体贴出来的"。张先生第一次运用和合学的概念和理论表述中国文化人文精神的精髓和首要价值，这在中国学术思想发展史上具有开创之功，可以说是独辟蹊径，将中国文化的研究推向了一个新阶段。张著精辟地阐发了和合学的首要价值，在于其现实意义。他认为，现代中国文化面临着三方面的挑战：一是人类共同的五大冲突（人与自然、人与社会、人与人、人的心灵、不同文明间）的挑战；二是西方文化的挑战；三是现代化的挑战。回应此三大挑战的最佳、最优化的文化选择，便是和合学。张先生将和合学的首要价值奠基于回应三方面的挑战上，言简意赅地揭示了和合学思想体系的理论意义和现实意义。张先生为了凸显和合学体系的新颖性和独特性，从中西思维方式的对比上，明确指出，和合学的和合思维与西方神创思维大异其趣。西方文化中有一种被普遍认同和强化了的上帝"创世"说，解释了天地万物的根由问题。上帝作为唯一的、绝对的存有，一直延续到现在。中国文化中没有像西方那样被普遍认同的上帝造万物说，也没有唯一的绝对产生万物说，而是认为诸多差分或异质的要素融突和合产生万物。这种和合思维，开出了有异于西方神创思维的独特思维方式、价值观念、心理结构、审美情趣以及处理人与自然、社会、人际、心灵、文明间关系的独特的方式方法。张先生在阐发和合学体系的新颖性、独特性、开创性的同时，一再强调和合学绝不否认矛盾和冲突，它本身即是矛盾存在的形式和解决冲突的最佳途径。作者认为，和合学揭示了天地万物生生的本质和生命力之所在，以及天地万物相互之间关系的融突和合联系。和合学的范畴系统、逻辑结构、关系网络和转换中介，是高度差分的，具有自组织系统的目的性，这与现代科学技术强调复杂性的发展态势是一致的。张先生的这些论断表明，他所创立的和合学体系同唯物辩证法和现代科学的发展态势在本质上是一致的，从而澄清了一些学人的误解和迷惘，为推动和合学研究的深入发展，指明了方向和途径。

2. 博大精深，结构缜密。张先生的《和合学概论》一书，是他潜心竭思而成的一部力作，是他多年研究中国传统文化的思想结晶。这部著作涵盖面广，包容了众多的学术领域。书中既有对和合学原理的系统阐发，又有和合学原理在诸多领域内的展开和运用，并提出和奠定了某些边缘学科或新兴学科的雏形。如和合自然科学、和合伦理学、和合人类学、和合技术科学、和合经济学、和合美学、和合管理学、和合决策学等，从而丰富和发展了和合学的基本内容，使和合学具有摄融多学科的特性，成为一个理论性极强、应用性极广的博大精深的思想体系。《和合学概论》一书，在建构思想体系时，注重逻辑与历史的一致，概念准确而清晰，推论有据而恰当，丝丝入扣，环环相连，体系缜密，具有惊人的逻辑说服力，体现了作者极强的辩证思维能力。书中图文并茂，既有翔实的文字描绘，又有醒目的图表排列，使读者对多元、有机而复杂的和合学体系有洞彻的了解。作者依据传统的阴阳太极图，将和合学体系分为：形上和合、形下和合、社会和合、人文和合、道德和合、艺术和合、目标和合、工具和合八个方面，使读者一目了然。作者由此而延伸，将人际和合关系亦用"太极图"表示，画出"人际道德和合太极图"，将复杂的人际关系简化为一个优美而完善的和合大圆圈，既突出了体系的缜密性，又增加了和合学的感染力。作者这一匠心独具的表达艺术，值得提倡和推广。

3. 经世致用，继往开来。《和合学概论》一书，理论性、学术性强，自成一家，被一些读者评论为"世纪之交的创新之作"。此书在注重理论探讨的同时，将形而上与形而下结合起来，强调和合学基本原理的运用，在新的历史条件下，弘扬了中国传统文化中的经世致用之风，有鲜明的时代感，受到经济、政治、文化各界人士的好评与赞赏，在海内外兴起了弘扬中华和合文化精神的热潮。在北京成立了"中华和合文化弘扬工程"，并设计出"中华和合碑"；在成都成立了"中华和合文化弘扬工程"成都分组委会，全力开展对和合文化的研究。在我国的易学界和其他学科召开的一些国际研讨会上，中华和合文化作为主题得到了深入的讨论。这些事实证明，《和合学概论》所倡导的经世致用之风，受到了社会各界的肯定与认同。所体现的学风和研究方向，顺应了历史发展的潮流，值得学界同人效法和发扬。《和合学概论》一书，继往开来的特色十分明显，既勾画了和合思想的发展历程，又构思了和合思想未来的图景，融传承性和前瞻性为一体，兼具历史学与未来学的双重性，定名为"21世纪文化战略的构想"，实属当之无愧。作者视和合学为一个开放的体系，将和合学学派的形成与壮大，寄希望于几代人的不懈努力，这是作者的殷切期望，也是有志于补充、完善、发展和合学理论的学者的共同使命。

（原载《科学·经济·社会》1998 年第 3 期）

开创学术文化新时代的哲学思考

——《和合学概论》简介

毅　然

世纪之交，往往是产生问题的时刻，当然也是解决问题的时刻。世纪末情结在哲人的心头萦绕，这是哲人们勤思敏发的大好时机。旧的时代、旧的思想、旧的文化、旧的论争是该有一个了结的时候了。面临世纪之交，中国的哲人也必然在当今重大问题上有所思、有所想、有所作为。而文化方式的选择、古今中西的论争、现代化出路的求索以及人文精神与科学主义的融通，这些都在张立文先生的这本呕心之作：《和合学概论——21世纪文化战略的构想》一书中一一展现出来并求得正果。

在著者看来，中国文化在世纪之交面临着三方面的挑战，一是人类共同的五大冲突（人与自然、人与社会、人与人、人的心灵、不同文明间）的挑战；二是西方文化的挑战；三是现代化的挑战。而回应这三大挑战的最佳、也是最优文化选择便是和合学。

何谓和合学？这是著者积多年之探究，以"三年不窥园"的精神，潜心竭思而结构的新生命哲学体系。在我看来，"和"、"合"二字，看似顺手拈来，实蕴著者毕生之追求。"和"即"礼之用、和为贵"之"和"；"合"即"天地合气、人偶自生"之"合"。所谓"天施地化、阴阳和合"、"天地合和、生之大经也"。所以，和合学即新生命哲学、即生之哲学。它从底蕴上没有离开中国传统文化之根。但它确实又是著者"自家体贴出来"的新时代的哲学。因为，"和合学"已全然不再是传统的支离的"和""合"之说，而是一种体现全新结构方式的新理论。因此，在世纪转变之际，和合学所首倡的中国文化人文精神的精髓和首要价值——和合精神，可以谐调、化解人类所共同面临的五大冲突；它既是 21 世纪文化战略的对策，也是中国文化的人文精神走向现代和走向世界的一个契机。

和合学揭示的是天地万物的生生的本质和生命力之所在，以及天地万物相互之间关系的融突和合联系。和合学的范畴系统、逻辑结构、关系网络和转换中介，是高度差分的，是具有自组织系统的目的性和复杂性的文化巨系统。这与现代科学技术总体上研究复杂性发展态势是同形同态的。由和合学所建构起来的和合思维是一种独特的思维方式，这种和合思维昭示我们以全新的价值观念、心理结构、审美情趣去塑造新的人格以及处理人与自然、社会、人际、心灵、文明间的关系。这本洋洋洒洒近 80 万字的鸿篇巨制可谓近年来中国哲人文化灵魂、生命智慧和心性情感的真诚延续，是对中国传统哲学超越的果敢尝试。著者以"赤子之心"呼唤的"人文和合精神"已经引起包括科技界在内的政治、经济、文化等国内外各界有识之士的关心和瞩目。当然，仁智之见也必然由此生发。但是，同样可以肯定的是，一个中国人文精神阐扬的新时代已经来临。

（原载《昆明师专学报》（哲学社会科学版）1997 年第 4 期）

文化的止战力量

——读《和合学概论——21世纪文化战略的构想》

宫春科

J.F.C.富勒在他的《战争指导》一书中言道:"战争的真正目的是和平而不是胜利。""一个不受拥护的和平,实际上是一种压迫,一个国家,只有当他无力反抗时,才不得不接受这种和平,然而,一旦有了适当的时机,有思想的人就会起来反抗"。战争通过武力的压服换来利益的重新分配和暂时的和平,却不能消除间隙和仇恨,一旦力量均衡被打破,新的战争必然爆发,而新的战争在短暂的和平中必然制造更多的仇恨,导致更激烈的反抗和更多的战争,冤冤相报,循环往复,永无休止。战争的目的虽然是为了和平,但依靠战争的力量却不能换来和平,那么,能够真正换来和平的力量又是什么呢?读了张立文先生的《和合学概论——21世纪文化战略构想》颇受启发。

《和合学概论》一书的核心观点认为:之所以和合是中国文化人文精神的精髓和首要价值,是因为现代中华文化面临着人与自然、人与社会、人与人、人的心灵、不同文明间的冲突,需要应对西方文化和现代化的挑战,回应这些冲突和挑战最佳、最优化的文化选择,就是和合学。这些冲突与挑战,无论哪一条,对个人和群体来讲,都可能引起争斗甚至是流血冲突,对国家和社会来讲,就会引起战争。纵观人类历史大大小小的战争,血亲复仇、领地领水领空之争、宗教战争、农民起义、民族战争、侵略与反侵略战争,无一例外的都可以从这些冲突与挑战中找到根源。中国是四大文明古国中唯一一个文明没有断线,绵延至今,历史源远流长的国家,历史上,以农耕文明为主体的中华民族多次遭到游牧民族的入侵,中华大地也多次出现由枝干民族主导的局部或全国政权，中华民族也有着分分合合的经历，爆发过大大小小数千次战争，但是，每一次战争，特别是中华民族内部的纷争，最终的战争消弭方式不是战争，更不是种族灭绝，而是融合，即使是入主中原的少数民族，无论是鲜卑族建立的北魏，还是蒙古族、满族等少数民族，都能够积极汲取中华民族文化，加速民族融合，最后完全成为中华民族大家庭中的成员，这个过程虽然曲折，战争在所难免，但最终的局面却如同《三国演义》开篇所描述的那样"天下大势，久分必合"。促使这一趋势形成的最根本的力量，就是文化的力量。欲灭一国，必先去其文，中华民族能够屹立于世界民族之林，最根本原因在于以民族核心价值为内核的民族文化体现的强大的凝聚力，而和合思想就是民族核心价值的要素之一。这一民族文化的要素是以人为本，构建和谐社会这一重要思想的历史来源。对国家统一、民族凝聚中所体现的和合文化这一精髓阐发和梳理，构成了本书行文的主线，也加深了读者对"和合"文化在止战中的重要作用的切身体悟和理性认识。

《和合学概论》一书认为，20世纪是对抗、战争、科技的世纪，是强食弱、富掠贫、大凌小的世纪。21世纪是和平、发展、生态的世纪，强与弱、富与贫、大与小冲突融合，其性质是民族的、宗教的、信息的、生态的冲突为主导，归根结底是以文化为主导。读到这里，掩卷而思，德国与法国之间的世纪恩怨，分分合合，就是这一趋势的一个历史浓缩。德国与法国，脱胎于灭亡西罗马的日耳曼人建立的查理曼帝国，同处欧洲的核心地带，山水相邻，同根同源却以邻为壑，从俾斯麦到拿破仑再到希特勒，百年恩仇，多少战争，特别是在20世纪的两次世界大战中，成为死对头，战争的武力压服没有任何结果，换来的只是双方不计其数的人员伤亡和财产的损失。然而，第二次世界大战结束以后，放弃军国主义路线的德国认真的反省，真诚的承认错误，德国总理勃兰特在遇难犹太人纪念碑前真诚的一跪，欧洲各国的原谅，和宿敌法国冰释前嫌。从20世纪到21世纪，从欧共体到欧盟，欧洲走上一体化道路，欧盟各成员国在和平共赢的旗帜下实现了经济一体，仇恨消失，战争的阴霾散尽，欧盟在各国平等相处、相濡以沫。放眼当今世界，全球金融危机，欧债危机让希腊、冰岛等国相继遭难，但法国、德国和其他各欧盟成员国一起，不抛弃，不放弃，共克时艰，这一成果是德法之间多少战争、多么强力的征服都无法换来的。20 世纪是战争与革命的世纪，在这个世纪里爆发了两次世界大战，爆发了各民族反殖民的独立战争，21 世纪是和平与发展的世纪，在这个世纪里，虽然还有大欺小，强欺弱，但战争只是局部的，欧盟的一体体现了和与合的威力，是全球经济日益一体化，各民族文化在相互碰撞又相互影响融合的一个缩影。在"世界多极化、经济全球化深入发展，科学技术日新月异，各种思想文化交流交融交锋中更加频繁的今天"，只有在文化冲突和交融中坚持实施文化走出去的战略，在交融的过程中体现鲜明的民族特色，不断强化合与和的趋势，增强维护和平的力量，才能不断增强国家的文化软实力和中华文化的世界影响力，消解制造分歧与冲突的不稳定因素，和平与发展的主题才能延续，战略机遇期才有可能维护，世界上更多的国家和民族才能远离战争，实现发展，营建幸福的精神家园。

如何实现这一设想，发挥中华文化在维护世界和平与发展中的作用，扩大我们民族文化的影响力，赢得和经济大国相称的文化大国的地位，《和合学概论》一书也提出了自己的构想，即建立和合世界。该书还从和合生存世界、和合意义世界、和合可能世界三个方面，构建了一个建立和合世界的完整体系。该书完成于 1995 年 12 月，早在中国特色社会主义理论体系提出构建和谐社会、和谐世界之前，但与这一方针和政策有着异曲同工之妙，并且还从哲学、文化学、人类学的高度，为我们构建了一个以文止战的战略构想，这不仅丰富了我党构建和谐世界主张的理论根基，还对我们今天贯彻十七届六中全会精神，推进文化体制改革，建设社会主义文化强国具有重要的理论意义和现实意义。该书以"21 世纪文化的战略构想"为副标题，具有很强的战略指导性是它时代价值最集中的体现。全书通篇体现出合为和之本，分是战之源这个重要的文化战略判断：在这个"文化越来越成为民族凝聚力和创造力的重要源泉，越来越成为综合国力竞争的重要因素，越来越成为经济社会发展重要支撑的今天"，我们更应该用好和合文化的精神力量，有效遏制战争，维护战略机遇期，促进和平统一，防止民族分裂。高举民族复兴的文化大旗，让港澳台同胞和海外侨胞都能以民族的利益为重，不给任何挑拨离间、造谣诬蔑以可乘之机，团结起来，为中华民族的伟大复兴而共同努力。坚持和完善促进各民族文化共同繁荣发展的方针，在文化认同的前提和感召下珍视维护民族平等和民族团结的良好局面，和民族分裂主义作最坚决的斗争。只有实现了国内的民族团结，海峡两岸的互信和共同发展，世界各国华人的共同努力，任何敌对势力，即使力量再强大，也不敢轻开战端。相反，如果兄弟阋墙，外患必会接踵而至，战争必来，对整个中华民族乃至世界都是百害而无一利。

（原载《党政论坛》2012 年第 2 期）

"讲自己"的哲学，蕴营社会和谐文化

——张立文教授《和合哲学论》评介

李长泰

中国哲学"合法性"问题和中国哲学的危机问题是近几年来哲学界争论的热点问题，中国到底有没有自己的哲学，"哲学界的专家学者们围绕'中国哲学'与'哲学在中国'、中国哲学与西方哲学的关系、新世纪中国哲学研究的走向等问题进行了广泛深入的探讨"[①]。张立文教授提出，"走出中国哲学的危机，超越合法性问题"[②]，主张"自己讲"、"讲自己"[③]。张立文教授的观点可谓是独到。在"自己讲"、"讲自己"的中国哲学观的致思趋向下，张先生先后发表了很多具有极高学术价值的文章、推出探寻中国哲学自身特点的力作，"和合"哲学体系在建构、发展和"和合"完善之中，"和合学"是"在途中"的学问。

长期以来，西方哲学二元对立话语、斗争话语一直主导着中国大陆的哲学语境，斗争哲学盛行了几十年，时代需要斗争哲学，但时代也需要核心话题、人文语境的不断转换才能彰显新的生机与活力，理论思维在和合转换之中不断深化、创新，社会文化在多元和合中不断进步。和合、和谐是新时代的核心话题和人文语境。在马克思主义理论与实践逐步走出形而上学误区的"和合"大语境下，继《和合学概论——21 世纪文化战略的构想》之后，

---

① 赵景来：《中国哲学的合法性问题研究述要》，《中国社会科学》2003 年第 6 期。
② 张立文：《走出中国哲学的危机，超越合法性问题》，《中国人民大学学报》2003 年第 2 期。
③ 张立文：《中国哲学的"自己讲"、"讲自己"——论走出中国哲学的危机和超越合法性问题》，《中国人民大学学报》2003 年第 2 期。

反映"和合"语境的由中国人民大学教授张立文先生撰写的又一力作《和合哲学论》已在人民出版社出版，具有很高的学术价值和现实意义。

全书共有七章内容：

第一章：爱智之旅。本章是对和合哲学新思维何以可能历程的论述，即和合哲学何以可能的求索之道。通过对古今、中西、象理三大思辨的和合解构，从而梳理出和合价值时间、和合生存空间与和合逻辑本原。和合学创新的标志是核心话题转向、人文语境的转移、诠释文本的转换，从而突现理论思维创新。和合哲学关切的对象在于化解一切基于二元对待的冲突和危机，并用和合生生法、创新法、意境法，突破传统的求一法、对立法、写实法。

第二章：和合起来，也就是和合形而上学。和合学重在创造性的显现过程，在和合生生中构成境域，它自己敞开自己，其逻辑进程是天、地、人三界，即生存、意义、可能世界。和合哲学活动需要通过和合象性、实性、虚性的追求，走向"和合生生之道"。"和合起来"的和生之道，是价值创造的枢纽，是化解与体贴的机理，是即超越即流行的生生道体。人的自由创造和自己认识自己的品格体现了人与天、地和合不断生生的品格，突现了对生存、意义和可能世界的追求，而最终和合起来。

第三章：和合历史哲学；第五章：和合价值哲学。和合历史哲学与和合价值哲学相和合超越，而至生生道体，并与和合生存、意义世界相关联。价值创造的本质在于和合，不是二元的对立，人文和合价值中"无极便是终极"，历史价值在变动之中、没有终定论。历史在变动中实现价值追求，历史变动不居，价值关怀在和合进程历史之中，历史演化的动力是对情感道德的和合，以多元性和包容性的和合生生原理化解道德理性与道德情感、生命理智与生命情欲、社会道义与自然情感、天道天理与血缘亲情之间的紧张与冲突，构筑人类真实、完善、优美的情感历史世界。

第四章：和合语言哲学；第六章：和合艺术哲学。语言在不断变化中对世界存在进行建构，和合语言是存在的家园，中西语言相异，但都是对人创造的特质的和合洞明。和合的语言描述了天人的和乐境界。艺术是人类的精神家园，是自由创造的境界，艺术在不断的和合途中，不断地超越现有的境界通达人的心灵创造之域，达到大和至乐之境。和合语言哲学与和合艺术哲学的合并流行而至生生道体，并与和合意义、可能世界相关联。超越是思议自下而上的逻辑流行，是历史效用的不断激活，是价值势能的不断转生；流行是言说是自上而下的事功超越，是艺术功德的不断求解，是语言存相的不断落实。

第七章：和合哲学的逻辑结构。本章再次对和合哲学形而上学中的和合生生道体进行了总结，它是和爱与智慧的结晶，是自家的体贴，是对传统的超越。和合生生哲学突现了对现实价值和意义，它是人类度越五大危机（生态危机、社会危机、道德危机、精神危机、价值危机）的诺亚方舟，是化解五大冲突（人与自然的冲突、人与社会的冲突、人与人的冲突、人的心灵的冲突、各文明之间的冲突）的智慧之旅，也是安顿高科技全球化的精神家园。

《和合哲学论》的学术价值主要有以下几个方面：

（1）哲学话语的转向。和合哲学论的提出与发展，是对传统哲学话语体系的一次大转向，是对传统马克思主义哲学话语和西方哲学话语的创新与超越，从此对学术界将产生和合话语震荡，开拓了学术的新视野、新领域。学术的价值并不完全在于学术本身，也在于学术使更多的学术者转入、参与到新学术话语探讨之中。学术也类似于游戏，正如伽达默尔所说，游戏的魅力就是使游戏者受吸引、使游戏者转入到游戏之中。① 自从《和合学概论》问世以来，和合学已经在学术界引起了极大的反响，"和合"话语成了哲学学术流行话语，《和合哲学论》的公之于世将进一步确立这一话语的转向，使更多的学术转向和合哲学的话语讨论之中，话语转向形式本身是对学术的极大贡献。

（2）突出中国哲学的发展应有自身的诠释文本和逻辑。传统上对中国哲学的研究总是以西方的哲学诠释中国哲学、以马克思主义哲学注释中国哲学，中国哲学成了西方的注脚，没有找到属于自身发展的诠释文本。和合哲学论通过对中西哲学的分析、对中国哲学自身的逻辑进行了梳理，找到了自身发展的逻辑和诠释文本，开创了"自己讲"、"讲自己"，这是一种创新，

---

① 参见［德］伽达默尔：《真理与方法》，洪汉鼎译，上海译文出版社 1999 年版，第 138 页。

是对中国哲学学术发展的极大贡献。在当今文化发展，全球化实际上就是文化多元化，也是自身文化认同强化的时代，正如哈佛大学教授塞缪尔·亨廷顿所说，现代化加强了各文明的文化[①]，是不同文化和文明并存[②]。张先生开创的"自己讲"、"讲自己"思维无疑是对中国哲学和中华文化自身文本的加强。

（3）学术功底的打造在于专心致志与体贴，而不是人云亦云。《和合哲学论》凸显了张先生的学术功力，一是学贯中西，资料丰富，对每一个问题都有大量的资料引证，学术规范凸显了典范的治学风格。二是治学严谨，专业致志，对资料的掌握与梳理、对理论的自家体贴而不人云亦云，都是对学术事业本身的贡献。

值得注意的是，"和合"学思想于1996年就已经问世，在此基础上张先生又进一步提出和合哲学论，正如他本人所期望的，通过和合方式给人营造身心健康、道德健康、社会健康、文明健康、自然健康而达到融合、中和、和生、合乐的境界。当前国家的"和谐"社会建设与发展思想正证实了"和合"思想的超越性与预见性，和合哲学将从更深一层对营造和谐社会文化提供形而上的张力，和合哲学将在社会现实层面突现其生生的价值。

（原载《湖南科技学院学报》2005年第9期）

---

① 参见〔美〕塞缪尔·亨廷顿：《文明的冲突与世界秩序的重建》，新华出版社2002年版，第71页。

② 参见〔美〕塞缪尔·亨廷顿：《文明的冲突与世界秩序的重建》，新华出版社2002年版，"中文版序言"。

面向未来的中国哲学需要充分体现
自身特质的理论形态

——《和合哲学论》评介

李翔海

前辈学者张立文先生撰写的《和合哲学论》一书，最近（2004年12月）由人民出版社出版。这是张立文教授在先后撰著了《中国哲学逻辑结构论》、《传统学引论》、《新人学导论》、《和合学概论——21世纪文化战略的构想》等系列著作后出版的又一部从哲学的高度进一步深入阐释和合学的新作。初读全书，《和合哲学论》以下三个方面的特点给人留下了深刻的印象。

第一是高度自觉的创新精神。在宽泛的意义上，我们可以把"文化"看作是人类精神的外化，它是人类精神自由创造的产物。而哲学作为人类文化的核心内容，其最为宝贵的精神品格也正在于精神的自由创造。而就作为一个现代学科意义上的"中国哲学"的具体存在境遇而言，由于它一方面长期以来在相当的程度上被自觉不自觉地笼罩在西方哲学的阴影之下，另一方面在今天又肩负着为中华民族的现代振兴这一前无古人的伟大事业提供精神支撑的时代使命，因而对于面向21世纪的中国哲学来说，体现出立足于时代要求的自主自觉的自由创造精神尤为重要。在相当的程度上，能否在哲学活动中真正体现出创造精神，是决定中国哲学是否能够真正走向现代与走向世界、在切实影响当代人类社会与人生的历史进程中体现出鲜活而隽永之理论生命力的一个关键。

我们看到，《和合哲学论》体现出了鲜明的创新意识。就人的本性而言，该书多处申言"人是会自我创造的和合存在"，并明确指出："人的和合辅相与和合参赞，是其自我创造的内在意蕴、核心活动和本真方式。无论是智能创生，还是价值创造，其实都是人的自我和合创造。这是和合智能创生、价值创造的内核性元根据。"①就哲学的精神品格而言，该书明确指出，"超越现实性的理论思维的创造性活动，是哲学智慧的生命，是哲学日新日日新的原动力。假如窒息了理论思维的创造性活动，哲学智慧的生命也就停止了"。②正是立足于这样的理论自觉，张先生以鲜明的创新意识，给自己规定了下述理论任务："我试图把'在途中'的和合学继续讲下去，于是便跃入历史、价值、语言、艺术的深渊谷底去求索。这个求索既不是照猫画虎式的'照着讲'，也不是秉承衣钵式的'接着讲'，而是想独具匠心地自己讲。"而这里所谓"自己讲"，进而言之就是"讲自己"，即"讲述和合学自己对话题本身的重新发现，讲述和合学自己对冲突的艺术化解，讲述和合学自己对危机的义理克服，讲述和合学自己对价值理想的赤诚追求"③。在这样的高度自觉的创新意识的主导下，《和合哲学论》不仅以"和合生生道体"和"和合学方法"为主体阐明了"和合哲学"的一般原则，而且从"和合历史哲学"、"和合语言哲学"、"和合价值哲学"、"和合艺术哲学"等几个领域对"和合哲学"的主干内容作了具体展开，并进而阐明了"和合哲学"的逻辑结构，从而完成了"和合哲学"的系统建构。尽管如何处理"创新"与"继承"之间的内在张力是我们必须谨慎面对的一个重要的理论课题。但是，无论如何，鲜明地强调"自己讲"、"讲自己"显然是较为充分地凸显了和合哲学注重创新的理论品格。

第二是植根于中华民族智慧精神之中的理论取向。正如学界已经注意到的，由于"师法西方"构成了作为一个现代学科的"中国哲学"的历史起点与逻辑起点，中国哲学在学科创制之初就在相当程度上对西方哲学存在着依附关系。由此，西方哲学成为衡量中国古代学术传统中的有关内容是否可以被归之于"哲学"的基本标准。在这种范式的主导之下，长期以来，不仅人们思考中国哲学与中国哲学史的思维范式在自觉不自觉中是"西方中心

---

① 张立文：《和合哲学论》，人民出版社 2004 年版，第 70 页。
② 张立文：《和合哲学论》，人民出版社 2004 年版，第 67 页。
③ 张立文：《和合哲学论》，人民出版社 2004 年版，第 1 页。

论"的，而且中国哲学学科研究对象的确定、学科范围的划定、书写内容的取舍及其脉络系统、观念框架、问题意识、价值取向乃至话语系统、书写规范也在归根结底的意义上堪称是笼罩在西方哲学的范式之下的。由于这套书写范式是外在于中国哲学传统的，再加之中国哲学系统与西方哲学系统之间在精神特质方面客观存在的巨大张力，这就不仅不可能充分体现出中国哲学的自身特质，而且会不可避免地出现肢解、扭曲、贬抑中国哲学的情况。

面向未来的中国哲学要想获得更为合理的存在形态，必须根本改变中国哲学的上述存在境遇，而以哲学的方式更为充分地体现出中华民族智慧精神的自身特质。在这方面，《和合哲学论》也有着明确的理论自觉，鲜明地表现出了将和合哲学植根于中华民族智慧精神之中的理论取向。作者明确指出："哲学，只有凸显民族特色的哲学，才具有世界性价值。"① 因此，"今天，我们要弘扬文化传统，要振兴中华民族，就需要以音乐家对和声谐音的直觉和灵感，在全球化语境中谱写和演奏新的和合乐章，使中国哲学成为世界哲学新世纪创新的爱智序曲。"② 正因为此，不仅这一哲学形态是以源自于先秦元典的"和合"为名，"生生"、"道体"、"无极"、"太虚"、"太和"、"意境"、"理"、"势"、"情"、"言"、"象"、"意"等中国哲学固有的概念成为了和合哲学的重要范畴，而且和合哲学的基本精神与中国哲学传统也堪称是血脉相连的。这在和合哲学的精神旨归中得到了清楚的体现。《和合哲学论》指出："和合学的主旨就是'生生'，天地之大德曰生'，'生生之谓易'，把生作为天地的根本性质。和合学把宇宙万物和社会人生看成一个生生不息的和合体，这个和合体是通过阴阳、刚柔、乾坤、男女的冲突融合形成的，并在其对待冲突中追求均衡、和谐和流变。在这里，宇宙万物的化生、繁荣是天地、阴阳、刚柔等多样冲突、交感的和合，社会的和平、昌盛是人与自然、人际、心灵、文明多极冲突、融合的和合。宇宙化生繁荣，社会和平昌盛，便意蕴着生乐的生生不息。"③ 尽管和合哲学不会是凸显中国哲学之"自性"的唯一理论形态，但是它植根于中华民族智慧精神之中的理论取向显然是适

---

① 张立文：《和合哲学论》，人民出版社 2004 年版，"前言"。

② 张立文：《和合哲学论》，人民出版社 2004 年版，第 46 页。

③ 张立文：《和合哲学论》，人民出版社 2004 年版，第 226 页。

应了时代的要求的。

第三是对西方哲学开放的理论心态。在世纪之交对于现代中国哲学的反思中，有人主张：为了改变以西方哲学宰制中国哲学的状况，面向未来应当完全消除西方哲学的影响，按照中国传统学术的本来面目、用纯粹的本民族的思维和语言书写中国哲学史。与依附于西方的路向相比，这种主张可以说是从一个极端走向了另一个极端。和合哲学在倡导植根于中华民族智慧精神之中的同时，同样避免了这种片面性，对于西方哲学体现出了开放的胸襟。《和合哲学论》不仅在对于哲学史的回顾以及对和合历史哲学、和合语言哲学、和合价值哲学以及和合艺术哲学的分述中，表现出了中西对比观的理论视野，而且还积极吸收了西方哲学的优秀成果。在谈到和合学将人界定为是"会自我创造的和合存在"时，该书明确指出："从卡西尔、海德格尔和老子、庄子在语言哲学方面观点的比较中，我们可以看到，西中两种人文文化传统的走向殊异：前者的走向是追求自然的彻底人化；后者的走向是追求人的彻底自然化。换句话说，前者以人为法则为基，后者以自然法则为根。但是，两者都基于对人的创造性特质的洞明。因此，人是会自我创造的和合存在的观点的提出，可以说是融会、凝练两大人文传统的结果。"[①] 这种面对西方哲学的开放的心态与胸襟，无疑是面向未来使得充分体现了中华民族智慧精神之自身特质的"中国哲学"真正确立所需要的。

面向未来的中国哲学需要充分体现中华民族自身精神特质的理论形态。和合哲学的出现，应当可以看作是当代中国哲学发展进程中一项具有重要意义的理论创获，相信它的问世必将会对中国哲学的当代建设起到重要的推动作用。

（原载《社会科学战线》2005 年第 3 期）

---

① 张立文：《和合哲学论》，人民出版社 2004 年版，第 179 页。

和合学：世纪之交的文化战略构想

夏　雪

　　和合学理论是张立文在全球化的语境下，面对人类共同的五大危机以及中国哲学所面临的挑战作出的回应，也是他为了回答持续百年之久的东西文化之争而提出的文化战略构想。和合学以中华民族文化精神为根基并融汇中西古今思想，其"理论源泉，精神沃壤，是中国文化价值系统中根深蒂固、源远流长的人文和合精神"①。

一、和合学的致思之由

　　世纪末的世事变迁，常常影响到下个世纪最初几十年世界的发展，因此，世界的思想家、政治家、谋略家自觉或不自觉地都在思索人与自然、人与社会、人与人，以及民族与民族、国家与国家、文化与文化之间的关系，应以什么新原理、新原则，来建构新关系、新秩序，使人人都能安身立命。张立文认为，20 世纪是对抗、战争、科技的世纪，是强食弱、富掠贫、大凌小的世纪，其性质以民族的、种族的、政治的、军事的、经济的对抗为主导。21 世纪是和平、发展、生态的世纪，强与弱、富与贫、大与小冲突融合，其性质是以民族的、宗教的、信息的、生态的冲突为主导，归根结底是以文化为主导。因此，21 世纪是文化冲突与文化融合的世纪，即文化融突的和合世纪，亦可谓之曰：文明融突的和合世界。面对 21 世纪的这些机遇

---

① 　张立文：《中国和合文化导论》，中共中央党校出版社 2001 年版，第 165 页。

与挑战，中国文化需要作出何种回应，又以何种面貌作出回应？正是为了回答这些问题，张立文称自己以董仲舒"三年不窥园"的精神，潜心竭思出了"和合学"，并希望它在调适、化解现代挑战中发挥作用。

（一）21世纪人类面临五大危机

张立文将21世纪人类面临危机概括为生态危机、人文危机、道德危机、信仰危机、价值危机五种。许多组织、机构、党派、学者都对此提出过化解的主张。张立文认为，中华民族文化要走向世界，不是靠口号和呐喊，而是靠化解人类所共同面临的冲突和危机的实力。这是世界共同真切需要的，而和合学正是提出了一个整体的、系统的化解这五大冲突和危机的理论体系，它可以在化解五大冲突的危险中凸显中华民族文脉的新理论形态，取得世人的认同。

（二）儒学面临三大挑战

儒学面临着价值理想的挑战、来自西方文明的挑战、现代化转型的挑战。儒家文化曾是中国几千年封建社会官方意识形态，随着中国农业宗法社会向现代工业社会的转型而遭受了严重的挑战。为了弘扬以儒家文化为骨干的中国传统文化的自身价值，必须对传统文化进行现代诠释，既继承传统文化的优秀精神，又借鉴世界范围内人类文化的进步思想，从而使中国文化以崭新的面貌走向世界。这就需要对中国民族文化进行深层的自我批判和深度的自我反省，从而重新恢复中国文化人文精神的活的生命。这个自我批判和自我反省的过程时至今日仍在进行。

（三）对"文明冲突论"的回应

亨廷顿的"文明冲突论"认为，冷战结束后的未来国际"主要的和最危险的方面将是不同文明集团之间的冲突"[1]，这个文化冲突主要是指儒家文明与伊斯兰文明联系的扩大和加深，将对西方文明产生威胁，"伊斯兰社会和华人社会都视西方为对手，因此它们有理由彼此合作来反对西方，甚至会像同盟国和斯大林联手对付希特勒一般行事"[2]。东亚从其经济发展中获得自

---

[1]　[美] 塞缪尔·亨廷顿：《文明的冲突与世界秩序的重建》，周琪等译，新华出版社2002年版，第1页。

[2]　[美] 塞缪尔·亨廷顿：《文明的冲突与世界秩序的重建》，周琪等译，新华出版社2002年版，第202页。

信，穆斯林的自我伸张则在相当大的程度上源于社会流动和人口增长，所有的东亚文明——中华文明以及日本文明、佛教文明、伊斯兰文明——强调自己与西方的文化差异，有时也强调它们之间的共性，这些共性常常认同于儒教。因此，"当东亚人在经济上获得更大成功时，他们便毫不犹豫地强调自己文化的独特性，鼓吹他们的价值观和生活方式优越于西方和其他社会。亚洲社会越来越无视美国的要求和利益，越来越有能力抵制美国或其他西方国家的压力"①。鉴于此种分析结果，亨廷顿提出西方文化应顾及自身利益，对内加强团结，放慢裁军速度；对外拉拢东欧和拉丁美洲，跟日本和俄罗斯合作，限制儒家与伊斯兰国家的军事扩张，并挑拨儒家与伊斯兰社会的歧异，使他们无法联手对付西方。

张立文对此持批判态度，认为亨廷顿是以西方中心论的思维方式、文化观念以及价值观念来规划后冷战和21世纪的文化战略②，对儒家文明的无知导致了他认为儒家文明将对西方产生威胁。实际上，与亨氏所言正相反，中国审时度势，深刻体认冷战后的世界变局，在世界多极化、政治多元化、经济全球化的情况下，提出了和平、发展是世界主题的思想，并为香港、澳门回归制定了"一国两制"的构想，"以和平发展思维回应了亨氏的冷战思维，以多极主义回应亨氏的西方中心主义（实为美国中心主义），以'和而不同'回应了亨氏霸权主义"③。"文明冲突"论激发了张立文思考，他试图从中华民族传统文化资源中寻求化解文明冲突的方法。在对中国哲学范畴进行梳理的过程中，他发现了《国语·郑语》、《管子》、《墨子》等书中的"和合"范畴和话题，并体贴出和合"故事"而转生为化解现代文明冲突的"和合"理念。

（四）和合是中国基本国情的需要

从中国改革开放以来的发展状况来看，创造和平、安定的国际、国内

① [美] 塞缪尔·亨廷顿：《文明的冲突与世界秩序的重建》，周琪等译，新华出版社 2002 年版，第 202 页。

② 参见张立文：《和合学概论——21 世纪文化战略构想》，首都师范大学出版社 1996 年版，第 9 页。

③ 张立文：《致思和合学的心路历程》，《河北大学学报》（哲学社会科学版）2005 年第 5 期。

环境，以经济建设为中心，是一项重要的政策。20 世纪 70 年代末，中国逐步打开国门，接触世界。面对世界的发展，"四小龙"的经济腾飞，中国大陆的情境与之形成鲜明反差。"向何处去"是中国面临的抉择。中国选择了实行以经济建设为中心的战略性转移，促使政治结构、经济结构、社会功能、价值观念、思想意识、生活方式的变革。张立文认为，"以经济建设为中心，就要求人与自然、人与社会、国与国、民族与民族间的协调、平衡，国内安定团结而不动乱，国际间无大的、全面的战争。换言之，安定团结需要和谐，和合才能安定团结，才能发展经济。和合是中国经济建设战略性转移的需要"①。和合学是时代精神的呈现，是安定团结，一心一意搞建设的需要。

（五）对中国哲学发展的思索

张立文认为中国哲学要走出"照着讲"、"接着讲"，进入"自己讲"、"讲自己"的阶段，才能重新焕发其魅力和辉煌，承接和弘扬五千年来中华民族哲学的血脉和生命智慧。他认为中国哲学理论思维形态的转生有其内在的"游戏规则"，只有理解、体认、掌握了这种"游戏规则"，并按"游戏规则"去实现，才符合中国哲学理论思维创新的要求，才可以说是中国哲学的创新。他根据自己的研究和"体贴"，将此"游戏规则"概括为三条：一是核心话题的转换，二是诠释文本的转变，三是人文语境的转换。回顾中国哲学的发展之路，思想学说的创新时代，往往同时出现三种变异现象："一是核心话题随时代精神的偕行而转向，不存在千年不变的哲学根本问题；二是人文语境随民族精神及其生命智慧的觉悟而转移，没有万古常住的哲学理论范畴；三是诠释文本随主体精神及其自由创造的选择而转换，没有放之四海而皆准的真理大全本文。"② 要哲学创新，必须转生为新核心话题、诠释文本以及新的人文语境。而"和合学的核心话题是讲述和合故事，以'和合'为主导论辩；其依傍的诠释文本是《国语》，它没有被作为儒家经典，因此避免了被篡改的命运，保持着较本真的面貌；其人文语境是世界格局和国内格

---

① 张立文：《致思和合学的心路历程》，《河北大学学报》（哲学社会科学版）2005 年第 5 期。
② 张立文：《和合哲学论》，人民出版社 2004 年版，第 37 页。

局以和平发展、改革开放、经济建设、建构和谐社会为语境"①，因此，和合学的理论思维形态构建，符合中国哲学创新或转生的"游戏规则"，是中国哲学的现代转生。

二、和合学：21 世纪的战略构想

基于以上分析，张立文认为和合是中国文化人文精神的精髓和首要价值，其"立言宗旨，创学标的，是为了化解 20 世纪人类文化系统内的价值冲突和危机，进而设计 21 世纪人类文化发展的战略之道"②。和合学是化解五大危机，回应三大挑战的最佳、最优化的文化选择。不仅如此，张立文称"和合学三重和合世界（和合生存世界、意义世界、可能世界）的建构，以及和合历史哲学、和合语言哲学、和合价值哲学、和合艺术哲学的和合学两翼、根柢、基础的展开，是对有史以来的人类文化、哲学及其价值形相作出的和合统摄"③。和合学还能创造性地解决中西文化的价值和合与传统文化转换，使中国文化以崭新的面貌走向世界。

（一）何谓"和合"

张立文认为，"所谓'和'就是既冲突又融合，无冲突无所谓融合，无融合亦无所谓冲突"④。"所谓和合的'和'，是指和谐、和平、祥和；'合'是结合、合作、融合。和合是指自然、社会、人际、心灵、文明中诸多元素、要素相互冲突、融合，与在冲突、融合的动态过程中各元素、要素和合为新结构方式、新事物、新生命的总和。和合是宇宙间普遍现象，而被和合学作为研究对象。建立在和合文化基础上的和合学，是以和合的义理为依归，既涵摄又超越冲突、融合的学问"⑤。在中国文化的思想领域，不仅儒家

---

① 张立文：《致思和合学的心路历程》，《河北大学学报》（哲学社会科学版）2005 年第 5 期。

② 张立文：《和合学概论——21 世纪文化战略构想》，首都师范大学出版社 1996 年版，第604 页。

③ 张立文：《和合哲学论》，人民出版社 2004 年版，第 337 页。

④ 张立文：《和合学概论——21 世纪文化战略构想》，首都师范大学出版社 1996 年版，第12 页。

⑤ 张立文：《儒家的和合文化人文精神与二十一世纪》，《学习与探索》1998 年第 2 期。

有此和合思想，管子、老子、墨子也都主张"和"、"和合"或"合和"。"和"在当时是被普遍认同的人文精神，这种共识，来自对现实社会的忧患和对未来可能世界的理想。它的依据与基础，便是儒家"仁者，爱人"，道家自爱而爱泽人人，墨家"兼相爱"等人类之爱的人道精神。这种"泛爱众"的博爱精神，是一种文明之所以持久不衰的原因，是一种人类普遍精神的升华。无论儒教文明还是西方文明，都具有立己立人、达己达人的爱心。张立文认为，人类有了这种爱心，并以此为一切观念、行为的基点、核心，推广辐射出去，成为无论是东方文明还是西方文明的普遍原理，国际社会就能和平共处，共同发展，共同繁荣。而这种"仁爱"的人文精神，对于现代世界来说，既不必经"良知坎陷"而开出，也毋须经"创造性的转化"而运用，只需自然流出或适宜性的流出，作为处理和解决现代世界人与自然、社会、人际以及心灵关系的指导原理、原则之一。[①] 在文化多元冲突，多元融合的错综复杂的后冷战时期，价值观念的冲突是导致世界变局和多元冲突的原因之一。因此，应该建立一种融合各种文化价值观为基础的文化价值体系，使人类可以共同面对自然、社会、人际、心灵和文明的五大冲突的挑战，为人的生存提供"充足、舒适而无污染的自然生活资源和'元境'"，"一个安定有序、富裕文明的社会生活的'理境'"，"一个互助、互爱、互尊、互重、互信的人我生活活动的'己境'"，一个"人人心灵愉悦的艺术生活活动的'心境'"，以及"各种不同文明间的宽容开放、和平共处的'和境'"。[②] 张立文认为，"和合"文化价值系统，正是这样一个 21 世纪文化方式的最佳选择。

（二）化解冲突的和合之路：和合学的中心价值和精神要旨

中国文化价值系统，是和合学永远得以滋润和哺育的源头活水之一。人类所共同面临的五大冲突，实际上亦是价值危机的表现形式。生态危机是与人类掠夺和征服自然生态系统这一价值观念的危机相联系；社会危机、人际危机、心灵危机、文明冲突，都与价值危机与冲突相关联。和合学能否化

---

① 参见张立文：《和合学概论——21 世纪文化战略构想》，首都师范大学出版社 1996 年版，第 12—15 页。

② 张立文：《和合学概论——21 世纪文化战略构想》，首都师范大学出版社 1996 年版，第 16 页。

解五大危机和冲突，就在于和合学能否创立一种全新的价值观和方法论，并据此理论地解决人类文化价值系统日趋严重的危机和日益激化的冲突。因此，张立文提出和生、和处、和立、和达、和爱五大原理，进行创立价值观的尝试。他认为作为人类 21 世纪文化行为和文化价值的这五大原理即是走向和合之路的五大中心价值，它是化解每一种冲突的原理。但要化解人类所共同面临的五大冲突，还需要依照和合学的原理、价值、方法以及生生、变化、神妙、选择、和谐五大要旨的实践过程，作为路径。总之，按照和合学五大中心价值和五大要旨以及各具体的和合方面、层面的融突和合原理、原则，促使和合三界（生存世界、意义世界、可能世界）的各个层面、方面的和合体的更真实、更完善、更优美，便可达到和合世界或和合境界，这就是化解人类所共同面临的五大冲突的和合之路。

（三）融突而和合：和合学视野下的传统文化与现代化、全球化

中国传统文化如何向现代转化？近一个世纪以来，中国人前仆后继进行实践，并提出了种种主张和方案。有论者认为，从儒家现代化的整个历史进程来看，儒家的调适和重建方式主要有：中学西源、中体西用、以"中学"释"西学"或以"西学"释"中学"、中西会通、接续主义、全盘西化或充分世界化、本位文化、中国本位或民族本位、西体中用、合题、化西、创造性转化等。[①] 20 世纪 80 年代以来，又有儒学复兴论、儒学第三期发展、综合创新论、彻底重建论、哲学启蒙论等论说。张立文反对所谓的"全盘西化论"，批判"甘当殖民地"论。他质问持此论者，"未改变黄皮肤，黑眼珠之前，如果西方人问：你们东方有什么文化和哲学思维？你们中国有什么文化和哲学思维？这将如何回答，将有什么感受？即使中国实现了现代化，西方人仍可骄傲地说，这就证明东方不行，中国不行，中国是靠搬西方的科学技术和文化哲学现代化的！这样中国岂不失掉了自己民族的传统文化？传统文明？"[②] 他告诫：在这点上，中国人需要觉醒，要认识到"其实，现代中国

---

① 参见何爱国：《调适、整合与重建：儒家现代化的十二种方式》，《河北学刊》2005 年第 5 期；盛邦和、何爱国：《论儒家对现代化的调适》，《福建论坛》（人文社会科学版）2004 年第 11 期。

② 张立文：《民族文化的存在何以可能》，载《亚文》（第二辑），社会科学出版社 1997 年版。

传统中国的延续。尽管中国现代文化哲学与传统文化哲学是不同时代文明的产物，但却是一个不可分割的沿传体。弘扬中国传统文化、思想、哲学，并不是排拒西方民族的优秀文化传统。文化、思想、哲学只有在互相冲突中，才能融合，共同发展。所以说一个否定自己传统文化和哲学的民族，是没有前途的民族；一个不吸收外来优秀传统文化和哲学的民族，也是不会发展的民族"[①]。他认为21世纪既不是西方文化中心论，也不是东方文化中心论，而将是世界文化的多元、多中心互渗互补或融突和合。在当今世界情势下，各个国家、民族文化必须与全球文化、即世界文化接轨，这是大势所趋，不可逃避。"信息高速公路必然把全球各国、各民族紧密联系在一起。即使各国家、各民族为在语言、信仰、利益、价值、思维以及政治、经济等各个层面发生前所未有的冲突；亦为各个国家、各民族在相互了解、交往、对话等方面提供了最方便、最快捷的条件，使各民族、各国家在'和而不同'和'求同存异'的规则下，走向文化融突的和合。"[②] 人类又需要寻求解决由工业文明向信息文明转型过程中所凸显出来的人类共同面临的五大冲突和危机的方法。

因此，他认为那些探讨传统文化与现代化关系以及如何实现现代化的论说虽然是出于忧国忧民的忧患意识，但就其本身来说，尚停留在对传统如何走向现代的方法、手段层面的探讨和论争，并不能解决现实的现代化问题。其原因之一，就是长期纠缠于东、西（或中、西）和古、今（传统与现代）的争论。其实，东西学者为解决人类所面临的危机所提出的学说和设计，其生命力"不在于其言词表达的高深玄妙，而在于能否化解现代人类所面临的冲突和危机的现实，即是否适应现代人类的利益和需要或时代精神的呼唤。若以此为价值标准来审视一切文化，则无所谓西方文化与东方文化的绝对界限，也可以跳出传统与现代两极二分的框架。世人便可以转换视角，用一种新的'融突论'的和合观念，即和合而化生新生命、新文化的观念来思考21世纪人类文化战略问题，而超越长期以来纠缠不清而又道说不明的

---

① 张立文：《民族文化的存在何以可能》，载《亚文》（第二辑），社会科学出版社1997年版。
② 张立文：《民族文化的存在何以可能》，载《亚文》（第二辑），社会科学出版社1997年版。

东、西（或中、西）和古、今（即传统与现代）文化争论的情结"①。而和合学理论，既承认冲突，也承认融合，"是试图思考中国文化在人类所面临五大冲突和西方文化、现代化的挑战下，如何作出一种回应，以适应中国实现现代化、走向21世纪的利益和需要"②的理论。因此，在解决中国文化的现代发展这一问题上，和合学有其优越之处。首先，和合学理论对价值观基础进行了清理，提倡在和合心态下，以价值中立为前提进行价值判断，重视整体，也承认差异，讲求以差异为基础的平等与融合。这样，可以为持不同论点者提供对谈、交流的基础，使之对中国文化有清醒的认识。其次，和合学以全方位视野，将中国文化摆在全球化里考察，又将中国与各国文化摆在中国文化里来认识；关注传播也关注吸纳；不回避文化的摩擦与冲突，又强调文化的共生与和谐。有利于对文化进行全方位考察。再次，和合学打通了传统与现代的关联之途，不采传统与现代截然二分说，破除了反传统思维模式的限制；同时不否认、不忽视传统与现代之间的张力，破除了体用论思维模式，而采用一种和合思维模式，强调诸要素之间的冲突和合而转生。在传统文化研究中，传统与现代的问题是无法回避的核心问题之一，需要打通两者的关联之途，方能抓住问题的根本。③

总之，"和合学以中华民族文化的世界化发展为空间性的战略基点，力求通过对各民族文化的人文精神的和合诠释，把握人类文化历史性冲突、融合的理路、脉络和取向"④。和合文化是中国人文精神的精髓，中华民族和合文化在化解人类所面临的冲突中，必将走向世界并逐步被世界所认同。"中华和合人文精神之所以有资格充当化解人类价值冲突的道德信使，根本依据就在于：她拥有全球经济、政治、文化可持续发展战略所必需的思想资源和道德传统。这些异常珍贵的精神财富，若能得到充分重视、合理开发、广泛传播和恰当利用，足以化解人类五大冲突，终结全球双重对抗，使社会文明

---

① 张立文：《中国和合文化导论》，中共中央党校出版社2001年版，第249页。

② 张立文：《中国文化的和合精神与21世纪》，《学术月刊》1995年第9期。

③ 参见陆玉林：《简论传统和合思想的现代转生》，《中华文化论坛》2000年第3期。

④ 张立文：《和合学概论——21世纪文化战略构想》，首都师范大学出版社1996年版，第598—599页。

愉快告别生态危机，顺利迈进和合世纪"①。他欲以此将解决现实的现代化问题落到实处。

三、和合学的宗旨

和合学理论提出后，认同者从理论创新性、和合学体系的建立、和合学的可操作性、和合学的意义等诸方面给予了肯定。但也有论者指出，作为哲学体系的和合学，尚有许多不周延的地方。对于这些，张立文说，和合哲学不是"照着"以往的哲学学理讲，也不是"接着"过去的哲学学理讲，而是"自己讲"，即和合学"讲自己"的哲学，否则，只能解构并还原和合学为历史上的某种哲学学说。② 和合学尚"在途中"，这一理论尚处在不断发展完善的过程中。他总结人们关于中国走向现代化的主张，认为就这些主张的本身来说，都属于如何和怎样走向或实现现代化的方法、手段问题，这个问题很重要，但总觉有未能落到实处之嫌。③ "和合学"也是一种"方法"、"手段"，但更着力思索的是"如何将文化现代化问题落到实处"的问题。这正是和合学的宗旨所在，即作为跨世纪的文化发展战略构想，它应"切实完成传统文化的现代转生，圆满融通中西文化的价值尺度，顺利化解人类社会的五大冲突"④。

（原载《山西高等学校社会科学学报》2010 年第 12 期）

---

① 祁润兴：《化解价值冲突的和合学——和合学的创立者张立文教授访谈录》，《社会科学家》1998 年第 3 期。

② 参见张立文：《和合哲学论》，人民出版社 2004 年版，第 337 页。

③ 参见张立文：《和合学概论——21 世纪文化战略构想》，首都师范大学出版社 1996 年版，第 592 页。

④ 祁润兴：《化解价值冲突的和合学——和合学的创立者张立文教授访谈录》，《社会科学家》1998 年第 3 期。

和谐社会与和合学：21 世纪的文化战略

解启扬

建设和谐社会是当今中国最热门的讨论话题之一，然而，目前的讨论大多局限在泛泛的政治、社会、经济和文化生活层面。而事实上，和谐社会建设要想落到实处，离不开一个普遍接受的文化价值观。如果没有广泛认同的文化理论，没有深刻的哲学基础，社会和谐的探讨难免流于形式，而和谐社会的建设也难以实现。于是，将和谐社会引向哲学的深度，成了当今建设和谐社会迫切的内在需要。

有鉴于此，中国人民大学出版社在 2006 年岁末隆重推出 80 多万字的鸿篇巨制《和合学：21 世纪文化战略的构想》，使张立文先生的和合学再度成为学术理论界的中心话语之一，也将和谐社会的讨论深入到哲学构建的层面。张岱年先生对该书评价很高，认为"在此世纪交替之际，国内外学术界都在思考 21 世纪的文化战略问题。张立文同志经过深思熟虑，率先提出和合学，撰著《和合学》一书，提出了独创性见解，具有很高的学术水准、理论价值和超前见解"。

和合学是当代中国原创的哲学理论体系之一。早在 20 世纪 80 年代，张先生就提出了"和合学"理论构想，并于 90 年代中期出版《和合学概论》一书，初步完成和建构了和合学理论体系。该书出版后，曾经引起学术界的广泛讨论和争议。随着党的十六届六中全会提出和谐社会建设，和合学因为与主流思想不谋而合，再度引起学术界的关注，可谓适逢其时。2000 年前后，前政协主席李瑞环曾在不同场合几次提到"和合"文化，就是来源于张先生的和合学。

何谓"和合"，"和"即和谐、和睦、和平，"合"即合作、结合、融合，和合是指自然、社会、人际、心灵、文明中诸多形相和无形相的相互冲突、融合，与在冲突、融合的变异过程中诸多形相和无形相和合为新结构方式、新事物、新生命的总和。

"和合学"有五大原理：针对人与自然的冲突，以"和生"化解生态危机；针对人与社会的冲突，以"和处"化解人文危机；针对人与人的冲突，以"和立"化解道德危机；针对人的内心冲突，以"和达"化解精神危机；针对不同文明之间的冲突，以"和爱"化解价值危机。

一、和合学的文化取向

和合学根植于中华民族文化的文化精神，这种文化精神并非某家某派的思想或主张，而是涵摄儒、道、墨、法各家的普遍文化精神。儒家讲"仁者爱人"，"爱有等差"，是在承认社会等级的基础上求和合；道家主张自然无为，是追求人与自然的和合；墨家倡导"兼相爱，交相利"，是通过无差别的爱来实现家庭、社会的和合。和合学关注的并非中华民族文化某一阶段的文化精神，而是整个中华文化与文明进程中"一以贯之"的文化精神，汉儒董仲舒提出天人感应的哲学形上学的新儒学；魏晋之际玄学家讨论"有"与"无"，"名教"与"自然"，重建自然和合的价值理想；宋明理学家的"理气之辨"，圆融了自然、社会、人格的价值意蕴，都是中国传统文化人文精神的转生。和合学就凝练了中华文化的精髓。

和合学是个开放的理论系统。虽然和合学是中国文化精髓的凝练，但并不限于中华文化系统，而是面向世界与未来。自明末以来，伴随着传教士东来的西学东渐，特别是鸦片战争以降，西学与战争和鸦片一起汹涌而来。面对着西方文化的挑战，体用之争在政学两界尤为激烈，但无论是中体还是西体，都没有能够解决中国文化的出路问题。和合学超越体用之争，认为东西文化的碰撞无论对于东西，都既是挑战，又是机遇，东西方文化在碰撞中互动、互补，融突和合。

二、和合与冲突

张先生认为，和合并非一团和气。和合包容了冲突和融合，冲突是融合的因，融合是冲突的果；冲突是融合的前提，融合是冲突的理势。冲突若不走向融合，冲突便毫无所成，只有负面的价值和意义，故冲突需要融合来肯定和认可；融合若无冲突，就无所谓融合，融合的正面价值和意义，亦无从肯定和定位。这些对冲突与融合的崭新理解发人深省。

但和合也不是对抗。面对全球一体化的世界新格局，哈佛大学教授塞缪尔·亨廷顿却顽固坚持文化与文明对抗思维，认为儒教文明与伊斯兰文明互为奥援，对西方文明产生直接的威胁，进而提出在政治上的包围与对抗，从而遏制东方文明的发展。与西方学者不同，有些中国学者提出文化上"三十年河西，三十年河东"，进而指出，20 世纪是西方文化的世纪，21世纪将是东方文化的世纪。凡此种种，都是建立在两极对立的文化价值观的基础之上。和合学既反对亨廷顿的文明对抗理论，也不主张"东风压倒西风"或"西风压倒东风"、"三十年河西，三十年河东"文化对立形态，认为21 世纪是东西文化互学、互动、互渗、互补的世纪，是冲突融合而和合的世纪。

三、和合学与创新

冯友兰先生对于中国哲学与文化的创新，曾指出过有"照着讲"与"接着讲"区别，"接着讲"即对传统文化的继承与超越。和合学既是对中华民族文化中和合精神的继承与总结，又是对传统和合精神的超越。对于传统哲学与文化的超越与创新，张先生总结出三条规律：一是核心话题的转化，二是诠释文本的转变，三是人文语境的转移。和合学以"和合"为核心话题，依傍的诠释文本是《国语》，辅以《管子》与《墨子》，其人文语境是生命智慧的觉解。和合学不是西方哲学中国化的产物，而是中国哲学的一种现代形态，是中国哲学的现代转生，是真正的中国哲学。

翻开中国的历史，中华民族文化屡经劫难，却屡屡在劫难中转生，先秦子学、两汉经学、魏晋玄学、隋唐佛学、宋明理学……近代以降，由于西学的剧烈撞击，中华民族文化面临前所未有的危机，危机意识促使学人们探索中华民族文化的出路与未来，中体西用说、西体中用说、创造性转话说、返本开新说等，凡此种种，都是为了寻求中国民族文化的出路。张先生独辟蹊径，从中华民族传统学术文化宝库中开发出"和合"思维，并使之系统化、理论化，从而建构和合学理论体系，直面人类面临的危机与冲突，探索和合之道和合世界。

四、和合学与和谐社会

社会和谐是人类孜孜以求的理想和希望，和谐社会建设，不仅包括人与人的和谐，还包括人与自然、人的心灵、不同文明的和谐。和合学是从中华民族文化中凝练出来的当代哲学理论，对于和谐社会建设有重要启示：第一，中国传统文化中包含着极其丰富的和谐思想资源，而和合学抓住和发掘了中国传统文化在当代最具有价值和生命活力的文化精神。第二，承认多样性、差异性，重视和谐达到最优。中国传统哲学肯定多样性，强调在多样性基础上的辩证与协调，强调在多样性基础上的和谐与最优。和合学所倡导的和合思维超越了单纯求同或求异的思维，这对于解决当代社会诸多矛盾有启发意义。第三，和合是比稳定更高的状态，积极化解冲突而不是掩盖冲突，更不是崇尚冲突。发展社会主义市场经济的过程充满了竞争，有竞争就有冲突。和合思想为处理不同主体之间的利益冲突提供了一个思路，即在它们之间定立新的契约，把各方的意见融合进去。

和合学以和合为核心话题，超越了"道德之意"、"天人之际"、"有无之辨"等中国传统哲学话题，与和谐社会理论相呼应，是当今时代精神的彰显和需要，是体现时代精神的理论思维形态的一种新建构。

张立文生于1935年，一直从事中国哲学研究，著有《中国哲学范畴发展史（人道篇）》、《周易思想研究》、《朱熹思想研究》、《宋明理学研究》、《中国哲学范畴发展史（天道篇）》、《传统学引论——中国传统文化的多维反思》、《走向心学之路——陆象山思想的足迹》等。中国人民大学副校长冯俊和中央民族大学哲学系牟钟鉴教授都认为，张先生通过"和合学"的架构，完成了从哲学史家向哲学家的过渡。当然，关于和合学与和谐社会的构建，还有很多的工作要做，比如，《和合学》出版和和合学发展的价值与意义，"和合学"在我国哲学社会科学中的地位及影响，当前形势下如何从和合学视角推动和谐社会理论建设等。这些都将是和合学需要进一步深入研讨的话题。

（原载《中华读书报》2007 年 2 月 7 日第 4 版）

研究综述

新时代与新发展：近三十年中国和合学学术研究综述

谢海金　徐　刚

　　"和合"是中华优秀传统文化的精髓，是中华民族一以贯之的理想价值和精神追求，是推动世界和平、国家和处、民族和立、社会和谐、心灵和善、人类和达的思想源泉。从殷周时期的和、合之分，到春秋时期的和合并举；从先秦的"和同之辨"，到秦汉的"天人合一"；从《国语》的"和合五教"，到《易传》的"保合太和"，再到《管子》的"和合故能习"；从儒家的"以和为贵"，到道家的"道贵中和"，再到佛家的"因缘和合"；从天地万物的产生，到人与自然、社会、人际的关系，再到价值观念、道德伦理、心理结构、审美情感，中国优秀传统文化的方方面面，无不蕴含着和合的思想，贯通着和合的精神。

　　"和合"之思想与精神，以其悠久、博大、精深的内涵，具有持久的民族凝聚力、向心力、亲和力，能够唤起民族的认同感、归属感、安顿感，是中华民族建设精神家园的需求，是和谐、和平、合作等时代精神的体现，是传承、传扬和传播中国优秀传统文化的思想源泉。

一、近代"和合"论说

　　20世纪，由于两次世界大战以及紧随其后的冷战，世界形势和人类意识不可避免地偏向矛盾、对立、冲突和分化。面对新问题、新形式、新挑战，学界前辈纷纷提出各自的观点理论，乃至用自己的哲学话语尝试建构自

己的哲学体系，如冯契先生晚年推出的《智慧说上篇》，张世英先生提出了
"横向超越"的哲学形而上学，陈来提出的"仁学本体论"，杨国荣提出的
"具体的形而上学"；王树人提出的"象思维"思想等等。张立文先生自 20
世纪 80 年代末期开始，回溯中国哲学的智慧，思辨形而上学的问题，融粹
西方哲学、马克思主义哲学的精华，建构起了"和合学"的理论思维体系。

　　在张立文先生建构"和合学"体系之前，冯友兰、钱穆等学者虽对
"和合"思想展开论述，但终究不够深入细致，流于碎片化、零散化，缺乏
理论深度和系统阐释。如冯友兰先生对张载"仇必和而解"思想的重视与讨
论①，及其为西南联大纪念碑撰写的"八音合奏，终和且平"的碑文，虽都
言及"和"、"合"，但只是分而论之，侧重于和谐之意，缺乏对融合、合作
之"合"的关照。钱穆先生虽也分而述之、概而论之，如他概括中国文化
精神的特性为"天人合一"理想下的"和凝"②与"调和"，认为"文化中发
生冲突，只是一时之变，要求调和，乃是万世之常"③。至于中国人与西方人
的特性，则被他概括为"分"与"合"，认为"全世界的中国人，亦都喜欢
合。"④ 但也不乏和合并举之语，如其从中国与西方在学科分类与学术旨趣上
的差异的角度，总结说："中国重和合，西方重分别。"⑤ 再如他对"天人合
一"的论述，则一反常态，直接引入"和合"的概念，说"中国人是把天与
人和合起来看"⑥，重视"和合"精神，倡导"全世界人类文化融合为一，各

---

① 冯友兰认为"和"是张载哲学体系中的一个重要范畴，是宇宙和社会的正常状态。他重
　申先秦时期就曾讨论过的"和同之辨"，认为"和"必有"异"且能容"异"，与追求清
　一色、不能存"异"的"同"大相径庭。他还认为，中国哲学的传统和世界哲学的未来
　不会走"仇必仇到底"那样的道路，而是转向"仇必和而解"的路线。（详见冯友兰：《三
　松堂全集》第十三卷，河南人民出版社 2000 年版，第 475 页）
② "中国人常抱着一个天人合一的大理想，觉得外面一切异样的新鲜的所见所知，都可融会
　协调，和凝为一。这是中国文化精神最主要的一个特性。"（钱穆：《中国文化史导论》，
　上海三联书店 1988 年版，第 162 页）
③ 钱穆：《中国文化精神》，三民书局 1971 年版，第 51 页。
④ 钱穆：《从中国历史来看中国国民性及中国文化》，香港中文大学出版社 1982 年版，第
　27 页。
⑤ 钱穆：《现代中国学术论衡·序》，生活·读书·新知三联书店 2001 年版，第 1 页。
⑥ "中国文化过去最伟大的贡献，在于对天人关系的研究。中国人喜欢把天与人配合着讲。

民族和平共存"①。

此外，佛家历来喜谈"和合"。佛家释译"僧伽"为"和合众"，认为兼有"理和合"、"事和合"两重意思，其中，"事和合"又有六义：戒和同修；见和同解；身和同住；利和同均；口和无诤；意和同悦。早在 1925 年，柳川净贤就曾撰文《一味和合》，详述"和合六义"。他认为："佛法中之和合义者，始则僧侣与僧伽和合，以成超世的一大和合聚。"此"一味和合"之宗旨方法，"行之一身，则一身和合，行之一家则一家和，推而广之，行之社会则社会和，行之国家则国家和，行之世界则世界和"②。至 1936 年，原中国佛协副会长能海法师在北京发表《六和合的意义》的演讲，不仅重点阐述了"六和合义"，而且强调了"和合"之意义。他释"和合"为"团结"，认为"慈悲就是和合的基础"，而和合成功的要素，首先是"认识自己的立场"，其次则要有"一种至诚恳切的慈悲心"③。

冷战结束以后，矛盾、对立、冲突、分化的国家态势与人类意识，逐渐转向和平、和谐、合作、融合，全世界、全人类在和谐共存、合作共赢、和衷共济、和合共生等"和合"主题上逐渐达成共识。在此基础上，张岱年、季羡林、汤一介等一批学者逐渐将目光投向中华优秀传统文化中的"和合"思想。

如张岱年先生与季羡林先生对"天人合一"思想的深刻剖析。张岱年先生指出，"合有符合、结合之义"，而天人合一中的"合一"，则"指对立的双方彼此又有密切相连不可分离的关系"④。季羡林先生则从中、印哲学比

我曾说天人合一论，是中国文化对人类最大的贡献。……中国人是把天与人和合起来看，……所以中国古人认为人生与天命最高贵最伟大之处，便是能把天命两者和合为一。"（钱穆：《中国文化对人类未来可有的贡献》，载于刘梦溪主编：《中国文化》1991 年第 4 期）

① 钱穆：《中国文化对人类未来可有的贡献》，载于刘梦溪主编：《中国文化》1991 年第 4 期。

② 柳川净贤：《一味和合》，《世界佛教居士林林刊》1925 年第 7 期。

③ 能海法师：《六和合的意义》，《四川佛教月刊》1936 年第 11 期；后由《法音》1992 年第 5 期转载。

④ 张岱年：《中国哲学中"天人合一"思想的剖析》，《文化与哲学》，教育科学出版社 1988 年版，第 153 页。

较的角度出发，不仅提出"天人合一"与印度文化中的"梵我一如"思想基本一致的看法，而且高度赞扬了"天人合一"这种"东方文化的综合思维模式"，认为这种"关系到人类发展的前途"的思想"非常值得注意，非常值得研究，而且还非常值得发扬光大"①。

汤一介先生则侧重于"和"，他认为中国哲学的"普遍和谐"的观念是由四个部分组成，分别是"自然的和谐"、"人与自然的和谐"、"人与人的和谐"、"人自我身心内外的和谐"。儒道两家都以"自然的和谐"为基础，儒家追求的"天人合一"、庄子追求的"天地与我并生"的境界，指向的都是"人与自然的和谐"。儒家主张以"和为贵"来协调人与人之间的和谐关系，并在提高个人道德修养（即实现个人自我身心内外的和谐）的基础上实现和谐社会的理想；道家则通过"无以人灭天"、"万物与我并生"等顺应自然、超越自我的主张，追求身心内外的和谐。总之，汤一介先生认为，儒道思想"为我们提供了极有价值的'和谐'观念的资源"，而这种"普遍和谐"的观念，即《周易》所谓"乾道变化，各正性命，保合太和，乃利贞"中的"太和"。②

二、"和合学"的建构

张岱年先生等学者分别从不同的角度、不同的层面对"天人合一"思想进行了较为细致地梳理、研究和阐释，但依旧存在零敲碎打、浅尝辄止等问题，缺乏深入的挖掘、全面的研究和系统的论述。张立文先生高度重视"和合"思想，并认为"和合是中国文化人文精神的精髓和首要价值"③。无论是中国传统哲学中的"和"，还是"和合学"中的"和"，都不是调和、折

---

① 季羡林：《21世纪文化瞻望——"天人合一"新解》，载于《大国方略——著名学者访谈录》，红旗出版社1988年版，第171—173页。

② 汤一介：《世纪之交看中国哲学中的和谐观念》，《大国方略——著名学者访谈录》，红旗出版社1988年版，第192—197页。

③ 张立文：《和合学——21世纪文化战略的构想·自序》，中国人民大学出版社2016年版，第3页。

中、和稀泥、做和事佬等意思，而是和平、和谐、祥和的意思。基于这种认识，他不仅首先对"和合"思想进行了系统化、体系化、理论化、学科化的研究和阐述，而且还从智能、理论突破、学科建设、体系建构的角度出发，创造性地建构了"和合学"的哲学理论思维体系，并不遗余力地在海内外推广倡议，逐渐产生较为广泛和深远的影响，成为"和合"思想研究与"和合学"体系的标志性人物。

（一）从宋明理学到和合学

为回应西方文化的挑战、适应中国社会现代化转型的需要，张立文先生在 1988 年开始重思"和合"。在此之前，张立文先生已多次有意识地在文章中运用"和合"的理论。譬如在 1989 年出版的《新人学导论》中，张立文先生不仅将第五章的内容直接命名为"自我和合论"[①]，而且将"人"的两种类型总结为"和合型"与"完美型"[②]。"和合型"的人格是指"各层次、各类型人格的综合创造，并非指无差异的相同人格的相加"[③]。

至"精神世界震荡最激烈、思想意识冲突最严峻、中国命运碰撞最关键"[④] 的 1989 年，他开始有一种写作和合、建构和合学的冲动。值此融突之年，张立文先生深刻地思考了戴震、颜元所谓"理能杀人"、"心"亦能杀人等问题，并撰专文——《从宋明理学到和合学》[⑤]。该文不仅明确提出要建构"和合学"，而且对"和合学"的定义、内容和价值等问题进行了较为深入与细致的论述。他指出：和合学强调了不同事物的动态平衡、异质要素的对待统一、优质成分的综合吸收，"具有运动性、平衡性、综合性和相对性

[①] 1989 年版的《新人学导论》，共分为五章，分别是"自我发现论"、"自我塑造论"、"自我规范论"、"自我创造论"以及"自我合一论"。2000 年，张立文对该书进行过修订，除增加一章"自我关怀论"外，还将"自我合一论"的章节名改为"自我和合论"。由此可见，张立文在 1989 年出版该书时，已经开始有意识地运用和合。

[②] 参见张立文：《新人学导论——中国传统人学的省察》，职工教育出版社 1989 年版。

[③] 张立文：《学术生命与生命学术》，中国人民大学出版社 2016 年版，第 227 页。

[④] 张立文：《学术生命与生命学术》，中国人民大学出版社 2016 年版，第 185 页。

[⑤] 该名为当时的暂定名，发表出版时改名为《新儒家哲学与新儒家的超越》，收入《中国近代新学的展开》一书。详见张立文：《学术生命与生命学术》，中国人民大学出版社 2016 年版。

的特点"，"是中国文化的精髓和生命最完满的体现形式"。因此，他定义和合学"是关于自然、社会诸多要素现象相互融合以及在融合过程中吸收各要素优质成分而合为新事物的学说"①。这是"和合学"的首次明确提出。第二年（1990年12月），张立文先生携此文参加中国文化书院主办的"冯友兰哲学思想国际学术研讨会"②。他围绕"新儒学哲学与新儒家的超越"的主题作了大会发言，谈了他对度越新儒学、建构和合学的相关思考，同时重点论述了和合学的意义和价值。至1991年，该文以《新儒家哲学与新儒家的超越》为名，收录在《中国近代新学的展开》一书。这是"和合学"的首次正式发表，标志着张立文先生建构"和合学"的开始。

此后，张立文先生在一边讲学一边思考、一边讨论一边完善的过程中，逐渐建构了和合学的思想体系，并先后在日本、新加坡、美国等地发表关于"和合学"的演讲。如在1991年3月，应沟口雄三教授与岛田虔次教授的邀请，张立文先生在东京大学和京都大学作演讲，核心内容就是讲"和合学的建构"。同年6月，他在新加坡国立大学参会期间③，再次围绕"和合学的建构"作了会议发言。苏新鋈教授报道称："和合学具有运动性、平衡性、综合性和相对性特点，旨在度越中国传统哲学形而上学本体论。"④1992年3月，张立文先生出席"传统与现代化研讨会"并讲话，他首先指出中国哲学的核心是和合，尔后分梳了中国的和合思维与西方的创世思维的区别，最终提出建立中国哲学体系与学派的必要性。⑤

1992年8月，他参加在德国哥廷根大学召开的"第十三届退溪学国际

---

① 张立文：《中国近代新学的展开》，东大图书股份有限公司1991年版，第285—304页。

② 该会本为庆祝冯友兰先生95年诞辰，不幸的是，冯先生在会议开幕前第9天逝世，张立文先生深感悲痛。（张立文：《学术生命与生命学术》，中国人民大学出版社2016年版）

③ 1991年6月18—21日，新加坡国立大学中文系主办"汉学研究之回顾与前瞻国际会议"，张立文受邀参会，提交参会论文《宋明理学的度越》，其中提出了"和合学的建构"等构想和观点，引起了参会者的极大兴趣。（详见张立文：《学术生命与生命学术》，中国人民大学出版社2016年版，第195页）

④ 苏新鋈：《新加坡空前的汉学研究之回顾与前瞻国际会议传扬的学术讯息》，《国际汉学》1992年第1期。

⑤ 参见张立文：《学术生命与生命学术》，中国人民大学出版社2016年版，第203页。

学术会议"。期间，他与一位自称为"卡西尔学会"会员的德国学者，就"人"的问题展开对谈。卡西尔认为"人是符号的动物"，张立文先生认为这个观点是值得商榷的，因其否认了人的感性和个性，忽视了人的能动性、创造性和情感性。张从现代高科技带来的正负两方面的影响，以及人类对高科技创新的需要的角度，把人重新定义为"人是会自我创造的动物（和合存在）"。这是他运用"和合学"理论反思"人"的价值、时代的冲突的一种尝试，这种尝试为其后来建构形而上的"和合哲学"奠定了基础。1994 年 4 月，由冈田武彦教授筹办的"东亚传统文化国际会议"在日本福冈召开。张立文先生提交主题为"和合是中国传统文化的精髓"的论文，他在会议发言时指出，中国文化的转生，其生命智慧是和合学。他根据中华民族文化对和合的诠释以及现代的需要，在《新儒家哲学与新儒家的超越》的基础上，引入冲突、融合的思想，对"和合"及"和合学"进行了重新定义。他认为，"和合"是诸多元素相互冲突、融合，与在冲突、融合的动态过程中各元素的成分和合为新事物。而"和合学"则是"研究在自然、社会、人际、人心、文明中存在的和合现象以及既涵容又度越冲突、融合的学问"①。

（二）和合学与中国哲学

除了在海内外参会、演讲、推广中华优秀传统文化中的"和合"思想及其建构的"和合学"以外，张立文先生笔耕不辍，分别从宏观的文化战略构想、具体的哲学学科建设，以及儒佛比较等角度出发，先后发表了一系列"和合学"相关的高质量论文。

在《中国文化的和合精神与 21 世纪》中，张立文先生从中国文化如何回应挑战、如何实现现代化转型、如何应对人类共同面临的五大冲突的角度出发，提出和合学的应对方法，强调"融突论"包含的"和合五义"与"和合学五义"。所谓"和合五义"，即"差异与和生"、"存相与式能"、"冲突与融合"、"汰劣与择优"、"烦恼与和乐"。而"和合学五义"即"然与所以然"、"变化与形式"、"流行与超越"、"对称与整合"、"中和与审美"。基于此，张立文先生提出化解 21 世纪人类面临的五大冲突的五个中心价值，即和生、

———————————

① 张立文：《学术生命与生命学术》，中国人民大学出版社 2016 年版，第 213 页。

和处、和立、和达、和爱等五大原理，分别回应人与自然、人与社会、人与人、人的心灵、不同文明间的五大冲突。

在《佛教与宋明理学的和合人文精神》中，张立文先生从比较哲学的角度出发，首先分别论述了大乘空宗的因缘和合论、《起信论》"一心二门"的心性模式、密宗的"和合义"，尔后将佛教的和合精神与宋明理学对比，从"一心二门"与"一分为二"、"理一分殊"、"心统性情"、二性二知等角度，重点探讨了儒、释、道三教长期融突和合的过程，及其由此发展出的宋明理学的和合人文精神。

在《关于和合美学体系的构想》中，张立文先生指出，"和合美学是基于对世界上东西两方美学体系的圆通，传统与现代美学的贯通而生"，其体系架构根据"和合学"的生存世界（地界）、意义世界（人界）与可能世界（天界）的结构，分为生存情感、意义情感、可能情感三层，每层又包含两种学科，分别是生存情感中的"心境"（审美生态学）与"心理"（审美心理学），意义情感的"心性"（审美人格学）与"心命"（审美教育学），可能情感的"心道"（审美哲学）与"心和"（审美境界学）。

在《中国文化的精髓——和合学源流的考察》中，张立文先生探源溯流，梳理指出：殷周时期和、合分用，春秋时期则产生了"和合五教"之说，至于"和同之辨"，则是先秦思想界普遍关注的论题。《国语》有"和实生物，同则不继"语，《论语》有"君子和而不同，小人同而不和"语，诸如此类。在此基础上，孔子强调"和"，提出"和为贵"、"政是以和"等和合思想。此外，《老子》"冲气以为和"、"知和曰常，知常曰明"，《管子》"畜之以道，则民和；养之以德，则民合。和合故能习，习故能谐"，《墨子》从避免"离散不能相和合"的角度出发，强调"兼相爱、交相利"，《孟子》"天时不如地利，地利不如人和"，《庄子》"与人和者"、"与天和者"、"心莫若和"，《易传》"乾道变化，各正性命，保合太和，乃利贞"，《荀子》"性伪合"、"义以分则和"、祭祀之"欢欣和合"、乐之"审一以定和"，《吕氏春秋》"知合知成"、"天地合和"，《乐记》"合和父子君臣"，《淮南子》"天地之合和"，董仲舒"物必有合"、"德莫大于和"，王充、王符强调的"和气"，嵇康所谓"至和"、"大和"，《列子》及张湛注蕴含的和合贵无论，《太平经》"合和万物"、三合相通，《老子想尔注》"道贵中和"，佛教"因缘和合"等。中国传统文化中蕴含着丰富的和合思想，值得深入挖掘、细致研究、全面梳理。最后，张立文先生还对"和合方法和内涵"进行了简要地探讨，强调和合的方法主要有四种："诸多异质因素、要素的对待统一"；"诸多优质因素、要素的融合"；"有机的、有序的"；"动态分析的理论结构"。其中内涵则有"和合是新生事物产生的原因"、"和合是存有的方式"、"和合是形而上本体"、"和合是心灵境界"[1]。

（三）代表作与里程碑——《和合学概论》

1995 年，张立文先生以董仲舒"三年不窥园"的精神，潜心竭虑，最终完成"讲自己"的哲学著作——《和合学概论——21 世纪文化战略的构想》，这部著作是"和合学"纲领性的著作，于 1996 年由首都师范大学出版社出版发行。张立文自述称：这是他一生生命历程中对人生深切体验的反省，是对所有政治运动斗争的反思和体认，是对 21 世纪我国和人类所共同面临的人与自然、人与社会、人与人、人与心灵及不同文明之间冲突与危机的忧患和思考。[2]

该书分上下卷，近百万字，可谓皇皇巨著、诚意大作，凝结了张立文先生多年来追溯和合、求索和合、思考和合的思想精华，是其人生体味、生命感悟与哲学思考的智慧结晶。

上卷首先立足于哲学创新的理论层面，从"世纪之交的文化思考"开始，论述了建构和合学的现实需要；尔后对"和合"之释义、"和合学"之意蕴进行了理论化地分梳与总结；接下来则在综述"和合学"的整体结构的基础上，对"和合学"的理论细节进行细致化、全面化的阐释，其中既有三界、六层、八维、四偶的精妙总结，又有对交叉学科、理论公设与和合类型的精彩讨论，而他对和合生存世界（自然与生存、境理与知行、同构与渐进），和合意义世界（社会与意义、性命与修养、微观与宏观），和合可能世界（思维与可能、道和与健顺、转换与中介）的精微论述，则是该书的精华

---

① 参见张立文：《中国文化的精髓——和合学源流的考察》，《中国哲学史》1996 年第 1 期。
② 参见张立文：《学术生命与生命学术》，中国人民大学出版社 2016 年版，第 228 页。

所在，非细嚼静思、反复推敲难以领会其深意；最后，张立文先生考察和合之源流、追寻和合之精神、展望和合学与 21 世纪文化之构想，这是他建构和合学的理论基础、文化积淀与精神寄托，又是他在正视 21 世纪人类共同面临的五大危机与冲突的情况下，通过追溯中国文化的思想精髓、深发中国哲学的和合意识等方式，思考中国哲学现代化、中国文化世界化的路径，以期在古今异变、中西碰撞的现实背景下实现中国哲学的创新。

下卷立足于学科建设的应用层面，从"和合学原理之用"入手，阐明和合学的价值观、方法论及其与科学技术的关系；接下来，则从和合学与现有的八个学科交叉、渗透、互补、融合的角度出发，分别讨论了和合自然科学、和合伦理学、和合人类学、和合技术科学、和合经济学、和合美学、和合管理学、和合决策学的理论内涵，勾勒了和合学渗透下的交叉学科的蓝图与前景。以"和合美学"为例，张立文先生此前曾专门撰文讨论①，本书在此基础上再进一步，从"艺术和合"出发，阐述了和合之美与和合美学。他先是博引古今、旁涉中外，从古希腊时期作为生产制作的"艺术"，到文艺复兴时期对艺术所作的种种规定，再到后世愈加精细的艺术分类，最后兼以孔子之论"六艺"与之对比参照，简述了艺术和合的蕴含与发生，赞美了作为心灵境界与生命气象的美与艺术；尔后，他对审美活动与美学体系进行梳理，探讨了和合美学的结构与体系，从而深发出"和合美学的逻辑结构"——该逻辑结构立足于"和合学"的三界理论，即审美生存情感世界、审美意义情感世界与审美可能世界。诸如此类，张立文先生细致地讨论了和合学渗透下的八个交叉学科，强调以通达和合之道，化解 21 世纪人类共同面临的五大危机与冲突。

《和合学概论》一书卷帙浩繁、内容充实，博采古今中外之精华，和凝为和合学的理论框架，既有中国哲学的人文关怀，又有西方哲学的理性思辨，不仅是张立文先生思索和合的代表作，而且是他建构"和合学"的里程碑，是从散落各处、各熠其辉的碎片化、零散化的和合思想，走向理论化、系统化、体系化、学科化的"和合学"的标志性著作。但是，中华优秀传统

---

① 参见张立文：《关于和合美学体系的构想》，《文艺研究》1996 年第 6 期。

文化中的和合思想精深而博大，和合学涉及的理论难题与现实问题纷杂而庞芜，非一人可拾遍珠玑，非一书可道尽繁华，亦非一时可将其中精髓完全萃取。张立文先生人有诚心与妙笔，是开先河之先行者，而其书亦只是里程碑，而不是终结篇。因此，"和合学"至此只是建构的开始，是千里之行的重要一步。"和合学"还在路上。

为了推动《和合学概论》的顺利出版，张岱年先生在评阅完书稿后，曾为其写了一封推荐信，高度评价了张立文先生的努力与"和合学"的价值。① 在《和合学概论》出版后，张立文先生受到了一些批评和批判。张岱年先生不仅毫不犹豫地表态"同意和合学的观点"，而且将"推荐信"稍加改动，在《中国图书评论》上发表②，肯定"和合学"的价值，支持和推荐《和合学概论》。

同年 12 月，张立文先生筹备并与难波征男教授一起主持了冈田武彦先生与张岱年先生"千年之交"的对话，对于 21 世纪的展望。冈田先生提出世界国家（国际国家）的理念，亚洲应以儒家（儒教）的思维方式为中心理念（即共存共生理念），建立国际国家。张岱年先生则认为，东西文化可以互补，中国的"天人合一"、"和为贵"的思想，可以作为化解人与自然的生态危机与世界各国各民族和平共存的理念。期间，张立文先生的发言，基于对 21 世纪人类所共同面临的五大危机和冲突的反思，指出用"和合学"作为 21 世纪文化战略的构想，并强调了化解这五大冲突和危机的五大原理——和生、和处、和立、和达、和爱。张立文先生的发言得到了其他与会学者的认同，难波征男教授说："和合学是致力于探究中国传统思想理论而构造的，张立文先生提出的具有开拓性的学说，也可以说是目前最引起国内外中国思想研究者注目的见解和思想方法之一。"这次世纪之交、千禧之际

---

① 张岱年先生评价说："在此世纪之交，国内外学术界都在思考 21 世纪的文化战略问题。张立文同志经过深思熟虑，写了《和合学概论——21 世纪文化战略的构想》一书，提出了许多创造性意见……张立文同志对和合观念作了新的解释，提出了和合学的概念范畴，是当前讲 21 世纪文化战略问题的佳作，是对中国传统文化与现代化论争的贡献。该书条分缕析，见解深刻，论证详密，具有重要的理论意义和现实价值。"

② 参见张岱年：《理论价值和超前预见——推荐〈和合学概论——21 世纪文化战略的构想〉》，《中国图书评论》1998 年第 6 期。

的对谈，后被难波征男编为《简素与和合》①一书。

三、"和合学"形而上学的建构

从 1988 年张立文先生开始思索和合，到 1996 年《和合学概论》的出版，近十年时光倏忽而逝。期间，张立文先生虽发表了不少和合学相关的论文，并在海内外参会、演讲，以便宣传和合思想与和合学，但学界声援者多、同行者少，仅有寥寥数人、寥寥几篇文章与之呼应，同论和合。如广东省社会科学院彭越于 1993 年发表《一元和合与二元对立——中西哲学整体观的一个比较》一文。他从中西方对个体与整体关系问题的论述出发，辨析了中国一元和合、西方二元对立的两种迥然不同的文化形态与哲学思维。②张立文先生对和合的模式多有论述，其在《和合学概论》中，不仅细致地阐述了"一元和合"的类型，而且还分梳了"二元和合"、"三元和合"、"多元和合"等不同的类型，契合中国哲学，特别是道家哲学中"一生二，二生三，三生万物"之理。彭越从一元和合与二元对立的角度论述中西哲学思维模式的异趣，恰与张立文先生对和合类型的论述遥相呼应、互为关照。

先行者似乎总免不了要经受独行之苦，作为建构"和合学"的奠基人与开创者，张立文先生亦然。正如他在《和合学概论》一书的"自序"中说的那样："历经人情冷暖，苦乐交替，终于深深体悟到理论体系创新、学术观点创新、科研方法创新的艰难曲折、祸福难测。"当然，或许这种独行的感觉，不能说简单是在荆棘之路与荒野之原中艰难前行的苦，亦不能简单说

---

① 该书日文全称为《冈田武彦、张岱年对谈：简素と和合——对立から大同の世纪》，于 1999 年 5 月由日本中国书店出版。

② 彭越指出：西方重存在，如"水"、"火"、"原子"、"理念"、"形式"、"上帝"等普遍绝对的个体性存在与本体，继而导致西方思维模式的个体化倾向。而这种个体化则是导致西方出现二元分裂、二元对立的根本原因所在。中国则不然，中国虽也又"天"、"道"、"理"、"气"等最高范畴的本体概念，但比之西方的本体范畴，却具有更为虚泛不实的特性，是一种普泛化的范畴。这种区别，导致西方的意识中"总有一种独立存在并主宰万有的实体"，而中国的意识则是"与万物参融和合、同处一寓的泛在"，此即其所谓中国模式的"一元和合原则"。

成在智慧之山与思想之路中闲庭信步的乐，二者兼而有之、交替往复，亦如中国所谓阴阳之分与合。这种经历与感受，或许恰是一种和合的生活体验与人生体悟。就像一位孤独的观星者，须以其慧眼、妙笔、精思与人生体味，从浩瀚无边的星空中，点数熠熠生辉的繁星，并将看似杂乱无序的星点，勾勒出闪亮的星线，描画出耀眼的星座，最终绘制成一幅光彩夺目的星图。

（一）中华和合文化弘扬工程

"星图"一出，众星闪耀。《和合学概论》出版以后，"和合学"逐渐受到学界关注与讨论。光明日报记者、评论部副主任包霄林就"和合学"的建构进行了专访，张立文先生对其提出的"和合"之源流与意蕴、"和合学"之主旨与意义、实现"和合"、运用"和合学"的具体办法等问题进行了简要回答。该访谈最终以《和合学：新世纪的文化抉择》为题，于 1997 年发表于《开放时代》。尔后，蔡方鹿[①]、方国根[②]、李光福[③] 等人也纷纷发表书评，对该书的框架结构、主旨内容进行了点评，并回顾了张立文先生撰写专著的过程，高度评价了建构"和合学"的时代意义。

与此同时，学界对中华"和合"思想、"和合"文化的讨论与研究，也渐趋成为热潮。1997 年，范敬宜、楚庄、邢贲思、张岱年等人提出开展"中华和合文化弘扬工程"，并由《人民日报》理论部、《光明日报》评论部、《科技智囊》杂志社邀请专家对"和合"文化进行研究与宣传。《光明日报》于1997 年 2 月 6 日开设"和合文化工程"专栏，吸引了邢贲思等学者展开其对"和合"文化的研究与讨论。

邢贲思先生[④] 发表《中华和合文化体现的整体系统观念及其现实意义》，概括与阐述了"和合"文化的精髓，深刻揭示了弘扬中华"和合"文化的现实意义。他认为："将'和合'连用，除了强调团结、协作的意思外，更有

---

① 参见蔡方鹿：《张立文教授的和合学研究概述》，发表于《中华文化论坛》1997 年第 2 期。

② 参见方国根：《世纪之交的文化抉择——读〈和合学概论〉》，发表于《现代哲学》1997 年第 4 期。

③ 参见李光福：《中国哲学的自觉——读张立文教授所著〈和合学概论〉》，发表于《学术月刊》1997 年第 12 期。

④ 时任《求是》杂志总编辑、"中华和合文化弘扬工程"执行委员会主任委员。

向心、凝聚的含义，特指事物与它所处的环境和相联系的总体结构实现融会统一。"① 他从自然本身的和合统一关系、人与自然的和合关系、人际之间的和合关系出发，概括了中华和合文化蕴含的三个方面的精髓。此外，他还指出，"和合"并不是社会领域的"无冲突境界"，强调"和合"也并不是否认矛盾与斗争，而是化解矛盾后形成总体的平衡、和谐与合作。因此，他认为弘扬中华和合文化，具有助推"建设社会主义精神文明"、"强化中华民族的凝聚力"、"推动世界和平与发的两大潮流"等现实意义。②

程思远先生③撰文《时代弘扬中华和合文化精神》，指出："'和合，是中华民族独创的哲学概念、文化概念。'"中华民族的"和合"文化，强调要保持人际关系、党派关系、民族关系乃至国际关系的和谐统一。此外，他还指出：和合与矛盾、斗争并不是对立的，"和合文化不仅不抹杀矛盾和斗争，而且本身是矛盾学说和斗争学说的展现"，因此，和合的过程，就是矛盾在斗争中融合消解的过程。④

蔡方鹿教授撰《中华和合文化研究及其时代意义》，梳理和概括了中华和合文化形成与发展的历史过程、文献典故、思想内涵，并回顾了钱穆、张岱年、季羡林、汤一介等人对"和合"文化的研究成果。最后，他指出，弘扬中华和合文化具有"纠正'斗争哲学'的偏差"，"推动社会的长治久安与国家的安定团结"，"推动世界和平与发展"，"推进'和平统一、一国两制'战略"等重要的时代意义。

此后，《中华文化论坛》、《社会科学杂志》等杂志，接连刊发了张岱年、张立文⑤、王煜、向世山⑥、魏文彬等人关于"和合"文化的文章。张岱年在

---

① 邢贲思：《中华和合文化体现的整体系统观念及其现实意义》，《光明日报》1997年2月6日；转引自蔡方鹿：《中华和合文化研究及其时代意义》，《社会科学研究》1997年第6期。

② 参见蔡方鹿：《中华和合文化研究及其时代意义》，《社会科学研究》1997年第6期。

③ 时任全国人民代表大会常务委员会副委员长、"中华和合文化弘扬工程"组委会主任。

④ 参见程思远：《时代弘扬中华和合文化精神——为"中华和合文化弘扬工程"而作》，《人民日报》1997年6月28日；转引自蔡方鹿：《中华和合文化研究及其时代意义》，《社会科学研究》1997年第6期。

⑤ 参见张立文：《中华和合人文精神的现代价值》，《社会科学研究》1997年第5期。

⑥ 参见向世山：《和合论与缘起说比较散论》，《社会科学研究》1997年第5期。

《漫谈和合》中强调了儒家"和为贵"、中国文化的人文精神追求的"保合太和"等思想，同时高度评价了张立文先生建构"和合学"的不易与意义。香港中文大学王煜教授，则从"国仇家恨及私怨的和解"，"董仲舒的中和观"，"惠施、荀况和胡宏的同异观"，"明代良医张介宾贯通儒道和医政"及"宋明新儒学与日本儒商"五个方面，对中华和合文化进行了"散论"与探究。[①] 魏文彬探讨了《周易》的"中正"与"和合"的辩证关系，认为"中正"为德、为体、为目的、为世界观，"和合"则为行、为用、为途径、为方法论；"中正"偏向治国之纲领，"和合"则侧重施行之政策，二者互补，弘扬双方，可"为世界和平的战略目标作出贡献"[②]。

"中华和合文化弘扬工程"只是一种官方色彩不太明显的号召，而张立文先生的著作与文章，则是理论的创新与思想的呼唤，二者互为呼应、相互牵引，在世纪之交前后数年，吸引了众多学者对"和合"与"和合学"产生学术共鸣，进而展开了许多相关的讨论和研究，逐渐形成了一股"和合潮"。

（二）和合学与东亚文化

张立文先生在其建构的"和合学"主体框架的基础上，又从两个方面进行完善：一是从中国走向东亚、从传统走向现代，进而向世界化、现代化转生；二是从思想走向哲学，进而建构和合学形而上层面的体系。

世界化、现代化的转生方面，张立文先生希望运用"和合学"的理论与观点，思考 21 世纪的哲学发展与走向，关照东亚哲学与东亚文化，并以此为切入点，探究"和合学"现代化、世界化的途径与方法，从而实现中国哲学的现代化转生与国际化突破。1999 年 1 月，张立文先生曾召开一次内部专家交流会，目的是拟定其负责的一项"国家社科基金重点项目"的写作大纲。该项目以《东亚哲学与 21 世纪》为题，分为 5 个子项目，分别以"东亚哲学与 21 世纪导论"、"和合与东亚意识"、"中国哲学与 21 世纪"、"日本哲学与 21 世纪"、"韩国哲学与 21 世纪"为主题。在交流会上，张立文先生特别强调，本课题的核心思想是"和合学"，要以和合学的理论与观点来观

---

① 参见王煜：《中华和合文化散论五则》，《社会科学研究》1997 年第 6 期。

② 魏文彬：《浅谈〈周易〉中"中正"与"和合"的辩证关系》，《中华文化论坛》1997 年第 4 期。

照中、日、韩等东亚各国的哲学与文化。最终，本课题于 2001 年出版了五部专著：《东亚的转生》、《和合与东亚意识》、《和合之境》、《和魂新思》、《君子国的智慧》。①

《东亚的转生》由陆玉林教授负责完成，他首先回顾了东亚文化圈的历史性与复杂性，指出东亚文化圈表现出以中国为传播中心、以儒家为思想内核的特色。在此基础上，中、日、韩等各国文化平等交流，儒、释、道等多种思想交融和合，最终呈现出民族化的差分、近代化的变异、开放化的和合等多种复杂变化。接下来，他对"东亚模式"、"儒家资本主义"、政治文化变革与社会制度转型等进行论述，总结出以道德为指向、以集体为原则、以和合为精神的东亚价值观。基于此，陆教授最后提出，东亚文化呈现出多元共生、融突和合的状态，多元文化和合发展之道，即为 21 世纪东亚文化转生之路。②

《和合与东亚意识》由张立文先生亲自负责，他在该作中重点探讨了"全球哲学视野下的和合学"。首先，他站在全球意识与东亚意识的角度，阐述了"民族文化何以能存在"、"东亚意识何以可能"、"东亚和合理念的价值共性"等问题。尔后他重点探究了东亚面临的西方文明挑战、现代转型需要、价值理想冲突等问题，指出和合是时代精神的精华与 21 世纪人类的价值导向。接下来，他从现代新儒学自身存在的混淆形上学、片面道德化、缺乏现实性等问题出发，探析了他对运用现代新儒学化解冲突的思考与疑虑。在此基础上，他论述了和合学之体、之用及其内蕴的生生之道、包含的三界之说等，回应了"和合学的化解何以可能"、"心灵冲突的化解何以可能"等问题。最后，他综述了和合学对体用不二、生生和合、本体与方法同究、创造与创新合一的特性，阐明了他在全球哲学视野下对和合学的哲学建构。③

---

① 参见张立文：《学术生命与生命学术》，中国人民大学出版社 2016 年版，第 252 页。
② 参见陆玉林：《东亚的转生——东亚哲学与 21 世纪导论》，华东师范大学出版社 2001 年版。
③ 参见张立文：《和合与东亚意识——21 世纪东亚和合哲学的价值共享》，华东师范大学出版社 2001 年版。

《和合之境》、《和魂新思》①、《君子国的智慧》② 分别探讨了 21 世纪中国、日本、韩国文化的和合转生。《和合之境》从"天人合一"的哲学话题切入，讨论可持续性发展问题，探究 20 世纪末的忧患与 21 世纪的展望。基于此，该作品提出要兼顾科学精神与人文精神、群体意识与个人精神，实现彼此的融突与和合，寻求全球化中的"普遍价值"。接下来，该作从传统人文精神与宗法人伦的角度探讨了"异化"的问题、过渡时代的文化冲突问题③，以及现代人格与价值矛盾的问题等。面对诸如此类的问题与矛盾，提出 21 世纪中国文化的转生应是化解冲突、走向和谐、对中国传统人文精神进行现代诠释的"和合转生"。《和魂新思》则分别阐述了日本的"文化哲学"、"价值哲学"、"宗教哲学"、"科技哲学"、"经济哲学"、"教育哲学"、"管理哲学"、"环境哲学"，全面介绍了日本哲学走向 21 世纪时面临的现代化问题，及其为实现这种现代化转生亟待化解的冲突。《君子国智慧》首先回顾了韩国哲学界的现状，尔后分别论述了环境哲学的"天人和谐"之境、自然哲学的"玄妙风流"之情、社会哲学的"礼仪君子"之态、文化哲学的"和合会通"之状。最后则从传统与现代对比的角度，论述了他们对韩国儒学现代化的思考。

（三）《和合哲学论》："和合学"的形而上层面

"和合学"要进一步深化与完善，势必会涉及终极关怀、价值理想、精神安顿等形而上学方面的问题，"和合学"要妥帖地回应与处理这些问题，就必须进行形而上层面的建构。为此，张立文先生早在 1999 年 9 月，就为中国人民大学研究生开设了"和合形而上学"的课程，希望在授课与课间讨论的过程中，进一步深入探讨这些问题的解决办法。

---

① 参见张玉柯、李甦平：《和魂新思——日本哲学与 21 世纪》，华东师范大学出版社 2001 年版。

② 参见姜日天、彭永捷：《君子国智慧——韩国哲学与 21 世纪》，华东师范大学出版社 2001 年版。

③ 这里的文化冲突，主要表现在以下几个方面：社会结构与文化结构、小农意识与商品经济、等级观念与民主政治、封闭意识与开放社会、道德人本主义与人的全面发展之间的冲突。（详见李振纲、方国根：《和合之境——中国哲学与 21 世纪》，华东师范大学出版社 2001 年版）

千禧之年的第八天，张立文先生又召开了一次内部座谈会，邀请陆玉林、向世陵、彭永捷、杨庆中、在读博士生祁润兴以及其他毕业的博士生等学者，集中讨论"和合形而上学"相关的三大问题：一是若要建立和合形而上学，那应该是什么样的？二是和合形而上学应该落在什么"基点"上？[①]三是"和合"何以可能、"和合形而上学"何以可能？[②]诸此问题，都是非常哲学、极需思辨、亟待解决的关键问题。对此，在场学者纷纷发表各自的观点。以建立什么样的"和合形而上学"的问题为例：或务"虚"，认为"虚"才能无限、才能纯粹，才能建构终极关怀与精神归宿，一如老庄之道、魏晋之无；或求"实"，认为"和合形而上学"应该落实到一个实体上，否则恐有一切皆"空"之嫌，导致人的精神、信仰无处安顿，一如宋明之理、气、心；或主张"搁置"，认为可像康德一般，对诸此问题搁置不议；或主张"高悬"，认为可像犹太教以自己的屈辱印证上帝的伟大一般，将"和合"高悬于一切之上，不能追问，亦不予回答。

经过多次"学术沙龙"的探讨与独自思考，张立文先生意识到，和合学应该要给出一个价值系统，一个安身立命之所，一个精神（灵魂）安顿的家园。"和合形而上学"的建构，需要从"会自我创造的和合存在"的"人"的立场出发。他依据人的智能创造的特性，提出了形而上层面的"三界说"：

[①] 这是一个问题链，包含许多细节问题，如和合学怎样找一个基点？这个基点是什么？要不要找一个基点？即要不要落到什么上？针对这些问题，参会者提出以下观点：1. 拒斥形而上学的奎因最终转向形而上学，这说明形而上学不可回避，现在没能解决形而上学问题；2. 和合学不是信仰，但需要给人的精神以家园，即安身立命之所，否则和合学的意义就不大；3. 和合可作名词解——价值论，破除实体论，和合作动词解——方法论，解决功能性问题，西方是实体思维，中国是关系实体，与功能相结合，以价值与功能的融合作为本体。（详见张立文：《学术生命与生命学术》，中国人民大学出版社 2016 年版，第 269 页）

[②] 这是一个问题链：超验存在如何可能？怎样可能？自然世界是和合的，人为世界是不和合的，和合如何可能？现代精神失落，如何找回来？找回什么？海德格尔回到最源头，德里达回到古希腊，成中英本体诠释学和唐力权场有哲学都回到《周易》。在经济全球化、网络普及化的时代，传统的经济模式、人的生活方式、思维方式、价值观念都必须改变，但如何说得更完善，还需要思考。（详见张立文：《学术生命与生命学术》，中国人民大学出版社 2016 年版，第 269 页）

生存之道、意义之道和可能之道。① 以此为"基点"，他用了近 5 年时间进行思考与完善，最终较为妥帖地解决了相关问题，并于 2004 年出版《和合哲学论》一书。

《和合哲学论》是张立文建构"和合学"形而上层面的标志性、奠基性、代表性的著作，囊括了"和合形而上学"的各大方面。该书从"爱智之旅"开始，首先对时、空、精神三大思辨层面进行了和合解构与理论论述。其次，他总结了中国哲学的三大创新标志——核心话题的转向、人文语境的转移与诠释文本的转换，指出依傍《国语》、意指和合、直面现实的"和合学"是谱写"爱智乐章"的哲学创新。再次，他通过对中西哲学方法的诠释，以及对二元对立思维产生的偏颇的论述，建构了"和合学"的方法。接下来，该书分别对"和合历史哲学"、"和合语言哲学"、"和合价值哲学"、"和合艺术哲学"的内涵与意蕴进行了较为详尽、全面的阐释，完成了对形而上学涉及的重要哲学层面与关键问题的妥帖回应，建构了"和合形而上学"的主体框架与核心内容。最后，张立文先生运用其提出的"逻辑结构论"的方法论，对"和合哲学"的逻辑结构进行了梳理，概述了"和合学的终极根基"、"和合哲学四层面的内在逻辑"、"和合哲学体系的整体贯通"等诸多方面的内容，为"和合形而上学"的建构打下了牢靠的基础，也为学界

---

① 首先，生存之道即所谓"地道"世界，是指人在不能自由选择出身的贫富、归属的种族民族、所在的国家地区等限定情况下，又以自我的智能创造来建构一个不断适宜自己生存的社会、政治、经济、文化等环境，以这种智能创造和自由选择来对自己出身的不自由的反抗和否定。其次，意义之道即所谓的"人道"世界，是指人的生存需要意义，而这种生存意义的获得依赖于人的身心的付出，从而使肉体生命逐渐转化为价值生命，实现了倏忽即逝的肉体生命向永流不息的意义生命的转移。上述意义生命的获得，依赖于人达到心性修养的提升、道德自律的超拔的和合境界。最后，可能之道即所谓"天道"世界，指人的生存除了需要意义外，还需要理想，需要获得精神的慰藉和灵魂的安顿，否则人的灵魂（精神）就会成为游魂野鬼，无处依附。可能世界就是仁的灵魂的家园，人的精神再次温馨家园汇总得到休息放松，抚平安定，从而使人的生命重新获得生命力，焕发出新生命的创造力。这个世界作为终极理想世界，本身就是和合的，这一点，各宗教之学、哲学之道都是相通的，如佛教的西方极乐世界、基督教的天国世界、道教的神仙世界、儒教的大同世界等，都是这种终极的和合世界。（详见张立文：《学术生命与生命学术》，中国人民大学出版社 2016 年版，第 256—258 页）

研究"和合"、学习"和合学"、探讨"和合形而上学"的人打开了一扇崭新的思辨之门、指明了一个全新的学术方向。

四、"和合学"与 21 世纪

从张立文先生提出"和合学"，并建构"和合学"三界、四偶、八维、五大冲突与五大原理等系统化、学科化的体系，到胡锦涛提出建设"和谐社会"的重要目标，再到习近平总书记强调"尚和合"、"和合共生"等理念，"和合文化"、"和合学"逐渐从书斋走向社会，从思想变成理论，从一家之言变成意识形态，最终被社会各界认识、接受、学习乃至研究。期间，既有张立文先生自己讲、独自讲"和合学"的寂寥与沉思，又有部分学者跟着讲、照着讲"和合思想"的论辩与沉淀。探究这段时间和合学、和合思想研究的旨趣与大致方向，主要有三：一是"和合文化"与"和谐社会"的对比与互补研究；二是挖掘和提炼中华优秀传统文化中的"和合思想"；三是"和合学"在操作和应用层面的具体落实。

（一）和合文化与和谐社会

2004 年 9 月，中共中央以"民主法治、公平正义、诚心友爱、充满活力、安定有序、人与自然和谐相处"为总要求，正式提出了"构建社会主义和谐社会"的概念，将"和谐社会"作为执政的战略任务。此前，"十六大报告"第一次提出将"社会更加和谐"作为重要目标①，此后，"和谐"的理念成为建设"中国特色的社会主义"过程中的价值取向，迅速在中国各界产生广泛影响。此外，2005 年 9 月，胡锦涛在联合国提出了"坚持包容精神，共建和谐世界"的呼吁，将中国特色的"和谐社会"理念，推而广之，延伸

---

① 《党的十六大报告》有 6 处提及"和谐"：一是"努力形成全体人民各尽其能、各得其所而又和谐相处的局面"；二是"使经济更加发展、民主更加健全、科教更加进步、文化更加繁荣、社会更加和谐、人民生活更加殷实"；三是"促进人与自然的和谐，推动整个社会走上生产发展、生活富裕、生态良好的文明发展道路"；四是"建设社会主义法治国家，巩固和发展民主团结、生动活泼、安定和谐的政治局面"；五是"完成改革和发展的繁重任务，必须保持长期和谐稳定的社会环境"；六是"积极促进世界多极化，推动多种力量和谐并存，保持国际社会的稳定"。

向国际视野中的"和谐世界"①。

针对"和谐社会"、"和谐世界"，学界各学科、各领域迅速展开了学习、阐发与研究，虽方法各异、角度有别、认识不同，但都表现出对"和谐"理念的极大兴趣与充分肯定。许多学者不约而同地将"和合学"、"和合文化"与"和谐社会"、"和谐世界"联系起来进行研究论述。学界迅速形成了一股新的研究热潮，各机构纷纷组织研讨会、座谈会，学者们也纷纷发表文章阐述其研究成果。

作为"和合学"的创始人与奠基者，张立文先生也多次受邀参加"和谐社会"与"和合文化"相关的会议、活动，也发表了许多相关文章。如2006年参加"国学与和谐论坛"，并作"中国和合思想与现代价值"的主题发言②；2007年受邀在中国广播网讲"和谐文化建设"③；2008年受宁夏回族自治区中心学习组邀请，做"和谐文化与建设共有精神家园"的讲座。张立文先生不仅在国内讲"和谐"与"和合"，也时常受邀在国外讲，如2008年受韩国成均馆大学邀请，讲"和合学与和谐社会"，他首先剖析了和合学提出的社会文化环境，尔后从《周易》、《国语》、《管子》、《墨子》入手，讲了和合学的内涵及其对中华传统文化的赓续；接下来，他分别论述了和合学提

---

① 2005年9月15日，胡锦涛在联合国成立60周年首脑会议上发表了《努力建设持久和平、共同繁荣的和谐世界》的演讲，提出了"坚持包容精神，共建和谐世界"的呼吁。（详见《胡锦涛在联合国成立60周年首脑会议上的讲话》，《人民日报》2005年9月16日）

② 2006年，中国人民大学成立国学院，这是全国首举。第二年（2007年），中国人民大学上海校友会在复旦大学筹办了"国学与和谐论坛"，既为响应中央提出的建设"和谐社会"的号召，也为呼应中国人民大学国学院的成立。论坛名为"南北论坛——国学与和谐社会建设"，意为中国人民大学（北）与复旦大学（南）的对话与交流。（张立文：《学术生命与生命学术》，中国人民大学出版社2016年版，第415页）

③ 2007年11月23日，张立文先生受邀录制"和谐文化建设"讲话，他首先讲了和谐与和谐文化的定义，指出和谐文化是中华民族一以贯之的核心价值理念、核心精神理念和道德情操，是人与自然、社会、他人、心灵、文明之间互相协调、和合的与时俱进的文化理念、文化实践的总和。接下来，他分别从宇宙观、价值观、人生观、道德观、国际观等角度，讲了和谐文化的核心内涵；最后，他总结和谐文化的特性为融突性、有序性、日新性、笃行性等。讲稿后经增改，以《弘扬中华文化，建设共有精神家园》为题，发表在《光明日报·理论版》。（张立文：《学术生命与生命学术》，中国人民大学出版社2016年版，第475页）

出的五大冲突、三个世界以及化解冲突危机的五大原理等主要内容；最后，他指出，和合学是当代中国理论思维的新形态，是唯变所适的人生观、价值观、道德观等。

中央提出建设"和谐社会"的重要目标后，学界迅速涌现出一大批论述"和谐社会"与"和合文化"的高质量的文章，尤其集中在 2005 年至 2010 年之间。除了针对张立文先生《和合哲学论》的数篇书评，如蔡方鹿的《构建和谐社会的思想智源》[①]、李长泰的《"讲自己"的哲学，蕴营社会和谐文化》[②] 等文章外，另有中共中央党校惠春琳[③]、中国人民大学冯来兴[④]、武汉大学左亚文[⑤]、北京师范大学张皓与王纯[⑥]、兵团党委党校李书群[⑦]，以及贾秀兰[⑧]、刘娜[⑨]、郭霞[⑩]、柳俊杰[⑪] 等学者[⑫]，分别从内涵外延、互补关系、价值

---

① 参见蔡方鹿：《构建和谐社会的思想智源——读张立文新著〈和合哲学论〉》，《探索与争鸣》2005 年第 8 期。

② 参见李长泰：《"讲自己"的哲学，蕴营社会和谐文化——张立文教授〈和合哲学论〉评介》，《湖南科技学院学报》2005 年第 9 期。

③ 参见惠春琳：《中国传统文化中的和合思想及其对构建和谐世界的现实意义》，《延安大学学报》（社会科学版）2006 年第 6 期。

④ 参见冯来兴：《中国传统"和合"文化与构建和谐世界》，《江汉论坛》2006 年第 5 期。

⑤ 参见左亚文：《中华和合思维与和谐文化建设》，《中南民族大学学报》（人文社会科学版）2007 年第 3 期。

⑥ 参见张皓、王纯：《古典文献中的"和合"思想与当代和谐文化建设》，《历史文献研究》2009 年总第 28 辑。

⑦ 参见李书群：《中国传统和合文化与建设社会主义和谐文化》，《兵团党校学报》2007 年第 4 期。

⑧ 参见贾秀兰：《论和合文化在建设和谐社会中的意义》，《西南民族大学学报》（人文社会科学版）2005 年第 10 期。

⑨ 参见刘娜：《和合文化与和谐文化》，《沈阳师范大学学报》（社会科学版）2007 年第 6 期。

⑩ 参见郭霞：《"和合文化"传播与"和谐世界"构建化》，《山东师范大学学报》（人文社会科学版）2007 年第 4 期。

⑪ 参见柳俊杰：《和谐社会的文化解读——中华和合文化精神的时代意义》，《湖北社会主义学院学报》2007 年第 2 期。

⑫ 除上面列举的学者与文章外，另有数十篇相关论文，举例如下：梁小军：《和合文化在构建和谐社会中的现代价值》，《福建论坛》（人文社会科学版）2005 年第 1 期；汪艳琴：《谈儒学的现今意义——对儒家"和合"文化的思考》，《黄山学院学报》2005 年第 4 期；王晓靖、王卫红：《中国传统"和合"文化精神的当代启示》，《湖南科技学院学报》2005 年

意义等角度，阐述了"和合文化"与"和谐社会"之间的关联与同趣。此外，华中科技大学、福建师范大学等高校培养了不少相关研究人员，完成了多篇"和合文化"与"和谐社会"相关的文章①，如"和合"文化与社会主义和谐社会建构② 等。

（二）"尚和合"与"和合学"：弘扬中华优秀传统文化

中华优秀传统文化博大精深，习近平总书记概括出"崇仁爱、重民本、守诚信、讲辩证、尚和合、求大同"等思想③，明确提出要"传承和弘扬中华优秀传统文化"。此后，"和合学"的研究，开始向"尚和合"的论说与阐述进行转向，从过去挖掘和提炼传统文化中的和合思想，转向传承与弘扬中华优秀传统文化中的和合文化与和合精神。

以杨朝明、张立文、王博在《光明日报》合发的文章《崇正义、尚和合、求大同》为例。中国孔子研究院院长杨朝明教授指出：正义是天下和

第 10 期；谢如广：《弘扬传统和合文化　构建社会主义和谐社会》，《柳州师专学报》2005年第 3 期；李湘云：《和谐文化与和合文化辨析》，《青海社会科学》2007 年第 1 期；蒋同业：《和合哲学思想与构建"和谐世界"》，《和田师范专科学校学报》2007 年第 1 期；刘凯军、郭刚：《传统和合思想对构建现代和谐社会的时代作用》，《安徽工业大学学报》（社会科学版）2008 年第 3 期；王玉华：《儒家和合思想对构建现代和谐社会的价值》，《山东农业大学学报》（社会科学版）2008 年第 2 期；徐明娟、耿传刚：《传统和合文化与和谐社会构建》，《山东农业大学学报》（社会科学版）2008 年第 3 期；陈兴锐：《弘扬和合精神　构建和谐社会》，《重庆行政》2008 年第 6 期；陈都：《儒家"和合"思想对构建和谐社会的指导意义》，《鸡西大学学报》2008 年第 4 期；范婷、丁鼎棣：《和合文化的哲学考察与现代价值》，《求索》2009 年第 9 期。

① 参见袁迎春：《传统和合思想对构建社会主义和谐社会的价值》，江西师范大学 2008 年硕士论文；白明峰：《中国传统和合理念与当代和谐文化建设》，青海师范大学 2008 年硕士论文；梁小军：《略论和合文化及其在构建和谐社会中的价值》，福建师范大学 2006 年硕士论文；刘志飞：《"和合"文化的伦理意蕴及其对构建和谐社会的价值启示》，江西师范大学 2006 年硕士论文。

② 参见金玲玲：《"和合"文化与社会主义和谐社会建构》，华中科技大学 2008 年硕士论文。

③ 2014 年，习近平总书记在文艺工作座谈会上的讲话中说："中华民族在长期实践中培育和形成了独特的思想理念和道德规范，有崇仁爱、重民本、守诚信、讲辩证、尚和合、求大同等思想，有自强不息、敬业乐群、扶正扬善、扶危济困、见义勇为、孝老爱亲等传统美德。"并明确指出："我们要结合新的时代条件传承和弘扬中华优秀传统文化……继承和发扬中华民族优秀传统文化，坚持和弘扬中国精神。"

谐、和顺的前提，是人之为人的社会性要求，是社会伦理中的责任担当；中国人民大学一级教授、"和合学"奠基人张立文先生指出："尚和合"所尚的是和生并与众多宇宙观、和立不朽的人生观、和达共赢的发展观、和心中节的心灵观、和爱公正的道德观、和处合作的国际观；北京大学哲学系主任王博教授对"大同"与"小康"进行分梳与对比，并援引孙中山对"大同"思想的论述，指出"大同"是中国人自古以来的梦想。[1]

此外，中国人民大学肖群忠教授[2]、中共中央党校哲学教研部主任冯鹏志教授[3]、北京师范大学贾新奇教授[4]、中国石油大学张瑞涛教授[5] 等人，分别从"尚和合"的内涵、价值、哲学性格等方面，对"尚和合"与"和合文化"进行了论述。张立文先生也发表了《尚和合的时代价值》[6]、《尚和合的心灵境界》[7] 等文章，对"尚和合"进行了专业深入的研究与探讨。

在此之前，以张立文先生为代表的众多学者，就自觉从中华优秀传统文化中挖掘、吸收和提炼"和合思想"与"和合文化"，取得了丰富的研究成果。其研究方向大致有三：

第一，阐发价值，发掘弘扬中国传统和合文化的价值与意义，如张立文先生的《和合思想的现代意义》[8]、李甦平教授的《韩国三教和合的现代价值》[9]、李甦平、何成轩著《东亚与和合——儒释道的一种诠释》、胡一的《中华和合文化的现代价值》[10] 以及周成岐[11]、蔺淑英[12] 等。

---

① 参见杨朝明、张立文、王博：《崇正义·尚和合·求大同》，《光明日报》2014年7月29日。

② 参见肖群忠：《尚和合》，《中国教育报·理论周刊》2014年6月6日。

③ 参见冯鹏志：《尚和合·中华心·民族魂》，《人民日报海外版·文明中国》2014年11月1日。

④ 参见贾新奇：《尚和合》，《时事报告》2014年第8期。

⑤ 参见张瑞涛、李宗双：《论尚和合的哲学性格》，《黑龙江社会科学》2015年第6期。

⑥ 参见张立文：《尚和合的时代价值》，《浙江社会科学》2015年第5期。

⑦ 参见张立文：《尚和合的心灵境界》，《船山学刊》2015年第2期。

⑧ 参见张立文：《和合思想的现代意义》，《国家图书馆学刊》2006年第1期。

⑨ 参见李甦平：《韩国三教和合的现代价值》，《现代哲学》2000年第4期。

⑩ 参见胡一：《中华和合文化的现代价值》，《福建论坛》（经济社会版）2001年第5期。

⑪ 参见周成岐：《传统"和合"文化及其时代价值》，《理论建设》2006年第5期。

⑫ 参见蔺淑英：《中国传统和合文化及其现代启示》，《兰州大学学报》（社会科学版）2007年第4期。

　　第二，探源溯流，总体把握中国传统文化中蕴含的和合思想及其意义。早在 1996 年，张立文先生在建构"和合学"体系的时候，就曾撰文细究中国文化的精髓，考察和合学的源流，细致梳理了中华优秀传统文化中的"和合"思想。此外，四川大学古籍研究所的郭齐教授，也曾撰文《"和合"析论》①，从古典文献学的角度，对"和合"一词本来的内涵、如何发展而成等问题进行了深入细致的梳理与研究，具有极高的学术价值。南京理工大学的王育平、吴志杰撰文《中国传统"和合"文化探源》②，也对"和合"进行探源溯流，探讨其内涵、发展与外延及其在中国传统文化中的价值。再有李刚的《和合思想及其演变》③、王颢的《论中华和合思想的起源》④ 等。

　　第三，分梳细究，挖掘提炼中国古代经典文献中的和合思想。张立文先生在考察和合学源流的文章中，曾对中国古代经典文献如《国语》、《管子》、《墨子》等蕴含的和合思想进行过较为全面的论述，但限于篇幅，论述不够细致。后进学者在此基础上，分别从不同角度对其进行了探讨，涉及《周易》⑤、《中庸》⑥、《管子》⑦、《国语》⑧、《太平

① 参见郭齐：《"和合"析论》，《四川大学学报》（哲学社会科学版）1999 年第 2 期。

② 参见王育平、吴志杰：《中国传统"和合"文化探源》，《南京理工大学学报》（社会科学版）2009 年第 1 期。

③ 参见李刚：《和合思想及其演变》，《西北大学学报》（哲学社会科学版）2001 年第 1 期。

④ 参见王颢：《论中华和合思想的起源》，《吕梁学院学报》2011 年第 4 期。

⑤ 参见赵继明：《和合：〈周易〉的精神本质》，《晋阳学刊》1999 年第 4 期；魏文彬：《浅谈〈周易〉中"中正"与"和合"的辩证关系》，《中华文化论坛》1997 年第 2 期；孙熙国：《〈易经〉与儒家思想之渊源》，《周易研究》2003 年第 3 期；张祥浩：《保合太和乃利贞——〈周易〉的和合思想》，《东南大学学报》（哲学社会科学版）2001 年第 3 期；杨效雷、曾华东：《〈周易〉阴阳观与和合文化论析》，《周易研究》2017 年第 5 期。

⑥ 参见孙小金：《从〈中庸〉到"和合学"》，《广西社会科学》2003 年第 4 期；印永清：《中庸思想与和合之道》，《寒山寺文化研究院会议论文集》，2010 年。

⑦ 张立文：《管子道德和合新释》，《社会科学战线》2010 年第 2 期；吴显庆：《〈管子〉"和合"思想辨析》，《社会科学研究》1998 年第 1 期；刘杏梅、卢舒程：《〈管子〉和合思想对现代企业和谐管理的启示》，《阜阳师范学院学报》2016 年第 6 期；李长泰：《〈管子〉的天地人和合观探析》，《管子学刊》2010 年第 3 期。

⑧ 参见张永路：《〈国语〉和合思想论析——从〈越语〉"天地人相参"说起》，《理论界》2016 年第 9 期；钱耕森：《史伯论"和合""和生""和同"》，《衡水学院学报》2016 年第 6 期。

经》①、《考工记》②等经典的和合思想，孔子③、孟子④、荀子⑤、庄子⑥、老子⑦、墨子⑧、董仲舒⑨、刘宗周⑩、王夫之⑪等和合思想，诗赋和合⑫、儒⑬释⑭道⑮和合、仁义礼乐和

---

① 王子今：《〈太平经〉中的"和合"意识探讨》，《中共中央党校学报》2009年第2期。

② 范兴兴：《〈考工记〉中的"和合"思想》，《黑龙江史志》2014年第11期。

③ 参见柯远扬：《试析孔子的和合思想》，《中国哲学史》1998年第2期；陈正夫：《孔子的和合思想与21世纪的和合精神》，《南昌航空工业学院学报》（社会科学版）1999年第1期；裴小琴：《孔子的"和合"思想与中国的和平崛起》，《大同医学专科学校学报》2005年第3期；邱国勇：《论孔子的"和合"思想及其现代意蕴》，《学术论坛》2006年第10期；刘芳、丛蓉：《孔子"和合"精神之浅见》，《理论观察》2007年第6期。

④ 参见王其俊：《孟子和谐观初探》，《兰州大学学报》1989年第2期。

⑤ 参见夏澍耘：《荀子和合观简论》，《武汉大学学报》（哲学社会科学版）2006年第5期。

⑥ 参见赵凤远：《庄子生态"和合"观的审美内涵》，《求是学刊》2007年第6期；张松辉：《庄子是道、气和合生物的二元论者》，《湖湘论坛》2011年第1期。

⑦ 参见王秋娜、朱卫红：《浅析老子和合思想中的"不争"》，《怀化学院学报》2011年第3期；白言笑、张铁军：《〈道德经〉中蕴含的人与自然的和合思想》，《社科纵横》2017年第3期。

⑧ 参见郭智勇：《"尚同"与"尚贤"：墨子政治和合的伦理路径探析》，《东南大学学报》2014年第1期。

⑨ 参见李富强、杨高男：《从〈春秋繁露〉看董仲舒的和合思想》，《怀化学院学报》2011年第3期。

⑩ 参见张瑞涛：《一体圆融，和合无碍——刘蕺山〈人谱〉工夫哲学探赜》，《人文杂志》2011年第5期。

⑪ 参见罗玉明、王秋娜：《王夫之的"和合"思想述论》，《怀化学院学报》2011年第3期；谢芳、王学锋：《浅论王船山和合思想及其当代启示》，《船山学刊》2013年第2期。

⑫ 参见黄念然、胡立新：《和合：中国古代诗性智慧之根》，《湛江师范学院学报》1999年第3期；章沧授：《论汉赋的和合文化》，《东方丛刊》1999年第4辑；李振纲、魏飞：《王勃〈滕王阁序〉儒、道和合思想解析》，《河北大学学报》（哲学社会科学版）2012年第2期。

⑬ 参见张立文：《儒家和合生态智慧》，《黑龙江社会科学》2013年第1期。

⑭ 参见罗琼：《和合之美——从〈沙恭达罗〉看迦梨陀娑的审美理想》，《南亚研究》2005年第1期；圣凯：《六和合精神的现代意义》，《中国宗教》2005年第3期；何善蒙：《天台山和合文化论纲》，《浙江社会科学》2017年第10期；刘增光：《天台止观与晚明三教和合——以杨复所〈诵孝经观〉为中心》，《浙江社会科学》2017年第10期；杨供法：《创新思路推进天台山和合文化研究——基于文献综述的思考》，《浙江社会科学》2017年第10期。

⑮ 参见姚维：《道家和合思想及其现代意义》，《社会科学研究》1998年第5期；李远国：《道家天人和合观探微》，《江西社会科学》2000年第8期；唐诚青：《论道家天人和合的生养思想》，《中国道教协会会议论文集》2001年第8期。

合①等思想，以及古代社会意识中的和合思想②等，可以说囊括了中国古代文献经典与文化精髓的方方面面。

（三）"和合学"在应用层面的落实与交叉学科的构建

"和合"是中华优秀传统文化的精髓，从先秦诸子百家，到宋明理学各派，无不探讨过"和合"；无论是文化思想，还是日用行常，无不渗透着"和合"。从这个角度来说，和合思想不仅能够作为交叉学科的切入点，而且也较为适合落实到应用层面。许多学者对此已有认识，并曾进行过相关的研究与尝试。

将"和合学"落实到具体的应用层面，主要涉及以下几个领域：企业管理③、经济理论④、教育理念⑤、行政法律⑥、国际关系⑦、外交策

---

① 参见向世陵：《理想之治的社会调节——以礼乐和合为中心》，《探索与争鸣》2014 年第 2 期；向世陵：《礼乐和合的社会治理与理想秩序》，《中国儒学》2014 年第 9 辑；薛永武：《大乐与天地同和——论〈乐记〉天人相谐的和合神髓》，《理论学刊》2006 年第 1 期；陈力祥：《论船山之礼和合哲学价值彰显的四个基本维度》，《中南大学学报》（社会科学版）2014 年第 3 期；盛杏雨：《孔子以"仁礼和合"为核心的内圣外王之道》，《济南学院学报》2017 年第 1 期。

② 参见王子今：《汉代社会意识中的"和合"观》，《社会科学》2006 年第 7 期。

③ 参见张立文：《和合文化与商道——21 世纪经济活动的有效路径》，《探索与争鸣》2005 年第 2 期；陶维国：《中国企业管理现代化的文化资源》，《中南财经政法大学学报》2003 年第 3 期；卢福财、陈建成：《中华和合文化与现代企业管理》，《光明日报》2003 年 11 月 5 日；黄如金：《和合管理与"蓝海战略"》，《经济管理》2005 年第 24 期；葛健、王宣言：《企业信息化建设中的和合管理》，《经济管理》2007 年第 17 期；黄如金：《论和合公共管理——创新和合公共管理的基本分析》，《中国工业经济》2006 年第 10 期；黄如金：《中国式和合管理的方法论问题》，《经济管理》2006 年第 18 期；刘建忠：《用"和合文化"构建和谐企业》，《中外企业文化》2005 年第 11 期。

④ 参见徐孙铭：《和合智慧与经济哲学》，《求索》2005 年第 2 期。

⑤ 参见周林霞：《论和合文化在现代教育中的运用》，《河南社会科学》2005 年第 1 期；王静：《儒家和合思想对日本企业教育的影响》，东北师范大学 2006 年硕士论文；刘冬岩：《和合而生：构建和谐的课堂教学文化》，《福建师范大学学报》（哲学社会科学版）2008 年第 4 期。

⑥ 参见龙大轩：《和合：中华法系的总体特征》，《法律文化研究》2005 年第 1 辑；阎巍：《和合哲学对当代行政法理论基础——平衡论的影响》，山西大学 2005 年硕士论文；李莉华、刘立强：《和合思想·无讼·诉讼调解》，《中共南宁市委党校学报》2005 年第 4 期。

⑦ 参见李世安：《"和合"文化与"文明冲突"——东亚国际关系中的文化》，《史学理论研究》2006 年第 3 期；余潇枫：《"和合主义"：中国外交的伦理价值取向》，《国际政治研究》2007 年第 3 期。

略①、区域发展②、翻译理论③、现代设计④、动画创作⑤、城市规划⑥、图书馆管理⑦ 等。

运用"和合学"进行交叉学科的研究方面，张立文先生是先行者，取得了丰富的研究成果。在《和合学概论》一书中，他曾运用"和合学"探讨过"和合自然科学"、"和合伦理学"、"和合人类学"、"和合技术科学"、"和合经济学"、"和合美学"、"和合管理学"、"和合决策学"等交叉学科的建构问题。此后，他深入思考、不断修正、进一步完善，发表了许多相关论文，如思考艺术哲学⑧、历史哲学⑨、美学体系的建构、"中国伦理学"的和合精神与价值⑩ 等。他的思考全面深入，为后学开拓了一条全新的交叉学科研究

---

① 参见冯春台：《中国外交新理念——和合观》，《东北亚论坛》2006 年第 6 期；邓长江、吕清华：《从"和合文化"看新时期中国外交策略》，《电子科技大学学报》（社会科学版）2016 年第 5 期。

② 参见易佑斌：《论和合文化在东亚区域合作理念构建中的作用》，《湘潭大学学报》（哲学社会科学版）2005 年第 4 期。

③ 参见吴志杰：《和合翻译研究刍议》，《中国翻译》2010 年第 4 期；吴志杰：《构建和合翻译学的设想》，《外语教学》2012 年第 2 期；钱纪芳：《和合翻译思想初探》，《上海翻译》2010 年第 3 期；钱纪芳：《试论和合翻译思想的文化底蕴》，《南昌大学学报》（社会科学版）2010 年第 6 期；莫运国：《翻译和合说的哲学思考》，《上海翻译》2010 年第 1 期。

④ 参见朱喆、陈新华：《以和合思想发展中国设计文化》，《江苏大学学报》（社会科学版）2006 年第 1 期；易平：《基于"和合"文化的包装设计新路径》，《包装工程》2016 年第 12 期。

⑤ 参见王诗雨：《中国传统文化中的"和合"理念在动画创作上的运用》，湖北工业大学 2017 年硕士论文。

⑥ 参见李炜：《城市"和合"空间的创造——城市户外滞留交往活动场所设计探讨》，重庆大学 2003 年硕士论文；刘海燕、吕文明：《论中国园林文化的和合精神》，《华中建筑》2006 年第 7 期；郑炎、晏忠：《中国建筑设计文化中的和合思维研究》，《建材与装饰》2007 年第 9 期。

⑦ 参见申志东、胡承军：《和合文化与图书馆管理》，《图书与情报》2000 年第 1 期；马林兴：《试论"和合文化"与"人和艺术"在图书馆管理中的运用》，《图书馆》2000 年第 1 期；李小玲、蒋润秋：《关于图书馆人本管理中渗透"和合"文化的思考》，《图书馆》2006 年第 1 期；邵畅：《论传统和合精神与现代图书馆建设的关系》，《四川图书馆学报》2006 年第 2 期。

⑧ 参见张立文：《和合艺术哲学论纲》，《文史哲》2002 年第 6 期。

⑨ 参见张立文：《和合历史哲学论》，《济南学院学报》2017 年第 1 期。

⑩ 参见张立文：《中国伦理学的和合精神价值》，《首都师范大学学报》（社会科学版）2003 年第 1 期。

思路。

　　以"和合美学"为例，张立文先生曾构想过和合美学体系①，为后进学者进一步探索打下了坚实的基础。中国社会科学院党圣元研究员以阴阳、五行为切入，分别探究了《周易》阴阳学说②与先秦阴阳五行文化③中的"和合美学"，立论新颖，观点独到，阐述清晰。南开大学彭修银教授从修辞阐释的角度，探讨了美学与意识形态的"和合"，他认为中国自古有言道"和合"的修辞观念，因而试图把"和合"品格贯彻到美学阐释与意识形态阐释之间。④北京师范大学博士后何艳珊，从音乐的角度出发，剖析了古代音乐美学蕴含的三维"和合"图式，即其所谓"以无为本"的本体论、"去欲从性"的方法论与"和合生美"的境界论。⑤韦拴喜则从求同存异、和合共生的角度，讨论了实践美学与身体美学的会通，认为"实践美学建立'情本体'与'新鲜感'的主张，在某种程度上切合身体美学身心一体化的目标指向"⑥，二者可以在美学的层面上实现和合圆融的会通。杜秀玲从现代设计的角度，分析了"和"、"合"的内涵及其美学元素，从而推进具有鲜明民族特色的"和合"之美的运用。⑦韩高年以汉赋为切入点，探讨了西汉文化的"和合"趋势对大赋的美学旨趣与创作模式产生的影响。他认为大赋兼裁先秦南北文学之美，表现出儒、道并蓄的美学特点，究其缘由，"西汉武宣之世政治文化的'和合'特点"是重要原因之一。⑧

　　此外，武汉大学博士杨黎以"和合之美"为题完成博士学位论文。他

---

① 参见张立文：《关于和合美学体系的构想》，《文艺研究》1996 年第 6 期。

② 参见党圣元：《〈周易〉阴阳学说与"和合"美学观》，《陕西师范大学学报》（哲学社会科学版）2017 年第 5 期。

③ 参见党圣元：《先秦阴阳五行文化中的"和合"美学观念》，《西北大学学报》（哲学社会科学版）2017 年第 6 期。

④ 参见彭修银：《修辞阐释：美学、意识形态与"和合"》，《湖南社会科学》2005 年第 4 期。

⑤ 参见何艳珊：《古代音乐美学的三维"和合"图式》，《人民音乐》2012 年第 5 期。

⑥ 韦拴喜：《求同存异　和合共生——实践美学与身体美学的会通》，《河北师范大学学报》2014 年第 4 期。

⑦ 参见杜秀玲：《"和、合"的美学元素分析》，《包装工程》2010 年第 16 期。

⑧ 参见韩高年：《兼裁众美，其美在调——论西汉文化的"和合"趋势对大赋美学旨趣和创作模式的影响》，《甘肃社会科学》2000 年第 3 期。

对先秦儒家理想人格的美学进行研究，认为儒家美学蕴含的人伦谐和、天人合一、知行合一、身心和合、情境融合等思想是典型的经世致用、德艺双修的人格美学，其最终的美学归宿就是"和合之美"的境界，这是中华民族人格精神中追求纯真、向善、臻美的和合理想。[①] 杜莉则以"和合成器"为题，对《考工记》的"和合"美学思想进行了理论化的阐释，认为"和合"美学思想贯穿于《考工记》的具体器物及其制造流程的始终，体现在匠人之"知"与匠艺之"道"、匠人之"巧"与匠艺之"良"、匠人之"工"与匠艺之"器"之间的"和合"。这种最终指向"生生之道"的"和合之美"，来自天道自然之美，最终又复归于人造工艺之美。[②]

---

① 参见杨黎：《和合之美——先秦儒家理想人格的美学研究》，武汉大学 2017 年博士论文。

② 参见杜莉：《和合成器——〈考工记〉中"和合"美学思想的理论阐释》，西北大学 2017 年硕士论文。

新视野与新使命：近三十年中国
和合学相关活动综述

陈志雄　徐　刚

　　围绕某一思想所展开的学术活动与社会活动是学术动态发生的前沿阵地，是学术研究共同体构建的必经之路，是思想理论引导社会生产生活的具体体现，只有通过领会相关活动的精神与意义，才能把握好该思想的脉搏所在。中国人民大学哲学院张立文教授是中国"和合学"的创立者和倡导者，自从正式提出"和合学"以来，关于该思想的活动就一直持续不断进行着，为传播中华和合思想文化发挥了重要作用，充分彰显了"和合学"在社会实践中所应有的能量。"和合学"应时代而出，为化解人类所共同面临的"五大冲突"的文明困境提供了新视野和新理念，为中国哲学理论思维创建了体现时代精神精华的新形态；"和合学"又始终与时代同步，在奔腾向前的时代潮流中主动担当起解决时代问题的历史使命。

一、致思和合，升起思潮

　　1988 年，张立文教授撰写《新人学导论——中国传统人学的省察》一书，该书由人的"自我发现论"、"自我塑造论"、"自我规范论"、"自我创造论"和"自我和合论"五部分构成，提出"和合型"人格，它是指各层次、各类型人格的综合创造，而不是指无差异的相同人格的相加。1989 年，写成《从宋明理学到和合学》①，该文分析了从"旧三学"（即宋明新儒学中的理体学、心体学、气体学）到"新三学"（即现代新儒家中的新理体学、新心体学、新气体学）的发展过程，最后重点论述如何度越新儒家、建构和合学的问题，探讨了和合学的定义、内容及其价值根据，并指出"和合学是中国文化的精髓和生命最完满的体现形式，是当代哲学理论思维的一种新形态"②。在此前后还有冯友兰先生提出"仇必和而解"，张岱年先生提出"兼和"，钱耕森先生提出"和生学"，以及汤一介先生关于和谐观念的论述等③，围绕传统文化中和合思想的创造性转化与创新性发展，思想界呈现出"百花齐放，百家争鸣"的良好学术氛围，共同促成了一股现当代和合思想的思潮。

邓小平"一国两制"和平统一祖国的伟大构想深含着中华和合文化的意蕴，它立足于世界在历经两次大战后解放与和平的力量不断壮大，扩张主义、霸权主义不得人心，东西对话、南北合作、人心思和的大背景，考虑到以战争完成祖国统一势必耗师劳民伤财，会引发新的世界动荡，而最后作出的战略选择。它吸取了中华民族的历史经验与文化传统，创造性地运用"和生"、"和处"的国际和平与发展策略，设计出港人治港、高度自治与民主的"和立"、"和达"治理模式，制定出爱国爱港的用人标准以及内和外睦、和平稳定、改革发展、共存共荣的百年国策。④ 香港、澳门的顺利回归是以和合促统一的典型范例，就是要在祖国统一的前提下，大陆和香港实行两种制度，但并未否定彼此间的差异，双方能够实现有机组合，良性运作，增进民

---

① 此文后来改名为《新儒家哲学与新儒家的度越》，载张立文：《中国近代新学的展开》，东大图书股份有限公司 1991 年版，第 285—304 页。

② 张立文：《学术生命与生命学术》，中国人民大学出版社 2016 年版，第 185 页。

③ 参见张岱年：《中国哲学中"天人合一"思想的剖析》，《北京大学学报》（哲学社会科学版）1985 年第 1 期；钱耕森：《大道和生学》，《光明日报》2015 年 3 月 2 日第 16 版。此外，季羡林《21 世纪文化瞻望——"天人合一"新解》一文和汤一介《世纪之交看中国哲学中的和谐观念》一文，并见于季羡林主编：《大国方略——著名学者访谈录》，红旗出版社 1988 年版，第 171—173、192—197 页。

④ 参见方兰、文兵：《中华和合殊途归一——邓小平"一国两制"构想的文化渊源》，《理论导刊》1998 年第 6 期；平文艺、刘志明：《一国两制，和合之道》，《中华文化论坛》1997 年第 7 期。

族团结，促使香港与内地经济社会焕发新的生机和活力！

在改革开放的春风沐浴下，和合学思想的研讨活动也逐渐走出国门，相关活动的开展极大地增进了关心中国传统文化未来发展与前途命运的国际友人、学界同仁之间的交流对话，既传播发扬了中国文化的思想精髓，也吸收学习了他国文化的智慧，促使和合学思想的内涵不断充实，影响力不断扩大。1991 年 3 月 23 日—4 月 5 日，日本东京女子大学比较文化研究所主办了"第二届现代化与民族化——亚洲现代化与民族性因素国际研讨会"，大会主题为"儒教对近现代知识者深层精神结构之影响"，参会的中国学者有张立文、钱理群、陈来、汪晖、马良春教授等。在会上，学者们通过分析儒教在中国近代所遭遇的崩溃与失落，要求要转变原来的体用思维方式，而代之以和合思想来推动时代的进一步发展。为更好地将此次国际大会的研讨精神传播发扬出去，在 3 月 28 日和 3 月 30 日，东京大学文学部和京都大学会馆分别举办了两场有关和合学的专题讲座和讨论会，参与听讲和讨论的有沟口雄三、岛田虔次、金谷治、庄司壮一、村上嘉实、三浦国雄、狭间直树、内山俊彦、池田秀三、吾妻重二、青木五郎、小林和彦和武田秀夫教授等一批日本知名学者。会场讨论的气氛非常热烈，和合学得到了大家的广泛了解，人们开始认识到全球化与信息化时代呼唤能有一种新的理论度越原先的哲学理论与思维形态，能够与时谐行，充分体现出时代的精神，开出新的生命智慧之花，和合学可以成为承载这种历史使命感的一种理论体系。

1991 年 6 月 18—21 日，新加坡国立大学中文系举办了"汉学研究之回顾与前瞻国际会议"，会议吸引了三百多位汉学专家学者参加，分别来自中国、韩国、日本以及欧美等国家，学者就汉学的相关议题展开广泛的交流和讨论，其中不乏有关和合学的研讨。对此，苏新鋈教授在后来的《新加坡空前的汉学研究之回顾与前瞻国际会议传扬的学术讯息》报道文章中说："和合学具有运动性、平衡性、综合性和相对性特点，旨在度越中国传统哲学形而上学本体论"①，给予了和合学这一新兴思想以较高的关注和评价。

---

① 苏新鋈：《新加坡空前的汉学研究之回顾与前瞻国际会议传扬的学术讯息》，《国际汉学》1992 年第 1 期。

一直以来，传统文化与现代化的关系问题是学界所关注的一个热点话题，1992年3月16日，中国社会科学院哲学所《哲学研究》编辑部就召开过"传统与现代化研讨会"。此后的1993年8月10—14日，第八届国际中国哲学会又在北京举行，会议就围绕"中国传统哲学的现代意义及未来发展"这一主题进行探讨，参会的学者主要有成中英、张立文、唐力权、李绍昆等教授，以及来自台湾方面的邬昆如、傅佩荣和项退结教授等。学者们共同回顾了欧美过去一百多年来由西方文化所规定下来的现代化形态及其思维方式，在此基础上认真审视了中国传统文化的自身特性，发现了和合思想是中国哲学的精髓，它浸润在各门科学所包含的宇宙观、社会历史观和人生论中，与西方上帝创世的思维方式迥然有别，塑造了独特的中国文化样态。中国要发展现代化，应该要立足于自身文化沃土，表现在研究中国哲学上就是要努力摆脱西方哲学话语霸权的束缚，建构符合中国哲学自身特点的哲学体系，建立中国哲学学派。学者们一致认为，中华传统文化大量蕴含着一些西方文化所没有的优秀基因，它是一剂良药，对人类摆脱在发展现代化中所遭遇的困境有着重要的作用，从而也能够因此实现中国传统文化整体性的转生和创新，形成符合当下时代精神的新的哲学形态。1994年4月8—10日，"东亚传统文化国际会议"在日本福冈举行，在第三分科会上，会议活动同样是围绕传统文化与现代化的关系问题来展开的，本次会议由冈田武彦教授负责组织筹办。来自中国方面的学者张立文教授作了题为"和合是中国传统文化的精髓"的演讲，重点介绍了和合学的规定性及其与现代社会需要的适应性，以及它如何保障各不同成分在融突的动态过程中和合成新事物，并接受了刘梦溪、戴琏璋教授等人的提问。会议主场结束后，在町田三郎教授和池田知久教授的主持下，日本九州大学文学部和东京大学文学部相继组织了两场关于和合学的专题讲座，以期能进一步深化对和合学的研究和探讨，这吸引了全校师生以及许多早稻田大学的助手、博士生前来旁听学习，活动进行到23日才算为此次大会拉下一个尾声，表现了日本学界对和合学的浓厚兴趣。

1994年10月5—8日，由中国孔子基金会主办的"纪念孔子诞辰2545周年与国际学术讨论会"在北京召开，大会的主要议题是"历史的回顾与

21 世纪儒学瞻望"。党和国家领导人李瑞环、李岚清、谷枚同志出席会议开幕式并作了重要讲话，会议期间江泽民主席接见会议部分代表并合影留念。这次会议有来自国内和中国港澳台地区学者 200 余人，来自日本、韩国、新加坡、越南、印尼、马来西亚、美国、德国、法国、澳大利亚、瑞士等二十多个国家的学者有 90 多人。会议共收到论文 105 篇，数十位学者在分组会上宣读了论文，围绕着儒学的过去与未来命运，展开了热烈的探讨。其中，安徽大学哲学系钱耕森教授在会上发表《"和为贵"新论——儒家与现代化》一文，他认为史伯开创了"和生学"，老子则完成了"和生学"，并且老子后来居上，超越性地创造出中国哲学史上第一个博大精深的形而上体系——"道生万物"说，亦即"大道和生学"。[①]

从 1988—1995 年，和合学在致思酝酿、建构发展、研究探讨的过程中升起了一股思潮，借助于丰富多样的社会活动而得到不断升华，在得到中外业界同行的关注中，和合学进一步朝着完善化、成熟化方向发展。

二、世纪之交的回顾与展望

在从 20 世纪 90 年代迈向 21 世纪的世纪之交，这是一个激动人心的时刻，但它也激发我们去持续思考这样一个问题：21 世纪，我们的路在何方？冷战给全人类留下的硬伤尚未愈合，以阶级斗争为纲的运动带给人民阵阵隐痛，"9·11"恐怖袭击顿使美国从噩梦中惊醒。冲突和危机的层出不穷，告诉我们这个世界并不太平，而我们却又该如何去面对？迎来千禧之年，人们纷纷在进行回顾与展望，这越发砥砺着和合学往纵深方向用力，为未来社会谋篇布局。和合学认为，面对五大冲突（人与自然、人与社会、人与人、人的心灵、不同文明间）的挑战，以及西方文化和现代化的挑战，最佳、最优化的文化选择是和合学，通过融突而和合。可以说，和合学思想是赠送给新世纪的一份最美好的祝愿，它无疑为世人指明了一条构筑梦想与未来的道

---

① 参见孔子诞辰 2545 周年纪念与国际学术研讨会学术组：《孔子诞辰 2545 周年纪念与国际学术讨论会述评》，《孔子研究》1995 年第 1 期。

路，期望能以更加自信稳健的姿态来迎接新世纪。

1995 年 12 月，日本冈田武彦先生和张岱年先生在北京友谊宾馆进行了一次千年之交的对话，一起回顾过去，展望 21 世纪，共同就亚洲和平、建设以儒家的思维方式为中心理念的国际组织、儒家文化圈的未来文化走向、中国古代传统中的和合思维等一系列人们所关切的问题展开交流对话。此次对谈内容由难波征男教授主编为《简素与和合》一书，于 1999 年 5 月在日本中国书店出版发行。

在我国积极争取国际和平环境，推动祖国和平统一大业，以及国内外思想界对于中华和合文化的研究热潮的背景下，范敬宜、楚庄、邢贲思和张岱年教授等提出了要在马克国主义理论指导下，科学理解中华和合文化，正确弘扬中华和合文化，深入开展"中华和合文化弘扬工程"的意见。为此，1997 年 2 月 6 日人民日报社、光明日报社、《科技智囊》杂志社、北京大学国情研究中心等新闻媒体与学术机构共同启动了"中华和合文化弘扬工程"。该工程所开展的具体工作是：第一，深入开掘、研究和广泛宣传，弘扬中华和合文化精神。开掘研究是宣传弘扬的前提和条件，宣传弘扬是开掘研究的动力和支柱。要对中华和合文化的精神财富进行完整、准确、细致、妥善的整理和研究。第二，深入开展中华和合文化的应用性研究和实施。中华和合文化历史积淀在每个中国人的心理层面上，应对此作出切实的调查分析，以此提高中华民族的团结合力，推动祖国和平统一大业。第三，要加强与海外华夏儿女、国际友人关于中华和合文化精神的交流，进一步取得沟通。[1] 其中《光明日报》还特别开设了"和合文化工程专栏"，用以专门报道和合文化的实践与应用研究资讯，掀起了一股和合文化研讨热潮。并相继开展"科学理解易学"的研究讨论，此次研讨强调了易学中所体现的中华和合文化的整体思维与系统性思想，公布了北京大学国情研究中心和《科技智囊》杂志社对此的研究成果和学术发现，引起了人们的广泛关注。[2]"中华和合文化弘扬工程"是以弘扬中华和合文化，推动祖国的安定团结与和平统一大业，

---

[1] 参见程思远：《二论世代弘扬中华和合文化精神》，《中华文化论坛》1998 年第 1 期。

[2] 《光明日报》1997 年 2 月 6 日的"和合文化工程"专栏。

推动国际和平事业为己任的。这一工程得到了中央和国务院领导的肯定和支持，得到了社会各界的广泛理解和帮助。时任全国政协主席李瑞环曾亲自调看有关中华和合文化的资料，并在有关讲话中对这项工作给予了充分肯定。在工程开展后不久，四川省社会科学院相应也发起成立了"中华和合文化弘扬工程"成都分组委会，全力开展了对和合文化的研究。

1999 年 6 月 23 日，国际建筑师协会第 20 届大会在北京人民大会堂隆重开幕，这是一次为世界建筑界所广泛关注的世纪盛会，来自世界各地6000 多位建筑师代表会聚一堂，就 21 世纪建筑学发展走向和人居环境改善等问题广泛交换了意见，共同探讨人类所面临的种种矛盾，以及如何实现经济和社会的可持续发展。时任全国政协主席李瑞环作了开幕式致辞，他强调新世纪建筑业要在和合中寻求发展，在创新中保持传统和特色。要博采众长、兼收并蓄，广泛吸收人类社会创造的诸多文明成果，又要在全球化进程中保持好民族传统和地域特色；要尊重客观规律，不以破坏自然为代价，寻求人与自然的和谐发展，保障人民能够安居乐业；希望大家互相学习，取长补短，增进共识，共同构筑面向 21 世纪的建筑学。[1]

中国人民大学张立文教授完成了《和合学概论——21 世纪文化战略的构想》这一标志性著作的写作，这是对以往《中国哲学逻辑结构论》、《传统学引论》和《新人学导论》所传达之思想的贯通，并将其凝练升华为一套全新的、完整的、能够经邦济世的理论体系。此书分上下两卷，于 1996 年 12 月在首都师范大学出版社顺利出版发行，并由出版社在 1997 年 4 月 25 日主持举办了"《和合学概论》首发式暨和合思想研讨会"，收效良好。此外，1999 年 1 月 29 日，由张立文教授主持的国家社会科学基金"九五"重点课题——"东亚哲学与 21 世纪"召开论证会，课题总共分为五部分：一是东亚哲学与 21 世纪导论；二是和合与东亚意识；三是中国哲学与 21 世纪；四是日本哲学与 21 世纪；五是韩国哲学与 21 世纪；并分别由陆玉林、张立文、李振纲、方国根、张玉柯、李甦平、彭永捷、姜日天等专家学者具体负责。

---

① 参见李瑞环：《在国际建筑师协会第 20 届大会开幕式上的讲话》，《建筑学报》1999 年第8 期。

会上讨论大家一致认为，应当以和合学为基本的指导理念，并从这一新视角来观照中国、日本和韩国的 21 世纪哲学问题，对 21 世纪人类所共同面临的挑战与危机作出切实性的回答，对东亚各国哲学在 21 世纪的新发展路向作出预设性构想。①2001 年 6 月 12 日，中国人民大学哲学系、华东师范大学出版社和中国人民大学中国文化与经济发展研究所共同举办了"东亚哲学与 21 世纪"的主题学术研讨会，著名专家学者黄心川、余敦康、汤一介、杨通方、方立天、葛荣晋、张立文、周桂钿、钱逊、陈来、朱杰人、李平、焦国成教授等 70 余人齐聚中国人民大学，就"东亚哲学与 21 世纪系列丛书"中所关涉的和合哲学话题展开研讨。当代中国哲学家张岱年和中国人民大学党委书记程天权到会祝贺并发表讲话。

1999 年 9 月 9 日，文化部、教育部和中国社会科学院在人民大会堂联合举办了"纪念孔子诞辰 2550 年座谈会"，中共中央政治局常委、国务院副总理李岚清出席。这是在 1949 年之后，政府首次以如此高规格的方式所举行的孔子纪念活动，表明政府对儒学愈来愈给予支持和重视，改变原来批孔否定的态度，传统文化的发展迎来了春天，作为从中华传统文化沃土中生长出来的和合学也获得了新的发展机遇。2000 年 10 月 26—29 日，由中华炎黄文化研究会、中国人民大学和中国艺术研究院联合举办的"经济全球化与中华文化走向国际学术研讨会"在北京召开，参加会议的主要有费孝通、季羡林、张岱年、汤恩佳、张立文教授等，与会学者围绕全球化趋势与民族文化发展等问题各抒己见，展开了精彩地讨论。会议倡导要抛弃以往二元对立的思维框架，而应该尝试运用和合的思维，将全球化与区域多元化、全球文化与民族文化、拿来主义与送去主义纳入到相辅相成、相互促进的视域中来加以对待和理解。

2000 年 11 月 7 日上午，时任全国政协主席李瑞环在香港会展中心会见了香港各界知名人士并发表了题为《提倡和合，加强团结》的重要讲话。他

---

① 本课题于 2001 年 6 月顺利结项，最后取得丰硕成果，形成《东亚的转生》、《和合与东亚意识——21 世纪东亚和合哲学的价值共享》、《和合之境》、《和魂新思——日本哲学与 21 世纪》、《君子国的智慧——韩国哲学与 21 世纪》五部专著，于 2001 年在华东师范大学出版社正式出版。

指出，当今中国要发展、要振兴，必须继续弘扬中华民族的优良传统，倡导和合团结。在香港亦是如此，唯有团结才能稳定，唯团结稳定才能发展繁荣，香港也只有团结稳定、发展繁荣，才能为我们祖国统一和民族振兴作出新的更大贡献。他还在答问香港各界知名人士和媒体记者过程中，以"紫荆花的故事"说明了和合团结的重要意义，认为五千年文明古国之所以历经磨难而绵延不衰，屡处逆境而昂扬奋起，就是因为有许多这样博大深邃的思想，赋予了民族以强大的凝聚力，着实引发在场人员深思。[1] 此外，李瑞环也曾专门撰文阐发"和合"思想在处理民族宗教问题上的意义，指出："中国是一个讲求'和合'文化的国家，主张'以和为贵'，对各种文化兼容并包，包括对待宗教。中国现有的五大宗教，除了道教是中国本土产生的，其余都是外来的。中国历朝历代的统治者，有过偏信某一种宗教的情况，如有的偏重佛教，有的偏重黄老之学，但总体上讲对各种宗教都是宽容的。"[2] 这充分凸显了和合思想在处理当代中国宗教事务上的深远影响力和渗透力。

2000 年 12 月 23—26 日，中国人民大学伦理学与道德建设研究中心与日本将来世代国际财团联合举办"东亚'和'思想与 21 世纪国际学术交流会"，开幕式由中国人民大学张立文教授主持，中国人民大学副校长袁卫在开幕式上致辞。在国际上冲突频仍的大背景下，召开此次关于"和"的研讨会可谓恰逢其时，它有利于使和合价值理念深入人心，引起共鸣，增进东亚人文社会学者之间的价值共识。来自中国、韩国、日本三国的学者纷纷表示应该大力发挥东亚'和'思想所应有的历史作用，团结力量，共同应对各国在社会发展过程中所遇到的困难。值得一提的是，将来世代国际财团综合研究所所长金泰昌教授表示，联合国教科文组织将 2001 年定为世界和平对话年，目前正在开展古今和平思想汇编。他希望能够收集有关和合学的论文，并翻译成日文、英文，将"和合学"作为东亚文明对话理念，以报送联合国教科文总部，充分发扬东亚地区"和"的思想。据悉，日本将来世代综合研究所以促进人类永续发展和建构未来文明为宗旨，研究所所长金泰昌教授、

---

① 参见《2000 年 11 月 7 日会见香港各界知名人士时的讲话》一文，该文收录于李瑞环：《务实求理》，中国人民大学出版社 2010 年版，第 88 页。

② 李瑞环：《我们实行宗教信仰自由政策是真诚的》，《中国宗教》2005 年第 10 期。

日本将来世代国际财团理事长矢崎胜彦先生对东亚和合思想情有独钟，对此项工作给予了高度的关注和重视。

2001 年 1 月 15 日，《东亚文化研究》编辑委员会会议在中国人民大学哲学院召开，会议确定主编为张立文教授，副主编为中国社会科学院研究员李甦平，并由韩国成均馆大学名誉教授柳承国、日本大东文化大学教授沟口雄三、韩国汉城大学教授李楠永以及李甦平和张立文教授共同组成学术委员会。与会的学者还有彭永捷、韩相美教授等。本刊物坚持以"推进东亚文化研究、和合东亚传统文化、沟通东亚各国学术、迎接东亚未来挑战"为办刊宗旨，就东亚所共同关心或面临的问题进行自由、平等的交流和对话，为东亚乃至全球的政治、经济、文化的和平与稳定、发展与繁荣作出贡献！

2001 年 7 月 21—24 日，中国社会科学院研究生院主办的"第十二届国际中国哲学大会"在北京召开，知名专家学者成中英、唐力权、张立文、李绍昆、沈清松、南乐山、李震、项退结、傅佩荣、曾春海、赵吉惠、许全兴等教授皆来参会，在会议自由讨论环节，围绕和合学与 21 世纪中国的文化战略选择等一些问题的讨论形成了一个小高潮。其中，赵吉惠教授抛出了和合学与中哲马哲的关系话题，将讨论引向深处；有的学者认为："和合强调的是对立面之间的统一，不承认或反对对立面之间的相互转化，不讲新矛盾对旧矛盾的代替，旨在维护现存事物，起着保守的作用"[①]。有的学者则认为，"和合"并不等同于折中调和，讲和合的前提正是在于面对各种冲突、矛盾之间的融突，并由多元融突产生出新事物，因而它是生生日新的，而不是保守自闭的。正是在切磋琢磨中，与会学者对和合思想有了更加深刻的认识。

2001 年 10 月 30—31 日，由新加坡儒学会主办的"儒学与新世纪的人类社会国际学术会议"隆重召开，会议开幕式上有新加坡儒学会会长唐裕致辞，国际儒学联合会常务副会长杨波讲话，学者们经过讨论认为：儒学具有唯变所适的品格，这就要求儒学在当代社会应该根据时代需要进行转生。戴琏璋、张立文、林安梧、高柏园、颜炳罡、颜国伟等教授参与了讨论。其中，张立文教授从和合学出发，认为实现中国哲学创新与转生，其突出的标

[①] 张立文：《学术生命与生命学术》，中国人民大学出版社 2016 年版，第 287—288 页。

志有核心话题的转换、人文语境的转移和诠释文本的转换这三方面。①

2002 年 10 月 24 日，时任中共中央总书记、国家主席、中央军委主席江泽民应邀访问美国，并在美国乔治·布什图书馆就中美关系、中国的改革开放、完成祖国统一大业、国际和亚太地区的和平与发展等问题发表重要演讲，受到与会的美国政治家、学者和大学生的热烈欢迎。他在讲话中指出，应该树立"和而不同"的政治文明观，世界各种文明、社会制度和发展模式应该相互交流借鉴，在和平竞争中取长补短，在求同存异中共同发展。和谐而又不千篇一律，不同而又不相互冲突。和谐以共生共长，不同以相辅相成。和而不同，是社会事物和社会关系发展的一条重要规律，也是人们处世行事应该遵循的准则，是人类各种文明协调发展的真谛。出席演讲活动的有美国前总统乔治·布什、前总统国家安全事务助理斯考克罗夫特、布什图书馆基金会会长波帕迪克等政界、学术界人士和数百名得州农工大学的学生。国务院副总理钱其琛也出席了演讲。②

三、不忘使命，努力前行

浙江省拥有深厚的和合文化底蕴，和合思想在这里欣欣向荣。2005 年 8 月 16 日，时任浙江省委书记习近平在《浙江日报》"之江新语"栏目上发表短评，题为《文化育和谐》。他指出：我们的祖先曾创造了无与伦比的文化，而"和合"文化正是这其中的精髓之一。"和"指的是和谐、和平、中和等，"合"指的是汇合、融合、联合等。这种"贵和尚中、善解能容，厚德载物、和而不同"的宽容品格，是我们民族所追求的一种文化理念。自然与社会的和谐，个体与群体之间的和谐，我们民族的理想正在于此，我们民族的凝聚力、创造力也正基于此。因此说，文化育和谐，文化建设是构建和谐社会的重要保证和必然要求。③2006 年 10 月 11 日，中国共产党第十六届中央委员会第六次全体会议，全面分析了形势和任务，研究了构建社会主义和谐社会

---

① 参见张立文：《中国哲学的创新与和合学的使命》，《中国人民大学学报》2003 年第 1 期。

② 参见《人民日报》2002 年 10 月 25 日。

③ 参见习近平：《文化育和谐》，《浙江日报》2005 年 8 月 16 日。

的若干重大问题，通过了《中共中央关于构建社会主义和谐社会若干重大问题的决定》。该决定指出，社会和谐是中国特色社会主义的本质属性，是国家富强、民族振兴、人民幸福的重要保证，构建社会主义和谐社会具有重要性和紧迫性。我们知道，"和谐社会"的理想和中国传统文化中的"和合"、"大同"、"小康"思想具有紧密的联系，构建社会主义和谐社会离不开对传统和合思想资源的借鉴与汲取。

为弘扬中华优秀传统文化，大力彰显孔子思想学说，加强学校人文学科建设，促进学校人文学科与国内外学术界、文化界、教育界的广泛交流与合作。2002年11月，中国人民大学成立了孔子研究院，研究院的组织机构由理事机构、学术机构和行政机构三部分组成，基金会理事长由中国人民大学校长担任，行政机构实行院长负责制，由张立文教授担任院长兼学术委员会主席。孔子研究院自成立以来，秉承"继承优秀传统文化，弘扬孔子思想精华，提高国民人文素质，建设人类美好未来"建院宗旨，积极开展学术交流和传统文化普及推广工作，同美国、日本、韩国、越南、马来西亚、新加坡等国学术机构保持密切的联系。定期举办"国际儒学论坛"，得到海内外学者的广泛关注，每年11月开展"孔子文化月"，组织一系列的学术讲座和文化活动，编辑出版"中国人民大学孔子研究院文库"，目前正在组织力量编纂大型儒家文献汇编《国际儒藏》，定期出版孔子研究院的刊物《儒学评论》。孔子研究院成立，使得和合学的研究与传播有了更为广阔的平台和空间，和合学在社会生活与社会实践中的应用性发展进入快车道。借助于生动的实践图景，和合学逐渐成为了当下的显学，人们发现不仅中国哲学自身发展需要和合学的理论创新，其他社会科学领域、其他社会生活方面也需要和合学的参与和引领。学者们不仅注重对和合文化进行理论性研究，同时更加突出其在应用实践方面的实际价值，研究视野从单一的哲学领域逐步扩展到多学科领域，广泛体现在政治、外交、高校管理、生态环境、宗教旅游、科学技术、商务管理、和谐社会建设等诸多方面。"和合"成为凝聚人心，为社会群体画出最大同心圆的尺规，其深刻的人文价值业已成为人们普遍的共识。

2005年4月28日，由中国人民大学孔子研究院、和合文化研究所主办的"和合学与构建社会主义和谐社会"暨祝贺张立文教授从教 45 周年、70 华诞座谈会在北京举行。出席会议的有张立文、牟钟鉴、周桂钿、宋志明、张志伟和焦国成教授等专家学者，与会学者讨论认为：实现社会和谐，是人类孜孜以求的理想；承认多样性和差异性，重视和谐达到最优；和合是比稳定更高的状态，积极化解冲突而不是掩盖冲突，更不是崇尚冲突。和合思想为处理不同主体之间的利益冲突提供了新思路，即通过定立新契约，把各方意见融合进去，从而超越了单纯求同或求异的思维模式。[①]

2005 年 7 月 12 日，在正值纪念中国人民抗日战争暨世界反法西斯战争胜利 60 周年之际，台湾新党主席郁慕明访问大陆，并在中国人民大学作了"中国人的未来"的演讲。其间，人大校方将寄托全体师生美好心愿的礼物——《和合图》赠送给郁慕明先生，该图由中国人民大学徐悲鸿艺术学院院长徐庆平教授绘画，由"和合学"创始人张立文教授题字合作完成，画上有两个天真烂漫的孩子，一个孩子手持荷花，谐音和字；另一孩子手捧盒子，谐音合字，盒里飞出五只蝙蝠，表示五福临门。《和合图》寓意台湾和大陆是同根同源、命运相连的一家人，表达了两岸同胞和谐合好共创中华民族美好未来的愿望。此次新党的"民族之旅"，与在抗日烽火中诞生的中国人民大学碰撞出耀眼的火花，生动展现了"和合之道"的独特魅力。

2005 年 12 月 10—12 日，在时任国家总理温家宝访问葡萄牙之际，来自中葡两国知名大学的语言教学和文化专家汇集里斯本召开了"中葡教育双向合作和文化多样性合作研讨会"，以此来推动和加强中葡两国语言教学和教育交流，激发两国民众学习和了解对方国家语言与文化的兴趣。温家宝总理亲临研讨会，与专家们共话语言教育和文化多样性问题时表示：近年来，随着中葡双方人员往来不断增多以及各领域合作的全面展开，学习和了解对方的语言与文化成为了共同需要。为进一步推动双方合作，两国应该相互学习借鉴对方在对外推广本国语言与文化上的有益经验，相互支持对方在本国设立"孔子学院"和"葡语中心"等教学与推广机构。[②] 在中方学者代表

---

① 参见理捷：《和合学与构建社会主义和谐社会》，《光明日报》2005 年 5 月 17 日。

② 详见中国广播网对此次研讨会报道，http://www.cnr.cn/news/200512/t20051210_504139936. shtml。

主旨发言中，来自中国人民大学的张立文教授做了"语言的多样性和融突的和合学"的发言，展开对和合学之价值和意义的论述。他认为，和合学与语言是走入不同文明的一道门径，在世界面临"五大冲突"、"五大危机"的境况下，和合学与语言是人类共同应对冲突和危机的最佳选择，应当秉持"和生、和处、和立、和达、和爱"五大原理，平等友好地开展不同国家之间的文明对话与文化交流。此次研讨会的成功举办，有力增进了中葡双方的文化理解，促进中葡学者的对话交流，大家就文化多样性以及双边合作等问题展开具体讨论。

寒山寺具有和合祖庭的独特地位，其所供奉的寒山、拾得两位菩萨并称为"和合二仙"，成为中华和合文化的典型范例。为了让寒山寺更好地服务于苏州文化发展与和谐社会建设，2007 年 7 月 20 日，在寒山寺前任方丈性空长老和现任方丈秋爽大和尚的指导下，成立了寒山寺文化研究院，由苏州城建环保学院原党委书记兼院长姚炎祥担任院长一职，具体负责院务，并开展了一系列活动。其中，为倡导对和合文化的研究，每年连续举办"寒山寺文化论坛"，截至 2016 年，十届论坛总共收到论文 1426 篇，论文作者1100 余位，论文字数累计达 1000 余万字。从第一届到第十届论坛的主题分别为"传承文化·和合人间"、"和合人间·和谐社会"、"慈善人间·和谐社会"、"和合人间·和谐社会"、"众缘和合·社会和谐"、"和合吴地·和谐社会"、"名人名寺·和合缘融"、"生态文明·和合天下"、"尚和合·求大同"、"和合路·共命运"，充分体现了寒山寺的文化建寺战略始终紧跟时代潮流，关注时代的发展以及社会的需要。诚如秋爽大和尚所指出的："当前面临的自然环境日益恶化、自然生态愈益失衡的生态危机，使生态文明建设的重要性日益凸显。生态文明建设的根本在于生态理念与文化的确立与信守，在于人类心灵的净化与精神的提升。"[1] 他希冀充满和合思想底蕴的寒山论坛能为人类面临的生态困境提供智力启迪，增进大家交流，分享成果，凝聚共识，共创更加美好的明天。在寒山人看来，"一带一路"建设，就是一条构

---

[1]　姚炎祥主编：《和合之路——寒山寺文化研究院十年历程》，河南人民出版社 2017 年版，第 230 页。

建亚洲乃至全人类命运共同体的和合之路，它有力地推动了区域经济融合以及不同国家文明互鉴的进程。举办论坛也是为了能够以和合思想来解读"一带一路"倡议的理念，讲好"一带一路"的故事，促进"一带一路"战略落地生根，开花结果，同时也向世人展现了中华文化的独特品质。目前，寒山寺文化论坛每届都以和合文化为相关主题，初步确立了自己的运作风格和筹办程序，先后有中国人民大学佛教与宗教学理论研究所所长方立天教授，中国人民大学孔子研究院院长、和合文化研究所所长张立文教授，南京大学中华文化研究院院长赖永海教授，韩国成均馆大学名誉教授李东俊教授，日本学者难波征男教授，苏州新闻传播研究会会长苏简亚教授，著名作家李叔德，苏州科技学院院长陈志刚教授等名人名家莅临，并在大会作主题演讲。论坛还广泛吸引了包括大学教师、博士生、编辑、宗教界人士、党政干部、企业家、社会文化工作者等不同职业背景的人参加，在国内外产生较大影响力。论坛得到了包括苏州市民族宗教事务局、苏州市统战部、中国佛教学会、江苏省佛教协会等单位的关心和指导。香港《文汇报》、《光明日报》、《苏州日报》等主流媒体对此作了专门报道，产生了良好的社会效应。"寒山人·和合心"，在定期举办论坛之外，寒山寺文化研究院还设立苏州和合文化基金会、和合安养院，向台湾佛光山赠送"和合钟"，开展"和合·和谐"主题书画大赛，组织印刷出版《寒山寺"和合·和谐"主题书画展作品集》，发行《和合祖庭报》，为"5·12汶川地震"遇难同胞举行祈祷活动，赴云南旱灾地区进行送水活动，为苏州科技学院贫困生提供资助，在发展文化事业的同时不忘弘法利生，扶危济困。相关活动受到了社会各界的认可与好评。

四、继续拼搏在新时代

党的十八大以来，中央和国务院充分肯定了中华优秀传统文化的历史地位和现实意义，并明确指出："中华文化独一无二的理念、智慧、气度、神韵，增添了中国人民和中华民族内心深处的自信和自豪。"同时，也倡导要大力弘扬"尚和合、求大同"等核心思想理念，使中华优秀传统文化成为涵养社会主义核心价值观的重要源泉。① 这为和合文化研究开拓了新的视野，提升了新的境界，注入了新的动力。和合思想作为中华优秀传统文化的精髓，和合学作为中华传统文化体系的重要组成部分，得到了高度的关注。人们发现，许多人类所共同面临社会问题和社会事务越来越需要和合学来提供思维方式上的保障。

"哲学是时代精神的精华"，只有切合时代主题，有力回应时代问题的理论创造才是有意义的理论。紧紧围绕"文化自信"、"生态文明建设"、"人类命运共同体"、"一带一路"倡议等时代命题而展开的和合学的研究与探讨活动，更加凸显了和合学所应有的时代意义与实际应用价值，将理论化为生动的实践，将和合学的热度推向高潮，引起了社会各界人士的高度关注与强烈反响。

2014 年 8 月 24 日，中国宋庆龄基金会与兰州大学共同主办的"一带一路"文化圆桌会议在兰州开幕，来自中国、俄罗斯、美国、日本、乌兹别克斯坦等 21 个国家近百位专家学者齐聚一堂，探讨如何发挥民间组织与高校的作用，推进"一带一路"倡议在区域内国家间的交流与合作，为和平发展、交流互鉴、合作共赢凝聚共识和智慧。在主旨论坛上，与会专家学者就"和实力"、"中国梦"、"丝绸之路的历史渊源"等话题作了报告，一同探讨了"一带一路"倡议的历史价值与现实意义，研究了务实开展文化、区域、高校合作的具体路径，分析了如何推动"和平合作、开放包容、互学互鉴、互利共赢"的丝绸之路精神在沿线各国得以弘扬。

2014 年 10 月 25 日，由中国人民大学哲学院和孔子研究院联合举办的"张立文教授执教 55 周年暨和合学与中国哲学创新学术研讨会"在中国人民大学国学馆隆重召开，来自国内 30 多个高校、科研院所、报社媒体的 120 多位专家学者出席会议，对张立文教授 55 年执教生涯中的教学科研成就给予了高度的评价，并就中国哲学未来的创新性发展展开热烈讨论。其中，中国人民大学校长陈雨露指出，张立文先生始终走在中国哲学理论创新的最前沿，他所创立的"和合学"越来越受到各界人士的关注和好评，是一位在不

---

① 参见《关于实施中华优秀传统文化传承发展工程的意见》，《人民日报》2017 年 1 月 26 日。

断贡献付出的"人大之子"；陈先达教授从会通中西马的角度对张立文教授的学术贡献给予了肯定，并认为和合学实际上是一种显型的辩证法；中国社会科学院余敦康研究员认为"张立文学派"是能够成立的，学派出现是一个时代思想发达、学术繁荣的标志，在哲学上表现为自觉反思研究范式，开辟符合自身特点的研究道路，而张立文教授提出"自己讲、讲自己"，就是在深刻把握时代精神的基础上，认真梳理中国古代哲学的内在理路，从而提出应对当今时代问题的新的哲学理论体系；彭永捷教授认为，学派是由具有共同学术渊源、学术宗旨、研究倾向和研究范式组成的学术共同体，它应当是一种可以被继承、借鉴和发扬的学术传统，是理论创新的自然结果。李景林教授认为张先生是青年的榜样，他的学术具有继往开来的价值；宋志明教授认为，张先生和合学的创立表现了一种敢于突破、不断创新的哲学家精神；徐刚教授认为张先生"广博精微宋明理学，如锥如学，六十载学以破疑为时代标志；综罗百代和合人学，如琢如问，五百篇问以博识为学术奠基"①，对张立文教授的学术成就做了一番言简意赅的阐释；杨庆中教授认为，作为"五经"之一的《周易》同样也有丰富的和合思想资源，"和合学"应当是立足于经学基础上的哲学建构；林美茂教授指出，"和合学"是追求创新的理论体系，注重挖掘诠释新的文本，这也是其创新所在之处；曹峰教授认为，"和合学"是一种具有结构开放、超越对待的哲学理论体系，这和张先生具有开放包容的胸怀是分不开的；温海明教授指出，张立文先生始终坚守作为一个学者的本分，以坚定的毅力，敏锐的眼光，洞察到了和合学的智慧；陈壁生教授认为，张先生的学术具有一种注重"全体大用"的视野，这对于矫正当前学界存在的碎片化研究现象具有重要意义。同时，与会学者也注意到和合学在日、韩、欧美等国家中的国际影响，并就此展开热烈讨论。②此次大会还作出一项重要决定：即吸收社会团体或个人捐款，成立"张立文学术研究基金"，奖励和支持研究和合学及其他相关思想的优秀成果。

2014 年 11 月 22—23 日，由中国人民大学与韩国高等教育财团联合主

---

① 罗安宪主编：《和合之思——张立文教授八十华诞纪念文集》，河北大学出版社 2014 年版，第 10 页。

② 参见肖永奎：《"和合学与中国哲学创新"研讨会综述》，《哲学动态》2015 年第 4 期。

办的"国际儒学论坛·2014"在中国人民大学举行。此次会议主题是"儒家视域中的正义与和合"。有来自世界各地的 60 多位专家、学者参加了会议。中国人民大学校长陈雨露、韩国高等教育财团总裁朴仁国、中国人民大学孔子研究院院长张立文、俄罗斯圣彼得堡国立水上交通大学教授尼古拉·米谷诺夫、中国人民大学哲学院院长姚新中、中国政法大学国际儒学院常务副长俞学明、山东大学儒学高等研究院副院长黄玉顺、台湾欧洲文教基金会会长朱高正等中外著名专家出席。陈雨露在开幕式致辞中指出，本届论坛的主题充分体现了关注社会正义、追求社会和合的人文情怀，希望学者们能各抒己见，加强交流，深入挖掘创新儒家的优势思想资源，让传统文化在当今改革发展的时代中焕发生机和活力。朴仁国教授指出，儒家在历史上对东亚各国有着深刻的影响，和合是社会的理想之境，正义是社会的灵魂，正义的确立与和合的追寻二者是相辅相成的。张立文教授指出，尚正义、求和合是人的基本品质和道德选择，也应当是行为主体在实践中所追求的基本价值目标，它对化解当今社会的冲突和矛盾具有重要意义。[①] 为更好地"弘扬礼乐传统、复我礼仪之邦"，中国人民大学孔子研究院于 2015 年 3 月 16 日成立了礼学中心。礼乐的社会功能表现为经国序民、教化正俗、和合心性与礼乐善心四个方面，礼学中心的建设立意于和合思想，强调中华传统礼乐文化是中华民族文化自信、制度自信的体现，是中华文明的标志，通过发扬礼乐文明来增进国家的文化自信。[②]

2015 年 6 月 24 日，中国宋庆龄基金会主办的"和谐·合作·发展·责任——应对全球气候变化的理念与实践"国际圆桌会议在北京举行，来自十个国家三十多位哲学、法学、传播学以及气候学等领域的知名专家学者参加。在会上，中国人民大学哲学院张立文教授作了《论气候和合学》的主旨演讲，阐述了如何将和合学应用于解决气候变化、大气污染等人类所共同面临的生态危机，反思人类自身在政治、经济、文化、科技、社会等各项活动中的价值、伦理、公平、正义等诸多问题，认为"气候动变本身具有生命

---

① 参见郎宁：《"国际儒学论坛·2014"会议综述》，《黑龙江社会科学》2015 年第 5 期。
② 参见张立文：《礼乐文明与文化自信》，《孔学堂》2015 年第 1 期。

性、创造性，世界并非简单的物理实在的总和"①，反对主客二分对立，主张事实与价值互相渗透，努力让气候文明造福、普惠于人民。中国人民大学哲学院彭永捷教授认为气候问题是一个全球性问题，从中国历史文化传统来看，解决全球性问题必须要有超越单个国家、单个地区的整体性思维。因此，人类在在共同应对全球性问题的过程中，所采取的解决之道必须要着眼有利于将全球人类凝结为一体，形成命运共同体，而要避免采取分离整体、孤立个别的思路和对策，实现减排责任与人类社会的和谐、合作、发展相一致。② 学者们提出的新思路、新路径引发了与会人员的热烈思考和关注，会议得到了外交部、国家发改委、环保部、国家气候变化专家委员会等主管部门的大力支持。2015 年 11 月 26 日，由中国宋庆龄基金会与印度世界事务委员会联合主办、宋庆龄故居管理中心和中国人民大学孔子研究院承办的"中印友好与文明互鉴圆桌会议"在宋庆龄故居举行，来自中印两国二十多位宋庆龄研究、中印关系研究和中国传统文化研究等领域的专家学者围绕"宋庆龄与中印友好"、"文明传统与友好交往"、"文明互鉴与中印未来"、"贸易之路对中印文明交流的促进"、"媒体与旅游对中印交流的促进"、"文明互鉴与中印未来"六个主题展开了深入研讨交流。据悉，本次会议的召开正值中印建交 65 周年之际，在会议筹办过程中，得到众多关注和研究和合学思想的专家学者的积极响应，一同为促进中印文化交流，加强宋庆龄基金会对外合作出谋划策，贡献力量。会上，学者们积极探索中国"一带一路"倡议与印度"季风计划"、"香料之路"的对接，为促进了中印民间交流合作与文明对话互鉴贡献了更多的智慧，增进了"一带一路"沿线国家之间在文化上的互相理解与认同。

2015 年 7 月 2 日，"和实力"专题学术研讨会在中国人民大学人文楼五层会议室举行。早在2012年，张立文先生就提出"和实力"理论③，不仅有

---

① 张立文：《论气候和合学》，《探索与争鸣》2015 年第 10 期。

② 参见彭永捷：《让中国智慧为应对气候变化提供新思路》，《探索与争鸣》2015 年第 10 期。

③ 这一提法最早见于《中国文化创新的思议》一文，并在《论信息革命时代的中华文明——经权思维、"和实力"与新的世界秩序》、《和实力：我们中国自己的话语》、《和实力的意蕴与建构》等文章中作了进一步论述。

力回应了西方所叫嚣"硬实力"、"软实力"、"巧实力"的战略决策，同时实现了对冷战思维的超越与化解。在此次研讨会上，学者们纷纷就"和实力"的理论内涵与现实意义作出探讨：中国人民大学孔子研究院副院长彭永捷教授做了《解读和实力》的发言，他认为"和实力"理论也是一种发展哲学，在应对解决世界秩序的同时要更多关注中国自身的发展问题；国家汉办王甬博士发表了《和实力与王道之治》的论说；中国人民大学孔子研究院秘书长罗安宪教授则从当前国际秩序的角度对和实力做了进一步发挥；光明日报李亚彬编审阐述了"和实力如何可能"的问题。与会学者一致认为，"和实力"的新思考，其立论高瞻远瞩，带有强烈的世界性关怀，对化解人类所面临的一些危机和困境具有重要作用。

浙江天台山是和合文化的圣地，是中华和合文化的重要源头之一。千百年来，儒、释、道三教在天台山汇聚交融：台州儒学的"海纳百川、圆融汉宋"，佛教天台宗智者大师的"一念三千、三谛圆融"，以及道教南宗的"先命后性、性命双修"，各家虽有争鸣，但却和合共生，形成了独具特色、传承不绝的天台山文化，体现了和合兼容文化的强大力量。近年来，浙江省台州市委市政府高度重视对本市和合文化的挖掘与发扬，市五届一次党代会把建设"和合圣地"作为台州城市发展的文化定位和战略目标，全面推进和合文化品牌建设，加快实施和合圣地八大工程，全力打造国内乃至国际有影响力的和合文化研究高地。于此同时，印发《台州市"和合圣地"建设行动纲要》的通知，明确到2030年，使和合文化根植于台州，与城市深度融合，其传播力、影响力更加广泛深远，让台州真正成为中华和合文化的标志地、传播地、示范地，享誉中外的"和合圣地"，近期则计划在天台县建立"和合小镇"，树立"和合圣地碑"等。习近平总书记"一带一路"的倡议，是一条实现沿线国家利益共享共同发展的和合之路，为打造人类命运共同体开启了大门。为此，台州市进一步深化和合文化当代价值的研究，积极发挥和合文化在"一带一路"建设和构建人类命运共同体中的作用，更好地促进传统文化与地域经济的相互融合；加强和合文化在社会治理、社会建设、对外文化交流中的应用研究，努力形成政府引导、学者研究、企业支持、百姓参与的和合文化发展格局，切实增进台州人民的文化自信，提升文化素养、文明程度，提高人民的生活品质。

在天台，企业发展领域中和合思想也焕发着勃勃生机，从 2013 年开始，浙江民营企业家、明丰汽车用品有限公司董事长沈中明先生尽一己之力，从国内外收购具有和合文化标志的各种艺术作品，征集有关天台山文化的史料与文物，开办"天台山和合人间博物馆"，逐步推动天台文化走上产业化的发展道路，为传承和保护天台和合文化遗产作出重要贡献。据悉，该博物馆是和合人间文化园的一部分，整个项目共有三个区块，分别是和合文化展示游览区、和合文化体验区与和合文化配套区，总投资超过四亿元，预计在五年内分三期建设完成。

戴河之滨话和合，2013 年河北省和谐文化研究会会长王殿明发心投资兴建了圆梦园，一期工程占地 120 亩，投资 5000 万元，兴建有和尊、圆和梦碑、和乐园、和文化馆等配套设施，二期工程占地 200 亩，计划投资约 15000 万元，将规划兴建社会主义核心价值观教育基地、中国传统文化展示基地、和文化弘扬宣传基地等。秉承"举和旗、求和道、生和美、和天下"的宗旨，圆梦园旨在打造中华传统和文化宣传展示基地、社会主义核心价值观教育基地、中国形象展示与中国梦精神传达基地，为中华民族早日实现"两个一百年"的中国梦而加油助力。2016 年 5 月 6 日，圆梦园举行了"和合学"创立者张立文教授铜像落成典礼暨戴河书院揭牌仪式。王殿明会长在落成典礼上上指出，张立文教授在五十多年的教学研究过程中，潜心致思和合，取得了丰硕的成果，在学界享有很高的声望，赢得了世人的敬仰。戴河书院的建立同样也是致力于和文化的传播、弘扬与创新，搭建起沟通和文化圣坛与和文化大众普及的桥梁，发挥和文化经世致用的功能。人民出版社哲学编辑室主任方国根编审，中国人民大学哲学院林美茂教授，原石家庄陆军指挥学院刘战教授，原秦皇岛市政协副主席曹艳春，秦皇岛市国学研究会会长郑安纲，以及部分博士生代表和圆梦园的全体员工共同见证了这一精彩的时刻。

立足当代，展望未来，和合学始终与时代同呼吸，自觉承担起新的历史使命，他正昂首阔步向前迈进，必将为中国、为世界的文明进程贡献出一份独特的力量！

学界概况

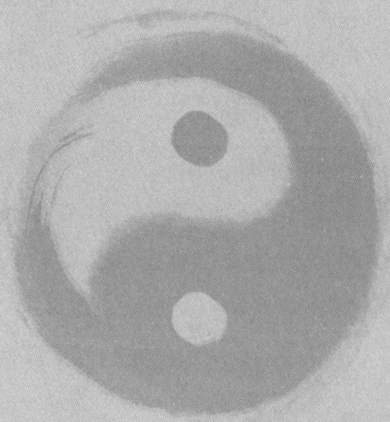

学 者 简 介

张岱年[1]（1909—2004 年）别署宇同，河北献县人，中国哲学家、哲学史家。1933 年毕业于北平师范大学（现北京师范大学）。历任清华大学、北京大学教授，兼任中国社会科学院研究员、清华大学思想文化研究所所长，中国哲学史学会会长、名誉会长，中华孔子研究会会长，孔子基金会副会长等。长期致力于中国哲学和中国文化的研究，注重阐发中国先秦以来的唯物论和辩证法思想。1932—1933 年间，在《大公报·世界思潮》周刊发表《辩证唯物主义认识论》、《辩证唯物论的人生哲学》等文，初步阐述了马克思主义认识论体系和道德学说。1936 年写成《中国哲学大纲》，为中国近代第一本系统论述中国哲学问题和范畴的专著，确立了以问题和范畴为中心的中国哲学史研究的类型，对于 20 世纪 80 年代以来的中国哲学史研究有重大影响。20 世纪 30 年代，提出中国"今后哲学之一个新路，当是将唯物、理想、解析，综合为一"[2]。所谓唯物，主要指辩证唯物论和中国传统的唯物论、辩证法思想；所谓理想，主要指中国传统的道德和人生哲学；所谓解析，主要指西方新实在论的"逻辑解析法"。时人将这一主张称为"解析法的新唯物论"[3]。按此设想，到 1948 年形成以《哲学思维论》、《知史论》、

---

[1] 本词条主要援引自张岱年主编《中国哲学大辞典》"张岱年"词条，上海辞书出版社 2014 年版，第 900 页；另参考方克立主编《中国哲学大辞典》"张岱年"词条加以增补，中国社会科学出版社 1994 年版。

[2] 张岱年：《哲学上一个可能的综合》，《张岱年全集》第 1 卷，河北人民出版社 1996 年版，第 278 页。

[3] 孙道升：《现代中国哲学界的解剖》，《国闻周报》1936 年第 12 卷第 45 期。

《事理论》、《品德论》、《天人简论》构建的"天人新论"哲学体系的基本框架，体现了中国哲学、西方哲学、马克思主义哲学的综合创新，对探索中国哲学的重建有重要意义。亦研究中国传统伦理思想，著有《中国伦理思想研究》，将中国传统伦理学说归结为八个问题：（1）人性问题即道德起源问题；（2）道德的最高原则与规范问题；（3）礼义与衣食的关系，即道德与社会经济关系的问题；（4）义利、理欲关系，即公利与私利、道德理想与物质利益的关系问题；（5）力命、义命关系，即客观必然性与主观意志自由的问题；（6）志功关系，即动机与效果的问题；（7）道德在天地间的意义；（8）修养方法问题；并将中国伦理思想区分为道义论与功利论两大派别。由此在伦理学和中国伦理思想史研究方面提出了不少新见解。1979年后任中国哲学史学会会长，达十年之久，后为名誉会长。20世纪80年代以来又从事文化哲学的研究，在考察分析中国16世纪以来文化论争的基础上，提出社会主义新文化的建设，即"反对东方文化优越论，也反对全盘西化论，主张兼取中西文化之长二创造新的中国文化。我这种主张可以称为'综合创新论'"①，并从文化系统的可解析性和可重构性、文化要素之间的可离性和可相容性等方面，对综合创新之所以可能作了论证。这是对其在20世纪30年代参加文化问题讨论时提出的"综合创造"文化观的继承和发展，在20世纪80年代以后有很大影响。在《中国文化传统简论》一书中提出"中华精神"的论点，认为中华民族有一种占主导地位的思想意识，可以称为"中华精神"。其表现于《周易大传》中的两个命题上，即"天行健，君子以自强不息"；"地势坤，君子以厚德载物"。亦鼓励后进学人，为中国哲学界培养了一大批学者，如鼓励并支持张立文提出的和谐合作、和合共生的和合学理论，发表《漫谈和合》、《理论价值与超前预见》等和合学相关论文。主要著作还有《张载——十一世纪中国唯物主义哲学家》、《中国唯物主义思想简史》、《中国古典哲学中若干基本概念的起源与演变》、《中国古典哲学的几个特点》、《中国哲学发微》、《中国哲学史史料学》、《中国哲学史方法论发凡》、《求真集》、《真与善的探索》、《文化与哲学》、《中国文化与文化论争》、《玄儒评林》

---

① 参见张岱年：《文化与哲学》，教育科学出版社1988年版，"自序"。

等，编有《张岱年文集》和《张岱年全集》。

张立文（1935—　）浙江温州人，中国哲学家、哲学史家，"和合学"奠基者，首创"和合学"、传统学、新人学以及逻辑结构论等理论思维体系。1956 年进入中国人民大学学习，1960 年本科毕业留校，在哲学系中国哲学史教研室从事教研工作。在周易思想、朱熹思想、退溪思想、王夫之哲学、宋明理学、中国哲学范畴、中国传统文化以及东亚哲学等众多领域，都有所发现、有所创新、有所建树，形成了具有自己独立见解的理论学说。尤其是他在国内率先建构了中国范畴逻辑结构论、传统学、新人学以及和合学理论思维体系，在国内外学术思想界产生广泛关注，并通过大众传媒，在东南亚和国际社会不断引起积极的回应与持续的反响。鉴于他在中国哲学和传统文化领域的出色成就，1984 年由国务院学位委员会特批为正教授。自 1988 年起，为回应西方文化的挑战、适应中国社会现代化转型的需要，开始重思中国哲学的创新，建构和合学理论思维体系，先后在日本、新加坡、韩国、葡萄牙、美国等地发表关于"和合学"的演讲。至今已在《中国社会科学》、《哲学研究》、《孔子研究》、《人民日报》、《光明日报》、《文汇报》以及国内外报刊杂志，发表《论儒学的创新》、《中国哲学的创新与和合学的使命》、《中国哲学的"自己讲"、"讲自己"——论走出中国哲学的危机和超越合法性问题》、《国学的新视野和新诠释》、《王霸之道与和合天下》、《中国文化的精髓——和合学源流的考察》、《先秦哲学思潮元创期的人文语境》、《秦汉天人相应哲学思潮的人文语境》、《郭象的独化自生哲学》、《论宋明理学的基本特点》、《王船山的本体哲学》、《冯友兰的新理体学》等文章，累计发表学术论文 625 篇，囊括了中国哲学从先秦至近现代的诸多经典、人物与思想；并出版学术专著 24 部近 1000 万字，合著与主编的学术书籍近 50 卷（册）。其著作《宋明理学研究》、《中国哲学范畴发展史》、《传统文化与现代化》、《心学之路——陆象山思想研究》、《李退溪思想研究》、《朱熹评传》、《正学与开新——王船山哲学思想》等著作，分获国家教委、国家社科基金和北京市哲学社会科学优秀成果等多种奖项，主持的国家社科基金重点项目——"中国哲学思潮发展史"（独立完成该书上下两卷 192 万字），入选《国家哲学社会科学成果文库》。在"和合学"方面，发表《新儒家哲学与新儒家的超越》、《中国文化的和合精神与21世纪》、《佛教与宋明理学的和合人文精神》、《中国哲学的创新与和合学的使命》、《中国文化的精髓——和合学源流的考察》等近百篇文章，先后出版《和合哲学论》、《和合学概论——21世纪文化战略的构想》、《中国和合文化导论》等专著，并以"和合学"为核心思想，主持国家社科基金重点项目——"东亚哲学与21世纪"，出版了五部专著：《东亚的转生》、《和合与东亚意识》、《和合之境》、《和魂新思》、《君子国的智慧》。主要著作还有《朱熹思想研究》、《周易思想研究》、《新人学导论》、《传统学七讲》、《中国哲学逻辑结构论》、《"自己讲"、"讲自己"中国哲学的重建与传统现代的度越》等，主编《朱熹大辞典》、《中国学术通史》、《中国哲学史新编》等；另由韩国学术信息出版社出版《张立文文集》（38卷）。

李东俊（韩）1937年生，首尔人，忠南大学校文理科大学哲学科毕业，成均馆大学校大学院东洋哲学科文学硕士、哲学博士。历任空军士官学校哲学教官，国际大学专任讲师，同德女子大学校助教授，成均馆大学校儒学大学儒学科及韩国哲学科教授，成均馆大学校儒学大学长、儒学大学院长，美国堪萨斯大学研究教授，翰林大学校泰东古典教育院长兼泰东古典研究所所长、栗谷研究所所长等。世宗大王纪念事业会理事，寒斋李穆先生纪念事业会会长、大溪书院院长、中国社会科学院哲学所客座教授。现为成均馆大学校名誉教授、韩国哲学研究所代表、重峰赵宪先生纪念事业会会长、中国人民大学孔子研究院学术委员会委员等。主要论著有《儒教的人道主义与韩国思想》（Hanul出版社1997年版）、《16世纪韩国性理学派的哲学思想与历史意识》（Simsan出版社2007年版）、《韩国思想的方向：省察与展望》（成均馆大学校出版社2010年版）、《儒学原论》（合著，成均馆大学出版社1978年版）、《韩国民族思想大系·中世篇》（合著，亚细亚学术研究会1974年版）、《韩国思想大系·性理学篇》（成均馆大学校大东文化研究院1994年版），以及短文《清溪川岸》、《香山精舍》等。另译美国学者顾立雅（H.G.Creel）的著作《中国思想》（*Chinese Thought：From Confucius To Mao Tse-Tung*，经文社1981年版）。

池田知久（日）1942 年出生于朝鲜全罗北道。1965 年毕业于东京大学文学部中国哲学科，1998 年获东京大学文学博士。1980 年进入东京大学文学部任教，1991 年始任东京大学文学部教授。2003 年始任东京大学名誉教授、大东文化大学文学部教授，2012 年始任山东大学人文社科一级教授。现任国际儒学联合会荣誉顾问、国际易学联合会荣誉会长、日本东方学会理事长、日本周易学会会长、日本中国学会顾问、中国出土资料学会名誉会长。曾任东洋学研究联络协议会会长、中国出土资料学会会长、中国社会文化学会理事长、日本中国学会理事长。专攻中国古代思想史，在老庄研究、周易研究、马王堆帛书研究、楚简研究方面成果丰富。主要著作有《庄子》（学习研究社 1983 年版）、《淮南子》（知之百科 1989 年版）、《马王堆汉墓帛书五行研究》（日文版·汲古书院 1993 年版；中文版·中国社会科学出版社 2005 年版）、《老庄思想》（放送大学教育振兴会 1996 年版）、《郭店楚简老子研究》（东京大学出版社 1999 年版）、《中国思想文化事典》（合编，东京大学出版社 2001 年版）、《道家思想的新研究——以〈庄子〉为中心》（中州古籍出版社 2009 年版）等。

李甦平[①]，女，1946 年 10 月生，河南人，东亚哲学研究著名学者，韩国儒学史家。1968 年中国人民大学哲学系本科毕业。曾先后在北京师范学院（今首都师范大学）、中国人民大学、中国社会科学院哲学所工作，1993—1994 年在日本国东京大学法学部作客座研究员，1995 年晋升为研究员。历任中国社会科学院东方文化研究中心主任、哲学研究所东方哲学研究室主任，复旦大学韩国学研究中心客座教授、《韩国研究论丛》编委，中国炎黄文化研究会理事，中国实学会理事，中华日本学会顾问，韩国成均馆大学儒教研究所"儒教研究评价委员"、《儒教文化研究》编委。现任中国社会科学院哲学研究所研究员、博士生导师，主要研究中国哲学史、东亚比较哲学、东亚儒学。自 20 世纪 80 年代以来，在中国哲学研究基础上，开始进行中日

---

① 本词条主要参考中国社会科学院哲学研究所官网"研究人员"栏"李甦平"条进行摘录增补，http://philosophy.cssn.cn/yjry/ltxxz/201508/t20150831_2589307.shtml。

传统文化的比较研究，至 90 年代，由中日传统文化拓展至中国、日本、韩国的传统文化比较研究。在东亚比较哲学研究中，主张中国传统文化、日本传统文化、韩国传统文化有各自不同的内涵和特点，是多元的，而不能仅仅视为中国传统文化的移植和外延，提出了与学术界流行观点不同的新概念和新观点，如"舜水学""石门心性学""霞谷学"等等。还融合中国人民大学教授张立文先生的"和合学"理论精神，共同创造性地提出"东亚意识"概念。"东亚意识"是指以中国、日本、韩国为主的东亚地区内在性地以儒学为核心的一种意识，主要包含着主体意识、反省意识、经世意识、多元意识等。在东亚比较哲学、东亚儒学方面出版专著、合（编）著二十余部，发表学术论文百余篇。代表著作有：《转机与革新——论中国畸儒朱之瑜》、《中国传统思维向现代思维的转型》、《圣人与武士——中日传统文化与现代化之比较》、《中国、日本、韩国实学比较》、《朱舜水》、《朱熹评传》、《石田梅岩》、《韩国儒学史》、《和魂新思——日本哲学与 21 世纪》、《东亚与和合——儒释道的一种诠释》等，主编《中外儒学比较》、《东方哲学史》（5 卷本）等。代表论文有：《韩国三教和合的现代价值》、《由"金融危机"论东亚意识》、《东亚儒学与东亚意识》、《论韩国的三教和合——以花郎道为中心》、《神佛儒和合的朱子学——石门心学探究》、《论韩国近代东学的三教和合思想》、《花郎道——以道为器，儒释为物的器物三教和合》、《论东亚的儒释道和合》、《宋明理学在日本的传播和演变》、《中日佛教佛性论比较》、《李贽思想对日本的影响》、《阳明心学、石门心学、霞谷心学的比较》等。

机 构 辑 要

中国人民大学和合文化研究所

中国人民大学和合文化研究所成立于 1993 年，是旨在推动中国传统和合文化研究、发掘传统和合文化价值、弘扬现代和合文化而成立的专门学术机构，由中国人民大学一级教授、哲学院博士生导师、和合学创始人张立文先生发起创立。2002 年中国人民大学成立孔子研究院，和合文化研究所实现了与孔子研究院一体办公、共同发展，更名为和合文化研究中心。中心现有专职研究人员 9 人，外聘国内外学者三十余名担任兼职研究员。

和合文化研究所的成立，是以张立文先生为首的人大学者长期开展和合学研究的结果。早在 20 世纪 80 年代，张立文先生为了推动中国哲学形态创新，实现中国文化的现代转生，开始重视传统哲学中的和合价值并逐步创立了和合学。和合文化研究中心成立以后，在和合学的进一步研究和传播方面取得了显著的成就。一是深入开展对和合学与和合文化的学术研究，出版了近百部著作，发表了数百篇学术论文，承担了多项国家重大科研项目。二是召开学术会议，加强和合文化的研究交流。如先后召开"《和合学概论》首发式暨和合学思想学术研讨会"、"东亚哲学与 21 世纪丛书首发式暨和合学与东亚社会学术研讨会"、"和合学与建构社会主义和谐社会研讨会"、"和合学与中国哲学创新研讨会"、"国际儒学论坛·2014"、"和实力"专题学术研讨会、"和合思想与人类命运共同体"研讨会等。三是广泛开展对外交流，积极宣传和合文化。张立文教授在和合学创立的过程中，足迹遍及日本、韩国、新加坡、美国、葡萄牙等世界各地，以及国内的大部分省市，不断加强与国内外的学术交流，传播和合文化价值。

2017 年，中国人民大学孔子研究院成立"中国和合思想研究中心"，主要负责《中国和合学年鉴》、"和合思想史"等的编撰与出版，以及和合与和合学相关会议、活动的组织与筹办。

天台和合人间文化园

浙江天台县是我国的和合文化发祥地，被称为和合二仙的寒山、拾得主要活动在天台。为了发扬和合文化的精神、推动和合文化的传播，由天台县政府联合天台民间企业家创建了天台和合人间文化园，并进一步"围绕'和合文化'这一主线，打造具有中华传统文化特色的和合小镇"。文化园共分三个区块，分别为和合文化展示游览区、和合文化体验区与和合文化配套区。第一区块"和合文化"展示游览区，集展览、教育、游览为一体，建有"和合人间博物馆"、"廻澜美术馆"，"天台县非遗中心"、"茶之路体验馆"、"满堂红民俗馆"。其中和合人间博物馆是中国首座以"和合文化"为主题的博物馆，展示的人文艺术品、工艺品、民俗物品、珍稀藏品、史料史籍等实物遗存达数千件。体现出"和合文化"在国内外的影响力及当代价值。第二区块"和合文化"体验区，以传统婚庆等为主，打造东方婚礼的神圣殿堂——和合堂，使之成为体验传统婚礼仪式、慈孝文化的基地。第三区块则是"和合文化"配套功能区，主要建成"名家工作室"、"和合文化书院"和"和合人间主题酒店"，为作家、艺术家、工艺大师们提供一个良好的创作空间和配套服务。此外，文化园围绕"九龙造天台"、"刘阮遇仙"、"寒山拾得"等文化、史料，吸引影视文化制作群体合作，打造和合文化产业。

天台和合人间文化园还与中国人民大学孔子研究院进行合作，共建"和合文化研究基地"及"礼学中心研究和实践基地"。

河北省和谐文化研究会

河北省和谐文化研究会成立于 2009 年，主管单位为河北省社会科学联合会，由河北省青华苑高校服务有限公司总经理王殿明任会长。现有会员 156 人，秘书处专职工作人员 9 名。主要任务有动员、组织和引导省内各种社会力量关心、支持、宣传和谐文化；基层调查研究，了解各地先进文化，为政府决策提供服务；举办不同层次的研讨会，推动和谐文化发展；编辑、出版、发行有关和谐文化方面的书刊和信息资料。2013 年，会长王殿明投资兴建和文化圆梦园，一期工程占地 120 亩，投资 5000 万元，兴建有和尊、圆和梦碑、和乐园、戴河书院、和文化馆等配套设施，二期工程占地 200 亩，投资约 15000 万元，兴建社会主义核心价值观教育基地、中国传统文化展示基地、和文化弘扬宣传基地等。秉承"举和旗、求和道、生和美、和天下"的宗旨，研究会圆梦园旨在打造中华传统和文化宣传展示基地、社会主义核心价值观教育基地、中国形象展示与中国梦精神传达基地，为中华民族早日实现"两个一百年"的中国梦而加油助力。2016 年，研究会圆梦园为"和合学"创立者张立文教授建立铜像并举办了落成典礼。同年，成立了戴河书院，致力于和文化的传播、弘扬与创新，搭建起沟通和文化圣坛与和文化大众普及的桥梁，发挥和文化经世致用的功能。

苏州寒山寺文化研究院

苏州寒山寺文化研究院成立于 2007 年，由寒山寺方丈秋爽法师发起创立，宗旨在于开展寒山寺和合文化的研究、发掘、传承和弘扬，同时拓展其他文化的研究，扩大寒山寺文化的社会影响，为和合文化在地方文化建设中的作用提供平台。由苏州城建环保学院原党委书记兼院长姚炎祥担任院长。研究院成立以来，连续十一年举办"寒山寺文化论坛"，论坛主题有"传承文化·和合人间"、"和合人间·和谐社会"、"慈善人间·和谐社会"、"众缘和合·社会和谐"、"和合吴地·和谐社会"、"和合人间·和谐世界"、"寒山人·和合心"等，先后有中国人民大学孔子研究院院长、和合文化研究所所长张立文，中国人民大学佛教与宗教学理论研究所所长方立天，南京大学中华文化研究院院长赖永海，韩国成均馆大学名誉教授李东俊，苏州新闻传播研究会会长苏简亚，著名作家李叔德，苏州科技学院院长陈志刚等名人名家莅临参会论坛。在定期举办论坛之外，该研究院还设立苏州和合文化基金会、和合安养院，向台湾佛光山赠送"和合钟"，开展"和合·和谐"主题书画大赛，组织印刷出版《寒山寺"和合·和谐"主题书画展作品集》，发行《和合祖庭报》，为"5·12 汶川地震"遇难同胞举行祈祷活动，赴云南旱灾地区进行送水活动，为苏州科技学院贫困生提供资助，在发展文化事业的同时不忘弘法利生，扶危济困。其各项活动受到了社会各界的认可与好评。

海南省东方五和文化研究院

　　海南省东方五和文化研究院是由国内及海南省省内众多著名文化学者共同组织成立的，是以学习、研究中国传统"和"文化，并以"和"文化的五个方面——人心和善、家庭和睦、社会和谐、世界和平、天人和合为具体研究范围，进而集学术研究、编辑出版、举办学术讨论、进行文化培训于一体的社会文化组织。成立于 2014 年年初，由海南省社会科学界联合会主管，由中国人民大学孔子研究院院长、一级教授张立文担任名誉院长，海南省政协委员、三亚市政协常委马宪泉担任院长。研究院的宗旨是"立足海南，面向全国，走向世界"，围绕"人心和善、家庭和睦、社会和谐、世界和平、天人和合"的"五和"文化，进行学术研究，以"弘扬传统文化、匡扶道德人心"为己任，宣传、推广、践行中国传统和文化。通过对历史文献资料和散落民间的宝贵文化遗产进行挖掘、整理、归纳、充实、完善，进而推动传统"和"文化与现代社会和谐建设相结合，让世界各民族深入理解"和"文化，接受"和"文化。

青岛科技大学和文化研究院

青岛科技大学和文化研究院是在《光明日报》原总编辑、现任青岛科技大学传播与动漫学院院长袁志发教授的倡导和主导下，于2009年6月5日成立的和文化学术研究机构，挂靠于青岛科技大学传播与动漫学院，由原青岛科技大学副校长、现任滨州学院党委书记罗公利教授担任院长。研究院聘请国内外著名学者如张立文、牟钟鉴、田辰山、吴光、林宏星、郭沂等为研究员，宗旨是对"和"基础理念的研究、追溯、解读，并行之于实践，主要研究方向包括：传统"和文化"的发掘、整理、阐释和发展等基础理论研究，"和文化"可持续发展与现代化研究，"和文化"与中国软实力研究，"和文化"的应用特性研究，如寻求"和文化"与社会现实诸方面的结合点，建立"和文化"基础上的分支文化研究，包括企业文化、社区文化、地域文化、德孝文化研究等，"和文化"书画艺术研究等。研究院自成立以来，先后开展"和文化"进课堂，组织编辑"和文化研究"专栏，开展"和文化"国际学术研讨会并出版会议论文，编辑出版《和文化学刊》刊物等。

大 事 记

1989 年

6 月，张立文教授的著作《新人学导论——中国传统人学的省察》由北京职工教育出版社出版，书中开始有意识地运用"和合"的理论。该书由人的"自我发现论"、"自我塑造论"、"自我规范论"、"自我创造论"和"自我和合论"五部分构成，第五章的内容直接命名为"自我和合论"。书中将"人"的两种类型总结为"和合型"与"完美型"，指出"和合型"的人格是"各层次、各类型人格的综合创造，并非指无差异的相同人格的相加"。

张立文教授深刻思考了戴震、颜元所谓"理"能杀人、"心"亦能杀人等问题，开始撰写《从宋明理学到和合学》一文。该文分析了从"旧三学"到"新三学"的发展过程，明确提出要建构"和合学"，对"和合学"的定义、内容和价值等问题进行了较为深入和细致的论述，指出"和合学是中国文化的精髓和生命最完满的体现形式，是当代哲学理论思维的一种新形态"。这是"和合学"的首次明确提出。

1990 年

12 月 4—6 日，为庆祝冯友兰 95 岁华诞，中国文化书院在北京举办冯友兰哲学思想国际学术研讨会。不幸的是，冯友兰在会议开幕前第 9 天逝世。张立文教授携《从宋明理学到和合学》一文参会，并围绕"新儒家哲学与新儒家的度越"作主题发言，谈了他对度越新儒学、建构和合学的相关思考，具体分析冯友兰哲学是接着宋明理学讲的新理体学，在此基础上阐发和合学的建构及其理论旨趣。《从宋明理学到和合学》一文后以《新儒家哲学与新儒家的超越》为名，收入台北东大图书股份有限公司 1991 年出版的

《中国近代新学的展开》一书中。这是"和合学"的首次正式发表。

1991 年

3 月 23 日，由东京女子大学比较文化研究所主办的第二届"现代化与民族化——亚洲现代化过程与民族性因素"国际研讨会在日本举行，大会主题为"儒教对近现代知识者深层精神结构之影响"。中国学者钱理群、陈来、汪晖、马良春、张立文等参会。会上，张立文通过分析儒教在中国近代所遭遇的崩溃与失落，要求转变原来的体用思维方式，代之以和合思想来推动时代的进一步发展。

3 月 28 日，应东京大学文学部沟口雄三教授之邀，张立文教授赴东京大学作演讲，核心内容是"和合学的建构"。张立文表示，全球化与信息化时代呼唤一种新的理论，度越原先的哲学理论与思维形态，与时偕行，充分体现出时代的精神，开出新的生命智慧之花。和合学正是出于这种深切关怀与历史使命感而作出的理论反思。

3 月 30 日，张立文教授在京都大学会馆作"和合学的内涵"演讲。演讲由岛田虔次教授主持，金谷治、庄司壮一、村上嘉实、三浦国雄、狭间直树、内山俊彦、池田秀三、吾妻重二、青木五郎、小林和彦和武田秀夫等日本知名学者参会。会上，和合学得到与会学者的广泛了解与认同。张立文表示："此次日本之行是获得日本学界认同的契机，他们提出各种问题与我切磋、对话，使我对和合学有了更深刻的思考和新的体认。"

6 月 18—21 日，由新加坡国立大学中文系主办的"汉学研究之回顾与前瞻"国际会议举行。张立文教授赴新加坡参会，并宣读了《新儒家哲学与新儒家的度越》一文，提出了"和合学的建构"等构想和观点。对此，苏新鋈教授在 1992 年 8 月发表在《国际汉学》上的《新加坡空前的汉学研究之回顾与前瞻国际会议传扬的学术讯息》一文中写道："和合学具有运动性、平衡性、综合性和相对性特点，旨在度越中国传统哲学形而上学本体论"，给予和合学较高的评价。

8 月 12—14 日，延边大学朝鲜研究所举办朝鲜学国际学术会议。张立文教授赴吉林参会，并提交发言论文《中国传统"中和"哲学及其演变》。

1992 年

3 月 16 日，中国社会科学院哲学所《哲学研究》编辑部召开"传统与现代化"研讨会。张立文教授应邀参会并发言，指出和合思想是中国哲学的精髓，它浸润在这门科学所包含的宇宙观、社会历史观和人生论中，与西方上帝创世的思维方式迥然有别，塑造了独特的中国文化样态。他分梳了中国的和合思维与西方的创世思维的区别，最终提出建立中国哲学体系和学派的必要性，强调研究中国哲学就要努力摆脱西方哲学话语霸权的束缚，建构符合中国哲学自身特点的哲学体系，建立中国哲学学派。

8 月，第十三届退溪学国际学术会议在德国哥廷根大学召开。张立文教授参会并与与会学者就"人"的问题展开对谈。针对德国"卡西尔学会"学者提出的"人是符号的动物"，张立文认为，这个观点否认了人的感性和个性，忽视了人的能动性、创造性和情感性，代之以与猫狗等动物无异的冷冰冰的抽象符号，是值得商榷的。张立文运用"和合学"给出解释，把人重新定义为"人是会自我创造的动物（和合存在）"。认为西方从亚里士多德到卡西尔，中国从先秦到宋明，对"人"的规定都是与时偕行，不断变更，以化解时代的冲突。

1993 年

8 月 10—14 日，第八届国际中国哲学会在北京举行，会议以"中国传统哲学的现代意义及未来发展"为主题。张立文教授提交《宋明新儒学与现代新儒学形上学之检讨》论文，指出：宋明理学和现代新儒学有其共同的缺陷，从哲学理论形态的历史发展来看，先在的总是要被后来的所度越，创造出新的哲学理论形态，以不断适应新时代的发展要求。当今时代所需要的新哲学理论应该是能够化解东亚乃至全人类所面临的种种冲突与危机的理论，和合学力图将中国传统文化整体性地转生和创新，自觉承担起这一时代重任。参会学者还有成中英、唐力权、李绍昆，以及台湾学者邬昆如、傅佩荣、项退结等。

1994 年

4 月 8—10 日，由冈田武彦教授组织筹办的"东亚传统文化"国际会议在日本福冈举行。张立文教授提交主题为"和合是中国传统文化的精髓"的论文。10 日，张立文作主题发言，指出中国文化的转生，其生命智慧是和合学。根据中华民族文化对和合的诠释以及现代的需要，张立文将"和合"定义为诸多元素相互冲突、融合，与在冲突、融合的动态过程中各元素的成分和合为新事物。而"和合学"则是"研究在自然、社会、人际、人心、文明中存在的和合现象以及既涵容又度越冲突、融合的学问"。

4 月 15 日，张立文教授在九州大学文学部作"宋明理学形上学理路的追究"的演讲。演讲由町田三郎教授主持。张立文追述了宋明理学到现代新儒学的局限，并说明了他提出和合学的缘由和思考——和合学是宋明理学与现代新儒学的度越，只有对宋明理学的觉解和对现代新儒学的深切体认，才能建构与其相异的理论思维体系；只有面向现实社会和现实生活中的冲突与危机，才能建构体现时代精神的哲学新体系。和合学就是现代中华民族的新哲学理论思维形态。

4 月 23 日，应池田知久教授邀请，张立文教授赴东京大学文学部作题为"和合学概说"的讲座，分别对"恶的和合问题"、"佛教因缘和合思想"等作了详细的讲解。

8 月 16—18 日，中国社会科学院宗教研究所等在北京举办海峡两岸儒道互通学术研讨会。张立文教授提交论文《中国传统文化的精髓——和合学》，指出中华文化的基本精神是儒道和合，儒求善而道求真，内圣与外王是和合的，而不是内圣开出外王。该文发表在台湾《宗教哲学》1995 年第 1 期。

1995 年

8 月 2—8 日，由南乐山教授筹办的第九届国际中国哲学会——"世界哲学之中国哲学"在美国波士顿大学召开。汤一介、萧萐父、涂又光、方克立、方立天、陈来、张立文等学者参会。张立文在会上宣读《中国文化的和合精神与 21 世纪》一文。文章提出化解 21 世纪人类面临五大冲突的五个中心价值，即和生、和处、和立、和达、和爱五大原理，分别回应人与自然、人与社会、人与人、人的心灵、不同文明间的五大冲突。该文后发表于《学术月刊》1995 年第 9 期。

9 月 13—21 日，应时任台湾"中央研究院 中国文哲研究所"筹备处主任戴琏璋教授邀请，张立文教授赴台作了两次专题演讲——"帛书《易传》的人文精神"和"王船山的本体哲学"。两次演讲均以和合学的视域来重新观照古代文本思想，分别说明了帛书《周易》体现的和合人文精神，以及王夫之哲学的和合本体。

12月，日本儒学家冈田武彦和我国哲学家张岱年在北京友谊宾馆进行了一次千年之交的对话。对于21世纪的展望，冈田武彦提出世界国家的理念，认为亚洲应以儒家的思维方式为中心理念建立国际国家；张岱年则认为，东西文化可以互补，中国的"天人合一"、"和为贵"的思想可以作为化解人与自然的生态危机和世界各国各民族和平共存的理念。期间，张立文教授作为与会学者发言，提出用"和合学"作为21世纪文化战略的构想，并提出化解五大冲突和危机的五大原理。这次世纪之交、千禧之际的对谈，后被难波征男编为《简素与和合》（日文全称《冈田武彦、张岱年对谈：简素と和合——对立から大同の世纪》）一书，于1999年5月由日本中国书店出版。

1995年，张立文教授完成"讲自己"的哲学著作——《和合学概论——21世纪文化战略的构想》（上下卷），这部著作也是"和合学"的纲领性著作。

1995年，张立文教授发表多篇和合学相关文章，如《中国文化的和合精神与21世纪》发表于《学术月刊》等。

1996 年

1996年，张立文教授发表多篇和合学相关文章，如《佛教与宋明理学的和合人文精神》发表于《世界宗教研究》，《中国文化的精髓——和合学源流的考察》发表于《中国哲学史》，《关于和合美学体系的构想》发表于《文艺研究》等。

12月，首都师范大学出版社出版了《和合学概论——21世纪文化战略的构想》一书，并于翌年4月举办了"《和合学概论》首发式暨和合思想研讨会"。张立文自述称，该书是他一生生命历程中对人生深切体验的反省，是对所有政治运动斗争的反思和体认，是对21世纪我国和人类所共同面临的人与自然、人与社会、人与人、人与心灵及不同文明之间冲突与危机的忧患和思考。

1997 年

2 月 6 日，《光明日报》开设"和合文化工程"专栏，吸引了邢贲思等学者展开对"和合"文化的研究与讨论。邢贲思在专栏发表《中华和合文化体现的整体系统观念及其现实意义》一文，概括和阐述了"和合"文化的精髓，深刻揭示了弘扬中华"和合"文化的现实意义。

6 月，"儒学与世界文明"国际学术会议在新加坡国立大学举行。应陈荣照教授邀请，张立文教授向会议提交论文《东亚意识与和合精神》，因故未能如期赴新加坡国立大学参会。该论文后发表于《学术月刊》1998 年第 1 期。

8 月 10—14 日，国际阳明学京都会议在日本举行。应冈田武彦教授邀请，张立文教授向会议提交论文《阳明学的和合精神与未来社会》。张立文在文中指出，阳明思想与程朱道学派、张载气学派虽异趣，但同是中国和合人文精神的体现。阳明思想是儒、释、道三教冲突融合而和合的和合体，良知的本体工夫和合，致良知是指至乎良知之极和向其良知之极接近，从而达到知与行的和合。现代社会存在人与自然、社会、人的身心之间、人际之间、文明之间等五大冲突，未来人类社会所共同面临的这五大冲突是东西方文化所共同面临的挑战，化解这五大冲突，阳明学所具有的和合人文精神是一最佳的文化选择。该论文发表于《中国哲学史》1998 年第 2 期。

9 月，为庆祝香港回归，香港召开"孔子思想与 21 世纪"国际学术研讨会，张立文教授提交《儒家文化与 21 世纪》论文，并作大会发言，指出儒家的和合理念是一种优化的文化选择，和合是中华民族多元文化所整合的人文精神的精髓。

11 月，应韩国高丽大学哲学系李承焕教授邀请，张立文教授在高丽大学作"和合学——21 世纪文化战略的构想"学术报告。

12 月 14—18 日，由饶宗颐教授担任筹委会主席的"中华文化与 21 世纪国际学术研讨会"在香港中文大学举办。张立文教授提交《中华和合文化与 21 世纪》论文，通过反省、总结 20 世纪的两次世界大战，求索和规划 21 世纪人类的命运和走向。面对如何化解人类所共同面临的五大冲突和危机，如何回应西方文化的挑战，如何实现现代化转型等问题，最终提出和合学建构。

12月，应北京大学邀请，张立文教授作了"和合学与21世纪"的演讲，主要讲了和合学提出的背景和原因、和合学的内涵与体系、和合学化解冲突挑战的对策三个方面的问题。

1997年，张立文教授发表多篇和合学相关文章，如《中华和合人文精神：化解人类冲突之道》发表于《长白论丛》，《中华和合人文精神的现代价值》发表于《社会科学研究》等。

1997年，学术界有多篇关于"和合"的文章发表：包霄林的专访《和合学：新世纪的文化抉择》发表于《开放时代》；方国根的书评《世纪之交的文化抉择——读〈和合学概论〉》发表于《现代哲学》；李光福的书评《中国哲学的自觉——读张立文教授所著〈和合学概论〉》发表于《学术月刊》；张岱年《漫谈和合》、蔡方鹿《中华和合文化研究及其时代意义》、向世山《和合论与缘起说比较散论》、王煜《中华和合文化散论五则》发表于《社会科学研究》；魏文彬《浅谈〈周易〉中"中正"与"和合"的辩证关系》发表于《中华文化论坛》等。

1998年

1998年，张立文教授应邀在日本新潟大学开设"和合学概论"课程。因"和合学"涉及内容太大、太广，遂改为"中华和合人文精神的现代价值"。

1998年，张岱年先生在《中国图书评论》第6期发表书评《理论价值和超前预见——推荐〈和合学概论——21世纪文化战略的构想〉》。指出：在此世纪之交，国内外学术界都在思考21世纪的文化战略问题。张立文同志经过深思熟虑，写了《和合学概论——21世纪文化战略的构想》一书，提出了许多创造性意见。该书从文化战略的高度透视中国文化的现代化和如何把中国文化推向世界，使中国文化的人文精神被世界所接受。张立文同志对和合观念作了新的解释，提出了和合学的概念范畴，是当前讲21世纪文化战略问题的佳作，是对中国传统文化与现代化论争的贡献。

1998年，张立文教授发表多篇和合学相关论文，如《儒家和合文化人文精神与二十一世纪》发表于《学习与探索》，《和合学与 21 世纪文化价值和科技》发表于《社会科学家》，《和合人文精神与 21 世纪》发表于《科学经济社会》等。

1998 年，学术界有多篇关于"和合"的文章发表：彭永捷《张立文的和合学》发表于《探索与争鸣》；柯远扬《试析孔子的和合思想》发表于《中国哲学史》；姚维《道家和合思想及其现代意义》、陈依元《中华和合文化与新发展观》发表于《社会科学研究》等。

1999 年

3 月，杨建华著作《中华早期和合文化》由浙江人民出版社出版。

9 月，张立文教授在新学期为中国人民大学哲学院的研究生开设"和合形而上学"课程。和合学要深入探讨，就不能不涉及价值理想、终极关怀等形而上学问题，也必须对这些问题进行回应，张立文希望通过授课和课间讨论深入探讨和完善这些问题。他指出，和合学要给出一个价值系统，一个安身立命之所，即给出一个精神安顿的家园。这需要从人出发，从"人是会自我创造的和合存在"出发，并最终依据人的智能创造，设置生存之道、意义之道和可能之道。

12 月，北京社会科学联合会在京召开百年中国哲学座谈会。张立文教授参会并作"百年中国哲学与未来走向"的发言。他提出如何将中、西、马互动融合起来，最终和合成为中国的新哲学等问题。

1999 年，张立文教授发表多篇和合学相关论文，如《中国伦理学的和合精神价值》发表于《浙江大学学报》，《本体诠释学，场有哲学与和合学》发表于《哲学杂志》（台北）等。

1999 年，学术界有多篇关于"和合"的文章发表：杨庆中《评张立文先生的"和合学"体系》发表于《社会科学家》；王世德《21 世纪——新的和合境界》发表于《中华文化论坛》；郭齐《"和合"析论》发表于《四川大学学报》（哲学社会科学版）等。

2000 年

1 月 8 日，张立文教授主持召开座谈会，与陆玉林、彭永捷、李亚彬、向世陵、方国根、杨庆中、李振纲等学者集中讨论三大类问题：一是要不要建立和合形而上学，建立什么样的和合形而上学。二是和合学怎样找一个基点，这个基点是什么；要不要找一个基点，即要不要落到什么上。三是超验存在如何可能，怎样可能；自然世界是和合的，人为世界是不和合的，和合如何可能；现代精神失落如何找回，找回什么。

10月26—29日，由中华炎黄文化研究会、中国人民大学和中国艺术研究院联合举办的"经济全球化与中华文化走向国际"学术研讨会在北京举行，张立文教授参会，与费孝通、季羡林、张岱年、汤恩佳等专家学者，围绕全球化趋势与民族文化发展等问题展开激烈讨论。张立文在会上指出：要尝试运用和合的思维，将全球化与区域多元化、全球文化与民族文化、拿来主义与送去主义纳入到相辅相成、相互促进的视域中来加以对待和理解。

11月7日，时任全国政协主席李瑞环在香港会展中心会见香港各界知名人士并发表了题为《提倡和合，加强团结》的讲话。李瑞环指出：在我国悠久的历史发展过程中，积累了很多的经验和教训，其中最重要的一条就是提倡"和合"，强调团结。人和、祥和、和睦、和谐、和以处众、和衷共济、和气生财、内和外顺等词语经常使用，随处可见。当今中国要发展、要振兴，必须继续弘扬中华民族的优良传统，特别要倡导"和合"，强调团结。在2000年2月1日的《光明日报》上，他又说："我国是一个讲求'和合'文化的国家，主张以和为贵，对各种文化兼容并包，包括对待'宗教'。"

2000年春，时任日本将来世代综合研究所所长金泰昌教授等访问联合国教科文组织总部，得悉教科文组织为2001年"联合国不同文明对话年"编纂文明对话文献时缺少东方文献，于是研究确定以"和合学"作为文明对话的东亚理念，并于2000年12月24—26日在中国人民大学召开，有中、日、韩著名学者参加的国际学术研讨会——"东亚'和'思想与21世纪"国际学术交流会。张立文教授主持了开幕式，在分组会议中就和合学展开介绍性阐述。各国学者对和合学给予充分的肯定和很高的评价，认为是21世纪化解五大冲突和危机的一种新的文明对话的理念，会议论文和讨论纪要报送联合国科教文组织总部。

2000年，张立文教授发表和合学相关文章，如《中国和合生死智慧与终极关切》发表于《国际儒学研究》（第九辑）。

2000 年，学术界有多篇关于"和合"的文章发表：李甦平《韩国三教和合的现代价值》发表于《现代哲学》；李远国《道家天人和合观探微》发表于《江西社会科学》；陆玉林《简论传统和合思想的现代性转生》发表于《中华文化论坛》等。

2001 年

1 月 15 日，《东亚文化研究》编辑委员会会议在中国人民大学召开，会议确定张立文教授为主编，中国社会科学院研究员李甦平为副主编，并由韩国成均馆大学名誉教授柳承国、日本大东文化大学教授沟口雄三、韩国汉城大学教授李楠永共同组成学术委员会。该刊物坚持以"推进东亚文化研究、和合东亚传统文化、沟通东亚各国学术、迎接东亚未来挑战"为办刊宗旨，就东亚所共同关心或面临的问题进行自由、平等的交流和对话，为东亚乃至全球的政治、经济、文化的和平与稳定、发展与繁荣作出贡献。

2 月，由张立文教授主持的国家社科基金"九五"重点规划项目"东亚哲学与 21 世纪丛书"由华东师范大学出版社出版。这套丛书从 1999 年 1 月拟定写作大纲，最终完成专著五部：张立文著《和合与东亚意识——21 世纪东亚和合哲学的价值共享》，陆玉林著《东亚的转生——东亚哲学与 21 世纪导论》，李振刚、方国根著《和合之境——中国哲学与 21 世纪》，张玉轲、李甦平等著《和魂新思——日本哲学与 21 世纪》，姜日天著《君子国的智慧——韩国哲学与 21 世纪》。它们对东亚文化与文化东亚的理念进行了宏观的哲学探讨，对中国哲学、日本哲学、韩国哲学如何面向和回应 21 世纪的经济、政治、社会、文化等诸元挑战进行了微观的分析和研究。

6 月 12 日，中国人民大学哲学系、华东师范大学出版社和中国人民大学中国文化与经济发展研究所共同举办了以"东亚哲学与 21 世纪"为主题的学术研讨会，著名专家学者黄心川、余敦康、汤一介、杨通方、方立天、葛荣晋、张立文、周桂钿、钱逊、朱杰人、陈来、李平、焦国成等 70 余人齐聚中国人民大学，就"东亚哲学与 21 世纪丛书"提出的"和合"等哲学主题作了进一步的学术研讨。中国哲学界泰斗张岱年和时任中国人民大学党委书记程天权到会祝贺并发表演讲。

7 月 21—24 日，由国际中国哲学会、中国社会科学院研究生院和中国哲学史学会联合主办的"第十二届国际中国哲学大会"在京召开，主题是"中国哲学与 21 世纪文明走向"。张立文教授参会，并围绕"和合学与 21 世纪"作主题发言。

10 月 30—31 日，由新加坡儒学会主办的"儒学与新世纪的人类社会"国际学术会议召开。张立文教授参会，并作"儒学的人文精神与现代社会"主题发言。发言围绕三个方面的内容展开：儒学所具有的唯变所适的品格，儒学在当代社会需要进行转生及其转生的标志，儒学回应"五大冲突"、"三大危机"的和合学五大中心价值。林安梧、高柏园、戴琏璋、颜炳罡、颜国伟等专家学者参会并就发言展开了讨论。

11 月 15 日，由中国哲学史学会、苏州大学研究生处和苏州大学人文学院哲学系联合主办的"21 世纪中国哲学创新思路"学术研讨会在苏州举行。来自全国 14 个著名高等学府和科研单位的代表出席会议并围绕主题展开了讨论。张立文教授参会并围绕和合学发言。此后，18—19 日，张立文先后赴东南大学作了"新世纪新思路——21 世纪文化战略的构想"的演讲和"和合学与中国哲学的创新"的报告。

12 月，张立文教授的著作《中国和合文化导论》由中共中央党校出版社出版。

2001 年，张立文教授发表多篇和合学相关文章，如《和合语言哲学言象意的分系统》收入《诠释与建构——汤一介先生 75 周年华诞暨从教 50 周年纪念文集》一书。

2001 年，学术界有多篇关于"和合"的文章发表：李甦平教授《论韩国的三教和合——以花郎道为中心》发表于《当代韩国》；《神佛儒和合的朱子学——石门心学探究》发表于《日本学刊》；左亚文《阴阳和合辩证思维的当代阐释阴阳》发表于《江汉论坛》等。

2002 年

10 月，时任中共中央总书记、国家主席江泽民在美国乔治·布什图书馆的演讲中提出"和而不同"的政治文明观。他指出，世界各种文明、社会制度和发展模式应该相互交流和相互借鉴，在和平竞争中取长补短，在求同存异中共同发展。"和而不同"思想包含理性而务实的处事态度，是中国人古老的政治智慧。在世界文明冲突不断的今天，"和而不同"又为实现新的政治理想提供了一种切实可行的实践策略。

11 月 8 日，中国共产党第十六次全国代表大会在京开幕。江泽民代表第十五届中央委员会作了题为《全面建设小康社会开创中国特色社会主义事业新局面》的报告。报告第一次将"社会更加和谐"作为重要目标提出，指出：综观全局，21 世纪头 20 年，对我国来说，是一个必须紧紧抓住并且可以大有作为的重要战略机遇期。根据党的十五大提出的到 2010 年、建党一百年和新中国成立一百年的发展目标，我们要在 21 世纪头 20 年，集中力量，全面建设惠及十几亿人口的更高水平的小康社会，使经济更加发展、民主更加健全、科教更加进步、文化更加繁荣、社会更加和谐、人民生活更加殷实。

11 月，中国人民大学孔子研究院成立，张立文教授担任院长。孔子研究院的宗旨是"继承优秀传统文化，弘扬孔子思想精华，提高国民人文素质，建设人类美好未来"。作为中国人民大学专设科研机构，机构运作以中国人民大学哲学院为依托，参照现有科学研究基地模式运作和管理，下设包括和合文化研究中心在内的八个研究中心。孔子研究院成立，使得和合学的研究与传播有了更为广阔的平台和空间，其深刻的人文价值业已成为人们普遍的共识。

2002 年，张立文教授发表多篇和合学相关文章，如《论历史的和合精神家园》发表于《杭州师范学院学报》（社会科学版），《论历史哲学的和合诠释》发表于《宝鸡文理学院学报》（社会科学版），《和合艺术哲学论纲》发表于《文史哲》，《势的历史世界的和合诠释》发表于《船山学刊》，《论和合的必要性和合理性》发表于《新视野》，《和合方法的诠释》发表于《中国人民大学学报》，《中国文化的和合精神与 21 世纪》发表于《宁波通讯》，《价值与善——和合善的价值世界的一种诠释》发表于《伦理学研究》等。

2002 年，学术界有多篇关于"和合"的文章发表：王基文《两岸贵和合》发表于《统一论坛》；李甦平《论韩国近代东学的三教和合思想》发表于《韩国研究论丛》等。

2003 年

2月，左亚文教授的著作《和合思想的当代阐释——唯物辩证法与东方智慧的对话》由湖北教育出版社出版。

10月5—16日，张立文教授等一行四人应日本国士馆大学邀请，对日本进行了访问。代表团先后访问了国士馆大学、早稻田大学、丽泽大学、爱知大学等。期间，代表团作了多次讲演和座谈，所涉及的问题包括儒家文明在世界文明中的地位与价值、中国哲学的创新与和合学的使命、儒家精神与商品经济等。其中，张立文发表的五次有关和合思想的主题演讲，在日本产生广泛影响。

2003 年，张立文教授发表多篇和合学相关文章，如《21世纪人权的和合解释》发表于《人权》，《和合是21世纪中华文化的主题》发表于《深圳大学学报》（人文社会科学版），《和合生存价值世界的诠释》发表于《中国哲学史》，《和合历史哲学论》发表于《首都师范大学学报》（社会科学版），《和合可能价值世界的诠释》发表于《中华文化论坛》，《中国哲学的创新与和合学的使命》发表于《中国人民大学学报》等。

2003 年，学术界有多篇关于"和合"的文章发表：龚群《中国和合思想与21世纪的人类和平》发表于《学习与探索》；孙小金《从〈中庸〉到"和合学"》发表于《广西社会科学》；李甦平《东亚的三教和合与东亚社会》发表于《南昌大学学报》（人文社会科学版）等。

2004 年

5月14日，时任俄罗斯国立东方学院副院长亚利山达·科日扶尼科夫教授访问中国人民大学孔子研究院，张立文教授会见了来访客人。张立文介绍了和合学的基本理念、和合与发展的关系。双方还就中国现代化等其他感兴趣的学术问题进行了交流。

9月4日，台湾大学历史系教授黄俊杰访问中国人民大学孔子研究院，并与孔子研究院部分学者进行学术座谈。张立文教授向黄俊杰介绍了孔子研究院的具体情况，并针对黄俊杰所探讨的东亚儒学问题阐述了和合学的基本理念、和合与发展的关系等。与会学者还就东亚哲学的可能性、发展趋势、转生的方向及其他感兴趣的学术问题进行了深入交流和探讨。

12月3—5日，由中国人民大学和韩国高等教育财团联合主办的"儒家思想在世界的传播与发展"国际学术研讨会在京召开。张立文教授在研讨会上提出儒家的和合思想，引起与会代表的强烈反响。张立文教授指出，和合是通达健康和乐之境的智慧理念和实施方式，和合也是中华民族文化的精髓和首要价值，和合之境是中华民族理想境界。时任民进中央名誉副主席楚庄表示，儒家中的"和合"的思想、"和而不同"的思想、"和为贵"的思想至今仍有其价值。"和合"思想要求不同而又彼此沟通，和谐发展。在当今人类社会不同文明、不同意识形态共存、共同发展，必须回到"和合"、"和而不同"、"和为贵"这条路上来。

12月，张立文教授的《和合哲学论》由人民出版社出版。该书认为，"在途中"的和合学是对古今、中西、象理三大思辨的和合解构，从而梳理出和合价值时间、和合生存空间与和合逻辑本原。该书围绕爱智之旅、和合起来、和合历史哲学、和合语言哲学、和合价值哲学、和合艺术哲学、和合哲学的逻辑结构等章节展开。该书是张立文建构"和合学"形而上层面的标志性、奠基性、代表性的著作。

2004年，张立文教授发表多篇和合学相关文章，如《和合与伦理——关于网络、生命、环境伦理的思考》发表于《宝鸡文理学院学报》（社会科学版），《和合学的生生之道》发表于《深圳大学学报》（人文社会科学版），《和合艺术的和爱意境》发表于《社会科学战线》等。

2004年，学术界有多篇关于"和合"的文章发表：谢菊兰《传统民族文化与现代化的"和合"》发表于《社科纵横》；李汉相《浅论老子的和合思想》发表于《中州学刊》等。

4月28日，由中国人民大学孔子研究院和合文化研究所主办的"和合学与构建社会主义和谐社会"暨祝贺张立文教授从教45周年、70华诞座谈会在京举行。学者牟钟鉴、周桂钿、宋志明、焦国成、张志伟、张立文等出席会议。与会者认为，和合学在全面总结、凝练和提升我国古代和谐思想的基础上，提出了一套化解冲突，实现人与自然、人与社会、人与人、人与文化、人与心灵和谐的战略构想，对于构建社会主义和谐社会具有重要的启示。

2005 年

6 月，李甦平、何成轩著作《东亚与和合——儒释道的一种诠释》由百花洲文艺出版社出版。

7 月 12 日，正值纪念中国人民抗日战争暨世界反法西斯战争胜利 60 周年之际，时任台湾新党主席郁慕明在中国人民大学发表演讲。演讲结束后，人民大学向郁慕明赠送了《和合图》等礼物。国画《和合图》由中国人民大学徐悲鸿艺术学院院长、徐悲鸿之子徐庆平创作，由"和合学"创始人张立文教授题字，两人合作完成。《和合图》上的"和合二仙"是中国民间传说之神，有"和谐合好"、"婚姻和合"、"家人和合"等丰富含义，蕴含着中国哲学的核心思想。"和合"还有"回家"之意，象征台湾尽早回归，实现统一。

8 月 16 日，时任浙江省委书记习近平在《浙江日报》"之江新语"栏目发表短评《文化育和谐》，指出：我们的祖先曾创造了无与伦比的文化，而"和合"文化正是这其中的精髓之一。"和"指的是和谐、和平、中和等，"合"指的是汇合、融合、联合等。这种"贵和尚中、善解能容，厚德载物、和而不同"的宽容品格，是我们民族所追求的一种文化理念。自然与社会的和谐，个体与群体之间的和谐，我们民族的理想正在于此，我们民族的凝聚力、创造力也正基于此。因此说，文化育和谐，文化建设是构建和谐社会的重要保证和必然要求。

10 月 8 日，中国人民大学孔子文化月系列活动之"明礼诚信与和谐社会"专题论坛举行。本次论坛由王甬主持，邀请到彭永捷、杨庆中、肖群忠、梁涛和陈福滨五位青年学者参加。在讨论中，彭永捷表示：张立文先生在 20 世纪 80 年代提出的和合学为解决当今世界的五大冲突提供了解决之路。在张先生的不懈努力下，在今天最终证实了和合学是适应时代需要、把握时代潮流的学说。

10 月 23 日，时任日本将来世代公共哲学研究所所长金泰昌访问中国人民大学孔子研究院。金泰昌表示，能够使日本、中国、韩国联系在一起的一个基本思想就是"和"，张立文先生创建和合学是很有远见的。在日本，很多人是从"同"的意义上来理解"和"，"和"应当包括"平和"与"和平"

两方面的含义。张立文表示，"同"具有排他性、独裁性的倾向，解决不同的办法就是斗争。而"和"不具有排他性，"和"是以承认多样性和差异性为前提的。时任孔子研究院日本儒学研究中心主任林美茂、韩国儒学研究中心主任姜日天、孔子研究院秘书长罗安宪等参加了会见。

10月，"第三届海峡两岸中华传统文化与现代化"研讨会在咸阳举行。会议由中国叶圣陶研究会和中华民族文化促进会主办，中共咸阳市委、咸阳市政府承办。时任全国人大常委会副委员长、民进中央主席许嘉璐出席开幕式。会议期间，海峡两岸70余名专家学者围绕"弘扬中华传统文化，促进祖国和平统一"的主题，就秦汉对中华文化的影响、和合文化的现代意义等议题进行了研讨，并出版《和合文化传统与现代化》论文集。

12月9—12日，张立文教授访问葡萄牙，出席由时任国务院总理温家宝与葡萄牙总理苏格拉底共同主持的"中葡文化语言教育合作及文化多样性"研讨会。张立文代表中方就如何发展文化多样性问题作主题发言，指出：不同文明间的冲突，是21世纪人类所共同面临的挑战和冲突之一，世界上有理智、有胆识的思想家、政治家面对此种情境，都应以全人类的福祉和未来的幸福为担当，以孔子"己所不欲，勿施于人"的人类良知为准则，以"和合学"的和生、和处、和立、和达、和爱为指导原理，打破狭隘的地区、国家、民族、宗教等中心论观念，以自觉的全球意识、平等的交流态势来观照、筹划文化间的交流和合作问题。

2005年，张立文教授发表多篇和合学相关文章，如《致思和合学的心路历程》发表于《河北大学学报》(哲学社会科学版)，《和合文化与商道——21世纪经济活动的有效路径》发表于《探索与争鸣》，《弘扬传统和合思想，建构现代和谐社会》发表于《人民论坛》等。

2005年，学术界有多篇关于"和合"的文章发表：蒙运芳《浅谈和合哲学与构建社会主义和谐社会》发表于《学术论坛》；胡海波、魏书胜《从"和合"文化传统到"和谐社会"理想》发表于《社会科学战线》等。

2006年

2月21日，《光明日报》刊发专家解读十八大报告系列访谈之《中国人从"和"而来——访中国人民大学张立文教授》。张立文指出：宋明理学家具有一个很重要的特点，那就是深刻的忧患意识和深重的历史责任感。我们现在也应该有这样的抱负和情怀，传承、创新本民族的文化精神。也正是在这种忧患意识和历史责任感的驱使下，我从20世纪80年代初以来，一直在努力地把以"和"为核心的中国文化精神加以提炼，进行创造性转化，以"和合学"这一新的构想和方案来彰显这一传统思想资源的现代价值，试图为我们今天的时代提供一种哲学根据。

4月3—8日，应日本北陆大学的邀请，由张立文教授率领的中国人民大学孔子研究院代表团，出席了日本第三所孔子学院——北陆大学孔子学院的成立仪式。张立文分别为孔子学院和北陆大学师生作了两场学术讲演。在结束对北陆大学的访问后，代表团与日本早稻田大学前校长、亚洲和平贡献协会理事长西原春夫、事务局长山本量彦举行会面。之后，代表团应邀访问了京都论坛公共哲学共同研究所，并与多位学者以"和解"为主题作了哲学探讨。8日，应中国驻日大使王毅邀请，张立文为大使馆工作人员作了报告，讲解儒学的基本内容和和合学的基本理论。

4月18日，时任日本公共哲学共同研究所所长金泰昌教授访问中国人民大学孔子研究院，并作了题为"公共哲学与21世纪的世界——面对新的生存之人类新知识的视野"的讲座。金泰昌教授与来华访问学者难波征男蓄时两年，潜心研习和合学，并将和合学理论同公共哲学的研究予以有机结合。他认为，公共哲学面向的是社会生活中介于"制度世界"和"生活世界"之间的"公共世界"。公共哲学所指向的公共世界，是连接前二者的媒介，与制度世界和生活世界彼此间的相克相斥不同，它主张两者的相生相和，追求的是个人"私福"和国家"公福"间的"公共幸福"，这与和合学的理论有很多相契之处。

8月6日，时任国务院总理温家宝到解放军总医院病房看望我国著名文学家、教育家和社会活动家季羡林，并对季羡林95周岁生日表示祝贺。季羡林和总理探讨了"和谐"问题。温家宝说："《管子·兵法》上说：'和合故能谐'，就是说，有了和睦、团结，行动就能协调，进而就能达到步调一致。协调和一致都实现了，便无往而不胜。人内心和谐，就是主观与客观、个人与集体、个人与社会、个人与国家都要和谐。个人要能够正确对待困难、挫折、荣誉。"

10月11日，中国共产党第十六届中央委员会第六次全体会议通过《中共中央关于构建社会主义和谐社会若干重大问题的决定》，明确了构建社会主义和谐社会的重要性和紧迫性、指导思想、目标任务和原则等，指出：社会和谐是中国特色社会主义的本质属性，是国家富强、民族振兴、人民幸福的重要保证。社会和谐是我们党不懈奋斗的目标。我们要构建的社会主义和谐社会，是在中国特色社会主义道路上，中国共产党领导全体人民共同建设、共同享有的和谐社会。

10月，张立文著作《和合学——21世纪文化战略的构想》（上下卷）在中国人民大学出版社再版重印。2006年11月18日，由中国人民大学党委宣传部、中国人民大学出版社共同主办的"'和合与和谐社会建设'暨《和合学》出版座谈会"举行。时任全国哲学社会科学规划办公室主任张国祚，国家文物局局长张文彬，中宣部社科规划办成果处处长王武龙，中央民族大学哲学系教授牟钟鉴，中华书局编审王国轩，人民出版社编审方国根等二十多位专家学者出席会议。

12月2日，"国际儒学论坛·2006"国际学术研讨会在中国人民大学举行，主题是"儒家思想与跨文化交流"，160多名海内外专家学者齐聚一堂，解读儒学普世价值，探讨在当今时代条件下儒家思想的研究前景。时任全国人大常委会副委员长许嘉璐、教育部副部长章新胜等出席大会。章新胜在致辞中指出：儒家思想中包含的和合、包容和更新的精神，对于当今中国树立社会主义荣辱观，提高社会普遍信任度，进而推进和谐社会的构建具有珍贵的启迪和工具作用。与会学者普遍认为，儒家思想的许多理念，例如和合的理念、仁爱的理念、天人合一的理念等，对我们当前的社会和谐、生态的保护、道德的建设以及人类文明的和平共处与和谐发展都具有十分重要的启示或帮助。

12月6日，张立文教授做客人民网"理论论坛"，围绕"和合学与和谐社会"的主题，针对网友提出的和合学是什么、和合学的源流、和合学与儒学的关系、和合思想与亚洲文化等问题与网友进行了在线交流。

2006年，张立文教授发表和合学相关文章，如《和合思想的现代意义》

发表于《国家图书馆学刊》。

2006 年，学术界有多篇关于"和合"的文章发表：向世陵《和一、和同观念与和谐社会的构建》发表于《学术月刊》；周成岐《传统"和合"文化及其时代价值》发表于《理论建设》；邱国勇《论孔子的"和合"思想及其现代意蕴》发表于《学术论坛》；冯来兴《中国传统"和合"文化与构建和谐世界》发表于《江汉论坛》等。

2007 年

1 月 19 日，时任浙江省委书记习近平在《浙江日报》"之江新语"栏目发表短评《要"和"才能"合"》，指出：百年修得同船渡。班子里的同志能聚到一起工作就是一种缘分，要珍惜在一起共事的时间，同心协力，干出一番事业。班子的主要负责同志，是一"船"之长，要起好把舵抓总的作用，凝聚全"船"之力，使"船"沿着正确的航道前进。班子里的其他成员各司其职，相互配合，这样"和"然后"合"，大家团结和谐，就能形成合力。

2 月 26 日，由广东省委宣传部、省社科联联合主办的岭南大讲坛——学术讲坛第二讲由张立文教授主讲"和合价值观和当代文化建设"。张立文在演讲中阐释了"和合"是如何提出来、为什么说"和合"是中国传统文化的一个精髓与和合价值观"和为贵"等问题，并提出了当代文化建设当中应该注意处理好的几大关系。张立文指出：随着和合文化的发展，当前和合的价值日益凸现出来。中国文化怎样走向世界，中国文化怎样在世界文化之林中占有自己的地位，怎样发扬中华民族的精神，振兴中华民族的文化，这是非常重要的。

5 月 20 日，"国学与现代和谐文化"发展论坛暨迎接中国人民大学 70 周年校庆深圳校友会年会在深圳举行。本次论坛由中国人民大学国学院、中国人民大学深圳校友会、中国人民大学深圳研究院等共同主办，是深圳市近年来规格最高的同类主题文化活动。中国人民大学时任副校长陈雨露出席并致开幕词。张立文教授以《化解人类冲突，建构和谐世界》为题目作了主题演讲。他将国学之精髓与构建和谐社会之理念相结合，以渊博的知识、独到的见解，创造性地诠释了"和合学"，阐述了建构和谐世界的五项基本原理。

9 月 15—17 日，第九届世界华商大会在日本关西地区的神户和大阪举行。此次大会的主题是"和合共赢，惠及世界"，是在中国以外地区举办的规模最大的华商大会。世界华商大会每两年举行一次，自1991年首次在新加坡举行后，陆续在中国、泰国、加拿大、澳大利亚和韩国等国举行。

10月，中国人民大学孔子文化月举办了以"弘扬乐教，广博易良"为主旨的乐教启蒙系列讲座的第二场——"和合漫谈"，主讲人为张立文教授。他以"和合学"与乐教的关系切入主题，指出："和"是中国文化首要的精神的体现，是中国文化之灵魂；和合学中蕴含着化解当今世界五大冲突的五大原理，即和生、和处、和立、和达、和爱；和合学是自己讲，讲自己。

12月1—2日，由中国人民大学、韩国高等教育财团主办的"国际儒学论坛·2007"暨"儒家文化与经济发展"国际学术研讨会在中国人民大学举行。时任中国人民大学校长纪宝成、日本早稻田大学前任校长西原春夫、香港孔教学院院长汤恩佳、韩国成均馆大学教授李东俊等出席会议。张立文教授致闭幕词。张立文认为，"儒教伦理的整体性、贯通性、融突性，在当代经济活动中有其现实的价值和意义"，并针对当代经济发展中的破绽和信息社会化及网络虚拟经济的出现，提出了"和合经济学"，主张以"中和大本达道"的原则指导经济健康、平衡、公平的发展。

12月13—19日，台湾元智大学主办"中国哲学范畴与和合学研究"国际研习营，张立文、蔡方鹿、方国根、彭永捷、李亚彬等一行6人参会，先后访问了台湾元智大学中文系、台北大学中文系、辅仁大学哲学系、台湾师范大学国际汉学研究所和"台湾中央研究院文哲所"，以专题讲演或座谈讨论等形式开展学术交流。两岸学人围绕张立文提出的"和合学"和"中国哲学逻辑结构论"，热烈探讨中国传统学术如何向当代学术转化，并就当前国学发展状况交换了信息和看法。讨论者在发言中认为，张立文教授以他富有创造性的学术开拓和广泛的学术影响，已经形成了一个名副其实的学派，这对当代学术生态的良性发展有着重要意义。

2007年，张立文教授发表多篇和合学相关文章，如《国学与和合学》发表于《北京行政学院学报》，《儒家和合文化人文精神与21世纪》发表于《理论参考》等。

2007年，学术界有多篇关于"和合"的文章发表：罗美云《论〈周易〉

的"和合"生态伦理观及其现实意义》发表于《学术研究》；刘芳、丛蓉
《孔子"和合"精神之浅见》发表于《理论观察》；赵凤远《庄子生态"和
合"观的审美内涵》发表于《求是学刊》等。

2008 年

5月10—13日，由中国社会科学院世界宗教研究所、浙江省社会科学
界联合会、中共台州市委宣传部、天台县委县政府联合举办的"寒山子暨和
合文化国际学术研讨会"在浙江天台召开。来自美国、韩国、日本和我国台
湾、香港及内地的百余名专家学者参加了会议。会议期间，张立文教授作了
题为"和合文化与精神家园建设"的演讲；中国社会科学院荣誉学部委员杨
曾文教授作了题为"佛教和谐思想的现代阐述与应用"的演讲等。

5月，中国人民大学哲学院罗安宪教授主编的《中国孔学史》由人民出
版社出版。这是目前我国第一部规模大、篇幅长、水准高的孔学专史，具有
开拓性的意义。该书对具有两千多年历史的中国孔学的产生、发展和演变所
作的全面而系统的勾勒与解释，是沿着历代儒学思想家与儒学经典《论语》
注释这两条基本线索而展开的，其中涵摄着东西方诠释学方法的具体应用，
而其根本的方法是运用"和合诠释学方法"中"诠释文本"法则，即关注
《论语》及其《论语》注疏文本的解读和阐发，以期揭示孔学的内涵、特色
和真精神。

2008年，张立文教授发表和合学相关文章，如《和合经济与儒家伦理》
发表于《哲学动态》。

2008年，学术界有多篇关于"和合"的文章发表。陈维新《中华民族
与和合文化》发表于《中央民族大学学报》（哲学社会科学版），邓遂《论和
合文化及其现实功能》发表于《兰州学刊》，穆占劳《论中国传统文化中的
"和合"思想》发表于《理论前沿》等。

2009 年

3月28日，第二届世界佛教论坛在江苏无锡开幕，4月1日在台北闭
幕。本届论坛由中国佛教协会、国际佛光会、香港佛教联合会和中华宗教文
化交流协会共同主办，是我国首次以民间形式跨两岸共同举办的大型国际性
宗教多边论坛，论坛主题为"和谐世界，众缘和合"。时任中华宗教文化交

流协会会长叶小文在《人民日报》撰文称："和谐世界，众缘和合"的主题，把"和谐"、"缘"、"和"与"合"几个凝练东方神韵、佛教智慧的理念融于一体。无规矩不成方圆，无"和合"不成"东西"。论坛围绕"和合"主题，探寻和谐之道，期解当前危困，重树人类信心，与几天后的二十国集团伦敦金融峰会不谋而合。

11 月 2—3 日，由中国人权研究会主办的第二届北京人权论坛在北京举行，来自 26 个国家的近百名人权高级官员和专家学者围绕"和谐发展与人权"的主题进行了大会发言。时任中国人权研究会会长罗豪才表示，经过多年的积极探索，中国逐步形成了一种契合"和合"文化传统、符合建设和谐社会现实、能够最大限度满足公众需要的人权保障"中国模式"。

2009 年，学术界有多篇关于"和合"的文章发表：王贤卿、贺朝霞《中华"和合"文化与建设社会主义核心价值体系》发表于《齐鲁学刊》；范婷、丁鼎棣《和合文化的哲学考察与现代价值》发表于《求索》；王颖《论和合学"自己讲"、"讲自己"的史观》发表于《现代哲学》等。

2010 年

6 月 8 日，"华夏同根和合天下"——2010 年世界华人炎帝故里寻根节开幕式暨庚寅年拜谒炎帝神农大典在湖北省随州市举行。时任全国人大常委会副委员长陈昌智，海峡两岸关系协会会长陈云林，国务院侨办副主任赵阳，中华炎黄文化研究会第一副会长张文彬，湖北省委书记罗清泉、省长李鸿忠、省政协主席宋育英等领导出席大典。台湾新同盟会会长许历农等海内外嘉宾参加活动。

8 月 27—29 日，中国文化书院与三智道商国学院举办的第二届儒释道三智论坛在京举行。汤一介、陈鼓应、乐黛云、王尧、张立文等著名学者齐聚于此，畅谈"全球视野下的中国传统文化"。此次论坛的议题包括"全球视野下的儒家文化"、"全球视野下的和合文化"等，学者们围绕这些话题进行了深入的阐释。

9 月 27—29 日，第三届世界儒学大会在山东曲阜举行。该大会是由国家文化部、山东省政府联合主办，中国艺术研究院、中国孔子基金会、国际儒学联合会等单位共同承办的国际性儒学盛会。来自 16 个国家和地区的

200位儒学专家学者参会。张立文教授在会上指出，儒学的创新必须重新开发儒学的资源，在中华民族文化、西方文化、马克思文化的互相交流互动中，融合为中华民族现代化的新文化，这种新文化的形态和精神是和合学。李夏德、林存光等多数与会专家认为，儒家"和而不同"的理念是多元文化并存交流、共生共荣的前提和基础，也是未来多元文化发展的一种指引理念。

11月6日，以"和合共生：中国与世界融合之道"为主题的第四届世界中国学论坛在上海开幕。论坛由国务院新闻办公室和上海市人民政府联合主办，约280位国内外学者参与论坛。时任中共中央宣传部副部长、国务院新闻办公室主任王晨出席会议并讲话。世界中国学论坛是一个高层次、全方位、开放性的学术平台，每两年举办一届，自2004年起，已成功举办三届。前三届论坛弘扬中国文化传统精神，将"和"的理念与当代中国发展进程相结合，分别以"和而不同"、"和谐和平"、"和衷共济"为主题，探究中国学研究的历史、现状和趋势，认识当代中国发展的世界意义以及21世纪全球挑战与可持续发展等重大学术问题。

12月10日，以"和合人间·和谐世界"为主题的第四届寒山寺文化论坛·国际和合文化大会在苏州开幕。来自世界各国的160余位专家学者、法师等参与了此次会议。为期三天的论坛以文化建设为核心，以"和合"为主题，从各个方面深入挖掘和探讨了和合文化生生不息的必然性和必要性。张立文教授作"和合是世界文明对话的最佳选择"主题报告，指出和合是中华人文精神的精髓和首要价值，是中华民族应世代呵护、传承、弘扬的中华心、文化魂，基于和合学"融突论"的和生、和处、和立、和达、和爱五大原理，是21世纪人类重要原理和重要价值，也是回应人类所面临冲突挑战的最佳文化选择。

2010年，张立文教授发表和合学相关文章，如《管子道德和合新释》发表于《社会科学战线》。

2010年，学术界有多篇关于"和合"的文章发表：夏雪《和合学：世纪之交的文化战略构想》发表于《山西高等学校社会科学学报》；李长泰《〈管子〉的天地人和合观探析》发表于《管子学刊》；姜朝晖、孙泊论《"和合"

文化范畴意蕴下的和平发展战略》发表于《南京政治学院学报》等。

2011 年

4 月 5 日，张立文教授赴厦门大学，作了题为"和合学及其现代价值"的学术报告。张立文指出，"和合学"作为一个圆熟自足的哲学理论形态并不是无中生有，中国文化早期的"和合论"是和合学哲学体系的理论渊薮。他广泛征引近现代新儒家如冯友兰的新实在论、熊十力的"原儒"学说以及牟宗三的"良知坎陷"论等，阐述对于传统的深刻见解，并顺理成章地诠释了其"和合学"在思想史意义上产生的逻辑必然性。民族文化自觉、重新诠释文本、不对人性假设作先验断定等逻辑贯穿报告始终。

10 月 27 日，中国人民大学哲学院 55 周年院庆学术系列活动之"以文启智"讲座举行。张立文教授作题为"中国哲学研究的心路历程"的演讲。他认为，当代儒学的生命就在于创新。对和合学的研究和探讨不仅仅是作为一个学者对中国哲学在当代发展的思考反思，亦是他五十多年来进行哲学研究的自我体认和哲思沉淀，以达到人和天和、人乐天乐、天人共和乐的和合价值目标。

12 月 3—4 日，第八届"国际儒学论坛·2011"国际学术研讨会在中国人民大学举行，主题为"儒家的修身处事之道"。来自十多个国家和地区的近 200 名学者齐聚一堂，体会古人智慧，探寻儒家思想的修身处世之道。时任中国人民大学校长助理贺耀敏、日本早稻田大学原校长西原春夫、香港孔教学院院长汤恩佳、韩国高等教育财团国际交流部部长康泰硕等出席了会议。张立文教授发表致辞，指出从民族的纬度来讲，要从和平、和合来切入修身，通达世界的大道。

12 月 25 日，台湾佛光山佛陀纪念馆暨各展馆开幕典礼和"祝祷世界和平两岸和合"法会在台湾高雄盛大举行。时任台湾当局领导人马英九参加开幕典礼。开幕典礼上，佛光山开山宗长星云大师表示，和平是珍贵的，希望两岸和平、世界和平。率团来台祝贺的中国佛教协会副会长心澄法师在致辞中表示，历史告诉我们，世界需要和平，两岸需要和合。今天，两岸佛教界通过佛教特有的法会形式来祈祷"世界和平、两岸和合"，正是同宗、同祖、同源的一家人的同愿同行。两岸佛子共同祈愿两岸人民永远幸福、和谐。

2011 年，张立文教授发表多篇和合学相关文章，如《和合管理学与人文精神》发表于《青岛科技大学学报》（社会科学版），《和合学——全球化时代的中国哲学》发表于《苏州科技学院学报》（社会科学版）等。

2011 年，学术界有多篇关于"和合"的文章发表：刘仲宇《大道周行与和合共生——宗教和谐的道家资源》发表于《中国道教》；涂浩然《认同、规范与外交战略："和合"文化生成中的中国崛起》发表于《理论月刊》；张永路《和合方法：和合学的创新方法论》发表于《理论月刊》等。

2012 年

9 月 20—22 日，张立文、方国根、李芳泽等赴安徽大学校庆，张立文教授作了题为"和合学的现代价值"的学术报告。时任安徽大学校长程桦、党委副书记李仁群参与会见。张立文从哲学的角度阐述了和合学的定义、和合学的现实价值及和合学化解人类社会冲突的原则等三方面内容，辩证地论述了和合学哲学理论思维体系。他指出："和合学是从中国哲学实际出发、建构中国哲学理论体系，以化解人类社会当前面临的危机和冲突。坚持和生、和处、和立利、和达、和爱五原则。"期间又赴安庆师范学院作了关于和合学的专题演讲。时任安庆师范学院院长朱士群，安庆师范学院政法学院院长罗本琦参与会见。

10 月 3—7 日，"文明对话——世界公众论坛"第十届年会在希腊罗德岛举行，来自 80 多个国家和地区的 500 余名专家学者参会。由中国宋庆龄基金会组织的专家学者团受邀出席会议，这是中国首次派团参加这一国际性论坛，向世界发出中国积极参与文明对话的声音。张立文教授在论坛上作了题为"全球和平的和合学"的演讲。面对世界范围内的冲突和危机，张立文从中国哲学思想以及传统文化的精髓出发，开出"和合学"这剂良方。与会者对此表示认同，在全球化高度发展的今天，以价值观、意识形态来统一甚至想要称霸世界的想法已不符合时代需要，只有尊重多元文化共融共生，世界才有可能实现和谐、可持续发展。

12 月，庞朴先生主编的《20 世纪儒学通志——纪年卷》由浙江大学出版社出版。书中介绍了张立文所著《和合学概论——21 世纪文化战略的构想》一书。

2012 年，张立文教授发表多篇和合学相关文章，如《和合学及其现实意义》发表于《辽宁大学学报》（哲学社会科学版），《和合学三界的建构》发表于《华南师范大学学报》（社会科学版）等。

2012 年，学术界有多篇关于"和合"的文章发表：王竹波、杨征《从"和"、"中和"、"和合"看和谐的历史演变》发表于《社科纵横》；吴志杰、王育平《和合实践论——中国传统和合文化研究》发表于《内蒙古社会科学》等。

2013 年

11 月 29 日，由韩国高等教育财团和中国人民大学孔子研究院联合主办的"国际儒学论坛·2013"在中国人民大学开幕。时任中国人民大学校长陈雨露、副校长杨慧林，韩国高等教育财团总裁朴仁国，北京大学高等人文研究院院长杜维明，清华大学国学研究院院长、中国哲学史学会会长陈来，韩国成均馆大学荣誉教授李东俊，日本东京大学荣誉教授池田知久等中外著名专家学者出席了开幕式。张立文教授在大会上发表了主旨演讲，认为现代政治制度，基本上有五种模式：一是全以集权为体；二是专以分权为体；三是以集权为体，分权为用；四是以分权为体，集权为用；五是集权与分权互体互用，相互协调，融突和合。

12 月 18 日，国学界学习习近平总书记"四个讲清楚"座谈会在北京举行。张立文教授接受访谈，指出：如果要追寻"中华民族最深沉的精神追求"，应该要从最底层的家庭讲起。从家庭里推出来，就是追求道。"所以王夫之讲'乾坤并建'，这就讲到'和合'了。孔子说：'朝闻道，夕死可矣。'我想，中国人是有一个精神追求的目标的。也正是因为这样，他才能自强不息，也才能有一个厚德载物的胸怀。"访谈嘉宾还有西北大学名誉校长、清华大学教授张岂之，中国社科院研究员余敦康，中央民族大学教授牟钟鉴，山东师范大学齐鲁文化研究院教授、院长王志民等。

2013 年，张立文教授发表多篇和合学相关文章，如《儒家和合生态智慧》发表于《黑龙江社会科学》，《和合外交与新型大国关系的思议》发表于《人民论坛·学术前沿》等。

2013 年，学术界有多篇关于"和合"的文章发表：傅燕翔《中国传统工艺的哲学之思：和合融通》发表于《湖南社会科学》；杨永亮《论马克思主义与中国传统文化和合的三个维度》发表于《贵阳学院学报》（社会科学版）；戴念祖、王洪见《论乐律与历法、度量衡相和合的古代观念》发表于《自然科学史研究》等。

2014 年

2 月 24 日，中共中央政治局就培育和弘扬社会主义核心价值观、弘扬中华传统美德进行第十三次集体学习。习近平总书记在主持学习时指出：要认真汲取中华优秀传统文化的思想精华和道德精髓，大力弘扬以爱国主义为核心的民族精神和以改革创新为核心的时代精神，深入挖掘和阐发中华优秀传统文化讲仁爱、重民本、守诚信、崇正义、尚和合、求大同的时代价值，使中华优秀传统文化成为涵养社会主义核心价值观的重要源泉。要处理好继承和创造性发展的关系，重点做好创造性转化和创新性发展。

5 月 22 日，第三届尼山世界文明论坛"明湖高端对话"第三场在山东省图书馆举行。本场对话由山东大学教授、儒学高等研究院副院长黄玉顺主持，主题为"儒家伦理与巴哈伊伦理"。张立文、林安梧、张志刚等专家学者出席活动，并围绕主题进行深入探讨。张立文主张，儒家是一种"人文型精神化的宗教"。恐惧是各种宗教的起源，要应对人的恐惧，就应该立足于"和合学"，遵循和生、和处、和立、和达、和爱五大原则。

8 月 24 日，中国宋庆龄基金会与兰州大学共同主办的"一带一路"文化圆桌会议在兰州开幕，来自 21 个国家近百位专家学者齐聚一堂，探讨如何发挥民间组织与高校的作用，推进"一带一路"区域内国家间的交流与合作。张立文教授以"和实力与中国梦"为题，在主旨论坛作了大会报告，并和学者们一同探讨了"一带一路"倡议的历史价值与现实意义，研究了务实开展文化、区域、高校合作的具体路径，分析了如何推动"和平合作、开放包容、互学互鉴、互利共赢"的丝绸之路精神在沿线各国得以弘扬。

9 月 24 日，习近平总书记在纪念孔子诞辰 2565 周年国际学术研讨会暨国际儒学联合会第五届会员大会开幕会上的讲话指出：从历史的角度看，包括儒家思想在内的中国传统思想文化中的优秀成分，对中华文明形成并延续发展几千年而从未中断，对形成和维护中国团结统一的政治局面，对形成和巩固中国多民族和合一体的大家庭，对形成和丰富中华民族精神，对激励中华儿女维护民族独立、反抗外来侵略，对推动中国社会发展进步、促进中国社会利益和社会关系平衡，都发挥了十分重要的作用。

9月28日，祭孔大典在孔子故里山东曲阜举行，以纪念孔子诞辰2565周年。张立文教授执笔撰写了本年度祭孔大典祭文。大典祭文共301字，兼采传统文化精华及社会主义核心价值观为中心的当代精神，醇雅端庄。在祭文中既有"仁爱民本，诚信正义；和合大同，时代价值"等对传统文化精髓的回顾和呈现，同时也对现代社会的前景和未来作出展望。张立文表示，祭文以"和乐与共"为创作思路，继承孔子"仁"的思想，因此在祭文最后写道"天人和美，身心和乐；家和则兴，国和则强；天和人乐，和乐与共；和合世界，幸福永享"，表达了"和生、和处、和立、和达、和爱"的思想。

10月15日，习近平总书记在文艺工作座谈会上的讲话中指出：中华民族在长期实践中培育和形成了独特的思想理念和道德规范，有崇仁爱、重民本、守诚信、讲辩证、尚和合、求大同等思想，有自强不息、敬业乐群、扶正扬善、扶危济困、见义勇为、孝老爱亲等传统美德。中华优秀传统文化中很多思想理念和道德规范，不论过去还是现在，都有其永不褪色的价值。

10月25日，中国人民大学哲学院与孔子研究院联合举办"张立文教授执教55周年暨和合学与中国哲学创新"学术研讨会。出席本次会议的有时任中国人民大学校长陈雨露教授、中国人民大学原校长纪宝成教授、中国人民大学原副校长杜厚文教授、中国社会科学院荣誉学部委员余敦康研究员、复旦大学哲学院潘富恩教授、中国人民大学哲学院陈先达教授等30多个机构的专家学者，共计120多人。与会专家学者对张立文执教55周年以来，在学术研究及教学中的重大贡献给予很高的评价。会议还作出吸收社会基金成立"张立文学术研究基金"的决定，对于研究其学术思想以及和合学的论文给予一定奖励。

11月22—23日，由中国人民大学与韩国高等教育财团联合主办的"国际儒学论坛·2014"在中国人民大学举行，会议主题是"儒家视域中的正义与和合"。来自世界各地的60多位专家学者参加了会议。时任中国人民大学校长陈雨露、韩国高等教育财团总裁朴仁国等出席会议。陈雨露在开幕式致辞，指出论坛主题充分体现了关注社会正义、追求社会和合的人文情怀。朴仁国指出，儒家在历史上对东亚各国有着深刻的影响，和合是社会的理想之境，正义是社会的灵魂，正义的确立与和合的追寻二者是相辅相成的。张立文指出，尚正义、求和合是人的基本品质和道德选择，也应当是行为主体在实践中所追求的基本价值目标，它对化解当今社会的冲突和矛盾具有重要意义。

2014年，张立文教授发表多篇和合学相关文章，如《儒家视域中的正义与和合》发表于《人民政协报》，《和合中华哲学思潮的探析》发表于《北京大学学报》（哲学社会科学版），《崇尚和合的民族精神》发表于《中国文化报》等。

2014年，学术界有多篇关于"和合"的文章发表：向世陵《礼乐和合的社会治理与理想秩序》发表于《中国儒学》；《理想之治的社会调节——以礼乐和合为中心》发表于《探索与争鸣》；段宝林《中华龙与和合文化》发表于《中国文化报》等。

2015年

3月16日，为更好地"弘扬礼乐传统、复我礼仪之邦"，中国人民大学孔子研究院成立礼学中心。张立文教授在成立仪式的致辞中指出：礼乐的社会功能表现为经国序民、教化正俗、和合心性与礼乐善心四个方面，强调中华传统礼乐文化是中华民族文化自信、制度自信的体现，是中华文明的标志，并就礼乐文明与文化自信的关系问题作了具体阐发。

5月16日，中国首座以"和合文化"为主题的博物馆——天台山和合人间博物馆在浙江台州天台县隆重开馆，沈中明担任博物馆馆长。该馆介绍了"和合文化"溯源、和合二仙前世今生，整个园区包括和合人间博物馆、廻澜美术馆、天台县非遗中心、茶之路文化馆、满堂红民俗馆几大馆区，展示的人文艺术品、工艺品、民俗物品、珍稀藏品、史料史籍等实物遗存达数千件。张立文教授欣然题写馆名。当天，沈中明还与中国人民大学举行了合作签约仪式，天台和合人间文化园与中国人民大学携手共建"和合文化研究基地"及"礼学中心研究和实践基地"。

6月15日，作为国家文化战略重点课题"中华优秀传统文化传承体系构建研究"的重大科研成果——《全国领导干部国学教育系列教材》出版。此套教材由国家行政学院多名教授参与编写，中国人民大学出版社出版。全系列教材除以《中华和合文化的国际比较优势》一书作为导论以外，其余10册分别从修身之道、处世之道、用人之道、治兵之道、应急之道、廉政之道、执法之道、谋略之道、治国之道、天人之道等，系统地阐述了传统文化中的人文精神与当代行政管理的内在有机联系和相互融合。

6月24日，由宋庆龄基金会主办、中国人民大学孔子研究院承办的"和谐·合作·发展·责任——应对全球气候变化的理念与实践"国际圆桌会议在北京开幕。会议吸引了来自十个国家的三十多位气候变化、哲学、法律、传播等领域的权威人士和知名学者参加。张立文教授在其发言中提出了"气候和合学"的理论：气候和合学探索统摄共相与殊相、多元与一体，以建构气候变化何以与自然科学、人文社会各学科的联系、冲突与融合，其影响、作用如何，气候和合何以可能等。会议得到了外交部、国家发改委、环保部、国家气候变化专家委员会等主管部门的大力支持。

7月2日，关于张立文教授"和实力"理论专题学术研讨会在中国人民大学举行。20世纪80年代，张立文提出了和合学。2012年，又提出了"和实力"的说法，最早见之于《中国文化创新的思议》一文中，并在《和实力：我们中国自己的话语》、《和实力的意蕴与建构》等公开发表的文章中进一步做了充实与完善。"和实力"不单单是对西方"软实力"、"硬实力"、"巧实力"的回应，而且是对前者冷战思维的化解和超越，是以全球性视野、世界性关怀的眼光对于构建和谐世界，化解人类五大冲突的战略之道的新思考，是"自己讲"的和合学在当前时代背景下的新思考与新成果。会议由方国根主持，彭永捷、王甬、罗安宪、李亚彬等专家学者围绕"和实力"进行了发言。

11月26日，由中国宋庆龄基金会与印度世界事务委员会联合主办、宋庆龄故居管理中心和中国人民大学孔子研究院承办的"中印友好与文明互鉴"圆桌会议在北京宋庆龄故居举行。张立文教授与时任中国人民大学哲学院院长姚新中教授、孔子研究院常务副院长彭永捷教授、孔子研究院秘书长罗安宪教授等参加了此次会议。张立文作"中印文化交流的互补"的主题发言，从体用互补，有与无的互补，和合与缘起的互补等八个方面对中印文化之间的互补性作了阐发。

12月6日，由中国人民大学、天台县委宣传部、天台山文化研究会主办的首届"天台山和合文化与当代价值"论坛及"和合文化与现代企业管理"学术研讨会在天台山和合小镇和合人间文化园举办。中国人民大学孔子研究院秘书长罗安宪教授、清华大学人文学院方朝晖教授、人民出版社哲学编辑室主任方国根、《光明日报》总编室副主任李亚彬等专家学者，围绕和合文化要义、儒家思想的现代意义、中国传统文化与现代管理、中国传统礼仪及其现代价值四个主题发表真知灼见。

2015年，张立文教授发表多篇和合学相关文章，如《正义与和合：当代危机的化解之道》发表于《人民论坛·学术前沿》，《论气候和合学》、《中国哲学的时代价值——建构和合世界新秩序》发表于《探索与争鸣》，《尚和合的时代价值》发表于《浙江学刊》等。

2015年，多篇关于"和合"的文章发表。张瑞涛、李宗双《论尚和合的哲学性格》发表于《黑龙江社会科学》；陈欣雨《立心和合，析古出今——论〈中国哲学思潮发展史〉的学术特色》发表于《学术研究》等。

2016年

1月10日，由人民日报社、海南省政协指导，三亚市政协、人民论坛杂志社、人民出版社、海南省文联、中国人民大学孔子研究院、海南省东方五和文化研究院联合主办的"和文化与'一带一路'高峰论坛"在海南三亚召开。海南省政协主席于迅、人民日报社副总编辑杜飞进等出席会议并致辞；张立文教授，中宣部原办公厅主任薛启亮，人民出版社副总编于青等数十位专家学者出席论坛，围绕和文化与"一带一路"的时代价值、"五和"文化与海南"一带一路"建设、打造文艺精品与"一带一路"文化交流等议题展开讨论、碰撞智慧。张立文为本次论坛作开题演讲，阐述了和文化与和实力在"一带一路"建设中的重要性。

5月6日，北戴河圆梦园举行"和合学"创立者张立文教授铜像落成典礼暨戴河书院揭牌仪式。河北省和谐文化研究会会长王殿明在落成典礼上指出：张立文在50多年的教学研究过程中，潜心致思和合，取得了丰硕的成果，在学界享有很高的声望，赢得了世人的敬仰。戴河书院的建立同样也是致力于和文化的传播、弘扬与创新，搭建起沟通和文化圣坛与和文化大众普及的桥梁，发挥和文化经世致用的功能。

9月3日，习近平总书记在"中国发展新起点全球增长新蓝图"——在二十国集团工商峰会开幕式上的主旨演讲中指出：和衷共济、和合共生是中华民族的历史基因，也是东方文明的精髓。中国坚定不移走和平发展道路。国强必霸的逻辑不适用，穷兵黩武的道路走不通。中国是联合国安理会常任理事国中派遣维和人员最多的国家，不久前在马里和南苏丹牺牲的联合国维和人员中就有中国人民的优秀儿子。我们将继续履行好国际义务，始终做世界和平的建设者和维护者。

9月，张永路著作《价值与理想——〈国语〉"和合"思想研究》由人民出版社出版。

10月17日，由中国人民大学哲学院、中国人民大学茶道哲学研究所主办的"哲学家茶座"开讲，在时任哲学院院长姚新中教授的主持下，张立文教授从和合学出发解读中国茶道文化。他从"和合——茶道文化的精神价值"、"本质——茶道文化的核心内涵"、"特点——茶道文化的四个和合"、"创新——建构中华茶道学派"四个方面讲述了自己对于中国茶道文化的理解和看法，并着重强调了建立中国茶道文化学派的重要性。

10月，2016国际艮斋学术会议在韩国举行。张立文教授以82岁高龄赴韩参会，并发表题为《朱子、退溪、栗谷、艮斋思想的异同及其特色》的演讲。对此，《文汇报》于12月9日发表专访《朱子学在韩国生根发芽为中国文化走出去提供借鉴》称：在韩国，几十年来，重大的国际儒学会议都要力邀张立文出席，且基本上形成了惯例，以张先生的主旨发言开场。由于张立文在韩国儒学界的地位和研究成果，韩国出版了多达38卷之巨的中文版《张立文文集》。从知天命之年到成为一个耄耋老者，三十余年来，张立文无数次往返于中国大陆与韩国之间，在韩国推动本土化儒学研究，团结中国学者开展韩国儒学研究。

11月12日，中国人民大学哲学院（系）成立六十周年庆祝大会举行。人大哲学院（系）友、师生及各界来宾一千余人参加了庆祝大会活动。出席此次庆祝大会的嘉宾包括中宣部原常务副部长徐惟诚、全国新闻工作者协会名誉主席邵华泽、中央党史研究室副主任冯俊、牛津大学哲学系主任爱德华·哈库特等。张立文教授获得中国人民大学哲学院终身成就奖，颁奖词为：潜心治学，笔耕不辍，纵论中国精神，建构民族话语，用圆融思路阐述中国文化精要，以和合学化解人类思想之困惑，正学开新，哲思通达，开创立文学派，培育天下英才。

11月，张立文教授著作《学术生命与生命学术——张立文学术自述》由中国人民大学出版社出版。该书系统阐释了张立文的学术人生，围绕"和合学"等，分别论述了生命的磨炼，生命的考验，生命再煎熬，生命的觉醒，生命学术的起始、曲折与探索等内容，充分展现了老一辈学人的学术成长和发展的历程。

12月2—4日，由中国人民大学与韩国高等教育财团联合主办的"国际儒学论坛·2016"在中国人民大学国学馆隆重举行，会议主题是"儒家视域中家国天下"。张立文教授以《王霸之道与和合天下》为题作大会主旨报告，认为在全球化时代，和合智慧为"天下有道"的全球秩序的建立提供了有益的借鉴：第一，构建和合共生机制，寻求和合天下正义；第二，构建同舟共济机制，寻求和合道体；第三，构建"民胞物与"的全球伙伴机制，寻求生存、价值、可能的和合世界；第四：构建创新包容、公平共享机制，寻求生活安全、和谐、幸福、自由；第五，构建知行合一的德礼机制，实现和合天下的人心和善。之后，《王霸之道与和合天下》发表于《人民论坛·学术前沿》。

2016年，多篇关于"和合"的文章发表：钱耕森《史伯论"和合""和生""和同"》发表于《衡水学院学报》；张永路《〈国语〉和合思想论析——从〈越语〉"天地人相参"说起》发表于《理论界》；王红英《传统文化与习近平"和合"外交思想》发表于《人民论坛》等。

附录：中国和合学论文目录（1988—2016 年）

1988—1995 年

叶秀山：《中西文化之"会通和合"——读钱穆〈现代中国学术论衡〉有感》，《读书》1988 年第 4 期。

彭越：《一元和合与二元分立——中西哲学整体观的一个比较》，《内蒙古社会科学》（文史哲版）1993 年第 1 期。

张立文：《中国文化的和合精神与 21 世纪》，《学术月刊》1995 年第 9 期。

张立文：《世纪之交的文化战略的构想——和合学概论自序》，《中华文化论坛》1995 年第 3 期。

1996 年

张立文：《佛教与宋明理学的和合人文精神》，《世界宗教研究》1996 年第 2 期。

张立文：《中国文化的精髓——和合学源流的考察》，《中国哲学史》1996 年增刊第 1 期。

张立文：《关于和合美学体系的构想》，《文艺研究》1996 年第 6 期。

1997 年

李光福：《中国哲学的自觉——读张立文教授新著〈和合学概论〉》，《学术月刊》1997 年第 12 期。

彭永捷：《和合学与企业发展战略》，《中国乡镇企业》1997 年第 12 期。

蔡方鹿：《中华和合文化研究及其时代意义》，《社会科学研究》1997 年第 6 期。

徐刚：《邵雍与朱熹自然哲学》，《孔子研究》1997 年第 3 期。

王煜：《中华和合文化散论五则》，《社会科学研究》1997 年第 6 期。

方国根：《世纪之交的文化抉择——读〈和合学概论〉》，《现代哲学》1997 年第 4 期。

毅然：《开创学术文化新时代的哲学思考——〈和合学概论〉简介》，《昆明师专学报》1997 年第 4 期。

李光福：《中国哲学的自觉——读张立文教授新著〈和合学概论〉》，《广东社会科学》1997 年第 12 期。

张立文：《中华和合人文精神的现代价值》，《社会科学研究》1997 年第 5 期。

张岱年：《漫谈和合》，《社会科学研究》1997 年第 5 期。

向世山：《和合论与缘起说比较散论》，《社会科学研究》1997 年第 5 期。

仲文：《"和合"一统不可违逆》，《民族团结》1997 年第 8 期。

曹家鼎：《和合商品是情侣商品的延伸》，《发明与革新》1997 年第 8 期。

李孟存、李引丝：《唐尧是和合文化的源头》，《山西师大学报》（社会科学版）1997 年第 3 期。

张岱年：《漫谈和合》，《中华文化论坛》1997 年第 5 期。

平文艺、刘志明：《一国两制和合之道》，《中华文化论坛》1997 年第 3 期。

魏文彬：《浅谈〈周易〉中"中正"与"和合"的辩证关系》，《陕西社会主义学院院刊》1997 年第 2 期。

魏文彬：《浅谈〈周易〉"中正"与"和合"的辩证关系》，《中华文化论坛》1997 年第 2 期。

蔡方鹿：《张立文教授的和合学研究概述》，《中华文化论坛》1997 年第 2 期。

《中华和合文化研究概述》，转自《光明日报》1997 年 2 月 6 日"和合文化工程"专栏，《石油政工研究》1997 年第 2 期。

张立文、包霄林：《和合学：新世纪的文化抉择——关于一种文化战略选择的访谈》，《开放时代》1997 年第 1 期。

张立文：《中华和合人文精神：化解人类冲突之道》，《长白论丛》1997 年第 1 期。

汤泽林：《和合思想与企业管理》，《中国乡镇企业》1997 年第 12 期。

1998 年

张立文：《和合人文精神与 21 世纪》，《科学·经济·社会》1998 年第 4 期。

徐刚：《科学技术与生产：历史的分野与融合》，《自然辩证法研究》1998 年第 9 期。

陈志：《中华和合文化与邓小平理论》，《理论与改革》1998 年第 5 期。

黄德昌：《21 世纪文化战略的抉择——评〈和合学概论〉》，《科学·经济·社会》

1998 年第 3 期。

姚维：《道家和合思想及其现代意义》，《社会科学家》1998 年第 5 期。

陈依元：《中华和合文化与新发展观》，《社会科学研究》1998 年第 5 期。

姚维：《道家和合思想及其现代意义》，《社会科学研究》1998 年第 5 期。

彭永捷：《张立文的和合学》，《探索与争鸣》1998 年第 8 期。

蔡铁权、钱昌吉：《顺应规律和合自然——大学理科教育思想的初步探索》，《温州大学学报》1998 年第 3 期。

廖文杰：《谈和合理念与营销》，《中外企业家》1998 年第 8 期。

平文艺：《试论邓小平"一国两制"伟大构想的和合精神》，《毛泽东思想研究》1998 年第 6 期。

张理：《中华"和合文化"与商业企业 CI 策划》，《商业文化》1998 年第 4 期。

喜文：《从伍兹的混合血统说到和合文化》，《人民论坛》1998 年第 7 期。

黄德昌：《新世纪文化战略的曙光——评〈和合学概论〉一书》，《社会科学研究》1998 年第 4 期。

陈盈盈：《连结传统、现代与未来的匠心之作——张立文先生〈和合学概论〉读后》，《船山学刊》1998 年第 1 期。

张岱年：《理论价值和超前预见——推荐〈和合学概论—— 21 世纪文化战略构想〉》，《中国图书评论》1998 年第 6 期。

陈德述：《论〈周易〉的和合思想及其价值》，《天府新论》1998 年第 3 期。

方兰、文兵：《中华和合殊途归一——邓小平"一国两制"构想的文化渊源》，《理论导刊》1998 年第 6 期。

张立文：《阳明学的和合精神与未来社会》，《中国哲学史》1998 年第 2 期。

柯远扬：《试析孔子的和合思想》，《中国哲学史》1998 年第 2 期。

石中元：《弘扬中华和合文化避免科技的负影响》，《理论前沿》1998 年第 10 期。

张立文：《和合学与 21 世纪文化价值和科技》，《社会科学家》1998 年第 3 期。

祁润兴：《化解价值冲突的和合学——和合学的创立者张立文教授访谈录》，《社会科学家》1998 年第 3 期。

魏文彬：《中华和合殊途归一——邓小平"一国两制"构想的文化渊源》，《陕西社会主义学院院刊》1998 年第 2 期。

刘保昌：《中华和合文化生成论》，《社会科学研究》1998年第3期。

张立文：《儒家和合文化人文精神与二十一世纪》，《学习与探索》1998年第2期。

汪茂卿：《浅谈和合文化与中国特色科技团体》，《学会》1998年第3期。

周守仁：《"中介—和合"准则与"超耦合—自随机"理论》，《社会科学研究》1998年第2期。

乔成果：《试论中国传统文化的"和合"精神》，《中央社会主义学院学报》1998年第3期。

吴野：《整体和谐性思维——中华和合人文精神的一个凸现点》，《天府新论》1998年第1期。

程思远：《二论世代弘扬中华和合文化精神》，《中华文化论坛》1998年第1期。

楚庄：《弘扬中华"和合文化"刍议》，《中华文化论坛》1998年第1期。

陈盈盈：《寻找传统与现代文明的连结点——张立文先生的〈和合学概论〉评介》，《中华文化论坛》1998年第1期。

张俊峰：《全国首届周易与和合文化学术研讨会在山西临汾市召开》，《周易研究》1998年第1期。

韩卫东、韩耀东：《中华传统和合文化的当代世界意义》，《中共中央党校学报》1998年第1期。

金坚范：《和合文化源远流长》，《文学自由谈》1998年第1期。

沈秀敏：《和合而兴——论我国社会发展与和合思想》，《毛泽东思想研究》1998年第1期。

王映松：《和合文化与财政管理》，《四川财政》1998年第1期。

陈依元：《中华和合文化与现代管理》，《福建论坛》（经济社会版）1998年第1期。

张立文：《东亚意识与和合精神》，《学术月刊》1998年第1期。

乔成果：《中国传统文化的协调精神——浅谈"和合"、协调、统一战线》，《民主》1998年第1期。

吴显庆：《〈管子〉"和合"思想辨析》，《社会科学研究》1998年第1期。

黄玉顺：《生命结构与和合精神——周易哲学论》，《社会科学研究》1998年第1期。

王林、樊仕民：《中华和合文化与周恩来的人生品格》，《毛泽东思想研究》1998年专刊第2期。

1999 年

申志东、胡承军：《和合文化与图书馆管理》，《河北建筑科技学院学报》（社会科学版）1999 年第 4 期。

章沧授：《论汉赋的和合文化》，《东方丛刊》1999 年第 4 期。

刘芙君：《论"和合"之德及其现代意义》，《大连教育学院学报》1999 年第 4 期。

王其藩：《论经济长波和中国经济——兼论以"天人和合，以人为本"为制定基本国策的指导思想》，《世界经济文汇》1999 年第 5 期。

阎献晨：《关于和合文化现代价值分析》，《前进》1999 年第 9 期。

杨庆中：《评张立文先生的"和合学"体系》，《社会科学家》1999 年第 5 期。

卜谦：《顺道求和健道达和——和合精神对当代国际社会生活之意义》，《社会科学家》1999 年第 5 期。

李刚：《中国和合价值观的现代意义》，《西安建筑科技大学学报》（社会科学版）1999 年第 2 期。

黄念然、胡立新：《和合：中国古代诗性智慧之根》，《湛江师范学院学报》1999 年第 3 期。

易佑斌：《论国际关系中的和合主义》，《邵阳师范高等专科学校学报》1999 年第 4 期。

赵继明：《和合：〈周易〉的精神本质》，《晋阳学刊》1999 年第 4 期。

郑继兵：《和合文化与 21 世纪》，《山西大学师范学院学报》1999 年第 2 期。

陈正夫：《孔子的和合思想与 21 世纪的和合精神》，《南昌航空工业学院学报》（社会科学版）1999 年第 1 期。

石蚌：《和合论》，《广西经贸》1999 年第 5 期。

王建平：《和合文化与工艺美术》，《上海工艺美术》1999 年第 2 期。

王世德：《21 世纪——新的和合境界》，《中华文化论坛》1999 年第 2 期。

郭齐：《"和合"析论》，《四川大学学报》（哲学社会科学版）1999 年第 2 期。

张立文：《中国伦理学的和合精神价值》，《浙江大学学报》（人文社会科学版）1999 年第 1 期。

陈坚：《"和合"并不抹杀个性——论中国传统的"和合"思想》，《淮阴工业专科学校学报》1999 年第 1 期。

陈启智：《儒学与"东西文化冲突论"》，《理论学刊》1999 年第 5 期。

汪浩：《论周恩来的和合精神》，《淮阴师范学院学报》1999年第1期。

孙恪廉、任敬东、胡本林：《和合精神与多种所有制经济共同发展》，《中共成都市委党校学报》（综合性思想理论）1999年第5期。

东禹：《和合视域内的中华早期文化》，《全国新书目》1999年第12期。

张文：《浅议和合思想的哲学基础及其现实意义》，《钦州师范高等专科学校学报》1999年第2期。

2000年

李甦平：《韩国三教和合的现代价值》，《现代哲学》2000年第4期。

徐刚：《朱熹风水观：对一种文化的诠释》，《朱子学刊》2000年第14辑。

李远国：《道家天人和合观探微》，《江西社会科学》2000年第8期。

陆玉林：《简论传统和合思想的现代性转生》，《中华文化论坛》2000年第3期。

韩高年：《兼裁众美其美在调——论西汉文化的"和合"趋势对大赋美学旨趣和创作模式的影响》，《甘肃社会科学》2000年第3期。

闫伟纲、彭富明、姬丽红：《传统和合思想及其现实意义》，《洛阳农业高等专科学校学报》2000年第2期。

李刚：《论传统和合思想及其现实意义》，《陕西广播电视大学学报》2000年第2期。

汤焕磊：《试论"和合"哲学在市场竞争中的积极作用》，《陕西经贸学院学报》2000年第3期。

张立文：《中国和合生死智慧与终极关切》，《国际儒学研究》2000年第9辑。

朱惠东：《中华和合文化与孔子儒家思想》，《胜利油田师范专科学校学报》2000年第2期。

陈德华：《传统和合文化及其现实意义》，《黔东南民族师专学报》2000年第2期。

阎献晨：《试析和合文化的价值》，《中共山西省委党校学报》2000年第2期。

刘宝村：《和合学：对世纪文化挑战的回应》，《社会科学家》2000年第1期。

罗安宪：《容纳百川与创新学术——和合学的文化理路及其当代意义》，《社会科学家》2000年第1期。

张骥、孙会：《和合文化·一国两制·澳门回归》，《河北师范大学学报》（哲学社会科学版）2000年第1期。

申志东、胡承军：《和合文化与图书馆管理》，《图书与情报》2000年第1期。

汪兵：《阴阳和合——论中国妇女社会性别角色及其社会地位的特殊性》，《中共宁波市委党校学报》2001 年第 6 期。

张立文：《生死学和终极关怀》，《东方论坛》（青岛大学学报）2000 年第 2 期。

《李瑞环在香港讲话时指出：提倡"和合"强调团结》，《中国气功科学》2000 年第 12 期。

邵璧华：《用和合的理念，培育中美文化交流之花》，《山西师大学报》（社会科学版）2000 年第 1 期。

王小平：《"和合"是〈内经〉理论体系的核心思想》，《山东中医药大学学报》2000 年第 6 期。

2001 年

王坚方：《网络文化帝国主义：价值裂变与和合思想的文化互动》，《现代哲学》2001 年第 4 期。

刘喜发：《试论周恩来的和合精神》，《南京社会科学》2001 年第 11 期。

张立文：《和合语言哲学言象意的分系统》，《诠释与建构——汤一介先生 75 周年华诞暨从教 50 周年纪念文集》2001 年 12 月。

李甦平：《论韩国的三教和合——以花郎道为中心》，《当代韩国》2001 年第 4 期。

徐刚：《"大学"、"中庸"与朱熹自然哲学》，《华东师范大学学报》2001 年第 3 期。

吕植家：《中华和合文化与现代人际关系》，《广西大学学报》（哲学社会科学版）2001 年第 5 期。

何全先：《论中华民族的"和合"精神在社会主义文化建设中的作用》，《理论与改革》2001 年第 5 期。

李甦平：《神佛儒和合的朱子学——石门心学探究》，《日本学刊》2001 年第 5 期。

张祥浩：《保合太和乃利贞——〈周易〉的和合思想》，《东南大学学报》（哲学社会科学版）2001 年第 3 期。

张文哲：《中华和合文化的整体观及其现代意义》，《山东教育学院学报》2001 年第 4 期。

廖建平：《和合住宅——未来城市住宅新概念》，《华中建筑》2001 年第 4 期。

唐诚青：《论道家天人和合的生养思想》，《二十一世纪中国道教展望——茅山中国道教文化研讨会议论文集》2001 年。

左亚文：《阴阳和合辩证思维的当代阐释》，《江汉论坛》2001年第7期。

胡一：《全球化与中华和合文化》，《福建省外国语文学会2001年年会论文集》2001年。

胡一：《中华和合文化的现代价值》，《福建论坛》（经济社会版）2001年第5期。

赵凡：《从"和合"精神看宗教与社会主义社会的适应性》，《中央社会主义学院学报》2001年第5期。

王其藩、杨文斌：《论创造力的文化基础和"天人和合，以人为本"》，《科技导报》2001年第4期。

马弦：《世界宗教文化之和合及其文学再现》，《长沙电力学院学报》（社会科学版）2001年第1期。

李刚：《和合思想及其演变》，《西北大学学报》（哲学社会科学版）2001年第1期。

夏澍耘：《荀学中的和合精神》，《三峡大学学报》（人文社会科学版）2001年第1期。

张鸣、李春红：《论开发区礼仪文化建设中的"和合文化"》，《常州工学院学报》2001年第1期。

2002 年

张立文：《论历史哲学的和合诠释》，《宝鸡文理学院学报》（社会科学版）2002年第4期。

王基文：《两岸贵和合》，《统一论坛》2002年第6期。

张立文：《和合艺术哲学论纲》，《文史哲》2002年第6期。

杨立德：《针对民族团结应加强中华"和合"文化的研究》，《云南社会主义学院学报》2002年第4期。

李甦平：《论韩国近代东学的三教和合思想》，《韩国研究论丛》2002年第10辑。

张立文：《势的历史世界的和合诠释》，《船山学刊》2002年第3期。

胡一：《中华和合思想及其现实意义》，《中共福建省委党校学报》2002年第9期。

程远：《在和合中寻求发展在创新中保持传统和特色——对建筑及其文化发展的思考》，《2002中国未来与发展研究报告》2002年第9期。

张灵芝：《走向"和合之境"——从隐喻的视角透视课程观的嬗变及走势》，《上海教育科研》2002年第7期。

张立文：《论和合的必要性和合理性》，《新视野》2002年第4期。

屈强：《和合文化及其心理学的整合》，《山东心理学会第十届学术会议论文提要汇编》2002 年第 6 期。

张立文：《和合方法的诠释》，《中国人民大学学报》2002 年第 3 期。

张立文：《中国文化的和合精神与 21 世纪》，《宁波通讯》2002 年第 4 期。

周海春、许宁：《也谈"和合"文化的现代转生》，《重庆师院学报》（哲学社会科学版）2002 年第 1 期。

张立文：《价值与善——和合善的价值世界的一种诠释》，《伦理学研究》2002 年第 1 期。

张思环：《中国和合文化与二十一世纪挑战》，《宿州教育学院学报》2002 年第 1 期。

王涛：《社会困境与重构国际秩序的治理——中国的多极化战略及"和合逻辑"的抉择》，浙江大学 2002 年硕士毕业论文。

程举：《儒家民族观的几个范畴》，《西南民族学院学报》（哲学社会科学版）2002 年第 6 期。

王杰：《和合学：一种观照人类命运和文化的战略构想》，《中华读书报》2002 年 12 月 11 日。

张立文：《儒学人文精神与现代社会》，《南昌大学学报》（人文社会科学版）2002 年第 2 期。

韩隆福：《论孔子的中、和、合思想》，《湖南省社会主义学院学报》2002 年第 3 期。

杨立德：《针对民族团结应加强中华"和合"文化的研究》，《云南社会主义学院学报》2002 年第 4 期。

张立文：《论历史的和合精神家园》，《杭州师范学院学报》（社会科学版）2002 年第 6 期。

王涛：《社会困境与重构国际秩序的治理——中国的多极化战略及"和合逻辑"的抉择》，浙江大学 2002 年硕士毕业论文。

2003 年

洪军：《21 世纪韩国传统文化的和合创生——第四届"韩国传统文化国际学术会议"综述》，《韩国研究论丛》2003 年。

龚群：《中国和合思想与 21 世纪的人类和平》，《学习与探索》2003 年第 4 期。

刘蔚、钟振振：《新变代雄和合化成——宋代田园诗的新境界》，《南京师范大学文学院学报》2003 年第 2 期。

陶维国：《中国企业管理现代化的文化资源——兼论民族文化自觉及中华"和合"精神》，《中南财经政法大学学报》2003 年第 3 期。

张立文：《21 世纪人权的和合解释》，《人权》2003 年第 3 期。

李炜：《城市"和合"空间的创造》，重庆大学 2003 年硕士毕业论文。

孙小金：《从〈中庸〉到"和合学"》，《广西社会科学》2003 年第 4 期。

方国根：《和合理念与东亚意识——读〈东亚文化研究〉》，《中华文化论坛》2003 年第 2 期。

宋云高：《中华和合文化与爱国统一战线》，《山西社会主义学院学报》2003 年第 1 期。

李甡平：《东亚的三教和合与东亚社会》，《南昌大学学报》（人文社会科学版）2003 年第 2 期。

杨立德：《中华"和合"文化与西南联大"兼容并包"的办学理念》，《云南师范大学学报》（哲学社会科学版）2003 年第 2 期。

王燕群：《论中华民族和合精神与祖国统一》，福建师范大学 2003 年硕士毕业论文。

张立文：《和合是 21 世纪中华文化的主题》，《深圳大学学报》（人文社会科学版）2003 年第 1 期。

左亚文：《阴阳和合的普遍特性及其辩证意义》，《中南民族学院学报》（人文社会科学版）2003 年第 1 期。

张冠湘：《和合：中国人的生活哲理》，《郴州师范高等专科学校学报》2003 年第 1 期。

张立文：《和合生存价值世界的诠释》，《中国哲学史》2003 年第 1 期。

张立文：《和合历史哲学论》，《首都师范大学学报》（社会科学版）2003 年第 1 期。

张立文：《和合可能价值世界的诠释》，《中华文化论坛》2003 年第 1 期。

张立文：《中国哲学的创新与和合学的使命》，《中国人民大学学报》2003 年第 1 期。

茆耕茹：《德江傩中的五行观念与和合思想》，《中国梵净山傩文化研讨会论文集》2003 年。

卢福财、陈建成：《中华和合文化与现代企业管理》，《光明日报》2003 年 11 月 5 日。

邢晓源、高建林：《"和合"文化精神在高校管理中的应用前瞻》，《南通职业大学学报》（综合版）2003 年第 4 期。

马林兴：《试论"和合文化"与"人和艺术"在图书馆管理中的运用》，《图书馆》

2003 年第 5 期。

王克婴：《中华和合精神在全球化进程中的价值》，《前沿》2003 年第 9 期。

周桂钿：《和合学：观照人类命运和文化的战略构想》，《中国新闻出版报》2003 年 10 月 10 日。

2004 年

谢菊兰：《传统民族文化与现代化的"和合"》，《社科纵横》2004 年第 6 期。

许好万：《论中国传统文化中的"和合"思想》，《河北省社会主义学院学报》2004 年第 4 期。

江雪：《中华"和合"文化与图书馆建设》，《广州社会主义学院学报》2004 年第 4 期。

董萍实：《画家孙天牧的和合之美》，《世纪》2004 年第 6 期。

梁小军：《和合文化与科学发展观》，《龙岩师专学报》2004 年第 5 期。

刘宗碧：《论民族区域自治制度的"和合"文化精神及其现实意义》，《黔东南民族师范高等专科学校学报》2004 年第 5 期。

梁志文：《和合管理新探》，《中国公共卫生管理》2004 年第 5 期。

包仕国：《"和合"文化与邓小平决策》，《文史杂志》2004 年第 4 期。

李汉相：《浅论老子的和合思想》，《中州学刊》2004 年第 4 期。

李成：《论〈乐记〉中"和合"文艺思想》，《艺术百家》2004 年第 3 期。

张立文：《和合与伦理——关于网络、生命、环境伦理的思考》，《宝鸡文理学院学报》（社会科学版）2004 年第 3 期。

李成：《〈乐记〉"和合"美学思想的表现形式》，《学术交流》2004 年第 6 期。

王学军：《"和合"文化下的中国"和平崛起"》，《湖北行政学院学报》2004 年第 3 期。

柯继承：《沈筱庄"和合渡海"竹雕探微》，《收藏界》2004 年第 6 期。

谢菊兰：《论文化"和合"中先进文化的主导地位》，《兰州工业高等专科学校学报》2004 年第 1 期。

赵锦荣：《对中国传统文化和合性的反思（之一）》，《新疆师范大学学报》（哲学社会科学版）2004 年第 1 期。

吕庆华：《中华和合文化的现代管理学精义》，《边疆经济与文化》2004 年第 3 期。

杨立德：《中华和合文化与统战工作的人情味》，《云南社会主义学院学报》2004 年第 1 期。

张立文：《和合学的生生之道》，《深圳大学学报》（人文社会科学版）2004 年第 1 期。

张立文：《和合艺术的和爱意境》，《社会科学战线》2004 年第 1 期。

祁润兴、方国根：《开启创新境域阐发和合精蕴——张立文教授的学术追求与探索足迹》，《社会科学战线》2004 年第 1 期。

陈恩林：《论〈易传〉的和合思想》，《吉林大学社会科学学报》2004 年第 1 期。

曲六乙：《人性化与"和合为美"的传统美学精神——田汉〈白蛇传〉观后》，《中国戏剧梅花奖 20 周年文集》，2004 年。

廖翃：《"和合文化"的强大力量》，《人民日报海外版》2004 年 6 月 8 日。

彭金艳、于立波、沧浪：《和合文化的魅力》，《吉林日报》2004 年 3 月 26 日。

张立文：《和合文化的当代意义》，《人民政协报》2004 年 8 月 9 日。

张立文：《人的创造与人的精神发展》，《首都师范大学学报》（社会科学版）2004 年第 4 期。

罗晓芹：《"和合偕习"谱写民族团结新篇章——邓小平〈关于西南少数民族问题〉再学习》，《西南民族大学学报》（人文社会科学版）2004 年第 7 期。

张立文：《和平、发展、合作——儒家文明在世界文明对话中的地位和价值》，《孔子研究》2004 年第 4 期。

2005 年

徐刚：《儒家和谐社会思想与现代公关理念四个连结点》，《公关世界》2005 年第 10 期。

朱晓原：《中国古代"和合"文化与和谐社会的构建》，《中共山西省委党校省直分校学报》2005 年第 4 期。

周蔷、王淑萍：《儒家的"和合"思想在跨文化中的时代意义》，《石家庄经济学院学报》2005 年第 6 期。

罗琼：《和合之美——从〈沙恭达罗〉看迦梨陀娑的审美理想》，《南亚研究》2005 年第 3 期。

黄如金：《和合管理与"蓝海战略"》，《经济管理》2005 年第 24 期。

史向军：《论唐初缔建和合社会的精神架构与文化约束》，《理论导刊》2005 年第 12 期。

蒙运芳：《浅谈和合哲学与构建社会主义和谐社会》，《学术论坛》2005 年第 11 期。

李天雷：《传统和合思想与构建和谐社会》，《胜利油田党校学报》2005 年第 6 期。

汪青松：《敬敷书院与皖江文化的和合内涵》，《安庆师范学院学报》（社会科学版）2005 年第 6 期。

彭建军：《论传统"和合"精神的现代管理价值》，《光明日报》2005 年 12 月 30 日。

吴秀兰：《古代"和合"思想与构建社会主义和谐社会》，《青海师范大学学报》（哲学社会科学版）2005 年第 6 期。

刘建忠：《用"和合文化"构建和谐企业》，《中外企业文化》2005 年第 11 期。

龚静：《中华和合文化与大学制度构建略谈》，《内江师范学院学报》2005 年第 5 期。

贾秀兰：《论和合文化在建设和谐社会中的意义》，《西南民族大学学报》（人文社会科学版）2005 年第 10 期。

易佑斌：《论和合文化的现代诠释》，《邵阳学院学报》2005 年第 5 期。

王晓靖、王卫红：《中国传统"和合"文化精神的当代启示》，《湖南科技学院学报》2005 年第 10 期。

谢如广：《弘扬传统和合文化构建社会主义和谐社会》，《柳州师专学报》2005 年第 3 期。

裴小琴：《孔子的"和合"思想与中国的和平崛起》，《大同医学专科学校学报》2005 年第 3 期。

胡海波、魏书胜：《从"和合"文化传统到"和谐社会"理想》，《社会科学战线》2005 年第 5 期。

张立文：《致思和合学的心路历程》，《河北大学学报》（哲学社会科学版）2005 年第 5 期。

李长泰：《"讲自己"的哲学，蕴营社会和谐文化——张立文教授〈和合哲学论〉评介》，《湖南科技学院学报》2005 年第 9 期。

李莉华、刘立强：《和合思想·无讼·诉讼调解》，《中共南宁市委党校学报》2005 年第 4 期。

汪艳琴：《谈儒学的现今意义——对儒家"和合"文化的思考》，《黄山学院学报》2005 年第 4 期。

彭修银、王杰泓：《修辞阐释：美学、意识形态与"和合"》，《湖南社会科学》2005 年第 2 期。

刘小华：《周恩来和合精神的时代特色》，《教育评论》2005年第4期。

易佑斌：《论和合文化在东亚区域合作理念构建中的作用》，《湘潭大学学报》（哲学社会科学版）2005年第4期。

李小军：《弘扬和合文化与坚持科学发展观》，《企业文明》2005年第7期。

姜迎春：《周恩来和合理念对构建和谐社会的启示》，《淮阴师范学院学报》（哲学社会科学版）2005年第4期。

刘喜珍：《论儒家伦理思想的"和合"价值目标及其现代转换》，《北方工业大学学报》2005年第2期。

梁小军：《和合文化在构建和谐社会中的现代价值》，《福建论坛》（人文社会科学版）2005年专刊第1期。

姜迎春：《周恩来的"和合"理念对构建社会主义和谐社会的启示》，《2005：发展·和谐·公正——江苏省社科类学会学术年会成果荟萃》，2005年。

阎巍：《和合哲学对当代行政法理论基础》，山西大学2005年硕士毕业论文。

李翔海：《面向未来的中国哲学需要充分体现自身特质的理论形态——〈和合哲学论〉评介》，《社会科学战线》2005年第3期。

樊哲旺：《西方地缘政治理论与中华和合文化》，陕西师范大学2005年硕士毕业论文。

易佑斌：《和合文化与东亚区域合作理念的建构》，华中师范大学2005年硕士毕业论文。

方国根、罗本琦：《"和合"理念、文化全球化与儒学发展——"儒家思想在世界的传播与发展"国际研讨会综述》，《学术界》2005年第2期。

于铭松：《和合文化：凝聚香港同胞的重要纽带》，《中央社会主义学院学报》2005年第2期。

杨宁宁：《和合文化与中国和平外交》，华东师范大学2005年硕士毕业论文。

彭修银、王杰泓：《修辞阐释：美学、意识形态与"和合"》，《湖南社会科学》2005年第2期。

赵锦荣：《对中国传统文化和合性的反思（之二）》，《新疆师范大学学报》（哲学社会科学版）2005年第1期。

蔡方鹿：《构建和谐社会的思想智源——读张立文教授新著〈和合哲学论〉》，《探索与争鸣》2005 年第 3 期。

王安：《"三个文明"协调发展中的和合文化整体观》，《前沿》2005 年第 2 期。

徐孙铭：《和合智慧与经济哲学》，《求索》2005 年第 2 期。

周林霞：《论和合文化在现代教育中的运用》，《河南社会科学》2005 年第 1 期。

张立文：《和合文化与商道——21 世纪经济活动的有效路径》，《探索与争鸣》2005 年第 2 期。

张立文：《弘扬传统和合思想建构现代和谐社会》，《人民论坛》2005 年第 2 期。

龙大轩：《和合：中华法系的总体特征》，《法律文化研究》2005 年第 1 辑。

金涛声：《中国传统和谐观解读》，《宁波日报》2005 年 5 月 23 日。

张立文：《〈周易〉对中国社会的影响》，《周易研究》2005 年第 3 期。

李发伟、付武军：《和合文化是建设和谐社会的重要渠道》，《咸阳日报》2005 年 10 月 8 日。

朱丽雅：《和合文化与多元化纠纷解决机制》，《人民法院报》2005 年 11 月 14 日。

张立文、俞吾金、郭齐勇：《"重写中国哲学"三人谈》，《文史哲》2005 年第 3 期。

易佑斌、易春：《论东亚文化和合体的历史与重建》，《湖南科技学院学报》2005 年第 12 期。

徐风：《从"和合"文化到和谐社会》，《吉林日报》2005 年 5 月 28 日。

李振刚：《燕赵和合精神及其现代意义》，《河北日报》2005 年 4 月 8 日。

2006 年

徐刚：《和谐社会观：对朱熹思想的新解读》，《福建行政学院学报》2006 年第 4 期。

惠春琳：《中国传统文化中的和合思想及其对构建和谐世界的现实意义》，《延安大学学报》（社会科学版）2006 年第 6 期。

廖文杰：《和合思想导向的营销关系与策略》，《市场营销导刊》2006 年第 6 期。

赖阳春：《论"多元合一"——从对抗到和合》，《湘潭大学学报》（哲学社会科学版）2006 年第 6 期。

冯春台：《中国外交新理念——和合观》，《东北亚论坛》2006 年第 6 期。

叶芸：《和合思想及其对构建和谐社会的重要意义》，《福建理论学习》2006 年第 11 期。

夏黎：《浅谈和合理念对现代管理的启示》，《当代经理人》2006 年第 21 期。

万广瑞：《试论建设和谐社会的和合思想文化资源》，《山东行政学院山东省经济管理干部学院学报》2006年第5期。

于北冥、张瑞：《论基督教神学对中华和合文化的认知价值》，《重庆工学院学报》2006年第10期。

徐刚：《朱熹和谐教育观之批判》，《纪念朱熹诞辰875周年学术论文集》，中国文史出版社2006年版。

徐刚：《自然辩证法视域下的和谐社会新探索》，《自然辩证法研究》2006年第10期。

周成岐：《传统"和合"文化及其时代价值》，《理论建设》2006年第5期。

邓长江、吕清华：《从"和合文化"看新时期中国外交策略》，《电子科技大学学报》（社会科学版）2006年第5期。

廖文杰：《和合思想导向的经济发展策略探析》，《商业研究》2006年第20期。

黄如金：《论和合公共管理——创新和合公共管理的基本分析》，《中国工业经济》2006年第10期。

邱国勇：《论孔子的"和合"思想及其现代意蕴》，《学术论坛》2006年第10期。

涂进万：《"和合"思想视域中的台湾文化寻根》，《科技信息》2006年第10期。

孔庆榕、冯颖红：《论中华民族"和合"精神与社会的和谐发展》，《"社会发展与民族精神"学术研讨会论文集》，2006年。

任民：《邓小平与和合精神的弘扬和培育》，《毛泽东思想研究》2006年第5期。

袁黎平、田雨普：《和合思想：人文奥运的精髓》，《体育文化导刊》2006年第9期。

夏澍耘：《荀子和合观简论》，《武汉大学学报》（哲学社会科学版）2006年第5期。

黄如金：《中国式和合管理的方法论问题》，《经济管理》2006年第18期。

崔园萍：《中华"和合"文化对合作办学的启示——以西南联大为例》，《文教资料》2006年第25期。

徐长安：《儒家和合思想与和谐社会建设》，《"文化建设与和谐社会"学术研讨会论文集》，2006年。

李世安：《"和合"文化与"文明冲突"——东亚国际关系中的文化》，《史学理论研究》2006年第3期。

刘海燕、吕文明：《论中国园林文化的和合精神》，《华中建筑》2006年第7期。

王子今：《汉代社会意识中的"和合"观》，《社会科学》2006年第7期。

王倩：《"和合"精神对建立新经济伦理观的意义》，《广东财经职业学院学报》2006年6月30日。

黄如金：《和合管理的价值观体系》，《经济管理》2006年第12期。

王扬：《构建和谐社会视野下的和合精神与统一战线》，《中央社会主义学院学报》2006年第3期。

方同义、何先光：《邓小平思维方式"和合"意蕴探析》，《宁波大学学报》（人文科学版）2006年第3期。

彭建军：《传统"和合"精神的现代管理价值》，《财富智慧》2006年第5期。

刘景钊、韩进军、张立文：《和合之路：中国哲学"自己讲"的努力与贡献——张立文教授访谈录》，《晋阳学刊》2006年第3期。

冯来兴：《中国传统"和合"文化与构建和谐世界》，《江汉论坛》2006年第5期。

梁小军：《略论和合文化及其在构建和谐社会中的价值》，福建师范大学2006年硕士毕业论文。

虢美妮：《论传统和合思想的当代价值及实现途径》，中共陕西省委党校2006年硕士毕业论文。

王静：《儒家和合思想对日本企业教育的影响》，东北师范大学2006年硕士毕业论文。

刘志飞：《"和合"文化的伦理意蕴及其对构建和谐社会的价值启示》，江西师范大学2006年硕士毕业论文。

徐波：《和合会通之魂》，山东师范大学2006年硕士毕业论文。

曾煜、刘志飞：《"和合"文化对中国和平崛起的哲学诠释》，《江西社会科学》2006年第3期。

方同义、何先光：《和合理念与邓小平理论创新》，《江汉论坛》2006年第3期。

罗昌智：《和合之美与当代社会和谐人际关系之建构》，《浙江工商大学学报》2006年第1期。

张立文：《和合思想的现代意义》，《国家图书馆学刊》2006年第1期。

朱喆、陈新华：《以和合思想发展中国设计文化》，《江苏大学学报》（社会科学版）2006年第1期。

谢如广：《传统和合思想与现代和谐社会的构建》，《保山师专学报》2006年第1期。

张福金：《构建和谐社会中和合精神新解》，《发展研究》2006 年第 1 期。

薛永武：《大乐与天地同和——论〈乐记〉天人相谐的和合神髓》，《理论学刊》2006 年第 1 期。

王霞娟：《"和合"：正确处理宗教问题的思维理念》，《齐鲁学刊》2006 年第 1 期。

崔春祥：《"和合"文化与政协职能》，《山西政协报》2006 年 2 月 15 日。

白润生：《伊斯兰教与基督教和合之途》，《中国民族报》2006 年 12 月 5 日。

李万泰、陈逸平：《和合·伏羲文化的精髓和灵魂》，《天水日报》2006 年 5 月 27 日。

庄伟光、刘世红、黄志伟：《以中华和合传统构建当代和谐文化》，《亚太经济时报》2006 年 11 月 23 日。

谭本远、陈国庆：《数学交流与"和合文化"》，《湖南人文科技学院学报》2006 年第 3 期。

毛卉：《和合精神与系统立法》，《华中科技大学学报》（社会科学版）2006 年第 6 期。

李小玲、蒋润秋：《关于图书馆人本管理中渗透"和合"文化的思考》，《图书馆》2006 年第 1 期。

蒋润秋、谢艳维、张开文：《"和合文化"在高校图书馆读者工作中的应用》，《湖南人文科技学院学报》2006 年第 3 期。

黄如金：《和合管理：创新中国管理科学的探索》，《光明日报》2006 年 5 月 29 日。

吴学国、秦琰：《从"天人和合"到"心境交融"——佛教心性论影响下中国传统审美形态的转化》，《南开学报》2006 年第 1 期。

符鸿基、张可平：《炎黄和合是黄帝新文化崛起的标志》，《湖南社会科学》2006 年第 5 期。

易佑斌：《东亚文化和合体：建构东亚认同感的基石》，《理论界》2006 年第 6 期。

易佑斌：《论东亚认同感的文化基础——从文化和合体的视角》，《湘潭师范学院学报》（社会科学版）2006 年第 1 期。

郭晓虹：《张立文教授著作〈和合学〉出版》，《中国新闻出版报》2006 年 11 月 22 日。

谭本远：《试论数学交流与"和合"文化的融合》，《中学数学研究》2006 年第 7 期。

王磊、曹皓：《"'和合与和谐社会建设'暨〈和合学〉出版座谈会"纪要》，《教学与研究》2006 年第 12 期。

杨之：《数学中的和合思想——数学文化的一个新视角》，《湖南教育》2006 年第

24 期。

邵畅：《论传统和合精神与现代图书馆建设的关系》，《四川图书馆学报》2006 年第 2 期。

陈广元、季剑虹、曹圣洁：《和合共生交流对话》，《中国宗教》2006 年第 12 期。

2007 年

张岑岚：《昭君文化的哲学基础——"和合"思想》，《内蒙古统计》2007 年第 6 期。

郭海红：《"和合管理"的高校管理类课程教学模式创新》，《职业圈》2007 年第 24 期。

罗美云：《论〈周易〉的"和合"生态伦理观及其现实意义》，《学术研究》2007 年第 12 期。

刘芳、丛蓉：《孔子"和合"精神之浅见》，《理论观察》2007 年第 6 期。

顾行超：《中华传统和合思想及其当代价值》，《中央社会主义学院学报》2007 年第 6 期。

贺文佳：《充分认识中华文化中"和合"思想的现代价值》，《四川教育学院学报》2007 年第 12 期。

王燕群：《论传统和合精神的理论价值》，《黑龙江教育学院学报》2007 年第 12 期。

和合管理：《管理科学新生态》，《施工企业管理》2007 年第 12 期。

任平：《寒山精神：走向全球的"和合"文化》，《中国·苏州——首届寒山寺文化论坛论文集》，2007 年。

俞朝卿：《和合——寒山寺文化的真谛》，《中国·苏州——首届寒山寺文化论坛论文集》，2007 年。

汪祖民：《浅析寒山与和合文化》，《中国·苏州——首届寒山寺文化论坛论文集》，2007 年。

廖文杰：《和合思想对商品营销战略的导向》，《中国经贸》2007 年第 11 期。

黄如金：《论和合管理的企业文化建设》，《管理学报》2007 年第 6 期。

赵凤远：《庄子生态"和合"观的审美内涵》，《求是学刊》2007 年第 6 期。

刘娜：《和合文化与和谐文化》，《沈阳师范大学学报》（社会科学版）2007 年第 6 期。

汪荣：《儒家中庸思想与我国传统法文化的和合》，《求索》2007 年第 11 期。

张颖、顾行超：《弘扬中华传统和合思想增强中华民族凝聚力》，《上海市社会主义学院学报》2007 年第 5 期。

贺朝霞：《中华"和合"文化与构建社会主义和谐社会》，《上海市社会主义学院学报》2007年第5期。

阳瑞珍、杨赣太：《和合"仁学"伦理：精神和谐构建的伦理基础》，《江西社会科学》2007年第10期。

刘善信、刘静忆：《弘扬中华"和合"文化构建社会主义和谐社会》，《北京社会科学》2007年第5期。

王延飞：《〈孙子兵法〉"和合"军事思想及其现代意义》，《滨州学院学报》2007年第5期。

刘万云：《传统和合文化的现代管理价值》，《商场现代化》2007年第29期。

周春晔、张剑：《和合哲学对构建社会主义和谐社会的启示》，《社会主义研究》2007年第5期。

黄如金：《和合发展战略与和合发展力》，《管理学报》2007年第5期。

李淑云：《反思与构建："和合文化"的现实价值与时代定位》，《社科纵横》2007年第9期。

秦靖达：《和合文化与中国古典园林的表现智慧》，《科技咨询导报》2007年第26期。

邱连波：《在和合精神指引下不断创新东方文化——对历史和现实中文化的一点思考》，《民主》2007年第9期。

李书群：《中国传统和合文化与建设社会主义和谐文化》，《兵团党校学报》2007年第4期。

余潇枫：《"和合主义"：中国外交的伦理价值取向》，《国际政治研究》2007年第3期。

齐芳、齐虎田：《传统和合文化与抗日民族统一战线的建立》，《安阳师范学院学报》2007年第4期。

张立文：《国学与和合学》，《北京行政学院学报》2007年第4期。

蔺淑英：《中国传统和合文化及其现代启示》，《兰州大学学报》（社会科学版）2007年第4期。

张威：《和谐同构：中国传统和合文化的现代性转换》，《河北省社会主义学院学报》2007年第3期。

刘娜：《和合文化与和谐文化》，《文化学刊》2007年第4期。

方国根：《民族智慧与哲学创新——读张立文教授〈和合哲学论〉》，《中山大学学报》

（社会科学版）2007 年第 4 期。

崔晓艾：《自然美的和合之境——论陶渊明诗文中的自然美意识》，《中共郑州市委党校学报》2007 年第 2 期。

方国根：《"和合"理念与青海多元文化的创新和发展》，《青海民族学院学报》（社会科学版）2007 年第 1 期。

蒋同业：《和合哲学思想与构建"和谐世界"》，《和田师范专科学校学报》2007 年第 1 期。

左亚文：《论中华和合思想的时代价值》，《江汉论坛》2007 年第 2 期。

李静：《和合学是化解人类困惑的一种选择——张立文教授访谈录》，《理论参考》2007 年第 2 期。

张立文：《儒家和合文化人文精神与 21 世纪》，《理论参考》2007 年第 2 期。

王杰：《和合学：一种观照人类命运和文化的战略构想——评〈中国和合文化导论〉》，《理论参考》2007 年第 2 期。

杜吉刚：《阴阳同构与礼乐之用——儒家"和合"观念内在结构分析》，《南昌航空工业学院学报》（社会科学版）2007 年第 1 期。

张立文：《挖掘传统文化中的软实力之源》，《人民论坛》2007 年增刊第 1 期。

罗赍业：《施工企业的和合管理之路》，《施工企业管理》2007 年第 12 期。

郑炎、晏忠：《中国建筑设计文化中的和合思维研究》，《建材与装饰》（下旬刊）2007 年第 9 期。

于语和、刘志松：《"和谐社会"溯源——以传统政治文化为中心》，《徐州师范大学学报》（哲学社会科学版）2007 年第 1 期。

李刚瑛、荣守健、王力强：《"和合"文化的民主形态》，《丹东日报》2007 年 7 月 3 日。

刘善信、刘静忆：《从传统"和合"文化中汲取营养》，《解放军报》2007 年 1 月 11 日。

龙大轩：《和合：传统文化中的国家法与民间法》，《中国民族报》2007 年 8 月 24 日。

翟福生：《传统"和合"精神与构建高校和谐校园》，《南阳师范学院学报》2007 年第 1 期。

周成岐：《和合与和谐》，《人民日报》2007 年 3 月 23 日。

韩卫东：《和合文化与和谐社会》，《学习时报》2007 年 1 月 22 日。

和丽东：《从人类学视角看纳西族的"和合"思想》，《云南民族大学学报》（哲学社会科学版）2007 年第 6 期。

赵平安：《天台山："和合文化"的重要渊源》，《台州日报》2007 年 5 月 19 日。

耿喜华、戴吉亮：《弘扬和合文化引领高教评估工作健康发展》，《中国冶金教育》2007 年第 1 期。

孙文清、秦爱萍：《"和合"文化——现代企业文化建设的战略选择》，《企业经济》2007 年第 9 期。

李亚敏、王以鹏：《和合精神与中国的和平外交》，《国际关系学院学报》2007 年第 1 期。

刘明菲：《基于和合管理的高校营销专业教学模式创新》，《管理科学文摘》2007 年第 8 期。

杨玉荣：《从中西文化差异探讨中国和合文化》，《和田师范专科学校学报》2007 年第 2 期。

刘美蓉：《"一国两制"——社会主义和谐社会和合之道》，《重庆社会主义学院学报》2007 年第 2 期。

杨雪燕：《中国政党制度的"和合"的传统文化与构建社会主义和谐社会》，《福建省社会主义学院学报》2007 年第 1 期。

罗昌智：《和合文化传统与政府决策的现代理念》，《三峡大学学报》（人文社会科学版）2007 年第 2 期。

葛健、王宣言：《企业信息化建设中的和合管理》，《经济管理》2007 年第 17 期。

梁子：《企业管理中的"和"与"合"——关于创建和合文化的几点思考》，《施工企业管理》2007 年第 12 期。

黄新生：《重视"和合"文化熏陶创建和谐教育境界》，《四川教育学院学报》2007 年第 2 期。

廖文杰：《企业承担社会责任的"和合"路径》，《管理科学文摘》2007 年第 10 期。

焦卫华：《用和合文化构建和谐项目》，《施工企业管理》2007 年第 12 期。

张颖、顾行超：《弘扬中华传统和合思想增强中华民族凝聚力》，《和谐文化与统一战线——全国首次统战文化论坛论文集》，2007 年。

龙大轩：《和合：传统文化中的国家法与民间法》，《西南民族大学学报》（人文社会科学版）2007 年第 6 期。

周琦：《天台山文化"和合学"概论》，《秩序与进步：社会建设、社会政策与和谐社会研究——浙江省社会学学会成立二十周年纪念暨 2007 学术年会论文集》，2007 年。

韩景淇：《论中国传统法律文化中的"和合"精神》，吉林大学 2007 年硕士毕业论文。

方国清：《简论"和合"的中国武术》，《首都体育学院学报》2007 年第 1 期。

陈文：《论儒家和合思想对构建现代和谐社会的意义》，《福建师大福清分校学报》2007 年第 1 期。

孟峰年、陈青：《和合思想对中华民族体育文化发展的启示》，《西北师范大学学报》（自然科学版）2007 年第 1 期。

张凡涛、宋金美、徐向阳：《"融突"与"和合"——体育文化理解与交往的新视角》，《体育文化导刊》2007 年第 6 期。

杨守明、程又中：《中华传统和合文化在近代以来中国外交思想中的传承》，《郑州航空工业管理学院学报》（社会科学版）2007 年第 3 期。

蒋小云：《儒家保护自然生态的和合思想与方法》，《河北大学学报》（哲学社会科学版）2007 年第 1 期。

柳俊杰、韩志华：《和谐社会的文化解读——中华和合文化精神的时代意义》，《湖北省社会主义学院学报》2007 年第 2 期。

黄如金：《论和合发展力》，《经济管理》2007 年第 10 期。

罗昌智：《和合：普遍和谐维度上的现代价值体认》，《江西社会科学》2007 年第 3 期。

左亚文：《中华和合思维与和谐文化建设》，《中南民族大学学报》（人文社会科学版）2007 年第 3 期。

朱礼龙：《网络组织外部正效应问题及其治理——基于和合管理视角的分析》，《经济管理》2007 年第 22 期。

郭霞：《"和合文化"传播与"和谐世界"构建》，《山东师范大学学报》（人文社会科学版）2007 年第 4 期。

黄如金：《和合管理的真谛：和气生财，合作制胜》，《管理学报》2007 年第 3 期。

刘志飞、朱林：《"和合"文化的环境伦理思想及其现代价值》，《传统伦理与现代社会——第 15 次中韩伦理学国际讨论会论文汇编（二）》，2007 年。

张立文：《和合、和谐与现代意义》，《江汉论坛》2007 年第 2 期。

黄乔松：《"和合公共管理"视野下的政府回应问题研究》，福建师范大学 2007 年硕士毕业论文。

黄如金：《和合管理：探索具有中国特色的管理理论》，《管理学报》2007 年第 2 期。

2008 年

白立强：《传统和合思想与现代市场经济——构建社会主义和谐社会的文化思考》，《济源职业技术学院学报》2008 年第 4 期。

江涌、王成奎：《本土化语境下的大学制度创新：和合共生》，《学术交流》2008 年第 12 期。

王素玲：《与时俱进和合而兴——改革开放以来的高校思想政治理论课程建设之管见》，《安徽省社会科学界第三届学术年会哲学学会专场——"科学发展观与安徽崛起"论坛论文集》，2008 年。

辛琳：《论和合视角下的管理文化机制设计》，《煤炭经济管理新论》2008 年辑刊。

王素玲：《和合思想在高校思想政治教育实践中运用的初步构想和策略》，《高等农业教育》2008 年第 11 期。

陈维新：《中华民族与和合文化》，《中央民族大学学报》（哲学社会科学版）2008 年第 6 期。

杜惠芳：《从中国传统的和合理念看邓小平的和谐思想》，江苏大学 2008 年硕士毕业论文。

缪偲：《论中国传统文化"和合"思想的内在结构》，《黄冈师范学院学报》2008 年第 5 期。

吴强：《开拓辩证视野弘扬和合文化——兼论中华和合文化的辩证意蕴》，《理论界》2008 年第 10 期。

徐明娟、耿传刚：《传统和合文化与和谐社会构建》，《山东农业大学学报》（社会科学版）2008 年第 3 期。

梁小军：《略论和合文化在构建和谐社会中的价值》，《理论导报》2008 年第 9 期。

黄英杰、唐平：《走向"和合人"：一项教育学的考察》，《河北学刊》2008 年第 5 期。

王敏：《论舞蹈与音乐的和合之美——兼谈第 29 届奥运会及残奥会开幕式的舞蹈与

音乐问题》，《北京舞蹈学院学报》2008 年第 3 期。

杜仕菊：《和合文化与我国的宗教政策》，《中国宗教》2008 年增刊第 1 期。

刘利：《和合文化中国价值——浅谈在小学教育阶段如何加强中国传统文化的教育》，《现代教育论丛》2008 年第 9 期。

路丽娜、闫钟山：《规则意识与和合文化》，《中国市场》2008 年第 35 期。

易顶强：《传统和合文化背景下的表达权》，《广西政法管理干部学院学报》2008 年第 5 期。

辛琳：《论和合视角下的管理文化机制设计》，《第九届中国煤炭经济管理论坛暨 2008 年中国煤炭学会经济管理专业委员会年会论文集》，2008 年。

邱文山、严光彬：《试论〈管子〉的"和合偕习"之治》，《管子学刊》2008 年第 3 期。

唐建兵：《"和合"思想与中国古代外交探微》，《淮北煤炭师范学院学报》（哲学社会科学版）2008 年第 4 期。

陈都：《儒家"和合"思想对构建和谐社会的指导意义》，《鸡西大学学报》2008 年第 4 期。

汤耀国：《文明"和合"新起点》，《瞭望》2008 年第 31 期。

孙颖：《乡村休闲旅游：和合文化的视角》，《内蒙古科技与经济》2008 年第 14 期。

王俊龙：《和合身体论纲——关于身体的内涵及其分类》，《华中师范大学学报》（人文社会科学版）2008 年第 4 期。

陶志超、张云龙、郑代义：《论武术文化中"和合"思想在构建和谐社会中的作用》，《搏击：武术科学》2008 年第 7 期。

刘冬岩：《和合而生：构建和谐的课堂教学文化》，《福建师范大学学报》（哲学社会科学版）2008 年第 4 期。

马海丽：《论"和合"精神的当代价值》，《现代物业》2008 年第 7 期。

叶福林：《中国传统和合思想及其对建设和谐文化的启迪》，《岭南学刊》2008 年第 4 期。

王玉华：《儒家和合思想对构建现代和谐社会的价值》，《山东农业大学学报》（社会科学版）2008 年第 2 期。

张立文：《和合经济与儒家伦理》，《哲学动态》2008 年第 6 期。

蒋小云：《传统儒家和合生态思想和西方人类中心主义的对话》，《中华文化论坛》

2008 年第 2 期。

赵中慧、李万县：《浅析和合文化与我国传统文化相结合——解决我国企业文化贫瘠》，《网络财富》2008 年第 6 期。

吴林岚：《浅谈数学文化中的和合思想》，《中国校外教育》（理论）2008 年第 6 期。

邓遂：《论和合文化及其现实功能》，《兰州学刊》2008 年第 6 期。

樊国华：《和合思想对中国古代科技文化的影响》，广西大学 2008 年硕士毕业论文。

陈延庆：《"和合"视野下的社会主义和谐文化》，《中国特色社会主义：理论·道路·事业——山东省社会科学界 2008 年学术年会文集（1）》，2008 年。

李湘云：《和谐文化与和合文化辨析》，《青海社会科学》2008 年第 3 期。

刘成志、李宗勋：《中、日、韩三国留学生与和合文化》，《东北亚论坛》2008 年第 3 期。

唐竞：《和合文化的伦理底蕴及其差异化探微》，《承德民族师专学报》2008 年第 2 期。

冯颖红：《论中国"和合"哲学思想的时代价值》，《广东社会科学》2008 年第 3 期。

刘凯军、郭刚：《传统和合思想对构建现代和谐社会的时代作用》，《安徽工业大学学报》（社会科学版）2008 年第 3 期。

李岳兵：《解读太极拳中的"和合文化"》，《湖北体育科技》2008 年第 3 期。

钱纪芳：《和合翻译观照下的服装文字语言翻译》，上海外国语大学 2008 年博士毕业论文。

陈忠宁：《传统和合思想与中国社会发展》，中共中央党校 2008 年博士毕业论文。

金玲玲：《"和合"文化与社会主义和谐社会建构》，华中科技大学 2008 年硕士毕业论文。

袁迎春：《传统和合思想对构建社会主义和谐社会的价值》，江西师范大学 2008 年硕士毕业论文。

张海英：《"和合"思想及其当代价值》，《黑龙江史志》2008 年第 8 期。

温小林：《和合精神在建设海峡西岸经济区中的重要价值》，《中共山西省委党校学报》2008 年第 2 期。

刘祖辉：《论中华武术文化的"和合思想"对竞技体育异化的消解》，《福建师范大学学报》（哲学社会科学版）2008 年第 2 期。

张勇：《从和合文化探析中国多边外交》，《江南社会学院学报》2008 年第 1 期。

朱克侠、白明峰：《中国传统和合理念与当代和谐文化建设》，《宜宾学院学报》2008 年第 3 期。

白明峰：《中国传统和合理念与当代和谐文化建设》，《齐齐哈尔师范高等专科学校学报》2008 年第 2 期。

齐晓明：《和谐社会的理论渊源》，《科学时代》2008 年第 6 期。

王子今：《"和合"思想主导下的汉代江南经济开发与社会进步》，《石家庄学院学报》2008 年第 2 期。

俞白桦：《儒家和合人文精神对和谐校园建设的启示——基于福建省新建本科院校的调查分析》，《三明学院学报》2008 年第 1 期。

黄智丰：《企业人为和合管理初探》，《经济与管理》2008 年第 3 期。

崔道伟：《"和合"文化的当代价值探析》，《湖南第一师范学报》2008 年第 1 期。

张媛：《"和合"思想与企业文化协同》，《中外企业文化》2008 年第 3 期。

沙培宁：《和而不同和合而生——山东威海环翠区优化区域教育生态纪实》，《中小学管理》2008 年第 3 期。

张正：《基督教与和合文化、和谐社会和睦家庭、和平世界的关系及责任》，《天风》2008 年第 5 期。

白明峰：《中国传统和合理念与当代和谐文化建设》，青海师范大学 2008 年硕士毕业论文。

张立文、段海宝：《中国哲学三十年来的回顾与展望》，《社会科学战线》2008 年第 3 期。

张立文：《儒教伦理对和合经济发展的指导意义》，《探索与争鸣》2008 年第 2 期。

穆占劳：《论中国传统文化中的"和合"思想》，《理论前沿》2008 年第 3 期。

袁朝云：《从佛经翻译看中国文化的和合精神》，《中国宗教》2008 年第 1 期。

杨刚石、王华：《正确认识和对待中国传统文化中的"和合"思想》，《消费导刊》2008 年第 2 期。

王子今：《召公故事与汉代政治理念之"得民和"追求》，《秦汉研究》2008 年辑刊。

2009 年

向洪全：《殊途可否同归——解构主义与和合哲学的内在同质性探讨》，《第三届中西语言哲学国际研讨会论文摘要集》2009 年。

张英：《"和美"——"和合"视角下数学课堂的应运追求》，《云南教育》（小学教师）2009 年第 12 期。

黄英杰、王小丁、张茂恩：《西方自然主义教育思想的嬗变与和合》，《西华师范大学学报》（哲学社会科学版）2009 年第 6 期。

吴志杰、王育平：《论"和合"本体的非实体性特征》，《湖南科技大学学报》（社会科学版）2009 年第 6 期。

王素玲：《"和合"文化视阈下大学生文化素质教育审视》，《湖北第二师范学院学报》2009 年第 11 期。

郜得方：《浅谈我国的和合文化》，《中外企业家》2009 年第 22 期。

王贤卿、贺朝霞：《中华"和合"文化与建设社会主义核心价值体系》，《齐鲁学刊》2009 年第 6 期。

王永和：《弘扬中华和合文化增强中华民族凝聚力》，《宁夏社会科学》2009 年第 6 期。

黎亮：《"和合"文化与汉语国际推广》，《云南师范大学学报》（对外汉语教学与研究版）2009 年第 6 期。

孙超越、王震、孙理军、李翠娟：《论〈黄帝内经〉和合养生观》，《现代中医药》2009 年第 6 期。

宁林：《论"和合"文化视角下的民族法律文化现代化的路径选择》，《理论界》2009 年第 11 期。

向天渊：《构建现代汉语和合诗学》，《西南大学学报》（社会科学版）2009 年第 6 期。

张皓、王纯：《古典文献中的"和合"思想与当代和谐文化建设》，《历史文献研究》总第 28 辑。

张洪华：《和而不同和合而生——家庭教育、学校教育和社会教育合作的生态分析》，《当代教育论坛》（下半月刊）2009 年第 10 期。

杨毅：《树立"和合"理念妥善处理构建和谐社会中的宗教问题》，《河北省社会主义学院学报》2009 年第 4 期。

庄芒：《合力共进和谐共赢——和合系统：中国化直销系统的缔造者》，《知识经济》（中国直销）2009 年第 10 期。

夏青：《流域治污规划的和合目标》，《北京师范大学学报》（自然科学版）2009 年增刊第 1 期。

闫晓伟：《和合思想与整体课程范式》，《才智》2009 年第 29 期。

王守武：《浅议和谐社会建设和中国传统文化中"和合"思想》，《科技信息》2009 年第 28 期。

张皓：《古典文献中的"和合"思想与当代和谐文化建设》，《历史文献研究》2009 年辑刊。

范婷、丁鼎栋：《和合文化的哲学考察与现代价值》，《求索》2009 年第 9 期。

张立文：《〈周易〉的保合太和思想》，《儒学的当代使命——纪念孔子诞辰 2560 周年国际学术研讨会论文集》（第三册），2009 年。

温波：《和合文化视阈下现代慈善文化的构建》，《寒山寺文化研究院：寒山寺文化论坛论文集》，2009 年。

卓晓虹、闫舒丽：《和合文化与科学发展观》，《法制与社会》2009 年第 26 期。

王扬：《第二十五讲中国传统文化中的和合精神》，《辽宁省社会科学普及系列丛书 7——辽海讲坛·第五辑（历史卷）》，2009 年。

杨兵、李登：《"和合"思想与中国的和平发展道路》，《湖北省社会主义学院学报》2009 年第 4 期。

田正学：《西学东渐、中体西用及中国文化的和合精神》，《南阳师范学院学报》2009 年第 8 期。

哈洪双：《文明的和合——多元文化对滇西滇南伊斯兰建筑的影响》，《学理论》2009 年第 19 期。

李龙海：《中原文化的"和合"特征》，《华北水利水电学院学报》（社会科学版）2009 年第 4 期。

徐溪、杨杰：《视域融合——走向和合之境的语文阅读教学》，《昌吉学院学报》2009 年第 4 期。

冯秋瑜：《试论中药药性的和谐配伍——"和合"》，《第二届临床中药学学术研讨会论文集》，2009 年。

苏志明：《和合共生话复合》，《天风》2009 年第 7 期。

杨凤平：《和合精神与物业管理》，《理论界》2009 年第 7 期。

陈伟群：《论中华传统和合文化对新时期统战工作的现实价值》，《广东省社会主义学院学报》2009 年第 3 期。

张卫东：《构建和谐社会的始点——树立人本和合观》，《太原大学学报》2009年第2期。

贾晞儒：《和合精神是中华民族文化的特质——民族文化解读之三》，《柴达木开发研究》2009年第3期。

林建玲：《中国传统和合法律文化的初步考察》，《消费导刊》2009年第12期。

王建设：《古代“和合”思想与现代“和谐”理念的人文精神传承》，《中共郑州市委党校学报》2009年第3期。

刘菊香、农林：《和合文化与党际和谐》，《中央社会主义学院学报》2009年第3期。

赵录旺、江秀玲：《天道、王道与人道的和合之象——从作为一种文化符码的“乾陵”看唐人的审美境界》，《陕西教育学院学报》2009年第2期。

黄智丰：《论和合文化与和合管理——基于东方管理“人为”观的探索》，《兵团教育学院学报》2009年第3期。

康香阁：《著名哲学家张立文先生访谈录》，《邯郸学院学报》2009年第2期。

王颢：《形而上学的解脱——略论和合生生道体》，《邯郸学院学报》2009年第2期。

赵国付：《论周恩来的和合思想在国共合作中的作用》，《世纪桥》2009年第11期。

李佩英：《中国传统文化的和合精神及现实价值》，《湖湘论坛》2009年第3期。

朱丹：《和合精神与两岸文化交流》，首都师范大学2009年硕士毕业论文。

安辉：《中国古代的和合思想及其现代价值》，《法制与社会》2009年第14期。

张从益：《和合学途径的翻译研究》，《外语学刊》2009年第3期。

叶小文：《和谐世界众缘和合》，《中国宗教》2009年第4期。

张卫东：《管理学视角下人的和合性研究》，《电子科技大学学报》（社会科学版）2009年第2期。

叶隽：《思之和合：论歌德思维模式的拓新》，《外国文学研究》2009年第2期。

杜文婷：《中国传统文化中的“和合”思想——兼谈大学的和谐发展》，《成都大学学报》（社会科学版）2009年第2期。

朱海粟：《整体课程范式与和合思想》，《新学术》2009年第1期。

王扬：《中华和合文化及其当代价值》，《湖南省社会主义学院学报》2009年第2期。

王子今：《〈太平经〉中的“和合”意识探讨》，《中共中央党校学报》2009年第2期。

岳玲：《和合企业文化体系建设研究》，《中国劳动关系学院学报》2009年第2期。

黄智丰：《和合管理研究》，华侨大学 2009 年博士毕业论文。

王颖：《论和合学"自己讲"、"讲自己"的史观》，《现代哲学》2009 年第 2 期。

田光辉：《中华"和合"文化及其对现代管理的价值》，《湖南工程学院学报》（社会科学版）2009 年第 1 期。

冯敏英、李长江、冷树青：《继承和发扬中华民族的和合精神》，《江西青年职业学院学报》2009 年第 1 期。

方卫星：《高扬"和合文化"旗帜，促进 21 世纪和平与合作——为辅导本科生学习"建设中国特色社会主义文化"而作》，《中国集体经济》2009 年第 7 期。

白立强：《和合文化底蕴与市场机制效应——构建社会主义和谐社会的文化思考》，《商丘职业技术学院学报》2009 年第 1 期。

王育平、吴志杰：《中国传统"和合"文化探源》，《南京理工大学学报》（社会科学版）2009 年第 1 期。

黄智丰：《论和合文化与和合管理——东方管理"人为"观的探索》，《衡阳师范学院学报》2009 年第 1 期。

江涌、王成奎：《本土化语境下的大学制度创新：和合共生》，《国家教育行政学院学报》2009 年第 2 期。

李文芳、李文军：《基于"和合文化"的企业团队建设》，《重庆科技学院学报》（社会科学版）2009 年第 2 期。

李祥俊：《从对立统一到差异一体——新时期"斗争哲学"的解构与转生》，《哲学研究》2009 年第 1 期。

谢菊兰：《和合文化与"一国两制"》，《社科纵横》2009 年第 1 期。

伍玉林、赵金楼、李健：《"和合"文化与企业人力资源管理》，《科技管理研究》2009 年第 1 期。

夏红：《和合思想与刑事诉讼法再修改》，《河北法学》2009 年第 1 期。

2010 年

夏雪：《和合学：世纪之交的文化战略构想》，《山西高等学校社会科学学报》2010 年第 12 期。

姜朝晖、孙泊：《论"和合"文化范畴意蕴下的和平发展战略》，《南京政治学院学报》2010 年第 6 期。

钱纪芳：《试论和合翻译思想的文化底蕴》，《南昌大学学报》（人文社会科学版）
2010 年第 6 期。

马全奎：《弘扬"和合"文化建设和谐世界》，《商业文化》（学术版）2010 年第 11 期。

陈琳、陈巧玲：《浅谈"和合"精神对中美贸易关系的指导作用》，《中国商贸》2010
年第 26 期。

颜毓洁、雷超、王兴东：《试论企业和合文化的作用及建设》，《商业时代》2010 年
第 32 期。

陆玉林：《论多维视野中的和合观念研究》，《第四届寒山寺文化论坛——国际和合
文化大会论文集》，2010 年。

詹海雲：《和合学与儒道释文化》，《第四届寒山寺文化论坛——国际和合文化大会
论文集》，2010 年。

李东俊：《韩国精神史与和合文化的方法论的省察》，《第四届寒山寺文化论坛——
国际和合文化大会论文集》，2010 年。

苏简亚：《和合文化精神的守护者及其历史使命》，《第四届寒山寺文化论坛——国
际和合文化大会论文集》，2010 年。

陈欣雨：《解读和合》，《第四届寒山寺文化论坛——国际和合文化大会论文集》，
2010 年。

张永路：《试论"和合"与"和谐"》，《第四届寒山寺文化论坛——国际和合文化大
会论文集》，2010 年。

张立文：《和合与对话》，《第四届寒山寺文化论坛——国际和合文化大会论文集》，
2010 年。

难波征男：《日本的和合学试论Ⅰ》，《第四届寒山寺文化论坛——国际和合文化大
会论文集》，2010 年。

向洪全：《殊途可否同归——当解构主义际遇和合哲学》，《第四届寒山寺文化论
坛——国际和合文化大会论文集》，2010 年。

罗玉明：《王夫之的"和合"思想述论》，《第四届寒山寺文化论坛——国际和合文
化大会论文集》，2010 年。

李富强：《从〈春秋繁露〉看董仲舒的和合思想》，《第四届寒山寺文化论坛——国
际和合文化大会论文集》，2010 年。

张瑞涛：《和谐社会与和谐、和合哲学》，《第四届寒山寺文化论坛——国际和合文化大会论文集》，2010 年。

王颖：《爱与智慧的结晶》，《第四届寒山寺文化论坛——国际和合文化大会论文集》，2010 年。

宫玉振、孙寿祥：《和合价值观与中国传统兵学的文化性格》，《滨州学院学报》2010 年第 5 期。

孙建民、谢海星：《和合文化与中国传统战争价值理念》，《滨州学院学报》2010 年第 5 期。

刘君祖：《万国咸宁——〈孙子兵法〉与和合文化综论》，《滨州学院学报》2010 年第 5 期。

李桂生：《孔孟为体、孙吴为用——兵家和合思想的形态、建构与内涵》，《滨州学院学报》2010 年第 5 期。

杨新：《〈孙子兵法〉和合战略文化思想及其现代价值》，《滨州学院学报》2010 年第 5 期。

李会钦：《简论孔子的"和合"思想及其现代意义》，《商丘师范学院学报》2010 年第 10 期。

张运泉：《和合管理：现代管理发展的新向度》，《理论月刊》2010 年第 10 期。

姬立玲：《传统文化"和合"思想对构建和谐社会的价值启示》，《学理论》2010 年第 27 期。

张瑞涛：《和谐社会与和谐、和合哲学》，《青岛科技大学学报》（社会科学版）2010 年第 3 期。

李长泰：《〈管子〉的天地人和合观探析》，《管子学刊》2010 年第 3 期。

梁晓宇：《人民政协与"和合"文化》，《湖南省社会主义学院学报》2010 年第 4 期。

钱纪芳：《和合翻译思想初探》，《上海翻译》2010 年第 3 期。

金晖：《"和合"之学的历史蕴涵》，《信阳农业高等专科学校学报》2010 年第 2 期。

梁中天：《人体是无形之"有"与"有形实体"的和合物——回归中医的原点（二）》，《中医药文化》2010 年第 3 期。

高建立：《"和合"文化背景下昭君文化的价值生成》，《三峡论坛》（三峡文学：理论版）2010 年第 3 期。

刘淑芳、周明星：《走向和合："后危机"时代中等职业教育发展的新思维》，《职教通讯》2010 年第 5 期。

樊有平：《弘扬传统"和合"精神，着力构建高校和谐校园》，《中国成人教育》2010 年第 8 期。

陈忠宁：《传统和合思想与中国社会发展研究述评》，《江西师范大学学报》（哲学社会科学版）2010 年第 2 期。

温波：《和合文化视阈下现代慈善文化的构建》，《江西社会科学》2010 年第 4 期。

詹玉华：《儒家"和合"思想精髓对构建社会主义和谐社会的启示》，《重庆工商大学学报》（社会科学版）2010 年第 2 期。

莫运国：《和合学视角下的翻译研究》，《南昌大学学报》（人文社会科学版）2010 年第 2 期。

罗金：《"和合"哲学视角下的跨流域生态环境治理》，《传承》2010 年第 9 期。

李淑云：《高校思想政治理论课教学中和合理念的建构与演进》，《传承》2010 年第 9 期。

陈延庆：《论中国特色社会主义文化的实现模式——"和合"视阈下的探讨》，《青岛科技大学学报》（社会科学版）2010 年第 1 期。

刘延芹：《传统和合文化对人的全面发展的启示与价值研究》，山东大学 2010 年硕士毕业论文。

胡珊珊：《论和合思想与大学生思想政治教育研究》，长春工业大学 2010 年硕士毕业论文。

吴志杰、王育平：《和合本体论——中国传统"和合"文化研究系列之一》，《南京理工大学学报》（社会科学版）2010 年第 1 期。

陈忠宁、陈慧群、张氢、史康健：《传统和合思想本质含义探析》，《宜春学院学报》2010 年第 2 期。

桂莉、孙文沛：《东亚企业和合文化与全球文化共存》，《江汉论坛》2010 年第 2 期。

毛运海：《体育文化的哲学阐释与中西"和合"趋势》，《襄樊学院学报》2010 年第 2 期。

祁迪：《传统和合文化对和谐社会构建的借鉴意义》，《科技创新导报》2010 年第 5 期。

莫运国：《翻译和合说的哲学思考》，《上海翻译》2010 年第 1 期。

张立文：《管子道德和合新释》，《社会科学战线》2010 年第 2 期。

施元元：《和合文化与中国和平外交道路》，《才智》2010 年第 3 期。

孔陈焱：《和谐世界理念：和合文化启迪国际关系新思维——兼谈和合文化实现跨文化对话的进路》，《河北省社会主义学院学报》2010 年第 1 期。

陈维新、姜丽玲：《中华民族和合文化及化解外交矛盾的意义》，《东疆学刊》2010 年第 1 期。

高志明：《形式和形态的碰撞与融合——形式派文论与马克思主义文论在当代的和合之路》，《襄樊学院学报》2010 年第 1 期。

2011 年

秦文贤：《"和合文化"推进班集体建设》，《教育》2011 年第 36 期。

吴志杰：《和合文化生态观观照下的替代型翻译与吸收型翻译辨析》，《民族翻译》2011 年第 4 期。

涂浩然：《认同、规范与外交政策："和合"文化与中国外交战略的历史变迁》，《江南社会学院学报》2011 年第 4 期。

郭颖：《"和合"思想与中国共产党领导的多党合作制度》，《东方企业文化》2011 年第 24 期。

刘仲宇：《大道周行与和合共生——宗教和谐的道家资源》，《中国道教》2011 年第 6 期。

张立文：《化解冲突和危机的"和合学"》，《现代国企研究》2011 年第 12 期。

赵祖地、韩继伟：《和合思想在当代思想政治教育实践中的运用》，《浙江海洋学院学报》（人文科学版）2011 年第 6 期。

蔡国雄：《人民政协工作与"和合"思想文化的传承》，《人民政协报》2011 年 11 月 30 日。

彭永捷：《和生与仁生——论和合学之新仁学面向》，《学术界》2011 年第 11 期。

陈晓军：《儒家和合思想对高校辅导员工作的启示》，《辽宁农业职业技术学院学报》2011 年第 6 期。

涂浩然：《认同、规范与外交战略："和合"文化生成中的中国崛起》，《理论月刊》2011 年第 11 期。

张永路：《"自己讲"和"讲自己"：中国哲学的创新理论与实践》，《桂海论丛》2011

年第 6 期。

李红：《"和合"理念：江泽民外交思想的重要源泉》，《中国党政干部论坛》2011 年第 10 期。

韩继伟：《和合思想在当代思想政治教育实践中的运用》，《杭州电子科技大学》2011 年第 6 期。

徐长安：《儒家和合思想与和谐社会建设》，《中华文化与地域文化研究——福建省炎黄文化研究会 20 年论文选集》（第一卷），2011 年。

刘桂荣：《董仲舒对荀子和合思想的接受》，《合肥师范学院学报》2011 年第 5 期。

张瑞涛：《一体圆融、和合无碍——刘蕺山〈人谱〉工夫哲学探赜》，《人文杂志》2011 年第 5 期。

张卫东、刘存义：《试论基于和合文化中国式管理的双向激励》，《太原大学学报》2011 年第 3 期。

陈忠坤、许华鑫：《和合之道——跨媒体融合的制胜之本》，《中国广播》2011 年第 9 期。

任树民：《艺术特质视域下的"和合"阐释》，《武汉理工大学学报》（社会科学版）2011 年第 4 期。

王颢：《论中华和合思想的起源》，《吕梁学院学报》2011 年第 4 期。

陈忠宁：《传统和合思想中的"天命"与"道德"——以董仲舒"天人感应"说为例》，《社会科学论坛》2011 年第 8 期。

和金权：《浅论东巴文化中的"和合"思想》，《回顾与创新：多元文化视野下的中国少数民族哲学——中国少数民族哲学及社会思想史学会成立 30 年纪念暨 2011 年年会论文集》，2011 年。

袁迎春：《传统和合思想对构建社会主义和谐社会的启示》，《理论导报》2011 年第 7 期。

于忠亮：《和合公共管理对于高等教育管理的启示》，《现代商贸工业》2011 年第 14 期。

张超：《和合文化视域下的中华地方武术养生研究——以浙江台州为例》，《湖北体育科技》2011 年第 4 期。

吴志杰：《和合翻译研究刍议》，《中国翻译》2011 年第 4 期。

张永路：《和合方法：和合学的创新方法论》，《理论月刊》2011 年第 7 期。

张立文：《和合与对话》，《文史哲》2011 年第 4 期。

董丹丹：《传统和合思想对于构建社会主义和谐社会的价值研究》，西安科技大学 2011 年硕士毕业论文。

云葵：《基于和合思想的高校合并问题的对策思考——以云南省合并高校为例》，《云南电大学报》2011 年第 2 期。

梁涛：《"断裂"与"和合"——当下知识分子对农村介入的困境及出路》，《青岛科技大学学报》（社会科学版）2011 年第 2 期。

张立文：《和合管理学与人文精神》，《青岛科技大学学报》（社会科学版）2011 年第 2 期。

李艳明、丁娟：《"和合"文化与当代中国文化外交思想的构建》，《法制与社会》2011 年第 15 期。

黄家瑶：《和合思想：缓解现代性冲突的文化介入》，《社会科学家》2011 年第 5 期。

周秀菊、丁利锐：《中国传统"和合"哲学思想与和谐社会的构建》，《河北青年管理干部学院学报》2011 年第 3 期。

金海洋：《儒家和合世界政治思想研究》，南京大学 2011 年硕士毕业论文。

王卫平：《和合：中国传统文化的精华》，《苏州日报》2011 年 5 月 19 日。

姚忠普：《落实"四统一"的和合之道》，《中国电力企业管理》2011 年第 10 期。

孙凌宇：《"和合共生"：中国模式的价值向度》，安徽大学 2011 年硕士毕业论文。

王品珍：《中华武术文化"和合思想"在构建和谐社会中的价值和功能》，郑州大学 2011 年硕士毕业论文。

孙雪丽：《思与诗的和合》，中南民族大学 2011 年硕士毕业论文。

黄鹏：《从和合思想角度试论传统武术的文化特征及其现代发展趋势》，武汉体育学院 2011 年硕士毕业论文。

吴志杰：《中国传统译论研究的新方向：和合翻译学》，《南京理工大学学报》（社会科学版）2011 年第 2 期。

宋燕：《和合学视野下教师合作研修共同体建构的研究》，西南大学 2011 年博士毕业论文。

刘肖溢、刘金波：《接受·体悟·和合——对文化多样性视野下文论建设的思考》，

《长江学术》2011 年第 2 期。

董耀金、赵立国：《追溯传统"和合"文化构建和谐人际关系》，《新课程研究》（中旬刊）2011 年第 4 期。

卢照国：《和合视角下团队建设中的自我管理》，《绥化学院学报》2011 年第 2 期。

王恒亮、尉天骄：《论中国传统和合文化的现代转化》，《前沿》2011 年第 7 期。

章国中：《论"和合思想"与民族平等团结政策的价值取向》，青海师范大学 2011 年硕士毕业论文。

刘景慧：《和合文化与中国发展》，《怀化学院学报》2011 年第 3 期。

罗玉明、王秋娜：《王夫之的"和合"思想述论》，《怀化学院学报》2011 年第 3 期。

李富强、杨高男：《从〈春秋繁露〉看董仲舒的和合思想》，《怀化学院学报》2011 年第 3 期。

王秋娜、朱卫红：《浅析老子和合思想中的"不争"》，《怀化学院学报》2011 年第 3 期。

陈佩：《论社会主义和谐社会下"思想自由"与"思想政治教育"的和合统一》，《传承》2011 年第 8 期。

王科：《从多元和合的视角看中国特色社会主义的生成》，《哈尔滨师范大学社会科学学报》2011 年第 2 期。

陈欣雨：《朝斯夕斯悟和合自家体贴论创新——从对和合学的质疑说起》，《高校理论战线》2011 年第 3 期。

吴志杰、王育平：《和合认识论——中国传统和合文化研究》，《内蒙古社会科学》（汉文版）2011 年第 2 期。

陈忠宁：《中国传统和合思想历史演变考察（Ⅱ）——从天命到道德》，《宜春学院学报》2011 年第 3 期。

颜毓洁、藏晓辉：《和合人本管理及其当代价值探讨》，《商业时代》2011 年第 6 期。

姚魁武、薛燕星、熊兴江、薛伯寿：《中医学"和合"思想渊源探析》，《世界中西医结合杂志》2011 年第 2 期。

龚孟伟：《"和合"思想与"和合教学文化"共同体的建构》，《教育研究与实验》2011 年第 1 期。

李建成：《和合理念小考》，《天水行政学院学报》2011 年第 1 期。

阎建明：《中华和合思想在西部公证文化合作与交流过程中的时代价值》，《中国公证》2011 年第 2 期。

陈忠宁：《中国传统和合思想历史演变考察（Ⅰ)》，《宜春学院学报》2011 年第 2 期。

胡耀宗、蔡先金、宋尚桂：《和合哲学视野中的地方大学人才培养模式创新——基于 S 大学的探索与实践》，《山东教育学院学报》2011 年第 1 期。

胡莉莉：《鲁迅文学翻译作品的"和合学"思想探析》，《西安电子科技大学学报》（社会科学版）2011 年第 1 期。

林荫：《传统和合思想的旅游审美启示》，《广西社会科学》2011 年第 1 期。

陈思宁：《浅谈"和合文化"的现代意义——马克思主义与中国传统和合文化的结合》，《改革与开放》2011 年第 2 期。

张立文：《和合学——全球化时代的中国哲学》，《苏州科技学院学报》（社会科学版）2011 年第 1 期。

李海军：《从跨文化操纵到文化和合》，上海外国语大学 2011 年博士毕业论文。

2012 年

李学、吴照：《论和合思想与语文课程》，《教育与教学研究》2012 年第 12 期。

曹益民：《论军事和合管理》，《中国行政管理》2012 年第 12 期。

刘春蕊：《苏州和合文化与和谐社会》，《中外企业家》2012 年第 23 期。

王玉红：《和合发展：中国对非洲援助研究》，吉林大学 2012 年博士毕业论文。

陈振国：《和合生一：文化融合造就一体的社会》，华中师范大学 2012 年博士毕业论文。

孙健灵：《论"和合发展观"》，《曲靖师范学院学报》2012 年第 6 期。

卢晶晶：《和合视角下的林纾前期翻译活动》，《长春工业大学学报》（社会科学版）2012 年第 6 期。

王竹波、杨征：《从"和"、"中和"、"和合"看和谐的历史演变》，《社科纵横》2012 年第 11 期。

张霞红：《浅谈"和合"教育文化下的小组合作学习》，《中学教学参考》2012 年第 32 期。

易开刚：《多元理性的冲突调和与和谐建构——基于个众和合的视角》，《社会科学战线》2012 年第 11 期。

陶天华：《人民政协工作与"和合"思想文化的传承》，《四川政协报》2012年11月1日。

罗毅：《对内整合对外融合——湖南广播的和合之道》，《中国广播电视学刊》2012年第10期。

王子鸣、管淑波：《和合文化视域下的高校师德建设探究》，《绥化学院学报》2012年第5期。

叶青：《走向和合——教育政策与教育法规的终极归宿》，《唐山师范学院学报》2012年第5期。

许正龙：《和合——穿越阿尔博加时空的日志》，《雕塑》2012年第5期。

贺俊杰、聂庆艳：《李瑞环和合思想述论》，《浙江理工大学学报》2012年第5期。

齐镭：《和合大美：永定客家土楼的空间与生活》，《中国旅游报》2012年9月10日。

彭龙富：《论"和合"文化在行政管理中的价值》，《琼州学院学报》2012年第4期。

毛莹：《中国传统和合文化对高校班集体建设的启示》，《北方文学》（下半月）2012年第8期。

郑卫林：《以和合文化为核心构建班级和谐文化的探索》，《课程教育研究》2012年第24期。

王振海：《着力构建"和合"企业文化》，《陕西日报》2012年8月7日。

李舒东：《汉纳民族和合的壮丽史诗》，《电视研究》2012年第8期。

马平：《文化的"多元融通"与民族的"和合共生"》，《回族研究》2012年第3期。

李江华：《"空降"干部与"土著"干部的和合之道》，《领导科学》2012年第22期。

孙俊华、高健：《研究生培养模式的"和合"之路研究》，《中国研究生》2012年第7期。

丁润生：《阴阳对待和合是华夏辩证思维的基本特征和规律——兼谈对立统一规律无助于建构和谐社会》，《中国思维科学研究论文选2011年专辑》，2012年。

黄静：《和合思维与和谐社会构建》，《中国思维科学研究论文选2011年专辑》，2012年。

于沛利：《论和合管理的核心价值观》，《商业时代》2012年第19期。

王德书：《践行和合文化凝聚发展动力》，《河北教育》（综合版）2012年增刊第1期。

李舒东：《民族和合的壮丽史诗》，《人民日报》2012年6月26日。

吕振兴：《"和合"——核心价值观的台州元素》，《观察与思考》2012 年第 6 期。

王健、张新友：《儒家和合管理思想对企业培训的影响》，《临沧师范高等专科学校学报》2012 年第 2 期。

仲彬、俞振宇：《周恩来军事伦理中的"和合"思想探析》，《海军工程大学学报》（综合版）2012 年第 2 期。

徐虎泼：《"和合思想"在构建和谐社会中的作用》，《郑州日报》2012 年 6 月 8 日。

王琳彬：《"和合"视角下的大学生生命价值观教育研究》，西南石油大学 2012 年硕士毕业论文。

胡雅丽：《和合共生要社会主义和谐社会的理论与实践研究》，南京林业大学 2012 年硕士毕业论文。

田磊：《中国传统和合思想与企业和谐文化建设》，《知识经济》2012 年第 10 期。

王弘：《和合翻译学：从理想到现实》，《牡丹江教育学院学报》2012 年第 3 期。

张立文：《和合学三界的建构》，《华南师范大学学报》（社会科学版）2012 年第 2 期。

朱美宁：《以和合文化构建大学生网络思想政治教育新模式》，《温州职业技术学院学报》2012 年第 1 期。

黄建东：《和合思想在当代大学生思想政治教育中的运用研究》，吉林财经大学 2012 年硕士毕业论文。

黄鹂：《试论和合思想下传统武术现代发展趋势》，《搏击》（武术科学）2012 年第 2 期。

吴志杰：《和合翻译学论纲》，《广西大学学报》（哲学社会科学版）2012 年第 1 期。

杜玉娟、马巧丽：《传统和合思想与爱国统一战线研究》，《当代教育理论与实践》2012 年第 2 期。

宫春科：《文化的止战力量——读〈和合学概论——21 世纪文化战略构想〉》，《党政论坛》2012 年第 2 期。

胡雯：《浅议统一战线的"和合"思想与构建和谐社会的关系》，《科技信息》2012 年第 5 期。

李霞：《从翻译过程的"合"到翻译成果的"和"——"和合"翻译学始末》，《唐山师范学院学报》2012 年第 1 期。

张立文：《和合学及其现实意义》，《辽宁大学学报》（哲学社会科学版）2012 年第 1 期。

安同江、刘阳、车慧颖：《中国古典园林中的"和合"文化探析》，《辽宁农业职业技术学院学报》2012 年第 1 期。

吴志杰、王育平：《和合实践论——中国传统和合文化研究》，《内蒙古社会科学》（汉文版）2012 年第 1 期。

2013 年

徐刚、黄训美：《比较与诠释：儒家和谐社会管理思想与现代公关理念》，《公关世界》2013 年第 12 期。

孙刚：《基于"和合"理念的武德审美文化研究》，《山东体育学院学报》2013 年第 6 期。

张辉：《从和合翻译说视角看汉法翻译中的冲突与融合》，《科教文汇》（上旬刊）2013 年第 12 期。

陈雅楠、许媛媛：《当代"和合"精神人格应规避"机械趋同"》，《黑龙江史志》2013 年第 23 期。

傅燕翔：《中国传统工艺的哲学之思：和合融通》，《湖南社会科学》2013 年第 6 期。

刘清、胡伟：《和合文化及其现代价值探微》，《黄河科技大学学报》2013 年第 6 期。

金炳镐：《文德、教化与和合精神》，《贵州民族报》2013 年 11 月 1 日。

安玉娟：《"世界历史"理论中的"和合"意蕴》，《衡水学院学报》2013 年第 6 期。

纪光欣、张瑞涛：《中国传统和合管理思想的当代价值》，《青岛科技大学学报》（社会科学版）2013 年第 3 期。

姜丹丹：《和合文化与和谐校园的育人文化》，《黑河学刊》2013 年第 10 期。

杨永亮：《论马克思主义与中国传统文化和合的三个维度》，《贵阳学院学报》（社会科学版）2013 年第 5 期。

魏义霞：《和合学与中国哲学》，《学术界》2013 年第 10 期。

白明峰：《探究中国传统"和合"理念的内涵、特征及其时代精神》，《考试周刊》2013 年第 83 期。

李力争：《中华和合文化与构建和谐社会》，《科技创业月刊》2013 年第 10 期。

李箭飞：《论中国传统文化"和合"思想与大学生思想政治教育》，《才智》2013 年第 27 期。

薛再年、郑清璇、梁惠娥：《解读唐朝服饰宝花纹中的和合文化》，《丝绸》2013 年第 9 期。

杨慧、许之屏、龙博：《浅析"和合文化"与体育的关系》，《湖北体育科技》2013年第 9 期。

沈松勤：《"和合之学"中的古代文学研究》，《东吴学术》2013 年第 5 期。

姚炎祥：《"和·和合·和谐"之思考》，《苏州科技学院学报》（社会科学版）2013 年第 5 期。

谢芳、王学锋：《论王夫之和合思想及其当代启示》，《衡阳师范学院学报》2013 年第 4 期。

王雅瑶、董敢为：《和合文化对于现代企业文化建设的导向性》，《现代经济信息》2013 年第 15 期。

王超：《马列主义文化与中国文化的和合加强和改进大学生德育窥探》，《法制与社会》2013 年第 19 期。

魏爽、穆春勇：《中华和合文化与大学和谐校园建设略论》，《黑龙江高教研究》2013年第 7 期。

刘晓潇：《新时期统战文化："和合"理念的真正实现》，《山西社会主义学院学报》2013 年第 2 期。

刘菊香：《浅析和合文化与"同心"思想》，《福建省社会主义学院学报》2013 年第 3 期。

孟淑媛：《真妄和合与本觉自证——〈大乘起信论〉"心灵环保"义趣探析》，《世界宗教文化》2013 年第 3 期。

石双华：《和合学视域下的婚姻观》，《东方论坛》2013 年第 3 期。

王义桅：《以和合共生实现三重超越——中国的新型大国关系理论基石》，《人民论坛·学术前沿》2013 年第 12 期。

王德书：《从"和合"思想到"锐角发展观"》，《中国德育》2013 年第 11 期。

周铁农：《中国梦本身就是一个"和合"的梦》，《人民论坛》2013 年第 16 期。

胡鞍钢：《中国的伟大复兴是和合文明的复兴》，《人民论坛》2013 年第 16 期。

张立文：《和合外交与新型大国关系的思议》，《人民论坛·学术前沿》2013 年第 11 期。

孟淑媛：《真妄和合与本觉自证——〈大乘起信论〉"心灵环保"义趣探析》，《新疆社会科学》2013 年第 3 期。

钱纪芳：《和合翻译思想之整体模型研究途径》，《上海翻译》2013年第2期。

戴玉霞、樊凡：《和合理论关照下的苏轼禅诗英译研究》，《外语教学》2013年第3期。

许媛媛：《社会转型期"和合"精神人格研究》，南京信息工程大学2013年硕士毕业论文。

刘丰：《"和合"思想在企业文化建设中的应用研究》，西北农林科技大学2013年硕士毕业论文。

谢芳、王学锋：《浅论王船山和合思想及其当代启示》，《船山学刊》2013年第2期。

刘倩、陈爽：《传承儒家和合思想提升公民道德修养》，《延边党校学报》2013年第2期。

马韶青：《"和合"时代的企业重组》，《中国物业管理》2013年第4期。

柳翔浩：《和合视域下跨境民族地区中学生国家认同教育研究》，西南大学2013年博士毕业论文。

周治滨、陈明财：《和合共生实现中华各民族文化的伟大复兴》，《科学社会主义》2013年第1期。

曾庆栋：《论"和合"传统文化对中国外交政策的影响》，《党史文苑》2013年第4期。

贾平：《浅析和合思想对整体课程观的影响》，《学理论》2013年第5期。

张立文：《儒家和合生态智慧》，《黑龙江社会科学》2013年第1期。

侯晓利、王炳军：《论贵和尚中的和合文化及和谐社会的建设》，《文学界》（理论版）2013年第1期。

高懿德：《"和合哲学"应对当今时代困境的失误及其理论与学理逻辑批判》，《鲁东大学学报》（哲学社会科学版）2013年第1期。

2014年

罗付灵：《跨文化交际视阈下的客家之和合文化价值观》，《鞍山师范学院学报》2014年第5期。

向世陵：《礼乐和合的社会治理与理想秩序》，《中国儒学》2014年辑刊。

袁浩：《"尚和合"文化传统及其对社会主义核心价值观的涵养作用》，《中学政治教学参考》2014年第36期。

董凌：《当代包装设计中的传统"和合"文化研究》，《美与时代》（中）2014年第12期。

游洛屏：《以民族和合理论完善民族区域自治制度》，《中央社会主义学院学报》2014 年第 6 期。

王一胜：《精细化与和合文化：口述史视野中的义乌敲糖帮》，《史林》2014 年专刊第 1 期。

张立文：《儒家视域中的正义与和合》，《人民政协报》2014 年 12 月 8 日。

唐建军：《中国古典乐曲的阴柔之美、阳刚之美与阴阳和合之美》，《赤峰学院学报》（汉文哲学社会科学版）2014 年第 11 期。

袁静：《传统文化"和合"思想对学生教育的启示——以高校少数民族学生为例》，《东方企业文化》2014 年第 22 期。

郭妍红、王力年：《和合思想在企业思想政治工作中的作用研究》，《科技展望》2014 年第 22 期。

孙宪华：《互联互通和合共赢》，《中国企业报》2014 年 11 月 18 日。

雷信来、刘荣：《传统和合思想与族际政治治理》，《云南行政学院学报》2014 年第 6 期。

和文：《浅谈"和合"文化在培育和践行社会主义核心价值观中的作用》，《创造》2014 年第 11 期。

方国根：《张立文教授执教 55 周年暨"和合学与中国哲学创新"学术研讨会》，《学术界》2014 年第 11 期。

袁庆晖：《两种理论的差异及其和合》，《河北师范大学学报》（教育科学版）2014 年第 6 期。

陈国强：《和合文化对银行企业文化建设的导向性》，《东方企业文化》2014 年第 21 期。

李丰：《社会治理模式变革：基于"和合思想"的思考》，《党政研究》2014 年第 6 期。

吴芳：《简论周恩来"和合协力"的人文精神》，《文教资料》2014 年第 31 期。

李伟兰：《和合翻译观视阈下的科技翻译伦理》，《郑州航空工业管理学院学报》（社会科学版）2014 年第 5 期。

耿奖研、路强：《"和合学"的实践与当代中国哲学核心话题——再访张立文教授》，《晋阳学刊》2014 年第 5 期。

纪光欣、毛彬华：《"礼运大同"与"富民安人"——传统社会管理思想中的和合目标观》，《青岛科技大学学报》（社会科学版）2014年第3期。

李蓍材：《王勃〈滕王阁序〉儒、道和合思想解析》，《新西部》（理论版）2014年第15期。

邓双全、叶小玲：《"中和"与"和合"的关系探讨——兼论二者的现实价值》，《中共济南市委党校学报》2014年第4期。

王颂：《用和合思维推进和谐校企文化建设》，《科技创业月刊》2014年第8期。

范兴兴：《〈考工记〉中的"和合"思想》，《黑龙江史志》2014年第11期。

贾新奇：《尚和合》，《时事报告》2014年第8期。

武品品：《和合文化观下对外汉语文化推广策略探究》，《语文学刊》2014年第15期。

杨兰：《我国新型城市化的和合性思考》，《理论观察》2014年第7期。

超威宣：《"和合"文化助推企业发展》，《中国有色金属》2014年第14期。

吴芳：《周恩来"和合协力"的人文精神及其时代价值》，《漯河职业技术学院学报》2014年第4期。

张立文：《崇尚和合的民族精神》，《中国文化报》2014年7月10日。

范宏斌：《中华文明是当代中国与他国和合共生的现实保证》，《兰州日报》2014年7月2日。

陈力祥：《论船山之礼和合哲学价值彰显的四个基本维度》，《中南大学学报》（社会科学版）2014年第3期。

王诗露：《中华和合传统与文化软实力》，《学习月刊》2014年第12期。

吴志国：《从"和合"思想来理解中国目前的政党制度与协商民主》，《湖南省社会主义学院学报》2014年第3期。

肖群忠：《尚和合》，《中国教育报》2014年6月6日。

方逸梅：《和合思想视域下我国家庭伦理道德重建》，苏州科技学院2014年硕士毕业论文。

窦艳梅：《传统中国社会的和合梦》，《中学政治教学参考》2014年第15期。

李昕宇：《科学认识"和合学"的思想精华》，《科技视界》2014年第14期。

王硕民：《论〈管子〉和合谐辑观对强军的启示》，《2014第九届全国管子学术研讨会交流论文集》，2014年。

徐志林：《〈吕氏春秋〉中"和合"饮食文化初探》，《广东第二师范学院学报》2014

年第 2 期。

孙洪波：《在全球化和反全球化中构建"和谐世界"——基于中华民族"和合文化"的新视角》，《辽东学院学报》（社会科学版）2014 年第 2 期。

段宝林：《中华龙与和合文化》，《中国文化报》2014 年 4 月 8 日。

答小群：《圣俗和合持正守中——宗教适应中国社会主义社会之未来思考》，《当代中国民族宗教问题研究》（第 8 集），2014 年。

唐娇华：《论高校和合型师生关系的构建》，《现代企业教育》2014 年第 6 期。

张立文：《和合中华哲学思潮的探析》，《北京大学学报》（哲学社会科学版）2014 年第 2 期。

向世陵：《理想之治的社会调节——以礼乐和合为中心》，《探索与争鸣》2014 年第 2 期。

温勇：《〈周易〉与和合》，《光明日报》2014 年 2 月 11 日。

唐娇华：《和合理论：构建和谐师生关系的基础》，《现代企业教育》2014 年第 2 期。

宫长义：《和合文化的成功实践》，《建筑》2014 年第 2 期。

郭智勇：《"尚同"与"尚贤"：墨子政治和合的伦理路径探析》，《东南大学学报》（哲学社会科学版）2014 年第 1 期。

沈松勤：《古代文学的"和合"秉性与"和合"研究》，《文学遗产》2014 年第 1 期。

胡亚婷：《和合文化在商业广告中的运用分析》，《湖北第二师范学院学报》2014 年第 1 期。

高育红、朱峻仪：《浅议我国多党合作制度中的"和合"精神》，《中国统一战线》2014 年第 1 期。

金炳镐：《文德、教化与和合精神》，《贵州民族报》2014 年 1 月 14 日。

2015 年

安芳芳：《和合文化实践研究》，苏州科技学院 2015 年硕士毕业论文。

张立文：《正义与和合：当代危机的化解之道》，《人民论坛·学术前沿》2015 年第 14 期。

吴莎：《张立文和合学思想研究》，湘潭大学 2015 年硕士毕业论文。

张立文：《尚和合的时代价值》，《浙江学刊》2015 年第 5 期。

王广禄：《和合文化是中华传统文化的精髓》，《中国社会科学报》2015 年 1 月 26 日。

赵启迪：《〈论语〉中的"和合"政治思想探究》，河北师范大学 2015 年硕士毕业论文。

余潇枫、张泰琦：《"和合主义"：建构"国家间认同"的价值范式——以"一带一路"沿线国家为例》，《西北师大学报》（社会科学版）2015 年第 6 期。

梁立新：《试论和合文化的当代价值》，《台州日报》2015 年 7 月 22 日。

陶火生：《生态和合精神及其当代化》，《南京林业大学学报》（人文社会科学版）2015 年第 4 期。

周勤勤：《中国传统和合思想及其当代价值》，《江南大学学报》（人文社会科学版）2015 年第 6 期。

张玉柱：《当今社会仍需"尚和合"》，《人民日报》2015 年 1 月 16 日。

郭永琴：《和合思想是尧文化的灵魂》，《临汾日报》2015 年 8 月 6 日。

倪世雄：《习近平"和合"外交思想》，《人民论坛》2015 年第 19 期。

徐圣选：《和合文化与现实》，《科技日报》2015 年 11 月 13 日。

赵亚元：《钱穆中国文化"和合性"思想探究》，沈阳师范大学 2015 年硕士毕业论文。

高建旺：《和合思想的文学阐释》，《中国社会科学报》2015 年 7 月 27 日。

张立文：《尚和合的心灵境界》，《船山学刊》2015 年第 2 期。

方同义：《立文·立道·立人——张立文先生"和合"理念的阐释与评价》，《宁波大学学报》（人文科学版）2015 年第 6 期。

赵伟伟：《和合理论的入口——基于通与和合关系的视角》，《边疆经济与文化》2015 年第 2 期。

谢颖：《气候变化的和合之思》，《人民政协报》2015 年 11 月 30 日。

郭胜强：《和合文化之探源——兼论殷商时代对和谐社会的构建》，《黄河科技大学学报》2015 年第 2 期。

赵伟伟：《〈黄帝内经〉中的"和合"思想研究》，苏州科技学院 2015 年硕士毕业论文。

朱高正：《儒家视域中正义与和合对重建国际秩序的意义》，《黑龙江社会科学》2015 年第 1 期。

孟涛、张丹晶：《和合文化在建设社会主义协商民主中的价值》，《天津中德职业技术学院学报》2015 年第 3 期。

夏学銮：《"和合"思想：文化基因与价值取向》，《人民论坛》2015 年第 19 期。

张瑞涛、李宗双：《论尚和合的哲学性格》，《黑龙江社会科学》2015 年第 6 期。

张立文：《论气候和合学》，《探索与争鸣》2015 年第 10 期。

王向清、吴莎：《论张立文和合学"五和"原理及其现实意义》，《邵阳学院学报》（社会科学版）2015 年第 2 期。

谢东璋：《和合学简述》，《大众文艺》2015 年第 17 期。

吴春梅、雷定鹏：《中国传统和合文化视阈下的中国梦研究》，《武汉科技大学学报》（社会科学版）2015 年第 5 期。

陈玮：《族规家训和合之美》，《经济日报》2015 年 2 月 1 日。

叶礼熙、林冈：《"和合"是新时期统战文化的本质特征》，《闽江学院学报》2015 年第 4 期。

庞二建：《论叶适的和合思想》，《语文学刊》2015 年第 22 期。

赵德利：《庙会文化中的和合精神——以关陇地区传统庙会为例》，《宝鸡文理学院学报》（社会科学版）2015 年第 3 期。

祝春梅、宋治非：《论大学生思想政治教育中的传统"和合"思想》，《齐齐哈尔大学学报》（哲学社会科学版）2015 年第 7 期。

向东春：《"和合"视域下的现代大学学术制度创新》，《求索》2015 年第 8 期。

韩建芳：《论"和合文化"理念下的中学教学变革》，《江苏教育研究》2015 年第 34 期。

张乐平、裴庆祺、李国宏、徐小旋、吴为民：《从"命运共同体"视角管窥来华留学博士研究生培养中的"和合共生"》，《科技创新导报》2015 年第 15 期。

马娟娟：《"和合文化"造就和谐课堂》，《新课程学习》（下）2015 年第 1 期。

王向清：《张立文和合学之"五和"原理》，《北京日报》2015 年 2 月 9 日。

米霞：《论民族高校思想道德教育中的和合文化教育》，《湖北经济学院学报》（人文社会科学版）2015 年第 3 期。

徐仪明、刘胜、吴喜悦：《和合学视野下的少数民族传统生态文化——以湖南江华壮族为例》，《湖湘论坛》2015 年第 4 期。

胡鞍钢：《和合思想与中国伟大复兴》，《国情报告第十六卷 2013 年》，2015 年。

张立文：《中国哲学的时代价值——建构和合世界新秩序》，《探索与争鸣》2015 年第 3 期。

李安娜：《培育企业党组织"和合共同体"》，《台州日报》2015 年 7 月 26 日。

马继萍、胡杰：《从系统"和合"看微信档案资讯平台建设》，《湖北档案》2015 年第 3 期。

刘慧霞：《论工具理性与价值理性的冲突与和合》，《湖北科技学院学报》2015 年第 11 期。

贾应生：《"无我"自治与"和合"共治——佛教"净治"理念探析》，《中国非营利评论》2015 年第 1 期。

沈建荣：《和合文化视域下的教育转型之路》，《华夏教师》2015 年第 11 期。

庄跃成：《着力打造两新组织"和合共同体"》，《今日浙江》2015 年第 7 期。

肖永奎：《"和合学与中国哲学创新"研讨会综述》，《哲学动态》2015 年第 4 期。

田洪赋：《差异发展和合共生》，《中国中医药报》2015 年 10 月 21 日。

张英：《"和合"视角下的师生关系之我见》，《内蒙古教育》2015 年第 9 期。

姚咏梅：《为"和合"文化而来——2015 全国企业文化（超威集团）现场会召开》，《中外企业文化》2015 年第 12 期。

雷振岳：《来论新媒体要多汲取统战部门的"和合"精髓》，《房地产导刊》2015 年第 6 期。

朱丽霞：《和合共生——元代帝师与汉地佛教的关系》，《西藏研究》2015 年第 5 期。

陈欣雨：《立心和合、析古出今——论〈中国哲学思潮发展史〉的学术特色》，《学术研究》2015 年第 10 期。

陈红、田强：《自强与和合：土家族茶叶种制技艺与饮用习俗的文化内涵》，《理论月刊》2015 年第 9 期。

侯敏：《钱穆〈晚学盲言〉的"和合"观念及其价值诉求》，《江南论坛》2015 年第 9 期。

吴环：《从锱铢必较到和合共生——利益衡量论下的民事合同履行宽容精神研究》，《全国法院第二十六届学术讨论会论文集：司法体制改革与民商事法律适用问题研究》，2015 年。

吴志杰：《和合翻译学视野中的翻译价值观》，《翻译论坛》2015 年第 3 期。

艾斐：《崇尚"和合"之道遵奉"共赢"之则》，《先锋队》2015 年第 22 期。

张立文：《论儒学的创新》，《中国人民大学学报》2015 年第 3 期。

张立文：《和实力的意蕴》，《福建理论学习》2015 年第 9 期。

彭永捷：《外交战略"如何运用实力"》，《人民论坛》2015 年第 19 期。

刘绪晶、曾振宇：《张载"和"思想新探——太和与感》，《孔子研究》2015 年第 4 期。

陈水胜：《"和主义"：对中国特色国际关系理论的探讨》，《公共外交季刊》2015 年第 3 期。

张立文、WangZhiguang：《礼乐文明与文化自信》，《孔学堂》2015 年第 1 期。

2016 年

徐平：《天台以和合文化为魂建设"和合圣地"》，《台州日报》2016 年 9 月 21 日。

李相勋：《王夫之之礼与政治和合相契何以可能》，《衡阳师范学院学报》2016 年第 5 期。

杨胜杰：《弘扬和合文化建设和谐家园》，《浙江日报》2016 年 10 月 18 日。

张立文：《王霸之道与和合天下》，《人民论坛·学术前沿》2016 年第 20 期。

黄翠新：《"和合哲学"视角下的生态道德责任培育——以"马克思主义基本原理概论"课为例》，《现代教育科学》2016 年第 2 期。

易平：《基于"和合"文化的包装设计新路径》，《包装工程》2016 年第 12 期。

杨莅丹：《"和合文化"在对外汉语教学中的传播》，湖南师范大学 2016 年硕士毕业论文。

王延欣：《和合思想对维护我国文化安全的启示》，青海师范大学 2016 年硕士毕业论文。

冯鹏志：《尚和合中华心民族魂》，《人民日报》（海外版）2016 年 11 月 1 日。

左亚文、侯文文：《中华和合哲学及其现代价值》，《文化软实力研究》2016 年第 4 期。

肖碧跃、郭艳幸、何清湖、郭珈宜、孙贵香、刘密：《"和合"哲学思想对平乐正骨理论的影响》，《中华中医药杂志》2016 年第 3 期。

纪光欣、赵国光：《论和合人性假设及其管理价值》，《科学与管理》2016 年第 3 期。

胡先锐：《和合思想在学校教育中的运用研究》，《郑州航空工业管理学院学报》（社会科学版）2016 年第 5 期。

李琴：《中国传统和合文化对大学生心理健康教育的价值研究》，辽宁工业大学 2016

年硕士毕业论文。

戴玉霞、刘建树：《和合翻译理论的哲学之思》，《外语学刊》2016 年第 2 期。

左金众：《佛教和合文化与"海上丝路"的和平发展》，《攀登》2016 年第 5 期。

王红英：《传统文化与习近平"和合"外交思想》，《人民论坛》2016 年第 2 期。

杨丽：《以"和合"文化涵养社会主义核心价值观》，《中学政治教学参考》2016 年第 3 期。

钱耕森：《史伯论"和合""和生""和同"》，《衡水学院学报》2016 年第 6 期。

刘清：《和合——中华之生态智慧》，《牡丹江教育学院学报》2016 年第 5 期。

张磊：《和衷共济和合共生》，《经济日报》2016 年 9 月 5 日。

张小静：《习近平"和合"外交思想探略》，《中学政治教学参考》2016 年第 21 期。

柳悦霄：《论"和合"思想在中国书法中的表现》，《中国书法》2016 年第 12 期。

陈霞：《和合文化对我国当下生态文明建设的价值启示》，《无锡商业职业技术学院学报》2016 年第 1 期。

张永路：《〈国语〉和合思想论析——从〈越语〉"天地人相参"说起》，《理论界》2016 年第 9 期。

李海玲：《"和合学"的"融突"思维》，《湖北经济学院学报》（人文社会科学版）2016 年第 4 期。

韩建芳：《和合文化及其现代教育价值》，《江苏教育研究》2016 年增刊第 1 期。

刘杏梅、卢舒程：《〈管子〉和合思想对现代企业和谐管理的启示》，《阜阳师范学院学报》（社会科学版）2016 年第 6 期。

李春光：《和合翻译理论视阈下的对外文化传译研究》，《理论观察》2016 年第 3 期。

黄翠新：《论和合文化与生态自由的哲学基础》，《知与行》2016 年第 3 期。

徐旎虹、翁维琴：《构建"和合"课堂拓宽思品领域》，《文教资料》2016 年第 9 期。

赵玉枝、范秀英：《论传统和合思想与大学生思想政治教育》，《赤峰学院学报》（汉文哲学社会科学版）2016 年第 7 期。

钱纪芳：《基于太极图式的和合翻译思想之"象"体系建构》，《上海翻译》2016 年第 4 期。

谢涛、徐健众：《从和合思想论脾胃是五脏气机和合的中心》，《北京中医药》2016 年第 7 期。

秦爱逊：《〈考工记〉"和合"思想在古琴制作中的体现》，《苏州工艺美术职业技术学院学报》2016 年第 4 期。

胡先锐：《试论和合文化的走向》，《商》2016 年第 5 期。

单宇、范武邱：《古代哲学、古典文论与传统译论之和合》，《湖南科技大学学报》（社会科学版）2016 年第 2 期。

黄鹂、吴佳贤：《从和合思想角度探析武术的价值取向与发展路向》，《南京体育学院学报》（自然科学版）2016 年第 5 期。

姚楚昀：《和合设计思维下的助老产品设计研究》，《美术教育研究》2016 年第 5 期。

宋虹桥：《终南儒释道互补的和合文化》，《人民论坛》2016 年第 23 期。

陆贵山：《对和合文化的辩证分析》，《文艺理论与批评》2016 年第 4 期。

贾冬梅：《儒家"和合"思想在现代社会中的价值释义》，《求知导刊》2016 年第 5 期。

韩雪梅：《基于设计心理学的老年人用品和合设计研究》，《工业设计》2016 年第 6 期。

练力华：《风水文化的本质是和合》，《建筑与文化》2016 年第 5 期。

田梦佳：《和合文化视域下的自由与责任关系探究》，《淮海工学院学报》（人文社会科学版）2016 年第 10 期。

陈同乐、田甜：《"和·合"——如何展示中国传统文化中的和谐之道》，《文物天地》2016 年第 4 期。

沈建荣：《和合教育：寻求文化塑校的至高点》，《生活教育》2016 年第 5 期。

李兴阳、程芳芳：《边地叙事中的民族和合与大中华意识——新世纪中国少数民族题材电视剧研究》，《民族艺术研究》2016 年第 2 期。

翟媛媛：《和合共生道教的生态和谐思想》，《中国宗教》2016 年第 5 期。

卢玲：《试论家庭教育的和合——从家教不一致谈起》，《酒城教育》2016 年第 2 期。

吴宁、王璐：《社会主义核心价值观建设中马克思主义与儒学的和合》，《价值论与伦理学研究》2016 年第 2 期。

相昌虎：《中国传统文化中"和合"思想对散打运动的指导作用》，《成都航空职业技术学院学报》2016 年第 3 期。

闫永祥、郑杰：《阴阳和合思想在故宫建筑中的表象研究——以太和殿为个案》，《现代装饰（理论）》2016 年第 9 期。

崔皓城：《军事和合管理的相关探讨》，《科技展望》2016 年第 17 期。

孙继才：《走向和合：构建现代职业教育体系的逻辑路径》，《连云港师范高等专科学校学报》2016年第1期。

李林洪：《"有象斯有对"：马克思主义文化政治学视阈下的社会主义核心价值观与传统文化关系研究》，《湖北省社会主义学院学报》2016年第6期。

杜飞进：《弘扬"和合"思想促进"一带一路"建设》，《人民论坛》2016年第7期。

李茂松：《和合生一：社区文化建设与地域传统文化融合机制的构建》，《中国市场》2016年第43期。

周建民：《以"家文化"为核心打造"和合共同体"》，《宁波通讯》2016年第17期。

张立文：《"和实力"与"一带一路"的现实意义》，《人民论坛》2016年第7期。

后　记

　　《中国和合学年鉴》是中国人民大学中国和合思想研究中心主办的文献性、资料性学术刊物。本卷力求回顾总结、如实反映 1988 年至 2016 年学界的研究状况，让广大专家、学者与读者更全面、更深刻地了解与把握和合学研究的重大事件、重点问题、重要线索与主要趋势。经过全国几十位专家学者数年时间的精心编纂，《中国和合学年鉴》即将由人民出版社出版。

　　本年鉴是由我国著名哲学家、哲学史家张立文先生主持的、中国人民大学创双一流建设的首批标志性成果，也是中国人民大学与福建江夏学院战略合作的一项标志性成果。年鉴的出版反映和代表了国内外和合与和合学研究的里程碑式最高水平，具有很高的学术价值，对和合与和合学的研究和传播，对大力弘扬中国传统文化并走向海外，都有重大意义和深远影响。

　　《中国和合学年鉴》主要内容有："编者的话"，阐明其宗旨。"卷首语"，阐明其构建"和合学"的心路历程以及编撰年鉴的意义与价值。"特稿"栏目分别从中、日、韩三国选录具有代表性的高水平学术论文。"学术论文荟萃"栏目对海内外、儒释道等各方面、各层面涌现的大量学术论文进行筛选与摘载。"研究综述"栏目由学术研究综述与社会活动综述两篇文章组成，比较详细地梳理了 1988 年至 2016 年中国乃至全球和合学的学术研究状况与社会活动情况。"学术著作撷英"、"博硕论文集萃"、"学术评价辑要"、"学界概况"、"大事记"、"附录"等栏目尽可能全面地展示 1988 年至 2016 年全球和合学研究的学术动态与理论成果。

　　书中所引用前辈及海内外专家学者的著述，已随文注出或列入参考文献，限于篇幅，对提及者或未提及者，均表示衷心的感谢。在编辑过程中，编辑部对相关信息进行了必要的查证与核实，但其中难免会有遗漏错误之处，我们恳请专家、学者与广大读者批评指正。

《中国和合学年鉴》之所以能够及时与广大读者晤面，还得力于人民出版社的亲切关照、热情相助、鼎力支持。《中国和合学年鉴》的编辑出版还得到了海内外和合学研究相关专家、学者，以及有关高校、科研机构、社会团体的鼎力支持，对此我们表示诚挚的谢意！

《中国和合学年鉴》编辑部

2018 年 3 月

责任编辑:任　哲

图书在版编目(CIP)数据

中国和合学年鉴(1988—2016)/徐　刚　主编. —北京:人民出版社,2018.5
ISBN 978-7-01-019112-6

Ⅰ.①中…　Ⅱ.①徐…　Ⅲ.①文化哲学-研究-中国-1988—2016-年鉴
　Ⅳ.①G02-54

中国版本图书馆 CIP 数据核字(2018)第 054545 号

中国和合学年鉴

ZHONGGUO HEHEXUE NIANJIAN

(1988—2016)

徐　刚　主编

人民出版社 出版发行
(100706　北京市东城区隆福寺街 99 号)

北京中科印刷有限公司印刷　新华书店经销

2018 年 5 月第 1 版　2018 年 5 月北京第 1 次印刷
开本:710 毫米×1000 毫米 1/16　印张:54.5
字数:833 千字

ISBN 978-7-01-019112-6　定价:140.00 元

邮购地址 100706　北京市东城区隆福寺街 99 号
人民东方图书销售中心　电话 (010)65250042　65289539